나, 여성노동자
2

# 나, 여성노동자

2
—
2000년대 오늘
비정규직 삶을 말한다

이경옥

윤옥주 · 이매순

김소연

석명옥

원문숙

이화자

심선혜

최보희
—

유경순 엮음

그린비

# 책을 내며

## 지난 50년 동안 여성노동자들의 삶은 얼마나 달라졌을까

1960년대 이후 한국 자본주의를 지탱해 오던 봉제·전자 공장에서 일하던 여성노동자들의 삶과 50년이 지난 2010년 비정규직 여성노동자들의 삶은 얼마나 달라졌을까. 이 물음에 대한 답으로 이 책은 1960년대 이후 현재까지 한국 자본주의의 변화 속에서 여성노동자들의 삶과 활동이 어떠했는지를, 여성노동자들의 '목소리'로 담았다.

1962년부터 군사독재정권이 주도한 경제개발계획의 추진으로 한국 자본주의 발전이 본격화되었다. 특히 1980년대까지 한국 자본주의는 섬유산업과 전자업종 중심의 여성노동력에 기대어 그 발전을 이루었다. 이들 여성노동자들은 대부분 농촌에서 '딸'로 태어나 집안의 입 하나 덜기 위해, 또는 오빠나 남동생을 공부시키기 위해, 청계천으로 구로공단으로 밀려와 공장에서 일하며 청춘을 보냈다. 이들은 잔업·철야·특근을 밥 먹듯이 하며 세계에서 가장 긴 시간을 일하면서도 '쥐꼬리만 한 월급봉투'를 받아야 했고, 그 덕분에 한국 경제는 성장을 계속했다. 그런데 이들의 뒤를 이은 오늘의 여성노동자들은 어떤 조건에서 일하고 있을까? 더 나은 조건에서 노동하며 살고 있을까?

이에 대한 답은 불행하게도 "아니다!" 1997년 말 경제위기 국면을 거쳐 현재 여성노동자들은 비정규직이나 비공식 부문의 노동자로, 오히려 불안정한 일자리로 생존을 위협받으면서 여전히 최저생계비에도 못 미치는 더 열악한 노동조건에서 일하고 있다. 달라진 것이 있다면 산업변화에 따라 봉제·전자업종 중심에서 서비스·유통업체나 학교비정규직, 보육노동자, 간병인, 조리사 같은 곳으로 일자리가 옮겨졌을 뿐이다.

그 때문에 1970년대와 1980년대에 이어 현재 여성노동자들은 자신의 노동조건을 개선하고 노동자 권리를 지키기 위해 투쟁으로 일어서거나 노동조합 활동에 적극적으로 나설 수밖에 없었다.

이런 여성노동자들의 삶과 활동을 둘러싼 연구가 일부 이루어지고 있지만, 과거에 머물든지 아니면 현재의 노동상황으로 제한된 듯하다. 더욱이 이런 연구성과조차 '연구자들의 몫'으로 공유될 뿐 노동자들 사이에서 소통되고 공유되지 못하고 있다. 그 결과 긴 역사로 이어져 온 여성노동자들의 삶과 활동의 경험은 연구에서도, 노동자들 사이에서도 여전히 뒷전에 밀쳐져 있을 뿐이다.

이에 이 책은 여성노동자들이 '여성으로서 또 노동자로서' 자신의 삶과 활동의 경험을 스스로 글로 쓰거나 직접 말하여 자신들의 '목소리'로 세상과 소통하기 위한 시도를 담아냈다. 즉 이 책은 1960년대부터 현재까지 여성노동자들의 삶과 활동을 돌아보며, 한국 자본주의 발전 뒷면에 있는 '다르면서도 같은' 다양한 여성노동자의 삶과 저항을 통해, 과거에서 현재까지 지속되고 있는 '여성노동자'의 상황을 이해하는 데 하나의 디딤돌을 마련하기 위한 노력의 결과물이다.

이 책 『나, 여성노동자』의 1권에는 청계천과 구로공단에서 노동하고 활동한 아홉 명의 여성의 목소리가 담겨 있다. 여섯 명이 글을 썼고 세 명이 자신의 삶을 말하였다. 우선 1970~80년대 한국 노동운동사를 대표했던 청계피복 노동조합은 1970년 전태일 열사 분신 이후 삼동친목회원을 중심으로 결성되었다. 조직 기반이 취약했던 노동조합에 유정숙이 중심이 되어 만든 여성노동자 소모임인 '아카시아회'는 1970년대 노동조합을 받쳐 온 든든한 힘이었다. 그 뒤를 이은 1970년대 중반기 노동조합을 지탱한 이들은 신순애처럼 노동교실을 통해 참여한 여성노동자들이었다. 그녀는 어린 여성노동자들에게 한글을 가르치거나 소모임을 만들어 '청계노조의 조직가'로 역할을 했다.

1981년 신군부정권에게 강제해산을 당한 청계노조가 1988년 다시 노조 합법성을 쟁취하기까지, 많은 여성노동자들의 헌신이 있었다. 그 중 김한영은 문학모임과 탈춤모임을 통해 노조활동에 참여해, 야학을 매개로 노조에 참여한 이승숙과 더불어 노조 복구활동에서 중심적인 역할을 하였다. 이들의 글에서 노조 복구과정이 얼마나 치열했는지를 알 수 있다.

이처럼 청계노조는 긴 활동기간 때문에 1970년대 전반기와 중반기, 1980년대 복구세대 등으로 세대교체가 있었다. 이 때문에 네 명의 글을 담았는데, 세대는 달라도 여성과 가난이라는 같은 경험과 다른 세대의 노조활동을 엿볼 수 있다.

다음으로 1967년부터 '수출한국'을 위해 구축된 구로공단은 전자·금속산업과 섬유산업이 중심을 이루었고, 두 산업에서 노동조합 활동이 일어났다. 우선 유옥순은 구로공단 최초의 민주노조이자 70년대 유일하게 성차별문제나 여성특수과제 해결을 위해 노력한 콘트롤데이타 노조의 활동을 엿볼 수 있게 해준다. 한편 노동운동의 역사에서 이름만 남아 있고 그 활동이 지워진 많은 노조가 있다. 한일도루코 노조와 남화전자가 그 경우인데, 두 사람의 글을 통해 지워진 활동의 일부나마 복원을 할 수 있었다. 박육남은 한일도루코 노조활동이 노동자들에게 얼마나 큰 삶의 기쁨이었는지, 거꾸로 1980년 신군부 세력의 노조 탄압 때문에 당한 고문이 얼마나 잔혹했는지를 전하고 있다. 남화전자의 조분순의 목소리를 통해서는 한국노총의 어용성과 자본의 노조 탄압 양상을 볼 수 있다. 특히 노조 와해 이후 수차례에 걸친 재취업과 해고과정에서 '블랙리스트'가 노동자들의 활동만이 아니라 생존을 위협했던 상황이라는 것을 새삼 알 수 있다. 또 가리봉전자 노조 성훈화의 글에서는 1985년 구로동맹파업과 이후 활동과정에서 겪었던 '상처'를 딛고, 과거의 경험을 어떻게 현재의 삶에 녹일 수 있는지를 보여 주고 있고, 김덕종은 1987~97년에 구로공단을 뒤흔들었던 나우정밀 노조간부로서 활동하며 겪었던 내적 갈등과 고민을 솔직히 이야기하고 있다.

1997년 말 경제위기를 거치면서 한국사회에는 실업, 구조조정, 비정규직이란 용어가 일상화되었다. 중산층이 무너지고 많은 기혼여성들이 가정생계를 꾸리기 위해 일자리를 찾아나서야 했다. 그러나 이들에게 주어진 일자리는 '비정규직'이었다. 물론 새롭게 사회로 진출한 대부분의 20, 30대 역시 일할 수 있는 곳은 '비정규직'이었다.

이런 한국사회의 변화를 반영해 2권에서는 비정규직 여성노동자들의 삶과 활동을 담았다. 가능한 다양한 직종, 여러 지역을 포괄하려 했다. 나이 역시 30대에서 60대까지 여러 연령층의 경험을 담으려 했다. 그 결과 다섯 명이 글을 썼고 세 명에게 구술을 받았다.

한때 전국을 떠들썩하게 했던 이랜드 노조의 이경옥과 공공노조 서경지부 학교비정규직인 최보희의 글은 IMF 이후 기혼여성들이 왜 일자리를 찾아나서는지, 그들에게 주어진 일자리가 어떤 곳인지를 단적으로 보여 준다. 전남 광주의 시청 청소용역 여성노동자들은 왜 나이 50이 넘은 이들이 고용보장을 요구하며 알몸투쟁까지 벌여야 했는지, 50대·60대의 여성노동자들이 왜 노동조합을 할 수밖에 없었는지, 비정규직 노동자의 현실을 적나라하게 들려준다. 또 경남 대구 간병인노조의 석명옥은 간병인이라는 직업을 통해 병원 내의 수직적 위계질서와 비정규직 노동자들이 노조로 뭉쳤을 때 어떤 힘을 발휘할 수 있는지를 말해 준다. 동산의료원 조리원인 이화자의 글은 최근 새롭게 등장한 '다단계 하청화' 시도가 노동자들을 더 낮은 임금과 열악한 노동조건으로 내모는 현실을 보여 준다. 그 때문에 기혼 여성노동자들이 일자리와 자존심을 지키기 위해 투쟁에 나섰고, 투쟁과정에서 지역노동자들의 연대가 얼마나 큰 힘이 되는지 잘 보여 주고 있다.

한편 다음 세 명의 글에서는 젊은 세대 역시 그들이 일할 곳은 비정규직이라는 현실을 보여 준다. 1,895일간의 투쟁을 승리로 이끈 기륭전자 노조의 김소연은 할 수 있는 모든 투쟁방법을 다 하면서 그 투쟁과정이 얼마나 고통스러웠는지를, 그럼에도 '이길 때까지 싸우는 것'이 승리의 힘이라는 현실을 알려 준다. 현대자동차 아산 사내하청 노동자인 원문숙은 '용감한 싱글맘'으로 같은 노동자임에도 남성노동자들이 여성노동자들을 어떤 시선으로 바라보는지, 재벌기업인 현대자동차의 하청구조와 비정규직 노동자들의 투쟁 상황을 엿볼 수 있게 해준다. 보육노동자 심선혜의 글은 자신의 정체성을 둘러싼 내적 갈등을 솔직히 들여다보면서, 보육교사로서 아이들에 대한 애정과 비정규직 노동자로서의 노동조건, 새로운 사회를 꿈꾸는 그녀의 갈등과 고민 등이 짙게 묻어 있다.

이들 비정규직 여성노동자들의 활동은 현재 진행형이다. 그래서 조심스러운 면도 있지만, 용감한 이들은 자신의 삶과 활동을 솔직하게 이야기했다.

## 여성노동자들은 자기역사쓰기를 어떻게 했을까

이 작업은 여러 계기를 디딤돌 삼아 추진하였다. 우선 2003년 이후 1970~80년대 민주노조 활동을 했던 여성노동자들과 구술작업을 하면서 이들의 경험을 어떻게 다른 이들과 같이할 수 있을까 하는 생각이 그 출발이었다. 그 뒤 2007년 구로동맹파업 주체들과 같이 자기역사쓰기를 시도해 본 결과, 노동자들도 자기역사를 쓸 수 있다는 것을 확인했다. 과거 경험을 중심으로 만나오던 과정이 현실경험으로 이어진 것은 2008년 3·8 여성노동자의 날을 기념하며 여성운동네트워크에서 주최한 '비정규직 여성노동자들의 증언대회'를 같이 진행한 일이었다. 이 과정에서 비정규직 여성노동자들의 삶과 투쟁의 경험을 공유하면서 더 많은 이들과 같이 소통할 수는 없을까 하는 고민이 생겼다. 그 결과 과거 여성노동자들의 경험에서 나아가 현실의 비정규직 여성노동자들의 삶을 같이 연결해서 추진할 수 있었다.

이런 계기들이 모여 2009년 9월부터 2010년 6월까지 '여성노동자 자기역사쓰기 모임'(약칭 '여자모')을 진행했다. 집단작업을 할 수 있는 이들이 격주 또는 한 달에 한 번 모였다. 모임에서는 자신의 삶을 돌아보고 정리방식을 익히기 위해, "글쓰기를 어떻게 할 것인가", "여성노동자의 자기역사쓰기는 왜 필요하며 어떻게 쓸 것인가"라는 주제의 강좌를 했다. 그 과정에 각자 자신의 삶을 큰 틀에서 정리해서 이야기해 보고, 삶의 연표를 정리한 다음 목차를 짰다. 이후 모임에서는 각자 글을 써 와서 같이 읽고 얘기했다.

대부분 성장과정에서 '딸'로서 겪었던 차별과 배움에 대한 고픔, 결혼 이후 가정에서의 여성문제와 재취업 과정, 작업현장에서 여성노동자로서 겪은 차별, 노동조합 활동이나 투쟁과정에서의 어려움 등을 이야기하면서 같이 울거나 분노하고, 즐거운 일은 같이 웃으면서 조금씩 정리해 나갔다.

물론 진행하는 데 어려움도 많았다. 어떤 이는 투쟁으로 온몸에 상처를 입은 채 작업을 해야 했고, 다른 이들은 노동조합 활동과 직장 일정에 쫓기는 조건이었다. 거기에 일요일에 진행하는 모임에 가족을 등지고 나오는 것도 쉬운 일은 아니었다. 그럼에도 어떤 이들은 기억을 확인하기 위해 자료를 찾아다니거나 같이 활동했던 이들에게 확인하는 노력을 했고, 다른 이는 시간이 없어 밤잠을 줄이고 정리 작업을 해야 했다. 또 다른 이는 컨테이너 농성장을 밤새 지키며 투쟁의 현장에서 자신을 돌아보며 정리하기도 했다.

조건과 시간 때문에 모여서 같이 하기 어려운 이들은 개별적으로 논의하며 글을 써 나갔다. 어떤 이는 인천에서, 또 다른 이는 강화도에서 공책에 글을 써 오면 그것을 컴퓨터에 입력하면서 논의하고 수정하기를 몇 차례 거쳐서 글을 완성하였다. 마지막으로 글쓰기가 더 어려운 조건에 있는 이들은 구술을 받아 정리했다.

이런 과정을 거쳐 만들어진 이 책은 사회를 변화시키기 위해 투쟁하고 활동한 여성노동자들이 이제는 그 경험을 스스로 기록하며 역사쓰기의 주체로 나서야 한다는 것을 실천한 것이다. 더 많은 여성노동자들의 목소리가 이 사회에 널리 퍼지기를 바라면서…….

이런 글쓴이들의 마음을 담아 이 책을 여성노동자들에게 드린다. 이 사회를 깊고, 넓게 변화시켜 나가고 있는 여성노동자들의 목소리가 서로 소통되기를 바라면서. 그리고 이 책을 남성노동자들과 꼭 같이 읽고 싶다. 그들의 어머니와 누이들, 부인과 딸들인 '여성'들이 가정과 직장에서 그리고 노동운동을 하면서 어떤 고민을 안고 있는지 그 이유가 무엇인지 같이 알아 가면 좋겠다.

또한 사회 진출을 하려는 20대들과도 이 책을 나누고 싶다. 청년실업 40만이 넘는 '야만의 시대'에, 나이 많은 비정규직 여성노동자들의 투쟁이 그녀들의 일자리를 지키려는 몸부림을 넘어 사회의 일꾼으로 등장할 젊은이들이 마주할 현실에 대한 고민을 안고 있다는 것을 전하고 싶다.

이 책이 나오기까지 여러 분들의 도움과 지지가 있었다. 장소를 제공해 주고 지지를 보내 주신 노동자교육센터 김진순 님, 신재걸 님, 김영준 님, 그리고 구술자 섭외를 해준 공공노조의 주미순 님, 한선주 님, 특히 공공노조 광주전남지부의 전욱 지부장님은 일에 쫓기면서도 구술자 섭외, 거기에 초고 검토와 사진수집까지 지원해 주셔서 너무 감사하다는 말을 꼭 전하고 싶다. 또 모임에 참여해서 신세대의 감각을 느끼게 해준 박선영 님, 녹취록 작성작업과 원고 검토를 도와준 이곽미옥 님, 녹취록 작성을 해준 최보미 님에게도 감사를 전한다.

마지막으로 기획안을 보고 반가이 출판을 맡아 주신 그린비출판사와 출판을 위해 많은 수고를 해주신 출판-인쇄 노동자 분들께도 고개 숙여 감사드린다.

2011년 봄
'여자모'를 대신해서 엮은이 씀

『나, 여성노동자』 2권 차례

여성노동자 글모임에서의 필자

열아홉 살에 시집을 오셨다. 아버지는 찢어지게 가난한 삼형제 중 둘째로 부모님을 일찍 여의고 큰아버지와 함께 살다가 당숙아주머니의 중매로 양반집 딸인 엄마와 혼인을 하신 것이다. 외할머니는 아버지가 엄마를 굶기지는 않을 것 같아 사위로 삼으셨단다. 아버지는 결혼한 뒤 큰아버지로부터 쌀 한 말과 돈 2만 원을 받아 무작정 서울로 상경하셨다.

아무 연고도 없는 서울에서 처음으로 아버지가 하신 일은 노점상이었다. 자전거로 짐을 옮기면서 물건을 떼어 장사를 하셨는데 처음에는 생필품을 팔다가 나중에는 책을 파셨다. 전쟁이 끝난 후라 문화적 갈망이 컸던지 책은 아주 잘 팔렸다. 아버지는 노점상을 정리하시고 살고 있던 판잣집 옆에 책가게를 내셨다가 다시 서부역 근처에 번듯한 책방을 내셨다. 아버지는 남달리 장사 수완이 좋으셨는지 서점과 함께 출판사까지 하면서 서점의 돈 궤짝에는 돈이 넘쳐났다. 그러나 우리 식구는 서점 한쪽에 있는

백일 사진

살림방에서 궁색하게 살다가 나중에야 다다미방이 있는 일본식 집으로 이사를 했다. 미제 TV가 있는 우리집은 밤이면 동네 사랑방이 되었다. 생활은 넉넉한 편이어서 나는 크게 부러울 것이 없었다. 다만 2년마다 여동생이 태어나는 날! 초상집 같은 분위기였던 것을 빼고는…….

가난하게 사셨던 아버지는 배움에 대한 갈망이 크셔서 어려운 형편에도 공부하기를 게을리하지 않으셨다. 또한 자식교육에도 열성이셨다. 그 때문에 나는 봉래초등학교 1학년을 마치고 2학년 때 숙명여대 부근에 있는 사립학교로 전학을 하였다. 공립학교는 한 반이 90명 정도로, 학생들이 콩나물시루처럼 빽빽한 교실에서 수업을 받고 그것도 모자라 2부제 수업을 하던 때라, 아버지께서는 한 반에 30~40명이 수업을 하고 특기교육까지 한다는 사립학교에 대한 기대가 있었던 것 같다. 또 중학교 입시가 있던 터라 딸들이지만 아버지가 못 다하신 교육에 대한 한을 풀어 주기를 바라셨던 것 같다. 60년대 학교건물이 대부분 일본식 나무건물이어서 겨울에는 너무나 추웠지만 사립학교는 시설이 공립학교와 비교가 안 됐다. 수세식 화장실에 실험실습실이 있었고 적성에 맞게 특기교육도 받았다. 나는 노래를 좋아해 합창단 활동을 6학년까지 하였다. 그때는 TV에서 어린이 시간과 노래자랑 시간이 제일 인기 있는 어린이 프로였는데, 합창단인 나는 TV방송과 공연으로 공부보다는 합창연습과 공연준비를 하는 데 시간을 보냈다. 그때 노래는 내 친구였다.

2남 5녀의 자식 중에 세 명을 사립초등학교에 보내셨던 아버지는 학교행사에 거의 빠짐없이 오셨다. 대부분의 친구들은 엄마들이 오셨지만 두 살 터울인 우리 7남매의 학교생활을 챙기신 것은 주로 아버지셨다. 또 아버지는 중고 미제 녹음기 앞에 자식들을 모아놓고 노래를 부르게 해서 녹음을 해주셨고, 커가는 자식들의 모습을 사진에 담는 것을 취미로 삼

초등학교 3학년 때 사촌오빠들과(앞의 여자아이가 필자)

으셨다. 덕분에 나는 여동생의 반주로 동생들과 함께 '나의 살던 고향은', '해당화', '학교종', '산토끼' 같은 동요를 목이 터져라 불러댔다. 얼마나 재미있었는지, 지금도 생각하면 웃음이 나온다. 아버지는 자식들에게 넉넉하지는 않지만 모자람이 없도록 가르치려고 하셨다.

그러나 자식들에게 아낌없이 주시는 아버지를 나는 아직도 어려워한다. 장녀인 내게 아버지는 항상 칭찬보다는 잘못된 것만을 지적하셨다. 식사를 하면서 말을 해서도 안 되고, 웃을 때 잇몸이 보여서도 안 되고, 특히코가 납작한 내게 아버지는 "시간이 날 때마다 코를 잡아당기라"는 주문까지 하셨다. 아버지는 자상하셨지만 급한 성격 때문에 못마땅한 것을 보시면 바로 그 자리에서 지적을 하셨던 것이다. 그 때문에 자식들은 아버지가 일찍 집에 오시는 날이면 각자 방으로 들어가서 나오지 않기도 하였다. 지금 생각하면 자식들에 대한 사랑과 욕심이 남달라서 그랬다고 이해를

하지만 어린 나이에는 상처가 되었다.

거기에다 아버지는 술을 좋아하셨는데, 술만 드시면 평상시 모습과 다르게 변하시는 아버지가 얼마나 무서웠던지……. 술을 드시는 날이면 많은 자식 키울 걱정과 사업의 스트레스를 가족들에게 푸셨다. 이런 날은 작고 다부진 체격을 가진 아버지가 목소리도 커지고 힘도 세졌다. 엄마에게 폭력까지 휘두르는 아버지가 너무 무서워 울면서 아버지를 말리는 것이 맏딸인 내가 할 수 있는 유일한 방법이었다. 나는 그럴 때마다 '이렇게 살아야 하나' 하며 집을 나가고 싶은 생각이 들 정도로 절망적인 기분이 되었다. 그러나 아버지는 자고 나면 전날 밤의 일은 감쪽같이 잊으셨다.

## 자식 욕심이 많으신 엄마

자식 욕심이 많은 엄마는 2남 5녀를 낳으셨다. 내리 셋이나 딸을 낳자 엄마는 아버지에게 딸 낳은 설움을 많이 받으셨는데 아들 둘을 낳으면서 만회했다. 그러나 마지막에 또 딸 둘을 낳으면서 딸 부잣집을 만드셨다. 딸 중에 가장 설움을 받은 딸은 여섯째다. 아이들 챙기기가 힘드셨는지 아들을 바라셨던 부모님들의 기대가 무너져서인지, 딸 중에 가장 예뻤던 여섯째를 아들 셋만 있는 작은엄마가 키우겠다고 해서 잠시 보내기도 하셨다.

권위적이고 보수적인 아버지 밑에서 7남매가 그래도 밝고 명랑하게 자랄 수 있었던 것은 엄마 덕분이었다. 엄마는 남편을 믿고 서울로 올라와 고생하면서 자리를 잡았지만 못사는 시댁식구들과 친정동생들을 건사해야 하는, 며느리와 큰언니 역할을 하느라 마음 편한 날이 없었다. 서울에서 성공한 아버지는 시골에서 사촌오빠와 사촌언니들, 고모, 당숙아저씨들을 데려왔고 엄마는 막내이모를 데리고 와서 함께 살았다. 아버지는 동네의 우상이 되었고 우리집은 시골 분들의 답사 코스가 되었다. 그래서 우리집은 항상 사람들이 북적거렸다. 아버지는 오는 손님들을 사돈의 팔촌까지 극진히 대접하고 차비까지 쥐어 보내셨다. 그 모든 일은 엄마의 몫이었다. 제사만 지내지 않았지 맏며느리의 역할을 하셨던 것이다.

그럼에도 시골에서 자란 부모님은 지금이나 그때나 검소하시다. 내가 초등학교 고학년에 올라가면서 키가 자라 원피스 교복이 초미니가 되었는데 엄마는 같은 색 천으로 이어 주며 입으라고 하셨다. 나는 창피를 무릅쓰고 그 교복을 입었는데 뛸 때마다 보이는 엄마가 만들어 준 검정색 천 팬티가 더 창피하였다. 일본식 잔재가 남아 있어 공립학교에서는 체육시간에 흰색 러닝 티셔츠에 검정색 고무줄 팬츠를 입었는데, 나는 그 검정색 팬츠를 속팬티로 입었던 것이다.

자식들과 친척들을 챙기느라 엄마는 항상 단벌이셨고 아버지의 양복도 깃과 소매가 닳아 반짝거렸다. 오죽하면 마산에 사는 고모가 당신이 입지 않는 옷을 엄마에게 보내 주겠다고 하셨을까. 나는 엄마가 변변한 속옷 한 벌 사입는 것을 보지 못했다. 오히려 어려운 친척들이 엄마보다도 멋쟁이였으니 지금 생각해 보면 부모님이 부부싸움을 하실 만하다.

항상 집안일에 시달리는 엄마를 보면서 나는 어린 나이에도 동생 보기와 빨래 등 엄마 일을 도왔다. 지금은 아이들을 많이 낳지 않지만 아이를 많이 낳던 시절에는 "낳기만 하면 크는 것은 저희들이 알아서 큰다"고 했는데 일부는 맞는 말이다.

### 순종적인 착한 딸
초등학교를 졸업한 1970년에 중학교 입시가 없어지면서 나는 '뺑뺑이'로

중학교 3학년 체력장에서(왼쪽)

고등학교 2학년 서삼릉 소풍에서(왼쪽 두번째)

연신내에 있는 선일여중에 입학하였다. 신설 학교라 공사도 마무리되지 않은 교정에서 벽돌을 나르며 공부를 하였고, 여름이면 질척거리는 황토색 진흙 묻은 장화를 신고 산 중턱의 학교를 열심히 다녔다. 합창단 활동을 하던 초등학교에 비해 중학교 성적은 좋았다. 나는 낯을 가리는 편이기는 했지만 밝고 명랑해 친구들과의 사이는 좋았다. 그러나 아버지의 욕심으로 나의 장래희망은 매년 외교관과 현모양처였다.

고등학교 입시가 있던 터라 아버지께서는 가정교사를 들여 나에게 과외를 시키면서 내가 명문여고에 입학하기를 원하셨다. 그러나 전기시험인 동덕여고 시험에서 낙방했다. 2차 후기시험은 선일여고를 선택했다. 선일여고에 입학한 나는 내가 가고 싶어 했던 학교가 아니라서 대학입시 공부보다는 취업반에 있는 중학교 동창들과 어울렸다. 그래서 그런지 꼭 대학에 가지 않고 취업을 하는 것도 한 방법이겠다는 생각을 하기도 했다. 그러나 아버지는 "맏이가 대학을 들어가야 동생들도 낙방하지 않는 선례가 있으니 무슨 수를 써서라도 대학에 들어가야 한다"고 하셨다. 3학년 2학기가 되어 정신을 차린 나는 인문계로 대학을 들어가는 것은 불가능하다고

판단하고 예체능계로 시험을 보기
로 했다. 대학 예비고사에 합격한
나는 체육실기고사 준비를 이를
악물고 하였다. 얼마나 배구공과
씨름을 했던지 전기대학은 떨어졌
지만 후기대학인 동덕여대에서 실
기시험을 볼 때는 "배구선수 출신
이냐"는 교수의 질문까지 받으며
좋은 실기점수로 1976년 체육교
육과에 입학하였다.

대학입학 때 부모님과 같이

　　힘들게 들어온 대학은 나름대
로 재미있었다. 체육이론과 실기공부를 병행하며 1년마다 무용 실기 발표
회를 가졌고 나는 교사자격증을 취득하기 위해 교육이론도 공부하였다.
그러나 대학생활이라는 것이 수업과 함께 다양한 경험이 필요한데 나는
오로지 학교생활만 하였다.

　　동생이 많아서 엄마가 집을 비우신 날은 내가 집안일을 하였고 엄한
아버지 밑에서 집안의 통행금지 시간을 지켜야 했다. 그때 친구들의 주선
으로 유일하게 이성을 만날 수 있는 그룹 미팅을 하기도 하고 대학 축제에
도 참석했는데 한번은 미팅 파트너와 영화를 보다가 통행금지 시간을 넘
겨 총총히 영화관을 나온 기억이 있다. 이따금 통행금지 시간을 지나 집에
들어온 날은 아버지에게 어김없이 맞아야 했다.

　　대학시절, 지금 돌이켜 보면 가장 아쉬웠던 것이 방학 때였다. 나는 친
구들과 해마다 여름 바닷가 캠핑을 같이 가자고 약속을 해놓고 한 번도 지

대학 4학년 여름방학 농활에서 경로잔치를 하며(왼쪽에서 세번째)

킨 적이 없었다. "절대로 외박은 안 된다"는 아버지의 불호령으로 해마다 포기할 수밖에 없었다. 엄마 역시 "남자들은 모두 늑대이기 때문에 절대로 혼자 가면 안 된다"고 해서서 캠핑 대신 동생들을 데리고 시골 큰집이나 외갓집 가는 것으로 위안을 삼아야 했다. 지금 생각하면 한심하게 느껴지기도 하지만 그때 나는 아버지에게 대들지 않고 순종적으로 사는 것이 효도하는 것이라고 생각했다.

1979년 대학 4학년 들어 나는 졸업논문을 쓰느라 정신이 없었다. 당시 김재규에 의해 박정희 대통령이 사망하는 사건으로 정국은 혼란에 빠졌고 학교에는 휴교령이 내려졌다. 나는 학교 가는 길에 동대문에서 차도로 쏟아져 나오는 데모대와 마주쳤다. TV와 신문을 통해서만 보던 뛰어가면서 구호를 외치는 데모대를 직접 마주친 나는 불안했지만 나와는 상관없는 일인 양 그냥 지나쳤다. 겨울에 졸업사은회를 마치고 집에 돌아오는 길목인 한남대교가 12·12사태로 막혀 친구의 자취집에서 잠을 자면서도 나는 정치에는 관심이 없었다. 아니 나는 수년간 『조선일보』와 『동아일보』의 사설을 보며 자랐으며 약주만 드시면 '빨갱이' 이야기를 하시는 아버지 밑에서 생각 없이 우물 안 개구리로 살았고, 온실의 화초로 자랐던 것이다.

## 촌스러웠지만 순수해 보였던 맞선 상대

남들보다 한 살 일찍 일곱 살에 학교에 들어간 나는 스물두 살에 대학을 졸업하였다. 부모님은 졸업과 함께 딸 부잣집에 "똥차가 밀리면 줄줄이 밀린다"며 "금값일 때 시집을 가야 한다"고 성화를 하셨다. 아버지는 시간만 나시면 친척들에게 중매를 부탁하는 일이 잦았다. 내가 대학 졸업반 때 미팅에서 만난 남자친구를 "집안이 좋지 않다"고 보기 좋게 퇴짜 놓으신 아버지는 조건이 좋은 맏사윗감을 고르기 위해 분주하셨다. 나는 그런 아버지를 향해 변변한 말 한마디 못하고 남자친구에게 헤어지자고 하고서 뒤에서는 눈물을 훔쳤다. 엄마는 엄마대로 나를 결혼정보회사에 회원으로 등록시키고는 어떻게든 큰딸이 혼기를 놓치지 않기를 바랐셨다. 취업은 생각보다 어려웠다. 기껏해야 중학교 기간제 교사로 두 달 정도 일을 하였고, 공립학교 교사가 되기 위해 임용고시를 준비했지만 그것도 쉽지 않았다. 딱히 밥벌이도 하지 못하는 내가 나이만 먹어 가자 부모님은 걱정이 태산이셨다.

집에서 현모양처가 되기 위한 신부수업(?)을 하며 동생들을 챙기던 어느 날 아버지가 맞선을 보라고 권하셨다. 중매쟁이는 믿을 만한 사람으로 총각이 머리가 좋아 장학생으로 학교를 다녔고 잘나가는 회사에 다니고 있다고 하셨다. 그동안 부모님의 강요로 맞선을 제법 봐왔던 터라 기대는 하지 않았다. 맞선 장소는 장충체육관 아래에 있는 태극당 빵집이었다. 지금도 이 빵집이 있는데 28년 전 봄날은 따뜻했다. 상대는 말로 들었던 것과는 상당히 차이가 있었다. 아버지는 "총각이 눈이 높아 많은 맞선 상대에게 퇴짜를 놓았다"고 하셨다. 그러나 내가 보기에는 엄청나게 촌스러웠고 말도 더듬었다. 우리는 빵집에서 잠깐 이야기를 하였는데 상대는 연신 눈을 내려뜨고 탁자만 쳐다보며 이야기하였다. 어떤 남자인지 보기 좋게 내가 먼저 퇴짜를 놔야겠다고 벼르고 나갔던 나는 상대의 순수함에 마음이 끌려 밤 10시가 되어서야 집으로 돌아왔다. 엄마는 내가 집에 들어서자마자 붙들고 "인상착의는? 집안은 어떠냐"고 집중적으로 물으셨다. 나는 아는 게 없어 "모른다"고 답하였다. 왜냐하면 나는 그 사람의 마음씨만 마음에 들었기 때문이었다.

중매쟁이는 양가의 입장과 맞선 당사자들의 마음을 확인한 후 일사천리로 결혼을 추진했다. 그때 남편은 지방의 조선소에서 근무하고 있는 스물아홉 살의 노총각으로 위로 누님이 셋이나 있는 장남이었다. 시부모님은 늦게 본 금쪽같은 아들이 객지에 나가 고생을 하고 있으니 나이 서른을 넘기면 안 된다며 아들이 좋다고 하자마자 며느릿감을 만나 보지도 않고 사주단자를 우리에게 보내셨다. 사주를 받으신 부모님은 맏사윗감이 될 만한지 확인을 하기 위해 집으로 신랑감을 초대하셨다. 신랑감이 문을 열며 들어오는 것을 보신 엄마는 바로 "너 눈이 삐었구나!" 한마디를 하시고 부엌으로 들어가셨다. 엄마는 번듯하게 잘생긴 첫사위를 기대하셨던 것 같은데 작고 볼품 없는 신랑감을 보시고 그 기대가 여지없이 무너진 것이다. 그러나 아버지의 질문이 이어지고 술잔이 오고가면서 신랑감의 사람 됨됨이를 찬찬히 뜯어보신 부모님은 결혼을 승낙하셨다. 부모님은 스물다섯 살인 내가 노처녀로 시집도 못 갈까 봐 전전긍긍하시다가 딸을 좋아한다는 신랑감을 보자 손(損)없는 좋은 날을 잡았다. 맞선 본 지 40일 만인 1982년 4월 18일 결혼식을 올리기로 하셨다.

## 2. '현모양처'의 꿈과 현실

### 결혼과 출산

결혼날짜를 받고 시댁을 방문하니 서울 태생이라고 하기엔 너무나 수수하고 촌스럽기까지 한 며느릿감을 보시자마자 시부모님은 마음에 들어하셨다. 친정아버지께 많은 지적을 받으며 자란 나는 어른들이 좋아하시는 예절 바른 며느릿감이었다. 나도 소박하고 순수하신 시아버님을 뵙자마자 맏며느리로서 시부모님을 모시고 드라마에서처럼 알콩달콩 재미있게 살 수 있겠다는 야무진 꿈을 꾸었다.

지금 생각해 보면 남편과 40일 만에 치른 결혼식은 어쩌면 모험이었는지도 모른다. 그러나 엄하신 아버지 밑에서 기도 펴지 못하고 자란 내가 가진 유일한 꿈, '현모양처'를 실현할 수 있는 길이었기에 과감히 선택하였다.

남편은 인천 태생으로, 시어머님은 농사를 지으셨고 시아버님은 직장생활을 하시며 근근이 생활하는 가정에서 태어났다. 시댁은 아들이 귀해 7대 독자로 내려오다가 시할머니께서 아드님 3형제를 낳으시면서 그나마 자손이 늘었다. 그렇지만 찢어지게 가난해 학교를 보낼 엄두조차 내지 못하였단다. 처음에 나는 시댁 어른들이 다 큰 딸들에게 "이년아", "저년아" 하는 소리를 듣고 너무나 놀랐다. 친정에서 딸이지만 욕을 들어 본 적이 없는 나로서는 이뻐하는 소리라고 하지만 이해할 수가 없었다. 그러나 얼마 되지 않아 이유를 알게 되었다. 시댁은 대대로 남자들의 명이 짧아 오래 살지 못하였다. 그러니 더욱 남자들이 귀했고 여자들은 흔했다. 먹고살기 힘든 살림 속에서 딸들은 항상 뒷전으로 밀렸고 오빠와 남동생들을 위해 희생하였다. 큰댁의 종손인 시아주버님은 여동생의 희생으로 대학을 나오셨고, 내 남편은 누님들의 도움으로 대학을 졸업하였다.

결혼식을 올린 후 나는 남편의 근무지인 거제도로 내려갔다. 생전 처음 아버지의 허락 없이 서울을 떠나 객지에서 살게 된 나는 캠핑을 떠나온 마음으로 신혼생활을 했다. 다만 엄마와 여동생들이 눈에 선했다. 남편은 연로하신 시부모님을 생각하며 이제나저제나 부모님과 함께 살 궁리를 하는 장남이었다. 사택 아파트에서 지내다 보니 그리 외롭지는 않았다.

1983년 3월 건강한 첫딸을 낳았다. 주위에서 남산만 한 산달의 내 배를 보면서 다들 아들이라고 하여 철석같이 믿었던 나도 조금 서운하였다. 다들 말로는 '첫딸은 살림 밑천'이라고 하지만 아들이 아닌 섭섭함에서 나온 말일 게다. 시집은 큰댁의 종손 며느리가 줄줄이 딸을 넷이나 낳아 대를 이을 아들이 없었다. 그래서 은근히 아들을 원했던 시댁 식구들은 내가 병원에서 딸을 낳자마자 소리도 없이 자리를 뜨셨다. 남편도 아들이었으면 했는지 아이를 보고 바로 거제도로 내려갔다. 손녀딸이라 상심이 크셨던 시어머님은 그래도 며느리의 삼칠일 해산바라지를 해주셨다. 친정부모님은 딸이 맏며느리라 첫번에 손자를 낳았으면 하는 아쉬움도 가지셨지만 처음 안아 본 외손녀를 무척 좋아하셨다. 친정엄마는 못생긴 외손녀의 사진을 들고 다니시면서 친척들과 동네에 자랑을 하셨다.

그 뒤 시부모님은 손녀딸이 보고 싶다고 전화도 하시고 가끔 거제도에 내려오시기도 하셨다. 그때마다 나는 맏며느리로서 부담이 되었고 내가 꿈꾼 현모양처의 길이 어렵다는 것을 서서히 알게 되었다. 인천에 사는 손위의 시누이들은 시부모님에게 일어나는 일이 있으면 우리 부부에게 전화로 부담을 주었다. 효자인 남편은 그때마다 "고향에 올라가서 살아야겠다"고 노래를 불렀다. 나는 잘 다니던 회사를 그만두고 부모님이 계시는 인천으로 가야 한다는 남편의 말에 반대하였다. 그때 마침 석유시추선의 설계를 하고 있던 남편은 조선소 현장에서 일을 하게 되면서 회사에 대한 불만거리를 만들어 갔다. 인천으로 이사를 가기 위한 구실을 만들기 위한 것이었다. 나는 도저히 남편의 결정을 꺾을 수가 없었다. 나쁜 며느리가 되는 것보다는 남편의 결정에 승복하기로 하고 인천에 있는 조선소로 회사를 옮기는 데 동의했다.

시부모님은 소형 아파트의 전세금을 보조해 주시면서 고향 입성을 대환영하셨다. 그러나 회사를 옮긴 남편은 얼마 되지 않아 "회사를 나가지 않겠다"고 폭탄선언을 하고 말았다. 옮긴 회사가 전에 다니던 회사보다 규모도 작고 옮기면서 약속받았던 것이 지켜지지 않아 불만이 있었던 것 같다. 혹시나 이런 일이 벌어질까 내심 걱정했었는데 이렇게 빨리 일어날 줄이야……. 그때 둘째아이를 임신 중이었던 나는 청천벽력 같은 소리를 듣고 한동안 시부모님께 전하지도 못하였다. 남편은 갑자기 실직자로 전락하여 시부모님까지 마음을 아프게 하였다. 그러나 시부모님도 원인 제공자였기에 아무 말씀 못하셨다. 남편은 직장을 구하기 위해 노력했지만 쉽지 않았다. 나이 많은 경력사원을 뽑는 경우가 거의 없었기 때문이다.

1985년 11월 둘째아이가 태어났다. 아이를 갖자마자 시어머님은 아들 낳는 한약을 지어오셨고 시누이들은 "초음파검사로 성별검사를 하자"

1984년 딸아이와 친구(오른쪽이 필자)

고 하셨던 터라 나는 행여 둘째도 딸일지 몰라 아무도 병원에 오지 못하게
하였다. 다행히 기다리고 기다리던 손자였다. 나는 아들을 보고 마음이 놓
였다. 아이의 성별과 상관없이 이번이 마지막이라고 생각하고 시집 식구
와의 갈등도 각오하고 있었던 터라 아들은 나를 살렸다. 남편은 시댁 어른
들과 처갓집에 "아들이에요"라고 연락했다. 그런데 시누이들과 친정엄마
는 직접 보고 확인하지 않는 이상 믿지를 않으셨다. 손자를 보신 시어머님
은 연로하심에도 며느리의 두번째 산바라지를 해주셨다.

아이가 둘이 되다 보니 슬슬 나도 걱정이 되었다. 나는 남편에게 노점
이라도 하라고 채근을 하였다. 남편은 청계천에서 짝퉁 브랜드 의류를 떼
어다가 보따리를 짊어지고 이 사람 저 사람 찾아다니며 보따리상을 하였
다. 그것도 며칠, 자존심이 강한 남편은 그 일도 그만두었다.

드디어 1986년 가을, 작은아버님이 일자리를 마련해 주시어 남편은

2년의 실업자 생활을 청산하고, 대전에 있는 재봉틀 만드는 회사에 공장장 자격으로 입사하였다. 시부모님께서는 인천에서 아들과 함께 살기를 원하셨던 것을 후회하시고 미련없이 아들 가족들이 대전으로 내려가도록 하셨다. 그러다 1988년에 시부모님이 사시던 인천의 연수동이 개발되고, 방직공장에 다니시던 아버님이 정년퇴직을 하셨다. 우리는 장남인 아들과 함께 살고 싶어하는 부모님을 모시기로 결정하고 대전으로 모셨다.

나는 시부모님을 직접 모시면서 맏며느리로서 역할을 다하려고 노력했다. 하루 세 끼 다른 반찬에 하루 한 끼는 분식으로 준비했다. 한 달 정도 하다 보니 집 밖을 나가기가 쉽지 않았다. 보다 못한 시어머님은 "늙은이들 신경쓰지 말고 초등학교 입학한 손녀딸에게나 신경 쓰라"고 하셨다. 이때가 나에게는 가장 평안한 시기였다. 그러나 그것도 잠시, 1991년 남편이 서울로 발령을 받아 서울의 아파트로 이사를 하였다. 아이들은 4학년과 1학년이었다.

서울생활은 지방에서보다 생활비가 많이 들었다. 남편의 박봉으로 여섯 식구는 쪼개고 쪼개서 살 수밖에 없었다. 어머님이 생활에 필요한 물건들을 가끔 사주기도 하시고 돈도 내놓으셔서 살림에 큰 보탬이 되었다. 나는 아이들이 커가면서 학교에 간 사이 동네 부녀복지관을 다니면서 한식, 양식 조리사 자격증을 따고 일본어를 공부하였다. 간간이 집안에서 부업도 하였다. 구슬 꿰는 일이었는데 어머님도 적적하신지 내가 하는 일을 거들어 주셨다. 나와 어울리는 몇몇의 엄마들은 대개 이런 일을 하였다. 월 10만 원의 부업은 아이들의 간식비를 충당하기에 작지만 소중했다. 나는 서울에서 사는 것이 좋았지만 언제 무슨 일이 일어날지 항상 불안했다. 남편의 회사는 사양산업 업체였기에 더욱 그랬다. 영업부서에서 일을 하는 남편은 항상 스트레스에 시달리며 "뒷머리가 당긴다"고 호소하였다. 고혈압이 있었으나 남편은 약을 꾸준히 먹지 않았다. 집안의 지병인 뇌혈관 질환은 사촌 시숙도 40대에 돌아가시게 했다. 시아버님이 중풍으로 3번이나 쓰러지시고도 유일하게 오래 살고 계셨다.

### 장사, 그리고 남편과의 사별

1995년 봄 남편은 회사를 그만두었다. 그동안 서울에 와서 매일 "회사를 그만 다녀야겠다"고 하는 남편을 말리는 것도 한계가 있었다. 이제 아이들도 웬만큼 컸고 나도 그동안 마음의 준비를 하고 있었다. 남편의 직장동료들은 사직을 하지미지 비로 음식점 경영을 준비하였다. 남편두 나와 함께 고기 음식점을 하자고 졸랐다. 자금이 없던 나는 친정아버지를 찾아갔다. 대전의 집을 아직 처분하지 않았던 터라 아버지께 집을 처분하면 갚겠다는 조건으로 자금을 빌려서 1995년 겨울에 개업하였다.

우리가 시작한 고기 음식점은 생고기 전문점으로 돼지고기 목살에 소금을 뿌려 먹는 아이템이었다. 그때는 후드를 내려 연기를 빨아내는 시설을 한 고깃집이 거의 없어 우리 가게는 동네의 명물이 되었다. 그러나 1997년 IMF위기가 오면서 장사하기가 힘들어졌다. TV에는 연일 데모를 하는 뉴스가 화면을 메웠다. 가게의 매출은 점점 떨어져 겨우 우리 부부의 인건비가 남았는데 월세를 주고 나면 투자비의 이자도 나오지 않았다. 가게를 처음 열고 일하시는 분들을 채용하였지만 얼마 안 되어 그만 나오시게 하였다.

자영업이라는 것이 얼마나 힘이 드는지 직접 해보니 알 것 같았다. 우리 부부는 추석과 설날을 제외하고 연중무휴 영업을 하였다. 지금 생각하면 너무나 미련한 짓이었다. 노동을 하고 충전을 할 수 있는 시간을 갖지 못한 남편은 힘들어했다. 1997년 여름, 남편 몸의 반쪽에 이상이 생겼다. 수저도 잘 들지 못하였고 음식도 흘리면서 잘 먹지 못하였다. 얼굴에 구완와사<sup>안면신경마비</sup>까지 왔다. 가끔 가게에 친정엄마와 이모가 오셔서 도와주셨다. 엄마는 사위의 건강을 걱정하시고 병원에 입원하라고 일주일을 가게에 나오셨지만 남편은 고집스럽게 병원을 가지 않고 한약을 지어 먹거나 동네 한의원에서 침을 맞는 것으로 대신했다. 일단 진료를 받으니 남편의 상태는 좋아지는 듯했다.

그해 겨울 손님이 없는 어느 날, 남편은 "일찍 들어가서 쉬자"고 하였다. 다음날 친정식구들이 오기로 하였기 때문이었다. 나도 그날따라 남편이 하자는 대로 하였다. 집에 들어간 우리 부부는 TV를 보고 있었다. 그러던 얼마 후 남편은 "냉장고에 있는 우황청심환하고 물약 좀 갖다 줘" 하고 소리쳤다. 나는 재빨리 약을 가지고 왔지만 남편의 사지는 뒤틀려 있었고 입에서는 구토물이 나와 있었다. 남편의 눈동자는 멈춰 있었다. 너무나 순식간에 벌어진 일이었다. 나는 119구급대를 불러 가까운 상계 백병원 응급실로 남편을 옮겼다. 머리 CT촬영을 마친 의사는 보호자들을 불러서 결과를 설명하였다. 의사는 "남편이 뇌의 중심부에 뇌출혈이 왔는데 호흡을 담당하는 부위라서 의식이 돌아오더라도 식물인간으로 평생을 살 수밖에 없다. 당장 산소호흡기 없이는 살 수 없다"고 하였다. 의사는 환자를 포기하라는 절망적인 말만 하였다. 나는 도저히 인정할 수가 없었다. 갑자기 나는 드라마의 주인공이 되어 있었다. 너무 기가 막혀 울음도 나오지 않았다. 응급실에 찾아온 친정 남동생은 나에게 의학적인 설명을 하였고 냉정하게 "자형을 포기하라"고 하였다.

나는 담당 의사의 말을 듣지 않고 남편을 살리기 위해 최선을 다했다. 하루에 한 번 중환자실로 면회를 하러 다니면서 친정엄마와 이모의 도움으로 가게를 꾸려 나갔다. 백병원에서의 한 달간 남편은 아무 차도가 없었다. 시동생과 나는 경희대 한방병원 중환자실로 남편을 옮겼다. 남편은 조금씩 의식이 돌아오는 듯 좋아졌다가 이내 상태가 나빠지면서 가족들의 가슴을 졸이게 하였다. 병원비가 비싼 한방병원에 두 달 가까이 있게 되자 시동생은 조심스럽게 "형님을 포기하죠"라고 먼저 제안을 하였다. 나는 "그렇게 못하겠어요"라고 하였다. 시동생은 잘못하다가 살아 있는 가족들까지 거덜이 나면 어떻게 하느냐고 걱정을 하였다.

　어느 날 아침, 병원에서 환자에게 이상이 있으니 빨리 들어오라고 하였다. 중환자실의 남편은 심근경색으로 심장이 멈춰 우리가 갈 때까지 심폐소생술을 받고 있었다. 시동생과 내가 도착하니 의사들은 심폐소생술을 멈추고 남편의 눈을 감겼다. 그렇게 석 달을 병원 신세를 지다가 남편은 세상을 떠났다.

　남편이 의식 없이 살아 있었던 석 달은 우리 가족들에게 남편을 보내기 위한 마음의 준비기간이었다. 남편이 갑자기 세상을 떠났다면 지금의 내가 없었을 것이다. 그러나 우리 곁에 있던 남편은 힘들었지만 살려는 의지를 보여 주기도 하였고 절망적인 모습을 보여 주기도 했다. 힘들어하는 남편을 억지로 데리고 있는 것이 과연 옳은가 하는 생각을 아이들과 나는 점점 하게 되었다.

　아이들과 부모·형제들은 남편의 죽음을 편안하게 받아들였다. 친정엄마가 맏사위의 죽음을 가장 애달파하셨다. 옛말에 사위 사랑은 장모라고 하지 않았던가. 남편은 친정식구 누구에게나 인기가 많았는데, 특히 처제들은 형부를 무척이나 좋아했다. 오빠가 없었던 여동생들은 인정 많고 재미있는 형부를 나보다 좋아했다. 동생들도 형부의 죽음을 슬퍼했다. 큰 아이가 고등학교를 입학하고 둘째아이가 중학교에 입학한 그해 5월의 일이었다.

갑자기 남편을 잃은 나는 건물주에게 전세를 빼달라고 부탁했다. 그러나 주인은 계약기간이 남아 있어 세를 빼줄 수 없다고 했다. 우리 부부는 매달 하루도 어기지 않고 제 날짜에 월세를 주었는데……. 남의 집에 사는 설움을 톡톡히 당하고 10개월 정도 친정엄마와 이모의 도움으로 식당을 열었다. 그러나 남편을 보고 식당을 이용하던 단골손님들은 남자 사장을 찾았고 경기는 점점 더 나빠졌다. 나는 주인과 담판을 지었다. 식당의 시설물을 헐값에 주인에게 넘기고 어렵고 힘들었던 식당을 정리하였다. 식당 3년을 결산하니 남은 것이 없었다.

가게를 정리하고 얼마 지나 살던 아파트에서 이사를 하였다. 시부모님께는 안방을 내어드렸다. 3년 동안 쉬지 않고 일했던 생활이 배어서인지 낮에 거리를 활보하는 것이 낯설기만 하였다. 아이들은 아빠가 없는 빈자리를 내색하지 않고 잘 이겨내고 있었다. 오히려 방문을 걸어 잠그고 무엇을 하는지도 모르는 나를 걱정하고 있었다. 그때가 나에게는 제일 견디기 어려운 시기였다. 어느 누가 위로를 해도 섭섭하고 야속했다. 친정아버지의 전화조차도 받기 싫었다. 그 전에는 하던 일을 마무리해야 한다는 생각 외에는 여유가 없었는데, 그때서야 남편의 사망을 인정하고 내가 살아야 할 방법에 대한 고민을 하기 시작했다. 그리고 나는 혼자 있고 싶었다.

한 달 정도를 거의 굶다시피 방안에만 있던 나는 형이 쓰러지자마자 부모님을 모시고 가겠다던 시동생을 찾아갔다. 잘못하다가는 가족이 해

'착한 딸' '현모양처', 현장에서 일어서다 - 이경옥  37

체될 수도 있겠다는 생각이 들었다. 나는 "아이들이 어릴 적부터 같이 살던 할머니, 할아버지와 헤어지게 하는 것은 아빠를 잃은 슬픔에 더해 또하나의 슬픔을 만드는 것이어서 시부모님과 같이 살았으면 좋겠어요"라고 시집 식구들에게 이야기하였다. 그 대신 아파트 관리비라도 지원해 주신다면 나에게는 힘이 되겠다고 말씀을 드렸다. 그 사이 고생하는 며느리 눈치만 보시던 시어머님은 며느리가 마음을 잡은 것에 안도하셨다. 시어머님은 생활력이 강하고 바른말 잘하시며 깐깐한 분이셨지만 큰아들을 잃고 종이호랑이가 되셨다. 일단 시부모님이 돌아가실 때까지 내가 모시겠다고 결정하니 마음은 편했다. 그러나 앞일이 걱정이었다. 인근에 살면서 가끔 부모님을 뵈러 오는 시동생은 새로운 사업을 제안하기도 하고 일자리도 알아봐 주겠다고 하였다. 나는 자영업은 다시는 하지 않겠다는 생각이었다. 그렇다고 일자리를 마냥 기다리고만 있을 수도 없었다. 나는 신문의 구직란을 보며 이력서를 내보았으나 연락 오는 곳이 없었다. 한번은 텔레마케터를 지원하려고 전화를 하였다. 상대방은 내 목소리를 듣고 나이까지 맞추며 "안 된다"고 하였다. 40대의 나이로 취업을 하기란 하늘의 별따기란 사실을 그때서야 알게 되었다.

## 3. 새로운 삶의 시작, 취업과 노동조합 활동

### 까르푸에서 시작된 새로운 인생

그즈음 우연히 지역의 생활정보지를 아파트 앞에서 가지고 와 보았다. 중계역 근처의 콘티낭이라고 하는 유통매장에서 사람을 뽑는다는 내용이 실렸다. 새로 문을 여는 곳이라 정규직, 파트타이머, 아르바이트 등 다양한 사람들을 뽑고 있었다. 기다리던 일자리여서 선택의 여지 없이 이력서를 냈다. 나는 음식 만드는 일을 좋아해서 신선식품 코너를 지원하였다. 담당 과장을 만나 면접을 보면서 네 명의 가족을 부양해야 하는 가장이라고 강조하고 정규직 채용을 요구하였다. 과장은 연락할 테니 기다리라고 하였다. 일주일이 지나서 정규직으로 채용이 확정되었다는 연락을 받았다. 정규직이 된 이유는 아마 내가 가지고 있는 조리사 자격증과 식당을 운영했던 경력 때문인 것 같았다. 그러나 문제가 생겼다. 같은 프랑스 유통매징인 콘티낭이 까르푸와 M&A<sup>기업인수합병</sup>가 되어 당장은 오픈하기 힘들다는 것이었다. 1999년 10월에 오픈하기로 했던 매장은 해를 넘겨 문을 열었다. 그해 겨울은 길었다.

나는 일을 하게 된 것이 얼마나 좋았던지 소도 때려잡을 수 있을 것 같았다. 3년 동안 거친 식당일을 하면서 일이 무섭지 않게 되었지만 유통 업체 일은 생전 처음이라 긴장이 되었다. 중계점 오픈을 하기 전에 인근 면목 까르푸에서 실습교육을 했다. 교육이라고 해서 별건 아니었고, 바로 현장에서 음식을 만드는 걸 배우는 일이었다. 면목점도 오픈한 지 얼마 되지 않아 고객들이 많았다. 일주일을 나가 지원하면서 유통일이 얼마나 어려운 일인지 알게 되었다.

중계점은 2000년 1월 7일 프랑스인 점장이 돼지머리에 절을 하면서 시작된 고사와 풍물소리와 함께 문을 열었다. 그동안 노원지역에 이마트와 2001아울렛, 많은 중소유통매장이 있었지만 원스톱 대형할인 매장을 구경한 고객들의 소문에 사람들이 밀려들어 오고 나갔다. 그러나 크고 깨끗한 매장과는 달리 직원들이 쉴 공간은 공사가 마무리되지 않은 상태였다. 차가운 바닥에 박스를 깔고 앉아 식은 밥을 먹으면서 쉬어야 했다. 매장은 많은 고객들로 시장바닥 같았다. 우리 부서의 미끼상품인 김밥과 전기구이 통닭, 샌드위치, 전, 튀김 때문에 진열대 앞은 사람들로 장사진이었다. 한마디로 '오픈빨' 때문에 직원들끼리 얼굴 보고 있을 시간도 없었다. 식사시간이 되어도 밥을 먹으러 가거나 화장실에 갈 수도 없었다. 눈치 보며 말도 못하고 일만 했다. 아니 그렇게 일하는 것이 당연하다고 생각했다.

나는 샐러드 샌드위치 담당 조장이었다. 우리 부서에는 4개의 코너가 있었는데 각 코너에 정규직 조장과 비정규직 직원들이 있었다. 전체 인원은 30~40명이었다. 같은 일을 하면서 정규직들만 상여금을 받았다. 명절에는 떡값으로 상품권도 받았는데 정규직은 5만 원, 비정규직은 3만 원을 지급하여 정규직들은 비정규직의 눈치를 봐야 했다. 조장들은 비정규직들에게 "월급받은 만큼 일하라"는 비아냥거리는 소리를 들어야 했다. 정규직이라고 딱히 다른 일을 하는 것이 아닌 만큼 상여금 달이나 명절에는 비정규직들의 불만이 많았다. 정규직의 월급이 적어 비정규직과의 차이가 크지 않았지만 정규직들은 죄인처럼 그저 조용히 일만 했다.

온종일 서서 일하는 것이 얼마나 힘들던지 처음 일주일은 발바닥이 얼얼할 정도로 아팠다. 물을 사용하는 작업장이라 하얀색 비닐장화를 신고 일했는데 바닥에 쿠션감이 없다 보니 무리가 온 것이다. 큰 병이 난 것 아닌가 걱정했지만 다행히 적응되어 갔다. 하지만 같이 일하는 직원들과 적응하는 것이 쉽지 않았다. 우리 조원들 이외에 다른 직원들과는 이야기를 하지 않고 일만 하던 나에게 말하기 좋아하는 직원들은 싸움을 걸어왔다. 나보고 "말이 없다"고 시비를 걸기도 하고 "일이 느리다"고 면박을 주기도 하였다. 지금 생각하면 웃기는 일이지만 여직원들이 많은 사업장에서는 종종 있는 일로 자기 목소리를 과시하려는 시도였다. 나는 상대하지 않았고 그런 싸움에 끼고 싶지 않았다. 솔직히 일하러 나왔으면 그 시간만큼은 모든 것을 잊고 동료들과 재미있게 일하고 싶었다. 말들은 안 하지만 다들 사정이 있어 이곳에 나온 것 아닌가. 힘든 일도 마다하지 않고 하는데 사람에게 치이면서 상처받는 것이 속상했다. 그렇지만 그것도 몇 달이 지나자 개인의 성격차로 인정하기로 하였다.

'오픈빨'이 서서히 식어 가면서 그 많던 비정규직들도 하나둘 눈앞에서 없어졌다. 최초의 3개월 계약서를 쓰고 재계약을 하지 못한 비정규직들은 계약해지로 더 이상 일을 할 수 없게 되었다. 그나마 재계약을 한 비정규직들은 눈치를 보면서 일을 해야 했다. 그에 비해 정규직은 마음이 편했지만 인원 충원이 되지 않은 상황에서 누구나 할 것 없이 일이 힘들어졌다. 과장은 그래도 인원이 많다면서 전날 매출을 확인하는 아침 미팅시간에 온갖 트집을 잡았다. "음식을 만드는 작업장의 위생·청결 상태가 좋지 않다"고 조리기구들을 던지며 우리의 사기를 꺾었다. 대부분 여성인 우리는 가끔 "나이 많은 순서대로 자르겠다"는 말을 들을 때면 억장이 무너져내렸다. 나이 먹는 것도 서러운데 자존심이 무척 상했다. 반대로 소수인 남자직원들은 승급을 시켜 주면서 사기를 돋우어 주었다

그동안 열심히 일했다고 자부하던 네 명의 조장은 날을 잡아 과장을 면담했다. "소리 소문도 없이 남자직원들은 승급도 해주면서 우리들은 왜 승급을 해주지 않느냐"고 물었다. 과장은 "정규직 여직원들은 TO가 없어 불가능하다"고 잘라 말했다. "그 대신 비정규직을 정규직으로 전환해 주겠다"고 했다. 그동안 같은 일을 하는 비정규직들에게 미안하였기 때문에 과장의 말에 동의했다. 남아 있는 비정규직들이 모두 정규직 전환이 되면 조장들의 승급에 대해 다시 논의하기로 하였다.

4월이 되자 임금이 인상되었는데 회사가 일방적으로 통보하였다. 기본급의 2%가 인상됐는데 따져 보니 주50시간을 근무하는 정규직의 연봉이 1,200만 원이었다. 어린애 장난도 아니고, 기가 막혔다. 거기에 일은 죽도록 시키면서 작업장에서 사용하는 장화, 일회용장갑, 고무장갑, 하물며 행주조차 넉넉히 지급되지 않아 집에서 챙겨와야 하니 직원들의 불만은 이만저만이 아니었다. 나는 입소문으로 알게 된 노사협의회에 대한 기대를 가졌다. 많은 직원들은 신선식품부서의 대표로 들어가는 베이커리 직원에게 불만을 요구하고 회사의 답변을 받아오길 기다렸다. 그러나 그녀는 점장의 일방적인 말만 듣고 왔다. 나는 회사가 제대로 돌아가려면 직원들의 불만을 수렴해 시정조치 하는 것이 맞다고 생각하였기에 도저히 이해되지 않았다.

그해 겨울이었다. 노사협의회에 들어가던 베이커리의 여직원이 갑자기 사망했다. 원인은 확실하지 않았지만 집에서 죽었다는 이유로 회사는 산재처리를 해주지 않았다. 말없이 몸 사리지 않고 열심히 일했는데 너무 씁쓸한 죽음이었다. 한동안 우리들은 "산재처리를 받기 위해 죽어도 작업장에서 죽자"면서 농을 하였다. 얼마 후 나는 죽은 이 대신 노사협의회에 노측 위원으로 들어갔다. 총무부장이 "회의에 들어가 보지 않겠냐"고 제안해서 얼른 승낙했다.

그러나 노사협의회에 대한 기대는 여지없이 무너졌다. 한참을 프랑스인 점장의 이야기만을 들었고 노측 위원들은 시시콜콜한 요구만 하고 있었다. 아주 작은 것도 비용을 절감하기 위해 부서에서 해결해 주지 않았기에 이해가 되긴 했다. 그러나 가장 중요한 임금인상에 대해서 점장의 짧은 답변에 이의를 달지 못하였다. 나는 신선식품 직원들에게 회의 분위기를 전달하는 데 그쳤다. 결국 월급인상은 노사협의회에서 회사가 정한 액수로 통보받았다.

유통업체는 이직률이 높은데, 임금도 작고 일이 힘들다 보니 급여조건이 좋으면 바로 이직하기 때문이다. 이곳저곳 유통업체를 전전하던 직원들은 이구동성으로 까르푸매장이 가장 일하기 좋다고들 했다. 그 이유는 까르푸가 나이제한과 학력차별이 없기 때문이다. 그래서 까르푸는 선진적이었다. 이런저런 정보를 들은 나는 건강이 허락하는 한 정년 60세까지 일을 하겠다는 야무진 결심을 하였다. 그러나 지금의 근무환경으로는 어림없었다.

## 노동조합에 참여하다

입사한 지 1년이 되었지만 일을 해도 신이 나지 않았다. 점점 노사협의회의 실체도 알게 되었고, 회의에 참석하면 할수록 오히려 힘이 빠졌다. 그사이 중계 2001아울렛에서 일하던 비정규직 한 사람이 우리 부서에 입사를 하였다. 그 사람으로부터 그곳은 정규직들이 대우를 받으며 좋은 조건에서 일을 한다는 말을 들었다. 까르푸는 복지제도가 없는데 아울렛은 자녀 학자금까지 나오며 상여금도 우리와 많은 차이가 났다. 그리고 그 차이는 노동조합 때문이라는 것을 알게 되었다.

이야기를 듣다가 문득 2000년 입사 즈음의 일이 생각났다. 하루는 평일인데도 매장에 손님이 많았다. 한 직원이 "아울렛 조합원들이 데모를 하여 매장 입구에 셔터가 내려지고 전경들과 대치 중이라서 우리 매장에 손님들이 몰려왔다"고 말했다. 나는 퇴근하면서 아울렛을 먼발치에서 보았다. 새까만 헬멧을 쓴 전경들의 모습이 무서워 힐끔힐끔 쳐다보면서 버스를 타고 퇴근했다. 어느 날은 지하철역에서 노조의 선전지를 받아보기도 하였고 아울렛 건물에서 사람이 뛰어내려 다쳤다는 TV뉴스를 보면서도 아무 생각이 없었다.

그런데 그때의 투쟁으로 정규직들이 걱정 없이 일을 하게 되었다니…… 중계점에서도 노동조합에 대한 관심을 갖기 시작했다. 나는 까르푸의 부당함을 볼 때마다 노동조합을 만들어 우리가 하고 싶은 이야기를 해야 한다는 생각뿐이었다. 그러나 이미 일산에 노조가 있는데 힘이 없다는 것도 알게 되었다.*

2001년 5월 즈음 위생교육을 받는 자리가 있었다. 한 직원이 "중계에 노조를 만들려고 하는데 관심이 있으면 참석하라"고 비밀스럽게 시간과 장소를 알려주었다. 나는 노조에 관심 있는 여자직원들과 참석하였다. 장소는 매장 인근의 서울온천이었고 노조창립식 자리였다. 이미 간부들은 모두 남성들로 꾸려졌고 직책과 함께 인사들을 하였다. 나는 망설임 없이 그 자리에서 노동조합에 가입하였다. 노사협의회에서 활동했던 직원들이 일부 간부로 나섰다. 그 때문에 나는 여성부장 제안을 받았고 바로 답을 할 수 없어 일주일간의 시간을 달라고 했다. 집에 돌아오는 길에 많은 생각을 하였다. 시부모님과 아이들을 챙겨야 하는 내가 과연 간부라는 것을 할 수 있을까 고민이었다. 더구나 나는 학교 다니면서 줄반장도 해보지 못했다. 아니 그럴 용기가 없어 하지 않았다. 그러나 항상 아웃사이더로 목소리를 내지 않았던 나는 간부로 나서기로 결정을 하였다. 나를 지키기 위한

---

* 노동조합 설립은 '1사 1노조' 원칙에 따라 전체를 포괄하는 '본조'가 있고, 나머지 지역 매장에서는 '지부'로 가입하는 형식이다. 그 때문에 일산의 노조가 '본조'가 되고, 중계점에서 노조를 만들면 '지부'가 된다.

선택이었다. 아니 모두 살기 위한 선택을 하였다.

중계지부 간부들은 노조설립을 알리는 공문을 가지고 점장실에 들어갔다. 미리 면담신청을 하였지만 점장은 자리에 없었다. 비서에게 공문만 전달하고 나온 우리들은 맥이 빠졌다. 노조를 만들기만 하면 회사가 껌뻑 죽어 우리와 대화하자고 할 줄 알았는데 한방에 무시를 당한 것이다. 바로 민주노총 서울본부 북부지구협 담당자가 회의를 소집하였다. 그 많던 간부들이 거의 나오지 않았다. 회의 때마다 나 혼자 우두커니 자리를 지켰다. 이해가 안 됐다.

그러던 어느 날 해운대지부 창립행사에 갔을 때 시어머님이 뇌졸중으로 쓰러져 중환자실에 계시다는 연락을 받았다. 아침에 나올 때 유난히 안색이 안 좋으셨는데……. 다음날 새벽 첫 기차를 타고 올라온 나는 중환자실에서 눈조차 뜨지 못하고 계신 시어머님을 뵈었다. 어머님은 내 목소리에 반가워하셨지만 바로 의식을 잃으셨다. 이틀 뒤 근무를 하는 중에 어머님이 돌아가셨다는 연락을 받았다. 금쪽같은 아들을 잃고 상심한 어머님은 2년 만에 아들을 따라가셨다.

하계동 을지병원 영안실에 어머님을 모셨다. 상주로 빈소를 지키고 있던 나는 중계지부 문제로 비상회의 소집통보를 받고 병원에서 몰래 빠져나왔다. 일부 간부들이 회사의 노조탄압으로 사퇴와 사직을 하는 바람에 서비스연맹 간부가 나와서 대책회의를 하였다. 참석한 간부들은 지부 결성 때의 당당한 모습이 아니었다. 시작 한번 해보지 못하고 조합원들의 기대를 저버린 모습에 나는 실망했다. 지부장조차 사퇴를 하니 말이 아니었다. 나는 "조합원들을 생각하고 마음을 모으자"는 말을 하고 헤어졌다.

일단 조합원들의 명단은 공개하지 않았다. 그러나 관리자들은 까르푸에서 노조탈퇴를 시키면 가장 높은 인사고과를 받았기 때문에 앞장서서 직원들을 못살게 굴었다. 특히 남자직원들에게는 면담을 하면서 승진 승급을 가지고 협박을 했지만 90여 명이 조합에 가입하였다. 내가 일하던 샐러드바의 정규직들은 모두 노조에 가입하였다. 새로운 지부장을 세우면서 자의반 타의반으로 나는 사무국장을 맡았다. 왜냐하면 여성사업장이지만 조합원들은 믿음직한 남성 지부장을 원했고, 나는 지부장을 보좌하는 것이 좋을 것 같았기 때문이다. 신임 지부장도 나와 함께 노사협의회에 들어갔다. 프랑스인 점장은 노조간부들의 요구를 마냥 묵살할 수가 없어 일부를 수용하였다. 야간 택시비를 거리별로 산정하여 지급하도록 하였고, 매장 식당가에서 직원들의 할인제도를 성사시키면서 하나씩 직원들의 불만을 해결하였다. 아마 회사는 노사협의회를 활성화하면 노동조합을 잠재울 수 있을 것이라 생각했던 것 같다.

그 뒤 일산 본조의 간부들과 수련회를 하면서 점점 노조의 실체를 알았다. 노조는 단체협약도 전임자도 없는 휴면노조였다. 까르푸의 노조탄압으로 수많은 직원들이 가입과 탈퇴를 반복하였다. 특히 남자 위원장을 세우면 곧바로 회유와 협박을 하여 사직하게 만들었다. 그나마 여성간부들이 깃발을 지키고 있었다. 쉬는 날 다른 매장을 다니면서 명함을 뿌리는 일이 전부였다. 다행히 2001년 2월부터 노조 홈페이지를 개설하여 직원들의 상담을 받아 해결하였다. 가슴이 답답하였다. 힘없는 본조에 기댈 것이 없다고 판단한 지부장과 지역에서 가장 가까운 곳에 있는 민주노동당 노원지구당을 찾아가 당원 가입을 하였다. 여차하면 도움을 달라고 지원 요청도 하였다.

아는 것이 없었던 나는 퇴근 후 민주노총 서울본부 제1기 노동자학교를 다녔다. 이른 아침부터 온종일 서서 일하고 교육을 받는 것은 쉽지 않았다. 그러나 전혀 몰랐던 세계를 알아 가는 것이 얼마나 즐겁던지, 그날만은 몸이 날아갈 듯 가벼웠다. 제일 기억나는 교육은 하종강 선생님의 교육이었는데 "노동자들은 노조 깃발 아래로 모여야 된다"고 하시는 말씀에 감동을 받아 나도 모르게 흘러내리는 눈물 때문에 앞이 보이지 않았다. '노동자'라는 단어만 들어도 '빨갱이들이 쓰는 단어'라고 생각했던 내가 스스로 권리를 지키겠다는 각오를 하게 했던 감명 깊은 교육이었다. 나는 한 번도 교육에 빠지지 않아 모범개근상을 받았다. 얼마나 감격했던지 시상식에서 촌스럽게 눈물을 흘렸던 기억이 새롭다.

쉬는 날은 서비스연맹의 문자를 보고 집회에 참석하였다. 지금도 잊지 못하는 동교동 린나이 본사 앞 집회! 무척 추운 날씨에 차가운 인도에 앉아 처음 들어본 '철의 노동자'는 나의 심장을 울리게 하였다. 눈물을 흘리며 노동자로 살기 위한 마음을 다졌다.

## 4. 겁도 없이 시작한 투쟁

### 2002년 임금과 단체협상 투쟁

노조는 2002년 임금과 단체협상 투쟁을 위해 2001년 가을부터 교섭공문을 보냈다. 회사는 요리조리 교섭을 피했다. 그 시기 까르푸는 단협은 없어도 조합비는 일괄적으로 공제해 주었다. 그 이유는 조합원 명단을 확보하여 회유와 협박을 하기 위해서였다. 조합원의 명단을 공개하자 중계점도 부장과 과장이 전 직원들을 개별적으로 면담하면서 회유하여 일부 부서는 한 단계씩 승급을 해주자 대부분 탈퇴하였다. 투쟁을 앞두고 나는 울면서 호소해 보았지만 막을 수 없었다. 내 속은 검게 타들어 갔다. 유일하게 내가 속한 샐러드바와 지부장의 부서 조합원 소수만 남았다. 힘없는 노조였지만 죽지 않고 살기 위해 선택해야 했다. 일산, 중계, 계산, 해운대지부에서 쟁의행위 조합원 찬반투표를 진행하였다. 조합원들의 압도적인 찬성으로 합법적인 쟁의행위를 하기로 했다. 일산과 중계지부 열 명의 간부들은 근무가 끝나고 새벽 1시 일산에 모여 연맹위원장과 함께 간부 파업 결의를 하였다. 조합원들은 현장에서 '조끼투쟁'을 하기로 하였다. 근무시간도 제각각이어서 교육도 하지 못했다. 기껏 음식점에 모여 밥을 먹으면서 우리들의 의지를 확인하는 정도였다. 과장은 조끼투쟁 계획을 알고 회식자리를 만들었다. 까르푸의 상습적인 방법이었다 대부분 고기 사 주고 술 사 주면 회유되었다. 그러나 우리 부서는 어림없었다.

나는 샐러드바에서 가장 목소리 큰 조합원을 만났다. 그녀는 몇 년 동안 종합병원 주방에서 새벽근무로 환자식을 만들다가 까르푸에 입사하여 조장까지 했지만 모든 직원들을 경쟁상대로 생각하고 공격하여 작업장을 평정한 인물이다. 이번 투쟁에서도 내게 자기 자리를 내주는 것이 아닌가 의심하였다. 시간이 흐르면서 많은 직원들이 나를 따르고 믿었다. 나는 개인적인 욕심으로 하는 것이 아니라는 확신을 주어야 했다. 나는 그간 직원들이 "여기 와서 일할 사람이 아닌데 왜 하게 되었냐"고 종종 물어볼 때마다 웃기만 하고 대답하지 않았다. 나는 여성들과의 경쟁 속에서 소위 남의 말 좋아하는 사람들의 먹잇감이 되어 도마 위에 오르는 것을 철저히 경계하며 까르푸에서 지내왔다. 그러나 투쟁을 성사시키기 위해 그동안 지켜왔던 내 자존심을 버리고 나의 상황을 밝히기로 했다. 그래야만 내 진심을 알아줄 것 같았다. 그것은 다름 아닌 남편과의 사별에 관한 이야기였다.

한국사회에서 여자로 혼자 살아간다는 것은 어렵다. 더구나 남편하고 사별한 여자들은 남의 시선 때문에 더욱 힘들다. 모든 것을 다 가지고 있어도 남편이 없다는 것은 여자에게는 최대 약점이었다. 그래서 '과부'라는 단어는 너무나 서럽다. 내가 문제가 있는 것도 아닌데, 죄인이 되어야 했다. 그러나 사회적인 편견을 뛰어넘을 수는 없었다. 나는 친척들이 아는 것이 싫어 친정 대소사에 참석하지 않았고 대학동창회도 참석하지 않았다. 현모양처의 꿈이 산산이 부서지며 내 삶도 부서지는 것 같아 두려웠다. 편견 없는 외국에서 아이들을 밝게 키우려고 이민설명회를 기웃거리며 한국을 떠나려고도 했다. 하지만 모험을 걸기에는 44세의 늦은 나이여서 포기하였다. 그만큼 까르푸는 나에게 소중한 일터였다. 늦은 저녁 그녀를 찾아가 솔직히 이야기하였다. 나의 비밀을 들은 그녀는 이번 투쟁에 함께 참여하겠다고 하였다.

노조 역사상 처음으로 지부들이 합법적인 단체행동을 하는 날! 가슴이 뛰었다. 중계점도 난리가 났다. 조끼를 입고 작업장에 들어가는 조합원들을 지키기 위해 지부장과 나는 파업을 하였다. 작업장에서 조합원들은 떨고 있었다. 나는 조합원들을 안심시키며 함께했다. 안전팀장은 지부장의 목덜미를 낚아채며 폭력을 행사하였다. 그러나 여성인 나를 건드리지는 않았다. 오전근무조의 투쟁으로 오후조도 자연스럽게 투쟁에 함께하였다. 중계를 제외한 지부들은 '조끼투쟁'조차 하지 못했다. 일산 본조만 한 시간가량 조끼를 입었다가 투쟁을 접었다. 조합원들에게 작업장에서 조끼를 입는 것은 불법행동이라며 협박을 하였기 때문이다.

중계는 샐러드바와 검수팀 조합원들이 일주일 정도 투쟁을 하였다. 그러나 간부들이 연대투쟁과 외부활동에 치중하는 바람에 샐러드바 조합원들은 과장에게 회유당했다. 다른 부서가 모두 탈퇴한 상태라 조합원들이 힘들어했는데 과장은 탈퇴하는 조건으로 한 단계씩 승급을 시켜 줬다. 단돈 3만 원에 조끼를 벗었다. 가슴이 아팠다. 소수의 조합원으로 현장투쟁을 하기는 어려웠다. 간부들은 프랑스대사관 1인시위와 까르푸 본사 앞 1인시위를 하였고 민주노총 서울본부 투쟁사업장들과 모여 연대투쟁을 하면서 까르푸투쟁을 알려 나갔다. 외국계 기업이 한국인 노동자를 무시하는 것에 대해 주위의 많은 동지들이 지지해 주었다. 특히 중계 근처에는 대학들이 많아 학생들의 지원을 받아 투쟁을 조직해 나갔다. 중계의 조직부장은 예전에 철거민투쟁도 하였던 터라 투쟁을 전혀 모르던 우리에게 많은 도움이 되었다.

유통업체는 이미지가 중요하다. 그래서 우리는 제일 먼저 '이미지타격 투쟁'을 하기로 하였다. 학생들이 거칠게 쓴 플래카드를 중계 까르푸 건물 주위에 주렁주렁 걸었고 밤에는 학생들과 몰래 색색의 종이에 "한국인을 무시하는 까르푸는 각성하라!" "까르푸는 노조탄압 중단하라!" 등의 구호를 인쇄해 건물 외벽에 도배하였다. 회사가 떼면 그 자리에 다시 '풀팅'<sub>포스터 등을 풀로 붙이는 행동</sub> 작업을 하면서 우리는 실랑이를 벌였다. 프랑스인 크리스티앙 드날 점장은 직접 진두지휘를 하면서 우리를 노려보았다. 그러나 그것도 잠시! 내가 청테이프를 사러 간 사이 일이 터졌다. 2002년 7월 15일, 점장이 '풀팅'을 하고 있던 지부장을 뒤에서 잡아당기고, 방향을 틀어 앞으로 쓰러지면서 자기 머리를 인도에 큰소리가 날 정도로 일부러 박았다. 본사가 있는 강남의 병원에서 다친 이마와 상관없이 허리의 골절로 전치 4주의 진단서를 받아왔다. 비열한 점장이 '할리우드 액션'을 하며 간부파업에 앞장섰던 지부장을 해고한 것이었다. 그렇다고 기가 죽을 우

2002년 까르푸 본사 앞 투쟁 시 전경과의 대치 장면

리가 아니었다. 오히려 해고자 발생은 우리를 독하게 만들었다.

전국에 25개 정도의 까르푸 매장이 있었다. 우리는 노조를 알리기 위해 서울과 수도권의 매장을 돌며 선전전을 하고 약식집회를 열었다. 매장에서는 직원들의 호응이 좋았으나 노조를 싫어하는 관리자들의 눈치를 봐야 했다. 매장의 점장과 안전팀, 보안팀들은 따라다니며 험한 말로 과민하게 대응했다. 열 명의 간부들이라 큰 효과를 기대하기는 어려웠고, 회사의 부당함을 직원들에게 알리며 공감대를 형성하는 데 만족해야 했다.

한여름 역삼동에 있는 까르푸 본사에서 집회계획을 잡았다. 중계에서 해고자가 발생하여 항의방문을 하기 위해서였다. 집회는 11시부터 시작하였다. 건물의 소유주인 삼성이 시설보호 요청을 하여 많은 경찰병력이 건물 입구를 막고 있었다. 처음부터 기분이 좋지 않았다. 우리는 집회를 마치고 본사에 항의서한을 전달하려고 공문을 들고 경찰과 대치하였다. 여성간부들이 맨 앞에 서서 들어가겠다고 전경들과 실랑이를 하면서 사건은 벌어졌다. 전경들은 필사적으로 방패를 들이대며 막았다. 여성들의 비명소리에 연대투쟁을 하러 왔던 유단자로 구성된 보안업체 캡스노조 동지들이 경찰의 폭력을 막아 주었다. '실시간 연대 요청' 소식에 인근의 동지들이 달려와 집회규모는 점점 커졌다. 구급차 사이렌 소리가 울리고 부상자들은 계속 실려 나갔다. 집회 중간에 합류한 계산지부 조합원들은 전경들과 몸싸움을 하느라 혼이 나가 있었다. 나도 이런 무서운 집회는 처음이었다. 겁이 났지만 현장을 기록하기 위해 사진을 찍었고 물을 사다 나르느라 정신이 없었다. 결국 회사가 항의서한을 받기로 하여 전달하고 집회를 해산하였다. 남은 20여 명의 조합원과 간부들은 다리를 절룩이고 얼굴과 손발에 상처를 입었다.

집회에서 3박 4일 지방순회를 하겠다고 선포한 우리들은 선전물과 피켓을 준비하였다. 그러나 나는 집을 장시간 비워 본 적이 없어 당장 아버님과 고3인 큰아이가 걱정되었다. 어머님이 돌아가시고 제일 걱정이 되었던 시아버님은 그동안 시누이들에게 교육을 받으셔서 내가 밥과 반찬만 해놓으면 당신이 직접 차려 잡수시고 설거지를 하셨다. 나는 밥솥에 밥을 가득해 놓고 집을 나왔다. 며느리와 엄마로서 미안했지만 이번 기회에 가족들도 각자 알아서 사는 방법을 익혀야 한다는 생각에 집안 일을 잊고 마음을 편하게 먹었다. 간부들이 연맹의 방송차를 순번대로 운전하며 지방으로 내려갔다. 까르푸는 노조의 지방순회에 민감하게 반응하며 매장마다 직원 휴게실에 들어가는 우리를 필사적으로 막았다. 그래도 우리는 투쟁을 알리면서 선전물과 노조가입서를 돌렸다. 경기도, 충청도, 전라도, 경상도의 매장을 돌면서 순회를 성공적으로 마쳤다. 특히 순천점에서는 집단으로 노조가입을 하였다. 지방순회를 하면서 지역본부 사무실이나

2002년 까르푸 순천점 매장 순회투쟁 때 보안과의 몸싸움

지역의 농성장을 숙소로 삼았다. 부산에서는 부산지역 일반노조의 천막
농성장에서 장마 빗소리를 들으며 잠을 청하였고 해운대에서는 해고동지
의 함바식당 옆 간이천막에서 잠을 자고 밥까지 얻어먹었다. 형편이 어려
운 노조라 문전걸식을 하면서 투쟁을 하였다. 전국에 고마운 동지들이 너
무나 많았다.

　그해 가을 일산 본조 간부들은 생계도 어렵고 조합원을 지키겠다며
위원장과 함께 현장으로 복귀하였다. 해고자가 있는 중계지부가 투쟁의
중심이 되었다. 100일 투쟁이 지나면서 지지부진하던 우리는 거점농성을
하였다. 9월 중계점 정문에서 집회를 하면서 기습적으로 천막을 설치하였
다. 떠돌이 투쟁을 하던 우리들은 천막에서 연대동지들을 모으고 투쟁을
만들어 갔다. 매일 대자보를 써서 매장 입구에 도배를 하였고 음악을 틀어
매장 입구를 시끄럽게 하였다. 플래카드도 걸고 매장 주위를 어지럽혔다.

고객들이 다니지 못할 정도로 나무에 주렁주렁 걸었다. 지나가던 고객들도 투쟁을 지지한다면서 물과 함께 모금함에 돈을 넣어 주셨고 탈퇴한 중계 직원들도 수고한다면서 회사 몰래 돈을 쥐어 주고 갔다.

중계의 일부 간부도 생계와 집안 일로 투쟁에 나오지 못하면서 본조 사무국장과 지부장, 나, 여성 조직부장 4명이 남았다. 이가 없으면 잇몸으로 하면 된다고 하지 않았던가! 우리 곁에는 투쟁 경험이 많은 학생들이 있었고 그 중의 한 명이 상근을 하면서 힘이 되어 주었다. 나는 처음 해보는 천막투쟁이 적성(?)에 맞았다. 입구에 서 있던 원두막을 주방으로 사용하면서 재미있게 생활하였다. 나는 아이들 도시락 때문에 특별히 밤 12시에 퇴근하고 아침 7시에 출근을 하면서 밤 농성에서는 제외되었지만 낮에는 대부분 사무국장과 같이 농성장을 지켰다. 지부장과 조직부장은 외부 연대투쟁을 함께 하면서 투쟁을 조직하였다. 그때 연맹에는 투쟁사업장이 많았다. 한진관광면세점 비정규직투쟁, 중계 인근 서울온천, 캡스노조와 연대투쟁을 하면서 품앗이 투쟁을 하였다. 그 중에서 우리가 가장 소수의 투쟁사업장이었다.

농성이 길어지면서 회사를 압박하기 위해 고공농성을 하기로 하였다. 어쩔 수 없었지만 위험한 투쟁이었다. 고공농성 경험이 있는 흥국생명노조를 찾아가서 밧줄타기를 배우기로 하였다. 고공농성 디데이(D-day) 날 집회 시작 전에 건물 아래에서는 투쟁사업장 동지들과 집중집회를 하였다. 고공에 매달리는 데 성공한 조직부장은 핸드마이크로 "우리는 까르푸의 노예가 아니다"를 외치며 "첫째, 노동조합을 인정하라! 둘째, 단체협약을 체결하라! 셋째, 부당해고 철회하라! 넷째, 비정규직 철폐!"를 외쳤다. 나는 목숨을 걸고 투쟁할 수밖에 없는 현실에 눈물을 흘렸다. 그러나 회사

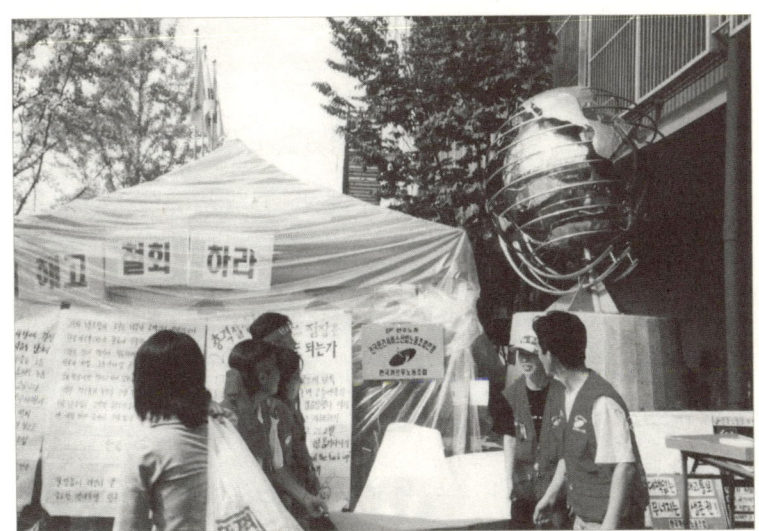
2002년 중계점 농성장에서 한 노조 현판식

는 끝까지 버티며 아무도 나오지 않았다. 인근 소방서에서 고가사다리차가 대기하고 사이렌이 울리면서 중계 일대가 난리가 났다. 노무담당 이사와 지부장의 통화로 일단 고공농성을 접기로 했다. 우리의 투쟁은 곧바로 MBC뉴스 헤드라인 기사로 뜨면서 알려졌다.

그 와중에 9월 13일 천막에서 노조사무실 현판식을 하였다. 노조사무실을 줄 때까지 천막을 지키겠다는 우리들의 의지를 사측에게 다시 일깨워주기 위해서였다. 서비스연맹의 동화청과와 대아청과, 강동수산 노조가 1톤 트럭으로 배추와 야채, 생선 등을 천막으로 보내주셨다. 일부 김치 재료와 생선은 천막 주위를 깨끗이 치워 주시는 용역 미화직원들과 몇 안 되는 조합원들과 나누었다. 남은 것으로 현판식 행사음식을 장만했다. 나는 직접 겉절이를 무치고 두부와 막걸리를 준비하였다. 정문 앞에서 돼지머리와 시루떡에 고사를 지내고 까르푸노동조합이라고 쓰인 현판을 달았다. 천막이라도 좋았다. 나와 동지들은 돼지머리에 절을 하며 우리의 소원이 이루어지길 빌었다.

그 당시 까르푸는 세계 2위의 유통업체로 국제노동단체인 UNI국제노동조합네트워크와 까르푸-UNI 국제협약을 체결하고 있었다. 까르푸는 유럽에서는 국제협약을 지키면서 아시아에서는 협약을 무시하고 지키지 않고 있었다. 한국UNI도 실시간으로 까르푸노조의 투쟁을 보고하면서 프랑스에 있는 까르푸 본사를 압박하였다. 그러나 한국까르푸는 노조를 '일본의 적군파'라고 지칭하며 노조의 피켓구호와 투쟁을 까르푸 본사에 왜곡 보고하였다. 한국UNI의 개입으로 고공농성 17일 후 기다리던 교섭이 이루어졌다. 그러나 내용은 없었다.

10월 초 중계지부장의 부당해고 구제신청 심판회의가 서울지방노동위원회에서 있었다. 기대했던 부당해고라는 판정결과가 10월 중순에 나오면서 복직의 희망이 보였다. 노동자들에게 해고는 죽음이다. 겉으로는 태연한 척하지만 해고자의 마음을 누가 알겠는가? 나도 해고자들을 전부 이해하지는 못했다. 여성 조직부장은 비정규직으로 투쟁을 시작한 지 얼마 안 되어 최초의 3개월 계약이 끝난 후 재계약이 되지 않은 상태여서 해고자였다. 나와 중앙의 사무국장만 해고자가 아니다. 그러나 전면파업을 하면서 임금도 받지 못하는 것은 마찬가지여서 우리는 집회에서 라면과 먹을 것을 만들어 팔았고 행사장과 지하철에서 모금함을 돌리면서 투쟁을 이어 나갔다. 간부들에게 2~3만 원의 핸드폰 요금을 지급하는 것이 고작이었다. 투쟁이 길어지면서 생활고 때문에 간부들은 천막에 나오지 않았다. 그럴 때마다 집으로 찾아가 설득하는 것이 전부였다. 경제적인 것을 해결하는 일은 당사자들의 몫으로 돌릴 수밖에 없는 노조의 현실이 안타까웠다. 먹고 입는 것을 줄이면서 소비를 최소화하였다.

회사는 중계점 매장의 임대주들을 앞장세워 천막 주위 시설물 가처분신청을 하도록 하여 민사소송에서 승소하였다. 노조는 거점농성을 하면서 연대를 모아내는 이점도 있었으나 천막을 지키느라 조직활동을 하지 못한 단점도 있다고 판단하고 7월 15일 천막을 철거하였다.

새롭게 매장 순회투쟁을 벌였다. 회사가 형식적인 교섭으로 시간을 끌었기 때문에 수위 높은 투쟁을 하지 않으면 복직도 힘들어 보였다. 해고자인 지부장과 조직부장은 구속을 각오하는 결의를 하였다. 나와 사무국장은 투쟁은 같이 하지만 구속결의는 못하겠다고 하였다. 당장 아이들을 생각한 것이다. 일주일에 한 번씩 매출이 좋은 토요일, 중계에서 집회를 열었고 대오를 이끌고 매장 안에서 구호를 외치는 '소리통'을 했다. "노동조합을 인정하고 단체협약을 체결하자!" 직원들과 고객들의 반응은 좋았다.

## 마침내 단체협약을 따내다

투쟁을 할 때만이 조직은 확대되었다. 지난 여름 전국을 순회하면서 노조의 투쟁을 지켜보던 직원들이 우리에게 연락을 해왔다. 지부를 만들고 싶다는 것이었다. 지부장만 달랑 있었던 계산지부가 재조직되었고 순천지부도 결성되었다. 중동점은 지부 결성을 타진하고 있었다. 현장의 분위기가 점점 노조에 기울어지며 술렁이자 회사도 교섭에 나왔다. 투쟁과 교섭을 병행하는 전술에 회사는 민감하게 반응했지만 교섭을 하는 날에도 우리는 투쟁을 하였다.

교섭 중인 11월 말에 위원장 선거를 하였다. 투쟁에 앞장섰던 중계지부장과 나는 중앙의 위원장과 사무국장으로 출마하여 당선되었다. 1997

년 노조가 만들어진 이래 처음으로 본조가 중계지부로 바뀌었다. 그동안 우리의 투쟁을 도와주었던 학생에게 교선'교육선전'의약칭차장을 맡겼다. 나는 본격적으로 교섭에 들어갔다. 작은 노조지만 할 일은 너무나 많았다.

12월 12일 교섭의 진척을 위해 본사 앞 집회를 하였다. 본사가 강남에 있는 서울지역 투쟁사업장들이 모여 집회를 하였다. 8월의 첫 집회 이후 두번째의 대규모 집회였다. 100명 정도가 모여 추운 겨울 길바닥에서 차가운 도시락을 먹고 구호를 외치며 행진을 하고 있는데 큰아이에게 전화가 왔다. "엄마, 대학입학 원서를 접수해야 하는데 어느 대학에 넣어야 하지?" 전화로 물어왔다. 나는 집회와 행진을 하느라 정신이 없어서 "알아서 해" 하고 끊었다. 우리 아이들은 자기들이 알아서 사는 방법을 하나씩 배워 가고 있었다.

마지막이라는 각오로 순회투쟁을 조직하였다. 2003년 2월 23일, 설날을 앞둔 2차 지방순회투쟁에 학생들이 자발적으로 참가비 3만 원을 내고 같이 하겠다고 하였다. 간부와 학생 20여 명이 2박 3일 투쟁을 위해 연맹 방송차와 뉴코아노조 방송차로 내려갔다. 매장에 들어가 순회하며 피켓팅과 선전물 배포, 스티커작업, 소리통 등을 하면서 공세적으로 노조의 정당한 투쟁을 알렸다. 20명이 구호를 외치고 노동가를 부르면서 매장을 활보하였다. 학생들은 무서운 것이 없었다. 우리에게 너무나 소중한 동지들이었다. 그러다 순천매장에서 농성을 하고 울산으로 넘어가기로 했던 계획이 늦어졌다. 배를 곯아 가며 밤 11시쯤 울산에 도착하였다. 현대중공업 해복투'해고자복직투쟁'의약칭 동지들이 늦은 시간까지 기다리고 있었다. 준비해 준 도시락을 먹은 후 간담회를 하면서 나는 감격의 눈물을 쏟았다. 다음날 동지들과 울산점 정문 앞 집회를 마치고 서울로 올라왔다.

2003년 학생들과 지방 매장 순회투쟁 중 울산 까르푸에서(둘째줄 왼쪽 끝이 필자)

    회사는 설날 직전에 '노사간 대화를 통한 교섭'을 제안하였다. 노조에서는 위원장과 내가, 회사에서는 상무이사와 인사부장이 실무교섭에 들어왔다. 사실 위원장은 자기의 복직문제를 가지고 상무이사와 몰래 만나 교감을 하고 있었다. 오랫동안 같이한 동지에게 말 한마디 없이 사측을 만난 위원장을 보면서 우리는 실망했다. 노조의 단협요구안은 처음보다 많이 축소되어 있었다. 단협체결을 위한 집중교섭을 하면서 서울과 수도권의 연대집회투쟁을 배치하였다. 교섭기간은 참으로 지루하고 피 말리는 시간이다. 회사는 노조에게 밀리면 안 된다는 생각에 아주 조금씩 단협안을 내놓았다. 더 이상 끌려다닐 수는 없었다. 청와대 인터넷 웹사이트인 '신문고'에 까르푸의 특별근로감독 민원접수를 하였고 롯데호텔 해고자 출신으로 서비스연맹 문화부장인 이남경 동지와 까르푸 본사가 있는 강남지방노동사무소를 압박하기로 하였다.

2003년 중계지부 근처의 노조사무실 개소식(앞줄 왼쪽 틈이 필지)

　　이제 타결을 위한 막바지 투쟁이다! 중동점에서는 까르푸를 규탄하는 집회를 하였고 프랑스대사관 앞에서는 1인시위를 하며 압박하였다. 드디어 4월 1일, 강남지방노동사무소에서 열린 최종교섭에 사장이 직접 나오면서 교섭은 일사천리로 진행되었다. 단협은 최소한의 노동조합 활동을 보장하는 내용이었다. "전임자 인정, 조합사무실, 상하반기 간부회의 4시간, 지부게시판 설치, 정규직 가입대상을 보장"하기로 하였다. 비정규직 해고자의 복직은 제외되었다. 노조는 잠정합의를 하고 조합원 찬반투표를 지부별로 진행하였다. 4월 7일 강남지방노동사무소에서 조인식이 열렸다. 모든 고소고발을 취하하기로 하면서 노사가 악수를 하였다. 사장의 잘생긴 얼굴에는 미소가 없었다. 7년 만에 까르푸 자본을 항복하게 만들었던 기억은 결코 잊을 수 없다.

## 중동지부 조합원들, 파업을 하다

4월 17일 현장으로 복귀하였다. 중계점 드날 점장은 부당노동행위로 500만 원의 약식판정을 받고는 중국 까르푸로 전보발령을 받아 떠났다. 그 자리에 한국인 점장이 새로 부임하였다. 오랜만에 작업복으로 갈아입고 아침 조미팅에 참석하였다. 직원들과 프로모터들이 박수를 치며 맞아 주었다. 남자 조합원 한 명을 빼고 모두 노조를 탈퇴했지만 직원들은 "수고했다"며 격려해 주었다. 기분이 나쁘지 않았다. 위원장은 주 28시간의 반(半) 전임을 받았다. 그러나 복직하고 같은 매장에서 일을 하면서도 위원장 얼굴을 볼 수가 없었다. 답답하였다. 한 달 가까이 잠수를 타고 있었다. 나중에 물어보니 쉬고 싶었단다. 이런 무책임한 일이 있을까.

회사와의 단협을 어렵사리 체결했지만 임금협상이 문제였다. 힘없는 노조는 항상 회사의 임금인상안을 받을 수밖에 없었기에 이번만큼은 투쟁을 해야 한다는 생각이었다. 위원장은 300일 파업으로 투쟁의 힘이 모두 소진되어 자기 몸도 추스르지 못할 지경이었다. 하루는 중동점 간부들이 심각하게 위원장과 나에게 "중앙이 중동파업에 동참하고 지원할 수 있느냐"고 물었다. 찢어지게 가난한 노조지만 나는 투쟁에 함께하겠다고 승낙하였다. 그러나 위원장은 이리저리 답을 피하고 시간을 끌었다. 중동점 간부들은 늦은 밤까지 위원장을 설득하여 파업투쟁 결의를 받아냈다. 300일 파업하고 현장 복귀한 지 한 달이 조금 넘어서였다. 그러나 중동지부의 힘으로 새로운 투쟁을 만들어 가야 했다. 쟁의대책위원회를 꾸리고 중동 간부들이 임금협상에 함께하면서 저임금 문제와 열악한 근로조건에 대한 여론을 조성하였다. 노동자들의 힘으로 중동점이 돌아간다는 것을 알게 된 조합원들의 기세가 하늘을 찔렀다. 밖에서 싸우던 간부가 돌아오니 현장의 관리자들은 눈치를 보며 긴장하였다.

임금협상은 회사의 교섭의지가 없는 관계로 중노위'중앙노동위원회'의약칭에 조정신청을 넣었고 차근차근 파업을 하기 위한 준비를 하였다. 300일 파업이 간부 중심의 파업이었다면 중동의 투쟁은 철저히 조합원 중심으로 만들기로 했다. 6월 26일부터 '간부파업'을 먼저 실시하면서 중노위의 조정중지결정이 있자 6월 27일부터 전체 조합원들은 쟁의행위를 시작하였다.

파업 당일 아침, 지도부는 파업이 성공할지 걱정이 되었다. 그러나 60명의 조합원이 한 명도 빠지지 않고 중동점 직원휴게실로 모였다. 몇 개월 동안 중동 간부들의 열성적인 활동으로 조직이 가능했던 것이다. 조합원들은 휴게실을 접수해서 깔판을 깔고 바닥에 앉아 교육을 받았다. 처음으로 '투쟁'을 외치고 선동선전도 배웠다. 매장을 순회하면서 소식지도 나눠주었다. 조합원들이 근무하던 신선식품 샐러드바는 상품이 진열되지 못했다. 나중에 샐러드바 과장은 자기 친정엄마를 데려다가 김밥을 만들어 진열대에 내놓기도 하였다. 수산 코너도 일부만 진열되었고 초밥은 나오지도 못했다. 회사는 전전긍긍하였다. 대체근무가 불법임에도 까르푸는 다른 점포에서 직원들을 데려다가 근무를 시켰다. 회사는 조합원들이 파업을 하리라고는 상상도 못했던 것 같다. 파업이 길어지면서 중동점은 개점휴업상태가 되었다.

7월 1일, 회사는 전국 매장을 대상으로 기습적인 직장폐쇄를 감행했다. 이 사실이 언론에 알려지면서 까르푸가 매장 문을 닫는 것으로 잘못 안 고객들의 전화로 난리가 났다. 그렇지만 우리들은 싸우면서 매장에 들어갔고 직원휴게실에 몰려갔다. 기습적으로 점장실 앞바닥에 신문지를

까르푸 중동점 파업 시 매장 순회투쟁

깔고 도시락을 먹으며 연좌농성을 하였다. 점장은 화장실도 못 가고 갇혀서 오도 가도 못하는 신세가 되었다. 회사는 7월 9일 직장폐쇄를 풀었다.

　파업은 처음 일주일간은 잘 진행되었다. 그러나 중동 간부들은 조합원들의 상황을 고려해 전술을 바꾸자고 하였다. 밤새 쟁대위<sup>'쟁의대책위원회'의</sup><sup>약칭</sup> 회의를 하면서 부분파업과 전면파업을 하기로 하였다.

　예전에는 조합원이 없었기 때문에 연대동지들과 매장순회투쟁을 하였지만 이번에는 달랐다. 100% 조합원들이 관광버스를 대절하여 수도권과 서울의 매장을 치고 들어갔다. 신규 매장이었던 방학, 중계, 면목점에 차례로 들어가 선전전을 하였다. 직원들은 여성조합원들이 어설픈 손짓으로 구호를 외치자 환호하며 지지했다. 반응은 너무 좋았다. 중동 조합원들도 노조에 적극 가입하고 투쟁하자고 선전하였다. 회사는 여성조합원들에게 손도 대지 못했다.

　중동점 파업은 지도부가 바라던 현장의 요구였다. 그러나 위원장은

2003년 까르푸 면목점 매장 순회투쟁

점점 현장과 떨어져서 보이지 않았다. 중동지부 간부들은 조합원의 요구
로 투쟁을 진행했다. 위원장은 애초부터 싸울 마음이 없었다. 조합원들이
힘든 파업을 하고 있을 때 위원장은 일을 하고 있었다. 기도 안 찼다. 그러
니 회사가 얼마나 노조를 우습게 보았겠는가? 시간이 흐르면서 중동 조합
원들 사이에서 불만이 터지고 탄핵 이야기까지 나왔다. 지도부의 한 사람
으로 창피한 이야기지만 너무나 화가 나서 위원장에게 전화로 "그 따위로
하려면 사퇴하라"는 막말을 하였다. 그러다 8월 18일 쟁대위 회의에서 중
동 간부들의 질타로 위원장은 자진사퇴 의사를 밝혔다. 비대위<sup>'비상대책위원회'</sup>
<sup>의 약칭</sup>를 구성하였다. 임금교섭이 그동안 10여 차례 있었지만 진전되지 않
아 교섭체결권을 연맹으로 위임하였다. 대표 교섭위원으로 연맹의 부위
원장이 참석했다. 회사는 부담스러워했지만 인정했다.

　　현장에 복귀한 조합원들은 빨간색 구호가 적힌 반팔 티셔츠를 입고 사복 투쟁을 하였다. 날씨가 더워서 입은 짧은 핫팬츠 차림은 회사를 당황하게 만들었다. 투쟁이 별건가? 내가 편한 복장을 하겠다는데…… 지역 동지들과 일일주점도 하였고 휴가철에는 태안반도로 야유회도 가면서 즐겁게 투쟁하였다. 여름으로 접어들면서 천막농성을 하였다. 추석을 앞두고 교섭타결투쟁을 하기로 하였다. '풀팅' 작업이었다. 중동점 매장 입구를 소자보로 도배를 하였다. 보안팀과 안전팀은 우리들과 싸우면서 몸을 던졌다. 미화 용역직원들에게 미안했지만 도리가 없었다. 떼면 붙이기를 반복하였다.

14차 교섭 때인 9월 2일, 오후 5시부터 시작된 교섭을 새벽 1시까지 진행하면서 잠정합의서를 끌어냈다. 중요한 성과라면 8년 만에 교통비와 식대를 만 원씩 올려 2004년부터 적용하기로 한 것이었다. 각 지부에서 조합원 찬반투표를 진행하고 9월 8일, 임금협상 조인식을 하였다.

### 조직만이 살 길이다!

노사 간의 사무적인 일을 마치고 회사의 제안으로 추석연휴를 보낸 후 현장에 복귀하였다. 그렇지 않아도 "일할 사람이 없어 언제 들어오느냐"고 중계 직원들이 목을 빼고 기다리며 전화를 했었는데, 70일의 파업을 마무리하다 보니 정신이 없었다. 그러나 유통업체에서 추석은 1년 중 최대 매출을 올리는 대목이다. 더구나 샐러드바는 명절 제사음식인 전을 만들어 파느라고 무척 바쁜 곳이다. 중계 직원들은 나에게 독이 올라 있었다. "뻔히 바쁜 것을 알면서 일부러 들어오지 않았다"고 난리들이었다. 직원들은 모두 짜고 나를 왕따로 만들었다. 성질 사나운 직원들은 "남편도 없는 년이 노조 하고 돌아다니면서 우리들을 힘들게 한다"고 입에 담지도 못할

험한 말을 하며 모욕을 주었다. 내가 우려했던 일이 벌어진 것이다. 중동 파업으로 열 명의 간부들이 개인별로 9,900만 원의 손배가압류소송까지 갈 뻔하며 식대와 교통비를 올린 대가가 겨우 이것인가 생각하니 가슴이 떨리고 살이 떨렸다. 모두들 비조합원으로 조합원 한 명 때문에 자기들이 명절에 장사하느라고 힘들었다는 것만 강조하고 있었다. 파업 기간에 들어온 '비정규직 알바'들은 직원들의 눈치를 보며 나에게 "미안하다"고 하였다. 나는 직원들에게 "작업장으로 들어오지 말라"는 경고를 받았다. 진열대만을 닦으면서 한 달을 보내며 도저히 용납이 되지 않았다. 집단 왕따에 대응하기 위해 정신과 치료를 받기로 하고 병원을 다녔지만 포기하였다. 3개월 단기 '알바'로 들어온 '비정규직들'은 기간이 만료되어 나가면서 "'정규직들'이 언니와 절대 이야기하지 말라고 했다"고 폭로하였다. 인간이 분명 동물과 다를진대……. 비정규직들이 나가면서 내가 했던 일을 다시 하게 되었다. 직원들은 "노조활동을 다시는 하지 않는다"는 각서를 써야 같이 일할 수 있다고 나를 협박하였다. 웃기는 이야기지만 사실이다! "각서를 써야 할 이유가 없다"고 잘라 말하고 거부하였다. 결국 직원들은 나에게 두 손 두 발을 모두 들고 항복하였다.

　새로운 위원장을 보궐로 선출해야 했다. 나는 비대위 회의에서 주저 없이 김경욱 사무장이 위원장이 되어야 한다고 제안하였다. 김경욱이라는 인물을 경계하던 회사에 위원장 후보를 밝히지 않으면서 조인식과 더불어 선거를 빠르게 치렀다. 중동투쟁을 치르면서 조합원의 숫자가 세 자리수인 100명을 넘어섰다. 감개무량했다. 이제는 투쟁보다는 조합원 수를 늘리는 조직확대활동이 노조의 숙제였다. 김경욱 위원장이 교육센터에 근무하게 되면서 사고 지부였던 계산 지부는 노조의 핵심이 되었으며 순회투쟁의 결과로 각 점포에서 노조에 대한 관심을 보였다. 전국에 사업장이 흩어져 있어서 노조의 홈페이지는 상당한 정보를 공유하는 공간이 되었다. 나는 전임이 아니어서 연차와 휴무를 조정하여 위원장과 조합활동 시간을 맞췄다. 오후 활동을 위해서 오후 4시에 퇴근하는 오전조 근무를 하였고 지부간담회에는 무조건 참석하였다. 오후 근무일 경우에는 오전에 인근 면목이나 방학점에서 선전물을 돌렸다. 중계에서는 탈퇴하였던 조합원들을 다시 조합에 가입시키는 작업도 하였다.

그해 11월이 끝나갈 무렵 UNI와 수련회를 하면서 까르푸노조는 조직화계획을 제출하였다. 신규 지부의 건설계획은 충분히 실현 가능하였다. 외곽순환도로를 이용하여 주변에 있는 점포를 조직하기로 하였다. 서울, 경기, 충청, 경상, 전라 등에 조직을 확대하여 1,000명의 조합원을 만들려는 계획이었다. 기존 6개 지부를 포함하여 한 명이라도 조합원이 있는 곳은 많았다. 이런 곳들을 집중해서 선전전을 한다면 지부 건설이 무리인 것은 아니었다.

2004년 1월부터 임금협상을 시작으로 중동파업의 결과물인 교통비와 식대가 오르자 노조에 대한 관심들이 높아졌다. 적은 수의 조합원으로 투쟁을 만들어 가면서 성과를 얻어 갔다. 간부들과는 휴무를 조정하여 지방을 함께 다녔다. 재정이 없어 숙소는 늘 찜질방이었는데 나는 간부를 하면서 처음 찜질방에 가보았다. 어느새 전국의 도시들을 돌아다니는 장돌뱅이가 되어 있었다. 서울과 수도권의 매장들을 내집 드나들듯이 다니면서 점포의 분위기를 익혔다. 매출이 적은 매장들의 직원들은 불만이 있어도 아무 말도 못하고 시키는 대로 일을 하고 있었다. 반대로 매출이 좋은 매장의 직원들은 회사에 대한 불만이 많았다. 나는 중계파업을 하는 기간

2005년 면목지부 부분파업

에 아침마다 면목 출근 선전전을 하여서 많은 직원들과 과장들을 알고 있었다. 그렇다고 그 관계가 조직화와 바로 연결되지는 않았다. 때를 기다리기로 하고 씨앗을 뿌리며 물을 주기를 3년! 주5일 투쟁을 하며 선전물을 돌린 것이 기회가 되었다. 그토록 공을 들인 결과 면목 지부가 결성되었다. 파업을 하면서 계산대를 접수하기 위해서는 수납팀의 조직화가 가장 관건이었는데 계산, 목동, 일산, 면목점의 계산원들이 가입하였다.

그동안 많은 조합원들이 회사의 노조탄압을 이기지 못하고 떠나간 이유를 알고 있어 조합원 보호를 위해 철저히 CMS로 비밀스럽게 조직하였다. 급여공제를 위해 회사에 명단이 들어가는 순간 작업이 진행되는 것을 막기 위해서였다. 정규직들도 어느 정도 회사와 대응할 수 있는 인원이 되면 공개하였다. 비정규직은 지부장 외에는 모르도록 하였는데 이 방법이 성공했다. 중계도 한 번의 탈퇴 경험이 있어 쉽지 않았지만 조용히 가입을 유도하였다. 위원장과 나는 시간만 되면 서로 다른 매장으로 뛰어다 녔다. 시기에 맞는 선전물은 매우 중요하다. 각 점포에서 일어나는 일이 실 시간으로 접수되어 현장으로 뿌려졌다.

## 2005년 단체협상과 비정규직 노동자

2005년 5월 두번째 단체협상체결을 해야 했다. 1월부터 현장에서 설문지 작업을 하고 2월 회사 측과 상견례를 하면서 '군불'을 때었다. 이제는 지부 가 결성되었고, 어느 정도 지부 자체로도 투쟁이 가능하였다. 까르푸 본사 가 있는 시흥점으로 부산·순천에서 버스를 대절하고 서울·수도권 조합 원이 모이니 그림도 나왔다. 대규모 집회와 행진을 하면서 조합원들은 서 로 힘을 받았다. 이번 단협은 과장과 비정규직 노동자들을 가입 대상으로 해야 하는 것이 가장 큰 숙제였고, 비정규직 차별철폐를 요구하며 몸벽보 를 달았다. 직원들은 임금이 낮다 보니 호봉제를 가장 원했다. 그러나 문 화적인 차이로 까르푸는 호봉제에 반대했다. 차선책으로 노조는 근속수 당을 요구하였다. '비밀' 조합원이라 공개적으로 투쟁에 나오지는 못했지 만 비정규직들도 관심이 많았다. 정규직들과 다르게 받았던 명절 상품권 과 경조비, 경조휴가를 정규직과 차별없이 지급하는 것을 내용으로 하였 다. 이제 조합원들은 지침만 내리면 집단적으로 휴무를 내어 투쟁에 참여 하였다. 까르푸는 시간을 끌었다. 하지만 이에 맞선 조합원들의 투쟁을 대 대적으로 조직해 낼 여유가 없었던 조합 상황과 조건으로 인해 전면파업 은 쉽지 않았다. 면목점을 시작으로 지부별 릴레이 투쟁을 이어 나갔다. 유 통서비스 투쟁은 작은 투쟁이라도 회사의 이미지가 있어 성과가 있다.

한국UNI의 도움을 받아야 했다. 앞서도 말했지만 다국적 유통업체 까르푸는 까르푸-UNI협약을 맺고 있었다. 가장 중요한 내용을 보면 '까르푸에서 모든 노동자들이 노동조합에 가입하고 활동할 수 있다'는 조항이 있다. 그렇다면 비정규직들도 조합에 자유롭게 가입할 권리가 있는 것이 아닌가? UNI중앙에서 프랑스 본사 까르푸를 압박하였고 실무자를 한국에 파견하였다. 유럽에서는 통하지만 한국에서는 무시됐던 협약은 우리에게 상당한 영향을 미쳤다. 회사도 빠져나갈 구멍이 없었다. 노조는 집요하게 물고 늘어졌다. 2005년 10월의 일이었다.

2005년 해를 넘기면서 조합원들도 늘어나 1,000명이 되었다. 발바닥이 닳도록 현장을 뛰어다녔고 해마다 투쟁을 한 결과였다. 전임도 아닌 내가 해마다 파업을 하며 활동한 지 3년 만의 일이다. 그러나 까르푸가 매각이 될 것이라는 소문과 함께 매장 분위기는 뒤숭숭했다. 회사는 "매각할 계획이 없다"고 발표하였지만 비공식적으로 매각작업이 진행되고 있음을 확인하였다. 노조도 만약의 사태를 대비해 고용보장을 단협 요구안에 담았고 M&A교육도 받았다.

2006년 교섭을 진행하면서 노조는 중요한 결정을 해야 했다. 단협을 체결하는 순간 쟁의권을 상실하면 이후 매각투쟁을 하지 못하기 때문이었다. 비상 확대간부회의에서 한 표 차이로 완전하지는 않지만 회사가 제시한 안으로 단협을 체결하는 것으로 결정하고 마지막 교섭을 향해 달렸다. 수도권 지부 총회를 마장동에 있는 적십자회관에서 하면서 조합원들은 버스를 전세내 참석하였다. 파업을 하거나 휴무일과 휴무시간을 조정하거나 생리휴가를 이용하여 나온 것이다. 경찰은 까르푸노조를 예의 주시하였다. 조합원들과 간부들은 무척 고무되어 있었다.

드디어 3월 31일, 실무교섭과 본교섭을 한꺼번에 진행하였다. 가장 중요한 쟁점은 비정규직의 고용안정과 차별을 없애는 것이었다. 까르푸의 현실에서 고용을 보장하는 일은 그리 어려운 것이 아니었으나 매각을 앞두고 있는 까르푸가 노조승계, 고용승계, 단협승계를 내용으로 하는 노조의 요구를 받아들이기에는 부담이 되었다. 교섭 내용이 실시간으로 현장에 전해지면서 많은 비정규직들이 노조가입서를 팩스로 보내왔다. 회사도 당황하였다. 마지막은 전임자 문제로 난항을 겪다가 두 명으로 합의하였다. 교섭을 시작한 지 7시간 만에 잠정합의를 하고 비정규직들을 노조가입 대상에 넣었다. 타결되는 순간 현장에서는 난리가 났었단다. 그동안 조합원임을 밝히지 못하고 숨어 있던 비정규직 조합원들이 당당하게 세상 밖으로 나오게 되었다. 이제 더 이상 '어둠의 자식들'이 아니다!

4월 7일 두번째 단협체결 조인식을 치렀다. 열 달 동안 투쟁한 결과였다. 모처럼 간부들이 모여 식사를 하고 노래방까지 갔다. 그러나 우리 앞에는 M&A 싸움을 해야 하는 과제가 있었다. 조인식 다음날부터 지부별 간담회를 진행하였다. 중계지부는 비정규직들에게 노조 가입서를 돌리면서 지금의 상황을 설명하였다. "아무도 우리들을 지켜 주지 않는다! 노조에 가입하는 것이 살 길이다!"

까르푸노조의 투쟁은 주위에 널리 알려지지는 않았지만 꽤 긴 시간 동안 했다. 할 수 있는 한 연대투쟁도 열심히 했다. 근무하다가 국회 앞 집회가 있으면 부분파업을 하고 달려 나갔고, 지역에서 연대요청이 오면 무조건 뛰어나갔다. 민주노동당에서 선거운동을 요구하면 선전전에 함께했다. 나는 전임자가 아니어서 쉽진 않았지만 쟁의 중에는 파업이 가능해 연대활동을 부담 없이 할 수 있었다. 그러나 쟁의가 끝나서 현장에 복귀하면 할 수 있는 일이 별로 없었다. 내부 활동은 가능하지만 갑자기 일정이 잡히는 집회에는 참석하기가 어려웠다. 전임이 아니어서 불편했던 나는 6년 만에 처음으로 전임자 생활을 하면서 감개무량했다. 조합원들을 위해 전임시간을 온전히 바치겠다는 생각으로 현장을 뛰어다녔다.

## 5. 기혼 여성노동자들의 반란: 이랜드 510일 투쟁

### 이랜드의 까르푸 인수와 공동투쟁

4월 8일, 부산 조합원 총회를 앞두고 이랜드가 까르푸 인수를 공식발표한다는 소식을 접했다. 매각 정보는 알고 있었지만 이랜드가 인수한다는 소식에는 적잖이 충격을 받았다. 최악의 결과가 나온 것이다. 긴급하게 간부회의를 소집하였고 그 자리에 이랜드그룹 산하 뉴코아노조 위원장과 이랜드 위원장이 함께했다. 회의를 통해 5월 1일 평촌 뉴코아 본사 앞에서 집회를 열기로 하였고 까르푸노조를 엄호하기 위해 5월 2일 3사 노조 공동투쟁본부를 발족하기로 하였다. 현장에는 이랜드를 향한 노조 인정, 단협 인정, 고용 보장을 요구하는 소식지가 뿌려지고 리본을 달면서 긴장감이 고조되었다. 공투본'공동투쟁본부'의 약칭 회의는 3사 노조임원과 간부들까지 같이 하는 회의로 확대되면서 정기적으로 진행되었고, 까르푸노조는 고용보장쟁취투쟁위원회를 구성하여 수시로 회의를 가졌다.

6월 2일, 공투본 간부수련회를 위해 3사 노조간부들이 용인에 모였다. M&A 투쟁 경험이 있는 뉴코아노조와 이랜드를 상대로 힘들게 싸워 왔던 이랜드노조 간부들과 한자리에 모여 솔직한 대화를 하는 자리였다. 말로만 듣던 이랜드그룹을 알아 가면서 쉽지 않은 투쟁을 해야만 하는 간부들의 마음은 착잡하기만 하였다. 사실 까르푸노조 간부들은 다른 2사 노조

간부들에 비하면 경험이 많지 않아 M&A 투쟁이 더 걱정되었다.

유통업체 M&A는 공정거래위원회의 기업결합승인이 나야 최종 인수가 결정된다. 실제 승인이 나지 않는 경우는 없다. 노조는 이랜드 측에 뉴코아 M&A 당시 체결한 고용안정협약서를 요구하며 투쟁을 하기로 하였다. 까르푸를 상대로 투쟁하던 것은 이제 아무것도 아니었다.

6월 9일, 순천에서 직원들의 노조가입을 독려했다는 이유 때문에 괘씸죄로 부산에 전보발령을 받고 해고된 조합원이 복직투쟁을 하기 위해 까르푸 본사가 있는 시흥점에서 대규모 집회와 행진을 하고 기습적으로 천막농성장을 깔았다. 노조는 M&A 투쟁이 어렵지만 선택의 여지가 없다는 것을 알려 나갔다. 지부 간담회에서 조합원들에게 노조의 요구를 알리며 투쟁분위기를 만들어 갔다. 지부가 없는 매장은 순회선전전으로 M&A 투쟁을 알렸다.

2006년에는 참으로 많은 사건들이 터졌다. 면목점에서는 직영코너를 수수료업체에 넘기면서 그곳에서 일하던 조합원들을 노조와 협의없이 일방적으로 전환배치하여 문제를 일으켰고, 목동점에서는 조합원들이 절도를 했다며 해고시키는 사건이 터졌다. 면목과 목동에서 1인시위와 피켓팅을 하면서 조합원들의 분노로 매장이 시끄러웠다. 이 두 곳의 점포 앞에서는 대규모 집회와 동시에 점장에게 항의하기 위한 매장 진입을 시도하면서 몸싸움을 벌였다. 세 사업장이 같이 싸우니 공동투쟁의 힘을 우리 스스로 느끼면서 이랜드를 상대로 투쟁을 이어 나갔다. 그러나 고용문제에 대해 매각자인 까르푸나 인수자인 이랜드나 어느 누구도 책임을 지려고 나서지 않았다. 그래서 M&A 투쟁은 어렵다! 까르푸노조는 비공식 대화채널 대신 6월 26일, 박성수 이랜드 회장에게 공식적인 교섭을 요청하였다.

7월 14일, 3사 노조 1,000여 명의 조합원들이 모여 이랜드 본사 앞 인도에서 집회를 하였다. 해가 뜨거운 날인데도 전국에서 많은 조합원이 휴무일을 이용하여 참석하였다. 집회가 끝난 후 조합원들은 본사 주차장에 들어갔다. 조합원들로 꽉 찬 주차장에서 3사 조합원들이 다시 한 번 공동 투쟁의 힘을 느끼는 계기가 되었다. 또 7월 28일 까르푸 본사가 있는 시흥점에서도 대규모 집회를 열었다. 50여 명의 조합원들이 몸싸움 끝에 대오를 이뤄 매장 진입에 성공하였지만 전경과 보안에 막혀 오도 가도 못하는 급박한 상황이 벌어졌다. 이 상황을 1층 매장 유리문을 통해 지켜보던 매장 밖 연대대오들이 조합원들을 구하기 위해 돌발적으로 유리창을 부수고 들어왔고 경찰은 방패로 조합원들을 막았다. 노사간의 문제가 경찰의 개입으로 걷잡을 수 없는 벼랑으로 몰리고 있었다.

8월, 3사 노조간부들은 까르푸 시흥·목동·면목 3개 매장에서 피켓팅을 하면서 구호를 외치고 투쟁을 알렸고 곧 바로 조합원들과 간담회를 하였다. 3사 노조간부들과 조합원들이 점포 내 사무실을 접수하면서 분위기는 너무나 좋았다. 이랜드의 아울렛 매장도 순회하면서 조합원들의 사기는 충천해 있었다. 함께 하면 무서울 것이 없었다!

8월 10일, 목동점의 해고자를 위한 3박 4일 농성은 첫 점거투쟁이었다. 사무실을 점거하기에는 부담이 되어 복도에서 농성을 했다. 절도로 해고된 조합원들에게 지노위'지방노동위원회'의 약칭가 부당해고 판정을 내렸으나 이를 무시하는 목동점장을 만나려고 들어갔는데 점장이 도망가는 바람에 점거를 한 것이다. 매일 수도권 조합원들이 돌아가며 지지방문을 왔고 공투본 간부들도 농성장을 방문하였다. 목동 조합원들이 도시락을 싸와서 농성하는 데 걱정이 없었다. 필요한 물품이 있으면 바로 매장에서 구입이 가능하니까 별 문제도 없었다. 동시에 나는 대전 문화점에 지부를 만들기 위한 조직사업도 하였다. 순회투쟁의 결과였다. 점거 4일째 되는 일요일, 경찰의 중재로 농성을 풀었다. 해고된 조합원들은 얼마 후 복직되었다. 확실히 순회투쟁은 이랜드에게 부담이 되었다. 우리들은 외쳤다. "이랜드가 책임져라!"

공정거래위원회의 기업결합승인이 떨어지고 각 점포 리뉴얼(개선/개조) 공사계획이 알려지면서 투쟁 방향을 달리해야 했다. 1차 시범공사 점포로 목동점과 중계점이 선정되었다. 당장 공사저지투쟁을 하진 못하더라도 이랜드매장 근처에 있는 까르푸 중계점에 천막은 설치하기로 했다. 까르푸는 식품이나 공산품 판매를 중심으로 회사가 직영하였는데 이를 외주화하면서 그동안 일하던 사람들을 이랜드로 전환배치해야 했다. 이 과정에서 조합원들은 서로 일하기 좋은 곳으로 배치받기를 원하였고 회사 측은 이를 활용해 조합원들을 자신들의 방식으로 통제하려 했다. 노조는 배치에 대한 교통정리를 잘 못하면 조합원 사이에 갈등이 생길 수 있다는 판단을 했다. 노조는 회의를 통해 "전환배치는 노조가 결정하는 대로 따른다"는 것으로 의견을 모았다. 다행히 중계점장과 나는 조합원들의 의사를 최대한 반영하며 전환배치를 담판지었다. 조합원들도 불만이 없었다. 농성장은 조합원들의 간담회 장소로 이용되었고 연대의 장소가 되었으며 일주일마다 촛불문화제를 진행하면서 혹시나 모를 이랜드의 구조조정을 경계했다.

우리는 이랜드를 상대로 몇 달 동안 3사 노조가 공동투쟁을 하면서 노조 통합을 고민하기 시작하였다. 뉴코아노조는 유니언숍으로 제일 힘이 있었다. 까르푸노조는 조합원 수는 많았지만 어렵게 투쟁을 이어와서 가진 것이 없었고 이랜드노조는 단협도 해지되어 가장 어려운 상황이었다. 뉴코아노조는 당장 통합하기는 어렵고 2007년 상반기 투쟁을 공동으로 해보고 하반기에나 통합에 대한 고민을 할 수 있다고 하였다. 까르푸노조의 간부들과 조합원들은 솔직히 뉴코아노조와의 통합을 기대하였다. 그러나 그것은 한낮의 꿈일 뿐이었다.

이랜드노조는 어려운 상황에서도 까르푸노조를 위해 10월 한 달 동안 전면파업을 선언하였다. 중계의 천막을 함께 지키고 까르푸 투쟁에 함께 하였다. 지도부에 대한 신뢰가 쌓이면서 까르푸노조와 이랜드노조의 통합이 급물살을 탔다. 사실 공동투쟁을 하면서 연대 이상의 투쟁을 하기는 어렵나는 한계를 느낀 지도부의 선택이었다. 그러나 서로 다른 노조가 통합을 하기란 쉽지 않았다. 회의에 회의를 거쳐 어려운 결정을 한 두 노조가 공동상집<sup>상임집행위원</sup>회의를 하고 통합노조 발기인대회를 하였다. 노조의 명칭은 '이랜드일반노조'로 하였다. 이랜드그룹에는 M&A를 거치면서 서로 법인이 다른 4개의 노조가 있었는데 뉴코아와 해태유통을 제외한 '이랜드에서 일하는 모든 노동자가 노조에 가입'할 수 있는 소(小)산별 형태였다.

리뉴얼 공사가 끝나고 까르푸에 들어온 이랜드는 당장 직원휴게실과 수면실을 없애고 기도실과 직원식당을 만들었다. 하루 종일 서서 일하는 직원들은 쉴 공간이 없었다. 기도실에는 매출목표가 기도제목으로 있을 뿐이었다. 직원들은 모니터링 제도로 고객에 대한 '5대 인사'를 외워야 했고 모니터링 요원에게 걸리면 재교육을 받아야 했다. 점수는 게시판에 공개되었다. 또 여직원들은 빨간 립스틱을 의무적으로 발라야 했다. 까르푸와 달리 이랜드에서는 복지 차원에서 직원들에게 할인제도를 주었는데 정규직에게만 주었고 전환교육에서도 비정규직은 제외되었다. 이랜드는 같은 일을 하고 있는 비정규직 노동자들을 노골적으로 차별하고 있었다. 까르푸에서는 비정규직이지만 임금을 제외하고는 그다지 차별받지 않고 일하던 비정규직 조합원들은 분노가 쌓여 갔다. 기독교기업인 이랜드에 대한 직원들의 기대는 여지없이 무너져 내렸다. 그동안 알려진 기업이미지는 사실과 달랐고 직원들은 실망했다.

2007년 1월, 총회를 진행하면서 지도부를 선출하였다. 나는 부위원장으로 당선되었다. 총회는 조합원들의 열광적인 지지 속에 치러졌다. 몇 년 동안 공을 들여 선전지를 돌렸던 방학점에서도 총회를 참관하러 왔고, 이랜드의 비정규직 차별로 고용이 불안해진 비정규직들이 노조에 대해 많은 관심을 갖기 시작했다.

그 사이 나는 월드컵 상암점 조직화를 위해 지역의 민주노동당 4개 지역위원회와 함께 활동하였다. 상암 매장은 까르푸 시절, 아시아에서 매출실적이 좋은 매장 1위를 다퉜던 곳으로 조직화하기 매우 어려운 곳이었다. 서울 매장 중에서 노조분회가 유일하게 없었다. 대부분의 직원들이 매출이 좋으니 잘릴 거라는 의심을 하지 않았기 때문이었다. 그러나 뉴코아가 비정규직 계산원 350여 명을 외주화하고 까르푸의 청소용역직원들이 구조조정 당하면서 직원들은 불안감에 휩싸였다. 나는 상암점에 일주일간 상주하면서 드러내놓고 직원들을 조직하기로 하였다. 계획은 성공하였다. 연대동지들은 매장 입구에서 몸벽보를 하고 선전물을 돌렸고 나는 직원휴게실에서 노동조합의 필요성을 설명하였다. 이랜드에 대한 비정규직들의 불만과 차입경영이 몰고 올 구조조정이 남의 일이 아니고 곧 나의 일이라는 것에 많은 직원들이 호응하였다. 기다리던 노조가입서가 7개월 만에 들어오면서 나는 감격했다! 월드컵분회에 노조 깃발을 꽂고 뒤풀이 자리에서 나는 한마디했다. "상암점 계산대를 꼭 멈추고 싶다!"

## 비정규직 조합원의 해고

임금협상을 하면서 위원장이 과장이라는 이유로 조합원 자격을 들먹이며 이랜드는 교섭조차 하지 않아 힘들어하고 있는데 4월 시흥점에서 비정규직 조합원을 해고하면서 일이 터졌다. 단협에 보장된 18개월 이상 근무한 조합원이었다. 시간이 흐르면서 이 점포, 저 점포에서 비정규직을 해고하는 것으로 이랜드는 싸움을 걸어왔다. 조직의 반수가 비정규직인데 가만히 있나가는 외주화로 이어진다는 것과 부당해고임을 알리며 비정규직이 움직이도록 조직했다. 처음에 비정규직들은 소극적이었으나 위기감이 커져 가면서 적극적으로 앞장섰다.

6월, 지노위에서 비정규직 해고자의 원직복직 명령이 떨어졌다. 비정규직 조합원을 복직시키기 위해 우리들은 노래를 부르고 다녔다. 그러나 이랜드는 18개월 이하 조합원들까지 해고하며 전면전을 걸어왔다. 교섭도 이루어지지 않고 최종적으로 5월 31일 지노위에서 본조정이 결렬되자 노조는 쟁의권을 갖고 조합원들의 쟁의행위 찬반투표를 통해 쟁의를 하기로 결정하였다. 나는 북부지역의 지부장이기도 해서 파업독려를 위해 방학, 중계, 면목, 야탑, 월드컵분회를 담당하며 조합원들을 설득하였다. 당시 방학분회와 월드컵분회에서 민주노총 위원장과 매장을 돌고 간담회도 하면서 현장대장정을 한 것이 투쟁을 앞두고 주효했다.

각 분회 조합원들은 해고된 동료들을 위해 매장 입구에서 1인시위를 하며 파업을 하기 위한 분위기를 고조시켰다. 드디어 6월 23일, 뉴코아노조와 함께 파업을 하며 상암경기장 앞에서 파업출정식을 끝낸 후 월드컵 매장을 밀고 들어갔다. 조합원들 가운데 캐셔(계산원)가 많았기 때문에 계산대는 인근 매장에서 지원 나온 관

2007년 6월 23일 월드컵점 점거농성

리자들이 자리를 지키고 있었다. 그러나 조합원들의 항의에 밀려 자리를 떠났고 우리가 곧 접수했다. 말과 법대로 해선 되지 않는다는 것을 몇 달 동안 경험한 조합원들은 환호했다. "매장의 주인은 우리다!"

처음으로 몇 시간 동안 점거하면서 조합원들의 사기는 하늘을 찔렀다. 그렇지만 준비되지 않은 투쟁이라 경찰의 조율로 6시 이후 장사를 하지 않겠다는 홈에버의 다짐을 듣고 나왔다. 우리가 나오자마자 기만적으로 약속을 어기며 홈에버는 영업을 재개했다. 우리가 두 눈을 시퍼렇게 뜨고 있는데, 조합원들은 자리를 뜨지 못하고 분해서 부르르 떨고 있었다. 다시 한 번 들어가면 절대로 나가지 않겠다며…….

6월 28일, 면목점에서 촛불문화제를 하기로 하였다. 2시부터 매장의 직원들을 상대로 선전전을 미리 진행하기 위해 매장에 들어가던 대오를 보안요원이 막으면서 문제가 발생했다. 연대대오들이 폭행으로 부상을 당하고 조합원들은 그 자리에 주저앉아 농성을 하며 우발적으로 매장 계산대를 접수하였다. 자연스럽게 촛불문화제가 실내문화제로 바뀌는 순간이었다. 조합원들은 이번만큼은 장사가 잘되는 저녁시간이 지나서 나가

겠다고 하여 밤 10시가 되어서야 매장 문을 나섰다. 그렇지만 돈 한 푼이 아쉬운 홈에버는 우리가 나온 뒤에도 영업을 하였다! 대단한 회사라는 생각에 조합원들은 치를 떨었다.

두 번의 점거농성에 대한 회사의 입장은 없었다! 하긴 몇 시간 정도로 해결되리라 생각하진 않았기에 노조도 투쟁 수위를 높일 수밖에 없었다. 이랜드를 상대로 본격적인 투쟁을 위해 대부분 여성인 분회장들과 상집 간부들은 구속결의를 했다. 이제 막 가입한 신규 간부들의 결의는 지도부에게도 힘이 되었다. 어느 매장을 타격할지에 대한 논의에서 이견이 있었지만 아시아 일등 매장인 월드컵매장으로 결정하였다! "1박 2일 농성!"

## 기혼 여성노동자들의 철야농성

비정규직법이 시행되는 7월 1일을 기해 전날 들어가기로 하였다. 지금까지 아무 일 없이 일하던 비정규직들이 비정규보호법으로 잘려 나간다는 사실을 알리기 위해서라도 우리에게는 절호의 기회였다. 6월 30일, 나는 집에 들어가지 않을 각오로 보따리를 챙겨서 나왔다. 우리집에서 돌아가시겠다는 시아버님도 웬일이신지 작은아들 집으로 가시겠다고 하여 나는 더욱 편안한 마음으로 집을 나섰다.

거사(?)가 있는 날 아침! 나는 10시에 가장 먼저 매장으로 나가서 조합원들을 안심시키며 함께했다. 분회장과 작전을 짜서 월드컵점 조합원들은 매장에서 일을 하도록 사전에 조정하였다. 이유는 간단했다. 회사에 점거 사실을 숨기기 위한 것이었고 파업을 하게 되면 대체근무자가 들어오기 때문에 빠른 시간 내에 계산대를 접수하기 위한 방법이었다. 우리의 작전은 성공했다. 뒤늦게 눈치 챈 홈에버는 경찰과의 공조로 발 빠르게 정

2007년 7월 월드컵점 점거　　　2007년 7월 8일 매장 안에서 농성 중인 조합원들

문을 막고 전경이 주차장에서 매장으로 올라오는 길목을 막았다. 미처 들어오지 못한 수백 명은 월드컵점 조합원들의 기지로 곳곳의 입구를 통해 들어왔다. 12시 30분! 계산대를 접수하였다. 조합원들은 '와!' 하며 일제히 함성을 질렀다. 세상을 다 가진 것 같았다. 우리들은 준비해 온 도시락을 먹으며 신이 났다.

　　기다리고 기다려 온 이랜드 홈에버의 항복을 받아내리라! 하루 집을 나오기 쉽지 않은 조합원들은 남편들의 탄압을 무릅쓰고 나왔지만 차가운 바닥이 낯설고 두려웠다. 그러나 함께하니 너무 좋았다. 농성 첫날, 뉴코아노조가 저녁에 결합하면서 분위기는 더욱 고조되었고 농성 소식을 듣고 지대위'지역대책위원회'의 약칭 동지들이 달려오면서 점거에 대한 이야기로 밤을 새웠다.

　　하루를 지내고 분회별 토론을 진행하였다. 이랜드 사측의 답변은 없었고, 오히려 "노조를 죽이기 위해 1년을 준비했다"는 말만 전해 들었다. 그렇다면 우리도 순순히 물러설 수 없었다. "그렇게 질긴 회사라면 좋다! 우리도 끝까지 간다!" 그러나 워낙 없는 살림에 계속 투쟁을 하다 보니 전날 600명이 한끼 도시락을 사먹고는 조합통장이 비어 버렸다. 이제 남은 것은 몸뚱이뿐. 입고 있는 투쟁 티셔츠 대금도 일부 주지 못했는데……. 까르푸 시절 직원식당이 없어 집에서 도시락을 싸와 먹었기에 조합원들은 흔쾌히 도시락을 싸오기로 하였다. 농성조를 2교대로 짜고 농성장에 들어올 때는 먹을 것을 준비해 오기로 하였다. 조합원들이 교대할 때마다 농성장은 정이 넘쳤다. 농성을 하고 있는 동지들을 위해 도시락을 준비하여 아낌없이 나눠 먹었고, 국은 매장 밖에 솥단지를 걸어 끓여 먹으면서 어렵게 농성을 이어 갔지만 함께해서 즐겁고 든든했다. 같은 매장에서 일을 하면서 옆의 동료에 대해 전혀 알지 못하던 조합원들은 농성을 이어 가며 서로를 알아 나갔고 마음을 열었다. 농성장은 여성조합원들의 해방구가 되었고 연대동지들도 하루가 멀다 하고 연일 농성장을 찾아와 투쟁기금을 주셨다. 고마운 동지들…….

　농성은 조합원들의 요구로 처음 계획과 다르게 하루에 하루를 더해 가고 있었다. 언론은 홈에버의 투쟁을 연일 보도하며 비정규직의 문제를 환기시켰다. 우리들은 "잘리지 않고 일하고 싶다"고 외쳤다. "2년 이상 근무한 비정규직들을 정규직화 하라"고 요구하며 비정규직법의 취지에 맞게 고용안정과 차별을 시정해 달라고 하였다. 그러나 사측은 언론을 통해 비정규직법을 지켰을 뿐이라며 한심하게 떠들었다. 이랜드는 또한 비정규직법을 피하기 위해 임금과 복지를 정규직과 다르게 주는 직무급제를 시행하겠다고 발표하고는 직원들을 선별해서 퇴사하고 재입사시키는 방식으로 가짜 정규직 전환을 시도하였다. 500명의 직원들이 직무급제를 받았고 노동조합은 당연히 직무급제를 반대하였다. 기가 찰 일이었다. 이랜드는 문제를 해결할 생각이 아예 없었다. 우리도 제 발로 농성장을 걸어

2007년 7월 14일 농성장 안에서 문화제를 내려다보는 모습(왼쪽에서 세번째가 필자)

나가지 않겠다고 다짐하였다.

경찰 출두요구서에 불응하던 집행부에게 농성 일주일 만에 수배령이 떨어졌다. 나는 수배령 속에서 위원장을 대신해 교섭에 나갔다. 조합원들의 기대를 한몸에 받고 나간 교섭에서 이랜드는 "무조건 농성장에서 나와야 대화를 한다"고 하였고, 노조는 "비정규직 해고자들을 법대로 우선 복직시키지 않으면 절대로 나가지 않겠다"고 하여 노사간의 입장차이만 확인하고 교섭은 결렬되었다. 지도부는 구속을 각오했기에 2선을 만들기로 하였다. 사무국장과 나는 농성장에서 빠지기로 하였다. 농성 일주일 만에 전경들이 진을 치고 있는 매장 입구를 피해 연대동지들의 엄호로 지하주차장을 통해 나가기로 하였다. 보안들이 내 얼굴을 익히 알고 있던 터라 매우 위험한 상황이었다. 영화관 쪽 출구를 향해 나가다가 키가 큰 보안요원의 레이다에 걸렸지만 뛰어서 대기해 놓은 승용차를 잽싸게 타고 엎드려 주차장 입구를 통과하고 월드컵점을 빠져나왔다. 아직도 잊을 수 없는 숨막히는 영화의 한 장면이었다.

민주노총에 먼저 도착한 사무국장이 반겨 주었지만, 농성장에 위원장과 수석 부위원장이 있다곤 해도 조합원들만 남겨 두고 나온 것 같아 마음이 편치 않았다. 당장 들어가고 싶었지만 갈 수도 없고 언론의 인터뷰를 전담하며 상암동을 지켜보고만 있었다.

민주노총과 상급단체인 서비스연맹이 노동부를 압박하여 노사간의 교섭을 중재하고 있었다. 사실 상급단체에서는 "농성을 풀고 나오라"는 이야기만을 하고 있어 난감하였다. 농성하는 조합원들의 정서를 너무나 모르고 있었다. 나는 농성장에서 조합원들과 뒹굴면서 그들의 의지를 알고 있었기에 "안 된다"고 단호히 말했다. 조합원들의 의사가 반영되지 않은 전술은 의미가 없다. 조합원들이 오히려 지도부를 압박하며 농성을 이어 가고 있었다!

농성장에서 나온 지 이틀 만에 월드컵분회장의 전화를 받았다. "대부분 여성조합원들인데 남성 간부인 위원장과 수석 부위원장이 일만 하고 있어 힘들다", "조합원들의 애로사항을 들어주는 여성임원이 들어왔으면 좋겠다"는 말에 2선이고 뭐고 내가 들어가겠다고 하였다. 위원장이 교섭을 하러 나오자 나는 상암에 들어갔다. 조합원들은 "그동안 어디 갔다 왔느냐"며 반색을 하였다. 감격스러운 해후였다. 죽어도 같이 죽고 살아도 같이 살아야지…….

농성 일주일이 지나고 2주차가 되면서 농성장은 경찰에게 봉쇄되었다. 연대동지들은 매장 밖에서 발을 동동 굴렀고 조합원들도 들어오지 못해 월드컵 경기장역 1번 출구가 보이는 2층에서 내려다보면서 대화를 하였다. 다행히 월드컵조합원들은 자기 매장이라 몰래 들어와서 교대를 하

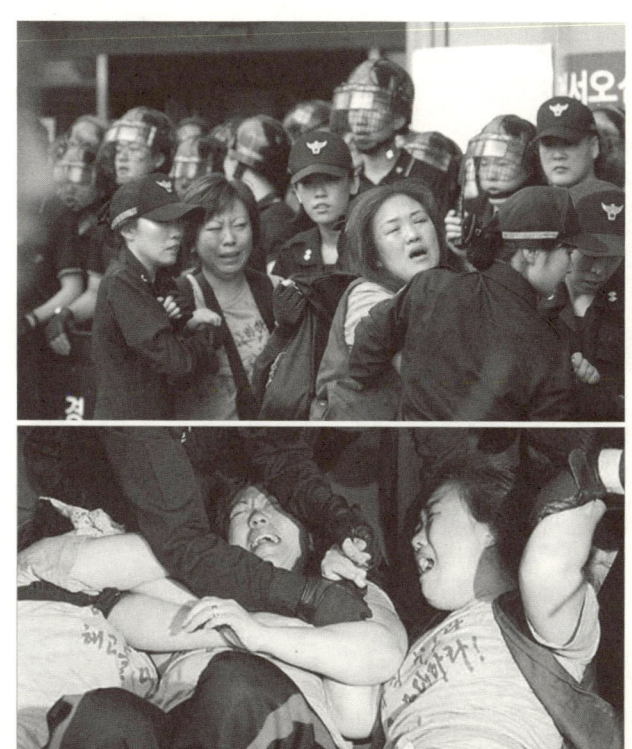

7월 20일 경찰의 농성장 침탈과 저항

기도 하였다. 조합원들은 연행을 두려워하지 않았다. 서로들 남겠다고 하여 소수 조합원과 연대동지 50여 명을 유지하며 간부들은 이후 투쟁을 위해 내보냈다. 마지막 노동부의 중재로 교섭이 진행되었지만 사측이 업무방해로 손배가압류와 지도부의 해고를 주장하는 안을 도저히 받을 수가 없었다. 2박 3일의 교섭은 결론 없이 끝나고 우리는 공권력에 의해 연행되는 일만 남았다.

전날 밤부터 매장 내 방송을 통해 경찰은 연행을 예고했고 연대동지

연행당해 닭장차에 실려서 조합원과
인사하는 필자

들은 농성대오를 엄호하기 위해 인근
에서 촛불문화제와 새벽까지 노숙을
하며 우리를 지켰다. 그러나 7월 20
일, 동지들이 아침 출근을 위해 삼삼
오오 자리를 비우자 아침을 먹고 난
우리들을 전경이 덮쳤다. 50여 명을
연행하기 위해 3,000명이 진압작전
에 투입되다니, 야비한 인간들! 국민
의 지팡이는커녕 국민을 때려잡는 민
중의 적이다!

임원 세 명과 두 명의 분회장은
조합원들과 분리되어 따로 미니버스에 실려갔다. 말로만 듣던 일이 벌어
졌다. 처음 경험했지만 분했다. 당장 조합원들이 걱정이었다. 이틀에 걸친
영장실질심사를 마치고 위원장을 제외한 네 명은 밤 10시에 석방되었다.
유치장에서 위원장을 뒤로하고 나오는 것이 미안했지만 새로운 투쟁을
위해 마음을 다지며 마포경찰서 정문에 마중 나온 동지들이 주는 두부를
씹었다. 7월 22일 밤이었다.

연행되었던 이틀은 지옥이었다. 책을 보다 자다가를 반복하며 속을
태웠던 시간을 생각하면 조신하게 지냈어야 했지만 현실은 우리를 가만
히 내버려 두지 않았다.

7월 24일, 회사의 분위기를 파악하기 위해 조합원들과 상암을 찾아갔
다. 경찰도 긴장하며 대규모 인원을 배치하였다. 조합원들은 100여 명 모
였는데 전경을 가운데로 하고 반대편에 처음으로 구사대가 모습을 보였

다. 흰색 상의에 청바지를 입고 마스크와 장갑을 끼고 나타났다. 그들은 조합원들의 직속 과장들로 사측의 개가 되어 있었다. 무서운 현실이었다! 갑자기 슬펐다. 수석 부위원장과 나는 마이크를 들고 무조건 떠들었다. "여성이라고 무시당하고 비정규직이라고 해고당해, 살겠다고 싸우는 직원들을 향해 총부리를 겨누다니……." 나의 목소리는 절규에 가까웠다. 우리들의 목소리가 커질수록 경찰의 숫자가 불어났고 구사대와의 몸싸움은 거칠어졌다. 노래공연을 하러 왔던 김성만 동지까지 폭행을 당하고 음향장비는 망가졌다. 돌발적인 사태가 가까스로 진정되자 집회신고도 되어 있지 않아 뒷일이 걱정되었다.

### 구속과 감옥에서

하루 뒤 사측과 교섭을 하기로 하고 수석 부위원장과 내가 교섭위원으로 나가기로 하였다. 이랜드가 영장실질심사를 재청구하겠다는 사실이 언론에 보도되어 찜찜했지만 판사와 변호사가 "교섭위원을 구속시키겠냐"고 하여 교섭 전 영장실질심사를 다시 받았다. 그러나 그건 기우였다. 1차 때와 달리 새로운 영장담당 부장판사의 태도는 단호했고 검사와 사측의 변호사는 수석 부위원장의 전력을 들추며 개거품을 물고 있었다. 우리 측 변호사도 사태 변화에 적잖이 당황하고 "무조건 점거를 하지 않겠다"는 답변을 하라고 신신당부하셨다. 월드컵점과 일산점 분회장은 울면서 다시는 점거하지 않을 거라는 진술을 하였다. 드디어 내 차례가 돌아왔다. 부장판사는 내게도 "다시 점거할 거냐"고 물었다. 재점거를 하겠다고 다짐하고 있던 터라 나는 목을 빳빳이 들고 대답하지 않았다. 사측의 변호사는 기다렸다는 듯 구속해야 한다고 난리가 났다. 며칠 전 상암점에서 있었던 사건으로 우리 둘은 궁지에 몰렸다. 수석 부위원장은 구속이 확실해 보였고 나는 초범이라 반반이었지만 기대하지 않았다. 내 자존심을 지키고 싶었다. 드디어 올 것이 왔다는 생각에 오히려 마음이 편안했다. 예측대로 분회장 두 명은 석방되었고 수석 부위원장과 나는 구속되었다.

아직 구치소로 이감되지 않은 위원장은 우리를 보며 동지애로 맞아 주었다. "구속되지 않도록 조심하라는 당부를 잊고 다시 들어왔냐"는 위원장의 말에 나는 웃음으로 대답하였다. 유치장에서 일주일 있다가 수갑이 채워진 채 영등포 구치소로 이감되었다. 말로만 듣던 육중한 구치소의 철 대문이 열리면서 나는 '죄인'이 되었다. 가지고 있던 소지품을 모두 내놓고 푸른 죄수복을 갈아입고는 저녁이라고 내놓은 꽁보리밥을 꾸역꾸역 넘겼다. 여자 교도관은 이곳도 사람이 사는 곳이라며 이것저것 물어보며 나를 안심시켰다. 밤이 되어서야 소년수 방으로 들어갔다. 깜깜한 방에 던져진 나는 철커덕 하는 자물통 소리에 가슴이 답답함을 느끼며 정신이 번쩍 들었다. 사람들이 나에 대해 질문하고 답하면서 무서운 곳이라는 선입관은 봄눈 녹듯이 사라졌다. 방장은 자기 옆에 내 잠자리를 만들어 주었다. 도저히 잠이 오지 않았다. 나는 밤새도록 잠을 설치며 밖에서 힘들게 투쟁하는 조합원들을 생각했다.

2007년 7월 21일부터 11월 2일까지 내 수첩에는 기록이 없다. 정확히 구속 102일 만에 나왔다. 인간이 자유를 잃는다는 것은 목숨을 잃은 것과 같다! 그렇게 나는 감방에서 지냈다. 조합원들이 면회를 왔지만 내가 해줄 수 있는 말은 단지 "열심히 투쟁하라"는 것뿐이었다. 추석 전 투쟁을 위해 감옥에서 나가려고 담당 변호사가 보석신청을 했지만 재판부는 받아들이지 않았다. 내가 아무리 나가겠다고 몸부림쳐 봐야 나는 갇힌 몸이었다. 감옥에 있는 동안 한 통의 편지만을 조합원들에게 보냈다. 펜만 들어도 눈물이 나서 편지를 쓸 수가 없었기 때문이었다. 나는 마음을 다스리며 시간을 죽이고 있었다.

영등포에서의 석 달 중 두 달은 힘든 시간이었다. 신문과 TV뉴스에 간간이 나오는 투쟁소식은 듣지 않는 것이 나았다. 석방되기 한 달 전부터 운동을 하며 나갈 준비를 하였다. 방장은 손윗사람으로, 나를 잘 챙겨주어 그나마 의지하며 지냈다. 생각보다 빨리 나갈 줄 알았던 나는 수석 부위원장과 같은 재판부로 묶이면서 선고가 지연되고 출소가 늦어졌다. 나의 속은 타들어 갔다. 지금 생각해 보면 밖에 있는 가족들의 마음은 오죽했을까. 그나마 아이들은 자기 앞가림을 하니 마음이 놓였고, 친정부모님께는 알려지지 않아 천만다행이었다.

11월 2일, 수석 부위원장과 함께 출소를 하자마자 보름 먼저 나온 위원장과 우리는 얼싸안았다. 임원 3명은 모처럼 한자리에서 회포를 풀며 어린아이들처럼 마냥 떠들고 웃었다. 피를 나눈 형제보다 더 진한 영원한 동지들이었다!

## 출소, 다시 투쟁 분위기를 추스리고

출소하고 들어 보니 내가 잃어버린 3개월 동안 조합원들도 무척 힘들게 보냈다. 급작스럽게 노조를 통합하고 바로 투쟁을 하다 보니 생긴 핵심 지도부의 공백이 조합원들을 힘들게 했던 것이다. 아침 10시부터 밤 10시까지 우리의 투쟁보다는 연대투쟁을 위해 조합원들은 빵이를 쳐야 했고 민주노총이 임시대의원대회에서 결의한 생계비는 지급되지 않아 생활하기도 힘든 상황에 놓여야 했다. 일부 조합원은 우리가 출소하자마자 현장으로 복귀하였다. 추석 전 회사의 회유로 1차 복귀하고 2차 복귀자들인 셈이다. 2007년 12월, 파업 조합원들은 300여 명으로 줄어들어 있었다. 석방되어 나가면 다시 힘을 모아 투쟁하겠다는 꿈은 산산이 부서졌다. 조합원들의 마음을 추스르는 것이 급선무였다. 임원들은 다시 전열을 가다듬었다. 조합원들은 지쳐 있었지만 지도부를 믿고 다시 힘을 내어 움직였다. 11월, 포항점 오픈 저지투쟁과 기독교회관 농성, 대선 선거운동을 통한 이랜드 투쟁 알리기와 각 매장 앞 촛불문화제를 진행하였다. 연말에 이랜드 박성수 회장이 장로로 있는 '사랑의 교회'에서 천막농성을 하면서 우리들은 거리를 떠도는 미아가 되었다.

대선이 이명박 후보에게 유리해지면서 미국에 나가 있던 박성수 회장도 한국에 들어왔다. 이랜드는 "교섭으로 사태를 해결하자"고 제안하고는 바로 위원장을 위시한 까르푸 출신 간부들을 해고하였다. 추측건대 나는 동명이인 조합원으로 인해 1차 해고자 명단에서 빠졌다. 투쟁이 5개월째 들어서자 힘들어하던 조합원들은 투쟁 외에 선택의 여지가 없는 현실을 인정하였다. "교통비만 지급하면 투쟁을 계속하겠다"는 조합원들을 위해 나는 재정사업을 돕기로 하였다. 재정팀을 꾸리고 설날을 겨냥해 부여 농민회와 떡국 떡 사업을 하기로 하였다. 떡은 설날 인기상품으로 맛이 좋아 주문이 많이 들어왔고, 재정사업에 도움이 되었다. 집회나 문화제에서 떡과 모자를 팔아 조합원들의 교통비를 마련하였다. 민주노총이 처음으로 결의한 16억 기금으로 조합원들에게 생계비를 지급하였다. 차가운 길바닥에 앉아 김밥 한 줄과 오뎅 국물을 삼키며 조합원들은 투쟁을 이어 나갔다.

투쟁이 힘을 잃고 방황하는 사이 총선은 우리에게 조용히 다가왔다.

2008년 설 전의 떡 재정사업(왼쪽 끝이 필자)

대선 결과로 민주노동당이 분당되어 조합원들이 받은 상처는 컸다. 일단 이랜드투쟁을 지원하기 위한 지원대책위가 양당으로 나눠지면서 힘이 빠졌다. 조합원들은 많이 상심하였다. '긴 병에 효자 없다'는 말이 우리 투쟁에도 똑같이 적용되었다. 투쟁이 길어지면서 모든 연대투쟁의 힘이 흔들리고 맥이 없어졌다. 위원장은 대부도 단합대회에서 폭탄발언을 했다. "이번 총선에서 이수석[이남신 수석 부위원장]을 비례대표 후보로 내겠다!" 나는 투쟁에 집중해도 모자랄 판에 선거후보로 내보내게 되면 죽도 밥도 되지 않는다고 반대하였다. 위원장이 지지부진한 투쟁을 돌파하기 위한 전술로 이용한다는 것에 동의가 되지 않았지만 조합원들은 표결로 통과시켰다. 우여곡절을 거친 비례대표 후보 전술은 낙선으로 막을 내렸다. 그러나 조합원들은 투쟁에 집중하여 낙선이 큰 문제는 안 되었다. 선거공간에서 비정규직 후보로 이랜드투쟁을 알리는 것만으로도 우리들의 전술은 제 역할을 하지 않았을까?

총선이 끝나고 민주노총 서울지역의 장기투쟁사업장과 연대하면서 비정규직 단위들과 힘을 모아 나갔다. 기륭, 재능, 코스콤, KTX등 비정규 투쟁사업장들은 각각의 투쟁에 연대하였다. 우리 조합원들은 장기투쟁사업장의 투쟁에 결합하면서 더 장기화될까 봐 두려워하고 있었다. 나는 조합원들과 늘 함께하면서 투쟁을 즐기기로 하였다.

투쟁을 많이 하다 보니 날아오는 것은 소환장에 공판일정 등기우편물이다. 경찰 조사와 재판받는 것도 법률투쟁으로 일상적인 일과가 되었고 업무방해로 약식명령을 받은 벌금 금액이 3억에 달해 벌금도 줄여야 하기에 조사와 재판에 열심히 참석하였다. 조합원들도 마찬가지였다. 법 없이도 살았던 나는 법원을 제집 드나들듯이 다녔다.


## 홈에버가 홈플러스에 매각되다

이랜드가 홍콩에 주식상장을 한다는 소식에 홍콩원정투쟁을 계획하였다. 지역본부와 서비스연맹, 지대위, 양 노조가 함께 떠나 활동을 한 결과인지 홍콩 주식상장에서 자금을 마련하려던 이랜드는 실패했고 5월 15일, 매출이 저조한 홈에버를 홈플러스로 매각한다는 발표를 하였다. 홈에버 직원들은 이랜드에서 해방되는 것에 환호하였다. 힘들다는 M&A 투쟁을 홈플러스를 상대로 다시 해야 하는 부담이 있었지만 투쟁의 전환점이 생기자 조합원들도 타결에 대한 기대를 가지기 시작하였다. 다만 이랜드지부가 협상에서조차 배제되는 상황이 되어 마음이 착잡하였다.

노조는 당장 홈플러스에 교섭공문을 보냈다. 그러나 홈플러스는 공정위의 기업결합승인이 떨어지면 공식적인 교섭을 하겠다는 답변만을 보내왔다. 이제 홈에버를 향해 싸움을 한다는 것은 의미가 없었고 홈플러스를

천막 농성. 투쟁을 즐기자!(오른쪽이 필자)

타격하는 투쟁을 하여야 했다. 공정위 승인이 나기 위해서는 얼마나 시간
이 걸릴지 아무도 예측할 수 없었다. 그렇다고 마냥 손을 놓고 있을 수는
없었다. 생계비를 마련하기 위해 집회장을 누비며 얼음물을 팔았고 6월부
터 시청에서 열렸던 촛불집회장에도 얼음물과 책을 팔기 위해 나갔다. 월
드컵지부가 만들어지는 과정과 비정규직 조합원들의 인터뷰를 담은 『우
리들의 소박한 꿈을 응원해 줘』는 1만 부가 넘게 팔리면서 청소년 우수도
서로 지정되기까지 하였다. 조합원들은 투쟁을 원했지만 재정팀만으로는
한계가 있어 조합원들이 물 판매에 동원될 수밖에 없었다. 같이 살기 위해
서는 동지들에게 싫은 소리를 할 수밖에 없었다. 그래도 조합원들은 꿋꿋
이 함께하였다.

　　홈플러스 매장 앞에서 낮에는 집회를 하고 밤에는 촛불문화제를 하며
6월을 보냈다. 언론이 이랜드투쟁을 잊은 지는 오래되었고 가족들도 "가
망이 없으니 투쟁을 포기하라"고 하자 조합원들은 지쳤다. 아이들만이 엄

마를 지지하고 있었다. 이제는 자신과의 지루한 싸움이다!

　6월 30일 비정규법 시행 1년을 맞아 월드컵점에서 촛불문화제가 진행되었다. 이랜드투쟁을 월드컵점에서 마무리하기 위해 천막농성장도 설치하였다. 조합원들이 가장 싫어하는 투쟁 중 하나인 천막농성은 월드컵 지대위가 맡아서 하기로 하고 수석 부위원장과 나는 교대로 붙박이농성을 하였다. 밤이면 밤마다 동지들은 어김없이 찾아왔다. 분당으로 쉽지 않았던 연대를 가능하게 했던 힘은 과연 어디에 있었을까? 연대동지들이 없었다면 이랜드투쟁은 어떻게 마무리되었을까? 열심히 싸우는 조합원들의 힘이 아니었을까? 곰곰이 생각해 본다.

　홈플러스는 영국의 테스코 자본으로 한국에서는 유통업체 매출 2위 기업이다. 삼성이 7%의 지분을 가지고 있고 경영진 대부분이 '삼성맨'들이다. 이랜드 손을 100% 떠나지는 않았지만 새로운 주인 홈플러스를 향한 투쟁을 시작했다. 시간이 지나면서 투쟁에 나오는 조합원 숫자가 50여 명으로 줄어들어 집회의 모양새는 나지 않았다. 그러나 일주일에 한 번씩 하는 매장 앞 집회와 문화제는 홈플러스에 부담이 되었다. 이제 숫자가 중요하지 않았다. 소수라도 얼마나 끈질기게 투쟁을 할 것인가가 중요했다. 조합원들은 자기가 집회에 빠지면 옆의 동지가 힘들다는 생각에 생계투쟁을 하면서도 집회에 나왔다. 마지막 남은 조합원들은 투쟁을 그만둘 수도 없는 처지가 되었다. 서로 말들은 하지 않았지만 지쳐 가고 있었다.

　대답 없는 허공에 대고 투쟁을 하는 것은 너무나 힘들다. 공동투쟁을 하던 뉴코아가 7월에 타결하고 현장으로 돌아갔다. 조합원들은 "우리만 남아 끝을 볼 수 있냐"고 수없이 물어왔다. "이제 남편하고 싸우는 것도 지쳤다"고 하소연이다. 나는 "공정위 승인이 떨어지면 무슨 수를 써서라도 타결을 짓겠다"고 단호히 말하였다.

2008년 9월, 계절이 바뀌면서 마음이 싱숭생숭해진다. 아마 두번째 추석을 맞는다는 생각에 마음이 무거워지는 것일 게다. 아이들 추석빔을 마련하고 명절을 보내야 하는 엄마의 마음이 오죽하랴? 비정규직들이라 대출도 쉽지 않고 그나마 모아 놓은 돈도 다 떨어지고 어디 가서 꿀 돈도 없었다. 이런 사실을 알고 있는 회사는 마지막 회유를 하였지만 복귀자들은 거의 없었다.

드디어 10월 1일, 공정위의 승인이 떨어졌다. 홈플러스는 약속한 대로

"더 이상 자르지 마라" 피켓 든 조합원

공식적인 교섭에 응했다. 세상이 다 아는 투쟁이다 보니 여론도 다시 관심을 갖기 시작했다. 사실 노조와 물밑교섭을 하고 있었던 터라 교섭은 속도를 더했다. 해고자들의 문제가 최대 핵심사안이었다. 홈플러스는 비정규직들의 정규직 전환, 임금인상 등의 문제는 모두 들어줄 수가 있다고 하였다. 130억의 손해배상 가압류도 풀 수가 있다고 했다. 자본이 바뀌면서 이랜드노조와의 분리도 기정사실이 되었다. 다만 "해고자들은 절대로 받아들일 수 없다"는 입장이었다. 투쟁을 접는 것이 더 어려운 순간으로 다시 돌아갔다. 비대위회의를 진행하며 교섭대표인 위원장은 간부 한 명 한 명의 의견을 물었다. 긴 시간 논의 끝에 해고자들은 교섭이 타결되기 바라며 모든 것을 위원장에게 위임하기로 하였다. 간부들은 조합원들에게 부담

510일 투쟁 문화제(왼쪽 다섯번째가 필자)

조합원들과 포옹하며 마무리를

을 주고 싶지 않았다. 사실 조합원들은 "해고자들과 함께 현장으로 돌아가고 싶다"고 하였지만 더 이상 투쟁을 할 상황은 아니었다. 조합원들을 위한 결정을 하고 나니 속이 시원하였다. 어서 빨리 조합원들을 현장으로 돌려보내야 한다!

교섭을 하면서도 11월 1일, '500일 투쟁문화제'를 영등포 삼성홈플러스 문래점 앞에서 성대히 치렀다. 연대동지들과 조합원들은 하나가 되었고 홈플러스를 향해 투쟁의 의지를 보여 주는 확실한 자리였다. 막판 타결을 위해 영국대사관 1인시위도 진행하였다. 덕수궁 인근에 있는 대사관에 정보관들이 먼저 와서 대기하며 1인시위를 방해하였지만 마지막으로 영국정부에 호소를 하기 위한 피켓팅은 홈플러스를 압박하는 데 충분했다.

그때 건강하시던 시아버님이 갑자기 병원에 입원을 하셨다는 연락이 왔다. 나는 차일피일 미루며 찾아뵙지도 못하다가 아무래도 찜찜해서 대사관 1인시위를 포기하고 큰아이와 노인요양병원을 찾았다. 시아버님은 아예 우리들을 알아보지도 못하시면서 고통스러워하고 계셨다. 아침에도 괜찮으셨다는데…… 중환자실로 아버님을 옮겨야 한다는 말을 뒤로하고 집에 돌아와 집안 일을 하고 있는 사이 시아버님이 위중하다는 연락을 받고 급히 병원으로 향했다. 인천에서 시누이들도 모두 왔다. 아버님은 우리 모녀를 알아보지도 못하시면서 기다리셨다는 듯이 우리가 병실에 들어서자마자 "아버님", "할아버지"를 부르니 고개를 떨어뜨리셨다. 명이 짧다는 집안에서 84세까지 장수를 하셨다.

어머니를 먼저 보내시고 7년을 혼자 사신 아버님은 우리에게 큰 힘이 되신 어른이다. 내가 조합간부를 하면서 제대로 챙겨 드리지 못한 것을 생각하면 지금도 죄스럽다. 그러나 당신도 동일방직에서 보일러공으로 일하시면서 노동조합에 대해 알고 계셔서 그런지 출소한 며느리를 보시고 야단도 치지 않으셨다. 오히려 며느리 걱정을 하시고 아이들을 걱정하셨다. 1988년부터 시부모님을 모시면서 힘들긴 했지만 남편이 없는 9년을 아버님이 대신해 주신 것이 얼마나 힘이 되었는지 모른다. 아버님 가시는 길이 편안하기만을 빌었다.

돌아가신 아버님이 도와주셨는지 교섭 타결 기미가 보인다는 소식을 들었다. 나는 장례식을 마치고 늦은 밤 서울역 노동자대회 전야제에 참석하였다. 재정사업을 하느라 조합원들이 밤새 떨고 있다고 생각하니 집에 있을 수가 없었다. 11월 11일에 기다리고 기다리던 홈플러스와 잠정합의를 했다. 마지막까지 다투던 해고자 열두 명을 사직자 세 명과 맞바꾸면서 결국 여덟 명이 해고를 받아들이고 한 명은 해고투쟁을 하기로 결정하였다. 극적으로 합의한 내용을 조합원 찬반투표에 붙였다. 조합원들은 결코 받아들일 수 없는 회사의 안이지만 현장으로 복귀해서 노동조합을 지키기 위한 지도부의 선택이라는 것을 알기에 받아들였다. 11월 13일에 홈플러스 본사가 있는 시흥점에서 조인식을 하였다. 많은 기자들이 모였다. 공개적인 자리에서 홈플러스는 노사합의문을 읽어내려 갔다. 치욕적인 '무파업 3년'의 내용이 나올 때 나는 얼굴에 경련이 일었다. 그러나 우리의 현실에서 받지 않을 수 없었다. 사측의 대표들은 웃고 있었고 일부 노조간부들은 울고 있었다. 그러나 나는 결코 울지 않았다.

11월 14일에는 이랜드투쟁 보고대회를 마련했다. 월드컵점에서의 마지막 밤이다. 조합원들은 음식을 준비하느라 정신이 없었다. 510일 파업을 마무리하면서 기뻐야 할 자리가 전혀 기쁘지 않았다. 조합원들은 서로 부둥켜안으며 슬픔을 삼키고 있었다. 현장에 복귀하는 것도 두렵지만 같

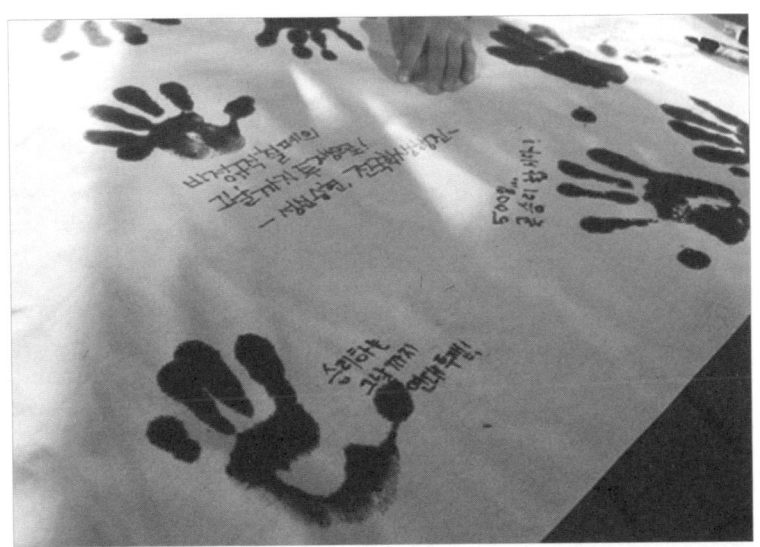

투쟁결의를 모아 낸 손도장

이 들어가지 못하는 지도부를 보면서 서로 눈물을 훔쳤다. 11월 새로운 이름의 홈플러스테스코 노동조합으로 명칭이 바뀌었다.

세상을 전혀 모르고 살던 여성들이 벌인 이랜드 홈에버 510일의 투쟁은, 정권과 자본을 향한 여성노동자들의 절규였다!

이랜드투쟁은 해고된 비정규직들의 복직을 위해 정규직들이 연대한 투쟁이며 노동부 역사상 합법적인 최장기 파업이다. 민주노총 조합원들이 전국의 매장을 봉쇄하고 시민단체가 불매운동을 함께 함으로써 전국적인 연대투쟁의 모범이 되었고 민주노총은 최초로 16억 투쟁기금을 결의하고 10억을 지원하였다. 이를 바탕으로 180명의 조합원들은 투쟁의 현장에 마지막까지 남았다. 홈에버가 홈플러스로 매각된 이유도 이런 연대투쟁의 성과라 믿고 싶다.

홈플러스와의 합의안을 보면 일단 2,000여 명의 비정규직들이 무기계약으로 전환되었으며 16개월 이상 근무한 비정규직들은 고용안정을 보장받았다. 임금은 회사의 인상안을 2년 동안 받기로 하였고 130억에 달하는 손해배상청구소송과 조합원들에 대한 가압류는 모두 풀었다. 타결이 되면서 일부 외주화된 매장의 계산원들은 오히려 직접고용으로 전환되었고 정규직과 차등지급된 성과급은 2009년부터 정규직과 동일하게 지급되어 상여금을 제외하면 비정규직들과 정규직들의 차이가 없어지게 되는 성과를 남겼다. 투쟁하지 않았다면 비정규직들은 모두 잘리고 외주화되었을 것이다. 아직까지 길었던 파업으로 힘들어하는 조합원들이 있지만 정규직 250명, 비정규직 350명으로 전체 600여 명의 조합원들이 현장에서 제 목소리를 내며 당당히 지내고 있다.

## 6. 투쟁 경험을 발판으로, 새로운 활동을 시도하다

길지 않은 인생의 황금기인 40대를 나는 노동조합에 온전히 바쳤다. 내 몸뚱이 가지고 열심히 일하면 먹고살 거라고 믿었지만 사회는 냉정했고 무서웠다. 아무것도 모르면서 불나방처럼 뛰어들었던 간부활동은 2002년 300일 파업, 2003년 중동 70일 파업, 2007~08년 홈에버 510일 파업을 마지막으로 여기까지 오게 하였지만 결코 후회하지 않는다.

아침 근무를 위해 깜깜한 새벽 5시에 아침을 열고 오후 4시 근무가 끝나기 무섭게 미친 듯이 각 매장을 돌면서 조합원들을 만나고 선전물을 돌리면서 노동조합 활동을 하는 것이 얼마나 신이 났던지 지금 생각해도 절로 기운이 난다. 집이 있는 상계동에서 부천 노조사무실을 다니면서 수많은 날을 내부순환도로의 갓길에서 비상등을 켜고 잠을 자기도 하였고 도착한 아파트 주차장에서 집에 올라갈 기력이 없어 차 안에서 잠을 청한 날이 무수히 많아도 나는 좋았다.

발로 뛰면 뛸수록 조합원들이 하나둘 늘어나 두 자리에서 세 자리 숫자가 되고, 투쟁을 만들면서 네 자리 수의 조합원으로 늘어나는 노동조합은, 나와 조합원들을 '여성노동자'로 거듭나게 해주었다. 새벽 4시, 퇴근하고 지친 몸으로 노동조합과 면담하면서 새로운 것을 알아 가며 반짝이던 눈동자들과, 여성이라고 무시당하며 살아왔던 지난날을 몸서리치며 가입서를 내밀던 노동자들이 있었기에 나는 지치지 않았다.

태어나면서부터 딸이라는 이유로 아들보다 차별과 설움을 받았고 시집와서는 시어른 눈치에 며느리로서 숨죽이며 살았는데 늦게야 나온 사회에서 여성이고, 나이가 많다는 이유로 무시하는 것에 더 이상은 참을 수가 없었기 때문이다.

돌이켜 보면 이랜드투쟁의 시작도 아주 사소한 차별에서 비롯되었다. 사측은 정규직을 우대하면서 비정규직들과의 노노갈등을 부추기며 계산원들을 외주화하려고 하였지만 홈에버에서는 실패하였다. 사실 비정규직들이 대다수인 유통매장에서 소수의 정규직이 살아남기는 힘들다. 같이 살기 위해 정규직과 비정규직들이 뒹굴며 연대한 21일간의 월드컵 농성장은 살면서 결코 잊을 수 없을 것이다. 동지애를 처음으로 느낀 농성장의 추억이 이랜드 510일 파업을 가능하게 했다고 나는 감히 말하고 싶다. 파업이 종료되면서 마지막 남은 186명이라는 조합원 숫자가 말해 주고 있듯이 동지에 대한 의리는 투쟁을 이어 가는 원동력이 되었다. 조합원들은 처음부터 고강도 투쟁인 점거농성을 성공적으로 해내면서 점거가 아니면 투쟁으로 생각하지 않았다. 지도부로서는 부담이 되었지만 사측의 무성의한 대응으로 투쟁 초기에 강력한 투쟁을 원했던 조합원들의 요구를 수용하여 점거투쟁을 하였고, 장기파업으로 전환되면서 조합원들도 지도부를 믿고 다양한 투쟁과 연대투쟁을 하였다.

510일 동안의 이랜드투쟁에서 문화활동을 하는 동지들의 연대를 빼놓을 수가 없다. 그림, 연극, 르포, 시, 영화, 율동, 노래 등 각 분야에서 활동하시는 이름난 동지들의 무조건적인 지원은 나와 조합원들에게 아주 큰 힘이 되었다. 노래와 율동은 장기간 투쟁의 긴장감을 없애 줬고, 글과 시는 위로를 해주었으며, 농성장의 무서움은 그림과 연극을 하면서 잊었다. 그동안 알지 못했던 사회를 변화시키기 위한 보이지 않는 손들을 직접 경험하였다. 세상이 각박하다고 하지만 어려운 사람들을 위해 헌신적으로 도움을 주시는 동지들을 보면서 나는 감동받았고 눈물을 흘렸다. 그래서 더욱 열심히 투쟁하겠다는 의지를 다질 수 있었다. 그 외에 농번기와 추수기에 불러주신 여주농민회 동지들, 설떡 재정사업을 도와주신 부여농민회 동지들, 농성장에 오셔서 건강 체크와 의료지원을 해주신 양·한방 의사선생님들도 절대로 잊을 수가 없다. 이런 이들이 있어서 이랜드투쟁은 외롭지 않았고 너무나 행복한 투쟁이었다.

나는 동지들에게 받은 연대의 마음을 어떻게 전달할지 고민을 하기 시작했다. 해고자로서 투쟁이 정리되고 짧게나마 현장을 잃어버린 충격에서 심리적 공황상태에 빠지기도 했지만 현장이 없더라도 내가 할 일이 있다는 것을 알게 되었다. 2009년, 그동안 투쟁을 하면서 많은 지원을 받았던 민주노총 서울본부 북부지구협의회의 의장 제안을 받으며 다시금 현장에서 활동할 수 있다는 것에 감사했다. 나는 주저없이 의장을 승낙하였고 지역의 동지들과 함께 투쟁을 지원하고 함께하였다. 북부에는 대학에서 일하시는 청소용역 비정규직 여성노동자들이 노동조합을 만들고 투쟁을 하는 사업장이 많이 있다. 늦은 나이에 당당히 노동자로 거듭나는 조합원들을 지원하고 그들과 연대할 때 가장 보람을 느꼈다. 예전의 내 모습을 보는 듯했다.

2010년부터는 내가 고문으로 있는 홈플러스테스코 노동조합의 상급단체인 서비스연맹에서 일을 하고 있다. 한국사회에서 비정규직이 가장 많이 늘어나고 있는 민간서비스산업의 노동조합들이 함께하는 연맹이다. 가끔 장을 보러 가다 유통매장에서 일하고 있는 노동자들의 생기 없는 얼굴을 볼 때마다 빨리 산별노조에서 저분들과 같이 해야지 하는 생각뿐이다. 앞으로 여성과 비정규직이라는 이유로 차별받지 않는 세상을 만들기 위해 나를 필요로 하는 곳이 있다면 언제든지 달려가려고 한다.

죽기 전에 노동조합을 알게 된 것에 안도하고 나의 자존감을 지켜 준 노동조합을 지키기 위한 나의 투쟁은 앞으로도 계속될 것이다.

그때 뭔 말이 있었냐면, 비정규직 맨드는 법이 7월부터 적용된다고 했거든요?
앞으로 우리 젊은이들이 다 비정규직으로 갈 수밖에 없는 시대가 된다고,
나는 그게 제일 안타까워요. 우리는 그래도 나이가 들었으니까 괜찮지만, 그래서 우리가
조그만 힘이라도 된다면 열심히 끝까지 투쟁하자, 우리도 억울해서 복직해야 하지만
젊은이들을 위해서 꼭 해야 된다고요.

# 청소용역 여성노동자들의
# 일자리를 지키기 위한
# '알몸투쟁'

윤옥주
공공노조 광주전남지부 광주시청분회, 전 부지부장

이매순
공공노조 광주전남지부 광주시청분회, 현 지부대의원

# 청소용역 여성노동자들의 '알몸투쟁'

## 1. 살아온 이야기

### 윤옥주 이야기: "여자는 남자가 하는 대로 따라서 사는 거다"

●●● 언제 태어나셨어요? 집안 상황은 어떠셨어요?

**윤옥주** 1952년 2월 18일생이고, 태어난 곳은 나주 남평이요. 그냥 평범한 농가인데 땅은 좀 있었고, 우리가 8남매인데 5남 3녀고, 저는 맏딸이에요.

●●● 맏이셨군요. 자라면서 기억나시는 건 어떤 게 있나요?

**윤옥주** 그때는 아들들이 귀하게 자랄 때인데 우리집은 아들들보다 딸들을 좀 귀하게 키웠어요. 우리 집안에 고모가 없었거든요. 그러니까 내가 맏딸이라서 좀 귀하게 컸고.

---

윤옥주 씨와 이매순 씨의 구술작업은 면담자 유경순(본문에서는 ●●●로 표시)이 2010년 7월 30일 공공노조 광주전남지부 회의실에서 진행했다. 그 뒤 내용 보충을 위해 두 차례에 걸쳐 전화 인터뷰를 했으며, 구술자들이 내용을 확인했다.

●●● 그러면 농사나 살림은 안 하고 자라셨겠네요?

**윤옥주** 어렸을 때 일을 많이 하진 않았죠. 우리 아버지가 나중에 사기를 좀 당하셔서 갖고 가세가 기울면서 학교를 많이 못 다녔어요.

●●● 결혼을 어떻게 하셨어요?

**윤옥주** 중매결혼을 했죠. 그때 펜팔 같은 건 많이 했죠. 『새 농민』

윤옥주

이라는 농민 잡지가 있었어요. 거기에 펜팔란이 있어서 펜팔을 하고, 하하. (하하.) 대청면에 사는 사람이었는데, 그 남자가 편지를 했더라고요. 그래 상당히 자주 편지를 주고받았는데, 우리 아버지가 얼마나 엄하신지, 그 편지를 가지고 어찌나 뭐라고 하는지, 그 뒤로 편지가 끊어졌어요.

●●● 펜팔하면서는 두 분이 안 만나셨어요?

**윤옥주** 그 남자가 날 만나러 왔는데 우리 오빠가 뭐라 해서 못 봤어요. 하하.

●●● 중매는 누가 하셨나요?

**윤옥주** 우리 친정이모가 시할머니하고, 두 분 다 학동이 시댁이었는데, 광주 학동이라고, 가깝게 이웃해 살았어요. 그래 우리 이모가 중매를 해 가지고 선 봤는데 우리 아저씨가 키가 작아요. 나도 키가 작으니까 나는 "안 한다"고 그랬는데, 우리 오빠가 보고는 남자가 "야무지다. 괜찮다"고 했어요.

그런데 살아 보니 안 야무지더라고. 너무 헤퍼, 남자가. 아무튼 오래 안 만나고 바로 결혼했어요. 나도 그렇고 집에서도 그냥 반반인 거 같은데, 이모가 중매를 했으니까, 또 "옆에 사는데 사람이 괜찮다" 하니까 믿고 했죠. 또 학동에서는 "사람이 좋다"고 항께. 우리 아저씨가 인사성은 참 밝은데, 너무 친구를 좋아해 가지고 집안이 살기가 좀 불편하더라고. 그래 결혼은 76년에 해 가지고 11년을 강원도에서 살다 왔어요.

●●● 그때 남편 되시는 분은 강원도에서 뭐 하셨어요?

**윤옥주** 강원도에서 광업소를 다녔는데, 자기도 거기가 광업소인 줄 모르고 갔대요. 우리 아저씨 갈 때는 영월 훈련소라고, 석탄공사에서 공채로 모집을 했어요. 그때 광부로 굴 속에 들어가서 일할 줄을 모르고 갔는데 굴 속에 들어가서 일하는 거고. 그러니까 거기서 어떻게나 출근을 안 하는지, 거기는 출근을 하면 돈이 나오고 출근을 안 하면 돈이 안 나와요. 그런데 출근을 절대 안 해, 위험한 일이라고.

●●● 일을 안 나가시면, 생활비는 어떻게 해요?

**윤옥주** 빈 봉투 탈 때도 많았어요. 내가 서른 살인 81년도에 큰애를 낳고 둘째는 83년생인데, 딸 하나 아들 하나예요. 그때는 여자들이 뜨개질을 엄청 많이 했어요. 그러니께 뜨개질해서 여자들이 생활하고 그랬죠. 남편은 뭐 잘 나갈 때는 나가는데 안 나갈 때는 일주일에 세 번 나갈 때도 있고 네 번 나갈 때도 있고 자기 마음대로야. 또 마음은 좋아 가지고 남의 보증은 다 서줘요. 그러니 맨날 월급받으면 빈 봉투야.

●●● 아니 그걸 감당하면서 사셨던 거예요?

**윤옥주** 그때는 어떻게 할 줄도 몰랐어요. 남자가 하면 하는 대로 따르는 걸로, 우리 친정아버지가 그렇게 교육을 어릴 때부터 시켰어요. "여자는 무조건 남자가 시키는 대로, 남자가 하는 대로 따라서 사는 거다"라고. 옛날 양반들, 그렇게 사는 거 있잖아요. 근데 내가 광주 와서 우리 아저씨

1987년 아이들과 함께

가 사고나고 세상을 이렇게 살아 보니까 그게 아니더라고요. 내가 악해지고. 하하. 더군다나 광주시청 들어와서 우리가 진짜 악해졌죠.


●●● 그럼 광주는 언제 다시 오신 거죠?

**윤옥주** 우리가 89년에 왔어요. 더 이상 강원도서 못 살겠어 가지고 내가 서울로 이사를 가자고 했는데, 남편은 고향이 아니면 절대로 안 된다고 하고. 그래서 광주로 왔어요.


●●● 광주 와서는 남편 분이 무슨 일을 하셨어요?

**윤옥주** 퇴직금하고 이러 저런 돈을 모아서 건축자재가게, 건재상을 했어요. 작은애가 초등학교 1학년, 우리 큰애가 3학년 때예요. 그러다가 남편이 대형 교통사고가 났어요.

●●● 사고 보상은 받으셨어요?

**윤옥주** 사고 보상 못 받았어요. 우리 아저씨가 그때 태창버스라고 있었는데 그 버스회사 차에 부딪혀서 너무 많이 다쳤는데, 경찰서에 신고를 해 사고처리를 해버리고 온 거야. 병원에서 있는 동안에. 그래서 그 돈을 받으려니까 그렇게 힘들어요. 변호사를 사려니까 안 맡아 줘요. 태창운수란 회사가 광주에선 제일 크거든요. 그래 변호사를 사려고 해도, "개인이 대들어서는 그 회사를 이길 수가 없다" 해 가지고 사건을 안 맡아 주는 거죠. 그때 우리가 멍청했죠. 내가 사회경험이 없어서 그랬어요. 그러니까 변호사를 광주서 사지 말고 서울이나 그런 데서 샀어야 하는데…….

●●● 그렇죠. 그래서 이후에는 어떻게 되셨나요?

**윤옥주** 전혀 보상 안 해준다고 그러더니 나중에 정 안 되니까 회사에서 손해사정사를 붙여 주더라고요. 그래 보상을 조금 해줬는데, 치료비 정도가 나온 거예요.

●●● 치료비는 해주고. 그럼 남편 분은 완치가 되셨어요?

**윤옥주** 예. 그런데 그 뒤로 우리 아저씨가 사고를 또 냈어요. 그래 가지고 그때부터 가세가 정말로 기울었어. 두번째 사고 나고 4년 정도 병원생활을 하면서 보험이고 뭐고 들던 거 다 해약해서 쓰고 나니까, 전혀 뭐가 안 남았어요. 그러니까 내가 일을 해야죠.

●●● 처음에는 어떤 일부터 하셨어요?

**윤옥주** 처음에는 90년도에 청소기 만드는 회사를 갔는데 돈을 너무 조금 주는 거예요. 30만 얼마를 주는데 그걸로는 생활이 안 되죠. 지금 같으면 그게 비정규직들이여, 삼성에서 만드는 청소기인데, 하청을 주고 또 하청을 줘서 일을 맡기니까 그렇게 월급을 적게 주는 거예요. 그때는 하청인 줄도 모르고 일했는데, 돈이 적어서 못 다니겠더라고요.

••• 그래서 직장을 옮기셨나요?

**윤옥주** 식당이 더 낫겠더라고요. 그래서 식당에 가서 일을 했는데, 그러느니 내가 장사를 해보면 더 낫겠다 싶어서 장사를 했어요. 백화점에서 야채 장사도 해보고 또 포장마차도 해보고. 그런데 우리 아저씨가 장사를 쫓아 다니면서 못하게 해요. 그래서 다시 내가 식당일을 했어요. 거긴 육신적으로 고되지. 식당은 12시간 이상씩 일을 해야 돼요. 내가 식당에서는 두루치기를 했어요. 설거지도 하고 음식도 하고 이것저것 다하는 걸 두루치기라고 그래요. 그나마 월급은 100만 원 넘게 받으니까. 그러다 시청에서 사람 모집을 한다고 해서 시청을 들어간 거예요.

**이매순의 이야기: "그때 좀더 배웠으면 내가 좀더 다르게 활동할 텐데…"**

••• 몇 년도에 태어나셨나요? 형제 자매는 몇 분이세요?

**이매순** 1956년에 장흥에서 태어났어요. 그런데 2년 늦게 신고해 갖고 나이가 더 적게 나와요. 그리고 4남 3녀, 7형제인데 딸 중에서는 셋째고 남동생이 있어요.

••• 부모님은 어떤 일을 하셨어요?

**이매순** 아버지는 땅 조금 갖고 농사를 지으셨는데, 부자는 아니고 그냥 먹고사는 정도였죠. 옛날에는 다들 살기 어려웠잖아요? 그렇게 장흥에서 살다가 광주로 왔지요.

●●● 학교 다니면서나 자랄 때 뭐 특별하게 기억나시는 게 있나요?

**이매순** 학교 다닐 때는 뭐한다고 나서거나 아이들하고 놀러 다니거나 그런 건 별로 없어요. 그리고 집안이 어려우니까 학교를 많이 못 다녔어요. 지금은 그때 좀더 배웠으면 내가 좀더 다르게 활동할 텐데 하는 생각도 들지만. 그런데 남자형제들은 고등학교까지는 가고, 그때 언니들이 직장 다니면서 남자들 뒷바라지 했어요. 큰언니는 서울에서 직장 다니고, 작은언니는 인쇄소 다니고, 저도 잠깐 직장 다니다가 집에서 살림을 주로 했어요.

●●● 왜 직장은 다니다 그만두셨어요? 직장이 마음에 안 들었어요?

**이매순** 광주 와서는 엄마가 부동산 하니까 살림하기 어렵고, 또 광주는 다닐 만한 직장도 마땅한 게 없기도 했지, 성격도 좀 내성적이기도 하고. 그래서 집에서 설렁설렁 살림했어요. 살림했다고 해도 결혼하기 전까지 김치 같은 것도 못 담갔지, 엄마가 다 해놓으면 나는 주로 상 보고 이런 거만 했어요. 그러면서 뜨개질 같은 거 가끔 해서 팔면 용돈 정도 벌고, 라디오나 듣고 뭐 그런 식으로, 어디 나돌아 다니거나 이런 걸 안 좋아했어요.

●●● 그럼 결혼은 언제 하셨어요?

**이매순** 결혼은 서른 살 때, 85년 정도에 했어요. 친구가 사람을 소개해 주었는데, 그게 지금 우리 아저씨예요. 남편이 그때 트럭운전을 하고 있었는데, 그냥 사람이 마음에 안 들어서 한 번 보고 안 만났지. 그러다 또 올케가 어떤 남자 분을 소개했는데 나는 그 사람이 싫은데 그 사람은 계속 만나자고 하니까 정말 힘들더라고요. 그래가 "다른 사람을 한 번 더 만나 봐라" 해서 봤는데 또 싫더라고. 그때 여러 번 선을 봤어요. 그런데 어떤 사람이 만나자고 너무 귀찮고 힘들게 해서, 친구에게 "그때 소개시켜 준 사람 다시 보여 달라"고 해서 만나고 그냥 그 사람하고 결혼했어요. 지금 우리 아저씨예요. 하하.

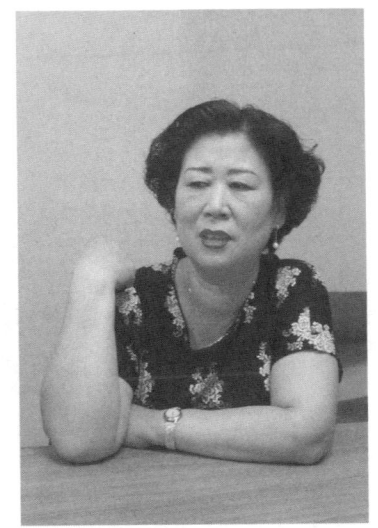

이매순

●●● 결혼해서 처음에는 어디에 사셨어요?

**이매순** 광주에서요. 처음 결혼해서는 끌세라는 거, 10개월 동안 방 사용하는 건데 한꺼번에 45만 원 내는 거니까 한 달에 4만 5천 원 내는 거, 광주는 그때 그랬어요. 끌세는 10개월, 전세는 1년이고. 처음에는 아저씨가 트럭 운전을 했는데 수입이 정규적이지 않으니까 살기가 좀 힘들었어요. 저 강원도 가서 배추를 실어 나른다든가, 우리 아저씨도 고생 많이 했어요. 거기에 아이들 둘을 낳고 키우느라고 그때는 정말 힘들었어요.

●●● 경제적으로 어려웠겠네요. 남편 분은 계속 트럭하시고요?

**이매순** 나중에 89년도에 시내버스 운전을 해요. 거기 들어가기 되게 힘들었는데 다행히 취직이 돼서 그때부터는 매달 월급이 나오는 월급제니까

아이들과 함께한 가족사진

좀 생활이 안정되죠. 그러다가 우리 아저씨가 고속버스 운전을 하고, 지금도 고속버스 운전하세요.

●●● 남편 분은 형제 중에서 몇째세요?

**이매순** 장남이고, 시어머니가 함평에서 사셨어요. 어머니가 농사일도 여기저기 다니셨고, 아직은 정정하시고 생활력이 있으세요.

●●● 결혼생활하시면서 어려웠던 것은 없어요? 맏며느리면 시댁하고 관계에서 힘든 건 없으셨나요?

**이매순** 그건 결혼한 여자들은 다 있을 거예요. 시동생이 하나 서울서 살고 있는데, 시집에 뭔 일이 있다 하면, 시아버지 제사나 어머니 생신이나 또 편찮으시거나 하면 맨 나만 가서 해요. 그런 게 아니어도 우리는 한 달에 한두 번은 꼭 어머니 찾아뵙는데, 뭐 서울서 동서네는 바쁘다고 잘 안 오고, 그러다 2~3년에 한 번 와서 20, 30만 원 내놓으면 그건 생색이 나고. 우리가 항상 하던 거는 아무런 티도 안 나고 할 때, 가끔 서운하죠. 한번은 재작년에 촛불시위할 때, 금남로에 참여하고 막 끝나서 밤에 오는데, 우리 아들이 전화를 해서 "엄마, 오늘이 뭔 날인 줄 알아?" 해서 보니까 그날이 어머니 생신인 거예요. 깜빡했네, 그런데 시동생이 내가 안 왔다고 술 먹고 뭐라고 전화를 했다는 거여. 그런 게 처음인데, 그

아들의 초등학교 졸업식에서

럴 때 어머니한테 미안하기도 하고. 그래도 처음인데 그냥 이해해 주지 뭐라 한 게 서운하기도 해서 한마디 했어요. "나만 자식이냐? 왜 나만 하냐?" 이러고, 그러니 아무 말 못하데요.


●●● 아이들 키우면서 큰 문제는 없고요?

**이매순** 잘 자라다가, 우리 아들이 눈이 안 좋아요. 군대 갔다 왔는데 갑자기 눈이 안 보인다고 해서 안과에 가니까 원초각막증이라고. 한눈이 실명할 상태예요. 각막이식 수술을 하든지 뭐 다른 수술을 해야 한데요. 나는 정말 생전 처음으로 하늘이 노래져서……. 그러다 마음을 돌렸어요. '그나마 이리 조사해서 눈 하나는 괜찮으니 얼마나 다행이냐, 그리고 수술을 하면 좀 나을 수도 있으니, 그나마 다행이다.' 그렇게 생각하니까 좀 마음이 안정

되더라고요. 여하튼 살면서 그때가 제일 힘들고 마음이 안 좋고 그랬어요.

●●● 어휴, 마음이 많이 힘드셨겠네요. 그런데 집에 계시다가 왜 광주시청을 다니시게 됐어요?

**이매순** 아들은 대학 가야 되고 딸은 고등학생이라 학비가 많이 들고, 거기에 우리가 고생고생해서 간신히 집을 장만했는데, 거기도 돈 들어가야지. 그래서 돈을 벌어야겠다는 생각이 들었는데, 동네사람이 마침 광주 새 시청 만들어지면서 사람이 필요하다고 해서 소개로 들어간 거죠. 그때는 성격이 내성적이라 그 언니가 데려갔을 때 다른 사람들은 직원들하고 막 농담도 하는데, 나는 못하는 거예요. 나는 A형이라 친해지면 농담하고 말을 많이 하는데, 처음에는 말을 잘 못해요. 하하. 그래서 처음 시청 일하러 갈 때는 그전부터 며칠 동안 마음 고생해요. 가서 어찌할 수 있을까, 내가 제대로 할까 뭐 이런저런 생각이 많고 소심했어요. 그런데 워낙 시청에서 직원이나 업체 사람들이 못되게 구니까 자꾸 성격이 바뀌어요. 참다가 대놓고 막 뭐라 한마디씩 하고.

## 2. 광주시청 용역노동자가 되다

### 광주시청 청소용역 일을 하다

●●● 부지부장님은 시청 쪽으로 어떻게 오신 거죠?

**윤옥주** 2004년 3월 8일에 들어왔는데, 시청 직원이 소개를 했어요. 시청 직원하고는 그 전에 내가 공공근로를 하면서 인연이 있었는데 계속 연락을 하면서 살았어요.

●●● 시청 직원이 용역업체로 소개를 해줬다는 말씀인가요? 아니면 바로 시청으로 연결을 해준 건가요?

**윤옥주** 시청에서 직접 모집한 줄 알고 간 거지. 용역업체가 있는 건 들어가서 알았죠.

**이매순** 나도 들어올 때 시청으로 들어오는 줄 알고 왔죠. 그때 소개시켜 준 사람을 '이부장', '이부장' 하는데, 나는 그 사람이 용역회사 부장인 줄 몰랐어요. 옛날 시청에서는 청소하는 사람도 정규직이었대요.

●●● 어떻게 그렇게 될 수가 있어요?

**윤옥주** 처음에 가서 일을 할 때는 몰랐어요. 한 달쯤 지나니까…… 그…….

**이매순** 의료보험.

**윤옥주** 응, 의료보험이 나왔다고. 근데 시청으로 되어 있지 않아서 너무 당황한 거예요.

●●● 아니, 시청 직원이 왜 그런 거죠?

**이매순** 시청 직원이라는 사람이 회계과 사람이었는데, 김○○씨 맞지? 그분이 우리 담당을 했지. 우리 관리를 했던 분이었는데.

**윤옥주** 응. 그분이 주임이었는데, 뭐라고 하냐면 나 들어가기 전에 "여기는 과장 빽으로도 못 들어온다"고 그러더라고. 당연히 내가 시청에 가서 일하는데, 처음부터 시청 직원인 줄 알지 누가 용역회사 직원이라고 생각하겠어요? 생각도 못하지. 우리는 진짜 좋다고 일을 했지. 그런데 의료보험이 나왔는데 전부 회사가 각각인 거예요. 그것도 한 회사가 아니고.

**이매순** 지역에 5개 업체가 공동으로 컨소시엄을 형성해 광주시청사 일반

관리 도급용역에 응찰한 거래요. 그걸 주도한 회사가 서한실업인데, 낙찰을 받기 위해서 나머지 4개 회사를 붙여서 컨소시엄을 구성해 용역입찰에 응찰한 거죠.

●●● 그러니까 시청에서 용역업체에 용역을 준 거군요?
**이매순** 예, 용역회사 대표가 있고 그 다음에 또 다른 용역회사가 있었죠. 우리가 의료보험을 받고 보니까. 예를 들어서 옥주 언니는 서한실업이면 나는 태두. 그렇게 용역업체가 이름이 다 다른 거예요. 한 6, 7명씩 심지어는 10명씩 묶여져서 그렇게 다르게 나온 거예요.

●●● 대표하는 용역회사가 있어서 다른 용역회사들을 포함했군요. 그런데 왜 그런 식으로 했죠?
**윤옥주** 노동조합 때문에 그랬는가……
**이매순** 아니 노동조합이 처음에 있질 안 했고.
**윤옥주** 그래도, 그걸 감안해서 그랬었는가 어쨌는가……
**이매순** 모르겠어요. 그게 지금도 광주시에서 용역업체가 한군데가 아니에요. 지금은 저 인천에 있는 부안안전시스템하고 또 광주에 있는 동양이라고, 이미 부안에서 돈 얼마 떼 주고 그 사람들 선에서 관리를 안 하는 거죠.

●●● 설명을 안 들으셨나요? 시청 취업을 하실 때 시청 직원이란 표현을 쓰셨잖아요?
**윤옥주** 우리는 시청 직원인 줄 알고 갔던 거죠. 시청 직원이 소개를 했고 그 사람이 가서 인사를 시켜 줬고, 면접 볼 때도 여기는 용역회사란 얘길 안

하고, 나를 소개했던 사람하고 다른 사람, 이렇게 둘이 앉아 있었거든요. 그런데 나중에 보니까 그 사람이 용역회사 상무더라고요. 말을 안 하니까 나는 둘이 다 시청 직원인 줄 알았죠.

**이매순**  우리는 시에서 청소원 모집을 한다고 하니까, 시에서 직접 고용을 하는 줄 알고. 그때 있던 사람이 서른여덟 명이고 그 중에 남자가 여덟 명 들어왔는데, 어쩔 수 없으니 그렇게 지냈어요.

●●● 서른여덟 명이 다섯 개 용역회사에 속한 거죠?

**이매순**  그렇죠. 다섯 용역회사에 나눠져 있는데, 그때 당시에는 서한실업이 말하자면 대빵인데, 경비도 안내원도 주차하는 사람들도 전부 이 서한이 관리했어요. 진짜 다 짜게 부려먹고 갔죠. 저희가 일을 하면 시청 직원들이 "아주머니들 100만 원 넘게 받죠?" 이런 식으로 말을 많이 해요. 내가 "아니요, 이렇게 받아요" 그러면 놀래요. 그래 나중에 시청에 자료요청을 해가지고 그걸 보니까 저희들이 그때 당시에 월급이 59만 원, 60만 원 받았는데, 계약은 150만 원인가 그렇게 되어 있더라고요. 그러니까 중간에 회사가 80, 90만 원을 따먹었단 소리죠.

●●● 어휴, 너무 많이 떼먹네요.

**윤옥주**  근데 우리가 들어가서 일을 해보니까 시청 직원들도 먹는 거야. 청소팀에서 따먹는 게 말도 못하게 많은 것 같더라고요. 청소 도구, 자재에서부터, 뭐, 많아요.

●●● 시청 직원들은 청소하시는 분들을 어떻게 대해요?

**윤옥주** 그때 나는 대기조를 했었는데, 대기조라는 건 네 사람이 대기 작업하고 있다가 급할 때 어느 일이든 가서 해주는 거예요. 지금 광주시청 가보면 18층이라 높잖아요? 근데 3층까지 우리가 유리를 닦았어요. 유리는 유리를 전문으로 닦는 사람이 닦아야 되는데도 우리가 사다리를 놓고 닦고 한 거죠. 그런 거까지는 그래도 좋은데, 시청 직원들이 다니면서 반말을 해요. 그때 대기조에 56살인 언니가 있고, 내가 그 다음 나이이고 또 나하고 동갑짜리가 하나 있고, 더 나이 많은 사람이 있었다고. 그렇게 네다섯 명이서 하는데 직원들이 말을 좋게 안 하고 반말해요. "어이!" 하면서. 우리보다 훨씬 나이도 젊은데, "어이! 누구!" 그렇게. 그래 갖고 한번은 내가 직원들한테 겁나게 욕을 해부렀어. 우째, 승질 나던지. (잘하셨어요. 아유!) 그런 데다 우리가 전에 청소를 전혀 안 해봤던 사람들이잖아요? 그러니까 청소하는 게 좀 서툴러요. 그럼 마음에 안 맞으면 "일도 못하는 것들이!", "집에 가서 애기나 보라"고. 진짜 나는 그 짓이 제일로 감정이 복받쳤어요. 거기에 내가 진짜 못 참겠더라고. 그래서 시청 직원들한테 "니는 애비도 애미도 없냐?"고 가서 멱살도 잡고 싸움도 참 많이 했는데. 우리는 조금 덜 먹었으니까 그래도 괜찮은데 56살이나 먹은 언니가, 진짜 그런 소리를 들으면서 일을 해요. 진짜 아주 짜증나요.

**이매순** 말로 못해요, 우리가 담당 공무원이 타는 자가용도 세차하고. 재활용한다면서 고무장갑, 집게, 쓰레기봉투도 주지 않아서 어떤 땐 맨손으로 똥 묻은 화장지를 풀어 헤치고 담아요. 어유~, 말로 다 못해요. 가끔 말도 안 되는 일을 지시하니까 안 하겠다고 거부하면서 바른 말 해서 쫓겨난 사람도 있어요. 관리자 눈 밖에 나면 작업장 배치도 안 해주고 일도 안 시키고 종일 탈의실[지하실]에 앉아 있어야 했어요. 참다 못해 그 사람은 자기가 일을 그만뒀어요. 그러니 사람들이 불만이 있어도 제대로 말을 못해요.

●●● 그럼 면접 보고 바로 일 배정받고 일하신 거예요?

이매순 예. 그때 광주시청을 새로 옮긴 거예요. 그래서 저희들은 처음에 들어갔었을 때 너무 고생을 많이 했어요. 입주청소라는 게 힘들어요. 그때는 어디서 물 한 모금 마실 데 없고.

●●● 시청 건물을 새로 지어서, 거기 가서 청소하셨다는 거죠?

이매순 예. 그때는 시청 이사하기 전에 한 달 먼저 가서 일을 했죠. 청소를 할 때 가끔 18층에서 인원조사를 한 번씩 했어요. 시하고 용역회사에서 가끔 모이라고 해요. 용역회사는 한 사람이라도 더 써야 시에서 돈을 더 따먹잖아요? 그런 것 때문인 것 같아요, 지금 생각하니까. 왜 그런 소리를 하냐면, 나는 좀 튀는 편인데, 한번은 인원조사를 했는데 저보고 "두 번 서라"고 하더라고요. 그러니까 그게 사람 수를 더 늘리기 위한 거 같았죠. 그런데 나는 너무 튀니까 다른 애를 시켜서 대신하고. 그때는 진짜 18층에서 부르면 전화기가 없어서 층마다 연결 연결해서 데려오고 그랬어요.

윤옥주 새 시청 건물이 18층인데, 5·18상징한다고 해 가지고 그렇게 지은 거예요.

●●● 그렇게 높은데 엘리베이터는 없어요?

이매순 엘리베이터가 작동이 안 됐었죠. 그래 가지고 그 계단을 올라가는 데 좀 늦으면 야단치고, 진짜 그때는 개처럼 일했어요. 지금 생각해 보면, 어휴, 내가 어떻게 버텼을까, 그 어려운 때를.

●●● 입주청소라면 어떤 일을 하시는 거예요?

**이매순** 시청 이사 오기 전에, 깨끗하게 하려고 청소를 계속해요.

**윤옥주** 건물만 새로 지어 놓고 지저분하니까 우리가 계속 청소를 해주는 거예요.

**이매순** 3월 9일에 저희는 들어왔고, 시청 직원들이 3월 22일 정도부터 차례차례 이사오기 시작했어요. 그렇게 해서 28일 즈음 되니까 이사가 거의 끝났어요. 그때까지 저희가 20일 넘게 하루도 못 쉬고 일을 했어요. 집에서 새벽 6시 정도에 나오잖아요? 그렇게 나오면 아침 7시부터 저녁 7시까지 일해요. 솔직히 말해서 저희는 근로시간이 8시간인지도 몰랐어요.

**윤옥주** 시키면 시키는 대로 하고. 진짜 너무너무 힘들게 일을 했거든요. 그러다가 시청 직원들이 이사를 오고 나서도, 밤에는 왁스작업을 해요.

**이매순** 그걸 하면 점심 한끼 싸 갖고 와 가지고 밤에 9시, 10시까지 간식 한번 안 주고 밥도 안 주고 그걸 시켰어요.


●●● 각자 도시락 싸오면 식사비는 따로 주나요?

**윤옥주** 그런 건 없고. 그때는 급수 설치를 안 해서, 우리가 마실 물도 없는 거예요. 그 주위에 건물도 없어요. 그러니 물 한 모금 못 먹고 일을 하는 거죠. 밤9시, 10시까지. 어떨 때는 너무 늦어 택시 타고 집에 가야 돼요.

**이매순** 저녁을 굶고 하니까 너무 배가 고픈 거예요. 그래서 한번은 간식 사 달라고 소장한테 졸랐어요. 그러니까 소장이 두 사람한테 돈 2만 원을 주면서 "될 수 있으면 만 원만 쓰고 오라"는 거예요. 일하는 사람은 열 명이 넘었는데. 근데 이 사람들이 진짜 만 원어치를 사 갖고 와 가지고. 그 우유하고 빵을 나눠 먹은 적이 있어요.

## 3. 노동조합을 결성하다

### "진짜 조합원은 어려움을 견뎌내는 사람들…"

●●● 노동조합은 어떻게 만들게 되나요?

**이매순** 시청 직원들이 이사를 다 오고 그때 일하는 층이 정해졌는데 저랑 다른 두 사람은 시장실이 있는 3층을 청소했어요. 그때가 '근로자의 날'이었어요. 제가 그날 푸념 식으로 "아, 노동자의 날인데 오늘 우리 같은 사람도 쉬어야 되는데" 이렇게 말하니까 한 분이 일하다가 "그러니까 노동조합이 있어야 하는 거야" 하는 거예요. 그래서 나도 "그럼 우리도 지금 노동조합 만들어야 되겠네" 이랬죠. 그때 나는 솔직히 노동조합이 뭔지도 몰랐어요, 하하. (하하.) 그랬더니 그 사람이 "노동조합은 아무나 만든다요" 이렇게 탁 던지더라고요.

●●● 노동조합은 노동자면 만들 수가 있는 거죠. 남자들이 노조를 만들자고 한 거예요?

**윤옥주** 나는 한 3개월쯤 일을 하니까 남자들이 "노동조합을 만들어 보자"고 그러더라고요. 우리는 노동조합이 뭔지도 모르고 남자들이 하자니까 그냥 그렇게 한 거죠.

**이매순** 3층 시장실 건너편에 분장실이라고 있었는데, 그 방에서 남자 분들이 일을 하고 쉬는 시간은 거기서 쉬고 그랬어요. 그런데 그때 양○○씨가, 나중에 초대위원장하는 사람인데, 저를 부르더라고. 3층 분장실로 가니까 "사람을 좀 모아 달라"고 그러더라고요. 내가 "왜 모아요?" 하니까 "그러면 4시에 일 끝나게 해준다"고 그러더라고. 아, 4시에 끝나게 해준다는데 누가 마다하겠어요? 저는 그랬죠. 그때 제가 통솔력이 있다고 판단을 했나 봐요. 그래서 한 사람, 한 사람 만나면서 "4시에 끝나게 해준다고 아저씨들이 사람 모아 달래" 하니까 다 좋다 하죠. 이미 남자 분들은 기본이 8시간 근무라는 걸 알았나 봐요. 그래서 시청 회계과에, 지금은 청사관리라고 하는데, "4시에 퇴근하게 해 달라"고 계속 요구를 했나 봐요. 저희들한테 사람을 모아 달라고 하고 나서 다시 한 번 요구를 했는데, 그때도 묵살당한 거예요. 그래 가지고 아저씨들이 일사천리로 막 노동조합을 만들기 위해서 서류를 꾸며서 민주노동당을 몇 번 찾아갔나 봐요. 지금은 진보신당인데, 윤난실 의원<sub></sub>당시 민주노동당 광주광역시의원에게 도움을 받고 그 분이 광주전남공공서비스노동조합을 소개해 줘요.

●●● 아, 그래서 공공노조를 온 거군요.

**윤옥주** 저희가 노동조합을 가입하려고 하니까, 어용노조가 하나 있는 거예요. 보니까 한국노총으로 이미 설립이 된 거예요. 저희들도 몰랐어요. 복수노조가 안 되잖아요? 그러니까 우리가 혹시 노조 만들까 봐 미리 한국노총으로 만들어 놓은 거예요. 소장하고 반장하고 여자 두 명 해서 6명이 만들어 놨더라고요.

**이매순** 저는 여자여도 아닌 것은 아니거든요. 제가 반장하고 소장하고 엄청 친하게 지냈어요. 아저씨들이 한국노총 서류를 갖고 와서 저한테 가입을 하라는 거예요. 그래서 나는 안 가겠다고. 내 동생이 민주노동당 후보 운동을 많이 했는데, 그 동생한테 전화를 해서 물으니까 "괜찮다. 이미 한국노총이 생겼으니까 전부 가입을 해서 민주노총으로 전환을 시키라"고 해요. 그때 우리 수가 주차하고 안내까지 포함해서 한 50명 됐죠.

●●● 그럼 한국노총에서 어떻게 민주노총으로 소속을 바꾸죠?

**이매순** 그러니까 민주노총으로 전환을 시키려고 했는데, 시에서 먼저 손을 쓰는 거예요. 그쪽에서 주차반장을 한국노총 위원장 후보로 세우고 투표를 하자는 거예요. 그래 놓고 우리를 개인적으로 만나요.

**윤옥주** 개인적으로 시 직원들이 막 사람을 만나고, 나한테도 와서 "그 사람 찍어 주라"고 하고, 한국노총 위원장 후보로 나온 사람은 "나를 밀어 달라"고 돌아다니고. 그런데 나는 우리가 옳다는 생각에는 변함이 없거든요. 그래서 투표를 해서 민주노총 쪽 위원장이 이긴 거죠. 그때부터 노조활동이 시작되니까, 그 이튿날 바로 4시에 끝나게 해준 거예요. 그러니까 저희들이 '아, 노동조합 하니까 이렇게 좋구나'라는 걸 느껴 버린 거예요.*

●●● 민주노총으로 바뀐 노조에 대해 회사는 어떻게 대응하죠?

**이매순** 4시에 끝나게 해주기는 했는데, 용역회사에서 와 가지고 개인면담을 들어가는 거예요. 이미 저희는 가입 서류를 다 작성해서 민주노총 쪽에 보내 버렸는데, 와서 저희들을 꼬시는 거죠. 노동조합 하지 말라고.

**윤옥주** 노조에서 나오라고. 그때는 늦게까지 간식도 없이 일하고 그랬잖아요? 그런데 그런 부분을 보충해 주고, 그때 옷 같은 것도 없었고, 3,000원

---

* "노조설립 초기에 광주시청 비정규직노동조합으로 설립을 하고 구청에 설립신고를 하러 구청에 갔더니 유령노조가 있어요. 그래서 조합원 총회로 민주노조로 바꿔 버린 것이죠. 이게 2004년 7월경이고. 얼마 안 있어 2005년 1월 광주전남공공서비스노동조합을 창립하게 되면서 함께 합류를 해요. 그때 제가 위원장으로 당선이 되어요. 있던 노조는 광주시청 비정규직지회로 개편되고요. 그리고 2006년 11월 30일 공공연맹에 소속되어 있던 여러 노조들이 함께 전국적인 산별노조 '전국공공서비스노동조합'[공공노조]를 만들게 됩니다. 그때 광주전남공공서비스노동조합도 함께하게 되면서 지부로 재편되고 마찬가지로 광주시청분회로 명칭이 바뀌게 됩니다."(전욱 지부장의 증언)

짜리 '죄수복'이라고 있는데 그것도 자기들이 다 다시 해주겠다는 식으로 저희들을 꼬드긴 거죠. 노조 못하게 하려고.

●●● 노조 결성할 때 교육받으셨어요?

**이매순** 받았죠. 교육받는데 뭐 한쪽 귀로 듣고 한쪽 귀로 흘렸지. 어려운 단어들이 많아서, 하하.

**윤옥주** 그렇지. 교육을 받긴 했는데 너무 어려워, 무엇이 무엇인지 하나도 모르겠어요. '노동조합'이란 말 자체가 아직 입에도 안 익었는데, 하하.

●●● 노조가 생기면서 다른 노동조건은 어떻게 바뀌나요?

**윤옥주** 우선 노동조합을 하기 전에 임금이 59만 원, 60만 원 돈이었잖아요? 그랬는데 노동조합 하고 나서 얼마 안 있으니까 70만 원으로 올랐어요. 딱 8시간 일하고 임금은 올라 버리고. 그래서 또 저희들이 노동조합을 해야 되겠구나 하는 걸 느낀 거예요.

**이매순** 노동조합 생기면서 처음에 10만 원 돈이 오르고 저희가 수령액이 78만 원 정도 되는데, 거기서 4대보험 떼고 한 72만 원 정도 저희들이 손에 쥐었거든요. 그리고 저희가 3년 지나서는 "용역회사가 너무 많이 우리 임금을 착취하고 있다"는 걸 알려 가지고, 2차 교섭할 때 그 부분을 문제 삼아서 시에서 용역회사한테 "이 사람들에게 주기로 책정된 월급에는 손을 대지 말라" 이런 식으로 합의가 된 거죠. 이 용역회사한테 떨어진 돈이 상당한 액수였던 거예요.

●●● 나이 드신 분들 막 부르고 욕하던 것도 없어졌어요?

2004년 조합원들과 함께(앞줄 오른쪽에서 세번째가 윤옥주, 둘째줄 왼쪽에서 세번째가 이매순)

**이매순** 네. 없어지고. 그리고 시청 3층에서 저희가 일을 하면 지하에 기계실 남자들이 있었어요. 저희들이 노동조합 하면서 당당해지니까, 기계실 남자들은 참여도 못하면서 그게 내심 부러운 거예요. "할 말 다하고 사네. 좋겠다" 식으로. 그래도 자기들은 정작 노조에 못 들어왔던 거죠.

　일단은 저희들이 노동조합 하면서 "주어진 일에 더 열심히 최선을 다해서 일을 하고 욕먹지 않는 그런 사람이 되자"라고 처음에 결의를 했었는데, 그때는 취업규칙에도 없는 일을 너무 많이 했어요. 심지어는 시청건물 밖에 분수대 청소도 처음부터 들어 있지도 않았는데, 시켜 가지고 엄마들이 막 바지 걷고 올라가서 일하고 그런 부분이 굉장히 많았는데, 노조가 생기면서 위원장이 막 난리치며 욕하고 다닌 거예요. "여자들이 일에 미쳐서 일한다"면서 일을 못하게 한 거예요. 너무 심했는데, 저희들한테 "자기가 맡은 층은 최선을 다하라"고 해야 하고, 저희들이 안 해야 하는 곳은 "그런 부분은 안 해도 된다"라고 구분해서 위원장이 말했어야 했는데, 막

아무 일도 못하게 하는 거예요.

여하튼 그분이 중간에 저희들하고 좀 트러블이 있어가지고 그만두고 여자 지회장을 앉힌 거죠. 하다 보니까 기계실이나 전기실에서 가입을 한 거예요. 소장한테 불만이 있으니까. 근데 결과적으로는 끝까지 가지 못할 바에는 안 들어온 것이 저희들한테 득이 됐는데, 들어와서 우리들한테 좀 더 안 좋은 결과가 됐죠. 이 사람들이 하다가 끝까지 못하고 그냥 나가버 렸어요.

**윤옥주**  회사에서 일부를 해고시키니까 남자들이 다 탈퇴해 버렸더라고요.

**이매순**  그래서 내가 그때부터 '아! 노동조합에 들어온 것이 진짜가 아니다. 들어와서 탄압에 얼마만큼 버텨 주냐. 그게 진짜 조합원으로서 자기 권리 를 지키는 거다'고 생각하고, 그 뒤부터 저는 조직활동하면서 "절대 노동 조합 들어와서 다 이루어지는 건 없다. 정부를 상대로 해서 싸우는 건데 물론 떳떳하고 당당한 건 있지만 절대로 내가 원하는 거가 다 이루어지는 건 아니다. 그만큼 어려움이 더 따른다"라고 항상 그 말을 먼저 해줘요. 노 동조합이 좋을까 아닐까 이렇게 망설이다가 들어온 사람들은 결과적으로 좋지 않았어요. 우리들한테 해만 끼치고 나가는 편이지.


## 4. 해고반대·고용안정 확보투쟁에 나서다

### 3월 7일, 시청농성과 '알몸투쟁'

●●●  그런데 언제부터 해고가 일어났어요?

**윤옥주**  문제가 됐던 계기는 2007년 3월 8일이 3년 계약이 만료가 되는 거 였어요. 고용불안을 어느 정도 알고 임단협'임금협상 및 단체협약체결'의 약칭을 통해 계속 요구를 했어요. 그러면서 우리가 3월 8일을 앞두고 한 달 전부터인가? 아침 선전전을 했어요. 그래도 안 되니까 "3월 7일 날 2시에 시장실 앞으로 전체 올라가자", 그래 가지고 각자 흩어져서 올라가서 시장실 앞에 가서 앉았어요. "시장을 만나게 해 달라"고 해도 안 만나 주니까.

**이매순** 7일 날 오전에 일 끝내고 1시까지 쉬는 시간이니까 쉬고, 그런데 이런 말해도 되나요? (예.) 저희들이 아침에 이미 작전을 짜기 위해서 전욱 지부장님을 모셔서 숨겨 놨죠. 지부장님이 노조 일을 보러 온 게 아니니까 들키지 않게 하려고. 그리고 일부러 간부급들한테는 지부장님이 지시를 줬지. 3층에 가면 셔터가 기계화 돼 갖고 싹 내려오면 저희가 접근할 수가 없어요. 그러니까 저희들이 3층에서 일하는 분들한테 가서 동정을 살펴보라고 했죠. 한 번에 나가면 안 되잖아요? 나눠서 대기하다가 밀고 들어가요. 그때 총무과에서 나와 갖고 우리 지부장님을 끌어내려고 하는데, 그 엄마들 사이에서 빼냈겠어요? 못 빼가죠. 전부 전화를 남자 분들한테 맡기고. 우리가 시장실 앞을 점령한 거죠. 지부장님은 뒤쪽에다 안전하게, 그쪽에 좀 짱짱한 사람, 힘센 사람들 사이에다 숨겨 놓고. 그렇게 우리는 안에서 투쟁하고 밖에서는 민주노총이 같이 투쟁을 해주셨고.

●●● 이때 핵심적인 요구가 뭐였죠?

**이매순** 밑의 사람들한테 다 말했지만 안 되니까 시장을 만나게 해 달라고 했는데, 이것도 성사가 되지 않으니까 이제 최종적으로 "시장 면담해서 고용유지 하자"고 정한 거죠. 근데 저희는 '진짜 설마 광주시에서 이 사람들을 다 내칠 수가 있을까?' 솔직히 말해서 반반이었거든요. 그래도 어느 정도 성공할 거라고 생각을 했어요. 그래서 막 농담 식으로 "이거 안 되면 우리 다 벗자" 말했죠, 하하. 그렇게 의지가 다져졌죠. 저희는 안에서 투쟁을 계속할 거라고 생각을 하고 쌀, 라면 심지어는 버너 같은 거 비상용으로 싹 사놨어요.

**윤옥주**  속옷이고 갈아입을 옷이며 뭐 심지어 집에 있던 드라이기까지 싹 갖다 놨죠. 준비를 했죠.

●●●  와, 확실하게 싸울 생각이셨군요.

**윤옥주**  쫓겨날 거라곤 생각도 안 하고 준비를 싹~ 했죠! 안에서 끝까지 할 거라고 생각을 하고. 그렇게 만반의 준비를 다 하고 3층에 간 거예요. 근데 그때 2시부터 시작해 가지고 시장 면담을 계속 요구를 했는데, 시장이 거기 있잖아요? 그런데 "외부에 나갔다"고 그러면서 안 만나 줘요. 밖에서는 굉장히 큰 힘을 실어 줘요. 분회장하고 바깥에 계신 민주노총 분들하고 통화하면서 힘을 실어 주고. 저녁에 퇴근하고 들어갔던 시청 직원들이 전부 나왔어요. 그때 시의원 쪽으로 "저희들이 진짜 이렇게 어려움이 있다"라고 조금 아는 분들을 다 찾아다녔지만 실제 저희들 손을 잡아 줄 사람이 누가 있겠어요?

**이매순**  우리는 밥도 못 먹었잖아요? 2시에 들어가서 아무것도 안 먹은 상태고. 그러면서 계속 "시장만 불러 달라" 요구를 하고 있는 상태에서, 그때 지부 사무국장 김순금, 그 분하고 몇몇 분이 김밥하고 빵을 좀 사왔어요. 그걸로 요기를 하고. 장시간 앉아 있다 보니까 화장실도 가고 싶잖아요? 화장실 가다가 우리가 경찰한테 끌려 나갈까 봐 민주노총 사람들이 입회해서 하나씩 건너가고.

그런 식으로 하다가 시에서 [새로 계약 체결된 용역업체] 사장을 불렀다

시장실 앞 농성 중인 분회원들

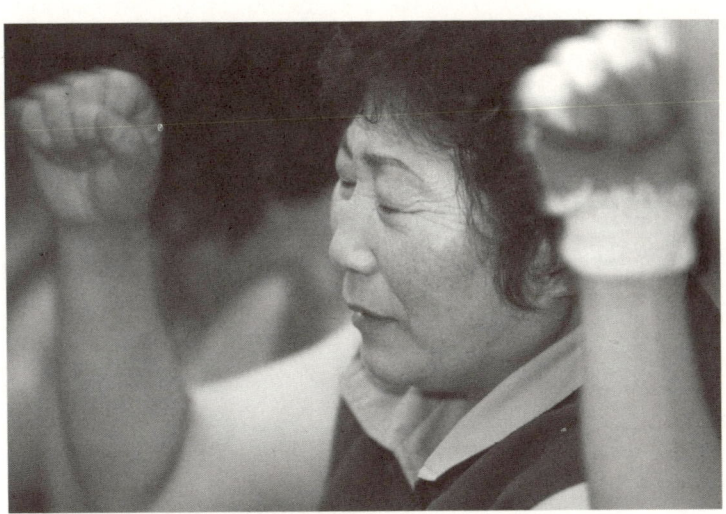

시장실 앞 농성 중의 윤옥주 부분회장(2007년 3월 7일)

시장실 앞에서 농성 중인 모습

는 거예요. 사장이랑 다 만나 갖고 이야기를 하자고 해요. 그러더니 다시
사장이 사라져 버렸다고 해요. 계속 거짓말을 하는 거죠. 그랬는데 보니까
여경들이 엄청 왔어요. 그러니 저희들이 위압감이 들잖아요? 분위기가 달
라져요. '아, 이것들이 무슨 조치를 취하려고 하는구나.' 그때 저희들이 지
부장님 지시하에 투쟁가 부르고 '파업가' 부르면서 "흩어지면 죽는다~"
노래하는데 주위 분위기가 참 이상했어요.

**윤옥주** 그러다 8일 날 새벽 1시쯤 됐을까? 이미 전경들이 싹 다 올라와 있
었어요. 시청 직원들하고, 발 하나 내디딜 틈이 없었어요. 다 올라와 있는
데도 우리한테 손을 안 대요. 조금 있으니까 시청 직원들이 이불을 가지고
오더니 이불에다 우리를 막 싸서 둘러대는 거예요. 그때 그 사람들이 술
먹었는지 술 냄새를 엄청 풍겼어요.

**이매순** 또 비서가 와서 "사장이 오고 있는 중이다" 이런 식으로 해놓고 민
주노총에서 본부장님이랑 몇 분이 계셨는데, 순식간에 직원들이 다 몰고

가 버리고. 우리를 막 들어내 버릴라고 어마어마한 수의 직원들이 술을 먹고 달려드는데, 우리는 무기가 없잖아요? 순식간에 "벗자!" 그러니까 모두 벗은 거예요. 설마 옷을 벗는데 손을 대겠냐 했는데, 이불을 씌울 거라고는 상상도 못했어요.

그런 일은 우리 하나로 그쳐야 돼! 맨 정신으로 할 수 없으니까 다들 술을 먹고 온 거죠. 3년을 마주쳤던 사람들인데, 지그들도 맨 정신으로 할 수 없었던 모양이죠. 동료들을 개처럼 돼지처럼 끌고 나가는데. 그거는 다신 상상도 하고 싶지 않고, 우리로 끝냈으면 좋겠어요. 다른 사람이 그런 피해 안 봤으면 좋겠고. 설마 광주시가 그렇게 잔인하게 할 줄은 몰랐어요.

하여튼 이불로 하나씩 하나씩 동료들을 말아서 끌고 갈 때, 와, 진짜, 뭐라 그러나? 무서운 건 없었는데, 그 압박감 때문에 너무너무 힘들어요. 진짜 하나하나 다 끌려가고 나중에는 지부장님을 끌고 가는 거지. 그래 '지부장님이 이대로 끌려가면 끝이다'라는 생각이 드니까 안 뺏기기 위해서 다 지부장님 잡고 늘어지고. 그때 우리가 진짜 많이 아팠어요. 다 힘들고. 나도 나중에 끌려가서 "나 덮어씌워 갖고 막 숨막힌다" 악을 쓰니까 풀어 주더라고. 2층 세미나실로 데려간 거예요. 그때 최종적으로 백순자 언니가 밟혀 갖고 이 언니랑은 병원을 가고.

**윤옥주** 멱살 잡고 순식간에 끌고 가는 거야, 시간이 5분이나 됐을까? 금방 끌려가더라고. 근데 최경미<sub></sub>민주노동당 광산구 기초의원 민노당 의원하고 여러 분이 있었어요. 다른 분들 다 끌려가고 최경미 의원이 있는데 시청 청원경찰이 보고 딱 쥐고 안 놓는 거예요. 그렁께, 내가 거기서 어떻게 할 줄 모르니까 손을 잡고 뛰어도 안 뛰어져요. 백순자 언니는 이미 밟혀서 쓰러져 있고. 그 분한테 손 댈라 그러면 내가 막 못 대게 했어. 그 분이 허리수술해서 허

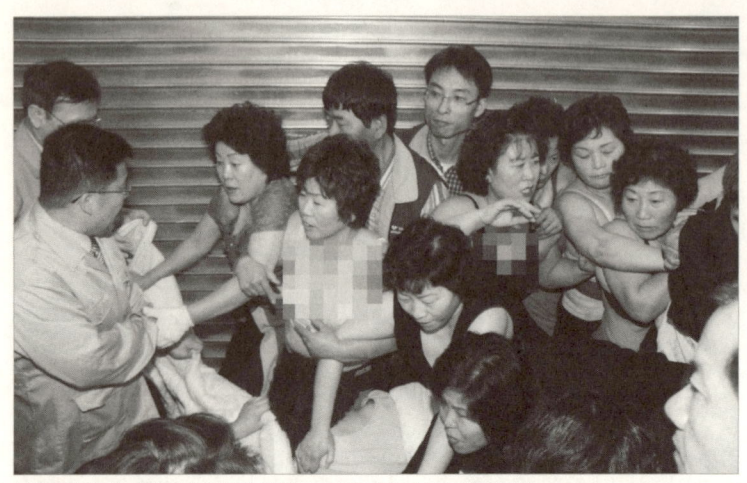

나체시위 중 지부장을 지키기 위하여(중앙의 끝에 안경 낀 이가 전옥 지부장)

리가 좀 아팠어요. "손대면 안 된다. 아무렇게나 손대면 안 되니까 들것 갖고 와라", "119를 불러라"고 했어. 119가 절대 안 와요. 올 수가 없대.

그래 갖고 이불에다 막 싸서 가려고 해서 거기서 상당한 시간을 또 싸웠어요. 거기서 내가 폭력으로, 네 명을 물어뜯어 버렸지. 내가 그래 가지고 옷을 다 벗어 놓은 거예요. 나는 다 벗었어. 그러니까 더는 못 참는 거지. 이불을 가지고 가면 입었다가 또 씌우러 오면 내렸다가. 이미 윗도리는 벗은 채로. 그렇게 싸움을 하는데 이불을 펴더니 순식간에 그 언니를 싸서 데려간 거예요. 나는 따라서 나오면서 얼른 민주노총 우리 식구들을 부르려 했어요. 나와서 보니까 우리 민주노총 식구들이 많이 있는 거야. 근데 없다면서 절대 불러주지도 않고. 나오니까 2층에서 막 후레쉬[플래시]가 계속 터지고 있는데 우리 식구들이 세미나실에서 악을 막 쓰는 거여. 어휴, 그때 생각하면, 우리들을 소·돼지 잡듯이 끌어낸 거여. 민주투사라고 5·18의 계승자라고 하던 시장이 광주시민 죽인 전두환과 뭐가 다른 건지.

## 세미나실의 농성: "버틸 때까지 버텨야 된다"

**이매순**  솔직히 나는 이 언니를 많이 원망했어요. 왜 원망했냐면 당찬 사람도 있어야 되는데, 물론 그때 악에 받쳤으니까 전부가 다 그렇게 하지만. 세미나실로 가서 보니까 지쳐 가지고 다 널부러져 있는 거예요. 옥주 언니는 찾으니깐 없어요. 그때 있어 줘야 좀 든든할 거 같은데, 있어 줘야 할 사람이 없으니까 좀 원망을 했죠. 그때 다 나이 드신 분들이고. 거기에 이불이랑 포도 주스하고 노란 주스, 물하고 막 갖다 넣더라고요. 파스도 갖다 놨어. 내가 그 음료수병을 다 복도로 던져 버렸어요. "이런 것이 뭔 필요 있냐? 느그들이나 먹어라." 그러고 물병 열어 가지고 다 찌그러 버리고. 그때는 뭐가 보여요? 악밖에 안 남았는데. 어떤 언니가 파스를 등에 붙여 주고 있는 것이여. 내가 파스 뜯어 버리면서 "이런 파스 갖고 너그들 마음 치유될 수 있다고 생각하냐? 느그들이나 하라"고 그냥 싹 없애 버리고.

그때부터 이제 지부장님이 걱정되는 거예요. 그래 "지부장님 찾아내라"고 악을 썼죠. 사람들한테 내가 "지부장님 찾아내라고 해야지. 지부장님 끌려가면 우리는 끝인데 지금 이러고 있냐? 빨리 지부장님 찾아내야 한다"고. 직원들이 많이 있었는데 30분 넘게 악을 쓰고 내가 난리치니까, 민주노총의 문길주 씨가 들어왔어요. 진짜 내가 막 반쯤 미쳐 버리니까 '지부장님 대신 그 사람 보냈는가 보다' 난 그렇게 생각을 했거든요? 그랬는데 문길주 씨가 "걱정 말라. 지부장님 있다"고 나를 안심시키려고 그러는 거예요. 그래서 내가 "나도 지부장님 구하려는 쇼다" 그랬어. 하하. 그 상황에서 나도 쇼니까 가만 놔두라고. 그때 지부장님이 닭장차에 갇혀 있었던 거예요. 그러다 워낙 안에서 우리가 지부장님을 찾으며 미쳐 버리니까 풀어 줬대요. 그래가 지부장님이 지금도 "그러고 안에서 지부장 안 찾앉으면 잡혀갔죠.", "너무 잘 싸워 줘서 내가 풀려났다"고 말해요.

그래서 세미나실에서 여자들 12, 13명의 싸움이 시작된 거예요. 언니 하나는 고지혈증으로 쓰러져 가지고 직원들이 "그 사람은 고지혈증으로 난리난다. 데려간다"고 하는데 내가 절대 못 데리고 가게 했어요. "죽게 놔 둬라. 엉! 죽음으로서 알려야 된다. 놔두라"고 절대 내가 못 데려가게 하겠 다고 딱 잡고 있었는데, 순간에 두 명이 "죽겠다"고 창문으로 뛰어갔어요. 근데 쉽게 떨어질 수 없는 것이여, 이렇게 비스듬하게 해 놔 가지고, 악에 받치니까 간 거예요. 그러니까 그 사람들 말리러 간 사이에 한 언니가 아 픈 언니를 돌보고 있다가 뺏겨 분 거예요.

눈 펑펑 오는데 그 추위에 밖에서 사람들이 저희들을 응원해 주고 있 는데, 저희들이 안에서 '파업가'를 불렀어요. "다, 서라. 보여 주자" 어떻게 그런 생각이 났는가 몰라 나도. "다 일로[이리로] 와라, 빨리 부르자." 그래 갖고 손 흔들면서 투쟁가를 불렀어요. 우리 잘 싸운다고 밖에서 다 보라고. 밖에서는 얼마나 춥겠어요? 우리는 안이니까 따뜻한데. 그래서 끈을 묶어 가지고 옷을 다 창밖으로 내려 주고 나중에 보니까 전화기가 있더라고요. 그래서 닭장차에서 풀려난 지부장님하고 통화를 했죠. 그리고 날을 꼬박 샜죠. 아침에 지부장님한테 전화가 왔더라구요. "KBS에서 취재를 가니까 문을 열어 달라." 그리고 한 지시가 "최소한 쫓겨나지 말고 버텨라." 그래 서 탕비실에 있는 의자를 보고 "전부 거기 의자들 싹 꺼내라" 했죠. 의자를 꺼내서 양쪽 문에 연결한 거예요. 문 잠가 놓고.

아침이 밝았죠. 근데 지부장님이 "일을 가라"고 하더라고요. 그래서 우리가 일을 하는데 가서 보니까 셔터란 셔터는 다 내려 놓은 거예요. 엘 리베이터는 이미 하나 죽여 버리고, 다시 세미나실로 돌아왔죠. 그리고 나서 얼마 안 있으니까 시청 직원들이 저희 끌어내기 위해서 다 모여든 거예요. 그 세미나실로. 그래서 문짝 다 막아 놓고 탕비실 안에 들어가서 이불 깔아 놓고. 거기 있던 직원들이 KBS에서 취재하러 온 사람들하고 좀 티격태격 했어요. 그러더니 방송국 사람들이 나가더라고요. 그래서 우리는 탕비실로 들어가서 안에서 문을 잠그고 "버틸 때까지 버텨야 된다" 했죠. 조금 있으면 또 민원들이 들이닥치잖아요? "최소한 민원들이 올 때까지는 우리가 참고 있자" 해 가지고 거기에서 버티니까, 직원들이 세미나실에 의자로 다 막아 놓았던 부분을 전부 치우더라고. 그 안에서 심정이 어떻겠어요? 조여 오는, 점점 포위망이 좁혀진다는 그 심정이. 그때 문고리를 잡고 열려고 하니까 못 열게 하려고 문고리를 잡고 여럿이서 버티고 있었죠. 안 열어지니까 나중에 망치를 갖고 와서 밖에서 문을 쳐 가지고 부수는 거예요. 결국 열려서 하나씩 하나씩 끌려 걸어 나갔죠.

몇 사람은 끌려 나가고, 남아 있던 저희가 안에서 막 뛰어내려 분다 했더니, 세미나실에 직원들이 들어와 석 줄, 넉 줄로 싹 서 있는데, 시장이 와도 그런 환영은 못 받을 거라고 봐요. 그래 내가 "참 대단한 환영받고 나온다" 그러면서, 아직 민원 오는 시간까지 최대한 시간을 끌어야 하잖아요? 직원들이 "엘리베이터 타라"고 해도 안 타고 계단으로 기어코 내려오면서 거기서 제가 민원실로 뛰어갔는데, 그때가 3월 8일 오전 10시 정도 됐어요. 민원이 들이닥칠 때가 됐죠. 막 6, 7명이 저를 잡고 난리예요. 제가 억울하고 분하고 악이 나니까 땅에서 뒹굴고. 그러고 나서 뒷문으로 쫓겨났어요. 밖으로 나가니까 그때가 3·8여성대회라, 많은 분들이 기다리고 계시더라고요.

**윤옥주** 나는 그날 아침에 밖에 있었는데, 우리 식구들이 하나씩 속옷만 입

농성장을 나와서, 3·8여성대회(마이크를 잡은 이가 이매순)

고 나오는 거예요. 그 와중에 민주당 광주시위원장이 시청 들어갔다 나오는 걸 만났어요. 그래서 내가 그 사람 팔을 붙들고 "우리 아줌마들 쫓겨나는데 말 한마디 해주든지 좀 보고 가라"고 그렇게 사정을 해도 아주 매몰차게 가버렸어요. 그때 이후로 내가 민주당은 절대 지지 안 하거든요. 민주당은 광주 5·18 팔아먹고 사는 사람들이라고, 내가 어디 투쟁사 할 때마다 그 얘기해요.

### 다시 투쟁의 대오를 가다듬고: 노숙투쟁과 7보1배투쟁

**시청 앞 투쟁과 거리 선전전: "싸우는 게 일할 때보다 더 바빠"**

●●● 그렇게 시청에서 나온 다음에 해고가 된 거죠? 밖에서의 싸움은 어떻게 진행되나요?

**윤옥주** 해고가 돼 우리 식구들 다 쫓겨나 버렸어요. 그러고 나서 길거리 싸움이 시작돼요. 그때는 진짜 눈에 뵈는 게 아무것도 없었죠. 그래가 우리들이 시장이 출근할 때면 막 그 차를 막고 못 들어가게 하려 하니까, 그 다음 날부터는 경찰 서넛이 봉고 순찰차를 타고 시장이 출근하기 전에 와서 기

출근시간 집회

다리다가 시장이 오면 호위해서 청사로 드가요[들어가요].

**이매순** 근데 싸우는 게 일할 때보다 더 바빠요. 그전처럼 출근시간 때 나와 갖고 시청 앞에서 집회를 하고, 매일 시민들한테 우리가 부당하게 해고됐다는 거 알리는 선전지 날리고. 맨날 그렇게 싸우니까 친구들도 못 만나고 식구들 얼굴도 데면데면해요. 처음에는 식구들이나 친구들이 "그만두면 되지, 뭐 하러 싸우냐"고 하면서 말렸어요. 그러다가 우리가 계속하니까 "열심히 해서 꼭 이기라"고 그래요. 그나마 집에서 도와주니까 그렇게 싸우지. 오히려 이런 힘든 과정에서도 조합원들을 지지하고 지원해 준 조합원의 가족들에게 감사해요. 데모하러 다닌다면서 다들 가족들을 못 챙기죠. 그래도 1박 2일로 투쟁하고 돌아오는 늙은 엄마들을 이해해 주는 가족들이 정말 고마워요. 투쟁하면서 온 가족이 모여서 한끼 식사하는 것도 어렵거든요.

항의 피켓팅(왼쪽 끝이 이매순, 왼쪽에서 네번째가 윤옥주)

**윤옥주** 그때 더 큰 문제는 많은 조합원들의 건강이 좋지 않아서 걱정했어요. 투쟁이 길고 지치다 보니 짜증도 많이 내고, 조합원들끼리 사소한 것 갖고 다투고 틀어지는 경우가 많았어요. 그러고 나는 가장 힘든 게 함께 해고되고, 함께 지금껏 투쟁했던 조합원들이 하나둘 떠나갈 때여. 처음에는 사소한 문제로 시작했다가 풀리지 않고 떠날 때, 가슴이 아프고, 눈앞이 캄캄해졌어요. 그때가 가장 힘들었죠. 24명으로 시작했는데, 6명의 동지들이 우리 곁을 떠나갔어요.

●●● 그렇죠. 동료들이 떠나가는 게 힘들죠. 매일 선전물 돌리면 시민들 반응이 어때요?

**윤옥주** 처음에는 광주시민들이 우리한테 반응이 엄청 안 좋았어요. 그런데 자꾸 돌리고 우리 사정 알게 되니까 조금씩 반응이 바뀌어요. 신호등 있는

데나 교차로 같은 데서 유인물 나눠 주면 뒤에 대기하는 차들이 먼저 유리 창을 내리고 다가와요. 그라고는 "고생하시네요, 꼭 복직하시오" 하고 말하기도 하는데, 우리가 재래시장 같은 데도 가고 충장로며 금남로며 온갖 군데 다 돌면서 시민들한테 알린 게 효과가 있더라고요. 그리고 아침에 출근투쟁하다가 시청 건물 뒤쪽으로 화장실을 가면, 젊은 전경들이 지키고 있거든요? 매일 가니까 서로 편해졌지. 그니까 우리가 "애들아, 너희들도 제대하고 나면 비정규직이야! 우리 엄마들은 너희들은 비정규직 되지 말라고 싸우는 것이니깐, 우리 엄마들한테 심하게 하지 마!" 하면 지들도 "우리도 아주머니들하고 감정이 없어요" 그라네.

**이매순** 우리는 전과 2범은 보통이고, 많으면 4~5범도 있고요. 뭐 주로 업무방해, 집시법 위반, 상해 뭐 숱해요. 광주시가 우리 싸운 걸로 고소·고발한 거죠. 그래 조사받으러 경찰서도 엄청 왔다갔다 했어요. 거기다가 거의 매일 집회하고 얼마나 힘들어요? 우리 엄마들이 생전 안 해보던 거 할래니, 그래 약값하고 병원비도 많이 드가요.


## 소복 입고 7보 1배를 하다: "젊은이들을 위해서도 꼭 해야 된다고요"

●●● 5·18 때 '7보1배' 투쟁한 것이 많이 알려졌더라고요?

**윤옥주** 5·18 행사인가 앞두고 14일부터 시내에서 망월동 묘역까지 7보1배를 했어요. 35시간 정도 걸렸나? 왜 '7보1배'냐 하면 시청보고 반성하라고, 5·18 정신이 노동자들 탄압하는 게 아니잖아요? 5·18은 민주화를 위한 건데, 시가 우리한테 해고하고 폭력 쓰고 한 거 사과하고 원직복직 시키라는 거예요. 그래서 14일에 시작해서 18일 날 기념식이 끝날 즈음에 우리 조합원들이 망월동 묘역에 도착했어요

근데 싸우면서 여기저기 다녀 보니까 정말 우리 문제는 아무것도 아닌 게, 그때 뭔 말이 있었냐면, 비정규직 맨드는 법이 7월부터 적용된다고 했거든요? 앞으로 우리 젊은이들이 다 비정규직으로 갈 수밖에 없는 시대가 된다고, 나는 그게 제일 안타까워요. 우리는 그래도 나이가 들었으니까 괜찮지만. 그래 '우리가 조그만 힘이라도 된다면 열심히 끝까지 투쟁하자' 마음 먹었죠. 우리도 억울해서 복직해야 하지만 젊은이들을 위해서 꼭 해야 된다고요. 그런 마음으로 우리가 7보1배 할 때, 전투경찰이 엄청 와서 방패로 막고 난리도 아니었어요. 그 잘난 노무현 대통령이 그곳을 온다는 거여. 그래 조용하라는 거지.

**이매순** 선전물도 날리고 서명운동하고. 소복 입고 나중에는 '옷을 바꿔 입은 시장이 약속지켜라'는 그런 문구를 가지고 피켓을 들었는데 너무 무거운 거여. 그래 집에 미싱으로 끼워 가지고 드레스를 만들었어요. '박광태 드레스', 집에 미싱이 있어서 플래카드처럼 해 갖고. 그걸 대충 만든 거예요. 그걸 소복 위에다 입고. 그런 식으로 온 광주 시내는 다 돌았을 걸요.

**윤옥주** 여기 시청에서 망월동까지 비는 부슬부슬 오는데 저는 하얀 소복입고 7보1배 하면서 거기까지 행진을 갔던 거. 옛날에 귀양 가면 수레에 태워 갖고 가잖아요? 그런 것도 했고.

**이매순** 퍼포먼스인가 뭔가 그런 식으로, 하하. 저도 7보1배 끝까지 다 했잖아요. 7보1배를 하는 게 그냥 평평한 길에서는 좋은데요, 언덕바지에서는 사람이 구르는 거예요. 그게 진짜 힘들더라고요. 균형 잡으면서 하려니. 그래도 끝까지 했지.

●●● 그렇게 해도 문제가 해결이 안 되는데, 투쟁방식이 조금 달라지나요?

5·18, 7보1배 투쟁

**윤옥주** 그러고 나서는 8월 말부터 '광주시청 비정규직 원직복직을 위한 1만인 선언운동'을 하면서 이곳저곳을 다니시면서 시민과 노동자들을 만났어요. 그니까 아침에는 광주시청 청사 근처에서 출근 선전전을 하고, 점심때는 사람들이 많이 찾는 지역을 찾아가서 선언서명을 받고. 또 매주 목

소복시위

집회에서 조합원들(앞줄의 가운데가 윤옥주)

요일에는 이곳저곳을 돌아다니면서 촛불문화제를 했어요. 이때는 우리 사정이 많이 알려져서 선언운동을 하면 시민이나 노동자들 반응이 좋아요. 그런데 가끔씩 서운할 때도 있는데, 한번은 민주노총에 가입한 사업장에 가서 선언서명을 받는데, 지나가는 조합원들이 "왜, 소복을 입고 우리회사에서 저러고 있냐?" 하면서 싫은 소리를 해요. 그렇게 툭, 뱉는 한마디가 상처가 되더라고요. 같은 노동자들이 그러니까 다른 곳에서 듣는 싫은 소리보다 더 크게 들렸나 봐요. 아주 일부지만.

●●● 지역에 있는 투쟁사업장들이나 다른 지역의 투쟁사업장하고 연대는 어땠어요?

**이매순** 참 많은 투쟁사업장을 찾아갔고 연대했던 것 같아요. 순천 이랜드-뉴코아 노동자들의 투쟁, GS칼텍스 해고자들의 투쟁, 인화학교 대책위, 우리와 비슷한 청주대 청소여성노동자들의 투쟁도 가고, 엄청 돌아다녔네. 사실 해고되기 전에 일을 하고 있을 때는 "연대투쟁 하러 가자"고 하면 싫었어요. 왜 가야 하는지도 모르겠고. 그런데 막상 내가 해고를 당해 보니 연대가 얼마나 고맙고 힘이 되는 건지 뼈저리게 느꼈잖아요. 우리는 법도 모르고, 돈이 많은 것도 아니잖아요! 있는 것은 몸뚱아리밖에 없어요. 힘도 없고요. 그러니까 연대 안 하면 힘이 없는 거예요. 그때 우리가 다른 조합원들에게 늘 하는 말이, "원직복직 돼서도 우리를 불러만 주면 꼭 연대하러 달려 간다"고 그랬어요.

●●● 그렇게 오래 투쟁했는데 교섭은 전혀 없었어요?

**윤옥주** 2007년 6월 26~29일에 광주시가 주최하는 세계여성평화포럼이 있었어요. 그래서 거기 맞춰서 집단단식하고 포럼이 열리는 김대중 컨벤션센터 앞에서 우리가 노숙농성에 돌입하려고 했는데, 그 직전인 6월 26일 민주노총 광주본부장님하고 박광태 광주시장 면담이 이뤄져요. 거기서 박광태 시장이 "해고된 시청 비정규직을 시청사로 복직시킬 수 있다"고 말해요. 그런데 면담 뒤에 곧바로 시청 실무진들과 확인하는 과정에서 "복직시킬 수 없다"고 말을 바꿔요. 그래서 집단단식하고 노숙농성 투쟁을 계획대로 진행하고, 6월 29일 농민·노동자 해 가지고 3천 명이 모여서 총력투쟁을 해요. 그때도 우리가 또 7보1배를 했어요. 시청 앞에서. 마지막까지 시청에서 답이 없으니까 거기서 엄마들이 그냥 계속했는데, 그때는 진짜 경찰들도 다 함께 울었어요. 우리를 그렇게 막았던 여경들이 같이 울어줬어. 힘들잖아요? 그날도 또 비가 왔어요.

**이매순** 그리고 2007년 10월에 광주에서 열리는 전국체전을 앞두고 집중적인 투쟁을 벌여요. 그래서 그 과정에서 10월 2일 오후에 민주노총, 농민, 노동자, 시민단체 대표자들하고 박광태 시장하고 면담이 이뤄져요. 이 자리에서 박광태 시장은 "문제해결에 공감한다. 전국체전으로 바쁘니 체전이 끝나면 관련 실무부서하고 협의회를 구성해 해결하도록 하자. 공식적인 것이니 믿어 달라"고 했어요. 그러고는 10월 5일에 민주노총 광주본부와 광주시하고 "10월 말까지 광주시청 비정규직 문제 해결할 수 있도록 한다"는 합의가 이뤄지거든요. 10월 말까지 여러 번에 걸쳐 광주본부하고 광주시가 실무협의를 진행했는데, 광주시는 "시청사에 복직은 안 된다"는 주장을 하고, 비정규직 문제 해결에 등을 돌려요. 그 과정에 "광주광역시 청사 아닌 다른 일자리를 주선해 주겠다"는 말만 광주시에서는 되풀이해요. 그 중 하나가 그때 개통을 앞두고 있었던 지하철 2구간 청소용역으로 취업하는 거예요. 근데 저희들은 시청으로 복직을 해야 되잖아요? 그걸 거절을 한 거야. 원직복직을 하기 위해서……. 투쟁을 17~19명이 계속 했는데, 나중에는 '그때 갔으면 전체적으로 한 곳에서 조합원들이 흐트러지지 않고 일을 하지 않았을까?' 하는 생각도 좀 들더라고요. 그래도 그때는 하나 있는 자존심마저 다 버릴 수 없었기 때문에, 원직복직을 원한 거죠. 결국 협상이 결렬되고 다시 11월부터 투쟁을 해요. 그러다 얼마 안 있어 5·18기념회관에서 '놀이패 신명'이 우리 문제를 담은 '하느님, 우리들의 하느님' 공연을 할 예정이었는데 11월 23일에 광주시가 '공연대관취소, 지원금 회수명령' 조치를 때려요.

●●● 그렇게 오래 싸우시면서 경제문제는 어떻게 했어요?

**이매순** 처음에는 고용보험 신청해서 5개월에서 6개월 실업급여 타먹고. 저희들이 잘 싸웠잖아요? 솔직히, 하하. 저희들이 투쟁하고 있다는 것이 많이 알려져서 도움 주신 분들이 많았죠. 그래도 수가 많다 보니까 재정마련 하려고 전남대에서 주막집도 하고, 그때 진짜 3일 동안 고생 많이 했네. 또 조선대에서 한 번 하고 그 다음에 호프집 하고 이런 식으로 생계에 도움이 될 수 있는 일을 했죠.

　그 이후로는 하나둘씩, 그러니까 싸우면서 기다리다가 생계 때문에, 자기가 집안 생계를 이어 가야 하니 일자리를 찾아 나서고. 처음에는 이력서를 써서 넣었을 때 "광주시청에서 일했다"는 이유로 써주지를 않았대요. 그걸 또 우리가 언론에도 알리고 막 그랬어요. 그러니까 그 부분은 고쳐져서 그 뒤부터는 자기 생계 때문에 찾아서 간 경우도 취직이 됐어요.

## 서울 민주당사 노숙투쟁

### 1차 서울 상경 노숙투쟁과 김대중 집 앞 시위

●●● 싸움이 해를 넘기면서, 2008년에는 서울 오셔서 투쟁을 하시죠?

**윤옥주** 예. 그때 노조에서 총선 전까지 해고를 해결하는 총력투쟁을 하자고 해요. 그래서 우리는 3월 6일 광주에서 '총력결의대회'를 할 때 또 7보1배를 해요. 이제는 시민들한테 우리가 많이 알려져서, 2007년에 한 서명운동에서 2만 명이 넘게 참여했어요. 그리고 3월 10일하고 11일에는 서울로 상경해 국회에서 박광태 광주시장이 속한 민주당까지 7보1배 투쟁을 해요. 그리고 공공노조에서 3월 27일에는 전국에서 모이는 투쟁을 벌여요.

**이매순** 우리가 작전을 짜서 3월 10일에 서울로 올라가 민주당사 앞에다 텐트를 쳐요. 스티로폼 깔고 비닐로 벽 만들고, 텐트 치고. 그 엄청난 빌딩 있는 여의도 한복판에 7보1배를 해요. 그리고 밤새 작전을 짜서 잡혀갈 각오를 하고 3~4명이 김대중 씨 집 앞으로 찾아가기로 하고 나머진 농성장에서 기다리기로 했어요. 이 언니하고 나하고 다른 두 사람하고. 도대체가 광주시장이 말이 안 먹히니까, 그 대빵한테 가서 우리가 쫓겨나 이러고 있다는 거 알리고, 원직복직 시키라고 요구할 생각이었죠. 그때 광주에서 카메라 들고 계신 분이 미리 거기 한번 가셨거든요? 그래 그분하고 카메라 감춰서 어떻게 해야 된다고 얘기하고, "만약에 잡혀갔을 때 최대한 DJ에게 알릴 수 있도록 거기서 소란을 피워라"는 얘길 들었어요. 최대한 악 쓰면서 알리는 작업을 하라는 거였어. 진짜 그땐 광주에서 하는 거하고 좀 기분이 다르더라고요.

●●● 왜 기분이 달랐어요?

시장 약속 이행을 촉구하며(왼쪽 두번째가 이매순)

소복 입고 7보1배

**이매순** 왜 그랬냐면 광주에서는 그런 적이 없었는데, 예를 들어서 "잡아가면 각기 한 사람씩 갈 거다. 그랬을 때 묵비권 행사를 하면서 변호사 올 때까지 버텨라" 이런 식으로 지시를 다 받은 거죠. 그렇께, 위압감을 느낀 거고 또 어떻게 보면 저는 무섭기도 했지만 스릴도 좀 있었고, 저는 큰 며느리인데 그때 시아버지 제사일이 돌아온 거예요. 그래 '내가 만약에 여기에서 무사하면 괜찮은데 잡혀갔었을 때 3, 4일 갖고 안 될 텐데, 과연 며느리가 서울 가서 이런 식으로 잡혀 있다면 시댁에서도 어떻게 생각할까?' 이런 것이 솔직히 말해서 걱정이 됐어요.

그러고 어쨌든 쳐들어갔죠. 작전을 짜 가지고 가서 이 언니한테 "언니 절대 정면으로 맞서지 말자"고 그랬거든요 이 언니한테 내가 그걸 당부를 한 거예요. 당연히 지침은 "거기 가서 최대한 알릴 수 있게 5분 버텨 주면 진짜 굉장히 많이 버텨 준 것이다. 최대한 5분이 됐든 10분이 됐든 거기에서 끌려가지 말고 버텨라", 이런 건데.

그래서 그 입구를 들어갔잖아요? 거기에 초소가 있더만. "이웃집에 누가 왔다"고 얘기하기로 작전을 짰는데, 긍께 물어보니까 가만히 있어야 되는데 이 언니가 폭~ 나서 가지고 전라도 말로 해버린 거예요, 하하. (하하.) 그러니까 눈치를 채고 순간 아수라장이 되어 버린 거예요.

**윤옥주** 그래도 우리가 그 집 앞에까지 갔다니깐. 거의 중간에 방범초소 있는 데까지 갔으니까. 인제 비상이 걸려 뿐 거예요. 그때 이미 "광주에서 이렇게 왔다"라고 알려졌을 거 아니에요? 내가 당황스러우니까 전라도 말이 탁 나와 버렸겠죠. 그래 아수라장이 돼 버린 거예요. 그 상황에서 민주노총 그분 이름이 뭔지 모르겠어. 빼빼된 게 째깐하게 생겼더만. 하여튼 메가폰 꺼내고 플래카드를 들고 그분이 계획한 대로 한 거예요. 그런데 그 사람이 오죽허겠어요? 경찰이 그 사람을 집중해서 공격허는데. 그때 죄다 악을 쓰라고 하니까, 있는 힘 없는 힘 다 쓰면서, 인자 그분을 집중적으로 공격하려고 하니까 그 분을 밑에다 놓고 저희들이 엎어져서 못하게 했죠. 그래 10분이 뭐예요? 엄청 거기서 버텼어요. 거기에서 엉클어져 가지고 난리나고 우리는 DJ집 들어가는 입구에 앉아 있었던 거예요. 그러니까 어떤 사람이 사진을 막 찍는 거야, 그래서 "야, 이 싸가지 없는 자식! 이리로 오라"고 막 내가 악을 썼거든요. 그게 한 30분 넘었는데 안 잡아가더라고요. 워낙 우리가 알려져 있으니까. 그러더니 어떤 형사가 우리를 "싸납쟁이 아주머니들!" 하고 부르는 거예요. 명함을 하나 주면서 "나중에 여기 전화하고 오쇼" 하는데, 그 사람이 전라도 사람이었어잉? 해남 사람인가 그랬어. 김대중 사저에서 12년 근무했대요.

**이매순**  아, 그 사람이 그랬다던가? 긍께, 어쨌든 성과는 그 이튿날 면담을 해줘 가지고, DJ는 못 만났어도 비서진들하고 이 언니하고 대표하고 같이 갔잖아요.

●●●  DJ 비서진을 면담했어요?

**윤옥주**  우리 지부장님하고 나하고 그리 했어요.

**이매순**  우리가 가서 면담 얻어 온 거예요. 그래 가지고 쫙~ 박수받고 돌아 갔죠. 살아 돌아왔으니까. 하하.

**윤옥주**  그 다음에 약속을 받고 철수하고. 이튿날 가서 지부장님하고 내하고 대표로 가서 만나고 이게 꼭 얻어 온 거는 없지만, 일단은 자기들이 '최소한 광주시로 연락하겠다'는 거는 받아왔죠.

## 2차 서울 상경투쟁

●●●  그렇게 서울에서 투쟁하고 DJ 비서진들이 광주시에 연락을 해서 문제해결에 진전이 있었어요?

**윤옥주**  DJ 비서가 연락한다 했는데, 시에서는 아무 반응이 없어요. 꺼덕도 안 하네. 그래서 저희가 광주 내려와서 얼마만큼 있다가 시청 앞에 5·18

공원 있잖아요? "장기 노숙을 한다" 해서 하루에 서너 사람씩 하기로 하고 조를 짜요. 천막을 짜고 비닐을 치고서 노숙을 했어요. "무조건 끝날 때까지 해야겠다. 해결될 때까지 방법은 그것밖에 없다"고 생각을 하고. 그리고 조를 짜서 다시 19일에 서울로 올라와요. 그날 손학규 민주당 대표가 총선 준비 사무실을 연다고 해서 거기 가려고요.

●●● 그래서 19일 오셔서 손학규를 만나셨어요?

**이매순** 손학규 찾아갈 때 지부장님이 계획을 짰어요. "몇 사람씩 조를 짜 가지고 개원식 하는 사무실을 가겠다"라는 거를. 처음에 경구 언니가 대표로 갔는데 옷을 그냥 꾀죄죄하니 입고 간 거예요. 우리가 노숙하려는 거니 옷을 따뜻하게 입었을 뿐이지, 거기 손님으로는 옷이 맞지가 않겠죠. 아무튼 조를 짜 가지고 한 몇 팀이 올라가 손학규 사무실을 들어간 거예요. 거기에서 손학규인가 누구를 마주쳤는데, 상당히 좀 소란스러웠나 봐요. 그래서 일단은 우리 상황을 알렸어요.

**윤옥주** 그러고 나서 다음날, 20일에는 손학규가 구민들하고 만나려고 성균관대학교 후문에 있는 화룡공원을 찾아간다나, 그래서 우리 식구들이 거기 가서 손학규 대표를 직접 만나기도 해요. 결국은 그 다음날 오전에 이영원 공공노조 위원장하고, 우리 분회장하고 나하고 손학규 대표를 면담해요. 손학규 대표가 그 자리에서 박광태 광주시장과 전화를 연결해 면담을 주선했어요. 그래 시장하고 통화하는 거 확인하고 우리는 내려왔는데, 시장하고 또 얘기가 안 돼요.

●●● 어휴, 시장하고는 왜 면담이 안 된 거죠?

노숙투쟁

**윤옥주** 면담 약속은 정했는데, 시장이 "유니버시아드대회 유치를 하러 출국한다"고 해서 4월 11일로 정해진 면담을 지멋대로 연기해요. 그래서 우리가 다시 17일부터는 무기한 농성투쟁을 해요. 그리고 시의 그런 태도를 5월에 오는 유니버시아드대회 하는 사람들한테도 알리고 국제공공노련 세계여성위원회에서 총회 있을 때 원정투쟁을 가야 한다고도 하고. 그리고 뭐 시가 계속 그딴 태도를 보이니까 우리도 더 심한 싸움을 하려고 막 이야기가 오고 갔어요. 이제 갈 때까지 간 거지. 뭐, 단식농성을 한다고도 하고 뭐 고공농성도 한다고 하고. 건강들이 안 좋고 나이는 많은데, 이런 얘기 나오니까 지부에서는 걱정하고 그랬어요.

### 타결과 합의사항 이행촉구 투쟁

●●● 음, 그러다가 어떻게 타결이 되죠?

**윤옥주** 우리가 질기게 싸우고 민주당에서 뭐라 하고 그리고 유니버시아드 대회 어쩌고 우리가 압력을 넣으니까 결국 교섭에 나와서 합의를 봐요. 마지막에 시민단체가 중재한다고 나서서 기자회견 하기도 했는데, 그쪽은 우리 싸울 때 별로 같이 한 것도 없어요. 여하튼 그래서 이후 몇 차례에 걸쳐 시하고 시민단체협의회하고, 우리 노조랑 민주노총 광주본부랑 같이 협의해요. 그래서 4월 30일인가? 우리가 농성장을 철거하는 걸로 하고 시에서는 "5월 17일 이전까지 시청 비정규직 문제를 해결한다"고 약속해요. 그 다음에 몇 차례 더 교섭하다가 5월 23일에 마지막으로 "청소용역업체 해고근로자 17명을 2009년 3월 말까지 광주시청 청소용역업체와 광주시 유관기관 청소용역업체에 차례로 취업시키고, 적어도 5명은 광주시청 청소용역업체에서 일하게 한다"고 합의를 봐요.

●●● 그렇게 합의를 보고 나서 조합원들은 복직이나 다른 단체에 취업이 되요?

**이매순** 그러고 나서 유관단체 기관을 좋은 쪽으로 안 해준 거예요. 좋은 쪽으로 자리가 나와도 안 주고 완전히 외진 데, 버스 두 번, 세 번 타고 가는 그런 데만 주니까 갈 수가 없잖아요. 이미 싸운 사람들이 임시로 취업해서 자리를 잡고 일을 하고 있는 상태란 말이에요. 그런 것을 광주시에서도 눈치를 채 버리고 안 좋은 데를 주려 한 거지.

●●● 시청으로 다섯 명을 원직복직 시키기로 한 건 어떻게 되나요?

**이매순** 그런데 시가 약속을 어겼어요. 저희 다섯 명이 들어가기로 했는데, 이 언니하고 다른 분하고 몸이 조금 불편하셔서 투쟁이 끝난 뒤에 저희랑 같이 참석을 잘 못했어요. 무슨 집회가 있다든가 기자회견이 있다든가 그랬을 때는 저희들 세 명만 참석을 하고 그랬어요. 근데 시에서 다섯 사람을 넣어 주기로 했는데 세 사람밖에 안 보이잖아요? 이 사람들이 눈치를 챈 거예요. 그래서 집회 가면 예전에 투쟁했을 때 만났던 형사들이나 그런 사람들이 "왜 세 명만 나오냐?"고 자꾸 뭐라 해대더니, 약속을 안 지킨 거예요. 위에서 지시를 했기 때문에 "지금 현재 일하고 있는 사람들을 해고시킬 수가 없다"면서.

그래서 해결된 지 1년이 넘어서도 저랑 세 명은 지속적으로 노조사무실에 나와서 활동을 했어요. 그러다가 저희들도 지쳐 가는 거예요. 솔직히, 엄마들이고 가정주부이니까. 그리고 아무래도 투쟁을 오래하다 보니까 서로 조금씩 불만들이 생겨요. 그래서 지부장님도 조금 마음이 조급했을 거예요. 그러니까 자꾸 시하고 저희하고 만남을 가졌었죠.

●●● 합의가 안 지켜져서 어떻게 했어요?

**이매순** 날짜를 정확하게 모르겠는데, 하여튼 그 뒤로 계속 약속을 안 지키니까, 저희 셋이 시청 앞에 가서 1인시위를 했어요. 문구를 짜 달라 해서 "약속 지켜라"고 하면서 피켓을 들고, 점심시간 이용해서 시장이 점심식사를 하러 나올 즈음해서 피켓 들고 있고, 어느 날 갑자기 막 저 사람들이 분주해진 거예요. 피켓 들고 있다가 나는 사진을 찍는데, 청원경찰하고 직원들이 와서 저보고 계속 "안에 들어가서 이야기를 하자"고 하더라고요. 그래서 "이제는 더 이상 속고 싶지 않다. 시장님 직접 만나야 되겠다. 너희들한테 한두 번 속은 것도 아니고, 이제는 안 되겠다" 했죠. 그 시간이 박광태 시장이 나올 시간이었나 봐요. 그러니까 직원들이 나와서 우리 피켓시위 하는 거를 벽을 쌓아 가려 버린 거예요. 그때 시장이 건물 안에서 나오는 중이었는데, 두 자매가 가려서 피켓이 보이지가 않는 거예요. 그래 내가 그 남자들이 서 있는 사이로 우리 피켓을 빼 가지고 착 펴는데, 시장이 바로 그걸 읽어 본 거예요. 그러면서 차를 타려고 하는데 제가 "시장님 약속을 지키십시오" 그러니까 "나는 그런 약속한 적 없다"고 손 털더라고요. 당시에 민주노총 한 분이 우리랑 같이 있었는데 "다섯 명 넣어 주기로 약속을 했는데 이건 아니지 않냐"고 하고, 저도 "시장님이 그렇게 약속을 안 지키시니까 밑에 사람들이 저렇게 하는 거 아니냐"고. 박광태 시장이 저희랑 대화를 한 게 처음인데, 한 5분 정도 했어요. 그런데 이 시장은 이런 상황을 절대 몰랐다는 거예요.

••• 진짜 그동안 일을 몰랐단 말이에요?
**이매순** 아니, 본인 말이 몰랐다는 거죠. 그러면서 나중에 저희들을 달래는 거예요. "여러분, 여러분은 조용하게 있으면 없는 자리도 만들어 드린다"는 거예요. 그러면서 거기서 직접 "어이, 자리 만들어 줘." 그때 직원들이 뭐라고 한 줄 아세요? "아우, 차라리 시장님이 아셔 버렸으니까 다행이다"고, 이렇게 말하는 거예요.

••• 그렇게 싸우고 뉴스에 나고 이랬는데 모른다는 게 말이 되나요?
**이매순** 알고는 있었어도, 진실을 몰랐던 거죠.
**윤옥주** 그거는, 거짓말이에요.

••• 그래서 시장 말이 있고 나서 복직이 되세요?
**이매순** 예. 얼마 안 있어서, "도저히 자리가 나지를 않는다. 그러니까 한 사람은 조경 자리를 어렵게 만들었으니 거기 가라"고 하더라고요. 그런데 거기는 60세가 정년이더라고. 저희가 나온 뒤로 정년을 만들어 버렸더라고요. 그래서 한 사람은 6개월 계약직으로 들어간 거예요. 그리고 "청소 한 자리하고, 6개월짜리가 비어 있으니 들어오라"고 했는데 저희가 솔직히 혼자는 자신이 없잖아요? 당연히 왕따 당할 거인데. 그래 가지고 고민을 굉장히 많이 했죠. '이거 받으려고 우리가 여태까지 이렇게 싸워 왔냐' 상당히 고민을 많이 했었어요. 그런데 저희들이 많이 지쳐 있었고, 사람들 사이에 트러블이 있을 수도 있잖아요? 솔직히 있었어요. 저희가 "여태까지 기다려 왔는데 좀더 기다려야 하지 않나" 아니면 "언제까지 기다려야 되냐" 뭐 이런 식으로. 어휴, 내가 볼 때 더 길게는 갈 수 없겠다는 생각이 들더라고요. 차라리 다 틀어 버리기보다는 일단 들어가 활동하면서 정년을 늘리는 방법도 고려해 봐야 되겠다는 생각이 들어서. 굉장히 많이 고심한 끝에 그걸 받기로 했어요.

●●● 그래서 최종적으로 타결된 내용은 뭔가요?

**이매순** 최종적으로 타결된 건 6개월로 조경으로 한 분 가시고. 한 언니하고 저하고 청소용역으로, 원위치로 돌아온 거죠. 그게 2009년 8월 3일이에요. 근데 6개월 돼 가지고 그 언니는 올해 2월 25일인가 26일인가 그만두시고. 그런데 들어가서 보니까 두 자리가 있는데 6개월짜리가 아닌 거라.

●●● 자리가 나왔었던 거예요? 이놈들이 정말.

**이매순** 예, 그래서 나는 그 언니가 좀더 버텨 주기를 바랐어요. 어쨌든 시에서 약속을 어겼잖아요? 두 자리가 있는데도 "6개월짜리하고, 한자리밖에 없다"고 거짓말을 했잖아요? 좀 버텨 줘서 그거 가지고 좀 싸워 주기를 바랐거든요, 솔직히. 물론 이 언니하고 내가 다시 시에 들어갔을 때 진짜 뭐, 우리가 사회에 나가서 죄를 짓고 온 사람처럼, 그런 식으로 우리를 쳐다보고 너무 힘들더라고요. 그래 저희가 신고식처럼 음식을 해 가지고 나눠 먹고 그랬는데. 그때 한 사람이 지금은 저희 조합원이 됐는데, 그분이 살짝 저한테 오더니 "언니하고 친하게 지내고 싶고, 노조 하는 거 배우고 싶은데, 동료들이 소장한테 가서 일러바치고 그러니까 무서워서 언니하고 친해질 수 없다"는 거예요. 그러니까 얼마나 황당해요.

그때 '내가 떳떳하게 노동자로서 내 권리를 주장하기 위해서 노동조합한 것뿐인데, 같은 동료들이 그렇게 내 마음을 몰라 주다니', 소장하고 싸우는 것은 옛날에 싸워 봤으니까 아무것도 아닌데 동료들이 그러니까 힘들었어요. 그게 힘들고…….


●●● 그런 문제가 참 힘들죠. 그런데 부지부장님은 몸이 안 좋으셔서 복직을 못하셨다고요? 어디가 안 좋으세요?

**윤옥주** 우리 엄마들이 그런 싸움 안 해봤잖아요? 그래 촛불집회 할 때 차 위에 올라가서 막 마이크 잡고 말하고 그러는데 온몸이 후둘후둘거리더라고요. 그러다가 작년에 몸이 또 후둘후둘 떨리더니 넘어진 거예요. 그래 병원 가니 심장에 이상이 있다고 해서 복직을 못했죠.

그런데 투쟁을 쭉 하면서 내가 투쟁사 할 때도 "열심히 싸워서 비정규직을 예전같이 안 해야 되겠다"고 외치면서 싸웠는데, 막상 이렇게 시청하고 딱 얘기가 끝나고 나서도 시청에서 빨리 우리를 써주지 않아 싸우는데, 그때 내가 몸이 안 좋아져서 집에 들어앉으니까, 참, 사람들 볼 때 너무 미안하더라고요. 지금 내 주위에서도 물어오는 사람들이 참 많아요. "왜 시청에 못 들어갔어?" 그래요. "다른 사람은 들어가서 일을 하는데 나는 몸이 안 좋아서 지금 못 들어가고 있다" 그렇게 얘기를 하면 "정말 다 들어갔어요?" 그렇게 물어보는 사람도 있어요. "시청으로 들어가고 다 유관기관 가서 일을 한다"고 그렇게 얘기했을 때, 내 자신이 좀 부끄럽더라고요. "끝까지 함께 해서 투쟁하고 정말로 내가 우리 후손까지 비정규직 문제를 대물림 않기 위해 앞으로 싸우자"고 했는데 시민들한테 내가 끝까지 못했던 거, 조합원들한테 내가 끝까지 못해 줬던 게, 좀, 부끄럽고 그래요.

## 5. 투쟁을 돌아보며 : "질긴 사람이 승리하잖아요?"

●●● 시청에서 알몸싸움하고 나서 심리적 상태는 괜찮으셨나요?

**이매순** 저는 그때 좀 심각했어요. 그때 그 남자들이나 직원들이 너무 심해가지고 잠자면 막 도망 다니는 꿈을 꾸고 그러더라고요. 그니까 싸울 때는 상당히 악으로 버텼는가 봐요.

**윤옥주** 나중에 우리가 그 동일방직 영화 봤어. 나는 내 나름대로 위안은 좀 했어요. 저런 아가씨들도 그랬는데, 그래도 우리는 나이 먹은 엄마들인데 좀더 낫다고. 나는 교회를 다니는데 우리 교회사람들이 눈총을 많이 줬어요. "돈이나 벌어다가 식구들하고 생활하지 쫓아댕긴다"고 그런 사람들도 있었어요. 그때 우리 목사님이 동일방직과 전태일 열사 얘기를 하셨어요. 목사님이 그런 얘기를 한번씩 하시면 나한테 많이 위안이 됐어요.

**이매순** 그래도 우리 주위의 사람들이 말을 안 해도 "아이고, 너희들이 감히 광주시를 어떻게 해볼 수 있을 거 같으냐?" 이런 시선을 엄청 보냈어요. 그

소복 입고 복직 요구하는 모습

래서 나는 진짜 '내가 보란 듯이 한번 들어가서 니들한테 보여 준다' 이런 생각 많이 했어요.

**윤옥주**  그런 비난 엄청 받았어요. 또 엄청 충고해 준 사람도 있었지만. 아직 인식이 안 돼 있는 사람들한테 비난받은 거죠. 그게 진짜 눈총이 따가웠어요. 그리고 청소일을 하찮게 보잖아요?

**이매순**  그래도 요번에 광주시 여직원이 이런 말씀을 해주더라고. 내가 일을 하고 땀을 많이 흘려서 직원들 쉬는 곳이 비어 있기에 거기 들어가서 앉아 있는데, 직원들이 우리 싸울 때 얘기를 하는 거예요. 나가 당사자인 줄 모르고. 그래서 내가 더 안 좋은 소리가 나올까 봐 먼저 "내가 그때 당시에 있었다"고 그러면서 "우리같이 청소하는 사람들을 직원들은 똑같이 안 봐주잖아요" 했어요. 그랬더니 여직원이 "왜 그런 말씀을 하냐. 저는 똑같은 저희 시청직원이라고 생각을 한다"고 그 말을 해주니까, '아, 이런 사람도 있구나. 아, 진짜 그래도 우리를 한 식구로 봐주는 사람도 있구나' 하는 걸 느꼈고, 이걸 내가 감사해요.

●●● 비정규직 노동자들한테 노동조합은 어떤 의미가 있을까요?

**이매순** 그게 노동조합 안 하는 것하고 하는 것하고 차이점이 존재해요.

**윤옥주** 비정규직 노동자들은 진짜 노동조합을 해야 돼요. 우리가 해보니까 한 사람도 빠지지 말고. 노동조합해서 우리들 권리를, 내 권리를 주장하고 뭉치지 않으면 안 되겠더라고, 전체 노동자들이 뭉쳐서 노동조합을 해야 되겠더라고요. 그거 하나는 진짜 우리가 절실히 느낀 거예요.

●●● 싸움을 그렇게 길게 할 수 있었던 힘은 무엇이라고 생각하세요?

**윤옥주** 다 함께했던 거가 제일 중요한 거죠.

**이매순** 솔직히 처음에는 몰랐으니까. 그리고 우리가 그때 노조 혜택 받아 부린 것이 처음에 많으니까 '아 진짜 좋은 곳이구나'라는 걸 절실히 느낀 거예요. 저희들은 진짜 '청소' 그러면 제일 밑바닥이잖아요? 그래도 여자들이 그런 일을 자식들 뒷받침하기 위해서 하는 거잖아요? 돈 한푼이라도 도움이 될까 싶어서. 집에서 놀다가 일 하는 게 처음이었는데, 실지로 나는 도움이 많이 됐어요. 그러면서 우리가 겪어 봉께, 내 자식들 그렇게 힘들게 가르쳐서 1년직, 2년직 계약직으로 산다는 게, 그런 게 진짜 마음이 아파서, 우리들이 싸우면서 조금이라도 도움이 된다면, 이보다 더 보람직한 게 어디 있겠어요? 그런 마음에서 더 열심히 싸운 거죠.

**윤옥주** 아, 그리고 저희한테 많은 사람들이 진짜 관심을 많이 가졌어요. 그게 되게 힘이 났어요. 우리가 여러 회사에 선전하러 갔거든요. 그러면 진짜 따뜻하게 챙겨서 먹여 주고, 심지어는 금호타이어 갔을 때 자기 주머니에서 돈 만 원씩 꺼내서 성금 걷어 줘어 주고 그랬을 때, 진짜 뭉클했어요.

**이매순** 금호타이어를 갔는데 너무 가슴아픈 것이 정규직은 서명을 해줘요. 그런데 비정규직은 못하는 거여. 그것이 너무 마음 아프더라고. 비정규직들은 항상 그렇게 가슴을 졸이면서. 우리는 그런 거 보면 너무 당당하게 싸웠어요. 진짜.

●●● 1년 넘게 싸우면 집안에서들 뭐라 할 텐데 괜찮으셨어요?

**이매순** 예. 저의 남편은 "하는 거 확실하게 나서서 하라"고 그래요. 어떨 때는 제가 나서서 마이크 잡고 말하면 기분이 으쓱해지나 봐요. 그래 서울에서 농성할 때는 음료수도 사다 주고 뭐. 아이들도 크게 반대 없고. 그래서 저는 마음 편하게 싸운 거예요.

**윤옥주** 우리 애들 같은 경우는 다 커서 그런가, 반대하는 애는 없었어요. 우리 아저씨가 건강이 안 좋으니까 자꾸 투쟁에 가면 신경 쓰이게 해도 그런 거 갖고는 말 안 해요. 그니까 "집에서 뭐뭐 안 해주고 돌아다닌다, 어쩐다" 그런 말 안 하는 것만도 협조지. 내가 싸우면서 방송도 여러 번 나갔는데, 우리 아저씨가 가끔 "시청 가더니 깡패가 됐다"고 해요, 하하. (하하.)

**이매순** 나이 50, 60 되신 분들 그 추운 겨울에 노숙한다는데, 집에서 그만한 협조가 없으면 어떻게 함께 움직이겠어요? 그게 나는 집에 계신 분들한테 저희들을 믿고 기다려 준 거에 대해서, 우리집뿐만 아니라 다른 분들도 다 진짜 감사해요. 그래서 투쟁을 우리가 더 열심히 했던 거 같애요.

●●● 이 싸움에서 제일 힘드셨던 게 뭔가요? 각자 힘든 게 다를 수도 있겠지만요.

**이매순** 나는 솔직히 회사 측 사람들하고 싸우긴 쉬운데, 조합원 아닌 사람들이 소장이나 사측의 눈치를 너무 많이 본 거 같은데, 노동자가 노동자를 믿을 수 없는 게 제일로 가슴이 아파요. 나를 좀 믿어 줬음 좋겠는데……. 저도 그렇잖아요? 솔직히 앞일은 모르니까. 지금 좋아도 나중에 또 안 좋은 일이 발생할 수 있

투쟁에서 구호를 외치는 윤옥주 부분회장

는 거고. 노동조합에 새로 가입한 사람들한테 저는 꼭 그 말을 해줘요. 왜냐면 "무조건 좋다"라고만 하면 안 될 거 같고, 그래서 "어려운 점이 더 많다"라는 건데. 기왕이면 노조 가입하고 활동하려면 절대 흔들리지 말고 끝까지 활동할 수 있는 진정한 노동자가 돼야 되는데.

**윤옥주** 우리들 같은 경우는 엄마들이니까 잡담이나 농담을 했지, 어디 가서 뭔 마이크 잡고 그런 거 있었나? 또 '노동자' 그런 얘기 한 번도 안 하다가, 갑자기 마이크 잡고 뭐 해야 되면, 속부터 달달달달. 그래 가지고 제가 한번은 서울로 혼자 올라 갔는데, 그 여의도에서 전국 비정규직대회 할 때인데, 혼자 가서 마이크 잡고 우리 이야기하는데 얼마나 힘들었는지. 그런 것이 너무 힘들었어요.

**이매순** 그래도 분회장님하고 이 언니랑 둘이서 마이크 잡고 말하는데 제일 잘했어요.

투쟁보고를 하는 이매순 조합원

●●● 투쟁하면서 제일 힘이 났던 건 뭐였나요?

**이매순** 아, 우리 노숙할 때 고생한다고 시민들이 빵도 사주고, 그리고 서명 운동할 때도 그랬죠, 우리 도와준 사람도 진짜 많았어요. 내가 전남대생들한테 너무 고마웠어, 서명하러 가면 진짜 많이 도와주고. 조선대 갔을 때도 학생 하나가 "아버지가 시청 직원인데 하면 안 되는데……" 그러면서도 서명을 해주더라고요. 그럴 때는 진짜 고맙더라고요. 그런 일들이 진짜 힘들 때 힘을 줘요.

**윤옥주** 너무 당당하게, 당당하게 싸웠어요. 진짜 우리 엄마들 대단해. 그때 생각하면, 참, 엄마들한테 어떻게 그런 힘이 나왔을까? 엄마들이니까 사실 힘이 센 건데 평소에 우리가 안 싸워서 그렇지. 하하.

**이매순** 진짜 조합원을 조직하면 내가 생각해도 남자보다 여자가 나아요. 질긴 사람이 승리하잖아요? 질기기는 여자가 더해. 남자들은 그거를 못 버텨. 저희 주변에 있는 남자 분들은 당차지가 못해요. 광주시청은 주로 여자들이 너무 드센 거 같아요. 하하. (하하.)

**윤옥주** 그나마도 우리하고 투쟁했던 남자 분들은 한 사람 남고 다 밖으로 나갔어요.


●●● 주위의 여성노동자들과도 연대활동을 하였나요?

**윤옥주** 그럼요. 우리가 서울 거기가 무슨 호텔이었죠? 엄청 오랜 시간 투쟁

이랜드 연대투쟁에 참여한 광주시청 비정규직 노동자들

하고 있잖아요? (아, 르네상스) 르네상스호텔 같은 데랑 이랜드 싸움에도 우리도 많이 참여를 했고, 울산과학대하고도 연대하고.

**이매순** 서울에서 국회의사당 앞에서 노숙할 때 같이 만나서 인사도 하고 사진도 찍고 그랬는데. 예전에 저희들이 쉬고 있을 때는 충북대학교도 연대를 갔어요.

●●● 싸움하기 전에도 연대활동을 많이 하셨나요?

**윤옥주** 근데 우리도 해보니까, 해고가 되기 전에는 그냥 옴싹달싹 안 하고 오면 오는가 보다 가면 가나 보다 그렇게 하고 다녔거든요. 누가 "연대오라" 그러면 "아유, 또 연대오라고 한다" 그러고 그냥 넘기면서 다녔는데, 우리가 당해 보니까 연대하는 거는 필히 해줘야 되고, 정말 연대가 없으면 안 돼요. 우리가 참말로 이 '투사'라는 게 딱 머리에 박혀져야 돼. 그래야 이겨요. 연대라는 게 별거예요? 싸울 때 같이 꼭 가주고, 서로 와주고 이런 거지, 품앗이처럼.

**이매순** 정말로 연대를 안 해줬더라면 우리들은 절대 이 싸움을 이길 수가 없어요. 우리가 광주시청이라고 더 많은 연대를 해줬지만, 1인시위할 때도 잡혀갔다가 풀려나오고 그러면서 많은 사람들이 진짜 고생 많이 했어요. 고생하신 분들에 비하면 복직을 많이 못했지. 너무 못했지, 진짜.

**윤옥주** 그런 연대할 때나 전체 집회 같은 거 할 때 우리 지부장님이랑 잘 하시니까 그리 된 거지.


●●● 전욱 지부장님이요? 젊은 남성분이 나이 드신 분들하고 같이 활동하려면 어려울 텐데.

**윤옥주** 근데 진짜 잘해요.

**이매순** 진짜 연대 같은 게 꼭 필요할 때는 꼭 우리들을 데리고 다녔고 우리도 그만큼 따라서 열심히, 뭔 일 없으면 꼭 같이 참석해서 같이 하고. 그런 게 밑거름이 많이 되지 않았을까 싶어요. 솔직히 처음에는 뭐 저렇게 마르고 쪼그매 가지고, 전라도 말로 시원찮지 했는데. 하하. 근데 지부장님은요, 아무리 상대가 지적을 하고 힘들게 해도, 모습이 변하지 않고 웃는 모습이에요, 진짜 그래요. 시청에서 조경하신 분 말씀이 맞아요. 그분이 지부장님한테 탄복을 하는 거예요. "일부러 막 쥐어뜯고 엄청 힘든 말을 해도, 그 사람 헐뜯고 그래도, 표정 하나 변치 않고 그거 답변을 다 해주더라"고 하세요. 좀 무서워. 하하.

**윤옥주** 처음에 이 노동조합을 만들었을 때 '단단한 울타리가 되겠구나' 생각하게 해주신 분이 손동신 본부장님이셨고, 그분이 광주본부의 사무국장이었잖아요? 그때 그분이 무슨 일을 했는데 "같이 동시에 할 수 없다"라고 해 가지고, 전욱 지부장이 온 건데, '손동신이가 해줬으면 엄청 좋겠는데' 하는 게 솔직한 그때 심정이에요. 전욱이란 사람 자체를 몰랐으니까, 너무 순해 갖고 진짜 이 일을 할 수 있을까 했는데, 생각보다 일도 잘하시고. 그 분들 힘이 제일 컸다고 봐야죠. 그리고 우리가 조합활동을 하면서 좋은 데 구경도 많이 했는데, 가스노동조합 같은 데 분당까지 가서 보니까 진짜 너무 좋대요.

**이매순** 서울에 가니까 '참세상'? (예, 진보넷 참세상.) 방송할 때 지금 같으면 잘했을 수도 있을 거 같은데, 그때는 눈도 안 뜰 때고 막 강하게 싸울 땐데 얼마나 떨었는지, 호호호.


●●● 그렇게 싸우면서 자기가 변한 걸 느끼시나요?

**이매순** 그렇죠. 어느 정도 내 방어를 할 줄 알고, 그 전에는 이 사람들이 뭐라 했을 때는 무서워서 막 벌벌벌 떨었는데 지금은 거기에 대한 답변을 그 사람들한테 당당히 할 수도 있고.

**윤옥주** 나는, 이를테면 싸울 때 비정규직 얘기가 나오잖아요? 그러면 우리가 "비정규직이 사회적으로 보호돼야 된다"고, "엄마들이 같이 나서서 싸워 줘야 된다"고 그래요. 직장을 안 다니더라도 이런 문제가 나오면 그런 얘기를 할 수 있는 내가 너무 기특하고요.


●●● 그런 사회적인 얘기는 처음 해보시는 거죠?

**윤옥주** 그러죠. 내가 요즘에 집에서 놀다 보니까 그런 자리가 많이 마련이 되면 "이렇게 엄마들이 안 하면 자식들이 고생하고 백수가 된다. 엄마들도 해줘야 된다"고 그러고 말하면 호응을 받더라고요.

●●● 싸움 평가는 내부에선 좀 하셨어요?

**이매순** 그런 평가는 안 해보고, 그냥 나에게 조합원들이 생각을 하나씩 하나씩 얘기하죠. 그런데 지금 몇 분 계시지만 예전하고는 달라요. 솔직히 한 달에 한 번씩 같이 만나는데, 예전 시청에서 같이 근무할 때는 "지금 촛불시위 한다. 같이 가자." 그러면 갔는데, 지금은 그게 안 돼요.

●●● 같은 조합원으로 있는데 실제 행동이나 이런 게 왜 차이가 나죠?

**이매순** 일단은 광주시하고 임금 차이, 조건 같은 게 좀 틀리잖아요? 아무래도 다 광주시청을 들어가고 싶죠. 안 그러겠어요? 그니까 "니가 시청에 다니니까 다 해" 이런 게 조금 깔려 있는 거 같은 기분도 느꼈어요. 시간이 나면 모여서 밥 한끼 먹고 돌아가며 얘기하고 이런 식으로 하고 있는데, 예전 같지는 않으니 '한 식구 같다'는 생각이 안 들어요. 그 사람들도 그렇게 생각을 할 거예요.

●●● 싸움을 같이 오래 했는데, 생각도 바뀌고 친형제 같을 수 있는데…….

**이매순** 근데 그게 어쩔 수 없는 상황에서 따라온 사람들도 있어요.

**윤옥주** 그때도 그냥 따라오는 사람들이 많았어요. 그러니까 그 사람들이 그렇게 저리 된 거 같애.

**이매순** 우리가 진짜 시청에 들어가야 되겠고 끝까지 해야 되겠다고 생각을 가졌는데, 다른 길 찾아갔을 때 그런 걸 버렸다고 나는 생각해요, 솔직히. 다른 길 찾아갔었을 때는 거기서 터를 잡아 버리면 올 수가 없는 거예요.

거기서 그만두라고 하기 전에는 올 수가 없는 거죠.

●●● 정말 이제는 노조운동가 같으세요, 하하하.

**윤옥주** 진짜 시청을 딱 들어가려고 마음먹고 싸웠다면, 우리가 조금 더 기다렸어야 돼, 조금 더.

**이매순** 근데 항상 시청에서 안을 던졌을 때는 '아이고 이거보다 더 못한 게 나오면 어떨까?' 이런 생각을 솔직히 하죠. '이기 인 받으면 너 안 좋으면 어떡할까. 끝까지 가면 더 살아남을 사람이 없겠다' 이런 생각이요. 그렇기 때문에 진짜 마음에 들지 않는 안이지만, 약자이기 때문에 어쩔 수 없이 받아들인 거죠.

## 6. 복직 이후, 다시 노동조합을 세우기 위한 노력들

●●● 복직하니까 현장 사람들 반응은 어때요?

**이매순** 제가 2008년 8월 들어와 가지고 같이 들어간 언니하고 몇 개월 고립된 생활을 했제. 당당하지 않으면 제가 거기에서 살아남을 수가 없겠더라고요. 처음에 둘이 같이 들어가서 서로 좀 힘이 됐고. 그런데, 일 하다 보니까 사람들이 소장 눈치를 보느라 저희들한테 다가오지를 못하더라고요. 우리들 하고 친하면 회사에서 피해를 주니까. 그 피해자가 이 사람[김용례]이에요.

●●● 이매순 씨랑 친하면 피해를 당하나요?

**이매순** 왜 그러냐 하면 말을 하면 소장 귀에다 대고 다 일러바치는 거예요.

최근 상황을 이야기하는 김용래 조합원

근데 저 사람이 어느 정도 나에 대해 알고 나서 하는 말이 "진짜 말할 수 있는 상대가 있어서 좋다"고 하더라고요. 그만큼 자기가 하고 싶은 말을 못하고 살았다는 거예요. 말 한마디만 하면, 옳은 소리 바른 소리만 하면, 소장 귀에 바로바로 들어가 버리니까. 오죽하면 말할 수 있는 상대가 있어 좋다고 하겠어요?

●●● 그럼 김용래 씨는 언제 시청 들어오신 거죠?

**김용래** 2008년 5월 20일이요.


●●● 아이는 몇 명인데요?

**김용례** 제가 지금 쉰 살인데, 아이는 둘이고 큰애가 스물일곱 살이고, 작은애는 지금 군대 갔다 왔어요.


●●● 직장은 여기가 처음이신가요?

**김용래** 처음이에요. 그 전에는 집에서 부업을 했죠, 반찬가게 같은 거. 집 안에서 애들 클 때까지만 한다 했는데 20년 가까이 하다 보니까 그게 너무 내 시간도 없고 좀 힘들더라고요. 마음도 그렇고 쉬는 날도 없고. 거기에만 계속 얽매여 있으니까. 경제적으로는 처음에 여유로웠는데, 나중에는 애기 아빠가 사업을 하다가 일이 안 되니까는 좀 어려워지기도 했고요.

●●● 시청 처음 들어가셨을 때, 싸움 있었던 거 아셨어요?

**김용래** 처음에는 전혀 모르고 다녔는데, 다니다 보니까 "막 이래이래 했다" 고 하는 소리가 들려오기도 하고, "전에 하신 분들이 이래 고생을 했는데도 다 쫓겨났다"라는 거를 다니면서 들었어요.

●●● 그런 얘기 들을 때는 어땠어요?

**김용래** 오죽하면 그리 싸울까, 잘못 없이 그렇게 쫓겨난 게 진짜 억울하잖아요? 그렇게, 다 똑같은 입장인 게 마음이 아프고 그랬죠.

●●● 이매순 씨가 복직해서 들어오셨을 때는 어땠어요?

**김용래** 저 언니 처음 들어왔을 때 뭐 옆에서 말하기에 "무섭고, 싸납쟁이다"고 그렇게 계속 들었거든요? 소문에 "내일이면 싸납쟁이가 들어온다"고 막 그랬는데, 이 언니를 처음 봤을 때 '그게 아닌데 왜 그렇게 들리지?' 그렇게 언니가 목소리가 크고 하니까 사람들 보는 눈이 그랬었나 봐요. 제가 봤을 때 전혀 그건 아니었어, 따뜻한 점도 있었고. 그래 갖고 저 언니하고 친해져요. 나중에는 '저 언니가 조금 더 빨리 들어 왔으면 얼마나 좋았을까, 힘이 더 됐을 텐데' 그런 걸 너무 많이 느꼈어요.

●●● 용역업체나 시청에서 이 분들 복직에 대해 주의사항 같은 거 안 줬어요?

**김용래** 주의는 "저쪽 가면 쫓겨난다. 집에 가라"는 식으로 "어울리지도 마라" 그런 식으로 줬어요.

●●● 이매순 씨 들어오시면서 좋아졌다는 건 어떤 점인가요? 개인적으로 그런 건가요, 아니면 일하시는 게?

**김용래** 언니가 일하는 것도 도움이 됐고, 들어오셔 가지고 저도 그 안에서 많이 힘들었는데, 사람들 앞에서도 당당해지고. 혹시라도 소장님이 부르든가 하면, 이름만 불러도 저는 잘못한 것이 없는데 괜히 마음이 막 조마조마하면서 죄지은 사람같이 그러잖아요? 왜, 할 말을 못하고 벌벌벌 하잖아요? 그런데 저 언니가 들어오면서 힘도 덜 들고, 저 언니한테 당당함을 보여 줘서 너무 고맙고요.


●●● 이매순 씨 들어오시기 전에 힘들었다는 건 뭐죠?

**김용래** 무슨 말을 요만큼 하면 동료들이 그냥 소장한테 다 고해바치고 그러더라고. 그렇게들 하니까 제 마음이 사람들에게 안 가고, 그 사람들이 자꾸 본인들만 살려는 거로 보이니 정이 안 가는 거죠.


●●● 노동자들끼리도 남아 있으려고 갈등이 심해지는군요.

**김용래** 네, 서로 살려고 막 그러니께.


●●● 처음에 이매순 씨가 노동조합 하자고 그랬어요?

**이매순** 아니, 처음에는 못했죠. 눈치가 보이니까 조신 허니 하지.

**김용래** 처음에는 이 언니도 조심하셨어요.

**이매순** 왜 이 사람들을 읽으려면 시간이 좀 필요했고, 거기에서 '어떤 사람이 좀 힘 있을까?' 그런 생각이 들었고, 나한테 말을 붙여온 사람들은 좀 그래도 당당한 거예요. 그죠? (그렇죠) 그런데 처음에 들어갔었을 때 진짜 뭔 '공산당'이야. 소장의 말에 의해서 아주 "모든 게 잘못 된 거"예요. 처음에는 나는 열심히 일했죠. "노조 해가 쫓겨났다"는 소리 안 들으려고. 소장이 불러 가지고 나보고 "너무 힘들지? 그냥 쉬었다 하라"고 이렇게까지 할 정도로. 왜 더 그러냐면 저를 감시하기 위해서 소장 있는 쪽에, 지하를 청소하라고 준 거예요. 그런데 제가 잘못하면 '노동조합이 저렇구나' 하고 거기 있는 사람들이 인식해 버리면 안 되잖아요? 그래서 제가 더 모범적인 행동을 보여 줬어요. 그때 일주일에 월요일, 금요일 날에 소장이 교육을 시켜요. 내가 생각했을 때는 아무런 의미가 없는데도.

●●● 교육내용이 뭔가요?

**김용래** 그게 뭐 "열심히 하라"는 거죠. 그리고 교육을 하면 동료들한테 뭐 불만이 있다든가 그거를 들어줘야 되는데 그건 안 들어주고, 전체 있는 데서 하면 좋은 점, 나쁜 점도 여기저기서 말할 거 아니에요? 근데 그런 거를 전혀 못하게 하고, 일단 "문제 있으면 개인적으로 사무실에서 얘기하자" 그러고. 그렇게 동료들이 다 불만을 말하려면 불안하고 결국 아무 말도 못해요. 진짜 너무 힘이 들어서, 저 언니도 처음에 고생을 엄청 많이 하셨죠.

●●● 임금이나 이런 건 어땠어요?

**김용래** 그거는 많이 해주었고. 싸운 사람들이 해놓은 건 지켜지면서 인격적으로 모욕이 있는 거죠.

**이매순** 그러니까 제가 그러잖아요? 그 사람들한테. "자네들은 우리들이 얼마나 힘들게 싸우고 쫓겨나면서, 완전히 죽 쒀서 개 준 거"라고. 자기들도 그걸 인정을 해요. 우리들이 그만큼 고생을 했기 때문에 자기들이 많은 보수를 받고 일을 한다는 것을 일부 사람들은 저한테 얘기를 해요.

●●● 이매순 씨는 들어와서 보니 일하는 분위기는 어때요?

**이매순** 들어와서 보니까 시말서를 굉장히 많이 썼더라고. 아, '비누 한 장, 두 장 더 갖다 썼다'고 시말서를 받고, 이런 데가 어디가 있어요? 그러고 나 들어와서 소장이 한 3개월 정도 있다가 안 좋은 일이 있어가지고 두어 달 자리를 비웠어요. 큰집 갔다 그러고. (감옥 갔다고요?) 예. 그런데 회사가 머리가 나쁜지 그 사람을 다시 채용을 했어요.

그러면서 소장이 김용례랑 어떤 사람한테 한 달 사이에 네 번을 사표를 받았더라고요. 사표 쓰고 나가는 건 아니고 일하는 사람들을 못 살게 하느라고, 툭 하면 "사표 써라" 해놓고 다음에는 없는 일로 하고, 또 다시 "사표 써라" 해서 마지못해 사표를 쓰면, 또 없는 일로 하면서. 계속 사람들을 괴롭히는 거예요. 그래가 제가 교육을 시켰죠. "절대로 자발적으로 사표를 쓰면 안 된다"라고. "처음에는 모르고 했지만 사장이랑 위에서 사표 쓰라고 그럼 쓰면 안 된다"고. 그런데 또 쓰고 왔더라고. 그래서 애가 울 먹이면서 전화가 왔어요. 보니까 사표를 쓰고 왔어. 내가 "왜 그러냐? 왜 니 손으로 써야 되냐?"고 뭐라 하고.

●●● 무슨 이유로 사표를 쓰는데요? 비누 많이 썼다고요?

**김용래** 아이, 아니에요. 사생활이 어쩐다 저쩐다 하면서.

**이매순** 저하고 좀 가까이 지낸 거 갖고 그러는 거예요. 그러니까 아무것도 아닌 이유를 붙여 갖고 사표 쓰라 어쩌라 그런 거예요. 그래 이 사람들한 테 6월 말까지 쓰면 세번째예요. "사표를 쓰게 되면 지가 끝까지 갈 수 있게 책임을 져주고 아니면 그만둬라" 이래 나온 거예요. 이 사람들이 가서 "못 쓰겠다. 인제 나 죽어도 못 쓰겠다" 이렇게 조금은 당당해진 거예요.

**김용래** 저희가 큰 잘못 없이 사표를 세 번까지는 썼어요. 처음 한두 번 썼을 때는 '아이고 이렇게 때려치워 버리고 그냥 집에 가 버리자' 그렇게 생각했거든요? 근데 딱 생각을 해보니까는 '내가 왜 잘못도 없는데 여기서 고만두냐? 어쨌든지 살아남아야지. 어떻게 해서든 살아남아야지.' 이제 오기가 생기는 거예요. 이 언니 들어오시고 오기가 생기고. 처음에는 뭘 모르고 사표를 쓰라 하면 썼지만 나중에는 이 언니한테 안 쓰는 거라고, 잘 못한 거 없으면 안 써도 된다는 걸 알아 버리니까. 사표하고 사유서 두 장을 내놓으면서 쓰라고 하면 "이거요? 저 죽어도 못 써요. 뒤졌다 깨나도 못 쓰겠네요." 그래요. 흐흐, 그러고는 일어서서 나가면서 같은 동료에서 "빨리 일어서서 나와라. 뭐하고 있냐?" 그래 갖고 데리고 나와 버렸어요. 그 정도로 당당해졌어요. 사람이 악이 생기니까 '이제 이 자리에서는 어찌든지 살아남아야 된다. 절대 집에 가서는 안 된다' 이리된 거라.

그러다가 마음고생을 어찌나 했던지, 나랑 어떤 사람이랑 둘이 5만 원씩 해서 봉투에다 10만 원을 넣어서 소장을 줬어요. 하도 힘들게 하니까. 가지고 가니까 안 받고 "아이고 이러면 안 된다"고 도로 가지고 왔더라고요? 같이 사표 쓴 애가. 그래서 "다시 갖다 주고 와라" 그랬더니 개가 주고 오는 거를 딱 받더래요. 저는 집에 가고 있는데 4시 20분경에 전화가 딱 울리는데, 보니깐 소장이에요. 그래 갖고 "하, 뭘 이런 걸 다 했냐?"고 하면서, 그 사람이 기분이 아주 짱이었어요. 그랬는데 또 다시 힘들게 하는 거예요. 그래 갖고 "6월 30일까지 써라. 그러면 내가 끝까지 데리고 가마." 근데 우리가 알아 버렸는데 내 손으로는 사표를 썼는데 어디 지가 책임지고 데리고 간다는 게 어디 있어요? 여하튼 그러니 사람 마음이 편하겠어요? 항상 가시방석이지. 그렇게 자꾸 악만 생기는 거예요.

●●● 어휴, 그런데 조합은 언제 가입하셨어요?

**김용래** 이제 당당해지고 언니 들어와서 힘도 생기고 용기도 생기고 하면서 조합에 가입을 해요.

**이매순** 아니지! 니가 그때도 가입 안 했지, 잡것아. 그래 소장이 다시 이 사람들을 괴롭히니까 남자 두 분이 나선 거예요. 이 사람들한테 돈을 받고도 소장이 괴롭히니까. 이 사람들이 돈 준 걸 나한테도 말 안 했거든, 그때까지 우리 조합원이 아니었어요. 그니까 아저씨들이 그걸 사건에 붙인 거예요. 우리끼리 회의를 하고 그때까진 남자들이 참 얌전했어요, 잉. 우리는 "이것이 이 사람만의 일이 아니다. 내 일이다. 이거는 우리가 힘을 모아서 이 사람들을 살려야 된다"고 남자들이 했어요. 겁나게 똑똑하게도 했어요. 우리가 회의 그렇게 해놓고 소장을 불렀어요. 소장을 불러놓고 따지니까 이 사람한테 6월 말까지 쓰면 자기가 책임을 지겠다고 해놓고 "이미 자기한테 인사권이 벗어나서 사장한테 있다"고 말을 하는 거예요. 그러면 "돈도 보냈소?" 남자들이 그러는 거예요. 긍께 "나 뭔 돈 줬어요?" 그니까 이 사람이 "돈 줬잖아요." 그렇게 "내가 주라 그랬어요?", "괴롭히니 줬죠" 이 사람이 그랬어요. 긍께 목돈을 줬다는 게 발각이 돼요.

　　누가 쪼까 나서서 했으면 좋겠는데, 이 사람들이 아직은 조합원이 아니기 때문에 내가 나서서 이 사람을 보호해 줄 수 있는 처지가 못 됐어요, 솔직히. 더 역효과가 나 버릴까 봐. 그런데 내가 하도 답답해서 "저 한마디 할게요. 지금 소장님은 6월 말까지 저 사람들이 사표를 쓰면 책임을 지겠

다고 했죠. 끝까지?", "예!" 그러더라고요. 그래서 "그러면 인사권이 사장
한테 넘어갔단 소리는 뭐요? 당신이 그러니까 앞뒤가 안 맞는 거짓말을
하고 있으니까, 엉, 사표를 쓸 사람은 당신 아니요? 두 달 동안 어디 갔다
왔소?" 해버렸어요. 거기서. "두 달 동안 어디 갔다 왔소? 사표를 쓴 사람은
당신이고 시말서 쓴 사람은 당신 아니오?" 인자 그렇게 막 해버렸어요.

　　그리고 저희들이 고발을 해놨기 때문에 사장이 서울에서 내려왔어요.
그래 가지고 남자 분들하고 다 건의해 가지고 다시 이 사람들이 일을 하게
끔 했어요. 지금까지 있었던 사표나 이런 거 다 무마시켜 버리고. 그러면
"앞으로 좋은 마음으로 해라" 해놓고는 노동조합을 까는 거예요. 그런 말
을 직설적으론 안 해도 의도적으로 "무슨 단체를 하지 마라" 이런 식으로
계속 그 짓만 하는 거예요.

●●● 그래서 김용례 씨는 노조 가입을 미루다가 하신 거군요?

**김용례** 가입 날짜는 올해, 얼마 안 됐어요. 엄청 갈팡질팡하고, 노조는 들어
가야는 되는데, 조합원이 이 언니 한 사람이잖아요? 다른 사람이라도 더
있었으면 그 당시 바로 가입할 텐데, 혼자 하려니까 힘이 없잖아요? 그래
서 들어가고는 싶지만 많이 망설였어요. 힘을 줘야 되는데 수도 너무 적고.

**이매순** 이 사람들이 결정적으로 가입을 하게 된 계기가 네번째예요. 다시
한 번 문제가 됐었을 때, 사장이 또 내려왔어요. 그런데 한 아줌마 남편이
아프다가 돌아가셨어요. 근데 소장이 일하는 사람 다섯 명을 보내 분 거예
요. 그 다섯 사람이 상가 가서 할 일이 없어요. 저녁에 보내 주면 되는 것이
고 한두 사람만 인사로 보내 줘도 되는 건데, 낮에 다섯이나 보내니, 그 일
을 다른 일하는 사람들이 대신하려니까 힘들잖아요? 그러니 불만이 생긴

거예요. 그런데 남자 두 분이 회계과를 찾아가서 그걸 발설을 해버린 거예요, 사장이 왔었을 때. 사장이 그걸 알고 소장이 작성한 서류 내던져 버리면서 "너도 그만두고 자식아. 니가 수작을 했으니 니가 책임지고 너도 그만둬!" 그러면서 거기에 김용래하고 여럿 사람들한테 또 "사표를 보내라" 그런 거야. 그게 네번째예요. 사장이 직접 한 거야.

그 이튿날 아침에 용례한테 전화가 온 거예요. "언니, 강재관이란 사람이 오전에 빨리 조합에 가입하라고 문자가 왔어" 그래서 "언니한테 연락을 해서 오전 중으로 빨리 가입하라는데 이게 무슨 소리야?" 하면서 나한테는 연락이 왔냐고 물어보는 거예요. 그래서 "나한테 안 왔다. 애들이 또 무슨 장난하는가 보다" 그러고 일을 했거든요. 그래도 아무래도 안 되겠어서 조경에서 일하는 조합원한테 전화해서 용례 말을 물어보니까 조경에 있는 조합원이 "이런이런 상황이 되어서 사장이 직접 사표 받으라 지시를 내렸다. 그러니까 빨리 노조에 가입을 하라고 해라" 하는 거예요.

그래 그날 저녁 때 내가 사무국장 불러서 사표 쓸 두 사람한테 "만나만 봐라. 니들이 만나 봐서 이야기를 들어 봐라" 했어요. 사무국장이 와 가지고 이 사람들 만났는데 가입원서를 써야 될 상황인데, 이 사람들이 안 쓰는 거예요. 거기 있는 사람들이 "사람이 좀 늘면……" 이러는데 누가 늘어 주냐 그 말이에요. 본인이 물꼬를 터주면 하나씩 하나씩 들어오는 거지. 그래서 내가 "좋다. 그러면 이렇게 해라. 너희들이 내일 아침에 조합에 가입하기 싫다면 내가 그 자리에서 이 서류를 찢어 주마. 그런데 오늘 날짜로 일단 가입원서 써라" 그랬어요. 그러니까 이 사람들이 쓰는 거예요. 쓰고 나더니 "아이고, 쓰고 나니 마음이 한결 개운하네" 이래요.

그 다음날 아침이 됐어요. 9시 반에 쉬는 시간 끝날 무렵에 내가 "야!

서류 회사로 날리자" 그랬거든요. "안에 들어갔다 나와서 날리지" 하고 한
사람이 까는 거예요. 그래 안에 들어가니 사장이 "회사에서 해고통보 간
다"고 한 거예요. 그때서야 이 사람들이 와서 노조가입 서류를 보낸 거죠.
이 사람들이 들어오고 나서 또 한 사람 들어오고. 그렇게 해서 조합원이
형성되는 거지. 절대로 한번에는 못한단 그 말이여.

●●● 얘기를 들어 보니 2007년 투쟁 이후 복직해서 조합원을 늘리는 것이 어려운
조건인데, 지금은 조합원이 몇 명 정도 되나요?

**이매순** 지금 저하고 조경하고 있으면서 여덟 명이 됐어요. 집중적으로 조
직을 했죠. 용역회사란 데가 그러잖아요? 저희들한테 수많은 돌을 던지
고 이런 식이잖아요? 인제 그걸 방어하기 위해서는 "우리도 조직을 잡아
야지, 어차피 용역회사가 바뀌면 노동조합을 해도 잘릴 수도 있고 안 해도
잘릴 수가 있으면 50 대 50이라고 보면, 이게 울타리가 있는 게 낫지 않냐"
하는 식으로 말하면서 조직을 했고. 지금 들어오신 분들은 상당히 열정적
이에요. 조직 하나라도 더 하기 위해서 상당히 많이 노력을 했고. 주변에서
많은 도움을 줘서 지금은 저희들이 시청에서 조직을 다시 그렇게 만들고
있다고 하면 놀래요.

　　어쨌든 노조를 다시 세울 때까지는 한 사람 한 사람 조합원으로 가입
하게 해야 해요. 지금은 가입 안 한 사람들이 몰라서 그러는 건데, 이 용역
업체는 비정규직이 힘없기 때문에 언제든지 즈그 마음대로 부려먹고 언
제 내몰지 몰라요. 그걸 알아야 하는데, 우리도 2007년 싸우면서 제대로
알았으니까, 이 사람들도 언젠간 알지 않겠어요? 그럼 같이 노조하지 않
겠어요? 그래도 그런 믿음이 있으니까 힘들지만 희망을 안 버려요.

많은 이들이 믿기지 않는다고 한다. 나 역시 믿기지 않고 우리 조합원들 역시 믿기지 않아 한다.
너무나 긴시간의 투쟁이었다. 이 긴 시간의 투쟁, 수없이 많은 사람들의 연대가 아니었다면
여기까지 올 수 있었을까. 무엇보다도 파견노동이 곧 노예노동이라는 것을 아는 우리 조합원들이
'한 순간을 살아도 사람답게 살고 싶다'는 희망을 놓지 않고 같이 해왔기에 가능했다.

# 비정규직 없는
# 세상은 가능하다

김소연
금속노조 기륭전자 분회 분회장

# 비정규직 없는 세상은 가능하다

## 1. 내성적이지만 때론 용감했던 아이

나는 1970년 한겨울에 태어났다. 8남매 중 둘째였던 아빠는 어려운 시절 동생들을 챙기느라 본인은 가정을 꾸릴 준비도 제대로 하지 못했다고 한다. 그러다 늦은 결혼을 하고 살림이 어려워 싼 집을 구하다 보니 방 가운데 파이프 지나가는 곳만 따뜻하고 나머지는 냉골인 허술한 집에서 살았다고 한다. 엄마는 파이프 지나가는 선 위에 나를 뉘어 놓고 혹시 아이가 잘못될까 노심초사하며 키웠단다. 그래서 그때 엄마 별명이 '골방 새댁'이었다.

나는 어릴 때부터 겁이 많았다. 그래서 혼날 짓은 거의 하지 않았고, 엄마가 회초리라도 들라치면 잘못했다고 싹싹 빌어 매 맞는 일을 피했다. 성격도 내성적이어서 집에 손님이 와도 창피해서 나서지 못하고 그냥 엄마 뒤에서 히죽 웃는 게 나의 인사였다. 그런 내가 어떤 때는 좀 용감하기도 했다. 다섯 살 즈음, 엄마는 살림에 보태려고 간간이 일을 하셨는데, 어느 날 엄마는 나에게 "집 잘 보고 있으라"고 하면서 동생을 데리고 볼일을 보러 나가셨다. 나는 옆집 언니와 함께 집을 보고 있었다. 그런데 창밖에서 어떤 아저씨가 문을 두드리며 "애야! 아저씨가 돈 줄 테니 심부름 좀 해줘라"며 계속 나를 불렀다. '엄마가 아무나 문 열어 주지 말라고 했는데……' 속으로 생각하면서 "안 돼요!" 소리쳤다. 하지만 그 아저씨는 계속 "한번만 부탁을 들어 달라"며 애원했

기륭전자 현장에서의 필자(2005년)

고, 나는 마음이 약해져서 얼른 갔다 오면 되겠지 하며 함께 있던 언니에게 "집 잘 보고 있어" 하고 말하고 300미터 정도 떨어져 있는 가게로 갔다. 그런데 같이 있던 언니가 날 따라오는 것이 아닌가! 나는 불안해져서 가게에서 거스름돈을 받으면서 계속 우리집 쪽을 바라봤다. 그런데 심부름을 시킨 아저씨가 저쪽 모퉁이에서 고개를 삐죽 내밀며 우리를 보고 있다가 나와 눈이 마주치자 뛰기 시작했다. 어린 나이지만 순간 불길한 생각이 들었고 아저씨를 향해 냅다 뛰기 시작했다. 그 아저씨 손에는 우리집 전기밥솥이 들려 있었다. 나는 하늘이 노래지는 것 같았다. 엄마가 집 잘 보라고 했는데 도둑을 맞은 것이 아닌가! 나는 끈질기게 그 아저씨를 쫓아가며 "도둑이야!" 소리를 질렀다. 한참을 그렇게 뛰었는데 윗집 아저씨가 대문 밖에 나와서 뛰어가는 그 아저씨에게 소리를 지르니 그 사람은 들고 가던 밥솥을 던지고 도망가 버렸다. 나는 던져서 찌그러진 밥솥을 들고 "휴, 다행이다" 한숨을 쉬며 '엄마한테 덜 혼나겠지' 스스로 위안을 삼았다.

나는 동생이 네 명이나 된다. 아들이 꼭 있어야 한다는 아빠의 신념 때문에 엄마는 나와 여동생 둘을 낳고 그 다음 아들 쌍둥이를 낳았다. 쌍둥이 낳기 전까지는 분가해 살았는데 가난한 살림에 고만고만한 아이 다섯을 키우기가 어려워 우리는 답십리에 있는 할머니집에 들어가 살아야 했다. 할머니집은 미혼의 삼촌과 고모, 셋째 작은아버지 식구가 같이 살고 있었는데 우리까지 들어가 살면서 늘 복작거리고 다툼도 많았다. 뒤늦게 할머니집으로 들어간 우리 식구, 특히 아빠는 싫은 소리 못하고 그냥 참는 성격이라 다툼이 있어도 늘 엄마에게만 화를 냈고, 우리는 눈치를 보며 살아야 했다. 그러다 초등학교 4학년 때 우리는 할머니집에서 분가를 해 상계동 달동네로 이사를 했다. 그곳은 집안에 수도가 없어서 공동 수돗가에 가서 빨래를 해야 했고, 약수터에 가서 물을 길어 와야 했다. 나는 처음 해보는 것이어서 그런지 물지게를 지고 산에 가서 물 길어 오는 것이 신났다. 좋아했던 빵이랑 우유, 자장면을 주는 학교 급식을 못 받게 된 것은 아쉬웠지만, 그래도 동네 아이들과 넓은 공터에서 땅따먹기, 야구, 고무줄놀이 등을 하면서 즐겁게 지냈다.

초등학교 5학년이 되던 해에 엄마는 나에게 충격적인 이야기를 했는데, "집이 어려워 회사에 나가야 한다. 그래서 아침마다 네 긴 머리를 빗겨줄 수 없으니 머리를 자르자"는 것이었다. 지금 생각해 보면 아무것도 아닌데 그때는 왜 그렇게 서럽던지……. 엄마의 그 말에 "싫어!" 하고 펑펑 울었고, 그날부터 밤마다 머리칼이 잘리는 꿈을 꾸었다. 결국 일주일 만에 나는 머리카락을 잘라야 했다. 그뿐이 아니다. 엄마는 나에게 쌀 조리질하는 법을 알려주며 "학교 갔다 오면 밥을 하라"는 것이었다. 그것도 왜 그리 서럽던지……. 조리질을 배우면서 훌쩍거렸다.

그런데 아빠는 이런 것을 아는
지 모르는지 속상하다며 술을 자주
드셨다. 술 한잔 하시면 저 멀리 들
리는 발자국 소리부터가 달랐다. 아
빠는 동네 아이들에게는 친절하면
서 우리에게는 늘 무섭게 하셨다. 술
한잔 하시면 우리를 앉혀 놓고 밤새
신세한탄과 잔소리를 하셨다. "내가
어릴 때 얼마나 힘들게 자랐는지, 돈
벌어서 고모, 삼촌들 학교 보냈고,
그래서 지금 살림이 어려운데 그놈

초등학교 3학년 소풍에서 가족과 함께(뒷줄 오른
쪽에 서 있는 아이가 필자)

들이 고맙게 생각도 안 한다. 니들은 공부 잘하고 의리 있게 살아야 한다"
는 둥, 그리고 신세한탄을 하고 나서 "맞벌이 하는 엄마 때문에 속상하다.
밖으로 돈다"는 둥 꼬투리를 잡아 집안이 밤새 시끄러웠다. 그러면 나와
동생들 모두 밤새 가슴 쿵쾅거리며 잠을 자지 못했다. 차라리 고아였으면
좋겠다고 생각한 것이 한두 번이 아니었다. 술 공장에 불이 났으면 좋겠다
고 생각한 적도 많았다.

우리집은 큰 방 하나에 다락, 그리고 좁은 마루가 있었다. 여름에는 다
락에서 자기도 했지만 겨울은 영락없이 방에서 일곱 식구가 가로세로로
잠을 자야 했다. 낮에도 공부할 공간은 없었다. 늘 동생들로 복작거리니까.
그래서 나는 중학교 2학년 때 도서반에 들어갔다. 도서반원이 되면 도서
실 관리를 하기 때문에 도서실을 마음대로 사용할 수 있었기 때문이다. 방
학 중에도 마찬가지였다. 선생님이 나오지 않으셔도 우리가 나가서 난로

중학교 3학년 때 도서반원들과(오른쪽 첫번째)

를 때고 종일 있을 수 있었다. 우리 학교 도서실은 출입을 할 때 학생증이 있어야 한다. 물론 학생증이 없어도 우리 학교 학생인 줄 알지만 규정이 그랬다. 한번은 학생 둘이 와서 학생증이 없는데 도서실에서 공부를 하겠다고 했다. 나는 규정상 안 된다며 거절했다. 그랬더니 이 친구들이 화를 내면서 나가더니 선생님을 모셔왔다. 키가 아주 큰 남자 선생님이었다. 선생님은 나에게 "학생증이 없지만 내가 보증하겠다. 도서실을 이용할 수 있게 하라"고 하셨다. 나는 "규정상 안 돼요"라고 말씀드렸다. 선생님은 "이 학교 학생인데 학생증 없다고 안 들여보내는 것은 문제가 아니냐?"며 항의했고, 나는 "문제가 없는 것은 아니지만 규정이기 때문에 지켜야 해요. 악법도 법이라고 배웠는데 일단 지켜야 하지 않아요?"라고 답했다. 결국 선생님과 두 학생은 돌아갔다. 솔직히 나는 화가 났다. 규정상 안 된다고 했지만 그 친구들이 사정 얘기하고 부탁했다면 사용하게 했을 수도 있을 것이다. 그런데 힘으로 눌러 보겠다고 선생님을 모셔온 것이다. 그 점이 너무 괘씸했다.

이 일이 있고 나서 전교에 소문이 났고, 내 여동생은 "도서반 그 언니가 너네 언니냐고 물으면서 진짜 무섭다고 친구들이 이야기해. 독하게 좀 하지 마!"라고 내게 말하기도 했다. 지금 돌이켜 보면 잘못된 판단이지만, 그 당시에는 원칙을 지키는 문제이고 아무리 힘있는 사람이 와도 그 원칙을 지켜야 한다고 생각했다.

## 2. 내 삶을 바꿔 놓은 1987년 사립학교 민주화투쟁

"엄마, 나 인문계 가면 안 될까?"

고입 시험을 앞두고 인문계에 가서 공부하고 싶은 마음이 굴뚝같았지만 차마 엄마에게 말을 꺼내지 못했다. 뻔한 살림에 동생이 네 명이나 되는 우리집. 그래도 혹시 하는 생각에 지나가는 말로 "엄마 나 인문계 가면 안 될까?" 했더니 "우리집 형편에 무슨……" 하며 단칼에 잘렸다. 나도 어렵 겠다고 생각은 하고 있었지만 막상 엄마에게 그 말을 들으니 너무 속상했 다. 나도 모르게 눈물이 흐르는데 엄마가 볼까 봐 얼른 훔쳐내고는 "그냥 해본 소리야"라고 말하고 마음을 완전히 접었다. 그래서 가고 싶지 않은 상업계 고등학교에 가게 되었다.

학교를 갔지만 아무 의욕이 없었다. 학교 건물도 희멀건 게 흉흉해 보 이고, 정이 가지 않았다. 그러다가 부기 1급 자격증이 있으면 특별전형으 로 대학에 갈 수 있다는 이야기를 들었다. 그래서 밤늦은 시간까지 학원에 서 공부를 했다. 보통 2학년 때 부기 2급을 공부하는데 나는 1학년 때 부기 2급 자격증을 땄다. 조금만 열심히 하면 1급은 문제없다고 생각했다.

그런데 1987년 고등학교 2학년인 나에게 큰 변화가 몰아쳐 왔다. 연 일 TV에 데모하는 뉴스가 나왔다. 우리 학교는 고려대와 가까이 있었는데 최루탄 냄새 때문에 눈물 콧물을 많이 흘려야 했다. 학교에 오면 "데모하 는 학생을 경찰이 잡아가려는데 어떤 선생님이 구해 줬다"는 이야기를 아 이들은 무용담처럼 떠들었고, 그 얘기를 들은 우리는 그 선생님에 대한 존 경심이 생기기도 했다. 그리고 7~9월 노동자들의 엄청난 파업투쟁이 뉴 스에 나오는 것을 보면서 '세상이 뒤집히려나 보다'는 생각이 들면서 왠지 모르게 가슴이 들뜨기도 했다.

고등학교 2학년 수학여행에서 친구들과(앞에서 두번째가 필자)

언제인지 또렷이 기억나진 않지만 87년 하반기 즈음에 전교생이 88올림픽 D-며칠 행사에 동원된 적이 있다. 수업 빼먹고 행사에 동원되는 게 싫었지만 어쩔 수 없이 갔다. 그런데 그 행사에 다른 학교 학생들도 많이 와 있었는데, 그 친구들이 빵하고 우유를 먹고 있었다. 그것을 본 우리가 "너네 그 빵이랑 우유 어디서 났냐?"고 물어보니 "학교에서 줬다"며 "우린 차비도 받았어" 하는 것이 아닌가!

우리는 빵은커녕 차비도 받지 못했는데……. 우리 학교 정말 너무하다 싶어 화가 났다. 그리고 며칠 후 학교에서는 '젊음의 행진', '쇼 비디오 쟈키' 방청을 하라며 수업을 하지 않았다. 나는 너무 화가 나서 "저는 안 갈래요" 했더니 "그럼 남아서 청소를 하라"고 했다. 나처럼 안 간다고 한 학생들이 몇 명 더 있었는데, 그날 우리는 청소하느라 죽을 뻔했다. 본인이 속한 반 교실 청소뿐 아니라 교무실 등 학교 곳곳을 하루 종일 청소했다. 청소를 하면서 어찌나 성질이 나던지…….

## 새로운 세상을 보다

그 즈음 학교에 이상한 기류가 만들어지고 있었다. 누가 먼저 읽기 시작했는지 기억나지 않지만 학생들은 『내가 두고 떠나온 아이들에게: 해직교사들의 못다한 수업』이란 책을 돌려 읽었다. 우리 반은 그 책을 단체로 구입해서 같이 읽기도 했다. 그 책을 읽으면서 '와, 우리 학교하고 어쩜 이리 똑같냐. 우리만 그런 것이 아니구나' 뭔가 문제가 있다고 생각했다. 또 여기저기서 "학교에서 수학여행비를 떼어먹었네", "동창회비를 떼어먹었네", "장학금으로 사용하라고 준 것도 떼어먹었네" 등 별별 이야기가 다 떠돌아 다녔다. 그 얘기를 들으면서 나는 학교에서 정말 그랬을 리가 없다고 생각했다. 하지만 그 소문은 사실로 드러났다.

1987년 11월 4일 아침, 등교하는 우리는 분노했다. 학교 건물에 대자보가 쫙 붙었다. 거기에는 그동안의 소문이 사실임을 알리는 내용이 구체적으로 적혀 있었다. 아이들은 웅성거렸고, 나 또한 어떻게 이럴 수 있나. 다들 집안이 어려워서 더 공부하고 싶지만 포기하고 상업학교를 왔는데, 어떻게 그 어려운 사람들을 더 어렵게 만들 수가 있는가! 분개하며 교실로 들어갔다. 그런데 방송에서 이런저런 변명을 늘어놓는 교감선생님의 목소리가 흘러나왔다. 대자보를 붙인 선생님 중 한 분이 반박하려고 한마디 하자 마이크를 꺼 버렸다. 순간 우리는 누가 시키지도 않았는데 모두 벌떡 일어나서 교실 밖으로 뛰쳐나갔다. 운동장에 나와 보니 여기저기서 학생들이 몰려나오고 있었다. 그렇게 1, 2, 3학년 전교생이 모였고, 교가를 다 같이 목놓아 부르며 꿈에도 상상해 보지 못했던 투쟁을 시작한 것이다.

우리는 학교 측에 해명을 요구했지만 교장선생님은 끝내 외면했고 우리보고 '빨갱이'라고 했다. 우리의 농성이 시작되고, 졸업생들도 6백 명 넘게 학교에 찾아와서 우리에게 힘을 주었고 이들로 인해 소문으로 들었던 학교 비리가 추가로 밝혀지기도 했다. 문제 해결을 요구하며 1,000명이 넘는 전교생이 서대문 서울시 교육위원회에서부터 제기동 정화여상까

1987년 정화여상 학내 민주화투쟁 모습

지 가두행진을 하기도 했고, 전교생이 '백지동맹'을 해서 시험 때 아무도
답안지에 답을 쓰지 않기도 했다. 또 우리 기사를 잘못 내보낸『동아일보』
사에 항의 전화를 하기로 한 후 학교 주변 공중전화부스에는 학생들이 몇
미터씩 줄서서 전화를 했다. 그날『동아일보』전화가 완전히 불통되었고,
결국 신문사 측은 정정보도를 하겠다고 약속했다.

　　나는 그 투쟁에 늘 조용히 함께했다. 처음 철야농성 때는 교무실이 미
어터질 정도로 사람이 많더니 시간이 갈수록 인원이 줄어들었지만, 나는
계속 농성에 참여했다. 그렇게 우리는 그해 겨울을 학교에서 보냈고, 선생
님 한 분과 학부모 한 분이 구속되었다. 신문사로, 방송사로, 교육청으로 뛰
어다니며 우리 문제를 알리고 구속된 분들이 나올 수 있게 해 달라고 호소
했다. 교육청에 '관선이사 파견'을 외치며 싸웠지만 관선이사는 파견되지
않았고, 교장선생님만 세 번 바뀌고 비리를 저지른 재단은 바뀌지 않았다.

　　한겨울 농성을 마무리하고 나는 3학년이 되었다. 초기 열심히 했던 학

생회(간선제)는 유명무실해졌고 농성을 풀겠다고 선언했다. 평소 조용히 함께 참여했던 친구들과 자연스럽게 '정화여상 정상화대책위원회' 이름으로 싸움을 책임져 나가게 되었다. 투쟁은 비리척결로 시작됐지만, 우리는 그 과정에서 직선제 학생회를 건설했다. 대통령도 직접 뽑는데 학생회도 당연히 직선제를 해야 한다는 것이 우리 생각이었다. 더욱이 농성 과정에서 선생님들이 학교를 버리고 제3의 장소로 출근을 하면서 학교는 우리 것이 되었다. 우리 학교는 주간, 야간이 함께 있다. 주간을 1부라 부르고 야간을 2부라 불렀다. 이 두 그룹은 평상시 미묘한 관계였는데 투쟁을 하면서 그런 관계도 극복되었다. 취업 요청이 들어오는 것도 학생들이 받아서 배분했다. 예전 같으면 당연히 1부 학생 먼저 추천하고, 아주 드물게 2부 학생을 추천하는데 학생들 스스로 그것은 차별이라 생각해 똑같이 배분하여 추천하였다. 지금 생각해 봐도 정말 기특하고 자랑할 만한 일이었다.

졸업식 날, 학교는 뭐가 그리 무서운지 학생들을 졸업식장에 미리 들어가지 못하게 했다. 할 수만 있다면 유급이라도 해서 학교에 남아 계속 활동하고 싶었다. 함께 투쟁했던 친구들은 모두 같은 마음이었다. 이런 심정을 '우리의 입장'이라는 제목의 대자보를 써서 학교 담벼락에 붙이며 눈물을 흘렸다. '정화여상 사학 민주화투쟁'은 이후 나의 삶을 바꿔 놓았다.


## 3. 구로공단의 노동자가 되다

### 첫 직장, 정신병원 원무과

학교 졸업 후 ○○○정신병원에 입사하였다. 원무과에 배치되어 직원들의 후생복지, 임금 계산 그리고 환자들의 병실 배치 업무를 하였다. 병원의 특성상 여성도 당직을 서야 했다. 야간에도 긴급한 환자가 많이 오기 때문에 접수를 받고 병실을 배치해야 했기 때문이다. 당직을 서던 어느 날 남자 환자가 왔는데 로비에 있는 샹들리에를 보고 손가락질하며 "폭탄이 있다"고 소리치더니 갑자기 나더러 "간첩이다"라고 소리치며 달려들기도 했다. 그래도 이 환자는 가족과 함께 병원에 왔지만, 많은 환자들이 '행려 환자'라는 이름으로 길거리를 헤매다 경찰과 함께 왔다. 이런 환자들의 상당수가 40~50대 여성이었다. 그 환자들을 볼 때마다 마음이 많이 아팠다. 조금이라도 환자들에게 도움을 주고 싶어 그들의 가족 찾기에 열과 성을 다했다. 나름대로 병원 업무는 재미있었다. 하지만 3개월 만에 병원을 그만두었는데, 여성이라는 이유로 사무실 청소를 해야 했고, 가끔 커피도 타야 했기 때문이다. 왜 여자만 이러한 일을 해야 하냐고 문제제기를 하고 싶었지만 여자선배들조차 당연하다고 여기고 있었기에 참았다. 거기에 한술 더 떠 원장부인의 모임까지 챙기는 기막힌 일까지 했다. 속에서 부글부글 끓었던 적이 한두 번이 아니다. 그러던 어느 날 원무과 부장이 엄청 친절하게 일을 도와주더니, 내게 "담배 한 갑만 사오라"고 했다. 순간 모멸감을 말로 표현할 수 없었다. 결국 부장과 그동안 쌓여 있던 문제로 대판 싸웠다. 그리고 많은 고민을 했다. '내가 이곳에서 어떤 의미 있는 일을 할 수 있을까.' 사실 병원에서 주체로 설 수 있는 영역은 간호 업무를 하는 사람들이라고 생각했다. 원무과에는 몇 사람 없었을뿐더러 주된 업무가 보조 업무였다. 그래서 병원을 그만두고 내가 주체가 되어 할 수 있는 새로운 일을 찾게 되었다.

새로 취업한 곳은 『우리교육』이라는 잡지사였다. 사실 취업이라기보다는 함께 도와야겠다는 생각에서 일을 시작했다. 1989년 전교조가 만들어지고 정권의 탄압으로 1,500명이라는 해직교사가 생겼고, 이들이 제대로 된 교육지가 필요하다며 월간『우리교육』사를 창립한 것이다. 선생님들에게 필요한 자료들과 아이들에게 어떻게 참교육을 실현할 수 있는지에 관한 다양한 이야기들을 실었다. 나는 영업부에 배치되어 독자사업부를 맡았다. 이곳에서 3년 넘게 일을 했다. 창립멤버로 시작한 일이기 때문에 내가 나름대로 일을 만들어 가는 재미가 쏠쏠했다. 독자를 관리하고 매월 잡지를 발송하는 일은 밤을 새면서 하는 힘든 일이었지만 뿌듯했다. 그리고 일하는 과정에서 서울지역 출판노동조합에 가입하고 노동조합 활동도 함께했다. 서울지역 출판노동조합에는 사회과학출판사에서 일하는 편집부, 영업부 노동자들이 가입해서 활동했다. 함께 술도 마시고, 이러저러한 현안에 대한 토론도 했다. 그런데 딱 거기까지였다. 『우리교육』도 3년의 시간이 흐르면서 안정되어 갔다. 나는 새로운 일을 하고 싶었다.

그때 나는 정화여상에서 함께 활동했던 친구들과 학교를 졸업한 뒤에도 정기적인 모임을 계속 해오고 있었다. 책도 함께 읽고, 후배들을 만나 그동안 싸워 왔던 의미가 퇴색되지 않도록 이야기도 하고, 회사에서 겪는 부당한 일에 대하여 어떻게 해결해 나갈까에 대한 고민도 함께했다. 주말이면 여러 집회에도 참가했다. 그때만 해도 집회에는 학생들이 많았고, 노동자들은 많지 않았다. 모임에서 내가 앞으로 무엇을 할까를 같이 고민하면서 '많은 사람들과 일할 수 있는 곳, 내가 주체가 되어서 의미 있는 일을 할 수 있는 곳'을 찾기로 했는데, 그곳이 바로 구로공단이었다.

### 두려움 반 기대 반, 갑을전자 입사

1992년 4월 가리봉역에 내려서 공단을 둘러보려고 두리번거리고 있는데,

갑자기 어떤 여성이 다가오더니 "좋은 데 있는데 함께 가자"고 했다. 나는 혹시 인신매매라도 하려는 게 아닌가 어리둥절하며 대답을 하지 않았다. 그러자 그 여성은 웃으며 "회사 구하려는 거 아니냐? 좋은 회사가 있다. 봉고차에 타라"는 것이다. 그래서 그 사람과 함께 봉고차를 타니 몇 사람이 더 타고 있었고, 도착한 곳은 갑을전자(94년경 갑일전자에서 이름이 바뀜)였다. 워낙 일손이 부족해서 직원들이 직접 나와 일할 사람을 구하고 있었다. 한 사람 취업시키면 3만 원을 준다고 했다. 정말 좋은 시절이었다. 갑을전자에 가서 면접을 보니 3교대를 해야 한단다. 나는 덜컥 겁이 났다. 밤을 새워 일하는 것은 상상해 보지 못했기 때문이다. 그래서 그 회사를 가지 않고 주간근무만 하는 회사에 입사했다가 6개월 만에 그만두고, 약간 두려웠지만 또래가 많이 일하고 있는 갑을전자에 92년 10월에 입사하였다.

첫 면접날을 잊을 수가 없다. 면접 보는 총무과 과장이 현장에 내려가면 "떡볶이 먹으러 가자"라고 말하는 사람을 조심하란다. 갑을전자는 1988년에 노동조합이 만들어져 파업투쟁을 통해 단체협약도 체결했지만, 민주노조로 길게 가지 못하고 위원장이 어용으로 돌아섰다고 한다. 어용위원장이 임단협'임금인상 및 단체협약체결'의 약칭 합의서에 도장을 찍고 사라졌다가 오면 차가 바뀌었고, 위원장 옆에는 늘 두 명의 보디가드가 따라다녔다. 현장 노동자들이 위원장에게 항의하러 노조사무실에 올라가면 위원장 옆에 험상궂은 표정을 한 이들이 함께 앉아 있어서 마음 약한 조합원들은 항의조차 제대로 할 수 없었다.

입사한 뒤 나는 품질관리부서에 배치되었다. 우리 부서는 생산 각 부서에 배치돼 품질검사를 했다. 갑을전자에서 컴퓨터 하드디스크에 들어가는 헤드를 만들어 파는 사업이 전성기를 이룰 때다. 원래는 퍼스널컴퓨

터를 만들었고, 그 뒤를 이어 위
성수신기인 셋톱박스를 만들었
으나 점차 축소되어 가고 있었다.
컴퓨터 헤드를 생산하는 일은 기
계를 이용한 사람의 손길이 세심
하게 가야 하는 노동집약적인 일
이다. 그러다 보니 젊은 사람이
많고, 직원 수도 1,000여 명이나
됐다. 그때 나는 23세였는데, 나
보다 나이 많은 사람은 기혼여성

1993년 품질관리부 직원들과 함께(뒷줄 오른쪽 첫번
째가 필자)

들 빼고는 그리 많지 않았다. 또 남성노동자들도 상당수가 특례병, 공고 실
습생들이어서 대부분 18세~20대 초반이었다. 나와 비슷한 젊은이들이
많으니 현장 안은 늘 시끌시끌했다. 엄청 두려움을 가졌던 야간일도 처음
일주일은 조금 힘들었지만 시간이 지나자 익숙해졌다. 오히려 야간 일을
하다 보니 아침에 일어나기가 힘들어 새벽일이 더 버겁게 느껴졌다. 3교
대라 A, B, C조로 나뉘어 A조는 새벽 6시에 출근해서 낮 2시에 퇴근하고,
B조는 2시에 출근해서 밤 10시까지, C조는 밤 10시에 출근해서 새벽 6시
퇴근이다. 젊은 노동자들이 제일 편하게 일하는 조는 B조였다. 퇴근해서
밤새 술 마시고 푹 자도 출근이 부담스럽지 않았기 때문이다. 이들은 퇴근
후 동료들끼리 자주 어울렸다. 가리봉역 바로 앞에 있는 "호프집과 애플
당구장은 갑을전자 노동자들이 먹여살린다"는 이야기가 나올 정도였다.
호프집에 앉아 있으면 다른 조 노동자들도 쉽게 만날 수 있어서 이러저러
한 많은 이야기를 나누며 친해졌다.

## 노민추 활동: 살아 있는 현장 분위기

갑을전자에는 어용노조를 바꾸기 위한 '노동조합 민주화추진위원회'[이하 노민추]가 있었다. 많은 노동자들이 가입하여서 노동조합 산하에 산악회, 노래패, 기타반, 여행반, 풍물패 등과 같은 각종 서클이 있었고, 왕성한 활동을 벌였다. 노동조합은 어용이었지만, 부서마다 노민추 활동을 하는 친구들이 신뢰를 받으며 대의원을 하고 있었다. 당시 회사에서는 생산직 노동자들끼리 경쟁을 시키고 노동강도를 높이기 위해 인센티브제를 도입하려고 했다. 물론 현장에서는 반대의 목소리가 높았지만 결국 도입되었다. 처음에는 목표량을 많이 잡지 않아 대부분의 노동자들이 쏠쏠하게 수당을 받았다. 그렇게 익숙해지자 회사 측은 점차 목표량을 높여 갔고, 이에 현장 노동자들이 노동조합을 찾아가서 항의했지만 소용이 없었다. 결국 한 부서가 대의원을 중심으로 현장파업을 하였는데, 대부분의 노동자들이 참여했다. 그리고 다른 부서 노동자들은 지지방문을 조직했다. B조 작업시간에 파업이 벌어지니까 자연스럽게 A조나 C조도 참여하였다. 난리가 난 회사는 대부분이 특례병이라는 걸 이용해 "불법파업이라며 군사재판에 회부된다"고 대자보를 붙였다. 기막힌 일이었다. 하지만 파업대오는 흔들리지 않았다. 결국 노동자들의 힘에 이끌려 노조 위원장이 와서 책임지겠다는 발언을 하였고, 아무도 징계받지 않고, 생산목표량은 노동자들과 협의하여 정하기로 합의를 하면서 파업은 승리를 하였다. 그 이후로는 노동자들끼리 일정량을 정한 후 거기에 맞춰 일했고, 목표량을 채우지 못한 동료들의 일을 도와주어 모두가 비슷한 성과급을 받아갔다.

이러한 투쟁이 가능했던 것은 노동자들의 일상적이면서 끈끈한 인간관계에 힘입은 바가 컸다. 어찌 보면 갑을노동자들이 먹여살린 호프집의

1993년 산악회원들과 소백산에서(마지막 줄 오른쪽에서 두번째)

1994년 문화패 수련회에서(두번째 줄 오른쪽에서 두번째)

역할이 가장 크지 않았나 싶다. 각종 서클 활동이나 부서별 MT를 통해 생일인 조합원이 있으면 부서가 몽땅 생일잔치를 하는 등 평상시에 공동체적 활동이 있었기에 가능했던 것 같다. 나는 기타를 배우고 싶어 기타반에 들어가서 활동을 했다. 물론 기타를 잘 다루지 못해 끙끙거렸지만 즐거웠다. 격월로 산악회와 함께 산에도 갔다. 대부분 연령대가 비슷하다 보니 회사가 마치 학교 같은 분위기였다. 그리고 이런 움직임에서 약간 소외되는 아주머니들은 젊은 친구들이 평소 예의 바르고 싹싹하게 대하고, 어버이 날이면 꽃을 준비해서 드리거나 생일이면 선물과 함께 생일잔치 자리를 마련해서 역시 인간관계를 돈독히 했다.

그런데 선거에서는 민주파가 위원장을 당선시키지 못했다. 회사에서 선거 시기만 되면 노동조합 가입 범위에 있는 대리급까지 모두 가입을 시키고, 돈을 풀어 회식을 하도록 했기 때문이다. 그리고 선거가 끝나면 이들은 대거 탈퇴를 한다. 갑을전자는 사무직 노동자도 꽤 있었기에 생산직에서 완전히 몰표가 나오지 않는 한 당선이 어려운 구조였다.

그런 가운데 1994년, 선거 시기가 다가왔다. 전체 노민추 역량이 집중되었고, 그동안 다양한 사업들을 해왔기에 자신감도 있었다. 이번에도 여전히 회사 측은 대리급까지 조합에 가입하게 했다. 이때 제일 중요한 것이 선거관리위원회인데 이 선관위를 늘 어용집행부가 장악하고 있었다. 노민추는 선거대책본부를 구성하고 구성원들이 선거비용을 모아 힘차게 선거운동을 벌였다. 회사는 현장을 장악하기 위해 품질 문제를 빌미로 노동강도를 강화하고 통제를 강화시키고 있었다. 다른 사업장보다 임금이 높은 편이었지만, 위원장의 직권조인으로 임금상승률은 낮아졌다. 이러저러한 현장 문제에 대하여 노동조합이 외면하고 있던 때이다. 하지만, 선거를 앞두고 각 부서에서 여전히 비공식 회식이 이어지고 있었다.

선거 당일, 투표하러 가는 사람 중에 비조합원이 포함되어 있는 것을 발견했다. 우리 선대본은 '부정선거 중단'을 요구하며 투표를 거부했다. 사실 이 투표 거부가 적절한 전술인가에 대해서는 여러 의견이 있었으나 이후 제대로 된 평가도 하지 못했다. 어쨌든 투표를 거부한 우리는 회사

마당에 앉아 연좌시위를 했고, 사측에서는 조·반장을 앞세워 투표하라고 강요했다. 어용노조간부인 선관위원장이 핸드마이크를 들고 나와 300여 명이 앉아 연좌시위를 하고 있는 자리에 들어와서 "그렇게 자신이 없냐? 정정당당히 투표하라!"며 소리쳤고, 농성대오는 "부정선거를 즉각 중단하고 정상적인 선거를 진행하라!"고 요구했다. 하지만 결국 50% 이상 투표율로 선거는 종료되었고 또다시 어용집행부가 당선되었다.

이 사건 이후 노미추 회원들은 부정선거에 대한 '위원상 효력 중지 가처분 신청'을 법원에 내는 정도로 대응하면서, 현장에 대한 전망 부재를 이유로 퇴사하고 다른 곳에 취업을 하거나 학교에 진학하는 등 새로운 자기 전망을 찾아 떠나기 시작했다. 또 다수를 이루던 실습생, 병역특례자들도 기간이 만료되면서 새로운 자기 전망을 찾아 회사를 떠났다. 거기에 잘나가던 갑을전자는 전문경영인 대신 회장 동생이 사장으로 오면서 조금씩 기울어 1,000여 명이던 노동자들이 점차 줄어들고 있었다. 나는 안타까운 마음이 있었지만 입사한 지 얼마 되지 않아 어찌해 볼 도리가 없었다. 그저 묵묵히 내 주변을 지켜가는 것 외에는……

## 노조 민주화와 현장을 장악한 노동자들

그렇게 상당수의 동지들이 떠났다. 남아 있는 몇몇은 꿋꿋하게 노동자들과 저들의 탄압을 버텨 냈다. 우리는 몇 차례의 부서 이동을 당하기도 하고, 하루 종일 일을 시키지 않고 외면하는 고통에도 굴하지 않았다. 한 친구는 전산실로 발령받아 가서 몇 달을 책 읽고 독후감을 쓰기도 했다고 한다. 또 오래된 부서인 셋톱박스 만드는 부서의 노동자들은 20년 정도 묵었음직한 먼지를 닦아 내는 일을 하면서도 이를 악물고 버텨 냈다. 그러다

"정말, 더러워서 못해 먹겠다"며 그만두는 이도 있었지만. 그렇게 버티면서 나름대로 즐거움을 찾았다. 설움당하는 사람끼리 뭉쳐서 술도 마시고, 산에도 가고, 우리끼리 부흥회를 해나갔다. 그런 와중에 '위원장 효력 금지 가처분에서 승소했다'는 판결문이 왔다. 그런데 기막히게도 법원은 '직무대행으로 부정선거의 책임을 져야 할 선관위원장을 지명'했다. 이쨌든 우리는 승소를 자축하며 다시 힘차게 싸워 가자고 결의하면서 전체 노동자들에게 떡을 돌렸다.

법원의 결정대로 바로 위원장 선거를 해야 했지만, 직무대행인 선관위원장은 시간만 끌었다. 그렇게 1년을 미루다 선거를 하게 되었다. 하지만 함께했던 노민추 동지들이 몇 남지 않아 사실상 노민추는 해체된 거나 다름없었다. 우리는 후보를 내기 어려운 조건이었고, 또 낸다 해도 저들의 공세가 만만치 않은 상황에서 이기기 힘들다고 판단했다. 오히려 출마자 중 우리와 함께할 수 있는 사람이 있으면 우회적으로 개입하는 것이 좋겠다고 판단했다. 그런데 출마자 중 예상치 못한 사람이 있었다. 평상시 조용히 지내고 노동조합에 관심도 없던 ○○○씨였는데, 지금 생각해 봐도 그 양반이 왜 나왔는지 모르겠다. 어용집행부 측에서는 후보 단일화가 되지 않아 3파전이 되었다. 우리는 ○○○후보를 만나 함께 상임집행위<sup>약칭 '상집'</sup>도 구성하고 노조 운영을 상의해 가자고 제안했고, 그는 흔쾌히 받아들였다. 그래서 우리는 ○○○후보 선거운동을 겉으로 드러나지 않게 진행했고, 회사 측도 어용집행부 측도 ○○○후보가 당선되리라고 예상하지 못했다. 그런데 모두의 예상을 뒤집고 그가 당선이 되었다. ○○○위원장을 중심으로 우리는 적극적으로 상집 구성과 대의원 구성에 들어갔고 결국 위원장을 제외하면 모두가 우리와 인연을 가지고 있는 사람들이 되었다.

신임 위원장은 노조활동 경험도 없을 뿐만 아니라 적극적인 사람이
아니었다. 결국 노조활동의 내용은 우리가 모두 채워 나갔다. 몇 남지 않
은 노민추 회원들과 함께한 노조간부들은 활동력을 높여 갔다. 그러던 중
1996년 노동법 날치기 통과에 맞선 노동자들의 투쟁이 있었고, 비록 한
국노총 사업장이긴 하지만 "우리도 함께 동참해야 한다"고 주장하며 "최
소한 리본이라도 달자"고 제안했다. 그러나 대표이사를 만나고 온 위원장
이 일방적으로 리본 다는 것을 취소시키면서 우리와 갈등이 생기기 시작
했다. 그러더니 1997년 초, 임단협 진행 중에 개인적인 일로 퇴사를 하겠
다고 하였다. 이 소식에 대표이사가 노조사무실을 찾아와서 퇴사하지 말
라고 강권하는 해프닝이 벌어졌다. 그러더니 위원장은 입장을 바꿔 임단
협을 마무리하고 퇴사하겠다고 선언했다. 퇴사를 앞둔 사람이 임단협을
마무리하면 결국 그동안 되풀이된 직권 조인을 할 것이 분명하다는 판단
이 든 나는 위원장과 직접 이야기했지만 그는 입장을 바꾸지 않았다. 조직
부장을 맡고 있던 나는 간부들을 비상소집했고, 위원장 불신임투표를 조
직하기로 결정했다. 임시총회 소집 서명에는 하루 만에 조합원 과반수 이
상이 참여하였다. 결국 위원장은 스스로 물러났고, 우리는 곧바로 선거체
제로 돌입하였다. 우선 선관위 구성을 사측이 개입하기 전에 아주 빠르게
진행했다. 그랬더니 사측은 다섯 명의 선관위원 중 몇 사람을 협박하여 두
명의 선관위원을 사퇴하게 만들기도 했지만, 선관위원장의 결단으로 추
가선관위는 뽑지 않고 선거를 진행했다. 그리고 "선관위 구성 공고가 나간
이후 가입한 조합원에게는 투표권을 제한하겠다"는 입장까지 발표했다.
결국 회사 측이 대리급까지 노조 가입을 시켰으나 이들에게 투표권이 주
어지지 않자 엄청난 항의를 했지만 우리는 밀어붙였다.

1997년 위원장선거 홍보대자보

노민추에서는 후보로 내가 나가고, 회사에서는 문○○ 씨를 내보내 2파전이 되었다. 내가 내건 슬로건은 "배신하지 않겠다"는 것이다. 회사는 내가 선거운동을 하지 못하도록 직접, 간접으로 탄압을 하였다. 그때 갑을전자는 구로공장에서 김포공장으로 일부 이전을 한 상태였는데 선거운동을 위해 휴가를 냈지만 회사는 이를 인정하지 않았고 무단결근 처리를 했다. 휴가를 낸 날 구로공장에 들어가려고 하니 휴가자는 들어갈 수 없다며 경비실에서 막기도 했다. 하지만 함께 간부를 했던 조합원들이 십시일반 선거비용을 걷어 선전물도 내고 열심히 발로 뛰며 선거운동을 했다. 김포 공장에는 나와 함께 일했던 분들이 적었지만 현장 안에서 자발적 선거운동이 있었다는 후문을 듣기도 했다. 결과는 우리의 승리였다. 비록 함께 노민추 활동을 했던 동지가 나를 포함해 세 명밖에 되지 않았지만 수년 동안 많은 동지들이 함께했던 노민추 활동의 결과로 승리한 것이다.

나는 위원장 당선 이후 왕성한 활동을 시작했다. 부족한 내용이었지만 임단협을 전체 조합원의 찬반투표를 통해 합의했다. 그 힘을 바탕으로 이미 이전한 조합원들을 포함해 구로에서 김포공장 이전에 따른 협상을 투쟁과 병행해서 전개했고 퇴사자에 대한 보상과 이전하는 사람에 대한 이사비용 등을 확보했다. 그렇게 1997년을 마무리할 즈음, IMF가 터지면서 모두가 엄혹한 시기를 맞았다. 갑을전자도 예외는 아니었다. 갑을그룹 계열사였는데 그룹사가 워크아웃에 들어가면서 갑을전자도 부도가 났다.

이 시기 월 1회 1시간 조합원 전체교육과 확대간부들의 주 1회 30분 교육 등을 통해 IMF가 터진 이유, 저들이 요구하는 내용의 부당성 등 많은 교육들을 진행했다. 갑을전자는 매번 "회사가 어렵다"고 떠들어서 조합원들은 회사가 진짜 어려워졌는데도 심각하게 생각하지 않았다.

1998년 3월 임시총회를 통해 상급단체를 민주노총으로 전환하고, 10년 만에 처음으로 1시간 파업을 벌였다. 당시 사회적 분위기를 타고 임금을 동결시키고 단체협약을 후퇴시키려 했기 때문이다. 조합원들은 두려움과 긴장 속에서도 파업을 힘있게 해냈다. 파업을 하기 전 우리는 전체 조합원이 쉽게 함께할 수 있는 게 뭘까 고민했고, 모두가 흰색 티셔츠를 입고 오기로 했다. 현장에는 스리랑카 여성노동자들도 40~50여 명 있었는데 조합원들이 그 친구들까지 조직해서 대부분의 조합원과 현장노동자들이 흰 티셔츠를 입고 왔다. 관리직은 검은색이나 감색 옷을, 조합원들은 흰색 옷을 입고 통근버스에서 내리는 모습이 장관이었다. 그 결과 적은 금액이지만 약간의 임금인상과 고용안정협약을 체결했다.

1999년 임단협 시기에는 민주노총의 지침을 받아 '주 40시간 쟁취'를 걸고 3박 4일 파업투쟁을 벌이면서 조합원 전체가 거리로 나왔다. 우리 모두 뿌듯했다. 그때 대공장들이 투쟁에 많이 결합하지 못해서 여러 문제가 제기되기도 했지만, 투쟁에 결합한 우리는 많은 힘을 받았다. 하지만 탄압도 엄청 세게 다가왔다. 불법파업이라며 회사가 고소고발 및 손배청구를 해서 임금은 가압류되었고, 난생처음으로 경찰서에 가서 조사를 받기도 했다. 그때 전순자 문화부장이 조사받으러 가서 진술서라고 쓰여진 종이를 보며, 경찰에게 "아저씨 전 진술서가 아니라 전순자인데요?" 해서 경찰서 안에 있던 사람들이 박장대소를 한 적이 있었다. 그렇게 진술서가 뭔지

1999년 5월 임단협 관련 임시총회(마이크 잡고 이야기하는 이가 필자)

임단협 정회 중 상황을 설명하는 필자(중앙에 앉아 설명하는 이)

임단협 투쟁 중 회사 앞의 집회

도 모르는 우리 노동자들이었다.

임금이 가압류되면서 아주머니 간부들이 많이 힘들어했다. 하지만 꿋꿋하게 버텼고, 우리는 대구에 있는 갑을그룹 본사 항의투쟁을 계획하고 그 전 단계로 위원장인 나의 삭발식이 예정되어 있었다. 삭발식 하는 날, 아침부터 난리가 났다. 건물 청소를 하는 총무과 소속 조합원 아주머니가 총무과에 가서 "결혼도 안 한 여성을 진짜 삭발하게 할 거냐?"며 고래고래 소리 지르며 울부짖었고, 현장 안에서도 관리자들에게 조합원들의 항의가 빗발쳤다. 그 덕분에 연대단위를 모아 삭발식을 하려던 날에 우리는 잠정합의와 투쟁승리 보고대회를 하였다.

1999년 임단협을 마무리하고 현장은 조합원들의 힘으로 장악되었다. 평상시에는 현장 안에 문제가 일어나면 간부들 중심으로 대응해 왔는데, 1999년 파업투쟁 이후 조합원들이 직접 대응하기 시작했다. 조합원들은 자신감에 차 있었고, 생산부 과장은 문제가 발생하면 아예 "노동조합에 가서 해결하라"고 이야기할 정도였다. 회사 측도 태도가 바뀌어 임원급은 조합원들에 관한 것은 사전에 조합과 상의했고, 거꾸로 조합원과 직접 부딪히는 중간관리자들의 반발이 커지자 그 어려움을 노조에게 토로하기도 했다.

**폐업반대투쟁: "회사 망한 책임 회사가 져야 한다!"**

1999년 경영상태가 좋지 않은 상태에서 대표이사가 새로운 사업에 집중하겠다며 휴업을 요청했다. 그때 많은 사업장에서 휴업을 하고 있던 터라 나는 아주 심각하게 휴업을 바라보지 못했다. 사실 일감도 많이 줄어 있던 상황이어서 노사협의회를 통해 몇 가지를 합의하고 휴업에 들어가기로 했다. 약 6개월 휴업을 하는 것을 전제로 월 1회 노사협의회에서 휴업을 결정하고, 노동조합과 합의하여 복귀자를 결정하며 휴업급여는 70% 지급, 전임자는 계속 출근하여 상황을 체크하는 것으로 결정했다. 새로 진출하는 사업이 잘될 것처럼 언론에서도 떠들었지만, 실제로는 별 진척이 없었다. 결국 6개월 휴업이 끝나갈 무렵 회사는 휴업을 더 연장할 수밖에 없다고 호소했고, 노동조합은 2000년 임단협을 조기 논의하자고 했다. 그래서 2000년 임금을 10만 원 인상하고, 휴업급여를 70%에서 80%로 상향 조정하고 나머지는 지난 합의와 같은 내용으로 최종 합의했다. 그러다 6월경 회사는 "더 이상의 경영이 어려워 폐업하겠다"고 선언했다. 폐업은 곧 파산을 의미하는 것이었다. 부도 상태에서 화의신청을 해서 화의인가가 나 있는 상황이기에 스스로 폐업신고를 하면 자동파산으로 가기 때문이다.

노동조합에 비상이 걸렸고, 전 조합원이 출근을 했다. 어찌할 것인가 토론이 이어졌다. 회사 측은 우리에게 "지급할 휴업급여도 떨어졌고, 퇴직금 줄 돈도 없다"고 버텼다. 조합원들은 분노했고, 일단 투쟁기금으로 1인당 10만 원씩을 걷어 투쟁을 시작하자고 결의하면서 "투쟁에서 승리해서 꼭 제주도 여행을 함께 가자"고 약속했다. '일방적 폐업 반대'를 요구하며 농성을 시작했으나, 대표이사는 폐업신고를 해버렸다. 그래서 우리는 세 가지 요구를 정리했다.

'회사 매각 시 고용승계, 노조승계, 단협승계', '퇴직금 전액보장', '새로 취업할 때까지의 생계 대책비 보장(평균임금 9개월분)'이 그것이다. 이 세 가지 요구를 정리할 때 많은 토론이 있었다. "퇴직금 줄 돈이 한 푼도 없다"는 회사에 생계 대책비를 요구하는 것이 맞는가를 둘러싸고 조합원들은 "회사가 망한 책임이 사장한테 있는데 열심히 일한 우리만 피해를 보는 것은 말도 안 된다"고 분노했고, 특히 아주머니 조합원들은 "부자는 망해도 3년은 간다고 다 숨겨 놨을 거다"고 이야기하며 두 차례의 토론을 거쳐 요구사항을 정리했던 것이다.

대구에서의 투쟁

솔직히 나는 갑갑했다. 아무리 뒤져도 회사 재산은 모두 가압류되어 있었다. 오죽했으면 회사 마당에 심어져 있는 나무를 캐다 팔면 얼마나 될까 알아봤겠는가. 알아보니 약 3천만 원 정도 된다고 하는데 이미 땅이 가압류되어 있기 때문에 캐다 팔면 절도란다. 결국 투쟁하는 것 이외에는 방법이 없었다. 80여 명의 조합원들이 1박 2일 동안 대구로 가서 갑을그룹 모회사인 갑을방적, (주)갑을 항의 투쟁과 대구백화점·대구역 등지에서 집회 및 가두행진 등을 벌였다. 민주노총 조합원들의 연대에 힘을 얻고 숙소였던 민주노총 사무실에서 우리는 수학여행 온 아이들처럼 밤새 한잠도 안 자고 노래 부르고, 지역 동지들이 서울 올라오는 차에 실어 준 소주 1박스와 안주를 먹고 마시면서 버스 안에서 춤추고 노래 부르며 꼭 승리하자고 결의를 했다.

조합원들은 매일 회사로 출근을 했다. 대표이사와 교섭을 했지만 내용 없이 끝났다. 그런데 누가 시키지도 않았는데 아주머니 조합원들이 사장실로 쫓아가서 멱살잡이를 했다. 나는 조합사무실에 있었고, 조합원들은 나에게 "사장실에 쫓아오지 말라"고 했다. 결국 사장은 조합원들 앞에서 각서를 썼다. '성실하게 8월 말까지 돈을 마련해 오겠다'고. 그리고 증인으로 이사가 서명한 이 각서를 조합원들은 나에게 가져다주었다. 사장은 내가 시킨 것 아니냐며 너무하다고 원망을 하기도 했다. 그러고 나서 사장은 사라졌다. 우리는 갑을그룹 본사가 있는 광화문(현 동아일보 바로 옆 건물) 갑을빌딩으로 갔다. 순식간에 16층까지 전체 조합원이 올라가서 "사장 잡아와라!"고 소리쳤고, 17층 회장실은 이미 문이 굳게 잠겨 있었는데 조합원들이 돌아가면서 발길질과 손으로 문을 흔들어 댔다. 갑을그룹 측은 "경찰을 부르겠다. 업무방해 말라"고 했지만, 귀 기울이는 조합원은 없었다. 아주머니 조합원들의 힘으로 굳게 닫힌 회장실 문이 열리고 말았다. 회장실이 점거당한 것은 갑을그룹 역사상 두번째고, 여성이 점거한 것은 처음이라고 한다. 회장실은 삐까번쩍했고, 로비에는 화려한 대리석이 깔려 있었다. 조합원들은 아주 편안하게 자리를 잡았다. 그곳에 근무하고 있는 비서로 보이는 여직원에게 "회장실에 그동안 열심히 일한 노동자들이 왔으니 마실 거라도 내오라"고 큰소리쳤다. 결국 음료수가 한 순배 돌았다. 회사는 발칵 뒤집혔다. "사장이 어디 있는지도 모르고 우리는 갑을전자와 아무 상관도 없고 오히려 갑을전자 때문에 피해를 봤다"며 억울하다고 오히려 더 큰소리를 쳤다. 우리는 아랑곳하지 않고 노래하고 구호도 외쳤다. 갑을그룹 측에선 별다른 변화를 보이지 않았다. 그랬더니 조합원들은 "저녁으로 자장면을 시키라"고 큰소리들을 친다. 집으로 전화해서는 아저씨들에게 "애들 저녁 잘 챙겨 먹이고, 내일 학교 잘 보내라"고 당부까지 한다. "오늘밤 집에 못 들어간다"고.

이 기세에 놀란 갑을그룹 측에서 사장과 직접 연결시켜 주겠다고 하면서, 대신 회장실에서 철수해 달라고 한다. 나는 알았다고 답했다. 얼마 후 갑을전자 사장과 전화 연결을 해서 나를 바꿔 주었다. 사장은 "아주머니들이 무서워서 못 나왔다"고 하소연한다. 바로 교섭을 하자고 했더니 내일 갑을그룹에서 하자고 한다. 못 이기는 척 수락했다. 그러자 갑을그룹 측에선 약속을 지키라며 회장실에서 철수하라고 했다. 그런데 기세등등한 아주머니 조합원들은 "뭔 소리냐? 우린 못 나간다"며 버텼다. "사장이 약속 안 지키면 어쩔 거냐?"는 것이다. 나는 위원장으로서 아주 곤혹스러웠다. 사측과 약속을 했는데 그냥 버틸 수도 없었고, 이미 밖에는 경찰이 와 있는 상태였다. 그래서 조별토론을 벌였고, 결국 조합원들은 "만약 잘못되면 위원장 책임"이라며 갑을그룹 관계자들이 들으라고 큰소리치며 철수했다.

## 갑을그룹 점거투쟁: 기발하고 활기찬 자발적 투쟁

그리고 다음날, 잊지 못할 9월 1일, 아침에 갑을빌딩으로 갔다. 그런데 이게 웬일인가. 경찰병력이 건물을 뺑뺑 둘러싸고 있는 것이 아닌가! 조합원들은 "이것 보라고, 얘네들이 이런 애들이다. 개네 말을 믿은 우리가 순진한 거"라며 원망 섞인 눈으로 나를 쳐다봤다. 그때부터 우리는 갑을건물을 빙 둘러싸고 "우리가 못 들어가면 다른 사람도 못 들어간다"고 소리치며 농성을 했다. 빈 음료수 캔으로 유리창을 두들겨 대기도 했다. 아무도 건물 안으로 들어가지 못했다. 그때 정보과 형사가 오더니 "외국인은 들여보내자. 국제적 망신 아니냐"고 했다. 그랬더니 아주머니 조합원은 "뭔 소리여, 외국 대사관 주변에 있다고 집회도 못하게 하는데, 우리도 절대 안 돼!" 하는 것 아닌가.

9월이었지만 그날은 바람도 많이 불어 추웠다. 아주머니들은 특성상 화장실에 자주 가야 하는데 2시간 넘게 농성하던 아주머니가 화장실에 가야겠다고 전경에게 비켜 달라고 했다. 그랬더니 전경이 방패를 더 곤추세워 아주머니들을 열 받게 했다. 경찰은 옆 건물인 동아일보사에 가서 볼일을 보라고 했다. 그때 조합원들은 "뭔 소리야! 우리가 피땀 흘려 번 돈으로 세운 우리 건물인데, 내가 왜 다른 회사 건물로 가야 해? 이곳에 갈 거야!" 소리쳤다. 그러나 경찰은 꾸떡도 하지 않았다. 그랬더니 "너네 이러면 나 이곳에서 볼일 볼 거야!" 했다. 그리고 두 분이 하얀 엉덩이를 전경 방패 쪽으로 내밀고 소변을 봐 버렸고, 소변이 전경들 워커 발밑으로 흐르자 전경들은 민망해 고개를 돌렸다. 상황은 더 심각해져 갔고, 경찰은 경고 방송을 했다. "모두 연행하겠다."

긴급하게 간부들을 모아 연행되었을 경우 지침을 내리고 조합원들에게 전달하도록 했다. 그렇게 4시간 정도 흐르는 동안 아무도 밖에서 안으로 들어가지 못했다. 우리는 모두 연행을 각오했지만, 결국 갑을그룹에서 손을 들었다. 조합원들은 로비에 대기하는 것으로 하고 교섭위원만 16층으로 올라오라는 것이다. 그 정도야 우리가 응해 줄 수 있지 하며 동의했고, 모두 건물 안으로 들어갔다. 갑을그룹 로비의 점거농성이 시작된 것이다. 갑을전자 사장과의 교섭이 이뤄졌지만, 내용의 진척은 없었다. 교섭을 시작한 9월 1일부터 3일 동안 아무도 집에 가지 않았다. 조합원들은 로비에서, 사장은 교섭 장소에서.

이틀째 되는 날 밤, 사장이 몰래 건물을 빠져나가다가 사수를 서는 조합원에게 걸렸다. 사장은 신발이 벗겨지도록 냅다 뛰어 달아났고, 조합원들이 뒤쫓아 뛰었다. 광화문에서 종각역까지 뛰어가는데 아주머니 조합원들이 "도둑 잡아라" 소리치며 뛰어서 결국 종각역 부근에서 시민들의 도움으로 사장을 잡아 갑을그룹 건물로 돌아오는 어이없는 일도 있었다. 사장은 갑을그룹 회장의 동생이었는데, 경영자로서의 책임감도 자질도 없는 사람이었다. 우리가 보기에 철부지 같았다. 교섭에서 "형이 도와주지 않아 어떻게 할 수도 없다"고 이야기를 한 적이 있어서 몇몇 아주머니 조합원들이 "그럼 사장님하고 우리하고 함께 싸우자"며 사장 이마에 머리띠를 묶어 주며 "함께 회장에게 요구하러 가자"고 하기도 했다.

갑을그룹은 우리의 일거수일투족을 감시했다. 경비 아저씨가 전화로 "네, 오늘도 사람 수는 똑같고요, 춤추고, 노래하고, 욕하고 그랬습니다"라고 보고하는 걸 조합원이 들을 정도였다. 농성기간 내내 우리의 프로그램은 1시간 투쟁에 30분 휴식이 기본이고, 매일 조별 토론시간이 있었다. 경비 아저씨 보고대로 조별로 노가바<sub></sub>노래가사 바꾸기를 만들어 함께 부르고, 율동 배워서 발표하고 조합원들이 돌아가며 발언하는 프로그램이 대부분이었다. 그리고 상경투쟁 하는 대오가 있으면 쫓아가서 연대하고. 한번은 보람원이라는 청소년수련원 동지들이 상경해서 코오롱자본과 싸우는데, "너무 점잖게 싸운다. 그렇게 해 가지고는 문제 해결 못한다"며 조합원들이 밥그릇 들고 코오롱 매장에 가서 몇 바퀴를 돌아 매장이 발칵 뒤집어지자 "투쟁은 이렇게 하는 거"라며 젊은 보람원 동지들을 가르쳤다. 그리고 며칠 안 돼서 보람원 문제는 타결되었다.

그렇게 투쟁하는 동안 추석이 찾아왔다. 조합원들은 누가 시키지도 않았는데 조별토론에서 추석 준비를 농성장에서 할 수밖에 없다며 함께 제사음식을 준비하자고 했다. 집에 전화 걸어 "송편이랑 전이랑은 이곳에서 만들 거야"라며 준비물을 부르는 등 농성장이 온통 추석 준비하는 걸

조합원들의 밥그릇 투쟁

갑을그룹 로비에서의 연대집회

로 시끌벅적했다. 그 모습을 본 갑을그룹 측은 "농성장을 보장할 테니 추석연휴 쉬고 오세요"라며 사정을 했다. 하지만 조합원들은 "돈이 없어 고향에 못 가요" 하며 이곳에서 추석을 보내야 한다며 큰소리쳤다. 결국 갑을그룹이 교섭을 요청해서 '현금 40만 원 지급, 농성장 보장하겠다'는 합의서를 받고 추석연휴를 쉬기로 결정했다. 연휴를 쉬고 오니 투쟁대오가 더 늘었다. 그동안 결합하지 않았던 조합원들이 함께 투쟁하겠다고 온 것이다. 시간이 지나면서 겉으로 표현은 하지 않았지만 지쳐 가던 조합원들이 힘을 내는 계기가 되었다.

농성하면서 회장집, 사장집에 삼삼오오 찾아갔다. "박○○은 도둑놈! 우리 퇴직금 떼먹었다!" 소리치며 골목을 돌아다니기도 하고, 출입이 엄격한 사장집 주차장에 차가 들어가자 재빠르게 따라 들어가 문을 두드리며 "박○○ 사장님! 나오세요!" 하며 난장을 하기도 했다. 투쟁이 끝나고 나중에 들은 얘기지만, 한번은 골목을 돌다 너무 화장실이 가고 싶은데 화장실이 없어서 종이 깔고 똥을 누어서 봉투에 담아 회장집 담장 안으로 던져 넣기도 했단다.

시간이 가도 회사 측이 반응을 보이지 않자 "조용히 있으면 문제가 풀리지 않는다, 건물 전체에 냄새라도 심하게 나게 해야 한다"며 청국장을 매일 끓여 먹고, 길가에 있는 은행을 한 자루씩 주워 와서 주물러 건물 전체에 구린 냄새가 진동하게 하기도 했다. 이뿐이 아니다. 집행부에 얘기도 안 하고 저녁 먹고 산책한다고 나간 조합원들이 삼삼오오 청와대로 향한 일도 있었다. 투쟁 조끼를 입고 청와대에 가겠다고 하니 당연히 경찰에게 제지를 당했다. 조합원들이 일주일 넘게 그리했던 모양이다. 한번은 정보과 형사와 조합원들이 함께 왔다. 뭔 일이냐고 물으니 매일 저녁에 조끼 입고 청와대 간다고 해서 전경들이 애를 먹고 있다며 계속 그러면 연행하겠다고 협박을 하고 돌아갔다. 이렇게 조합원들은 공식적인 투쟁 일정 외에도 그들 스스로 다양한 방법으로 일상의 투쟁을 만들어 냈다.

그러던 중 회사 측에서 "위로금 3억 안을 내놓을 테니, 이것을 수용하지 않으면 안 자체를 백지화하겠다"고 나왔다. 아무런 안도 나올 것 같지 않았는데 우리가 요구한 것에 비하면 턱없이 부족했지만 마음이 흔들릴 수 있는 안이었다. 간부토론에서는 수용할 수 없다고 결정했다. 하지만 이것은 간부들만이 결정할 수 있는 문제는 아니었다. 조합원 모두가 흔쾌하게 동의할 때 투쟁을 힘차게 전개할 수 있기 때문이다. 조별토론을 벌였다. 예상대로 "부족하지만 언제까지 투쟁할 거냐? 그 정도라도 받아야 하는 것 아니냐"는 의견도 있었다. 일단 간부들은 간부토론에서 결정한 것만 보고하고 조별토론에서는 발언을 자제토록 했다. 목소리가 높아지기도 하고, 한숨소리가 들리기도 했다. 이런 우리의 모습을 회사 측이 지켜보고 있었고, 긴 시간의 토론이 종결되었다. 7개조 토론 결과가 모두 같았다.

"우린 거지가 아니다. 그동안 우린 뼈 빠지게 일했고, 경영진들이 회사를 말아먹었다. 그 모든 책임은 회사 측이 져야 한다. 그런데 요구에 전혀 못 미치는 3억을 겨우 안이라고 내놓으면서 수용하지 않으면 백지화하겠다는 것은 우릴 협박하는 것이다."

그래서 3억 안을 거부하고 다시 처음으로 돌아가 싸우겠다며 결의를 모았다. 그동안의 과정도 나에게는 감동의 연속이었지만, 그날 그 결정을 나는 잊을 수 없다.

회사의 안을 거부하고 우리는 위원장과 간부들이 삭발할 것을 결의했다. 미혼인 여성 간부 3인이 삭발을 결의했는데, 아주머니 간부 한 분도 하겠다며 나섰다. 또 조합원들 중에서도 삭발을 하겠다고 나섰다. "왜 간부들만 하냐?"고. 이 소식에 갑을그룹 측은 3억 안을 수용하지 않으면 백지화하겠다는 것이 아니라며 해명을 하기에 이르렀다. 그래서 삭발 전술은 하지 않기로 결정했다. 매일 즐겁게 웃고 떠들며 노래 부르고 욕하고……. 어찌 보면 그것이 제일로 큰 힘이었던 것 같다. 현대중기 아저씨들의 투쟁 영상을 보고 "우리는 그리 오래 못 싸워~" 했던 분들이 155일간이나 치열하게 투쟁했다. 그리고 결국 승리했다.

10월 그날도 최소한의 조합원만 남고 아셈ASEM; 아시아-유럽정상회의투쟁을 하러 강남으로 갔다. 뱅뱅사거리에서 전경들에게 시위대가 엄청 깨지던 날! 깨지고 쫓기며 그래도 투쟁을 지속하고 있는데 사장으로부터 전화가 왔다. "급히 만나자"고. "뭔 일이냐"고 묻자, "문제 해결할 안을 제시하려 하는데 먼저 독대를 했으면 좋겠다"고 했다. 그래서 조합원들에게 의견을 물었다. "이곳 상황도 안 좋은데 사장이 자꾸 보자고 한다"고 하니까 조합원들이 벌떼처럼 한목소리로 "이곳은 우리가 지킬 테니 걱정하지 말고 사장을 만나고 와요" 한다. 조합원들의 의견에 따라 사장을 만났고 안을 제출받았다. 우리가 제시한 것보다는 후퇴된 안이지만 회사 나름대로는 결단해서 제출하는 안이었다. 약간의 수정을 요구했고 조합원들의 의견을 수렴해서 다시 교섭을 재개할 것을 약속했다.

일단 간부들의 의견을 모았다. 한두 사람의 이견이 있었지만, "100%는 아니지만 수용할 수 있을 것 같다"는 판단이었고 전체 조합원 의견을 물어 다음의 내용으로 최종 합의하였다.

"갑을전자 명의로 회사 매각 시 고용승계, 단협승계, 노조승계, 사장 개인 이름으로 생계대책비와 파산 시 퇴직금 법정소송을 위한 변호사비, 1인 1년간 상근비, 파업농성 기간의 임금 2개월분 지급, 갑을그룹 명의로 합의서 완전이행까지 농성장 및 농성대오 식사 보장."

2000년 12월, 투쟁을 마치고 함께한 조합원 제주도여행(셋째줄 왼쪽 첫번째가 필자)

합의서를 쓰고 나서 투쟁을 시작할 때 약속했던 전 조합원 제주도 여행을 다녀왔다. 숙소 앞에서 서로 어깨를 부둥켜안고 '늙은 노동자의 노래'를 부르며 눈물을 흘렸다. 승리했지만, 돌아갈 현장이 없는 설움! 승리보고대회 때도 우리는 많은 눈물을 흘렸고, 연대단위 동지들에게 약속했다. "다시 현장으로 돌아가 노조가 없는 곳엔 노조를 만들고, 노조가 있는 곳에선 노동조합 활동을 열심히 하겠다"고······.

조합원들은 새로운 일터를 찾아 삼삼오오 다니기도 했고, 서로 정보를 공유하며 취업하려 안간힘을 썼지만 쉽지 않았다. 아주머니 조합원들은 1년 여의 시간을 보내며 간신히 일자리를 구하긴 했지만, 영세한 제조현장, 건물 청소, 식당 등에서 일하며 어렵게 살림을 꾸려가야 했다. 젊은 조합원들은 그나마 규모가 있는 사업장에 취업하기도 했고, 몇몇 조합원은 새로운 일터에서 노조건설에 참여하기도 했다. 그러나 아쉽게도 노조가 깨지는 과정에서 아픔을 겪고 떠나기도 했다.

## 황당한 국가보안법 구속

나는 갑을 측과 합의서 이행완료 후 파산에 따른 법적 대응을 맡아 완전히 마무리할 때까지 상근을 하면서, 동시에 금속연맹 서울본부 부본부장을 맡아 활동을 하였다. 보통 회사 파산에 따른 경매가 짧게는 1년 길게는 수년 걸린다고 했는데, 다행히 갑을은 1년 만에 경매가 완료되었다. 상근하던 1년의 시간은 나에게는 또 다른 경험을 하게 한 소중한 기간이면서도, 분노와 억울함의 시간이기도 했다.

2001년 대우자동차 정리해고 투쟁이 치열하게 전개될 때 갑을조합원들과 함께 파업현장에 지지방문을 가서 열심히 함께 투쟁했다. 또 부본부장으로 신규사업장 교육, 상담, 투쟁전술 등을 함께 짜기도 하면서 새로운 사람들을 만났고 투쟁을 함께하는 기쁨도 있었다. 그러나 더 많은 도움을 동지들에게 주지 못해 내 자신이 답답하게 느껴질 때도 있어 '더 많이 고민하고 공부해야겠구나' 스스로 자각하는 시간이기도 했다.

그렇게 바쁘게 지내던 어느 날 새벽, 아침 선전전을 하기 위해 일찍 집에서 나와 조합차량인 다마스 운전석 문을 열려던 찰나, 갑자기 시커먼 남자 대여섯 명이 나를 둘러싸고 차에서 움직이지 못하게 몸으로 짓눌렀다. 나는 너무 놀라서 소리쳤고 그들은 나에게 조용히 하라며 "우린 경찰이다, 국가보안법 위반으로 연행하겠다"고 하는 것이 아닌가! 주변을 돌아봐도 나를 구해 줄 사람은 없었다. 그들이 경찰이라고 말하는 순간 국가보안법 위반이라는 어마어마한 얘기에도 나는 "아! 다행이다, 새우잡이 인신매매범은 아닌가 보다"고 생각했다. 어찌 보면 엉뚱할지 모르겠지만 당시 인신매매 이야기가 많이 나오고 있던 터라 그런 생각을 한 것 같다. 그래도 인신매매보다는 경찰이 낫다고 생각한 건 나의 생사를 경찰 측에는 확인할 수 있을 것 같아서였다. 그렇게 한숨 돌리고 나서 나는 경찰에게 강제연행하는 것에 대하여 항의했다. 그렇게 황당하게 연행한 후 경찰은 집으로 나를 끌고 가서 집안을 뒤져 책, 선전물, 하물며 기타반 악보자료집까지 몽땅 압수해서 홍제동 대공분실로 끌고 갔다.

책에서만 읽고, 선배들에게만 들었던 곳. 홍제동 건물 안으로 들어가니 복도에 죽 문들이 늘어서 있는데, 그 중 한 방으로 나를 데리고 들어갔다. 나는 마음이 조금 놓였다. 3평 남짓한 공간에 욕조를 떼어 낸 흔적이 역력히 보이는 빈 공간과 바로 옆에 변기통과 세면대, 그리고 간이침대가 놓여 있었기 때문이다. '아~ 그래도 물고문은 안 당하겠구나, 다행이다' 생각했다.

약간의 두려움이 수그러드니 억울한 마음이 더욱 밀려왔다. 도대체 나를 왜 이곳에 데리고 온 건지. 조금 있으니 지역 동지들의 목소리가 들려왔다. 10여 명의 동지들이 연행되어 왔고, 그들이 항의하는 목소리가 복도에서 쩌렁쩌렁 울린다. 그 소리를 들으니 마음 한편이 또 놓인다. 사람 마음이라는 것이 참……

그들은 거의 이틀을 잠재우지 않고 조사했다. 조사의 주요 내용은 부본부장으로서의 내 역할에 관한 것이었다. 주로 누구를 만나 어떤 활동을 했는지, 대우자동차 투쟁 때 폭력시위를 주도했는지 등이었다. 함께 연행당해 온 동지들과의 통화기록을 가져와서 마치 대우자동차 투쟁 때 폭력시위를 주도한 것처럼 몰아가고 있었다. 연행되어 온 사람들 다수가 노동조합의 간부였다. 그들은 노조간부들이 이적단체에 가입하여 불온한 사상을 가지고 민주노총이 불법시위를 하도록 유도하고 있고, 그 결과 폭력투쟁이 확산되고 있다는 그림을 그리고 우리를 연행했던 것이다. 그들이 이런 무리한 수사를 한 것은 국민의 정부 들어서서 건수가 별로 없어 홍제동 사람들의 고용이 매우 불안했기 때문이란다. 어떻게든 건수를 만들어 고용을 유지하려고 했다는 후문이 있었다.

그들은 단체사무실에서 나온 자료를 들먹이며 자료집 중 "하나는 전체를 위해, 전체는 하나를 위해"라는 문구가 있다며 북한의 헌법쯤 되는 강령에 있는 내용이라며 이적단체라고 몰았다. 당시 이적단체라고 지목당한 '서울민주노동자회'는 노조간부, 조합원들이 회사가 없어지더라도 지속적으로 활동할 수 있도록 하자는 취지에서 만들어진 단체였다. 그때는 회사가 해외로 이전하거나 부도로 없어지는 곳이 많아서 그곳에서 활동하던 노조간부나 조합원들은 뿔뿔이 흩어지게 되어 활동을 지속적으로 할 수 없는 상황이었다. 그래서 회사는 없어지더라도 사람은 남길 수 있도록 하자는 취지에서 만든 단체였다.

경험이 없던 나는 조사를 받으면서 억울한 마음에 "나의 활동은 정당하다. 북을 찬양한 바도 없었고 북한의 헌법과 강령이 어떤 것인지 나는 알지 못한다. 나는 노동자로서 우리의 권리를 찾기 위한 활동을 했을 뿐이다"라고 항변했다. 하지만 그들은 말한 그대로 조서를 쓰지 않았다. 이미 짜여진 틀에 내가 하는 이야기 중 구미에 맞는 것만 추가하는 것이었다. 아! 이렇게 얘기해선 안 되겠구나 싶어서 3일째부터 나는 아무 말을 하지 않았고, 마지막까지 냉랭했던 나에게 형사는 "학생들은 마지막에는 친해져서 안타까운 마음도 있는데 너네는 진짜 정이 안 간다"며 쏘아붙였다. 홍제동에서 조사받고 잠은 경찰 유치장에서 잤는데 유치장에 가는 것이 꼭 우리집 가는 것마냥 마음이 편했다. 우리가 홍제동에서 조사를 받는 동안 지역동지들, 가족들, 갑을조합원이나 노동조합 동지들이 홍제동에 와서 항의시위를 하였다. 조직사건에 항의시위를 공개적으로 한 것은 처음이라고 한다. 그렇게 싸웠지만 결국 기소되어 구속되었고, 나는 3개월 만에 집행유예로 출소하였다. 출소한 뒤 얼마 동안은 주변을 두리번거리는 버릇이 생겼다. 누군가 불쑥 나를 덮칠 것 같은 불안감 때문이었다. 그렇게 1년의 시간을 보내고 '갑을 파산'이 완전히 마무리된 후, 나는 새로운 일터를 찾았다.

## 4. 비정규직 노동자, 노동조합을 만들다

### 아무도 눈길을 주지 않는 현장

매일 생활정보지를 뒤졌다. 경기가 어려운지 사람 뽑는 곳이 별로 없었다. 그러다가 눈에 들어온 곳이 '휴먼닷컴'이다. 다른 곳은 아주 작게 광고를 내는데, 휴먼닷컴은 크게 광고를 내서 좀 큰 회사인가 보다라는 생각이 들었다. 이왕이면 큰 회사를 가야지 하고 휴먼닷컴에 이력서를 내러 갔는데 파견회사였다. 몇 군데 회사를 찍어 주며 "어느 회사를 갈 거냐"고 물었다. 나는 "어느 회사가 더 좋으냐"고 되물었고, 휴먼닷컴에서는 기륭전자를 추천하며 "6개월 일하면 정규직 전환을 시켜 준다"고 했다. 다른 회사보다 월급은 좀 작았지만 규모도 크고 정규직 전환을 해준다는 이야기에 기륭전자를 선택했다. 그리고 바로 다음날 휴먼닷컴 사무실에서 아르바이트생 몇 명과 함께 차에 실려 기륭전자에 왔다. 총무차장(현 총무이사)과 생산과장이 함께 면접을 봤고, 셋톱박스라인 검사공정으로 배치해 주었다.

새로운 현장에서 일하는 것이라 약간의 두려움과 설레는 마음이 있었다. 잘할 수 있을까, 사람들은 어떨까, 혼자 밥 먹는 거 싫은데 같이 밥 먹을 사람은 있을까 등등. 기륭전자 생산현장은 마치 미로처럼 복잡했다. 잘 못 갔다가는 길을 잃기 십상이었다. 생산과장이 반장을 부르고 나는 반장에 이끌려 셋톱박스라인 검사 자리로 갔다. 컨베이어 벨트 위에 제품이 떠내려 오면 검사를 하고 다음 공정으로 보내는 것이 내 일이었다. 사람들이 컨베이어 앞에 죽 앉아 있다. 반장이 작업에 대한 설명을 짧게 하고 간 후 아무도 나에게 말을 걸지도 않고, 눈길을 주지도 않는다. 속으로 '뭐 이런 데가 다 있나' 싶었다. 그러다 점심시간이 되었는데 사람들이 무엇에 홀린 것처럼 모두 한꺼번에 후다닥 뛰어간다. 식당이 어디인지도 모르는 나는 너무나 난감했다. 그때 한 아주머니가 오더니 "함께 밥 먹으러 가자"고 한다. 어찌나 고맙던지~. 그렇게 밥을 먹으러 3층 식당에 가니 사람들이 왜 그렇게 살벌하게 뛰어갔는지 알겠다. 사무실 직원들과 생산직 직원들이 줄을 늘이고 서 있다. 늦게 올라간 나는 10분을 넘게 기다려서 밥을 먹었다. 함께 간 아주머니가 같이 밥을 먹는 팀이 있는데 내가 끼어서 불편한 기색을 하여 중간에 자리를 옮길 수도 없고 엄청 난감했다. 살다가 이런 기분, 상황은 처음이었다. 그렇게 기륭에서 일을 시작한 후 3일 동안은 거의 혼자 지내다시피 했다. 거기에 컨베이어 벨트를 타 보지 않은 내가 꼬박 10시간이나 앉아서 일을 하니 입에서 단내가 날 정도로 힘들었다.

3일이 지나자 그때서야 주변 동료들이 말을 시켰다. 내가 일하는 라인은 정규직이 상대적으로 많은 부서였다. 그러다 보니 파견노동자들이 와서 3일을 못 버티고 그만두는 경우가 많아 아예 마음 곁을 주지 않는단다. 기륭전자에서는 노동자들이 정규직, 계약직, 파견직, 아르바이트, 고3 실습생 등 다양한 고용형태로 일을 한다. 같은 라인에 앉아 똑같이 일하는데 고용형태에 따라 월급도 다르고 처우도 다르고 인격도 달라진다. 관리자들은 파견노동자들이 인사하면 대꾸도 하지 않고, 정규직이 인사하면 농담을 하면서 대하는 태도부터가 다르다. 그러다 보니 함께 일하면서도 서로 서먹하고 끼리끼리만 어울린다. 시간이 지나면서 표정도 어둡고 무척 살벌하게 느껴졌던 동료들과 말도 트고 친해졌다. 그 중에는 예전에 갑을전자를 다녔던 분도 있었다. 공장 이전 과정에서 퇴사하신 분이있다. 사람들과 이야기할 때 늘 갑을전자 시절이 좋았다며 자랑이셨다. 당연히 그럴 수밖에! 거기는 노조가 있었고, 열심히 활동했던 많은 간부들과 조합원들이 있었으니.

서로 경계하며 정규직, 계약직, 파견직이 함께 일하던 우리 부서는 어느새 서로 경계를 풀고 친해졌다. 그렇게 되기까지 몇 번의 계기가 있었다. 한번은 한 계약직 아주머니가 부친상을 당하셨다. 그런데 아무도 관심을 갖지 않았다. 같이 생활하면서 경조사 챙기는 것은 기본인데 기륭 현장은 그것이 무너져 있었다. 정규직만 상조회가 있어 그들만 챙긴다. 그래서 제일 오래 근무한 정규직 친구에게 이야기해서 "5천 원이라도 걷어서 문상을 가자"고 제안했다. 그 친구는 흔쾌히 좋다고 하며 라인 사람들에게 이야기했고 모두 돈을 냈다. 나를 포함해 3명이 문상을 가기로 하니 반장도 외면할 수가 없는지 돈을 내고 함께 문상을 갔다. 생산라인 노동자의 경조사를 챙기는 것은 아주 드문 일이란다.

또 어느 날 아주 기막힌 사건이 일어났다. 정규직의 임금은 월급제여서 지각이나 조퇴 등을 했을 경우 임금공제를 하지 못한다. 그러니 조퇴나 지각의 경우 반차를 쓰게 한다. 그런데 짧은 시간 지각은 보통 반차를 쓰지 않는데, 회사 측에서 시간과 상관없이 3번 이상 지각하면 상여금 10만 원을 공제하고, 3번 이상 조퇴를 하면 30만 원을 공제해 버린 것이다. 공지

현장 동료들과 함께(왼쪽에서 두번째)

도 없이. 우리 라인에서도 두 명이나 상여금 공제를 당했다. 난리가 났고, 우리가 할 수 있는 항의라고는 잔업을 거부하는 것뿐이었다. 한 친구가 와서 "잔업을 거부해야 하는 것 아니냐"고 나에게 말했다. 당연한 일이지만 나는 고민이 되었다. 입사한 지 3개월밖에 안 됐는데 혹시 잘못되지나 않을까 우려스러웠다. 하지만 그렇다고 해서 피해 갈 수 있는 문제는 아니라고 판단했고 "잔업 거부하고 회식이나 가자"고 이야기했다. 그런데 그 친구는 "너가 나서서 이야기 좀 해 달라"고 하는 것이 아닌가. "나는 근속이 너무 짧아 적당하지 않으니 제일 오래 근무한 사람이 이야기하는 게 좋겠다"고 의견을 냈다. 결국 근속 10년차인 정규직 친구가 제안하는 형식으로 하고, 파견직은 상여금이 한 푼도 없지만 우리는 마음을 모아 잘못된 것에 항의하며 모두가 잔업을 하지 않고 회식을 하기로 했다. 라인 사람들의 자발적인 회식은 처음이라고 하며 모두들 너무 즐거워했다. 회식을 하며 회사의 잘못된 것에 대한 성토대회가 이어졌고, "앞으로 우리끼리 잘해 보자"며 의기투합도 했다. "신입사원이 오면 예전에 나처럼 3일 동안 말 한마디 안 시키고, 식당이 어딘지 몰라 밥도 못 먹게 하지 말고 잘해 주자"고 너스레를 떨며 이야기해서 "신입사원 오면 환영회도 해주자"고 입을 모았다.

## 강화되는 노동강도, 물갈이 해고

3개월이 지나고 계약직으로 전환이 되었다. 그때는 대부분의 노동자들이 정규직으로 일하다가 회사가 이전하거나 망하거나 해서 다시 재취업을 하는 분들이 많았다. 그러다 보니 똑같이 일하는데 월급 차이가 날 뿐 아니라 상여금도 없고 회사 측의 비인간적인 대우의 심각성을 많이 느끼고, 다른 곳을 찾아 떠나는 이들이 많아 이직률이 높았다. 그래서 계약직 전환을 빨리 시켜 주었다. 하지만 그것도 잠시, 2002년 12월이 넘어가면서 공단 내에 파견업체를 통하지 않고는 취업이 어려운 상황이어서 어디를 가나 파견으로 가야 하는 상황이었다.

그러다 보니 기륭전자도 3개월에서 늦어도 6개월이면 계약직 전환을 시켜 주었는데, 1년이 넘어가도 계약직 전환을 해주지 않고, 오히려 계약직 전환을 빌미로 노동강도는 더욱 강화되었다. 또 현장에는 눈에 보이지 않게 해고가 일상적으로 일어나고 있었다. 우리 부서에서도 한 사람이 해고되었다. 생산직 전체가 아침 조회를 한 번씩 할 때마다 인원이 고무줄처럼 늘었다 줄었다 하는 것을 확인할 수 있었다. 입사 초기에 생산라인 조회를 하면 약 50여 명이 모였는데, 11월 즈음에는 조회에 모여 있는 사람이 100여 명이 되었다. 하지만 2003년 1월 조회에는 다시 50여 명으로 줄어 있었다. 회사는 일감이 약간만 줄어도 알바생, 실습생, 파견직 노동자를 우선적으로 해고했다. 이렇게 생산직 노동자들의 수가 들쭉날쭉하더니 "위성라디오가 대박이 났다"는 소문과 함께 2003년에는 거의 매일 신입사원이 들어왔다. 물론 파견직이었다. 그렇게 생산직 노동자들이 늘어나서 약 300여 명이 되었다. 회사에서는 노동자들이 경쟁하도록 부추기고 뭐든 시키는 대로 하게 하며 계약직 전환을 선별적으로 시행하였다. 그렇게 회사는 노동자들을 거의 노예처럼 취급했고, 우리 부서를 제외한 모든 부서는 대부분 파견직이고 신입사원이 많아 조·반장 의지대로 쉽게 통제가 되었다. 그러나 우리 부서는 정규직과 계약직이 다른 부서보다 많고 평균 근속기간도 길어 문제가 있으면 항의도 하고, 시키는 대로 하지 않아 회사의 눈엣가시였다.

기룡전자는 매일 2시간 고정 잔업을 한다. 가끔 부품이 없어 잔업이 취소되는 경우도 있다. 그런데 반장이나 관리자들이 우리를 골탕 먹이려고 일부러 잔업을 시키고 중간에 집에 가라며 잔업을 취소한 적이 있었다. 우리는 집에 못 간다고 항의했지만 결국 퇴근할 수밖에 없었다. 그후 뻔히 부품이 없어 일거리가 없는데 무리하게 잔업을 시킨 경우가 있어 두어 번 잔업을 거부하고 우리끼리 회식을 하러 간 적이 있다. 그렇게 반장과 껄끄럽게 지내던 어느 날, 우리 부서에 부품이 떨어져 부서원 모두 다른 부서로 지원을 나갔는데 그날도 무리하게 잔업을 하라고 해서 우리는 모두 잔업을 하지 않고 저녁을 함께 먹기로 했다. 그런데 조장을 통해 나만 빼고 모두에게 "잔업 거부를 하면 해고시키겠다"고 협박을 했다. 다들 겁을 먹었고 나를 포함해 3명만 잔업을 하지 않고 밥 먹으러 간 일이 있었다. 그 무렵 갑을전자에 다녔던 아주머니가 나에게 "위에서 주시하고 있으니 조심하라"고 일러 주셨다. 그 일이 있고 나서 단합이 잘되던 우리 부서에서 반 이상을 다른 부서로 보내겠다는 명단 발표가 있었다. 사람들이 모두 열 받아서 반장에게 "너무한 거 아니냐?"며 항의했다. 한 친구는 회사를 그만 두겠다고까지 하였다. "이렇게 찍혀서 다른 부서로 가면 거기서 어떻게 일 을 할 수 있겠냐?"는 거다. 명단 발표가 있던 날, 우리 부서원은 모두 회식 을 하러 갔고, "회사를 그만두면 지는 거다. 더 악착같이 서로 도와서 일하 자"고 부흥회를 했다. 사실 나는 속으론 기뻤다. 왜냐하면 우리 부서는 기 존 생산품을 만들기 때문에 주력이 아니어서 약 20여 명의 고정된 인원이 고립되어서 일을 했기 때문에 신입사원이 엄청 늘었는데도 우리는 다른 부서 사람들을 잘 몰랐다. 그래서 비록 찍혀서 부서이동을 당하는 거지만, 더 많은 새로운 사람들과 사귈 수 있는 기회가 온 것이다.

　　부서이동 당해서 온 우리는 모두 찢어져 각기 다른 라인으로 배치되 었다. 위성라디오 부서는 한 공간에 조립라인 5개가 배치되어 있고, 바로 옆에 칸막이를 치고 포장라인이 두 개 있어서 같은 공간에서 일하는 것과 같았다. 잔업시간에는 다른 라인으로 이동해서 일을 하는 경우가 많아서 두루두루 사람들과 친해질 수 있어서 좋았다. 그런데 셋톱박스 부서보다 는 노동강도도 높고 비인격적인 언행도 너무 심각했다. 해고 또한 일상적 으로 벌어졌다. 주말을 쉬고 와서 월요일에 옆자리 동료가 보이지 않으면 '해고됐나 보다' 하며 가슴을 쓸어내리는 일이 많았다. 기륭은 해고자 명 단을 조·반장이 적어서 낸다. 계약직 전환도 마찬가지로 조·반장이 적어 서 낸다. 그러다 보니 조·반장은 거의 하늘이다. 잘못된 업무지시에도 말 한마디 하지 못한다. 쉬는 시간이면 간식거리가 조·반장 책상 위에 수북 이 쌓이고, 명절이면 선물이 넘쳐난다. 혹시 일 못한다고 해고될까 두려워 쉬는 시간에도 쉬지 않고 일하는 사람들이 있다. 그러면 여지없이 다음 공정 사람과 다툼이 되기도 한다.

상대적으로 근속연수가 긴 나는 사람들이 필요한 것들을 조·반장에게 요구해서 받아주기도 하고, 옆 동료들의 일을 도와주기도 했다. 너무 심한 경우 한마디 하며, "해도 해도 너무한 것 아니냐"고 조장과 다투기도 했다. 하도 큰소리 치면서 일을 해서, 나중에 들은 이야기지만, 사람들은 내가 정규직인 줄 알았단다. 부서이동한 지 몇 개월 지나서 반장에게 '유티'직을 맡을 것을 권유받았다. 유티는 다른 회사의 조장 같은 위치였다. 기륭전자는 규모에 비해 관리직 사원이 적었다. 생산직 300명에 생산과장 한 명, 반장 둘 그리고 부서별로 조장이 한 명씩 있고, 부서 생산인원에 비례하여 라인을 관리하는 유티라는 직책이 있다. 알고 보니 나뿐만이 아니라 셋톱박스 부서에서 부서이동 당한 정규직과 계약직에게 유티를 맡을 것을 권유했고, 못한다고 한 사람에게는 강압적으로 맡겼다고 했다. 그 까닭은 "너희들도 관리자로 일하면 우리와 똑같다. 괜히 착한 척, 잘난 척 하지 말라"는 뜻이었다.

나는 A/S라인 유티를 맡았다. 나와 함께 유티를 맡게 된 친구들과 "라인 관리를 사람들 구박하지 않고도 잘할 수 있다는 것을 보여 주자. 어려움이 있으면 함께 얘기해서 풀어 나가자"고 했다. 사람들이 조금이라도 마음 편하게 일할 수 있도록 서로 도우며 일했고, 라인 회식을 경쟁적으로 하기도 했다. 좋은 곳 있으면 소개해서 다른 라인 사람들도 회식을 하게 했다. 때로는 조인트 회식을 했다. 우리가 유티를 하면서 라인 분위기는 많이 좋아졌다.

그러던 중 내가 맡고 있던 A/S라인을 2층 창고 같은 곳으로 옮겼다.

그리고 그들이 봤을 때 일을 잘 못할 것 같은 사람, 지각하는 사람, 오래 근무하고 친하게 지내서 그들이 잘 통제하기 어려운 사람들을 A/S라인으로 보냈다. 마치 유배당한 느낌이 들었다. 라인 사람들도 모두 같은 마음이었다. 하지만 그런 마음들을 단합하게 하여 서로 도우며 일하도록 만드는 계기가 되기도 했다.

우리가 맡은 라인은 한동안 해고자가 없었다. 우리가 해고자 명단을 올리지 않기 때문이다. 물론 나한테는 명단 올리라는 말도 하지 않았다. 그런데 나중에 끝까지 함께 투쟁한 화숙이한테 반장이 "해고 명단을 올리라"고 하자 "해고시킬 사람 없다"고 하니까 "뻣뻣한 사람이라도 적어 내라"고 하는 어이없는 일도 있었다. 시간이 좀 지나자 우리에게 아무 이야기도 없이 조·반장 선에서 해고자 명단이 작성되었다. 우리 라인은 나에게 말도 없이 한 사람을 해고시켜서 조·반장하고 싸우기도 했다. 하지만 해고를 돌이킬 수는 없었다. 매일 아침 조회시간에 회사는 "실업자가 정문 앞에 줄 서 있다", "영원한 정규직도 영원한 계약직도 없다"며 말 잘 들으라고 소리쳤다.

### 덕순이의 출산휴가

2004년 말 정규직인 덕순이가 출산을 앞두고 있었다. 임신 초기 출산휴가를 보내줄 수 있다고 했던 총무과에서 만삭이 된 덕순이에게 퇴사할 것을 요구했다. 아이 낳고 다시 오면 특별히 600% 상여금을 지급하는 계약직을 시켜 주겠다고 했다. 나는 덕순이와 그리 친한 사이가 아니었는데, 이숙 아줌마가 나에게 상담을 해왔다. "잘 이야기해서 출산휴가를 다녀올 수 있도록 하자. 왜 정규직을 비정규직으로 만드냐?"는 것이다. 이숙 아줌마는

90년대 초 대성전기 노조 결성 때 조합원으로 있던 분이다. 그래서 나는 이숙 아줌마와 함께 덕순이를 만났고 "출산휴가는 법으로 보장되어 있으니 걱정하지 말고 휴가를 다녀오라"고 했다. 덕순이는 회사의 압력을 걱정하면서도 "사직서를 내지 않겠다"고 했다. 출산일을 보름 정도 앞두고 출산휴가서를 회사에 내고 휴가에 들어간 덕순이에게 총무차장은 "일단 회사에 다시 나와서 이야기하자"고 했지만 덕순이는 "몸도 안 좋고 더 할 이야기가 없다"고 했다. 그러자 총무차장과 생산과장, 조·반장 등 그동안 친하게 지냈던 사람들이 전화로 압박을 하기 시작했다. 하루에도 몇 통씩 전화를 해대서 덕순이는 무척 괴로워했다. 그런 덕순이에게 스트레스 많이 받으면 아이에게 좋지 않으니 아예 전화기를 꺼놓으라고 했다. 회사가 해고는 할 수 없으니 너무 걱정하지 말라고. 이런 우여곡절 끝에 덕순이는 무사히 출산휴가를 다녀왔다.

하지만 유티였던 덕순이는 유티직 박탈뿐만 아니라 내가 있는 라인으로 부서이동을 당했다. 그리고 덕순이의 출산휴가를 빌미로 1년씩 계약하던 계약직 여성노동자들을 미혼인 경우 6개월 계약, 갓 결혼한 신혼인 경우 3개월 계약, 아이 낳을 가능성이 없는 경우 1년 계약을 하면서 그 책임을 덕순이에게 돌렸다. 어떤 이는 덕순이를 원망하기도 하고, 또 어떤 이는 회사가 정말 치사하다고 욕하기도 했다. 나 역시 결혼을 하지 않았다는 이유로 6개월 계약을 해야 했고, 선기라는 친구는 사내커플이었는데 결혼한 지 얼마 되지 않았다고 3개월 계약을 해야 했다. 그 친구는 아무리 생각해도 회사가 너무 한다며 결국 회사를 그만두었다.

이즈음 회사는 정규직 몇몇에 대하여 '뺑뺑이'를 돌렸다. 시키는 대로 말을 잘 듣지 않는다는 것이 그 이유였다. 몇 명 되지도 않는 정규직을 퇴

사시키고 통제도 수월하고 임금도 적게 주는 비정규직으로 몽땅 채우려
는 속셈이었다. 이렇게 기륭전자는 비정규직뿐만 아니라 정규직들도 버
티지 못하게 하고 있었다. 정규직, 비정규직 모두 원성이 높아 갔다.

**잊지 못할 설레임! 노동조합을 결성하다**

그러던 중 2005년 4월 이미 일상적 물갈이 해고가 빈번하게 있었지만, 더
충격적인 해고가 있었다. 그전에는 물갈이 해고를 해도 너무한다고 생각
들은 했지만, 해고당한 사람들이 일을 좀 잘 못했다거나, 가끔 지각을 했
다거나, 잔업을 좀 빼먹었다거나 하는 이유가 있어 해고당했을 거라 생각
했다. 그래서 '나는 아니겠지'란 마음들이 다들 있었다. 그런데 4월 말 해
고자들 중 1년을 근무한 한 아주머니는 잔업·특근을 빼먹은 적도 없고, 제
일 힘든 '암실' 공정 일을 하면서 일 잘한다고 인정받던 분이었는데, 해고
를 당한 것이다. 또 입사한 지 얼마 되지는 않았지만 라인에서 빠릿빠릿하
게 일 잘하던 사람들이 핸드폰 문자로 '내일부터 출근하지 마시오'라는 해
고통보를 받았고 해고당한 이들이 회사에 문제를 제기하면서 며칠간 출
근을 하는 것을 보았다. 이런 모습을 보면서 '해고가 남의 일이 아니구나',
'나도 해고당할 수 있겠구나' 하는 생각들을 하기 시작했다. "회사가 해도
해도 너무한다"며 분위기가 술렁였다. "누군가 총대를 메면 좋겠다"는 이
야기들을 했다. 사람들은 주변에서 들은 경험으로 노조가 있으면 이런 해
고사태는 막을 수 있다고 생각한 것 같다.

　　대부분이 비정규직인데 노조를 만들자고 하면 사람들이 함께할까?
말은 누군가 총대를 메면 좋겠다고 하지만 실제 노조를 만들자고 하면 부
담스러워 피하지 않을까? 괜히 말만 꺼내고 깨지는 것은 아닐까? 나는 많

은 고민이 들었다. 하지만 회사가 너무한
상황에서 정말 안 되면 나 혼자라도 깃발
을 꽂고 파견문제에 대해서 폭로라도 해
야겠다고 생각했다. 고민 끝에 나와 친하
게 지냈던 사람들을 개별로 만나 "노동조
합을 만들어 보자"고 제안했다.

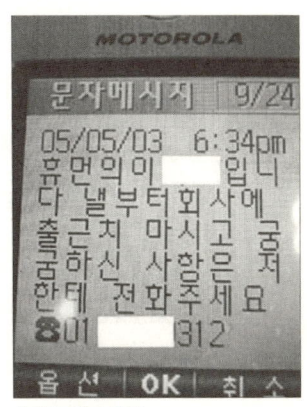
휴대폰 해고 문자

10명에게 제안했는데 10명 모두 아
주 흔쾌히 동의했다. "이 회사에는 정말 노
조가 필요해!" 하면서. 5월 들어 10명이
모두 모여 앞으로 어떻게 해나갈 것인지 이야기할 자리가 필요했다. 하지
만 각자 부서와 라인이 달라 다함께 모이기가 어려운 상황이었는데, 마침
5월 중순 무렵 회사 야유회가 잡혔고, 우리는 야유회가 끝나고 모이기로
했다. 10명 중에는 서로 모르는 사람도 있지만 노조를 함께 만든다는 것에
신뢰감이 기본적으로 깔려 있었다. 우린 10명으로는 부족하니 각자 한두
사람은 더 조직해 오자고 결의했고, 이야기하는 데 어려움이 있으면 나를
부르라고 했다. 그후 난 여기저기 불려가서 이야기를 하게 되었다. 드디어
광명에 있는 애기능의 어느 식당에 30여 명이 모였다. 서로 잘 모르는 사
이여서 각자 소개를 하고 왜 노조가 필요하다고 생각하는지 이야기도 나
누었다. 끝까지 함께 잘 해보자며 결의도 했다. 이 30명이 7월 5일 노조 결
성 때까지 준비모임을 하면서, 2개월이 넘는 시간 동안 이에 관한 이야기
는 밖으로 새나가지 않았다. 우리는 금속노조 남부지역지회에서 교육도
받고 노조 결성을 위해서 무엇을 할 것인지 논의했다.

드디어 노조 결성 보고대회 날짜를 잡았다. 2005년 7월 5일 10시. 만

일의 사태에 대비해 우리는 노조 결성 보고대회 전날 먼저 노조가입원서를 썼다. 7월 5일 10시에 내가 일하는 2층 A/S라인에서 모이기로 했다. 각 라인에서 혹여 회사 측에 내용이 새나갈지 몰라 "9시 30분부터 중요한 일이 있으니 2층으로 모이라"고 이야기를 전했다. 태어나서 그렇게 긴장되고 떨린 적은 없었다. 9시 30분부터 10시까지, 이 짧은 30분이 얼마나 길던지 시계를 보고 또 봐도 10시가 안 됐다. 드디어 10시 쉬는 시간 종소리가 들린다. 그런데 너무도 조용하다. 사람들이 올라오는 소리가 들려야 하는데……. '혹시 불발되는 거 아닌가' 걱정하고 있는데 갑자기 우당탕 쿵탕 사람들이 몰려오는 소리가 들린다. 순식간에 200여 명이 모여들었다. 관리자들이 방해할지 몰라 역할을 나눠 세 군데 문에 몇 사람을 세우고 가입원서와 볼펜을 나눠 줬다. 짧은 10분 동안 내가 "노조에 가입해서 더 이상 해고당하지 말자"고, "그동안 회사의 비인간적 대우도 이제 중단시키자"고 이야기했다. 사람들은 "와~!" 환호성을 질렀고 나눠 준 가입원서를 작성하기 시작했다. 그러는 사이 작업 시작종이 울렸다. 다른 때 같으면 앞다투어 뛰어갈 사람들이 너무도 느긋하다. 오히려 내가 빨리 자리로 가시라고 종용했을 정도다. 사람들은 "노조가 생겼는데 뭘~" 하며 웃는다.

그리고 한분이 나에게 "조합가입원서를 배에 차고 있어요" 한다. 그러면서 "빨리 상급에 얘기해서 조합가입원서를 점심시간에 회사 밖으로 내보내세요. 혹시 회사에 빼앗길지 모르니까!" 헌법에 버젓이 노동 3권이 보장되어 있지만 그것이 현실과 얼마나 다른지 그동안 우리의 경험을 보여 주는 순간이었다. 그러니 조합원 모두가 비장한 마음을 가질 수밖에.

그날 저녁에 가능한 사람들은 가리봉 오거리에 있는 조마루 뼈다귀 집으로 모이기로 했는데, 100명이 넘는 조합원들이 왔다. 모두의 얼굴에

2005년 7월 5일 노조 결성 보고대회(발언하는 이가 필자)

는 뭔가 해냈다는 뿌듯함이 가득 차 있다. 그 자리에서 부서별 임시대표를
정하고 정식으로 총회를 통해 간부를 선출하기로 했다.

그날에 대해 노조를 함께 준비했던 막내 은미는 노동조합 소식지에
「최선의 방어는 공격」이라는 글을 썼다. 우리의 거사가 있기 바로 전날 은
미는 해고통지를 받았다. 울고불고 난리가 났다. 얼마나 비참한 마음이 들
었겠는가. 은미는 "죄송하지만 출근 안 할 거예요"라며 눈물을 흘렸고 "노
조가 생기니 걱정하지 말고 출근하자"고 설득해 7월 5일 출근을 했다. 출
근한 은미를 보고 부서반장은 깜짝 놀랐지만, 10시 노조창립 보고대회 이
후 은미의 해고는 조용히 철회되었다. 그런 은미가 소식지에 이렇게 썼다.

### 최선의 방어는 공격

새벽까지 잠을 설치고 회사에 나갔습니다. 약속된 10시 쉬는 시간까지 기쁜 마음과

설레는 마음, 두려운 마음 등으로 가슴을 졸이고 있었습니다. 마침내 10시 정각이 되니 너무나도 많은 사람들이 우르르 2층 A/S라인으로 달려 나갔고 소연 언니가 앞에서 이야기하기 시작했습니다. 불법파견으로 회사가 우리에게서 도둑질해 간 우리의 권리, 너무나도 형편없는 임금, 바람 앞에 흔들리는 등잔 같은 우리의 고용…….그 짧은 10분으로 그 많은 아픔, 억울함을 어찌 다 토해낼 수 있겠습니까? 아픔을 삭이며 최대한 간략하게 우리의 현실을 말할 뿐입니다. 그런데도 사람들은 너무나 뜨겁게 환호성을 지르고 통쾌해했습니다. 행여나 사람들의 반응이 시원찮으면 어쩌나 하는 걱정 따윈 그 많은 사람들의 절절한 분노, 공감, 외침에 묻혀 사라져 버렸습니다. 그 짧은 10분 동안 150여 명이 넘는 사람들이 동시에 가입을 했습니다. 그동안 기륭전자를 다니며 겪은 슬픔, 아픔, 분노에 망설임이란 것은 끼어들 자리조차 없었습니다. 그리고 점심시간, 3시 쉬는 시간, 끝없이 추가 가입이 이어집니다. 오늘의 이 성과는 회사가 그동안 우리에게 보여 준 아픔과 고통의 반증인 것입니다.

현장 곳곳에서는 오늘의 기쁨과 흥분을 삼삼오오 모여 열심히들 이야기합니다. 현장에서 이렇게 마음 놓고 이야기하는 건 이 회사가 생긴 이래 처음일 듯합니다. 이 모든 것이 노동조합이 만들어졌기 때문에 가능한 것입니다.

"노조를 하면 탄압을 당한다"라고 생각하세요? 전 감히 제가 기륭에서 그동안 보낸 시간들이야말로 탄압이었다고 생각합니다. 이런 탄압을 지켜 줄 보호막은 바로 노동조합뿐이라고 생각합니다. 당당하게 노동조합에 가입하여 당당히 우리 일자리를 보장받읍시다. 최선의 방어는 공격입니다.


사회 첫발을 내디딘 지 얼마 되지 않은 막내 은미의 글을 보고 다들 마음이 뿌듯했다. 아마 대부분의 조합원들이 은미와 같은 생각이었을 것이다.

## '계약해지', 날아들어 오는 해고장

이런 우리의 뿌듯한 마음과 달리 회사는 갑작스런 일로 정신이 없었다. 창립보고대회를 한 후 얼마의 시간이 지나자 생산이사를 비롯한 이사진과 부장이 나를 불렀다. 나는 드디어 올 것이 왔구나 생각하며 회의실로 갔다. 나는 당연히 누군가 내가 나서서 이야기하더라는 얘기를 전했을 것이라고 생각했다. 기륭 임원진들은 나에게 "라인에서 무슨 일이 있었냐"며 물었고 나는 "노동조합은 무서운 게 아니다. 서로 대화를 통해 문제를 풀어나가면 된다"고 노동조합에 대하여 설명을 했다. 그랬는데, 기륭전자는 바로 다음날 나와 화숙이의 유티직을 박탈했다. 사실 내가 관리했던 라인은 생산기술부장이 직접 와서 훌륭한 모범라인이라며 다른 부서 조·반장을 모두 데려와서 시찰까지 하게 했었다. 나름대로 능력(?)을 인정했던 회사가 노조 결성 하루 만에 유티직을 박탈한 것이다. 나중에 들은 이야기지만, 기륭 임원들은 내가 노조를 주도해서 부른 것이 아니라 라인책임자였기에 무슨 일이 있었고 누가 주도했는지 정보를 들으려 했다는 것이다. 그것도 모르고 내가 잘해 보자고 했으니 얼마나 배신감을 느꼈겠는가.

이렇게 시작한 우리의 노동조합! 파견직 노동자들에게는 눈길 한번 주지 않던 기륭전자가 부서별 간담회다 뭐다 하면서 음료수를 돌리고, 하드를 사고, "노조가 아니더라도 여러분들의 불만은 해결해 줄 수 있다"는 등 사람들을 회유하기 위해 동분서주했다. 그리고 그렇게도 애원했던 여자 탈의실의 선풍기 문제가 단번에 해결됐다. 여자 탈의실에 대형에어컨을 달아 준 것이다. 사람들은 '아, 이게 노조의 힘이구나' 느꼈다. 회사의 여러 가지 회유에도 사람들은 탈퇴하지 않았고 오히려 가입자가 늘었다. 공단에서 노조를 결성했다가 깨진 경험이 있던 한 아주머니는 "죽어도 노조는 가입 안 할 거여" 하시더니 "이번에는 승리할 수 있을 것 같다"며 뒤늦게 가입원서를 써 가지고 오기도 했다. 평소 관리자들에게 아부를 많이 해서 사람들과 관계가 썩 좋지 않은 분까지 조합에 가입하면서, 우리의 기세는 하늘을 찌를 듯했다. 조·반장, 과장, 부장, 모두들 조합원들의 눈치를 봤고 인격 모독하는 발언을 일상적으로 하던 사람들이 모두 말조심을 했다.

하지만, 기륭전자는 우리를 탄압할 내용들을 착실히 준비해 나갔다. 현장 곳곳에 감시카메라 수십 대를 설치하고, 노동조합의 활동보고 시간에 관리자들이 가까이는 못 오고 멀찌감치 떨어져 조합원들의 일거수일투족을 감시했다. 또한 용역깡패를 고용하기 시작했다. 조합원들은 그들의 감시를 부담스러워했지만 10시 쉬는 시간, 저녁 퇴근시간에 있는 전체 모임에 대부분 참여해서 우리의 힘을 보여 주었다. 그리고 이 과정에서 노동부 불법파견 진정건에 대하여 노사가 모두 함께 참여하는 실사가 이루어졌고, 8월 5일 노동부로부터 불법파견 판정 결정이 나왔다. 우리가 노조 결성을 할 즈음 하이닉스 매그너칩의 투쟁이 있었고, 그 전에는 현대차 불법파견 문제가 불거져 농성이 있기도 했다. 보통은 불법파견 판정이 늦게 나면서 업체가 폐업되는 등 많은 탄압을 받았다. 그런데 우리는 노조 결성 뒤 한 달 만에 불법파견 판정을 받은 것이다. 조합원 조직률도 다른 사업장에 비해 월등히 높아서 생산직의 70%가 조직되었고, 정규직·계약직·파견직이 함께 노동조합을 결성했다. 우리는 당연히 노동조합을 안정화하고 고용안정도 꾀할 수 있다고 생각했다. 승리할 것이라고 확신했다.

하지만 기륭전자는 "회사의 손해를 감수하겠노라"고 선언했다. 교섭을 진행하면서 계약직과 파견직 노동자들에 대하여 '계약해지'라는 이름으로 해고장을 날렸다. 입사일이 해고일이 되는 기막힌 일이 벌어졌다. 노동조합은 "해고를 중단하고 노사간 대화를 통해 고용안정 방안을 마련하자"고 했지만, 기륭전자는 "임금인상 127,000원은 100% 수용하겠다. 그러나 해고는 계속할 수밖에 없다"는 입장표명을 하였다.

7월 31일 첫 해고자가 발생했다. 이현주 조합원이다. 현주는 해고 이후 함께 투쟁했고, 2008년 52일 단식을 한 동지다. 그렇게 첫 해고자가 발생한 이후 교섭이 있는 날이면 '계약해지' 통보서가 여지없이 날아든다. 우리는 해고자들과 함께 아침 출근투쟁으로 하루 일과를 시작했다. 현장 안에는 이러저러한 이야기들이 돌고 돈다. 관리자들이 비조합원들에게 "6개월만 참으면 노조 없어진다. 8월 하순에 1년 미만자 모두를 '계약해지' 한다"는 등.

정식교섭에서 "1년 미만자 모두를 해고한다고 하는데 사실인가" 사측에게 물었고, "해고는 할 수밖에 없다"는 사측의 답변이 돌아왔다. "한국에서는 인건비가 안 맞아 중국으로 생산라인을 모두 이전하겠다"는 것이다. 매출 1,700억에 당기순이익 200억을 내면서 대부분의 노동자들은 최저임금보다 10원 더 주는 저임금으로 부려 먹으면서 말이다. 분노했지만 노조를 결성한 지 한 달 조금 넘은 상태에서 우리가 할 수 있는 것은 우리의 단결된 힘을 보여 주는 것뿐, 실제로 회사에 타격을 줄 수 있는 방법이 없었다.

8월 14일 처음으로 기륭전자 정문 앞에서 집회를 했다. 회사는 사람들이 참여하지 못하도록 하기 위해 조기퇴근 시켰지만, 150여 명의 조합원들이 남아 집회를 했다. 그때 민주노총 통일선봉대 동지들이 멋진 깃발을 들고 단체복을 입고 등장했다. 조합원들은 신기하기도 하고 힘도 났던 모양이다. 두고두고 그날의 이야기를 한다. 70여 명의 그 동지들과 힘찬

2005년 8월 14일, 기륭전자 정문 앞의 첫집회

집회를 하는데 한 동지가 모자를 벗더니 그 모자에 투쟁기금을 모아 우리에게 전달하고, 현수막에 직접 글을 써서 걸어 주고 갔다. "노동자가 앞장서서 주한미군 철수시키자."

　　그 이후 회사는 우리가 "주한미군 철수를 위해 파업하는 거"라고 주장하며 다니는 웃지 못할 일이 있었고, 회사가 우리를 고소한 사건의 공소장에도 우리가 주한미군 철수를 위해 파업하는 것이라고 적혀 있었다.

### "해고당하고 싸울래, 안 당하고 싸울래?"

8월 24일에 "입사 1년 미만인 사람들을 모두 해고한다"는 이야기가 구체적으로 돌면서, 조합원들은 나에게 많은 압박을 했다. 라인에 앉아서 일하고 있으면 쪽지가 컨베이어를 타고 흘러온다. 쉬는 시간이면 조합원들이 모여들어서 이야기한다. "해고 안 당하려고 노조 만들었는데 어떻게 할 거냐", "해고당하고 싸울래? 안 당하고 싸울래?" 빨리 결단을 하라는 것이다. 아직 파업을 할 수 없는 우리는 조합원들과 떼거리로 관악지청을 찾아가 지청장을 붙들고 "해고문제를 해결하라"고 소리쳤고, 지청장이 직접 나와 "해고 중단 공문을 발송하겠노라"고 약속도 했다. 그리고 우리가 보는 앞에서 공문발송을 했지만, 기륭전자는 신경도 쓰지 않았다. 나는 많은 고민을 했다. 어떻게 할 것인가. 불법파견 판정만 나면, 노동조합의 조직률이 높으면 당연히 문제가 잘 해결될 것으로 생각했지만 현실은 그렇지 못했다. 조합원들의 주장대로 해고당하기 전에 싸워야 그래도 해고를 막을 수 있지 않겠는가!

간부들도 모두 해고당하기 전에 한판 싸워야 한다고 입을 모았다. 우리가 저들에게 타격을 줄 수 있는 건 '일손을 놓는 것!' 조합원들은 그것을 이야기하고 있는 것이다. '파업', 소위 말하는 합법파업을 하기 위해서는 절차가 필요한데 우리는 교섭차수가 얼마 되지 않았을뿐더러 조정신청을 한다 해도 보름 정도의 시간이 흘러야 한다. 그렇게 되면 조합원 상당수가 이미 해고상태에 이른다. 결국 즉각적 파업을 하지 않으면 안 되는 것이고, 파업 이후 원만히 합의가 되지 않으면 구속될 수도 있는 상황이었다.

이 문제를 고민하며 불법파견 진정건을 맡았던 노무사를 만나러 갔다. 노무사 사무실에서도 우리 문제로 토론이 있었던 모양이다. 하얀 칠판에 우리의 얘기가 적혀져 있었다. "무슨 방법이 없을까요?" 묻는 나에게 "우리 역시 많은 고민도 하고 토론도 해봤지만 해고사태를 막으려면 현재 법으로는 어려우니 결단을 해야 하지 않겠냐"고 이야기한다. 그 얘기를 듣는 순간 힘이 났다. 노무사 분들도 이렇게 우리 문제를 가지고 토론까지 하고 결국 투쟁으로 돌파해야 하지 않느냐고 하지 않는가! 나는 결심을 하

고 조합간부들과 논의했다. 그리고 그 내용을 가지고 상급간부들과 논의
하는 과정에서 좀더 시간을 가지고 대처해야 하지 않느냐는 견해도 일부
있었다. 그런데 우리의 상황이 급박하게 돌아가면서 시간이 얼마 남지 않
았다고 조합원 대부분이 판단하고 있었고 빨리 싸우자는 조합원들의 의
견을 수렴하는 것이 최선이라고 판단했다. 그래서 우리의 입장을 충분히
설명하고 늦은 시간까지 논의를 하였다.

## 5. 기륭노동자들의 비정규직 철폐투쟁

### 점거파업투쟁을 시작하다

2005년 8월 24일, 1년 미만자 모두가 해고될 그날 10시에 평소와 같이 노
조활동 보고를 짧게 하고 조합원들을 1층 임원실 입구로 집결시켰다. 임
원진에게 해고에 대해 항의하고 임원실로 들어가려고 하는 중에 이를 저
지하려는 관리자들과 약간의 몸싸움이 있었다. 나는 상황을 종료시키고
조합원들과 자연스럽게 구호를 외치며 1층 생산라인으로 왔고, 우리가 해
산하는 것으로 판단한 관리자들은 흩어졌다. 나는 조합원들에게 "지금부
터 전 조합원 전면파업에 돌입한다"고 선언했다. 조합원들은 '올 것이 왔
구나' 하며 잔뜩 긴장한 얼굴이었다. 전면파업 선언을 하고 생산라인 현장
에 모두 앉아 구호를 외치기 시작했다. 200여 명의 조합원 중 약 120명이
파업에 동참했다. 사실 파업조직을 미리 한 것도 아니기에 200명 모두 함
께 하기에는 한계가 있었다. 거기에 눈치 보며 가입했던 분들이 뒤로 빠지
는 것 또한 당연했다.

　　우리의 파업선언에 회사는 발칵 뒤집혔고, 생산라인은 멈췄다. 우리

가 요구한 것은 '해고중단, 대표이사 성실교섭, 정규직화' 크게 세 가지였다. 그리고 우리는 "회사가 일단 해고중단을 약속하면 업무에 복귀하고 교섭을 통해 문제를 해결해 나가겠다"고 했다. 우리는 3일이면 파업상황이 종료될 것이라 예상했다. 회사가 해고중단을 약속하거나, 우리를 밖으로 끌어내거나 둘 중 하나로 정리될 것이라고 생각했지만, 우리의 오판이었다. 기륭전자는 당황하면서도 "마음대로 하라, 해고중단은 절대 할 수 없다"고 했다. 그러면서도 우리의 기세 때문에 직원들을 동원해서 끌어내지는 못했다. 그런데 시간이 좀 지나자 갑자기 관리자들이 출입문 쪽으로 달려왔다. 해고된 조합원들이 기습적으로 정문 안으로 들어와 파업현장으로 달려왔던 것이다. 이를 막으려는 관리자들과 몸싸움이 있었지만 해고 조합원들 모두가 파업현장으로 들어왔다. 그 순간 모두 환호성을 질렀다. 이렇게 24일 파업농성이 시작되었다. 3일 동안 조합원 누구도 집에 가지 않았다. 연대동지들이 기륭 정문 앞에 진을 치고 스티로폼, 깔개 등을 투쟁을 통해 안으로 들여보냈다. 사측의 도발이 있을지 몰라 사수대를 세워 현장을 지켰고, 연대동지들은 정문 밖에서 우리를 지켰다. 우리는 낮에는 구호를 외치고, 발언하고 혹시 농성장을 빼앗길까 싶어 주로 농성장을 지키며 프로그램을 진행했다. 밤에는 장기자랑으로 시간을 보냈다. 평상시 엄청 소심하고 조용해 보이던 오성숙 아줌마의 변신을 보았다. 마치 응원대장 같다. 사람들을 어찌나 웃기던지~. 그런 끼를 죽이고 주눅들어 살았으니……. 지금부터라도 조합원들이 가진 끼를 발휘하고 하고 싶은 일도 하고 즐겁게 살았으면 좋겠다는 생각이 많이 들었다.

우리의 농성은 가족들의 지지도 높았다. 워낙 회사가 심하게 했기 때문에 남편들이나 아이들도 입을 모아 "잘 싸우라"고 격려했다. 떡도 해오

2005년 8월 24일, 파업 농성 첫날 잠자리에 들어

고, 과자도 사오고, 부인 생일이라고 케이크도 들고 오고. 남편과 가족들의
지지를 받으니 우리의 기세 또한 높아졌다. 평소에 우리는 서로 잘 아는
사이가 아니었다. 같은 라인 사람들이야 알지만, 근속기간이 짧아 다른 부
서나 다른 라인 사람들과 교류가 그리 많지 않았다. 그런데 농성을 하면서
친해졌다. 시간이 지남에 따라 10개조를 편성해 조장을 뽑고 조를 중심으
로 농성을 유지해 나갔다. 조별구호, 노가바, 율동, 발언 등 각 조마다 준비
해서 발표를 하기도 했다. 그러던 어느 날 한 아주머니가 자기 신발을 다
른 사람이 신었다면서 어떻게 남의 신발을 신을 수 있냐며 화를 내고 집으
로 돌아가는 황당한 일도 있었다. 정말 다양한 사람들이 모여 농성을 했다.
그렇게 다양한 성격, 다양한 기질을 가진 분들이 점차 친해지면서 서로를
위하고 배려하는 마음들이 생겨났다.

　　그러면서 서로의 속사정을 조금씩 알아 갔다. 남편과 사별하고 생계

2005년 8월 30일, 현장 점거농성을 진행하는 모습(중앙에 서 있는 이가 필자)

를 꾸려 가시는 분, IMF 때 실직당한 남편이 실의에 빠져 재기를 못해 가정불화를 겪고 계신 분, 이혼하고 혼자 아이를 키우시는 분 등 가정생계를 책임지는 여성 가장이 많았다. 농성시간이 길어지면서 다들 생계문제로 고민이 많았다. 아직은 관계가 깊지 않은 가운데 고민을 나누며 해결책을 찾지 못한 조합원들이 혼자 고민하다 조용히 농성대오에서 이탈하는 일이 일어나기 시작했다. 밤까지는 열심히 구호 외치고 철야농성 하던 분이 다음날 출근을 하지 않았다. 나는 너무 안타까웠다. 그래서 전 조합원들과의 개별 면담을 몇 차례 했다. 대부분 조합원들의 가정생계가 어려웠다. 어떻게든 문제를 빨리 해결해야겠다고 머리를 싸매지만 우리의 의지대로 되는 것은 아니어서 마음 한편이 늘 무거웠다. 하지만 이런 어려운 사정에도 우리는 늘 밝고 신나게 농성을 했다. 조별로 농성에 결합하지 않고 있는 부서를 돌아다니며 우리의 정당성을 알렸다. 총무과, 임원실 앞에서도

파업 중 전래놀이를 하며

구호를 외치며 문제해결을 촉구했다. 저녁이면 회사 마당에 나가 한때 어린이집 원장을 했던 석순 언니의 주도로 전래놀이를 하기도 했다. 모두 손을 잡고 강강수월래도 하고 "못생긴 사람 나와라~, 졸래 졸래로 나간다~, 잘생긴 사람 나와라~, 졸래 졸래로 나간다~" 노래를 함께 부르며 모두가 뛰어 나가기도 한다. 한바탕 뛰고 나면 서로의 끈끈함도 더해지고, 스트레스도 조금은 풀리는 듯하다. 담장 밖에서 이 모습을 보고 있는 연대동지들은 마냥 신기하게 우리를 쳐다본다. "어떻게 그리 잘 놀 수 있냐~"며.

그러나 우리를 기륭전자가 가만히 둘 리 없었다. 기륭전자는 용역깡패 60명을 고용하고, 정규직 남성노동자 200여 명을 구사대로 조직했다. 구사대는 '기륭을 사랑하는 사람들'이라고 쓰인 남색 티셔츠를 입고, 용역깡패들은 군복 같은 옷차림에 워커를 신고 우리를 위협했다. 어느 날은 새벽에 귀청이 찢어져라 스피커를 통해 굉음을 내보내 심장마비를 일으킬 뻔하기도 했다. 조합원의 상당수가 40대 후반에서 50대 초반의 아주머니들이었는데 회사는 해도 해도 너무했다.

구사대 200여 명은 출근 후 농성장으로 몰려와 "금속노조 물러가라", "당신들은 우리 회사 직원이 아니다"며 구호를 외치고 고함을 지른다. 어떤 날은 술을 먹고 농성장에 난입하여 농성물품을 부수고, 생산물품도 부숴 버렸다. 한바탕 몸싸움을 하고 나면 조합원 몇 명이 앰뷸런스에 실려 나간다. 우리는 분노해서 다시 한번 투쟁의 결의를 다지고, 농성장을 보수한다. 이러기를 몇 차례 반복했다. 또한 용역깡패는 우리의 일거수일투족을 감시하고, 농성장 밖으로 나가는 것도 힘으로 막았다. 용역깡패들이 몰려와 보란 듯이 우리 앞에서 오석순 조합원을 끌고 가 목을 조르는 폭력을 휘둘러도, 막강한 깡패들의 힘에 밀려 한 발자국도 앞으로 갈 수 없어 울부짖기도 했다. 이렇게 폭력을 당하면서도 조합원들은 꿋꿋하게 농성을 이어 나갔다. 생계가 어려워져 농성장 안에서 재정사업을 하기로 하고, 십자수 핸드폰고리를 만들기도 했다. 12가지 동물의 띠에다가 구호를 새기기로 했다. 나는 학교 다닐 때 가정시간에 배우는 뜨개질이며, 바느질을 싫어했는데, 조합원들의 구박으로 십자수를 힘들게 배웠다. '내가 십자수를 놓을 줄이야~.' 조합원들보다 훨씬 굼뜨고 잘 못했지만 그래도 몇 개를 완성했다. 얼마나 뿌듯하던지^^. 구사대와 한판 싸우고 난 후 조합원들은 모두 둘러앉아 십자수를 놓았다. 그때 일일이 수놓은 십자수를 민주노총 조합원들에게 팔았다. 인기가 아주 좋았다는 후문이 있었다.

3일이면 끝날 줄 알았던 파업이 10일, 20일 지속되었다. 교섭이 열렸지만 내용은 없었다. 오죽하면 공익위원이 직접 현장을 방문해 노사간 중재안을 냈겠는가. 하지만 기륭전자의 거부로 조정 중지가 되었다. 회사는 문제를 풀 어떠한 의지도 없었다. 집행부와 전 조합원을 업무방해로 고소고발하고, 54억의 손해배상 청구를 했다. 경찰은 바로 출두요구서를 발송했고, 대부분이 농성장에 있으니 농성장으로 출두요구서를 가지고 오는 어이없는 짓거리까지 했다. 3차 출두요구서를 발송하기까지 보통은 한 달 정도 걸리는데 당시 남부경찰서는 일주일 동안 세 차례의 출두요구서를 발송하고 모두 기소중지 처리를 해버렸다.

**"유치장 무섭지만 그래도 끝까지 해볼란다"**

경찰서에 한 번도 가보지 않은 아주머니 조합원들에게 기소중지를 해놓고, 집에서 김치를 담그던 오성숙 조합원을 강제연행하는 만행을 저질렀다. 기막힌 노릇이었다. 거기다가 유치장에서 하룻밤을 재워 조합원들을 두려움에 떨게 만들었다. 경찰과 자본이 얼마나 밀착되어 있는가를 보여주는 사건이었다. 논의 끝에 일부 간부들과 조합원들은 모두 조사를 받기로 했다. 조사받는 과정에서 조합원들은 그동안 기룡에서 받은 설움과 억울한 일에 대하여 토로했고, "우리는 아무런 잘못도 없다"고 호소했다. 조사하던 경찰조차 "회사가 너무 하네요" 하더란다. 그러면서도 다시 농성장으로 갈 것인지를 집요하게 물어서 조합원들의 분노를 샀다. 나와 집행 간부, 조합원 일부는 조사를 받지 않았다. 조사받으러 가는 순간 구속될지도 모르기 때문이었다. 우리는 수배 중이어서 회사 밖에 한 발자국도 나가지 못했다.

그러다 보니 중간에 이탈한 조합원들을 직접 챙기지 못하는 문제가 생겼다. 안팎으로 조합원들을 챙겨야 하는데 구멍이 생긴 것이다. 어쩔 수 없는 상황이었지만 두고두고 마음에 걸리는 부분이다.

그러면서 지리한 공방과 교섭이 있었다. 농성 초기 회사는 우리에게

"진성도급합법적으로 일을 도급받아 하는 것을 할 것이니, 노동조합이 라인을 맡으라"고 했다. 나더러 "사장을 하라"고 한다. 그것이 싫으면 원하는 도급회사로 보내주겠단다. 이것을 가지고 조합원 토론을 붙였다. 조합원들은 "생각할 가치도 없다"고 잘라 말했다. "파견과 도급이 다른 것이 무언가. 어차피 기륭에서 물량을 주지 않으면 끝나는 것 아니냐. 그리고 말이 도급이지 파견과 같다. 우리가 파견으로 일하면서 언제 잘릴까 두렵고, 사람으로 취급하지 않아서 노조 만들어 싸웠는데, 다시 그 끔찍한 파견으로 돌아갈 수 없다"고 했다. 그런 조합원들을 보면서 상황은 어렵지만 나는 마음이 뿌듯했다.

시간이 갈수록 농성 조합원이 조금씩 줄었다. 마음은 불안해졌지만 별 수 없었다. 그러다가 공권력 투입설이 돌았다. 추석 전이었다. 우리는 끝장을 보겠다고 기륭 정문 앞에 쇠사슬로 몸을 묶었다. 뜨거운 뙤약볕이었지만 조합원들이 모두 마당에 누웠다. "이대로 포기할 수 없다"고 절규했다. 경찰과 회사는 우리를 위협했지만, 조합원들은 꿈쩍도 안 했다. 경찰은 일단 우리가 농성장 안으로 철수하면 공권력 투입을 하지 않겠다고 했다. 일부 조합원은 "오늘 끝장을 보자"했고, 정화숙 대의원은 "언제까지 우릴 이렇게 고통스럽게 할 거냐"고 울부짖었다. 나와 간부들은 고민했다. 이 상황을 어찌할 것인지. 일단 시간을 버는 것이 필요하다고 의견을 모았다. 끝장을 보자는 정화숙 대의원을 설득했다. 그녀는 수배 중이어서 농성장 밖을 나가지 못했다. 조합원들의 그 마음을 우리가 왜 모르겠는가.

그날 공권력 투입은 막았지만 우리는 추석을 농성장에서 보내야 했다. 문제는 아주머니들이 대부분이라 집에서 추석 준비를 해야 했다. 그래서 수배자와 미혼자들은 남고 모두 휴가를 가기로 했다. 그런데 정화숙 대

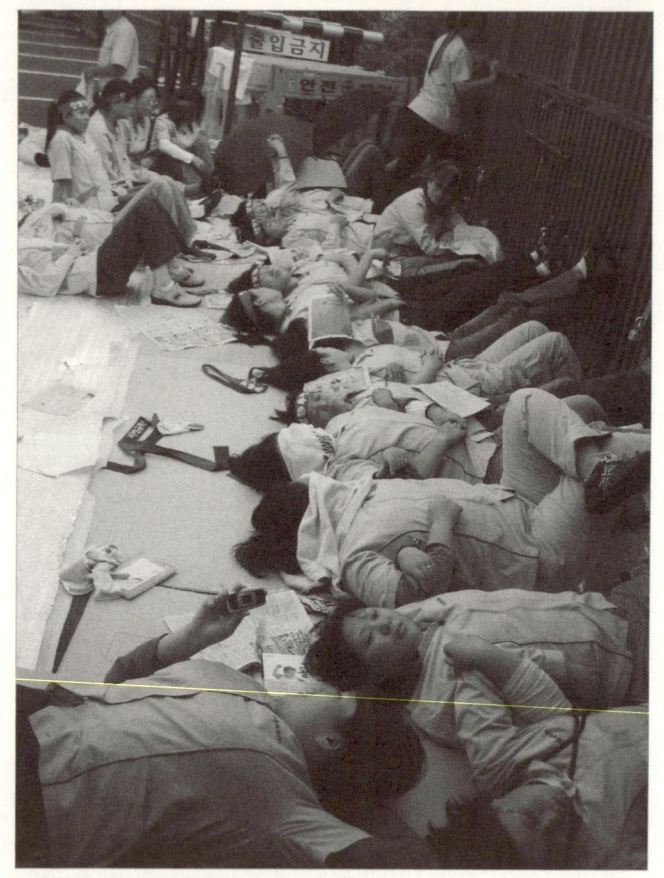

공장 안의 정문에서 농성하는 모습

의원이 조심해서 집에 다녀오겠다고 한다. 말릴 수가 없어서 잘 다녀오시라 했는데, 기륭 총무과에서 경찰에 알리는 바람에 정문을 나가자마자 연행되어 유치장에서 하루를 보내야 했다. 너무 안타깝고 미안했다. 농성장에 있는 내가 할 수 있는 일이 없었다. 그래서 남은 조합원들과 논의 끝에 농성장에서 추석 음식을 마련해서 갖다 주기로 했다. 추석 전날 용역깡패들과 한바탕 몸싸움을 하고 천근만근한 몸을 이끌고도 우리는 히히덕거리며 송편을 빚고 전을 부쳤다. 그리고 전과 송편을 정화숙 조합원 댁에 가져다 드렸다. 정화숙 조합원은 미안해했지만 다시 농성장으로 돌아오지는 않았다.

추석날 우리가 마련한 음식을 기륭 정문 앞에 차려놓고 차례를 지냈다. 늘 우릴 감시하던 경비 아저씨가 그래도 마음이 안 좋았는지 차례상에 음식 놓는 순서를 가르쳐 주셨다. 덕분에 차례를 잘 지내고 '제발 우리문제 해결 좀 잘 되게 해 달라'고 빌었다.

추석을 보내면서 조합원들이 얼마나 복귀할까 노심초사했다. 다들 생계가 어렵고, 시간이 길어지면서 남편들도 "이제 할 만큼 한 것 아니냐"는 이야기들이 슬슬 나오기 시작했다. 사실 우리가 파업농성을 길게 할 거라고는 꿈에도 생각 못했다. 다들 근속기간이 짧아 이직을 결정하는 것이 쉬울 수 있기 때문이다. 또 우리가 농성하는 기간 내내 기륭전자는 계약해지 통보서를 보내고 있고, 나 역시 9월 말일자로 계약해지 통보서를 받았다. 추석이 지난 후 확실히 복귀하는 인원이 줄었다. 농성대오가 많아 늘 자리가 부족했었는데, 조합원들이 출근해서 농성장에 앉는데 듬성듬성 빈자리가 보인다. 하지만 어쩌겠는가. 나는 "다시 마음을 가다듬고 힘차게 싸우자"고 했고, 조합원들도 힘찬 목소리로 "끝까지 싸우자"고 했다.

우리가 회사 안에서 농성하고 있는 동안 회사 밖에서는 연대동지들이 늘 우리를 지켰다. 노숙을 하면서 밤새 우리를 지켰고, 집중집회도 열어 안에 농성하고 있는 조합원들에게 힘을 주었다. 회사는 안과 밖의 대오들이 서로 교감을 나누는 것이 두려운지 추석 이후 조합원들이 정문 앞으로 가면 용역깡패를 통해 통제했다. 마치 감옥에 있는 느낌이었다. 정문은 점차 문틈을 막아 아예 안과 밖을 서로 들여다볼 수 없도록 만들었다.

2005년 10월 17일, 공권력 투입을 반대하며 정문을 막고 울부짖는 조합원들

　　싸움이 이어지고 있는 가운데 지방노동위원회에서 조정중지 결정이
났다. 큰 의미는 없지만 이제는 합법적 파업을 할 수 있게 된 것이다. 조합
원 찬반투표를 통해 합법파업이 공지된 날, 기륭전자는 직장폐쇄를 단행
했다. 그동안 조합원들의 출입을 보장했었는데, 이제 아예 틀어막겠다는
것이었다. 밖으로 나간 조합원은 다시 회사 안으로 들어올 수 없게 되었다.
그야말로 옥쇄투쟁이 된 것이다. 그리고 회사는 단전·단수를 단행했다. 물
리적 충돌이 있었지만 이것을 막기에는 우리의 힘이 부족했다. 이런 상태
에서 우리는 농성을 지속해 나갔다. 이제 아무도 집으로 퇴근하지 못한다.
그러나 돌봐야 할 아이들이 있어 무기한으로 집에 가지 못하는 것은 거의
불가능한 상태였다. 그래서 다들 최대한 버티고 도저히 안 되면 삼삼오오
집으로 갔다. 농성장으로 오지 못하는 조합원들은 그때부터 정문 앞에서
농성을 했다. 간부들 일부도 내보냈다. 밖에서 조합원을 챙겨야 했기 때문
이다. 그러는 사이 다시 공권력 투입설이 돌았다. 대통령 노무현은 "생산

라인에서 파업을 하는 것은 안 되지"라며 한마디 하셨단다. 결국 수배자를 비롯해 최소의 인원을 남기고 모두 내보냈다.

## "반드시 승리해서 현장으로 돌아갈 것이다"

잊지 못할 10월 17일 새벽. 공권력 투입이 확정된 날이다. 밤새 조합원들과 연대단위 동지들이 공장 밖을 지켰고, 우리는 공장 안에서 밤새 노래를 불러제꼈다. 현장 곳곳에 분노를 담아 락카 스프레이로 구호를 썼다. 또 언제 다시 돌아올지 모르는 현장을 눈에 많이 담아 두었다. 아무도 잠을 이루지 못했다. 단수 때문에 며칠째 머리를 감지 못한 조합원들에게 머리라도 감고 연행되라는 것인지 회사는 물을 틀어 주었다. 공권력 투입이 임박해 있는데 조합원들은 머리 감고 씻느라 정신이 없었다. 그리고 모두 잠시라도 눈을 붙이자고 했다. 연행당했을 때의 지침을 공유했고, 구호를 외쳤다. 모두의 눈에는 눈물이 그렁그렁 맺혔다. 16명이 아무리 발버둥친들 연행을 막을 수 있겠는가! 다들 마음 한편에 분노와 울분을 가지고 기필코 승리하겠다는 결의를 모았다. 드디어 총무과 박동준 부장을 앞세우고 새벽에 공권력이 난입하려 했다. 밖에서는 조합원들과 연대단위 동지들의 격렬한 저항이 있었지만, 결국 정문이 열려 공권력이 공장 안으로 들어왔다. 우리는 항의하며 구호를 외쳤다. 우리는 "반드시 승리해서 돌아오겠노라"고 다짐하며, 많은 사람들의 울부짖음을 뒤로하고 모두 연행되어 3개 경찰서로 분산 수용되어 조사를 받았다.

나중에 들으니 조합원들은 조사받으면서도 연행의 부당성을 항의하며 싸우고, 유치장 안에서도 "최소한의 인권을 존중하라"며 싸웠단다. 다들 겁먹지 않고 상황에 잘 대응했다. 그리고 48시간이 되어 나올 때는 차비까지 받아 왔단다. 얼마나 당찬 조합원들인가.

나와 윤종희 조합원, 나이 쉰에 수배생활까지 해야 했던 최이숙 수석 부분회장님, 김상묵 부분회장에 대한 영장실질검사가 있었고, 최종적으로 나와 윤종희 조합원은 구속이 결정되었다.

현장에서 쫓겨난 조합원들은 회사 앞에 천막을 치고 농성에 들어갔다. 경찰과 검찰은 조합원들을 다시 불러들여 협박을 해댔다. 특히 나의 전력을 이유로 "당신들은 이용당하고 있다"며 집으로 돌아가라고 했단다. 하기는 내가 조사받을 당시 기륭전자 파업건과 아무런 상관없는 '서울민주노동자회' 재판기록을 책상 위에 가득 쌓아 놓고 그에 대한 질문도 많았다. "사건과 아무 상관없는 건에 대한 질문을 하지 말라"고 했는데, 설마 우리 조합원들에게까지 그 내용으로 협박할 줄은 몰랐다. 내가 너무 순진했던 것 같다. 나는 현장농성을 하면서 갑을전자 위원장이었던 것을 조합원들에게 이야기했고, 그 투쟁과정이 담긴 비디오 상영도 했었다. 그런데 국가보안법으로 구속됐었다는 이야기는 하지 않았다. 괜히 오해를 살 수도 있고 회사가 이를 이용하여 우리 투쟁을 왜곡시킬 수도 있다고 생각했기 때문에 굳이 이야기해야 할 필요가 없다고 생각했다. 그런데 그 사건으로 검찰이 조합원들을 협박하고 회유한 것이다. 나중에 이 사실을 알고 얼마나 분개했는지 모른다.

다행히 조합원들은 이러저러한 이야기를 나누었고 일부 영향도 있었지만 기본적인 신뢰관계가 완전히 무너지지는 않았다. 하지만 구속 이후 투쟁방향과 승리에 대한 전망을 지도부가 제대로 이야기하지 못하고, 실천투쟁이 충분히 배치되지 못하면서 많은 조합원들이 이탈을 하였다. 그러나 어려운 상황에서도 간부들이 중심이 되어서 조합원들을 챙기고 투

쟁을 전개해 나갔다. 내가 석방된 2006년 1월 초, 생각했던 것보다 농성대
오가 적었지만 그래도 40여 명 선을 유지하고 있었다. 완전히 흩어지지 않
은 것만 해도 다행이라고 생각했다.

이날 조합원들과 같이 뒤풀이를 하고 바로 다음날 출근투쟁을 했다.
토요일이었는데 조합원들이 죽 늘어서서 피켓만 들고 있었다. 이상해서
"왜 구호를 외치지 않냐?"고 물었더니 10월 17일 구속 이후 혹시 구속자
에게 불이익이 갈지 모른다고 회사 앞에서는 집회도 거의 하지 않고 구호
도 외치지 않았다는 것이다. 어찌 이런 일이 있을 수 있는지 참으로 답답
했다. 그러니 조합원들은 얼마나 답답했을 것인가! 그날부터 우리는 다시
힘차게 구호를 외치고 음악도 크게 틀며 집회를 했다. 그 결과 우리는 용
역깡패들과 지속적으로 몸싸움을 해야 했다. 하지만 그럴수록 조합원들
의 투쟁의지는 높아 갔다.

어느 날 조합원들과 간담회를 했다. 차비가 없어서 걸어 다니는 조합
원, 아이에게 교통비조차 줄 수 없어 어쩔 수 없이 생계투쟁을 나가야 하
는 조합원들의 모습이 너무나 마음 아팠다. 그래서 제일 먼저 재정사업을
시작했다. 또 주변 사람들을 조직해 투쟁기금을 모았다. 재정사업 역시 투
쟁하는 것처럼 사활을 걸고 하지 않으면 제대로 되지 않는다. 당사자의 절
박함이 묻어나야 한다고 생각했다. 치열한 설 재정사업을 하고 처음으로
조합원들에게 생계비 30만 원을 지급했다. 이때부터 투쟁도 재정사업도
우리는 빡세게 전개했다.

## 비정규직 노동자들의 연대투쟁, 공동투쟁

2006년 3월 8일, 여성의 날을 맞이해서 새롭게 투쟁을 결의하고 나, 김상

묵 부분회장, 윤황록 대의원, 금속노조 남부지역 지회장 등 네 명이 삭발을 했다. 3월인데도 삭발을 하니 온몸이 떨려왔다. 많은 이들이 눈물을 흘렸다. 서러움과 분노의 눈물이었다. 그날 나는 SBS 비정규법안과 관련한 토론회에 참석하기로 예정되어 있었다. 한나라당, 열린우리당 등 의원들이 나와서 비정규법안을 얘기했다. 마치 비정규직을 보호할 수 있는 것처럼 이야기했다. 불법파견을 하면 불법파견 노동자 한 명당 최대 3천만 원의 벌금을 물릴 수 있다고도 했다. 말도 안 되는 얘기였다. 기륭전자는 수백 명을 불법적으로 고용하고 해고했는데도 겨우 벌금 500만 원을 냈는데 말이다. 나는 시민패널로 질문을 하였는데, 삭발을 해서 모자를 쓰고 있었다. 나에게 마이크를 주는 순간 질문을 하면서 "지금 비정규직 노동자들의 처지는 이렇게 여성노동자가 삭발을 해야 하고 천막을 치고 농성을 해도 문제가 해결되지 않는다"고 이야기하며 순간 모자를 벗었다. 거의 백호로 밀어 버린 내 머리를 보고 모두들 흠칫 놀랐다. 카메라도 순간 당황하여 잠시 비추다 얼른 다른 방청객 쪽으로 돌려 버렸다.

공장 밖에서 투쟁하는 우리는 최대주주를 향한 투쟁, 기륭전자를 향한 투쟁뿐 아니라 우리의 문제가 해결되지 못하는 원인인 파견법, 비정규법에 대한 문제를 제기하며 투쟁을 해 나갔다. 민주노총의 비정규악법 반대투쟁에도 열심히 함께했다. 시간이 지나면서 우리 문제에 대한 공조직의 관심은 점차 줄어들었다. 점거농성, 공권력 투입 등이 있을 때 반짝 취재해 가던 언론의 관심도 점차 사라져 갔다. 하지만 우리는 절망하지 않았다. 매일 아침 7시 20분이면 어김없이 출근투쟁을 했고, 주1회 집회를 사수했다. 기륭 앞 2박 3일 노숙투쟁, 최대주주인 아세아시멘트 이병무 회장에게 문제해결을 촉구하며 했던 회장의 고향마을 방문투쟁 등 끈질긴 투

장기 투쟁사업장 9박 10일 공동투쟁 당시 일민미술관 점거농성 모습

쟁을 전개해 갔다. 그러자 4월 최대주주인 이병무 회장은 노사 간에 문제를 풀지 않고 지분을 매각해 버렸고, 최대주주가 바뀌었다. 최대주주가 된 곳은 에스엘인베스트먼트라는 투자회사였다. 우리는 새로 바뀐 최대주주에게 문제해결을 촉구했으나 바뀐 최대주주 역시 별반 다르지 않았다.

7월 비정규직 장기투쟁사업장 동지들과 9박 10일 노숙투쟁을 벌였다. 우리들의 문제를 사회화하고 정권에서 해결할 것을 촉구하기 위해서였다. 광화문 열린공원에 천막을 치고 코오롱, 한국합섬, 오리온전기, KTX, 레이크사이드CC, 하이텍알시디코리아, 라파즈한라우진산업지회 등 투쟁사업장 동지들과 민주노총 서울본부가 결합해 함께 투쟁을 만들고 실천했다. 마포대교에 올라가 플래카드를 들고 행진을 했고, 억수같이 비가 내리는 날에는 일민미술관 옥상에 올라 총리 면담을 요구하며 농성을 하기도 했다. 그 중 가장 기억에 남는 것은 레이크사이드CC 연대투쟁

전 조합원 **구속결단식**(왼쪽에서 네번째가 필자)

을 했던 것이다. 많은 수는 아니지만 100여 명의 단결된 힘으로 구사대의
폭력을 뚫고 현장으로 들어가 교섭을 만들어 냈다. 이때 오리온전기의 한
동지는 실명이 될 정도로 눈을 다쳤고, 한 동지는 손가락이 절단되기도 했
다. 하지만 아무도 피하지 않고 힘차게 싸웠다. 참여했던 동지들 모두 투쟁
은 이렇게 하는 거라고 가슴 뿌듯해했고, 그때 맺은 인연으로 지금까지 멀
리 있는 구미의 동지들과 아주 각별하게 지내고 있다. 하지만 이런 우리의
투쟁을 상급조직에선 별로 탐탁지 않게 여겼다. 상급조직의 틀 안에서 공
유하지 않고 별동대처럼 따로 움직였다는 비판이었다. 상급조직의 아쉬
운 지점이 여기에 있다.

　　우리는 연대동지들과의 투쟁을 마무리하고 다시 기륭 앞으로 집중해
서 "추석 전 현장으로 돌아가자"는 기치 아래 단식농성에 돌입했다. 나와
강화숙 동지의 무기한 단식과 조합원들의 동조단식이 이어졌고 금속노조

2007년 8월 24일, 여성비정규직 4사 투쟁선포식(오른쪽부터 기륭, KTX, 뉴코아, 이랜드)

주최의 집회가 열리기도 했다. 공장 안으로 들어가겠다고 진입투쟁도 힘차게 벌였다. 하지만 25일 만에 강화숙 조합원이 쓰러지고, 나는 30일째 되는 날 노동부에 항의방문을 갔다가 쓰러져 병원으로 실려 갔다. 30일 단식으로 회사는 합의서 한 장을 쓰게 되었다. '성실하게 교섭하겠다'는 합의. 기막힌 현실이었다. 30일 단식을 통해 겨우 성실교섭 합의. 그것도 교섭 도중 도망갔던 사측을 다시 데려다가 간신히 쓰게 했다고 한다. 그렇게 쓴 합의서가 제대로 이행될 리 있겠는가. 역시나 회사는 형식적 교섭을 몇 번 했을 뿐 그 합의를 이행하지 않았다. 우리는 다시 전열을 가다듬고 권혁준 사장의 고향에 찾아가는 등 문제해결을 위한 투쟁을 벌여야 했다.

그러는 사이 2006년 KTX 여승무원 투쟁에 이어 2007년에는 이랜드-뉴코아, 코스콤 투쟁이 벌어졌다. 비정규직 문제가 한동안 이슈가 되다 좀 잠잠해졌을 때다. 이랜드-뉴코아 동지들의 투쟁으로 다시 비정규직 문제가 이슈가 되었고 더불어 기륭전자 문제, KTX 문제 등이 함께 이야기 되었다.

IMF 이후 신자유주의가 판치고 그 사이 여성노동자들의 비정규직화가 가속화된 현실을 반영하는 것이라고 생각했다. 그래서 2007년 기륭 투쟁 2주년을 맞이해 "여성 비정규직 노동자들의 목소리를 함께 내보자"고 제안했고 동지들의 흔쾌한 동의 속에 '비정규직 여성 4사(기륭, KTX, 이랜드, 뉴코아) 투쟁결의대회'를 만들었다. 이후에는 코스콤 등 비정규노동자들이 함께 '비정규공동행동'이라는 이름으로 공동실천투쟁을 하면서 비정규직 문제를 이슈화시키기도 했다.

이렇게 끈질긴 투쟁을 해 나갔지만 조합원들은 하나둘 생계투쟁을 나갈 수밖에 없었다. 아마 투쟁 전망이 불투명한 것도 원인이라고 생각했다. 사실 투쟁을 빡세게 전개할 때는 오히려 고민이 적다. 앞만 보고 달려가면 되니까. 그런데 방향을 잡지 못하고 어떻게 투쟁해야 하나 고민할 때가 가장 힘들다. 나는 정말 승리할 수 있을 거라는 확신을 가지고 투쟁해 왔다. 조합원들에게도 늘 확신 있게 이야기해 왔다. 실제로 투쟁으로 교섭을 열었고, 교착상태에 빠진 교섭을 또다시 강고한 투쟁으로 교섭테이블을 만들었다. 다만 아쉬운 것은 실질적으로 해결할 안이 도출되지 않았다는 것이다. 보통은 교섭을 열기 어렵지만 열린 교섭에서는 어지간해서는 타결에 이르는데, 기륭은 유독 그렇지 못했다.

돌이켜 보면 가장 힘들었던 때가 2007년이었던 것 같다. 확신 있게 밀고 왔고 힘찬 투쟁도 했지만 문제해결에 진척은 없고, 상급조직 등 그 어디에서도 적극적으로 함께 투쟁을 만들어 가자고 하는 곳이 없었다. 물론 주체가 책임을 지는 것은 당연하지만 그래도 상급조직이 왜 있는 것인가.

2007년 공장 진입투쟁

언제인가 답답함이 목까지 차올라 숨쉴 수도 없을 것 같은 날이 있었다. 태어나서 처음인 것 같다. 그렇게 목 놓아 울어 본 적은……. 조합원들은 생계의 어려움으로 고통스러워하고, 주체의 투쟁에 비해 상급조직의 투쟁 결합은 느슨하고, 어떤 때는 우리의 투쟁제안에 대해 이러저러한 이유를 들어 어렵다고 하는 모습을 보면서 너무나 답답했다. 주체만의 투쟁으로 돌파하기가 너무나 어려운 조건에서 무엇을 어떻게 해야 할까! 많은 고민이 있었다. 한참을 서럽게 울고 나니 조금은 가슴이 후련해지는 것 같기도 하고, 좀 창피하기도 했다. 그리고 다시 주체를 중심으로 고강도 투쟁을 해야겠다고 마음먹었다. '주체가 치열하게 투쟁하면 언젠가는 함께하겠지' 하고 마음을 좀 느긋하게 갖기로 했다. 아니 어쩌면 포기한 건지도 모르겠다. 그나마 다행히 금속노조에서 1년간 장기투쟁기금으로 금속노조 최저임금을 지급하게 되었다. 생계문제에 조금 숨통이 트였다.

그렇게 2007년을 보냈다. 그 사이 기륭은 또 최대주주가 바뀌었다. 송재조가 인수를 했는데 첫 교섭에서 "문제를 원만히 잘 풀어 보자"고 한다. 크게 기대는 안했지만, 그동안 첫 대면에 그렇게 이야기한 사람은 없었다. 또 "용역깡패를 철수시키겠다"고 했다. 우리는 반신반의 했지만 진짜로 몇 년간 기륭을 지키던 용역을 철수시켰다. '정말 잘 되려나' 조금 기대가 됐다. 하지만 그것도 잠깐, 송재조는 3개월 만에 대표이사직을 사임했고 다시 교섭은 열리지 않았다. 이후 기륭의 경영권을 장악한 사람이 바로 현재의 최동열 회장이다.

## 6. 1,000일 전에 현장으로 돌아가자

### 목숨을 건 투쟁을 결의하다

2008년 "1,000일 전에 현장으로 돌아가는 투쟁을 힘차게 만들어 보자"는 기치 아래 빡세게 설 재정사업을 벌였다. 서울뿐 아니라 지방까지 내려가서 동지들을 괴롭혔다. 금속동지들은 물론이고 철도, 지하철, 전교조, 공무원노조 동지들이 많이 도와주었고, 조합원들은 쉴 틈 없이 한 달을 고생했다. 그렇게 투쟁자금을 확보한 후 투쟁계획을 세우려고 조합원 수련회를 충북 영동으로 갔다. 가는 길이 어찌나 험난한지, 금속노조에서 봉고차를 빌려서 갔는데 차가 중간에 멈췄다. 가까스로 톨게이트 부근의 카센터에 차를 맡기고, 시간 절약을 위해 그 옆 작은 공원에서 회의를 했다. 회사 상황을 공유했고, 어떻게 투쟁할 것인지 논의했다. 원래 우리 조합원들은 회의를 길게 안 한다. "투쟁하자"고 제안하면 늘 단순명쾌하게 "합시다"로

1,000일 투쟁 결의 삭발을 하는 필자(2008년 4월 16일)

답하기 때문이다. 그날도 "1,000일 전에 끝장 보는 고강도 투쟁을 합시다"
하니 "모두 동의합니다." 회의 끝! 어떻게 투쟁할 것인가에 대한 전술은 조
금 시간을 가지고 논의하자고 했다. 그동안 안 해본 투쟁이 없을 정도로
다 했는데 우리가 안 한 게 하나 있단다. 일단 그거부터 해보자고 결의를
했다. 차량 수리가 얼추 되어서 다시 충북 영동으로 향했다. 마음수련원에
서 한국합섬, 코오롱 동지들과 삼겹살을 구워 먹으며 오랜만에 신나는 시
간을 보냈다. 목이 터져라 노래도 불렀다. 동지들은 우리가 정신이 좀 나간
것 같다며 웃어 댔다. 무슨 사고를 치려고 그러는지 묻기도 한다. 그날 밤
새도록 동지들과 시간을 보내고 다음날 벚꽃이 흐드러지게 핀 공원에 함
께 갔다가 서울로 올라왔다.

　　3월 어느 날, 박영진 열사 추도식이 있어서 조합원들과 모란공원엘
갔다. 고강도 투쟁을 앞두고 가서 그런가, 열사 무덤 앞에서 왜 그리 눈물

이 나던지……. 발언을 하는데 자꾸 목이 메어 왔다. 20년 전 박영진 열사의 마음이 지금의 내 마음이 아닐까……. 추도식이 끝날 즈음 추모연대 김명운 선배가 "기륭 1,000일 투쟁 한다는 이야길 들었는데 동지들을 외롭게 투쟁하게 해서는 안 되지 않냐"고 말씀하신다. 그 말씀에 왜 눈시울이 붉어지는지……. 옆에 있던 송경동 시인이 "알겠어요. 우리가 함께 해야지요" 한다. 어찌나 고맙던지. 우리 투쟁에 대해서 먼저 이야기를 들은 것이 처음인 것 같다. 송경동 시인과 몇몇이 1,000일 투쟁을 어떻게 할 것인지 논의했다. 1,000일 투쟁을 위해 다시 공대위를 확대 가동하였다. 만일 우리만 고민해서 했다면 문화예술인, 종교인, 70년대 민노회<sup>민주노동운동동지회</sup> 선배님들, 그 많은 분들이 함께 참여하는 투쟁을 만들지 못했을 것이다.

**철탑에 오른 여성노동자들**

4월 16일, '1,000일 전에 현장으로 돌아가자'는 기치 아래 투쟁선포 결의대회를 열었고 나는 두번째 삭발을 했다. 동지들과 서러운 눈물을 흘리며 반드시 승리하겠노라고 다짐했다. 삭발을 시작으로 우리는 본격적인 투쟁에 돌입했다. 5월 11일 서울시청 '하이서울페스티발' 마지막 날 조명탑 고공농성을 하였다. 새로 온 대표이사는 교섭조차 열리지 않아 오세훈 시장에게 기륭문제를 해결하라고 촉구하면서, "일터의 광우병 비정규직 철폐하자"고 시민들에게 호소했다. 농성결과로 기륭에서 이사가 달려와 '성실하게 교섭하겠다'는 합의서를 썼다. 여성으로서는 아마 처음하는 고공농성이었다. 그때 두 명이 한 조가 되어서 탑에 올라갔는데 은미와 석순이는 심각한 고소공포증이 있었는데, 당사자들이 이야기하지 않아 몰랐다……. 은미는 철탑에 올라가면서 너무 무서워 울면서 '비정규직철폐가'

1,000일 투쟁 선언대회(2008년 5월 20일)

를 불렀다고 하고, 석순 언니는 철탑에 올라가 앉지도 못하고 내내 서 있었다고 한다. 심각한 고소공포증에도 말 한마디 않고 실천한 동지들이 있었기에 우리의 1,000일 투쟁은 힘차게 전개되었다. 그리고 열흘간 릴레이로 기륭전자 앞을 중심으로 투쟁이 벌어졌다. 시민사회단체의 기자회견, 노 선배님들의 문제해결 촉구, 종교계, 학계, 노동계, 문화예술인 등 각계각층의 많은 분들이 함께해 주셨다. 매일 촛불문화제가 열리고, 문화예술인들은 천막 미술관을 개관하기도 했다. 이 지역 주민들도 아마 처음으로 문화생활을 하게 된 것 아닐까 싶다.

　그렇게 많은 사람들이 문제해결을 촉구했건만 기륭전자는 교섭에 나와서 "생산라인이 없어 복직시킬 수 없다"는 이야기만 했다. 우리는 어쩔 수 없이 2차 실천투쟁을 전개할 수밖에 없었다. 아이 둘을 키우고 있는 윤

구로역의 고공농성현장 선전투쟁

종희 조합원과 구자현 금속노조 남부지역 지회 수석부지회장 동지가 함께 구로역 CCTV 철탑 고공농성에 돌입했다. 매일 저녁 구로역 앞에서 촛불문화제를 열었다. 구로역 앞에 천막을 치고 기룡 앞과 구로역에서 조합원들은 집에 들어가지 못하고 집중 농성을 벌였다.

우리가 구로역 농성을 하고 있을 때 서울과 전국에서 광우병 촛불이 바다를 이뤘다. 우리 아이들에게 광우병 소고기를 먹일 수 없다고 시민들이 거리로 쏟아져 나온 것이다. 시민들이 광화문 거리를 메울 때, 우리는 구로역에서 함께 촛불을 들었다. 지나가는 시민들이 "힘내라"며 뒤에 서서 문화제에 함께하기도 했다. "회식하고 가는 길에 농성하는 우리가 너무 마음에 걸려 사왔다"며 아구찜을 포장해 가지고 온 시민도 있었다. 구로역에서 농성을 하니 철도조합원들이 지지방문을 하기도 하고 구로역에 대형 지지현수막을 걸어 주기도 했다. 비록 힘든 농성이지만, 가슴 따뜻한 시간이었다. 이렇게 많은 사람들의 지지가 있었지만 정작 문제를 풀어야 할 기룡전자 측은 묵묵부답이었다.

그러자 회사는 "왜 구로역 CCTV탑에 올라갔냐"고 성질을 내며 다시 교섭을 재개했다. 6월 7일 금속노조 사무실에서 교섭이 열렸다. 그 자리에서 배영훈 대표이사는 '2년 유예기간을 거친 정규직화 안'을 제출했다. 유예기간이 문제가 되긴 했지만 투쟁을 최대한 마무리해 보자는 고민을 가지고 있던 우리는 회사안을 수용하며 수정안을 제출했다. '1년 유예기간을 거친 정규직화로 하자'였고, 바로 잠정합의서를 작성하자고 했다. 우리가 내용을 수용하자 배영훈 대표이사는 정회를 요청했고, 정회 후 교섭에서 "3일만 시간을 달라"고 한다. 비정규직을 정규직화하는 문제이기에 내부 설득이 필요하다는 것이다. 두 동지가 35미터 철탑 위에서 고생하고 있는 것을 생각하면 한시가 급했지만, 어쩔 수 없이 교섭을 끝냈다. 그런데 비는 왜 이리 쏟아지는지……. 천둥번개가 칠 때마다 혹시 무슨 사고라도 나지 않나 가슴을 졸여야 했고, 결국 윤종희 조합원이 회사 측에게 항의하며 철탑에서 단식을 결정했다. 우리의 손길이 닿지 못하는 곳! 철탑 밑에 있는 우리가 할 수 있는 것은 없었다. 물도 제대로 마시지 못하고, 다리도 펼 수 없는 좁은 공간에서 그녀는 3일 만에 탈진해서 쓰러졌고, 병원으로 실려 갔다. 배영훈 대표이사는 3일 만에 나타나서 "6월 7일 교섭내용을 전면 백지화한다"고 했다. 직원들이 복직을 반대하기 때문이란다.

기막힌 상황을 돌파하기 위해 우린 또 한 번의 결단이 필요하다고 판단했다. 이미 1,000일 투쟁을 준비하면서 단계별 투쟁 계획을 세웠고 이제 그 마지막을 선택해야 하는 상황이 온 것이다. 기륭전자는 최동열 회장이 오고 얼마 되지 않아 공장부지매각을 추진하고 있었다. 공장부지매각은 우리가 돌아갈 현장을 잃는 것이었다. 이제 정말로 목숨을 걸고 끝장을 봐야 하는 마지막 상황이 온 것이라고 생각했다.

### "문제해결 없이, 살아서 내려가지 않겠다"

6월 11일, 기륭전자 앞 집회에서 전 조합원 단식농성을 결의하고 두 명은 경비실 옥상에서 나머지는 정문 앞에서 단식에 돌입했다. 단식에 들어가면서 나는 생각했다. 진실로 목숨을 걸고 한다면 분명 그 마음이 전달될 것이라고. 회사가 우리를 봤을 때 "쟤네들 적당히 하고 포기하겠지"가 아니라 "쟤네 정말 목숨을 걸었구나" 판단한다면 분명 문제는 해결될 수 있을 거라고 생각했다. 장기간의 투쟁으로 몸과 마음이 지쳐 있는 조합원들이 많이 힘들 텐데 그래도 꿋꿋하게 잘들 버텨 내고 있었다. 나와 다른 한 동지는 옥상 위에 있으니 일을 많이 하지 않았지만 정문 앞에 있는 조합원들은 단식을 하면서 집회도 준비하고, 회장집 촛불문화제에도 가야 했다. 시간이 흐르면서 하나둘 조합원들이 탈진해 쓰러져 병원으로 이송되고 있었다. 강화숙 조합원은 임신한 상태에서 10일이 넘는 단식을 하다 쓰러져서 모두를 놀라게 했다. 아이에게 문제가 생기지 않아 얼마나 다행인지…… "임신한 상태에서 왜 단식을 했냐"는 조합원들의 항의에 강화숙 조합원은 "다들 힘들게 하는데 어떻게 빠질 수 있냐, 하는 데까진 최선을 다해야지" 한다.

얼마 시간이 흘러 이소선 어머니께서 다리도 불편하신데 사다리를 타고 옥상으로 올라오셨다. "정말 죽으려고 그러냐, 죽는 건 태일이 하나로 족하다" 하신다. 그러시더니 농성장 구석구석을 뒤지신다. 나더러 "뭐 숨긴 것 없냐"고 하신다. "없다"고 말씀드려도 믿지 않으시고 계속 뭔가를 찾으신다. 당신이 찾는 물건이 나오지 않자, 이번에는 농성장 밖에 설치한 상징물을 어머님이 삭둑 잘라 버리신다. 사람 일은 모르는 거라고, 상황에 몰리면 순간 죽음을 선택할 수 있다는 것이다. 옥상에는 정말 목숨을 걸었다는 것을 상징하기 위해 기륭이 설치한 감시카메라 기둥에 목을 매는 모양의 밧줄을 설치해 놓았었다. 나는 이소선 어머니께는 어떤 말도 하지 못하고 그저 "네네" 할 수밖에 없었다. 어머니는 내 손을 꼭 잡고 "꼭 살자"고 하신다. "살아서 싸우자"고 말이다.

단식 30일이 넘어가지만 기륭은 움직이지 않았다. 이미 예상한 일이었다. 2006년에 30일 단식 경험이 있어서 기륭은 무조건 30일은 넘긴 후에 움직임이 있을 거라고 생각했다. 노조 역시 워낙 팍팍하게 투쟁하는 곳이 많고 단식투쟁 경험들이 있어서 내성이 생기는 것 같다.

집단단식 18일째! 다 죽어가는 ㅂ
이명박 대통령과 기륭전자

1040인 하루 동조단식

　　그런데 촛불시민들은 달랐다. "한 끼만 안 먹어도 배고프고 괴로운데 어떻게 10일을 넘게 굶을 수 있냐"는 것이다. 단식 18일차 되는 날, 광화문에서 '1040인 하루 동조단식'을 벌이며 청와대 방향으로 삼보일배 행진을 했다. 처음으로 동십자각까지 진출했다고 했다. 이 과정에서 연행자가 있었지만 이날을 계기로 시민들이 비정규직 문제의 심각성을 알게 되었고, 비정규투쟁에 결합하는 계기가 되었다. 그날 이후 단식농성장에는 많은 촛불시민들의 발걸음이 이어졌다.

　　그런데 30일이 지나고 40일이 지나도 기륭은 어떻게든 난처한 상황만 모면하려 했다. 단식 30일차가 되던 날 기륭공대위 분들이 조합원들과 함께 한나라당 원내대표인 홍준표를 찾아가 문제해결을 촉구했고, 배영훈 사장을 불러 들여와 '6월 7일 제출한 안을 중심으로 성실교섭 하겠다'는 합의서를 쓰게 했다. 하지만 기륭전자는 약속을 지키지 않았다. 그리고 43일차 되는 날, 한나라당은 기륭전자를 불러서 취업 알선 정도의 수준으로 일방적인 합의안을 만들고, 그 안을 노조에게 수용하라고 협박했다. "사람 좀 살려 달라"고 도움을 요청했는데, 한나라당은 우리의 뒤통수를 친 것이다.

조합원 대부분이 탈진해 쓰러지고, 오석순 조합원은 "신장에 심각한 문제가 생겨 단식을 지속하면 평생 투석을 하면서 살아야 한다"는 의사의 소견이 있었다. 통증이 심가해지지 조합원들의 결단으로 단식 45일차에 오석순 동지를 병원에 보냈다. 이제 남은 사람은 현주와 옥상에 있는 유홍희 동지와 나, 셋뿐이었다.

단식 50일차에 나는 관을 올리라고 했다. 집회를 통해 사람을 죽이고 있는 기륭에게 항의하고, 문제해결을 하지 않는다면 올린 관에 사람이 실려 내려갈 수 있다는 경고였다. 우려를 표하는 동지들이 있었다. "그렇게까지 해야 하냐"고. 나는 답답했다. 우리는 정말 목숨을 걸었고 그것을 저들에게 확인시켜 주어야 한다고 생각했다. 결국 관은 옥상 위로 올려졌다. 단식 50일에 관을 올려야 하는 우리 심정은 말로 표현할 수가 없었다. 조합원들을 비롯해 많은 동지들이 눈물을 흘렸다. 나는 관을 받아들면서 우리가 정말 이렇게까지 해야 할 정도로 해결하기 어려운 문제인가! 정말 목숨을 걸어도 해결이 불가능한 문제인가? 답답하고 속상했지만 저 관에 사람을 넣는 것이 아니라 이 세상에서 없어져야 할 노동자의 설움, 파견법 등을 넣어 장례를 치르겠다고 마음을 다잡았다.

단식 55일차로 접어들면서 이정희 국회의원이 국회 안에서 천막을 치고 "죽어 가는 기륭 여성 비정규노동자를 살려 주세요"라고 호소하며 단식을 했다. 야당 여성국회의원들도 문제해결을 촉구하는 기자회견과 기륭전자 항의방문을 했다. 학생, 노동자, 종교인, 진보정당 당원, 촛불시민들 등 너무 많은 분들이 촛불을 함께 들고 문제해결을 촉구했고, 릴레이 단식농성을 이어 나갔다. 지방에서도 기륭문제 해결을 촉구하며 노동청, 시청광장 등에서 촛불을 들었고, 대구와 전주에서는 천막을 치고 농성을 하기도 했다. 이때부터 유흥희 동지의 몸 상태가 안 좋아졌다. 가슴 통증을 호소하기도 했고, 며칠 배가 아파서 식은땀을 흘리며 잠도 못 자고 엄청 고생을 했다. 단식을 해도 몸 안의 활동은 있어서 세포가 죽어 떨어져 나온 것이 장에 쌓인다고 한다. 아주 묽은 변을 조금 보는데 엄청난 고통의 시간을 보내야 했다. 기력이 없어 장 밖으로 밀어낼 힘이 부족해 오는 현상이란다. 그뿐 아니라 방금 이야기한 것을 잊어버리고 한 말을 계속 반복해서 하고, 눈빛이 조금씩 흔들리기 시작했다. 아마 유흥희 동지는 이 사실을 모를 거다. 함께 단식하던 나는 이러다가 정말 사람을 잃겠다 싶은 두려움이 밀려 왔다. 그런데 더욱 심각한 것은 가슴 통증이었다. 의사의 소견이 폐에 물이 차고 있는 것 같단다. 빨리 치료하지 않으면 목숨이 위험할 수 있다고 했다. 상황은 심각해져만 가는데 해결의 기미가 보이지 않는다.

이런 상황에서 단식 62일차인 8월 11일, 기륭전자와의 교섭이 이뤄졌다. 하지만 내용은 별반 달라지지 않았다. 교섭에서 기륭전자는 "대화가 되는 사람끼리 교섭하자"며 교섭위원이던 분회 조합원을 배제하고 교섭을 하자고 요구했고 우리 교섭단이 이를 수용해서 교섭을 진행시켰다는 소식을 들었다. 어떻게든 교섭을 통해 문제를 풀어 보려는 생각이었겠지만 말도 안 되는 결정이며, 기륭전자는 여전히 고압적 자세로 교섭에 임하고 있었다.

그날 밤, 밤새도록 비바람이 불고 천둥번개가 쳤다. 나는 한숨도 잠을 자지 못했다. 비바람소리 천둥소리 때문이 아니라 이 상황을 어떻게 돌파해 나가야 하나 하는 고민 때문이었다. 지나간 시간들이 머릿속으로 필름처럼 죽 흘러갔다. 생각해 보니 우리는 결정적인 순간에 늘 결단하지 못했던 같다. 지금이 다시 한 번 결단할 때가 아닌가 생각이 들었다. 이미 60일을 넘겨 단식을 하고 있는 내가 할 수 있는 일이라고는 마지막 목숨줄을 내놓는 것밖에 없다는 생각이 들었다. 밤새 고민하다 새벽녘에 노트북을 켰다. 그리고 단숨에 나의 입장을 밝히는 글을 썼다.

> "단식 63일차, 소금과 효소를 끊습니다. 강제 병원 후송도 응급조치도 거부합니다. 결국 법에서 보호받지 못하는 우리 비정규직은 이렇게 목숨을 내놓지 않으면 안 되는 것이 현실입니다. 너무도 가슴 아픈 현실이지만, 동지들! 절박한 기륭 비정규 여성노동자들의 투쟁에 끝까지 함께해 주십시오. 동지들의 가슴을 아프게 해서 죄송합니다……."

글을 쓰면서 분노의 눈물, 조합원들에게 미안한 눈물, 속상함의 눈물이 흘렀다. 아침이 되어 조합원에게 글을 전달하고 나자 주변은 난리가 났고, 유흥희 동지는 "상의도 없이 그런 결정을 어떻게 내릴 수 있냐"며 항의했다. 본인도 나와 함께 하겠단다. 나는 너무 괴로웠다. 설명을 해도 듣지 않았다. 기력이 쇠진해진 나는 자리에 앉을 기력도 없었다. 누워서 그저 눈물만 흘릴 뿐이다. 그런 상황에서 배에 통증이 갑자기 심각해졌다. 지난번 유흥희 동지와 상태가 비슷한 것 같다. 뜨거운 물로 찜질을 해도 소용없고 동지들이 배에 마사지를 해도 소용없었다. 얼굴은 하얗게 질렸다. 지금 생각해 봐도 그때처럼 고통스러웠던 적은 없었던 것 같다. 엄청 고생을 하고 나서 통증은 가라앉았다. 많은 동지들이 찾아와 "살아서 싸우자"고 호소했다. 나의 결단이 사측을 압박하는 것이 아니라 우리 동지들만 압박하는 것 같아 너무나 미안했다. 하지만 나는 받아들일 수 없었다. 조합원들이 몰려와 또다시 압박을 한다. "사람 죽이고 우리만 살 수 없다"는 것이다. 결국 나는 다시 물과 효소를 먹기로 결정했다.

## 1,000일 투쟁을 딛고 다시 일어서자

단식 65일차 되던 날 아침, 조합원 전체가 옥상으로 모였다. 내가 효소를 끊는다고 입장을 발표하고 난 후 교섭이 열렸고 밤샘교섭이 이뤄졌지만 내용 진전은 없었다. 중재를 섰던 이정희 의원이 찾아왔고 모두 모여 논의를 했다. 조합원들이 돌아가면서 한마디씩 했다. "도급은 수용할 수 없다", "우리가 파견직이 끔찍해서 노조 만들고 지금까지 싸웠는데 도급받을 거면 애초 싸우지도 않았을 것이다", "취업은 회사가 알선해 주지 않아도 우리가 할 수 있다", "우린 정당한 요구를 했고, 아무것도 없이 두 손 털고 떠나는 한이 있어도 굴욕적 합의는 할 수 없다", "지난 1,000일의 시간을 무로 돌릴 수 없다"며 모두 눈물을 흘렸다. 이정희 의원도 조합원들도 모두 말없이 눈물만 흘렸다. 마지막에 이정희 의원은 "제발 죽지만 말아 달라"고 두 손을 잡고 눈물을 흘렸다. 끝내 교섭은 결렬되었다. 이후 금속노조는 "노조가 모든 걸 책임질 테니 병원으로 가자"고 제안했다. "살아서 싸워야 하지 않겠냐"고. 유홍희 동지의 상태가 갈수록 심각해지고 있고, 금속노조에서도 강경하게 주장을 하고 있다. 우리의 단식이 회사를 압박해야 하는데, 시간이 지나면서 노조와 동지들만 압박을 받는 이 현실이 서글펐다. 이 상태에서 단식이 중단되면 싸움은 또 지리멸렬하게 진행될 수밖에 없는

데…….또 한 번의 결단이 필요한 시기가 온 것이다.

마음은 끝장을 보고 싶었지만, 결국 노조의 요구를 수용하기로 했다. 그런데 아무리 생각해도 그냥 병원으로 갈 수는 없었다. 그래서 몸 상태가 심각한 유홍희 동지만 내려 보내려고 했는데, 당사자의 반발이 워낙 거세고 노조 또한 나를 압박했다. "투쟁은 혼자 하는 것이 아니다"라면서……. 틀린 말은 아니지만 상황의 절박성이 있는 문제라 그래도 마지막은 내가 책임져야 한다고 생각했다. 나의 이런 생각을 어떤 이는 소영웅주의라고 표현하기도 했다. 나는 두드러져 보이고 싶지도 않고 영웅이 되고 싶은 생각도 없는데 말이다. 노조 결성 때부터 함께해 준 조합원들, 너무나 힘겹게 살아가고 있는 조합원들이 용기 내서 "우리도 사람이다" 외치며 "일 좀 마음놓고 하게 해 달라"는 소박한 요구를 하면서 교통비가 없어서 걸어 다니고, 아이 교통비조차 줄 수 없는 상태에 이르러 어쩔 수 없이 생계투쟁 나간 조합원, 그동안 너무도 많은 분들의 피눈물이 쌓여 있는 우리의 투쟁…….그 투쟁을 그냥 또 이렇게 끝을 보지 못하고 넘길 수는 없다는 생각뿐이었다. 정말 이 문제가 목숨을 걸어도 해결 불가능한 문제인가 끝장을 보고 싶었다.

하지만 67일째 되는 날 병원으로 가게 되었다. 문제가 해결되기 전에 살아서 내려가지 않겠다고 했는데……. 들것에 실려서 땅으로 내려오는데 어떤 말로도 그 아픔을 표현할 수 없었다. 결국 이렇게 우리의 1,000일 투쟁이 마무리되는 것인가. 너무 속상했다. 동지들의 눈물바람을 뒤로하고 병원으로 옮겨졌다. 그러나 도저히 이대로는 단식을 중단할 수가 없었다. 다행히 유홍희 동지와 병실을 따로 배치받았다. 응급실에서 수액을 꽂아서 수액을 맞긴 했지만 단식을 지속하겠다고 밝혔다. 일부 동지들이 이

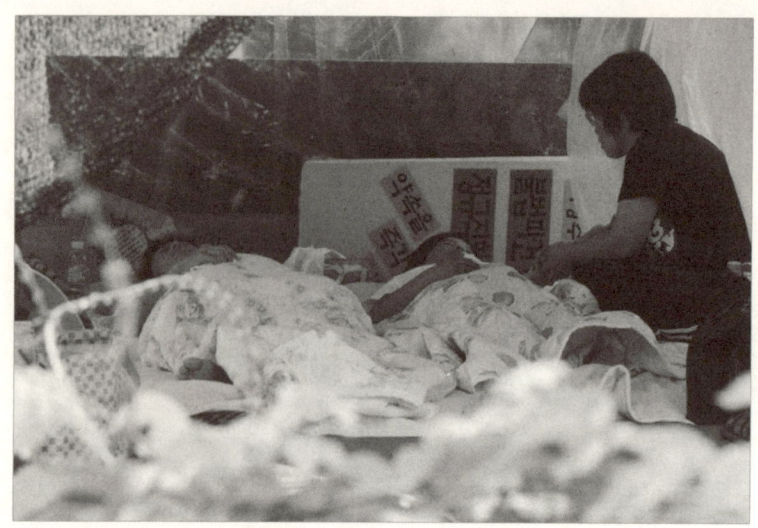

단식농성 67일째인 필자(왼쪽)와 유흥희 조합원(오른쪽)

미 수액을 맞았기 때문에 단식이라고 볼 수 없다고 했지만, 그래도 음식물을 먹을 순 없었다. 그 상태에서 며칠 시간이 흘렀다. 상황은 나아지지 않았고, 여러 가지 어려움들이 계속 일어나기 시작했다. 도저히 병원에 있을 수 없어서 퇴원하겠다고 했다. 그러나 병원에서 퇴원을 시켜 주지 않았다. 이 상태로 퇴원하면 매우 위험하다는 것이다. 퇴원하겠다는 나의 입장이 확고하다는 것을 알고 병원 원장님이 "수액을 계속 맞겠다고 약속하면 퇴원시켜 주겠다"고 하신다.

환자복 차림으로 링거를 꽂고 앰뷸런스를 타고 다시 농성장으로 돌아왔다. 다시 옥상으로 올라가려는데 동지들이 사다리를 치워 버렸다. "옥상으로 올라가는 것은 절대 안 된다"는 것이다. 답답했지만 동지들의 말을 따르기로 하고 컨테이너 농성장에서 지내기로 했다. 단식을 하면서 링거를 맞는 일은 쉬운 일은 아니었다. 주사바늘 꽂고 몇 시간 지나면 팔이 붓고 통증이 온다. 하도 많이 맞아서 핏줄이 숨어 버리고 양팔은 다 시퍼렇게 멍들고 걸어다닐 힘도 없는데 화장실을 자주 가야 해서 나중에는 휠체어를 타고 다녀야 했다. "링거를 맞다 중단하면 더 위험하다"는 의사의 주의 때문에 맞지 않을 수도 없었다. 나 때문에 보건 동지들이 고생을 많이 했다. 매일 와서 링거를 놔주어야 했으니까…….

링거를 꽂고 단식을 이어 가면서 회사와의 비공식 만남이 만들어졌고 교섭도 몇 차례 열렸다. 그러던 어느 날 최동열 회장이 컨테이너로 불쑥 들어왔다. "잘 해보자. 고생 많았다"고 한다. 뭔가 문제가 해결되려나 기대를 했다. 그러나 결과는 없다. 기륭전자는 위로금으로 돈을 조금 더 생각해 보겠다는 것이었다. 우리가 그렇게 목놓아 얘기한 고용문제는 여전히 취업알선 수준이다. 컨테이너 농성장에서의 단식은 옥상보다 사실은 더 힘들었다. 늘 시끄럽고, 사실 조합원들에게는 괜찮다고 했지만 매 끼니 때마다 그들이 밥 먹을 때 나는 음식냄새도 불편했다. 단식한 지 80일이 넘어가면서 밤에 자주 깨고 저림 증상이 심해지고 90일이 되면서는 심장 압박증상이 생겼다. 조합원들과 동지들은 "이제 그만 단식을 풀라"며 압박한다. 특히 동지들이 가뜩이나 힘든 조합원들에게 "사람 죽일 거냐"며 압박이 이만저만이 아니었다. 그래도 더 버틸 수 있을 것 같아 "괜찮다"고 얘기했지만, 조합원들은 "불안해서 살 수가 없다. 단식 풀고 더 싸우면 되지 않냐"고 한다. 94일째 되던 날 밤새 잠을 자지 못했다. 심장압박증상이 심해진 것이다. 결국 탈진 상태에서 병원으로 이송되었다. "1,000일 전에 현장으로 돌아가자"던 우리의 희망을 끝내 이루지 못한 채 나는 단식을 접었다.

앞으로 어떻게 싸워 나가야 하나 너무나 막막했다. 그런 우리에게 또 비보가 전해졌다. 암투병 하던 권명희 조합원이 세상을 떠난 것이다. "살아서 꼭 복직하겠다"고 했던 언니다. 많은 분들과 함께 '기륭전자 분회장'으로 외롭지 않게 언니를 보내드리며 약속했다. 반드시 현장으로 돌아가겠노라고. 몸과 마음 모두 지쳐 있는 조합원들이 명희 언니를 보내면서 다시이를 악물었다. "이대로 포기하지 말자"고 서로 약속했다.

하지만 꼭짓점을 찍는 투쟁을 했지만 해결되지 않았던 문제인데 어떻게 할 것인가 고민이었다. 기륭전자의 최대 바이어인 미국의 시리우스사 원정투쟁을 계획했다. 그랬더니 회사에서 교섭을 하자고 연락이 왔다. 타결을 전제로 해보자고 한다. 그러나 결론은 결렬이다. 시간만 벌고 회사는 먼저 제안한 내용을 스스로 뒤집어 버렸다. 노조는 미국 시리우스사 원정투쟁을 떠났고, 회사는 컨테이너와 천막을 끌어내고 부수고 조합원들을 폭행했다. 그리고 기자회견을 통해 "시위하는 사람들은 우리 회사의 직원인 적이 없었다, 우리도 원칙적으로 대처해 나갈 것이다"라고 선전포고를 했다. 그러고는 부지매각이 되자마자 이사 준비에 여념이 없었다. 기륭전자가 이사를 해 버리면 해결하기 더욱 어려워진다는 판단 아래 기륭정문 앞에 아시바탑을 쌓고 다시 고공농성을 했다. 경찰과 구사대, 용역깡패가 몰려 나와 '아시바'탑을 흔들어 대고 "차라리 떨어져 죽어라"며 소리쳤다. 경찰은 연대하러 온 시민들과 조합원들을 연행하고, 용역들에게 맞은 시민들이 병원으로 실려 갔다. 하루 만에 경찰특공대를 투입해 진압해 버렸고, 진압하는 과정에서 회사는 뽕짝음악을 크게 틀었다. 구사대는 아시바탑을 밀어 넘어뜨리면서 박수를 치며 환호성을 질렀다. 그 모습을 본 조

2008년 9월 27일, 고(故)권명희 조합원 노제(왼쪽 끝이 필자)

합원들의 마음은 완전히 무너져 버렸다. 저렇게 끔찍한 사람들과 함께 일할 자신이 없단다.

무너진 조합원들을 다시 추스르고 어떻게 투쟁을 해 나가야 할까 너무 많은 고민이 들었다. 이 시기 복식을 하고 있던 때라 사실 나조차도 몸과 마음 모두 지쳐 있었다. 뭘 하려고 해도 몸이 마음대로 움직여지지 않았다. 머리도 복잡스러워 생각이 많았지만 잘 정리가 되지 않았다. '단식 후유증'인가 싶기도 했다. 목숨까지 걸고 싸웠는데 해결이 안 된 이 문제를 가지고 또 어떻게 싸워 나갈까. 그동안 나는 단 한 번도 우리가 패배할 거라는 생각을 하지 않았다. 중간중간 어려움도 있었지만 전망에 대해 늘 확신에 찼고 조합원들에게도 그리 얘기해 왔다. 빡세게 싸우면 반드시 현장으로 돌아갈 수 있다고 확신했다. 1,000일을 그렇게 싸워 왔는데 아무런 결과물도 없이 단식을 종료로 마무리된 상황에서 나조차도 어떻게 해

기륭전자앞 아시바탑 위의 농성, 구사대와 용역깡패(2008년 10월 20일)

아시바탑 농성 중 연행당하는 필자(2008년 10월 21일)

나가야 할지 막막했다. 그러니 조합원들은 얼마나 더 힘들었겠는가.

하지만 이대로 주저앉을 수는 없었다. 저들이 불법을 저질렀고, 우리는 불법을 시정하라고 요구했는데 모든 고통을 고스란히 우리만 짊어질 수 없다. 불법과 싸워 우리가 포기한다면 앞으로 무슨 희망을 가지고 세상을 살아가겠나.

## 7. '비정규직 없는 세상', 희망을 만들자

### 다양한 연대의 손길, 새로운 희망을 보다

생각해 보면 꿈과도 같았던 1,000일 투쟁이었다. 지역의 어떤 동지는 이렇게 말한다. "기륭은 현장으로 돌아가진 못했지만, 그래도 원없이 싸운 것 아니냐"고. 맞는 말이다. 정말 많은 분들의 연대가 줄을 이었고, 비정규 문제가 사회화되었다. 물론 진행과정에서 아쉬운 부분이 있지만 우리에게는 정말 꿈같은 시간을 보낸 것이다. 수없이 많은 분들의 연대로 원없이 싸웠으니 그 힘을 바탕으로 다시 일상으로 돌아와 1,000일 동안 하루같이 해왔던 출근투쟁, 집회, 문화제, 연대투쟁을 해 나가면서 "몸과 마음을 추스르고 투쟁방향도 다시 재정립해 보자"고 결의를 모았다. 기륭문제가 전 사회적인 문제가 되었는데도 해결이 안 된 이유는 바로 파견법에 있기 때문이다. 파견법 자체를 폐기하는 투쟁과 불법을 저지른 기륭전자가 어떠한 방식으로든 직접 책임질 수 있도록 다양한 투쟁을 전개해 보자고 정리했다.

그래서 기륭투쟁과정에서 기륭을 넘어서 비정규직 전체의 문제를 사회화할 수 있도록 네트워크가 구성되었다. 그것이 바로 '비정규직 없는 세

상 만들기'이다. 우리도 "기륭을 넘어서 전체 비정규직 노동자들과 함께
할 수 있는 투쟁을 해야 한다"고 내부 정리를 했고 '비정규직 없는 세상 만
들기' 네트워크에 적극적으로 참여하기로 했다. 이런 결의에도 조합원들
의 마음은 힘들었다. 그러나 누구 하나 힘들다는 말을 내뱉지 못했다. 모두
힘들다는 것을 알기 때문에……. 그러다 막내인 은미와 52일간 단식을 했
던 현주가 새 진로를 찾아 떠났다. 두 동지에게 "조금만 더 하면 승리할 수
있다. 함께 하자"라는 말을 나는 차마 하지 못했다. 그저 "조금만 더 최선
을 다해 보자"라는 말밖에는…….

그러던 2009년 용산참사가 터졌다. 우리는 올 것이 왔구나 하며 가슴
을 쓸어내렸다. 용산의 그 모습은 2008년 10월, 아시바탑을 쌓고 올라갔
을 때의 바로 우리의 모습이었다. 이후 8월에는 쌍용자동차 정리해고 투
쟁이 벌어졌고 역시 용산의 상황이 고스란히 재현되었다. 기륭, 용산, 쌍용
차 이곳의 공통점은 이 시대의 가장 고통받고 있는 사람들을 이명박 정권
과 자본이 용역깡패와 경찰력을 동원해 짓밟으려 한다는 것이다. 철거민
의 문제, 비정규직의 문제, 정리해고의 문제는 다른 문제로 보일 수 있지만
문제의 본질은 같은 것이었다. 그래서 2009년 기륭투쟁은 거의 일상투쟁
으로 전개되었지만, 최선을 다해 용산투쟁과 쌍용차투쟁에 함께했다. 또
한 기륭을 비롯한 불법파견 사업장에 대하여 국제노동기구인 ILO에서 불
법파견에 따른 직접고용을 하라고 권고했지만 이를 이행하지 않고 있는
한국정부를 규탄했다. 민주노총과 함께 ILO 권고안을 무시하면서 OECD
의장을 하게 된 한승수 총리에게 항의하기 위한 원정투쟁을 벌였다. ILO
총회장과 OECD 개막 행사장 안에서 1인시위 및 피켓시위를 했고, 파리
OECD 행사장 주변에서 3보1배를 하기도 했다. 특히 OECD 행사장 안에

제네바 ILO 행사장 1인 소복시위(2009년 6월)

서의 시위는 처음이라고 한다. 우리의 투쟁으로 OECD 노조자문회의 관계자들과 한승수 당시 총리가 2010년에 있을 G20 회의 때 한국의 비정규직 문제와 노동문제 관련하여 간담회를 하기로 하였다. 먼 타국이었지만 함께해 주는 동지들이 많이 있었고, 외국 노조단체에서 우리의 문제를 잘 알고 있는 것에 놀랐다. 국제연대도 많이 중요하다는 것을 느꼈다. 이 시기 나는 복식이 채 끝나지 않았는데, 프랑스에 가서 달리 복식을 유지할 수 있는 상황이 아니었다. 그런데 내가 좋아하는 와인, 치즈, 빵 등 외면하기 어려운 음식들이 즐비해서 그냥 복식을 정리하기로 마음먹고 가리지 않고 먹었더니 귀국해서 나를 본 조합원들은 "프랑스가 물이 맞나 보네" 하고 웃으며 얼굴이 많이 좋아졌단다.

어느덧 1,000일 하고도 800일이 훌쩍 지나갔다. 그 사이 어려움도 많았지만, 강화숙 조합원이 세연이를 낳아 매일 농성장에 아이와 함께 출근을 하고, 이미영 조합원은 지난 3월 말에 인서를 낳아 3개월의 출산휴가

후 7월에 복귀를 했다. 농성장은 세연이 때문에 늘 웃음꽃이 피었는데, 인서가 출근하면서 더 큰 웃음꽃이 핀다.

우린 얼마나 더 싸워야 할지 알 수 없지만, 마지막까지 최선을 다해 한 발 한 발 나가려고 노력했다. 어떤 이는 "희망이 있는가" 우리에게 묻는다. 나를 포함한 우리 조합원들은 모두 하나같이 얘기한다. "희망이 없다면 싸울 수 없다"고, "우린 반드시 승리할 것"이라고. 왜냐하면 승리할 때까지 싸울 거니까! 또 어떤 이는 "어디서 그렇게 질기게 싸울 수 있는 힘이 나오냐"고 묻는다. 우리는 "일상투쟁을 꼼꼼히 해온 것이 그 힘"이라고 답해 왔는데, 다큐를 찍는 감독은 우리의 '수다'에 그 힘이 있다고 했다.

사실 우리 농성장은 늘 시끌벅적했다. 별것 아닌 얘기도 서로 목청 높여 목숨 걸고 얘기한다. 한시도 조용할 날이 없었다. 몇 사람 안 되면서도 서로 다른 주제로 여기저기서 얘기한다. 거기에 우리 세연이까지 우리의 수다에 더해져서 더욱 시끄러웠다. 어떤 동지는 이 모습을 보면서 "수다로 적들을 교란시키는 마력이 있는 것 같다"고도 했다.

### 길고 긴 1895일! 끝내 승리하다

이러한 저력으로 우리는 끈질기게 투쟁을 이어 갔다. 2010년 우리는 기륭전자 앞에서의 투쟁을 하면서 매일 파견문제를 알리고 해결을 촉구하기 위해 광화문에서 1인시위를 하고, 매주 화요일은 선전전 형식의 집회를 했다. 또한 6·2지방선거에 파견문제를 공론화하기 위해 시의원 비례후보도 냈다. 혹시 당선될까 봐 서로 못하겠다고 아우성을 치다가 마감 몇 시간 앞두고 밤 12시 넘어 오석순 동지를 압박해서 결심하게 만들어 민주노동당 비례 1번이 되었지만, 안타깝게(?) 낙선했다.

2010년 10월 16일, 포크레인 농성을 해산하려는 경찰에 맞서서(포크레인 위 오른쪽이 필자)

　1,000일 투쟁 이후 2010년 8월 우리는 다시 위급한 상황에 직면하였다. 기륭 구사옥터 공사를 하겠다며 농성장 앞으로 포크레인이 들어왔다. 당연히 실랑이가 벌어졌고, '기륭 비정규문제 해결 없는 부지개발반대, 기륭문제 해결촉구 투쟁선포 결의대회'를 통해 노동조합의 입장을 밝혔다. 바로 회사가 고용한 용역깡패 10여 명이 들어와 "농성장을 자진 철거하라"며 협박을 했다. "포크레인으로 강제 철거하겠다"는 위협 속에 두 명의 조합원이 경비실 옥상으로 올라가 농성을 하였다. 이틀 후 새벽 용역 30여 명과 함께 대형 포크레인이 다시 밀려왔다. 이 과정에서 연대단위 동지들과 조합원이 다치자 그때서야 포크레인을 끌고 갔다. 그 뒤 회사 측과 물밑 접촉이 있었고 우여곡절 끝에 잠정합의에 가까운 안이 만들어졌다. 합의 가능성을 기대했던 우리는 회사 측이 이 안을 번복하는 바람에 다시 전

면전을 치러야 했다. 경비실 옥상에서 농성을 하던 조합원 두 명은 무기한 단식농성에 들어갔다. 사측은 대형 포크레인을 또 밀고 들어왔고, 몇 안 되는 조합원들이 바퀴 밑으로 들어가는 등 실랑이가 벌어졌다.

나는 송경동 시인과 같이 포크레인 위로 올라가 농성을 하였다. 경찰은 포크레인 위에 있는 우리를 해산시키겠다고 해산방송을 하고 매트리스, 소방차를 부르고 전경을 배치했다. 이 과정에서 송경동 시인은 "제2용산을 만들겠다는 것이냐"며 온몸으로 저항했다. 포크레인 끝에 서서 전기줄 하나 부여잡고 몸을 45도 각도로 누워 버렸다. 많은 사람들이 울부짖었다. "경찰 물러가라!" 나는 송경동 시인이 떨어지지 않도록 하기 위해 반대편에서 전깃줄을 잡아당기고 있었다. 그렇게 3시간 넘는 목숨을 건 투쟁을 벌이고 나서야 경찰은 물러났다. 정말 사람이 죽을지도 모른다고 판단한 것이다. 많은 이들이 기륭문제 해결을 촉구하며 기자회견, 집회, 촛불문화제 등을 같이했고, 동조단식을 시작한 이들도 있었다.

그렇게 질기고 질긴 투쟁은 1,895일째인 2010년 11월 1일, 국회에서 조인식을 가지면서 막을 내렸다. 조인식 자리에서 기자들이 내게 물었다. "심정이 어떠냐." 조인식 하는 그 순간 나는 조합 가입원서를 쓰면서 눈물 흘리던 조합원들, 함께 투쟁을 하다가 어쩔 수 없이 생계를 나가야 했던 조합원들, 이 세상에 없는 명희 언니…… 얼굴이 떠올랐다. 파견이 너무도 끔찍해서 싸웠는데 지금 이 시간 여전히 그들은 3개월짜리, 6개월짜리로 단기간 고용신세이다. 언제 해고될지 모르는 불안감 속에서 저임금에 신음하고 있다.

"마음 놓고 일 좀하게 해 달라"는 우리의 요구가 그렇게 무리한 것인가. 그렇게 거대한 것인가. 서글펐다. 1,895일 투쟁에 합의문이라는 종이

한 장 달랑 받아들고 나니, 정말로 허탈했다. 함께 복직하지 못하게 된 조합원들에게 너무나 미안했다. 마지막까지 싸운 10명만 고용보장이 되는 것과 1년 6개월의 유예기간 후 복직되는 점이 아쉽다. 하지만 그나마 위안을 삼는 것은 기륭전자가 직접 책임지게 했다는 것, 불법파견 판정이 나고도 부당해고에 대하여 대법에서 패소한 이 사건을 투쟁을 통해 쟁취했다는 것이다.

2010년 11월 1일, 조인식 후 약식보고를 하는 필자

투쟁이 끝나고 나면 나는 마음이 좀 편해질 줄 알았다. 그런데 합의내용이 충분치 않은 것과 기륭전자가 합의서에 따른 약속을 정해진 날짜에 이행하지 않아 농성장 철거를 하지 못하고 한 달 정도를 더 유지해야 했다. 그러다 보니 복직 못하는 조합원들에게 합의내용에 대해 충분한 보고를 하지 못하면서 여러 가지 오해를 사기도 했다. 마음 아픈 부분인데, 함께 복직하지도 못하고 금전적인 부분에 대하여도 충분히 보상이 되지 못하면서 생긴 문제이다. 이런 사정 때문에 이리저리 신경을 쓰다 보니 나는 투쟁할 때보다 흰머리가 더 생겼다.

투쟁 때 "승리하면 소 한 마리 잡겠다"고 동지들에게 한 약속은 조인식 후에는 돼지 두 마리 잡는 걸로 축소할 수밖에 없었지만, 우리의 한이 서린 기륭 구사옥 터 안에서 그동안 함께해 주신 많은 분들과 문화일꾼들

2010년 11월 5일, 투쟁 승리보고대회의 조합원들

이 모여 힘차고 즐거운 승리보고대회를 했다. 그리고 지역주민들과 함께 나누는 자리로 '골목에서 만나다' 행사를 1박 2일로 하면서 주민들에게 떡을 돌렸다.

　　많은 이들이 믿기지 않는다고 한다. 나 역시 믿기지 않고 우리 조합원들 역시 믿기지 않아 한다. 너무나 긴 시간의 투쟁이었다. 이 긴 시간의 투쟁, 수없이 많은 사람들의 연대가 아니었다면 여기까지 올 수 있었을까. 무엇보다도 파견노동이 곧 노예노동이라는 것을 아는 우리 조합원들이 '한순간을 살아도 사람답게 살고 싶다'는 희망을 놓지 않고 같이 해왔기에 가능했다.

　　이제 우리의 몫, 나의 몫은 지금 이 시간에도 "사람답게 살고 싶다"며 영하 15도의 날씨에 정문 아치 위에 올라가 농성하고 있는 지엠대우 비정규직 노동자, 불법파견 정규직화를 요구하며 현장점거농성을 벌였던 현대차 비정규직 노동자, 조직되어 목소리를 내지 못하고 있지만, 3개월·6

개월 단기고용에 고통받고 있는 중소사업장의 비정규직 노동자들이 더 이상 없도록 함께 싸워 나가는 것이라 생각한다. 비록 적은 힘이지만 '사람장사' 하는 파견법을 철폐하고 모든 사람들이 평등하게 마음놓고 일할 수 있는 '비정규직 없는 세상'을 향해 힘차게 싸워 나갈 것이다. 그렇게 하기 위한 작은 실천으로 복직을 기다리는 조합원들은 개별 생계를 나가지 않고 힘들지만 조합사무실로 매일 출근하기로 했다. 그동안 우리가 느꼈던 연대의 큰 힘을 잊지 않고 실천하고, 비정규직 철폐를 위한 투쟁에 힘을 보태기로 했다.

투쟁 초기에 '기륭투쟁 승리해서 금강산 여행 가자'는 구호를 아직 실천에 옮기진 못했지만, 요즈음 우리는 전국을 돌며 함께 해주셨던 고마운 분들께 감사인사를 하고 있다. 많은 개인들도 연대해 주셨지만 그분들을 일일이 찾을 수 없어 주로 단체를 중심으로 인사를 하고 있다. 투쟁이 마무리되고 두 달이 넘었지만 조합원들은 "아직도 투쟁 중인 것 같다"고 얘기한다. 하긴 회사 앞으로 출근투쟁과 집회만 안 할 뿐이지 우리 생활은 크게 달라지지 않았다. 달라진 거라고는 농성장 대신 조합사무실로 출근한다는 것이다.

2011년도 많이 바쁠 것 같다. 하지만 회사에 복직하기 전에 꼭 조금 긴(?) 휴가를 갖고 싶다. 사회에 첫발을 내딛은 이후 일주일도 쉬어 보지 못하고 일을 했다. 동생들이 학교 다닐 때는 생활비를 보태야 했기 때문에 일을 해야 했고, 나중에는 투쟁하느라 시간이 없었다. 우리 운동 상황은 여유를 가질 조건은 아니지만, 나는 쉼 없이 달려온 만큼 지난 시간을 되돌아보고 앞으로의 삶을 어떻게 잘 살아 나갈지 성찰의 시간을 보내고 싶다.

간병서비스가 곧 제도화되는데 올바른 방향으로 정착할 수 있도록 하는 것이
지금 최소의 목표에요. 또한 대구지역의 권리를 제대로 찾지 못하는 간병인들과
요양보호사들이 노동조합으로 하루빨리 모여서 함께 권리를 찾아나가는 것이죠.

# 79일 밥투쟁으로 세운
# 경북대 간병인 노조

## 석명옥
공공노조 의료연대 대구지역지부 간병분회 분회장

# 79일 밥투쟁으로 세운 경북대 간병인 노조

## 1. 대가족 속에서 자란 맏딸

### 전쟁통에 태어난 아이

●●● 몇 년도에 태어나셨어요?

1950년, 한국전쟁이 나던 해에 청도에서 태어나고 경북에서 계속 살았죠.

●●● 전쟁 때인데 부모님들은 어떠셨어요?

청도는 피난은 안 갔는데, 엄마가 고생을 많이 하셨다고 그래요. 왜냐하면 50년 한국전쟁이 터졌을 때 엄마는 배가 불러 있었고, 가을인 10월 19일에 저를 낳으셨는데, 주변에 뭐 사돈의 팔촌까지 조금이라도 연관 있는 사람들은 청도지역으로 다 피난을 와 가지고, 온 마당에 집 주변에 전부 아는 사람들이라, 그래 고생을 했다고 하더라고요.

| 석명옥 씨의 구술작업은 면담자 유경순(본문에서는 ●●●로 표시)이 2010년 8월 7일 경북대 간병인노조 회의실에서 진행했으며, 이후 서면 인터뷰를 통해 내용을 보충했다.

●●● 힘드셨겠네요. 그럼 어머님은 애 낳고 조리하기도 어려우셨겠군요.

산후조리 제대로 못하셨겠죠. 그 때는 할머니, 할아버지 계시고 큰 집하고 같이 사는 대가족이었으니 까, 더 그랬죠. 아버지는 한국전쟁 에 참전해 계셨고, 사진에 보면 제 가 100일도 안 됐을 때 전선에, 뭐 라고 하나? 엄마가 애기인 저를 안 고 할머니하고 셋이서 면회를 갔었

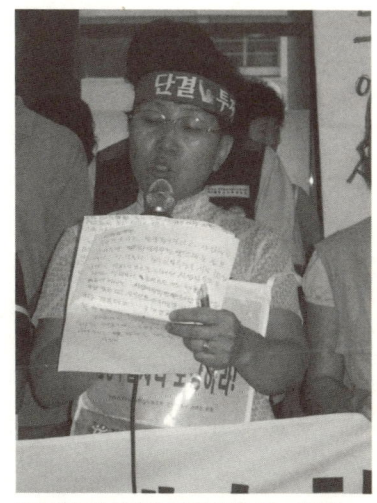
2007년 79일 투쟁 중 기자회견을 하는 석명옥

는데, 거기서 아버지하고 같이 찍은 사진이 있더라고요.


●●● 아버님이 군에 계실 때 태어나셨군요. 형제자매는 어떻게 되세요?

저희요? 아, 6남매, 딸 넷, 아들 둘인데 제가 맏이고, 우리 큰 남동생은 서른 이 다 돼 갈 때쯤 교통사고를 당해요.


●●● 그럼 아버님은 군 가시기 전에는 무얼 하셨나요?

일제시대 때 시험쳐 가지고 면사무소에 조금 다니다가, 직업을 여러 번 바 꾸셨더라고. 대구에서 방직공장에도 다녔고, 옛날에는 방직공장이 많았 는데 어딘지 그건 모르겠고요. 세무공무원도 좀 하셨고, 경찰공무원도 하 셨고. 하하. 퇴직 후에는 15년 정도 이장을 하셨어요.


●●● 부모님들이 결혼을 언제 하신 거예요?

아버지가 어머니하고 일찍 결혼했어요. 일제시대 때 했어요. 우리 엄마가 열다섯 살에 시집을 왔고, 아버지는 열여덟 살이었고. 그때 일본놈들이 결혼 안 한 여자들을 정신대에 많이 뽑아 가고 이래서, 그 당시에 외할아버지, 외할머니가 어머니를 일찍 시집보냈대요.

••• 자라면서 집안 분위기는 어땠나요?

어렸을 때 청도 시골집에서 할아버지, 할머니, 큰아버지, 큰어머니, 고모들, 삼촌들, 사촌오빠들과 동생들, 그리고 내 동생들 이렇게 3대가 함께 사는 대가족 속에서 자랐어요. 삼촌, 오빠들 밑으로 10여 년 만에 처음으로 여자아이인 내가 태어나서 많은 사랑을 한몸에 받으면서 자랐죠. 그러다가 제 밑으로 사촌여동생들과 제 동생이 태어나서 함께 살았고요. 제가 고집이 좀 있어도 워낙 순둥이라 동생하고 다투는 일이 별로 없어서 마음 상하는 일이 없었다고, 할머니나 큰어머니, 고모들이 늘 말씀을 하셨어요. 아버지는 혼자 객지생활을 주로 하셔서 엄마가 저희 세자매를 큰집에서 시집살이하며 키웠어요. 고생이 많으셨겠죠. 나중에 자라면서 할머니가 틈만 나면 하시는 말씀이 "네 어미 반만 닮아도 칭찬듣고 살 거다"는 거예요. 그러다가 경찰관이 되신 아버지가 처음 동해안 감포 경찰서 전촌 초소에 발령이 나시면서 엄마는 동생 둘을 데리고 아버지가 계신 감포에서 함께 사셨죠. 당시는 아들 못 낳으면 여자가 구박받던 시절인데, 저희 아버지는 딸 셋을 다 소중하게 생각하셨어요. 그때 친구들의 아버지하고 많이 달랐어요. 집에서 큰소리 한 번 안 내시고, 제가 결혼할 때까지도 그런 모습만 봤어요. 그후에 남동생 둘과 여동생을 낳아서 우리 형제가 6남매예요.

●●● 이때 처음 감포 쪽으로 가시면서 분가를 하신 거군요.

동생들 둘은 어리니까 먼저 데려가고, 나중에 할머니가 나를 데리고 가요. 내가 철들고 첫 충격이 감포에 간 건데, 경주 쪽에서 가면 감포 입구에 솔밭이 있어요. 솔밭 사이로 바다가 보이잖아요? 감포가 바닷가여서. 청도 내륙지방 시골에 있다가 내가 태어나 가지고 처음으로 바다를 본 거

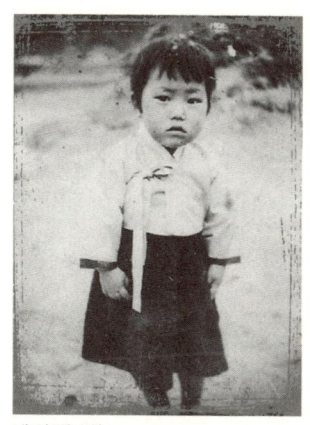

네 살 때 모습

예요. 바다가 뭔지 모르고, 그냥 시골에서 냇가밖에 안 보고 자랐잖아요. 그런데 솔밭 사이로 바다가 하늘하고 맞닿아 쫙~ 보이는데, 큰 배가 막 가더라고요. 깜짝 놀라 가지고 버스에서 이래 보면서 "할매! 할매! 저게 뭐지?", "저 큰 차는 뭐지?" 그러니까 할매가 "저건 차가 아니고 배란다" 하셨어요. 그때 처음으로 배를 봤어요.


●●● 그럼 거기 가서 학교를 다니는군요?

예. 옛날에는 4월에 입학을 했고 아홉 살에 학교를 많이 다녔거든요. 그래서 동창생들 중에서도 한두 살 나이 많은 애들이 많아요. 시골에는 학교가 거리도 먼데 걸어 다녀야 하니까 한두 살 더 먹어가 학교를 보냈죠. 여하튼 아버지한테 갔을 때 내가 여덟 살인데 아버지가 "늦으면 안 된다. 제때 학교 다녀야 된다" 이러면서 학교에 데리고 가서 입학을 시켰는데, 그래도 한 달인가 두 달 늦게 입학을 했어요. 다른 아이들은 공부하고 있었고.

••• 수업 진도를 나가 있었겠네요?

진도가 나가 있었는데, 나는 진짜 한글이 뭔지도 몰랐어요. 내 이름은 알지만 한 번도 써 본 적이 없고. 그래가 첫날은 학교 가고 그 이튿날은 미술준비하고, 뭐 이렇게 선생이 시키는 대로 다 해가 갔는데. 나는 그림 그리는 거를 좋아해요. 근데 한번은 선생님이 그리라고 시킨 그림을 그렸는데, 이름을 못 적어요. 쓸 줄을 몰라 가지고.


••• 또 다른 충격이었겠네요. 하하.

하하, 그때는 충격이었죠. 그래가 집에 와서 엄마하고 아버지한테 이름 쓰는 걸 배우고 그때부터 한글을 조금씩 깨우치고 했죠. 그러다가 아버지가 대본으로 전근을 가는데, 엄마랑 동생들은 가고 나는 혼자 사는 집주인 할매랑 남아 있어요. 그 집주인 할매가 자식도 없이 혼자 살아서 우리 엄마가 "혼자 식사하지 마시라"며 매일 식사를 같이하고 그랬거든요. 한 식구처럼 지낸 거지. 그러다 식구들이 다 대본으로 간다니까 할매가 많이 서운해하시며 우시고, "큰애라도 놓고 가라"고 그러셔서 엄마가 나를 남겨 놓았어요. 그러고서 아버지가 토요일만 되면 데리러 오고. 나는 순해 가지고 시키는 대로 하고. 한참 뒤에 나도 아버지한테 가서 살면서 대본초등학교를 다녔어요. 거기가 두번째고, 아버지가 계속 전근 다니니까 내가 초등학교 여섯 군데를 다녔어요.


••• 그렇게 이사를 많이 다니면 중학교는 어디서 다녀요?

중학교는 구미 쪽에서 다녀요. 구미가 옛날 선산이에요. 원래는 선산군 구미읍인데 지금은 선산군이 없어지고 구미시 선산읍이라고 바뀌게 된 거

10세 때 가족들과 함께(왼쪽 끝)

죠. 70년대인가? 외국에 뭐 수출을 하면서 구미가 유명해졌어요. 여하튼 중학교는 남녀공학인데, 우리 초등학교가 세 반 있었는데, 중학교는 네 반 있었어요. 왜냐면 근처에 있는 작은 초등학교에서 몰려오니까. 우리 때는 초등학교 졸업하고 중학교 진학률이 100%가 안 되었거든요. 남자들은 그나마 중학교를 좀더 보내고, 여자들은 아예 안 보낸 경우가 더 많았어요. 그래서 초등학교 때는 세 반인데, 남자 한 반, 여자 한 반, 남녀합반 한 반으로, 딱~ 반반 있잖아요? 그런데 중학교 들어가니까 남자 세 반, 여자 한 반, 그렇게 차이가 나고, 고등학교 가면 더 많이 차이가 나요.

••• 그렇죠. 60년대, 70년대 이때는 여자들이 초등학교 나온 것도 다행이었어요. 그렇죠. 나는 맏이고 밑에 동생들이 많아 우리 6남매 키우면서 어머니가 집에서 한복 만드는 일을 많이 했었어요. 그래서 나는 초등학교 다닐 때 학교만 갔다 오면, 동생들이 많으니까 집에서 애를 업고. 딴집 애들도 마찬

고등학교 시절 친구들과 같이(오른쪽 끝)

가지였고. 옛날에는 엄마들이 노동일을 하고 이랬으니까. 내가 동생 셋을
다 업어 키웠지 싶어요.


●●● 동생들도 많은데, 학교는 어디까지 다니셨어요?
중학교 졸업하고, 고등학교 갈 때 되니까 엄마가 "애야, 니 동생들도 공부
시켜야 되는데 고등학교 가겠나?" 그래가 집안 형편을 생각해서 나도 엄
마가 가지마라 카면, 속으로는 마음 상하면서도 안 가기로 하고 있었어요.
공부를 못한 건 아니었고. 그때 대구에 내가 제일 좋아하는 고모가 있었어
요. 그때 고모가 가게, 슈퍼 같은 걸 크게 했어요. 연탄, 쌀, 이런 것까지 합
해가 파는. 근데 고모가 영화광이에요. 그래서 방학 때 고모집에 가면, 고
모가 내하고 같이 영화를 봐요. 그때 영화를 많이 봤어요. 그런데 그 고모
가 내가 중학교 졸업하고 고등학교 진학을 안 하고 있으니까 나를 데리러
왔어요. "고등학교를 야간이라도 들자" 해가 고모가 낮에 일할 곳으로 경

찰국을 알아 놨어요. 왜 경찰국에 잔심부름하는 사람이 필요하잖아요?

●●● 사환이요?

네. 내가 낮에 사환으로 일하면서 밤에는 학교를 다니면서 고모집에서 살았어요. 고모가 나를 새벽밥 해 가지고 먹이기도 하고 이래저래 건사한 거죠. 그러다 20세 즈음 제가 집으로 들어가요.

### 결혼생활

●●● 그럼 이때 집에 들어가셨다가 결혼하신 건가요?

예. 그러고 나서 24세 때 결혼했는데, 중매였어요. 뭐 주변 사람이 중매를 했는데, 만나 보니 남편이 우리 학교 3년 선배였어요. 여하튼 선 봐도 뭐 사람됨은 모르죠. 그래 우리집으로 와서 보기로 했는데, 나는 부모님들하고 같이 있고, 신랑 쪽에서는 혼자 왔고. 왜냐면 우리 남편집은 시어머니가 몸이 안 좋았고 연세가 좀 있으셨다나 봐요.

●●● 남편 분, 처음 봤을 때 마음에 들었어요?

아니, 마음에 안 들었어요. 여러 가지로. 그런데 부모님들이 밀어붙이니까 나는 부모님 뜻을 한 번도 거역해 본 적이 없어서 싫었지만 결혼을 했지요. 그나마 내가 마음에 든 게 딱 하나 있는데, 부산에 산다는 거였어요. 바닷가에 산다는 거, 그거 하나는 좋더라고요. 그래서 스물네 살에 결혼해서 부산 가서 살아요.

●●● 남편 분은 부산에서 무슨 일을 하셨어요?

1974년 결혼식 사진

부산에 유명한 제비표 페인트 회사가 있었어요. 그 회사에 몇 년 다니다가 나와서 쌍용그룹에 시누 남편이 계셨는데, 쌍용 레미콘 회사에 기술식으로 일하고 있었어요.

●●● 결혼생활은 어떠셨어요?
살면서 갈등이 많았죠. 왜냐면 우리 애기아빠가 딸 넷 놓고 아들 하나인 외아들인데, 시댁도 아기를 많이 낳았는데 낳는 족족 자꾸 죽고, 홍역하다 죽고 이래 죽고 저래 죽고. 외아들이라 오냐오냐 키워서 자기 중심적이라, 그래 마음고생을 좀 했죠. 거기에 경상도 사람들이 더 그렇잖아요.

●●● 결혼 하시고 바다 구경은 많이 하셨어요?
바다가 좋아 가지고 부산에 갔는데, 그 이듬해 스물다섯 살에 큰애 낳고, 나중에 둘 더 낳아서, 2남 1녀예요. 그렇게 애 낳아서 키우다 보니까, 바닷가에 한 번 가볼 시간이 없는 거야. 아이들 데리고 해수욕장 한 번 못 가고. 바닷바람도 한 번 못 쐬었어요. 그러다가 남편이 창원으로 발령이 나 가지고 그쪽으로 가요.

●●● 창원으로 오신 건 몇 년도죠?

창원으로 온 게, 82, 3년도쯤 됐겠네. 애들 거기서 입학하고, 애들 키우면서 시골에 갔으니까, 농사일을 조금 했죠. 과수원 있고. 시골을 왜 갔냐면, 우리 시어머니가 결핵으로 몇 년을 앓아누워 있다가 돌아가셨어요. 그래 시아버지가 73세에 새 장가를 갔는데 새 시어머니도 돌아가셔요. 그 이후 시아버지가 후두암에 걸리셔서, 우리가 간병해 드려야 하는데 우리 사는 창원에는 아버님이 안 오실라 그래요. 부산에 있는 딸네 집에도 안 가시고. 가끔 한 번씩 다니러는 오셔도 평생 시골서 사셨기 때문에 도회지 생활을 못 견뎌하세요. 그래 우리 아저씨가 외아들이니까 "천상 안 되겠다. 사표 내고 올라가자" 해서 시골로 들어가서 지금까지 살아요. 창원에서 1년 정도 살았나? 그래 83, 4년도에 시골 간 거죠.

●●● 남편 분은 직장 그만두고 시골에서 농사를 지으신 건가요?
농사를 제대로 못했어요. 우리 남편도 자라면서 귀한 자제라 농사일을 하나도 안 시켜 농사를 지을 줄 몰랐어요. 그러니 농사일을 억지로 했죠. 어떻게 했냐면, 우리 애들 고생 많이 시켰어. 애들을 큰 일꾼 삼아가 초등학교 다니는 애들을 일 시켰어요. 80년대만 해도 부모들이 학구열이 많아 가지고 애들을 집에서 일 시키는 사람이 우리 동네에서도 아무도 없었어요. 그런데 우리 아저씨는 가족들보다 내가 우선이라 애들도 일을 해야 되고. 나도 못하지만 같이 하고. 그래 식구들만 고생하는 거죠. 그렇게 겨우겨우 하다가 우리 남편이 배운 기술이 있으니까, 기계 쪽은 잘 알더라고. 그래가 대구에 있는 레미콘 회사에 취업됐는데 몇 달 안 하고 또 치우더라고요. 그래 몇 년간 직장생활 안 하고 집에서 농사일, 사과 뭐 이런 거 하다가 그만뒀어요. 또 뭘 했냐면 지하수 파는 거 있잖아요? 지하수 파는 기계를 구입해가 지하수를 지역마다 파러 다니고, 그걸 한 5년 했을 거예요.

●●● 5년이면 그건 오래하셨네요?

그때 사람 데리고 다니기도 하고 내가 좀 따라다녔었어요. 옆에서 잔심부름 좀 해주면서. 그때 애들은 중학교 다니고 막내가 초등학교 한 5, 6학년 됐을 거라. 그러다 보니까 우리 애들도 학교 다닐 때, 진짜 고생 많이 했어요. 그거를 몇 년 하다가 남편이 또 싫증이 나는지 기계도 팔아 버리고, 다시 집에서 농사하다가 어디 경비 비슷하게 좀 다니다가, 2000년도에 갑자기 심장마비로 돌아가셨어요. 돌연사죠. 그때 큰애가 20대 말이고 막내가 대학 2학년 다니다가 군대 갔다 와 있을 때예요.

## 2. 간병노동자가 되다

●●● 그러면 어떻게 간병일은 하시게 된 거죠?

90년대 들어 경제적으로 도움이 좀 될까 싶어서 나간 거죠. 그때 애들이 다 컸거든요. 막내가 중 3, 고 1 이렇게 될 때였으니까, 뭘 좀 할까 싶었죠. 그때 집에서 신문을 봤는데요, 내가 신문을 꼼꼼히 다 보거든요. 아무튼 그 날도 구석구석 보고 있는데, 대구 적십자병원에서 가정간호 무료교육이 있더라고요. 3일짜리 무료교육이었어요. 3일 동안 하루에 4시간이던가? 아무튼 그거 하면 식구들한테도 도움되고 혹시 일거리 있으면 도움될 거고, 뭐 식구들도 손해볼 건 없잖아요? 무료고 교통비만 들면 되니까. 3일 동안 배우고 나니까 그중에 한 분이 그 강사 선생님한테 물어요. "선생님, 이거 교육받고 나면 간병사 할 수 있습니까?" 하고, 그 강사님이 "이거 교육받아 가지고는 간병사 못하고 YWCA에 간병사교육을 시키는 데가 있으니까 나중에 그쪽으로 물어보고, 배우면서 할 수 있다" 이렇게 말했어요. 그러니까 그 물어보던 사람이 갑자기 나한테 "석명옥 씨, 내하고 같이 교육 안 받아 볼래요?" 이래요. 그래 내가 "나도 한번 해보고 싶은데, 시골이라서 멀어서 되겠나?" 하니까 "그래도 한번 해보자" 이래가 "그럼 나중에 신청할 때 내 것도 같이 한번 신청해 줘 봐요" 그랬어요. 그래서 YWCA에서 간병인 교육을 같이 신청해서 받았는데, 그때가 96년도예요.

••• 간병인 교육도 무료였나요?

무료는 아니었을 거예요. 그때 몇만 원 들었을걸, 2주일에 두 번인가 3개월 정도 교육받고. 그렇게 교육받고는 처음에는 일을 별로 많이 못했어요. 남편이 보수적인 데다가, 내 없으면 자기가 밥 차려 먹어야 되니까 싫은 거야, 그래 반대를 해 싸서. 억지로 억지로 꼬셔가 일을 하는데, 그때는 야간에 일을 했어요. 야간 하면 저녁 일찍 해먹고 집에서 좀 일찍 나와 일하다가 아침에 퇴근하니까 많이 피곤하지. 그래 그 일을 조금하면 남편은 또 "제발 좀 하지 마라"고 난리치기도 하고 그래 일 나가는 거 때문에 부부싸움도 많이 하고. 자꾸 중도에 못하게 하는 거예요. 그래도 좀 쉬다가, 또 억수로 살살 꼬셔 가지고 조금씩 하고. 나중에는 막내까지 대학 들어가니까 협조가 잘 되더라고요. 애들한테 돈도 많이 들어가는데 내가 버는 게 도움이 되니까. 나중에는 아침에 내가 퇴근해 집에 가면 남편이 밥도 해놓고. 그카니게 또 측은하고 불쌍하더라고. '아, 남자들이 50이 넘으면 불쌍하게, 저리되는 갑다' 하는 생각이 들더라고요. 그렇게 하다가 내가 쉰두 살이고, 우리 남편이 쉰다섯 살일 때, 남편이 돌아가셨어요.

●●● 일 하시려고 했던 건 경제적인 필요 말고 다른 이유도 있었어요?

이래 나와 일을 하니까 집에만 있는 거보다 나아요. 시골에 있는 거보다 재미가 있죠. 환자 보는 것도 재밌고, 사람들 많이 만나는 것도 재밌고, 보람도 있고. 인간관계도 늘어가고 새로운 환자로 바뀌어서 "내일은 몇 호실로 가라" 이카면 '아, 어떤 사람일까' 두려움과 설렘 반반으로 가서 새로운 환자한테 적응해 일하는 게 재밌죠.

●●● 그렇군요. 그러면 처음에 일 하실 때는 어디에서 하셨어요?

YWCA[이하 Y]에서. 전 지역에서 Y로 연결되어서 일을 하고 있었죠. 당시에는 고정된 데가 없었어요. 그러다 Y에서 연락이 와서 "경북대병원에서 간병인 모집을 한다니까 거기 지원을 해보세요" 이래가 Y에 있던 사람들이 거의 다 경북대병원[이하 경대병원]에 들어갔어요. 그때가 97년도 3월 즈음인데 50명 모집에 한 100명 정도가 왔어요. 그때 병원 안에서 일을 하고 있던 사람들이 있었는데, 수간호사나 간호사들 눈에 드는 사람들 있잖아요? 그래 서로 손발이 맞고 이러니까 50명 중에서 합격자로 39명이 미리 동그라미가 쳐 있었대요. 그래서 나랑 10명만 면접 보고 서류 심사하고 들어간 거죠.

●●● 그럼 병원이 고용하는 형태였나요?

아니요. 병원이 고용하는 정규직도 아닌데 공고를 낸 거고, 간병인은 어차피 환자의 보호자한테 일한 만큼만 받고, 이 환자가 끝나면 다른 환자로 연결되는 거죠. 그러니까 고용주가 없고, 그래서 특수고용직이라고 하죠.

●●● 이때 환자 간병할 때는 하루 얼마를 받으셨어요?

그때는 1일 6만 원. 사실 밖에서는 7만 원 받았는데, 경대병원에서 지정을 해서 24시간에 6만 원이고, 지금 2010년도에는 7만 5천 원이에요.

●●● 10년이 넘었는데 일당이 많이 안 올랐네요?

13년이 됐는데 그래요. 그것도 그나마 우리가 직접 운영하고 신뢰도 쌓고 물가인상도 너무 많이 되고 하니까, 올봄에 처음으로 7만 5천 원 된 거고, 서울은 지금도 6만 원입니다.

●●● 97년도에 같이 들어가신 분들은 계속 병원에서 일하나요?

뭐, 병원이 고용하는 것도 아니면서 마음에 안 드는 사람들은 차르고 그래 가 해마다 사람이 부족하면, 열 명씩, 스무 명씩 새로 뽑았어요.

●●● 경대병원에서 일하시면서 어떤 게 가장 힘들었어요?

힘든 거는 무시당하는 거죠. 환자나 보호자 분들이 무시하는 경우도 간혹 있고, 병원의 정규직 직원들이나 관리직 사람들한테 많이 무시당하는 게 있죠. 특히, 수간호사 중에 심하게 잔소리하는 사람들이 좀 있었어요. 간호사들 중에도 더러 있었고……. 우리 간병인들이 나이가 많아서 자기 엄마 뻘 되는데 짜증 섞인 말로 이야기를 하고, 호칭이 "아줌마", "아줌마"라고 그랬죠. 지금도 "아줌마"라고 부르는 사람들이 더러 있어요. 최근에야 같은 노동조합으로 있으면서 "간병사님" 그런 사람도 있고, "여사님" 카는 사람도 있고, 좀 바뀌었죠.

●●● 처녀 때 잠깐 사환하시고, 처음 직장생활 하시는 거잖아요?

그렇죠. 그래도 재미있었어요. 동료들하고도 관계가 좋아 친구들도 사귀고, 환자들하고도 잘 지내면서 밤에 이야기하다 같이 울기도 하고, 재미있게 지내기도 하고.

●●● 환자들이라 항상 옆에 있어 줘야 될 거 같은데, 일하는 시간은 어떻게 되죠?

24시간을 일하면서 두 사람이 교대를 하잖아요? 여기 대구에서는 격일로 합니다. 24시간 하고 아침 8시에 교대받고 집에 가요. 24시간 집에서 쉬고. 그렇게 둘이 교대로 해요. 그러니까 아침에 한 7시 반 정도 되면 환자 식사를 도와주고 양치질시키고, 교대받으러 오면 바꿔요. 그리고 환자 드레싱하러 오면 좀 옆에서 도와주고, 환자 검사하면 같이 가고. 아니면 뭐 링거 우리가 끌고 가고, 물리치료 필요한 사람은 물리치료실에 모시고 가고. 또, 중환자들은 체위 변경을 자주 해주고, 대소변 누면 해결해 주고. 그리고 몸을 청결하게 목욕, 침상 목욕도 하고. 그리고 기관지 절개술 받은 환자들이 있잖아요? 가래 뽑아내는 거, 석션suction이라고 하는데, 원래 전문적인 의료행위인데, 그것도 하기도 하고. 식사는 입으로 드시는 분들은 옆에서 도와 드리고, 또 입으로 못 드시는 분들은 코로 하는 튜브식 해드리고.

●●● 그럼 저녁엔 안 주무세요?

환자가 밤에 자면 우리도 보조침대에서 좁으니까 똑바로는 못 눕고 옆으로 누워 가지고 몇 시간씩 눈 붙일 때도 있어요. 푹 자는 건 안 돼요. 왜냐면 환자의 동태에 항상 신경을 쓰면서 또 체위 변경도 해줘야 되고, 목에 가래가 끓으면 석션도 자주 해줘야 되고 뭐 링거 달고 있으면, 떨어지기 전에 체크도 해야 하니까, 잠시 조는 거죠.

●●● 병원하고 계약은 매년 새로 하시나요?

계약은 이제 1년마다 자동갱신 되는데, 병원에서 간호사들이나 수간호사들이 조금 문제 있는 사람들은 1년 후에 자르고, 심지어 "간병사들은 작은 사진을 다 내라" 해서 우리가 사진 내면 병동마다 사진을 좍~ 붙여놨어요. 왜냐면 간병인이 환자한데 하는 것이 마음에 안 들거나 찍히면 내년에 잘라야 하는데 이름을 잘 모르니까, 사진을 붙여서 병원에서 자기들이 관리하겠다는 거예요.

●●● 그렇게 일하시면 한 달에 수입이 얼마나 되죠?

저는 처음에 아까 말한 대로 일을 많이 못했잖아요? 한 달에 10일 정도 하면 보통 60만 원 정도 되고, 나중에 제대로 많이 했다고 해도 24시간 맞교대로 하면 15일 정도 해도 6만 원 할 때는 100만 원이 안 되었고요. 나중에 좀 올려서 간신히 100만 원 될라나.

●●● 간병인들이 받는 일당 올리는 거는 누가 해요?

그 당시에는 병원에서 우리를 관리했고, 병원이 간병비를 정했죠. 우리가 올려 달라고 사정을 해도 안 된다며 인상하지 않았죠.

●●● 그럼 문제가 언제부터 생기는 거죠?

97년 이후에는 그냥 병원하고 재계약 갱신 쭉~ 가다가, 2006년에 병원에서 "내년부터는 병원하고 상관없이 당신네들이 알아서 해라" 하는 거예요. 병원에서 간병인 대표인 회장과 총무에게 통보를 해 가지고 "사업자등록을 내서 일하라"고 자꾸 밀어붙이더라고요.

●●● 회장과 총무는 간병인모임에서 뽑은 건가요?

97년부터 회장하고 총무를 우리 간병회에서 직접 뽑았어요. 우리 전체 일을 보는 사람이 필요해서, 총무는 고객상담전화를 받고 알선하는 일을 하고, 회장은 1년에 2~3번 회의나 교육, 총회를 진행해요. 또 민원이 발생해서 병원 측에서 지시할 때는 총무나 회장을 불러서 하거든요. 제가 2000년 전후로 한 3년 회장을 했었어요.

그런데 2006년도에 뽑은 회장, 총무 이름으로 일단은 사업자등록을 내라고 병원에서 자꾸 그러니까, 그 당시 회장은 남편 사업 때문에 사업자등록을 못 내서, 총무보고 "당신이 사업자등록을 내라. 우리가 여태 10년 가까이 민주적으로 회장, 총무 뽑아서 했으니까 사업자등록 이름은 당신으로 되어 있지만 지금까지 했듯이 민주적으로 이 회를 이끌어 나가자"고 했어요. 그렇게 일단 1년이 지났어요.

우리는 1년마다 투표로 회장과 총무를 뽑는데 연임도 가능했죠. 그런데 이때 1년 후에 이 총무가 "사업자등록을 내 이름으로 했으니 내 사업이다, 나 혼자 하겠다"고 해서 엄청 싸웠어요. 우리 회원 몇 명이 항의하고 찾아가고 저도 탈의실에 혼자 들어가서 안에서 문 잠그고 총무랑 심하게 싸운 적도 있었어요. 다른 회원들은 총무에게 불만이 많아도 말도 못하고, 혹시 불이익이라도 당할까 봐 그냥 안절부절 하고 있었죠. 총무가 일을 주니까, 혹시 일을 많이 안 주거나 힘든 데 줄까 봐 눈치만 보고 있는 사람들이 대부분이었죠. 그렇게 여러 사람이 항의해도 절대로 총무는 포기를 안

하더라고요. 그동안 함께 일하던 동료들보다 욕심에 눈이 멀어서…… 그런데 그 총무가 총회를 앞두고 한두 달 전부터 우리 회원이 아닌 다른 사람들에게 자꾸 일을 주는 거예요. 그래서 병원 안에다가 자기 사람을 자꾸 심어 놔요. 우리 회원들에게는 일을 안 주면서. 그래서 우리가 그때 서명을 받았어요. "윤총무하고 같이 일하기를 원하지 않으며, 지금까지 했듯이 병원에서 손을 떼도 우리가 민주적으로 이 단체를 이끌어 나가는 데 찬성하는 사람은 서명을 해라"고 그랬더니 95% 이상이 서명을 다 했어요.

●●● 병원이 간병인을 관리하다가 2006년에 왜 사업자등록을 하라고 했던 거죠?
우리가 10년을 했으니까. 이렇게 계속 관리하면 병원이 간병인 고용을 자기들이 책임져야 할까 봐 그런 거죠. 또 간병인이 앞으로 제도화될 경우를 자기들은 미리 예견을 할 수도 있잖아요? 실제 몇 년 있다가 "간병인 제도화 된다" 이렇게 나오잖아요? 그래서 병원에서는 '이거 계속 우리가 관리해서는 안 되겠다'는 생각을 가졌겠죠.

●●● 사업자등록 문제가 나오면서, 간병인에 대한 병원의 태도가 바뀌나요?
이제 병원에서 우리를 직접 관리하지 않으려 하면서, 우리를 해산시키려는 거예요. 그동안에는 직원식당에서 밥 먹을 수 있게 한끼에 1,000원씩 하는 식권을 발행을 해 줬어요. 한 달에 25개를 먹을 수 있게. 그리고 2003년 즈음부터 지금 탈의실로 쓰고 있는 곳, 거기서 우리 총무가 전화받으면서 업무도 할 수 있는 곳인데, 그걸 사용하게 해줬어요. 그랬는데 "사무실도 비워라", "2007년 6월부터는 식권을 안 준다" 이래 나옵니다.

## 3. 간병인 노동조합의 결성과 '일자리 지키기' 투쟁

### 경북대 간병인분회 결성

●●● 2007년도 6월이면 비정규직법안 시행될 때 아니에요?

맞아, 맞아요. 비정규직법 때문이다. 병원이 2006년부터 미리 준비했죠. 그러면서 병원이 "간병인들은 우리하고 상관없다" 그러고 2007년부터 "그동안에는 당신들이 경대병원에서 주로 기득권을 가지고 일했지만, 이제 대구 시내의 여러 단체들이 다 들어와서 일할 수 있도록 하겠다"고 한 거죠. 우리를 해산시키려는 거죠. 자기들이 10년 동안 우리한테 지시하고, 돈도 마음대로 못 올리게 하고, 사진까지 붙여서 철저하게 관리하더니만.

●●● 거기에 어떻게 대응하셨어요?

그래서 2007년도 6월에 노동조합을 만들었고, 그때 희망터에서 지원을 받았죠.

●●● 노동조합은 어떻게 만들기 시작한 거죠?

윤총무라는 사람이, 자기가 2006년에 1년 동안 병동 간호사들하고 안면도 많고 그러니까 유리하잖아요? 그래서 이건 안 되겠다 싶어서 그 당시 회장과 한두 사람이 "노동조합 가보자"고 해서 노동조합에 가서 상담을 해봤죠. 그러면서 노동조합에 가입을 하게 된 거죠.

●●● 경북대병원 정규직 노동조합을 찾아간 거예요?

네. 노동조합이 있는 건 알고 있었죠. 파업하는 거 보고 집회하고 이런 것도 보고, 그동안에 많이 봤죠. 그래서 경대병원 노조를 찾아간 거예요.

••• 노조에서 파업하는 거 봤을 때는 어땠어요?

그때 봤을 때는, 와~, 간호사들이요, 병동에서는 환자들에게 친절하고 천사 같은 모습만 봤는데, 엉! 막, 과격하게, 목소리도 카랑카랑하게 나오지, "와! 저 간호사들, 일할 때하고 영 생판 다른 모습이네" 그때는 그랬었죠. 뭐, 나하고는 상관없다고 생각했죠.

••• 그래서 몇 분이 찾아가셨어요?

그때 나는 안 찾아갔고요, 하여튼 두세 사람이 노동조합에 찾아갔고, 또, KBS인가? 방송국에서 간병인에 대한 인터뷰가 잠깐 있었어요. 그때 두 사람이 인터뷰를 하는데 누군지 모르게 모자이크 해서 나갔어요. 아, 그때는 우리 병원에서는 손 놓고, "병원하고 너네는 상관없다" 하고 이랬을 때라요. 방송에서 가운도 안 입고 두 사람이 인터뷰를 한 게 나왔었어요. 그리고 우리가 총회를 했었어요. 총회할 때인데, 그동안은 자기네들이 1년에 두세 번씩 우리들 교육시킬 때 10층 소강당을 사용했는데, 총회한다 하니께 안 빌려 준다 카대요. 그래 가지고 15만 원인가 돈 내라 캐서 돈 주고, 그래 빌려가 총회를 하면서 그 윤총무라는 사람이 많은 사람의 반대에도 불구하고 혼자 욕심만 차리니까 물러나면서 "나는 나대로 개인사업 하겠다"며 그동안 심어 놓은 수십 명이 있으니 계속 일을 하겠다고 했어요. 그때 우리가 한 7, 80명 가까이 됐었어요. 그 직전에 나는 퇴근해 집에 있는데 느닷없이 우리 회원들이 막 전화를 해요. "석명옥 씨, 이번에 한 번만 딱, 깃대 잡아 도[줘]. 한 번만 맡아라. 지푸라기라도 잡을 데가 있어야 될 거 아니냐? 누가 할 사람이 없다. 해라" 하는데, "나는 절대로 못한다. 과거에 3년이나 봉사했는데 다른 사람 좀 뽑아라" 이랬는데……. 근무하던 병실에 회원들이 수시로 찾아와 졸라대고 자꾸 전화오고, 결국 총회 때 추천도 없이 자기들끼리 미리 입을 맞춰 놓고, 완전히 몰표로 다 찍었더라고요. 그래 어쩔 수 없이 회장을 맡고, 그때 경북대 간병인분회로 가입을 하면서 제가 분회장이 되죠.

●●● 이때 노조가입 한 건 병원은 모르고요?

싸움하기 전에, 병원 모르게 노동조합 찾아가고 가입하고 물밑작업을 했어요. 우리가 물밑작업을 할 때, 병원의 총무과 팀장 중에 간병인 담당하는 사람이 있는데, 그 사람이 저를 개인적으로 불렀어요. 평상시에 회장할 때도 아주 무시하는 태도로, 이렇게 목에 힘주고 눈 내리깔고서 "뭐가 어쩌고 저쩌고" 하던 놈이, 제가 딱 가니까 녹차를 대접하면서 아주 천사 같은 얼굴을 해 가지고 미소를 머금고, "저, 석 선생님……."

●●● 허허, 정말 웃기는 사람이군요.

하하, "석 선생님!" 이러면서. 지가 담당을 그동안 했으니까, 발등에 불이 떨어졌잖아요? 그러니 그동안에 그렇게 무시하던 게 "석 선생님, 그동안에 본의 아니게 제가 참……, 그랬는데, 나도 참 마음이 많이 아팠습니다……" 이 지랄하면서. "얼마 전에도 테레비에 간병사라 카면서 나오던데, 그분들 혹시 경대병원 간병사분들 아닙니까?" 이래. "저는 테레비에 간병사가 나왔다 소리는 들었지만 직접 방송을 보진 못했고, 아마 우리 병원 간병사는 아니지 싶습니다. 저도 모릅니다. 제가 회장인데 제가 모르는 거 보면 우리 병원 사람은 아닌 거 같습니다", 이렇게 말했더니, 또 "혹시나 노동조합 할라 카던데, 노동조합에 대해서 할 의향이 있습니까?" 이래요. 그러면 "아유, 전혀 금시초문입니다. 제가 지금 우리 간병회장인데, 저 모르게 누가 노동조합을 하겠습니까? 전혀 모르는 사실입니다" 하고 딱, 잡아떼고. 그때 노동조합가입서 다 썼거든요. 그러니까 "석 선생님, 믿습니다" 이러면서. 하이고, 그란다고, 그놈이.

●●● 노동조합이 무섭긴 무서운가 봐요.

하하, 그런가 보죠. 병원에서 우리를 관리할 때 "당신들도 우리 경대병원의 얼굴이다. 복장 단정히 하고 친절하게 잘해야 된다. 안 그러면 밖에서 다른 간병인단체 들어올 사람들 많다"며 윽박지르기도 하고 실제 복장검사도 하고 그랬거든요.

### 79일의 밥투쟁: "희망간병은 경대병원 지정 간병인입니다"

●●● 노조를 만든 시점이 2007년 6월 이후인가요?

6월 중순이에요. 17일인가? 하여튼 그때 "너희가 식권도 안 준다 카이 우리 밥을 싸와야 하는데, 병실 환경을 쾌적하게 해야 한다니 우리가 밥 먹을 데도 없다. 그래서 천상 여기서 먹어야겠다" 하고 원무과 앞에다가 돗자리를 깔고, "우리가 점심을 여기서 전부 먹자. 우리가 한꺼번에 나오지 말고, 한 20, 30명씩 돌아가면서 한두 시간 동안에 여기서 먹자" 했어요. 그때 우리가 100명 가까이 됐었어요.

●●● 일은 하면서 싸우신 거죠?

다 일했죠. 우리는 격일로 일하기 때문에. 일하러 나온 사람들이 식사하러 나오잖아요? 일단은 밥은 먹어야 되니까 "밥 먹으러 간다" 카고 나와서 거기 와서 밥을 먹고, 막 이따만 하게 큰 양푼에 밥을 비벼 가지고 같이 나눠 먹고, 김밥이랑 수박도 먹고 그랬어요. 음식냄새도 많이 풍겼죠.

●●● 그때 주위에서 반응은 어땠어요?
반응? 뭐 괜찮았죠. 기자회견도 하고. 언론에도 수차례 알려지고. 그리고 많은 시민단체와 노동조합이 연대해 주시고 시내 중심에 있는 공원인데 거기에서 큰 집회와 시가행진까지 했어요. 우리도 가고 지역에 노조운동 하는 사람들도 모이고, 저도 마이크 잡고 우리 상황 이야기하고 뭐, 서로 지지해 주고, 그 다음에 시가행진을 해서 경대병원까지 오고. 오면서 시민 선전전 했어요.

●●● 분회장님이 앞장섰는데, 식구들의 반응은 어땠나요?
우리 아들이 90년대에 대학을 다녔는데, 그때 학생들 데모가 좀 심했어요. 그래서 내가 "얘야, 너그 학교도 데모 꽤 하던데, 데모 같은 거 하면 절대로 참여하지 마라" 하니까, 아들이 "엄마 나 앞장은 안 설 테니까 걱정하지 마" 했어요. 그래 "앞장이고 뒷장이고 서지 마, 이놈아" 이캤는데, 나중에 내가 투쟁을 하니까, 우리 아들이 전화해서 "엄마, 내보고 전에 절대 데모하지 말라 그러더니 데모하니까 기분이 어떠냐?" 이러더라고, 하하. (하하.) 그리고 친정아버지가 집에서 뉴스를 딱 보시더니만 "야야, 너 경대병원에 거 뭐 간병사들이 데모한다 카더라. 야야, 닐랑 그거 앞장 서지 마라" 이카면서…….
그래가 나중에는 다 알게 되었죠. "내일 라디오에 새벽에 인터뷰 있습니다. MBC 한번 들어 보세요" 했더니 아버지가 매일 아침에 일찍 운동

나가시는데 안 가시고 방송 듣는다고
카고, 그 다음에는 뉴스에도 또 빨간
띠 두르고 나오는데 보시고. 하하.

2007년 투쟁 중 기자회견하는 석명옥 분회장

●●● 하하, 빨간 띠 두르고 몸벽보 했을
때, 환자들 반응이 어땠어요?

근데 등허리에 등벽보 했을 때, "병원
에서 이태까지 10년 동안 부려 먹고
이렇게 우리를 쫓아낼라 한다", 우리
가 이렇게 홍보도 했기 때문에 환자
들한테서 크게 거부감은 없었어요. 오히려 병원이 우리가 몸벽보를 하니
까 긴장을 해 가지고, 원장이 "제발 그것 좀 떼 주세요. 등허리 그거 좀 제
발 떼 주세요" 이러는 거야.

●●● 이때 요구사항이 정확히 어떤 것들이었죠?

처음에는 우리가 "식권 달라, 사무실 쓰겠다"는 거고, 그라고 그동안 노조
를 병원에서 인정 안 했죠. "무슨 너거가 노동조합이고……" 하면서. 그래
노조 인정하라는 거죠. 그리고 밥투쟁하면서 그랬어요. "이게 밥투쟁만이
아니다. 밥 한그릇 문제가 아니고, 고용 문제다." 내쫓으라 캤으니까, 밥만
준다고 되는 게 아니고 우리 밥 준다고 해도 일자리 딴 사람 다 불러들이
고 이렇게 하면 안 되잖아요? "너거[너희] 이때까지 10년 동안 부려 먹었
으니까, 고용을 너거가 보장해야 될 게 아니냐?" 하니까 "안 된다" 하며 병
원과 상관없다고 발뺌을 했죠.

이렇게 투쟁할 때 병원은 대구 시내에 있는 간병단체에 "경대병원에 아무나 들어와서 일해도 된다"며 온데 전화를 다 돌렸어요. 경대병원에 이미 있는 단체들 말고도 밖에 다른 단체들도 많잖아요? 간병협회나 개인사업자 등록한 유료업체들. 그 사람들을 전부 불러들이는 거죠. 그 사람들은 당연히 좋아하죠. 옛날에는 경대에 있는 사람들밖에 일을 못했는데 대구에서 제일 큰 시장이 경대병원인데, 좋다고 너도나도 다 뛰어든 거지.

이때 병원에서는 환자들이 입원하면 입원 안내문에 '간병인 단체 안내문'을 딱 써 가지고 우리 '희망간병' 이름만 싹 빼서 전화해서 모은 단체들 이름을 다 넣은 거예요. 그리고 안내문 제일 밑에 뭐라 했냐면 "지금 현재 경대병원 지정 간병인이라는 단체는 우리하고 아무 상관이 없으니까 현혹되지 마십시오"라고 적어서 돌렸어요.

그래 가지고 그때 우리가 등벽보 부착으로 맞섰지요. "희망간병은 경대병원 지정 간병인입니다" 이렇게. 우리가 전부 다 써 가지고 전화번호도 크게 딱 넣어가, 전부 다 등벽보 해 가지고…….

●●● 병원 측 반응은 어땠어요?
처음 로비 중식투쟁을 시작할 때 2~3일간은 병원관리자들 한 20~30명이 나와서 우리가 깔고 앉아 있던 돗자리를 뺏어서 던지고, 그러니까 밥 먹다가 넘어지고, 거기서 밥 못 먹게 하고. 우리는 "식권 제공하라"고 싸웠죠. 병원 로비에서 음식냄새 풍기며 구호 외치고 밥 먹는 것 자체를 사진 찍어가고 난리가 났죠. 그리고 고소고발도 들어가고 그랬어요, 그 당시에.

●●● 고소고발은 어떤 내용으로 했어요?

저를 포함해서 업무방해로 간부 세 명이 고발당하고, 이정현 지부장하고 그 당시 공공노조 박배일 대구경북본부장은 폭행죄인가? 그걸로 고발당했어요. 재판하고 벌금도 1인당 350만 원씩 해서 700만 원 정도 냈어요.

●●● 그렇게 싸우면서 병원 측과 교섭은 어떻게 진행되죠?
몇 차례 병원장 항의방문하다가 병원하고 협상 테이블에 몇 차례 앉아 얘기하고. 이때 이정현 지부장님하고 우리 간부들 몇 사람들하고 병원 측하고 마주앉아 얘기할 때, 병원장이 내보고 "아주머니는 뭐 어쩌구 저쩌구" 이래 가지고, 내가 거기서 화가 나 가지고 책상을 탕 치면서 병원장한테 "지금 방금 뭐라 캤습니까?" 카면서 "이 자리에서 아주머니가 뭐예요", 생전 처음으로 내가 병원장 앞에서 그랬었어요. 그랬더니 병원장이 움찔하고. 그래 나오니까 우리 지부장님이 "분회장님 잘했습니다. 제가 그리 해야 하는데" 하더라고.
　　그래가 이제 "식권 안 준다. 당신이 여기서 식사를 하려면 한 끼당 3,000원에 먹어라. 아님 2,500원에 먹어라" 하고 병원 측이 말하니까, 우리는 "하루에 얼마씩 번다고 3,000원짜리 밥을 먹을 수 있냐" 했더니 "직원이 아니기 때문에 밥값에 차이를 둬야 된다" 이러는 거예요. 그러니까 경대병원 노조간부가 "직원식사가 1,000원인데 간병인들은 돈도 많이 못 버니까 800원이나 900원으로 차이를 두면 되겠네요" 하고 맞받았어요. 그렇게 옥신각신하다가 1,200원으로 낙찰이 돼서 지금도 1,200원이에요.

●●● 이 투쟁이 꽤 오래간 걸로 알고 있는데, 얼마 동안 투쟁하셨어요?
79일인가? 우리가 한 3개월 가까이 했죠. 타결본 거는 "식권은 1,200원이고, 사무실은 사용한다"는 거. 그리고 "너희들만 못한다. 딴 데서도 들어와야 된다" 이거는 병원이 끝까지 고수했어요. 그래서 문서로 합의를 못하고 구두합의를 했어요. "희망간병이 이 병원에서 주로 일할 수 있도록 하겠다." 그리고 "어떤 병동이든지 희망간병을 따돌리고 협회사람을 부른다든가 우리 희망간병인 숫자를 의도적으로 줄인다면, 수간호사 회의에서 노동조합이 이야기할 수 있도록" 그렇게 구두로 합의보고. 그리고 안내문은 병원이 끝까지, 환자들의 알 권리 운운하며 간병인단체 정보를 제공해야 된다는 거죠. 그래서 "좋다. 정보를 적는데, 희망간병을 제일 위에다 적고, 제일 밑에다가는 특별히 한 줄을, '이 병원에서 주로 일해 왔던 간병인은 희망간병입니다'라는 문구를 넣자" 이래 정리되어요.

그 다음에 병원 측은 "이것을 병원에 곳곳에다 게시를 하겠다"는 건데, 게시판이 많잖아요? 병동마다 게시판이 있고. 우리는 "게시는 절대 안 되고 병동마다 비치는 하되, 환자나 보호자가 물었을 때 제시한다" 했어요. 그런데 게시 안 하기로 한 건, 정말 잘했어요. 게시하면 사람들이 보다가 좀 있으면, 언제든지 다른 데 전화할 수 있잖아요. 그리고 여기에 주로 우리가 흰 가운을 입고 일하기 때문에, 우리 자체가 또 홍보잖아요? 그렇기 때문에 그런 게시물은 없는 게 맞죠.

몇 개 단체를 안내문에 넣느냐 이거 갖고 얘기하다가 내가 "많을수록 좋다. 열 개 이상 해라" 그러니까 나중에 병원에서 열 개 협회에 연락을 했는데, 다 올 수가 없었죠. 왜냐하면 우리가 중간에 불법업체들을 고소고발을 했거든요. 그래가 "병원장이 불법업체를 넣고 우리를 몰아내려고 한다. 불법업체를 의도적으로 병원장이 끌어들인다" 뭐 이래 싸웠거든요? 왜 불법이냐면, 직업소개법에는 "한 달에 3만 원 이상 소개료를 받는 데는 불법

사회연대단체와 함께한 '경북대병원 규탄 기자회견'(마이크 든 이가 석명옥 분회장)

이다" 과다수수료 이래 가지고 법이 있어요. 그런데 이 단체들이 다 한 사람당, 입회비 10만 원에 월 회비 5만 원씩 받았던 거예요. 그래서 우리가 몇 단체를 고발했어요.

●●● 유료소개소가 입회비만이 아니라 월회비까지 받아요?
다 그렇죠. 그래서 그 당시에 유료소개료가 다운되고, 지금도 다운된 데가 몇 군데 있어요. 또 어떤 단체는 전화와요. "우리는 경대병원에 안 들어갈 테니까 우리는 고발하지 말아 달라"고. 하하. 이래 가지고 이제 병원에서는 "전부 다 연락하니 전부 불법이라 카고 10개 넣을 게 없다" 해서, 그때 한 8개 정도 했는가, 다음에 더 있으면 더 넣어야 된다고 마무리하고.

●●● 79일간 투쟁을 하셨는데, 해보고 나니 자신에게 어떤 변화를 느끼셨어요?

79일 투쟁을 마치고 조합원들과 같이(앞줄 오른쪽에서 세번째)

나는 그동안 병원장이나, 교수나, 높은 자리에 있고 힘 있는 위치에 있는 사람들은 인품도 훌륭하고, 우리하고는 정말 다른 성인에 가까운 그런 분들이라서 그런 위치에 있다고 생각했어요. 그런데 투쟁을 하면서 이런 사람들이, 우리를 대하는 거 보면, 그러니까 병원장이나 총무, 병원의 높은 관리자들, 이런 사람들이 우리하고 몇 차례 협상하면서 말하는 거나 말 뒤집고, 말 바꾸고, 오리발 내밀고…… 이런 모습들 봤을 때 '아, 높은 자리에 있고 학식이 높은 사람이 인품도 높은 건 절대로 아니구나' 하고 느끼게 된 거죠. 그때부터 '내가 그 사람보다 작은 사람이 아니다' 이렇게 느끼는 계기가 돼서, 더 자신감이 생겼죠.

'니 자리만 높지, 우리 간병분회, 너희가 보기에는 별볼일없는 사람 같아 보이지만 우리가 똘똘 뭉치면, 우리도 큰일을 얼마든지 할 수 있다. 서로가 믿고, 따라주고, 이렇게 서로 결속력도 있고 이런 거 보면, 너거보다 못한 거 하나도 없다'는 생각이 들었어요. 그래서 자신감을 갖고 자긍심도 생기고. 내 존재 자체가 보잘것없는 사람은 아니다. 저 높은 사람들, 영향력 있는 위치에 있는 사람들이 하는 짓거리를 보면, '내보다 니가 나은 게 뭐 있냐. 우리도 분명 중요한 일을 하고 있다. 간병이든 청소든……' 이런 생각이 들었어요. 그래서 청소하시는 분들한테도 "이 병원 이렇게 반짝반짝하게 하는 일이, 교수님들, 의사선생님들보다 하나도 못한 일이 아닙니다. 이 병원에서 청소하시는 분들 파업하고 하루만 일 안 하면 엉망입니다. 교수들 저거 뭐, 해외학회 가고 며칠씩 안 와도 병원이 다 돌아갑니다. 근데 청소하시는 분이 어데 한두 군데만 안 나오면 병원이 어떻게 되겠습니까? 우리도 중요한 일 하고 있습니다" 하고 용기를 주어요.

## 4. 간병인분회 일상활동: "우리도 파업 한번 해보는 게 소원"

●●● 2007년 이후로 쭉 분회장을 하신 거예요?

그렇죠. 2008년에도 조합원들이 계속 나한테 "분회장해야 된다"고 압박을 넣는 거예요. "이제 겨우 노동조합을 시작했는데 꼭 맡아 줘야 한다", "이번 한 번만 더 해 달라"고 걸핏하면 찾아오고 전화해서 조르고. 2008년 3월부터 여태까지 반 강제로, 분회장을 맡았어요. 대표자 역할을 안 하고 병원을 떠날까 하는 생각도 했어요. 그만큼 그 당시에 동료들에게 시달렸어요. 간병일 자체가 24시간 격일근무지만 언제든 쉴 수도 있는 것이 저에게는 딱 맞는 직업이었죠. 하지만 분회장은 그럴 수 없는 조건이거든요. 주말에 쉬지만 쉴 수 없는 주말도 많거든요.

●●● 2007년 싸움 이후에는 노조에서 어떤 활동을 벌이나요?

2008년 분회장을 시작하면서 전화알선업무를 함께 했어요. 그 당시 전화기만 3개를 들고 다녔어요. 개인용, 회원용, 고객용. 밤낮도 없이 전화를 받습니다. 서울지역은 한 사람이 한 환자를 6일 동안 연속근무하고 주말에 하루 쉬는데 우리는 한 명의 환자에 간병사 두 명이 붙어요. 그래서 전화가 훨씬 자주 와요. 그만큼 사람교대도 자주 되고요. 경대병원이 희망간병 숫자를 줄이려고 타업체들을 자꾸 끌어들이기 때문에, 2007년부터 당번까지 만들었어요. 윤총무 업체와 타업체들과 경쟁하면서 일자리를 지켜내기 위해서였죠. 당번은 하루 두 사람씩 정해서 응급실 다니면서 '희망간병' 명함을 돌리고 홍보를 하면서 일자리를 지금까지 지켰어요. 우리는 그 일자리 하나라도 놓치면 타업체가 들어와 문어발 식으로 사람들을 늘려가기 때문에 어떻게든 일자리를 지켜야 해요.

●●● 음, 노조활동의 첫번째가 일자리를 안정되게 해야 한다는 거군요?

우리 경대지역 지부 정규직 간부들하고 1일 교육하거나 이럴 때 제 발언 중에는 "병원에서 힘차게 파업하는 거 볼 때마다 제일 부러웠다. 제 소원은 우리 간병분회도 파업 한 번 해보는 거다", 파업이라도 할라 카면 일자리를 일단 확보를 해야 하거든요. 이 병원 안에서 저희가 3분의 1, 반도 안되게 줄어 버리면, 파업 효과 없잖아요? 우리가 힘없는데 파업하면 좋다면서 타업체들 차고 들어오고. 그렇기 때문에 일자리를 확실하게 지키기 위해서는 전화 한 통화도 우리가 잘 받으려고, 사람이 없어도 억지로 퇴근해 있는 사람도 다시 불러들여요. "싸워, 싸워. 일자리 하나도 안 놓치기 위해서." 이렇게 하기 때문에 우리가 전화업무가 만만치 않아요.

내가 1년 4개월 동안 전화알선업무를 했는데, 신규들이나 기존에 일하는 사람들이 돈 봉투를 막 갖고 오는 거예요. 내가 놀랐어요. 그래서 '야, 이건 아니다' 싶어서 전부 전화 걸어서 "5분 내로 여기 오세요. 와서 가져가세요. 안 오면 당번 시켜가 공개적으로 보냅니다" 카면 얼른 와서 가져가고, 밖에 나가 일하는 사람도 내가 계좌번호 알아서 보내주고.

그런데 그동안 전화로 알선업무를 담당하고 있는 총무들 중에 안 그런 사람도 있었지만, 신규 회원이 들어왔을 때 일 많이 하고 싶은 사람, 또는 좋은 데 원하면서 금품을 제공하는 것을 받은 총무도 있다고 소문이 났어요. 제가 임기를 처음 시작하면서 전 조합원들에게 한 말은 "제 임기가 끝날 때까지 조합원들과 식사도 한 번 안 하겠다. 조합원들 꼭 지켜 달라. 협조해 달라" 이렇게 부탁을 했고, 그랬는데도 꽤 여러 사람이 돈이 든 봉투나 이런 것들을 갖고 왔었어요. 신규도 그렇고 오래된 조합원도 그랬어요. 심지어는 "작년에 들어오고 싶었는데 돈을 요구해서 못 들어왔다"는 신규도 있더군요. 왜냐하면 병원에서 관리하던 과거에는 경대병원에 간병인으로 들어오기가 쉽지는 않았거든요. 이렇게 임기 동안 조합원들과 식사 한 번 안 하는 생활을 하다 보니까, 친한 사람이 없어서 왕따되는 느낌이 들 때도 있고……. 현장에서 일할 때가 힘든 적도 있지만 훨씬 재미있었거든요. 여하튼 이렇게 저렇게 했더니, 지금은 그런 건 거의 없죠. 우리가 제일 중요한 게 '맑고 투명하게' 해야 되거든. 그래서 제가 그거 하나는 반듯하게 잡아 놓고 싶었어요.

●●● 일자리를 둘러싸고 내부에서도 분위기를 새롭게 세우는 것이 중요하군요?
그렇죠. 일단 일자리를 안정시키고, 우리 내부에서도 일을 평등하게 나누려면 첫째 전임자가 맑고 깨끗해야 된다는 거죠. 그래야 서로 믿고 힘을 합칠 수 있으니까.

••• 간병인 분들은 연배와 근무기간은 어떻게 되시나요?
전국적으로 경대 간병인들 평균연령이 제일 젊어요. 40대 일부, 50대가 제일 많아요. 경력은 뭐 대중없어요. 10년 이상 된 사람들도 많이 있고, 얼마 안 된 사람들도 있고. 병원에서 관리할 때는 만 55세에서 정년을 만들어 잘랐어요. 만 55세 되면 나가야 했어요. 그래 우리가 요구를 해가 "55세는 너무 적다. 만 58세 하자" 해가 정년이 58세였어요. 나중에는 병원이 2006년도에, "너그 맘대로 너희끼리 해라. 우리는 상관없다" 이럴 때 이제 "만 60세로 하자" 그래 했다가 노동조합을 하면서 또 62세로. 최근에 와서 더 늘려야 할 거 같아요. 다른 지역의 간병인들은 사실 정년이 없어요.

••• 그럼 일하시는 분들 상황은 어떤가요?
가장인 분도 많고, 안 그런 분들도 있고. 그리고 일이 하고 싶어서 하는 사람도 있고. 나도 집에서 반대하는데도 내가 일을 하고 싶더라고요. 내가 집에서 남편하고 제대로 대화다운 대화를 못하니까, 여기 나오는 게 오히려 내 자신을 찾는 그런 과정이 되고, 장소가 되고. 친구들 많이 만나고 또 간병하시는 분들이 다 괜찮고 좋은 사람들이에요.

••• 노조 운영은 어떻게 하나요?
우리가 대략 조합원이 200명 정도인데, 20명당 대의원을 한 명씩 뽑아서 지금 9명이에요. 임원은 저 포함해서 5명이고요. 대의원의 역할은 일이 있

간부회의 모습(왼쪽에서 두번째)

을 때마다 문자 딱 보내고 팀 관리를 하는 겁니다. 임원과 대의원이 함께
하는 간부회의를 일주일에 한 번씩 하고, 한 달에 1회 조합원 교육을 해요.

●●● 어떤 내용으로 교육을 하죠?

그동안에 늘 하던 일이라도 조합원들에게 간병 실무교육도 하고, 밖에서
강사를 불러다 하기도 하고, 예컨대 에이즈협회에서도 에이즈 강의 같은
것도 하고, 일단 간병인 활동에 필요한 내용들 중심으로 하는 거죠. 가끔
'웃음치료' 이런 거 강의할 때도 있고, 대인관계, 대화법 이런 거 할 때도
있고. 주로 필요에 따라서 내용을 넣어요. 그리고 신규 들어오면 신규교육
도 하고 희망터에서 간병제도에 대한 교육도 해요. 희망터의 지원은 수시
로 받아요.

●●● 예를 들어 신규교육의 기본 내용은 뭐죠?

노동조합에 대해 생소한 분들도 많기 때문에 "왜 간병인들이 노동조합에 가입해야 되는지, 노동조합이 무엇인지"에 대해 기본적인 교육을 합니다. 그리고 "간병분회가 어떻게 투쟁해서 만들어졌는가"도 사진을 보면서 교육을 합니다. 우리에게 많은 도움을 주는 희망터에 대해서도 설명하고요. 특히 신경 쓰는 부분은 실무교육인데요. 감염노출에 위험이 많은 직업임에도 산재보험에 적용을 받지 못하다 보니 감염교육도 하고, 수술 전후에 간병하는 경우가 많기 때문에 수술 전후 간호에 대해 교육을 해요. 신규교육은 하루 5시간 정도 받는 것이고요.

2009년 신입교육에서 79일 투쟁을 교육 중인 모습

또 여름에는 방학이 있어서 상대적으로 덜 바쁜데, 이때 조합원 단합대회를 가요. 1년에 1회 정도. 조합원이 많다 보니 3일에 걸쳐 진행되고요. 또한 병원을 다 비울 수 없기 때문에 비번인 날에 가요. 단합대회 갔다오면 신-구 조합원과 동료들 화합이 잘 되고 현장분위기도 훨씬 좋아져요.

●●● 조합원들의 노동조합에 대한 인식은 어때요?
투쟁 경험이 있는 조합원들은 몸으로 노조의 필요성을 알고, 신규들은 교육과 일상생활을 통해서 노동조합의 필요성을 느끼죠. 작년에 경대병원 분회 임단협임금인상 및 단체협상을 통해서 우리 요구 중 하나인 신종 플루 예방접종을 간병인들에게도 실시했거든요. 탈의실이나 에어컨 설치도 그렇고요. 또 지역의 많은 투쟁에 연대를 열심히 하려고 해요. 아직까지는 간부들 중심이지만 조합원 전체로 확대해 나가려는 노력 중이에요.

동산의료원 투쟁 지지연대로 1인시위 중인 모습

●●● 노조는 있는데 고용주가 없어서, 병원 측하고는 주로 어떤 방식으로 문제를 풀죠?

병원 측하고는 아예 관계가 없어요. 병원은 우리를 구성원으로 인정을 하지 않아서 교섭을 하려고 하지도 않아요. 그래서 경대병원 분회 임단협 진행 중에, 간병인 요구안을 넣는데, 예로 "탈의실이 좁은데 사람이 160명, 170명이 어떻게 있냐? 늘려 달라", 또 우리가 작년 여름 같은 경우 너무 더우니까, "에어컨 넣어 달라" 이래 가지고 경대병원 분회와 토론해서 요구안으로 상정하고 그 노조가 병원하고 교섭해요. 우리도 그 요구안을 쟁취하기 위해서 중식집회 같은 투쟁에는 함께 참여해요.


●●● 그럼 독자적으로 운영을 하면서, 환자를 관리 잘하면 문제가 없는 건가요?

정기적 교육을 하고 회칙을 정해서 타업체보다 엄격하게 하는 편이죠. 그래도 민원이 없을 수는 없죠. 그때마다 임원들이 나서서 해결하고 간부회의를 거쳐서 문제해결을 위해 열심히 노력해요.

●●● 경대병원의 전체 간병인이 얼마나 되죠?

글쎄, 우리가 대부분이고, 타업체에서 삼삼오오 들어오는 업체가 있긴 있어요. 소수 있는데 다 합해서 한 20명, 30명 되는가 모르겠어요. 그런데 그분들은 가운을 안 입고 일하는 분들도 개중에 몇 사람 있고. 정확한 숫자는 안 나와요.

●●● 그런 분들은 조합으로 견인은 안 되나요?

왜 안 되겠어요? 나이가 너무 많은 분들은 정년 때문에 받기 힘들지만 병원 안에서 우리 희망간병으로 온 사람도 많습니다. 일 잘하고 성실한 사람들은 우리 조합원이 되었어요. 다들 여기 들어오고 싶어 합니다. 그러니까 업체들은 "참한 사람을 경대병원 보내면 전부 희망간병에서 뺏어간다"고 얘기해요. 우리도 외부에서 조합원 새로 뽑은 것보다 현장에서 일하는 것 보고 희망간병으로 함께 하는 것이 더 좋아요. 이렇게 하면 조합원도 확보하고 경쟁 유료업체에 타격도 주고요.

●●● 조직력이 대단하신 거군요.

예. 간부들이 고맙게도 열심히 해요. 우리 간부들은 역할분담을 잘 하고 있어요. 사무장 한 사람, 부분회장 세 사람이 있습니다. 그리고 회계 맡고 있는 사람 있고, 우리 또 개별적으로 특별회계가 조금 있어 가지고 그거 맡은 사람, 또 우리 식권도 병원 측에 돈을 매달 월말 되면 신청해가 받아야 되니까 그거 맡아 있는 사람, 회의 때마다 기록하는 사람, 조합비관리, 당번관리, 알선담당, 식권담당, 회의록기록, 월례교육담당, 간병분회 일상사업 담당 등 이렇게 간부들이 역할을 잘 해주고 있어요. 그러다 보니 조직력이 강할 수밖에요. 하하. (하하, 전원의 간부화네요.)

●●● 지회나 지역 본부에서 교육 같은 건 안 하나요?
신규교육과 한 달에 한 번 정기교육 외에 1년에 2회 의료연대 대구지역지부 조합원 전체교육을 진행해요. '조합원 하루교육'이라고 하지요. 오전에는 다같이 정세나 교육을 진행하고 오후에는 분회별 시간을 갖습니다. 분회별 시간에 필요한 교육을 진행하기도 하고, 간담회를 진행하기도 해요.

●●● 환자들과의 관계나 일하면서 나타나는 간병인들의 문제는 뭐가 있죠?
예전에는 간혹 환자들한테 웃돈 요구하는 사람이 있었는데 지금은 없죠. 예로 환자들한테 "힘든 환자니까 간병비 더 달라"거나 오전 8시에 출근해서 환자가 오전 11시에 퇴원임에도 간병비를 하루치 다 달라는 조합원이 가끔 있었어요. 지금은 이 문제를 해결하기 위해서 "시간당 초과요금으로 받아라" 이래 가지고 거의 없어졌죠. 얼마 전에도 그런 사람 하나 있어 가지고 희망간병 간부 회의에서 징계를 내리기로 결정을 했어요.

●●● 간병인들이 노동조합과 희망간병에도 같이 참여하면, 활동 내용에 어떤 차이가 있죠?
희망간병과 간병분회 노동조합은 구성원이 동일하지만 운영체계는 달라요. 물론 사업자등록은 (사)보건복지자원연구원 부설 무료소개소 희망간병으로 되어 있어요. 서울과 대구 그리고 충북에 희망간병이 있습니다. 유료소개소의 문제점을 해결하고 간병인들이 좀더 나은 환경에서 간병 일을 할 수 있도록 무료소개소를 만든 거지요. 노동조합은 간병노동자의 권리를 찾기 위해서 만든 것이고요. 서로 힘을 주고 지원하는 관계인데, '실과 바늘'이라고 할까.

## 5. 환자와 병원에도 도움되는 간병인의 노조활동

●●● 노조나 희망간병이 만들어진 이후에 환자들에게 더 좋아진 점은 뭐가 있을까요?

저희가 정기적인 교육도 하고, 의식적으로도 더 열심히 더 성실하게 하려고 해요. 그래서 "우리가 일자리 지키려면 환자에 대한 서비스 질을 높여야 된다" 이런 걸로 끊임없이 노력하고요. 문제 있으면 또 정기적인 회의를 통해 해결하려 하고 교육에도 반영하고요. 유료업체나 개인사업자들은 환자들 민원이 제기돼도 관리가 제대로 안 되잖아요? 우리도 병원 안에도 있지만 외부 병원에 나가거든요. 워낙 우리가 규칙이 엄하기 때문에, 규칙을 지키도록 노력하기 때문에 민원이 많이 발생하지는 않아요. 또 민원이 생기면 바로 처리를 하기 때문에 아무래도 낫죠.

●●● 간병인 고용이 안정되면 환자도 좋고, 그럼 병원에도 유리한 거 아니에요?

당연히 병원에 유리하죠. 제일 득보는 곳이 병원이에요. 왜냐면 우리가 병원에 입원한 환자를 자기 몸처럼 하거든요. 병원이 교육해야 되는데 대신 우리가 체계적으로 조합원들 교육하고 우리가 이렇게 성실하게 일하면, 병원에는 크게 플러스 되죠.

의료연대 대구지역 출범식에서

　　그런데도 우리가 투쟁하고 난 다음에야 얻은 게 뭐냐면, 10층에 강당을 한 달에 한 번씩 무료로 사용하는 거예요. 서울이나 다른 타지역보단 우리가 훨씬 나은 편이라는데, 그래도 여전히 열악하죠. 사실 우리는 휴식 공간도 따로 없고 탈의실이 좁아서 다리 펴고 잠깐 쉬는 것은 꿈도 못 꾸고, 짐 보관조차도 다 못해요. 노조사무실도 따로 없어서, 경대병원 분회사무실을 같이 씁니다.

●●● 간병인 노조 만들어지면서 경대병원 노조하고는 관계가 어때요?

처음에 우리 분회 만들어질 때는 현장 간부들이나 이런 사람들이 반대하는 목소리도 조금 있었어요. 정규직 간부 중에는 "우리 일도 지금 제대로 안고 가기 힘든데, 간병인까지 우리가 왜 맡아가 같이 해야 하느냐?" 이렇게 하는 사람들도 있었대요. 그래 갈등이 좀 있었어요. 그러나 지금은 좋습니다. 저희가 공공노조 의료연대 대구지역 지부라고 같은 지부거든요. 1년에 두 번씩 같이 조합원 교육하고, 경북대병원 분회도 그렇고 우리도 그렇고 같은 조합원이라는 인식을 해 나가는 과정에 있습니다. 현장에서 일하면서 부딪힐 때도 있지만 같은 조합원이라는 생각을 갖고 이해하고 배려하고 협조와 공조를 하고 있어요. 다 같은 병원노동자라는 생각이 더 확대될 수 있도록 서로 많이 노력해야지요.

●●● 어려운데도 참 열심히, 모범적으로 운영하는 거 같아요. 2007년 이후 노조 활동을 했는데, 활동의 목표는 뭐죠?

간병서비스가 곧 제도화되는데 올바른 방향으로 정착할 수 있도록 하는 것이 지금 최고의 목표예요. 또한 대구지역의 권리를 제대로 찾지 못하는 간병인들과 요양보호사들이 노동조합으로 하루빨리 모여서 함께 권리를 찾아나가는 것이죠.

●●● 간병서비스 제도화에 대한 반응은 어떤가요?

이명박 정부에서는 간병을 제도화한다고 했는데, 내용을 보니까 "병원 간병이 직고용이 원칙이나, 불가피할 경우 파견도 허용한다" 이래 놨거든요. 그렇게 개구멍을 만들어 놨어요. 그러면 병원들이 거의 다 "불가피해서"라고 직고용을 피하는 거죠. 그런데 지금 간병인을 직고용하고 있는 데가 있겠어요? 정부에서 "시범사업장 신청을 하라" 해도, 국립대 큰 병원도 아무도 신청을 안 하고. 그나마 강원대 병원이 신청을 해서, 시범사업으로 간병인 제도화를 하고 있어요.

••• 이명박 끝날 때까지 끝장 봐야 될 거 아녜요? 하하.

하하, 그래서 제가 지난번에 그런 이야기했어요. 제가 사생활을 너무나 못하기 때문에, 저는 개인적으로 혼자서 여기저기 다니는 거 좋아하고 여행도 좋아하는데, 지금 그걸 내 뜻대로 못하고 있지만, "제가 인생 말년에, 50대 후반부터 노동조합이라는 새로운 활동에 들어와서, 내 인생의 새로운 여행이다"고, 이건 새로운 여행이고 정말로 이런 말이 어울릴란가 몰라도 '이게 아마 내 삶의 전성기, 절정이다. 그래서 이번 임기를 마지막으로 하는 게 내한테는 맞겠다' 이런 생각을 가지고.

••• 좀더 활동 폭을 넓혀 보실 생각은 없나요? 간병인제도 문제를 중심으로.

앞으로 요양보호사 관련한 일도 많아요. 전국 요양보호사들이 지난달부터 명칭을 '전국요양보호사협회'로 바꿔서, 전국협회장은 서울에 정금자 님이고, 지역마다 전국 요양보호사들이 다 가입이 된 건 아니지만, 앞으로 많은 요양보호사들을 조직해 나가야죠. 대구에서는 경대병원 희망간병 위주로 참여하는데, 우리는 따로, 요양보호사들이 일할 수 있는 '재가센터'도 같이 운영을 하는데, 재가센터는 집에서 하는 요양보호사고. 요양제도에 그런 것도 있는데, 여하튼 제가 지금 전국요양보호사협회 대경지부장도 맡고 있는 거죠.

••• 노조하기 이전에는 투표는 주로 어디다 하셨어요?

그 전에는 그냥 한나라당을 찍기도 했고, 경상도 분위기가 그렇잖아요? 그런데 2007년 선거 때는 우리가 노조사업 하고 난 다음인데, 그때만 해도 이명박이가 그런 사람인 줄 몰랐죠. 그래서 나도 그때 투표하면 이명박

2010년 3월 8일 여성의 날, 여성노동자의 현실에 대해 발언하는 석명옥 분회장

찍었을 거예요, 아마. 근데 우리 큰아들이 전화를 해서 "엄마, 이명박 절대 찍으면 안 된다"고. 우리 아들은 "엄마 노동조합 이건 꼭 해야 된다. 노동조합은 누구든지, 사실은 하는 게 맞다. 엄마 잘하고 있는 거다" 그러거든요. 작은아들도 그렇고. "이명박은 절대로 찍으면 안 된다" 이랬는데, 나는 이명박 찍으려고 마음먹고 있었거든요. 그래서 투표날 나는 투표 안 했어요. 내가 가면 아마 이명박 찍을 거 같아서. 그러다 저번 지자체 때는 다 민노당이나 진보신당, 진보쪽 찍었죠. 이명박 본질도 내가 현장에서 싸우다 보니까 알았고. 거기에 "진보쪽은 떨어져도 찍어야 된다" 그래서 찍었죠. 그런데 이 사람들을 지금은 우리가 믿을 수 있지만, 절대 이 사람들 손에만 다 맡겨 놓을 순 없고, 우리 노동자 편이라 하지만 이 사람들이 또 정권을 잡았다 하면, 그 나름대로 어찌될지 모르니까. 그래서 바닥에서부터, 현장에서부터, 시민운동하고 학생운동하고 노동운동 다 연대해서 해야 돼요.

●●● 주변에 많은 비정규직 문제들은 어떻게 해결될 수 있을 거라 생각하세요?

그건 어려운 일이지만…… 비정규직이든 우리 같은 특수고용 노동자든

2010년 간병인 노동자 한마당에서 발언하는 모습

하는 일이 하찮은 게 아니잖아요? 사회에 도움되는 일을 하고 있는 것인데, 동일노동을 하는데 임금차별을 받는 건 불공평하잖아요? 똑같은 일을 하고, 똑같이 중요한 일을 하고 있는데, 사회적으로 국가에서 대접이나 보수나, 너무나 많이 차별받고 있는 게, 이게 옛날 신분사회하고 똑같이, "현대판 신분사회" 같아요. 이거는 완전히……. 결국 비정규직들을 저임금으로 희생시키고 자본가들은 누리고 사는데, 이건 큰 모순이고 소득분배가 많이 잘못되어 가고 있는 거죠. 이런 걸로 인해서 사회적으로 양극화 현상이 더 깊어지는 거고. 언젠가는 '노동자들의 폭동'이 일어날 것이고. 빨리 그런 날이 와야 된다고 봐요.

●●● 여성들이 일하는 것에 대해 집안에서 어떤 반응들인가요? 또 결혼한 여성들이 노조활동하는 거에 어떤 영향이 있나요?

요새 젊은 사람들은 맞벌이하니까 남편들도 집에서 가사일도 잘 분담을 해주는 걸로 알고 있는데, 우리들 기성세대들은 안 그랬거든요. 나부터 그랬고, 왜냐면 일하면 집에 가면 무슨 죄짓고 들어가는 것처럼. 나는 집에서 반대하는 일을 했기 때문에, 일을 하고 피곤한 몸으로 집에 가면 또 "일하지 마라" 그럴까 싶어 가지고. 오히려, 내가 나중에 막 싸울 때 남편한테 그랬어요. "팔자 좋은 년들은 놀러 갔다 와도 내같이 이런 대접 안 받는다. 놀러 댕기는 사람보다도 내가 더 눈치를 봐야 되냐?" 일하러 갔다 오면. 막 이렇게 한 적도 있었어요. 그니까 여자들이 많이 그렇거든요. 일하고 와도 자기 집안일은 또 해야 되고. 다 하는 거 정도가 아니고 웬만하면 불편 없이 해놓으려고 더 열심히 하고 나가야 돼요. 그런 조건들이 조합원 교육이나 이런 활동을 일상적으로 하는 데 어려움이 많죠.

●●● 마지막으로 지금 활동 목표는 뭐죠?

간병비를 건강보험으로 지급하고 병원이 간병인들을 직고용 하게 하는 것이 목표예요. 간병제도가 제대로 되어 노동자들이 마음 놓고 안정된 일자리를 만들어 고용불안에서 해방되어야 환자들한테도 밝은 마음으로 질 좋은 서비스가 나갈 수 있어요. '내년에 계약에서 떨어지면 어쩌나' 이런 불안한 마음을 갖고서 환자를 대하는 거하고, 고용불안 없이 안정된 마음으로 일하는 거하고 달라요. 그래서 저는 안정적으로 일할 수 있는, 제대로 된 간병서비스제도를 만드는 게 목표이고, 그게 간병인들도 좋고 환자에게도 좋은 일들이라고 보아요.

또 간병비를 건강보험에 적용하면 돈이 없어도 간병서비스를 부담 없이 받을 수 있을 텐데, 간병비를 비급여로 한다면 돈 많은 사람들은 비싼 민간보험으로 해결하겠지만 돈 없는 대다수의 서민들은 간병비로 집안이 파산에 이르기도 할 것 아니에요? 사실 맞벌이 해야만 생활이 유지되는 사람들이 간병인을 쓰는 경우가 대부분이거든요. 돌볼 사람이 없으니까. 전 국민이 혜택을 볼 수 있도록 "간병비는 건강보험으로! 병원마다 간병인 직접 고용!" 이것이 지금 제 목표예요.

내 아이에게 부끄럽지 않게, 우리 다음 세대에게 비정규직 일자리를 대물림하지 않기 위해,
아니 즐겁게 노동을 할 수 있는 세상을 위해,
여전히 비틀거리지만 한 발 한 발 그렇게 나갈 뿐이다.

# "현대차 사내하청은 불법파견이다!"

원문숙
현대자동차 아산공장 사내하청지회 조합원-해고자

# "현대차 사내하청은 불법파견이다!"

## 1. '미운 오리새끼'

1977년 가을에서 겨울로 넘어가는 계절, 밤새 엄마를 고생시키며 나오지 않던 아이가 이른 새벽 아빠가 도착하자마자 태어났다. 아빠는 충남 온양이 본가, 엄마는 경상남도 언양이 친정인데 나는 언양에서 태어났다. 3녀 1남 중 차녀. '딸-딸-딸-아들'이라는 배열만 봐도 감이 오듯 친가에서 나는 '찬밥', '미운 오리새끼', 뭐 이 정도의 처지였다. 그러다 보니 어린 시절은 외갓집에서의 기억이 대부분이다. 외할머니는 엄마 없이 혼자 외가에 와 있는 내가 혹여 기라도 죽을까 노심초사하며 예뻐하고 아끼며 키워 주셨다. 외할아버지는 내 기억 속에 야위고 쇠약한 모습으로 존재한다. 늘 방 안에만 계시면서 가끔 방문을 열고 어린 손녀가 마당에서 뛰어노는 모습을 물끄러미 바라보시곤 했다.

내가 일곱 살이 되던 해, 남동생이 태어나고 나는 유치원에 입학하기 위해 본가로 왔다. 그 전에도 온양집에 있던 시간이 있었지만 기억에 남아 있는 것은 없다. 우리집에는 할아버지, 할머니, 우리 가족 여섯 명에 작은아버지 가족 세 명까지, 모두 열한 명의 대가족이 함께 살았다. 가족들과 같이 산다는 것으로 들떠 있던 내가 처음으로 받은 상처는 '말'이었다. 말을 배우는 시기에 경상도에 있다 보니 그쪽 사투리를 쓰고 있었고 그걸 들은 다른 형제들과 동네아이들이 나를 놀려 댄 것이다. 얼마나 울었던지……. 그런 날 안아 주고 위로해 주는 사람은 그 많은 가족 중 엄마밖에 없었다. 그때부터 내

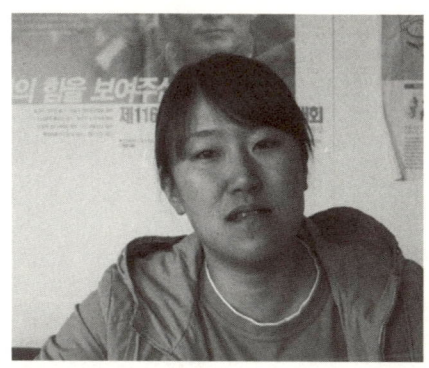

2004년 사무실에서의 필자

유치원 때 소풍사진

게 엄마는 항상 나의 우군이자 안식처였다.

내가 다니는 유치원은 언니가 다니는 학교에 같이 있는 병설유치원이었다. 규모가 작은 학교여서 1학기에는 오후에 유치원에 갔고, 2학기엔 겨우 교실을 만들어 언니와 함께 아침에 갈 수 있었다. 워낙 체구가 작았던 나는 30분이 넘는 길을 걸어서 유치원에 가는 것을 싫어했다. "유치원에 안 갈래" 하며 우는 나를 작은아빠가 자전거로 데려다 주셨고 나는 자전거 뒤에 앉아 유치원에서 배운 노래를 부르곤 했다.

당시 작은아빠는 몸이 좋지 않으셨던 것으로 기억한다. 야윈 모습으로 항상 많은 약을 드셨고 집에서 알로에를 키워서 드시기도 했다. 어린 마음에 나도 먹어 보겠다고 덤볐다가 몽땅 토하고 펑펑 울기도 했다. 그 다음부터 알로에를 먹지는 않고 손과 얼굴에 발랐다. 어린 나이에도 그걸 바르면 손이 보들보들해지는 것이 좋았던 모양이다.

우리 엄마는 어린 시절 집안이 너무 어려워 초등학교를 겨우 졸업하셨다고 한다. 공부도 잘했고 머리도 좋아 학교에서는 중학교에 보내야 한다고 했지만 아들도 아닌 딸을 어려운 형편에 보낼 수 없다고 하셔서 학업을 중단해야 했고, 그것이 한이 되었다는 엄마. 그래서 엄마는 자신이 못했던 공부와 갖지 못했던 책들을 자식인 우리에게 사 주시고 우리를 통해 대리만족을 느끼셨다. 그래서 나와 우리 형제들은 부족하지 않게 책을 읽었고 공부를 한다고 하면 모든 일에서 자유로울 수 있었다.

초등학교 고학년이 될 때까지 내게는 아빠가 존재하지 않았다. 아빠가 안 계신 게 아니라 내 의식 속에 존재하지 않았던 것이다. 아빠는 건설 쪽 일을 하셨는데 1년에 몇 번밖에 보지 못했고 오시더라도 언니와 동생들은 안아 주고 선물도 주고 하셨는데 나는 항상 열외였다. 나중에 들어 보니 언니는 맏딸이라 예쁘고, 여동생은 막내딸에 남동생을 봤으니 예쁘고, 남동생은 남자라는 이유만으로도 예쁨을 받은 거라 한다. 가부장적인 집안에 둘째딸로 태어난 설움은 아주 오랜 시간 동안 나를 힘들게 했다.

초등학교에 입학한 나는 반에서 가장 작은 아이였다. 내가 입학할 때도 학교는 작고 교실이 부족해서 1학년은 한 반만 있었다. 작은 교실에 52명의 아이들이 복작복작거렸다. 이때 나는 공부에는 흥미를 느끼지 못했다. 학교에 다녀오면 가방을 집어던지고 밖으로 나가 산과 들을 뛰어다니며 놀기에 바빴다. 그러다 저녁에 집에 돌아오면 한 살 위인 언니에게 붙잡혀 숙제를 했고, 집중하지 못한다고 맞곤 했다. 한번은 공부를 너무 안 한다고 언니가 나를 얼마나 때리던지 동생이 달려가 "큰언니가 작은언니를 때려요" 하며 엄마를 불러왔다. 맞고 있는 나를 본 엄마는 언니를 배드민턴 라켓으로 때리셨다. 그때 얼마나 놀랐던지 그후로 다시는 언니가 나를 때려도 엄마에게 말하는 일은 없었다. 우리 4남매는 서로 그리 사이가 애틋하진 않았던 것 같다. 다만 내게 막내인 남동생은 애지중지 귀한 동생이었다. 내가 아들로 태어나지 않은 것이 내 잘못은 아닌데……. 어린 시절 받았던 설움에 대한 비뚤어진 마음인지 집안어른들께 이쁨받는 여동생에게 샘이 나서인지 나는 여동생에게는 까칠하게 굴면서 나이 차이가 많이 나는 남동생에게는 뭐든 해주고 편을 들어 주곤 했다. 어쩌면 나 또한 집안어른들의 남아선호사상에 물들어 있었는지도 모르겠다. 그 때문에 여동생과 나는 사사건건 다툼이 많았고 어린 시절 자매간에 나눌 법한 기억에 남는 추억 같은 것도 없다. 막내가 남자가 아니었다면 여동생도 아마 나와 같은 처지가 되었겠지? 아니, 어쩌면 옛말에 "셋째딸은 선도 안 보고 데려간다"고 했으니 내 여동생은 여전히 예쁨을 받았을지도 모르겠다.

초등학교에서 선생님들 사이에서 내 이름은 '원문숙'이 아니라 '한숙이 동생'으로 불렸다. 언니가 워낙 공부를 잘했기 때문에 선생님들에게 인기가 많았다. 나 또한 공부를 좋아하지는 않았지만 언니의 영향으로 상위권 성적은 유지했는데 전국대회까지 나가는 언니를 따라가지는 못했다. 그런 내가 언니보다 잘하는 것은 그림과 글쓰기였다. 초등학교 6학년 때 반에서 정물화로 국화꽃을 그렸는데 마음에 들지 않아 학교에 제출하지 않고 집으로 가져온 일이 있었다. 그런데 중학교 2학년이던 언니가 그 그

초등학교 졸업사진(뒷줄 왼쪽 끝에 있는 이가 필자)

림을 학교에 과제물로 제출해 학교에서 개최한 대회에서 은상을 받아 왔
다. 처음에는 언니를 칭찬하시던 아빠가 내가 그린 그림이라고 하자 "너
는 커서 뭐가 되려고 공부는 안 하고 그림질이냐"고 나를 혼내셨다. 그후
로 나는 학교에서나 대회에 나가서 상을 받아도 집에 말하지 않았고 다시
는 그림을 집으로 가져오지도 않았다. 그때는 그냥 '내가 하면 뭐든 미움
을 받는구나'라는 생각뿐이었다.

　초등학교 6학년이 되면서 나는 담임선생님이 새로 오신 분이어서 좋
았다. 그 한 해만큼은 담임선생님에게 '한숙이 동생'이 아닌 '원문숙'으로
인정받을 수 있었기 때문이다.

### 학창시절

중학교에 입학할 당시에도 나는 여전히 또래 아이들보다 체구가 작은 편
이었다. 버스 손잡이를 잡을 수 없을 정도였다. 작은 키에 왜소한 몸집이었

지만 친척언니나 오빠들이 항상 주위에 있다 보니 학교생활에서 위축되거나 선배들에게 괴롭힘을 당하는 일은 없었다. 내가 중학교에 입학하던 해부터 교복을 입어야 했다. 학교는 사립이고 기독교재단이라서 규율이 엄했다. 복도에서 소리 내어 걸어서는 안 되고, 목소리가 교실 밖까지 들려서도 안 되고, 앉았다 일어났을 때 교복 스커트에 구김이 가서도 안 되었다. 혹시라도 교복 스커트에 구김이 있으면 지나가던 선생님이 회초리로 엉덩이를 때리곤 했는데 엉겁결에 맞고 나면 징신이 멍해지곤 했다. 또 속옷 검사를 했는데, 몸의 성장이 늦었던 나는 몸에 맞지도 않는 속옷을 왜 입어야 하는지 이해할 수가 없었다. 2차성징이 나타나기 전까지 위에 속옷 입기를 거부했고, 또한 속치마·속바지 등 속옷을 검사하는 게 왜 필요한지 이해가 안 되어 친구들과 그 검사를 거부하였다. 말도 많고 탈도 많던 속옷 검사는 1년을 넘기지 못하고 사라졌지만 검사 당시 받았던 수치심과 상처는 가슴에 새겨져 쉽게 사라지지 않았다.

내가 중학교 3학년이 되는 해에 입시제도가 바뀌었다. 1년 선배들까지는 학력고사로 고등학교에 진학을 했는데 우리 때 와서 상업계열은 중학교 내신으로, 인문계열은 종전과 같이 학력고사를 보았다. 당시 나는 상업계열 고등학교 진학을 신청했다.

상업계열 고등학교 진학을 결심한 것은 내가 공부에 관심이 없어서도, 성적이 나빠서도 아니었다. 내가 중학교 2학년이 되는 해 언니가 고등학교에 진학했다. 언니는 나와 다른 중학교에 다니고 있었는데 언니의 성적은 전교 한자리 석차 안에 들 정도로 높았다. 그에 비해 나는 반에서 상위권을 유지하는 수준이었다. 언니는 지역에서 알아주는 명문여고로 진학을 했다. 당연히 대학 진학이 목표였고, 중학교 때 선생님들도 "한숙이는 명문대에 충분히 진학할 수 있다"며 호언장담을 할 정도였다. 그때 우리집은 가세가 기울어 형편이 많이 어려웠는데, 어느 날 부모님이 나에게 "언니가 4년제 대학에 갈 테고 너까지 대학에 보낼 형편이 안 되니 너는 상고에 가서 취업해 언니 뒷바라지를 해야겠다"고 하셨다. 내게는 청천벽력 같은 얘기를 부모님은 너무도 담담하게 하셨다. 내게도 꿈이 있는데. 국문과에 진학해서 지금까지와는 다른 완성된 글을 쓰고 싶다는 꿈, 어른과 아이가 함께 읽고 행복해할 수 있는 동화도 쓰고, 아프고 힘든 마음을 위로하는 시도 쓰고 싶었는데…….

엄마, 아빠의 판단이 옳았는지는 모르겠지만 나는 이 일로 오랜 시간 방황을 했고 성적은 뚝뚝 떨어져 중학교 3학년 때에는 반에서 겨우 중위권을 맴도는 수준이었다. 그 결과 상업계 고등학교로의 진학은 피할 수 없는 일이 되었다. 결국 나는 중학교와 같은 재단의 상업계열 고등학교로 진학을 했다.

내가 지원한 과는 역대로 공부 못하기로 유명했는데, 내가 고등학교에 진학한 해부터 대학 입시제도가 바뀌어 고등학교 내신이 많이 반영된다고 하자 내신을 관리하기 위해 우리 과로 들어온 친구들이 갑자기 늘어났다. 여고시절 원없이 놀아 볼 거라는 원대한(?) 꿈을 안고 있던 나에게 이런 현실은 암담할 뿐이었다. 지금까지 선배들에게 듣기로는 "조금만 공부해도 반에서 상위권은 유지할 수 있다"고 해서 중학교 시절부터 꿈에 그리던 동아리에 들어가 지역의 다른 학교 친구들과도 사귀고 글도 마음껏 쓰고 싶었는데, 이제 그것도 힘들어지겠구나 하는 생각은 나를 당혹스럽게 했다. 나는 내신 성적이 그리 좋지 않았으나 입학 당시 등수가 상위권이어서 학급간부를 하였다.

내가 다니던 학교는 매년 5월 1~2일에 '설화제'라는 학교 축제와 체육대회를 했다. 담임선생님이 국어 담당이셨는데 "올해부터 축제 기간에 시화전을 한다. 시나 그림에 관심이 있으면 지원을 하라"고 했다. "학년마다 다섯 명 정도로 제한되어 있으니 지원하고 싶은 학생은 자작시를 써서 제출하라"는 것이다. 우리 반에서는 부반장과 내가 지원을 했고 최종적으로 내가 쓴 시가 채택되었다. 정말 꿈만 같았다. 그때 내가 들어가고자 했던 동아리가 갑자기 우리 학교에서만 불법동아리가 되어 신입회원 모집을 하지 않아 속상해하고 있었는데, 학교에서 하는 시화전이기는 하지만 내가 쓴 시가 학교 축제 때 전시된다고 하니 마냥 설레기만 했다. 시화전은 내가 쓴 시에 맞게 미술부원들이 그림을 그리고, 그 그림에 시를 써서 전시를 하는 것이었다. 나를 더욱 긴장시켰던 건 전시된 시들을 본 학생들이 좋은 시에 평점을 준다는 거였다. 다행히 나의 첫시는 좋은 평점을 받았다. 그러나 불행하게도 그 이후 학교 축제에서 더 이상 시화전을 하지 않았다.

축제가 끝나고 교목실(기독교 재단으로 학교에 담임목사님이 계셨다)에서 나를 불렀다. 교목님과의 만남에서 시화전은 여고시절에 내가 꿈꾸던 길로 나를 연결해 주는 키워드였다는 것을 확인하였다. 교목님은 내가 그토록 가입하고 싶어 하던 동아리의 담당교사였다. 교내 시화전에서 내 시를 보시고 동아리 가입을 직접 권유하려고 부르셨던 것이었다. 너무 기쁜 나머지 바로 가입을 해버린 나는 이 일로 내 여고시절이 파란만장해질 것이라는 생각을 전혀 하지 못했다. 지금도 후회하지는 않지만……. 

불법동아리로 낙인찍힌 동아리(이 동아리는 졸업한 선배들이 운동권으로 활동하면서 학교 후배들을 지원하자, 학교에서는 이 동아리 활동을 금지시키려 했다) 활동을 나는 거리낌 없이 공개적으로 시작했다. 2학년에 진학하면서는 1학년 교실에 들어가 동아리 소개와 함께 가입을 권유하기도 했다. 어쩌면 당시 선생님들 말씀처럼 겁도 없고, 철도 없었는지 모르겠다. 하지만 나는 내가 가입한 동아리가 내가 학교생활을 하는 데 전혀 피해를 주지 않을뿐더러 차라리 유익하고 도움이 된다고 판단했다. 그후로 나는 우리 학교에서 다음 기수 후배들을 배출하기 위해 수없이 선생님들과 충돌하고 그 때문에 징계를 받아야 했다. 다행히 후배들은 계속해서 뒤를 이어 주었고 나의 징계도 쭉~ 이어졌다. 다만 아직도 가슴에 남는 일이 있다. 매년 연말에 장소를 빌려 동아리에서 시화전을 했는데, 전시할 시를 쓰고 판넬을 만드는 데만 약 5~6개월이 걸렸다. 모두 열심히 준비했지만 후배들의 징계를 막기 위해서 학교 이름과 본인들의 이름을 올리지 못하고 작품을 내야 했던 일은 아직도 후배들에게 미안하고 내게는 아쉬움으로 남아 있다.

그때 세 살 아래인 여동생이 같은 재단 중학교에 다니고 있었는데 여동생은 날로 유명해지는 언니를 둔 죄로 '원문숙 동생'이 되고 말았다. 내가 초등학교 시절 가장 듣기 싫던 호칭을 내 동생이 듣고 있다니……. 내가 풀 수 없는 숙제가 되어 돌아왔다.


## 2. 사회로 나오다

### 첫 취업과 가출

파란만장한 여고시절의 끝 무렵 취업을 나갔다. 집안어른의 소개로 간 곳은 축협의 축산계 사무실이었는데 정말 너무 심심해 낮잠을 잘 정도로 한

가하고 시간이 남아돌았다. 약 8개월을 다니면서 평생 놀 것을 다 놀 정도로 놀았다. 친구들이 학교 끝나고 놀러 와도 야단할 사람도 없었고 칸막이를 쳐놓고 자고 있어도 뭐라 하는 사람이 없었다. 그러니 인생의 발전은 없고 점점 나태해져 갔다. 그래서 축협을 그만두고 잠시 효창섬유에서 아르바이트를 하면서 또다시 숫자와 전쟁을 해야 했다. 하지만 현장에서 일하는 언니들과 친해져 같이 여행도 다니고 놀며 즐거운 추억도 만들었다.

1996년 7월, 나이 스무 살에 가출을 감행했다. 가출이라고 하지만 외갓집으로 짐 싸들고 내려간 거였다. 언니와 한 살 차이밖에 안 나지만, 고등학교 때까지는 언니가 때리면 그냥 맞고 있었다. 그래도 언니니까……그런데 고등학교를 졸업했는데도 자기 마음에 안 들면 손찌검 하는 걸 나는 더 이상 참을 수가 없었다. 정말 태어나서 처음으로 언니와 맞장을 떴다. 둘 다 영광의 상처만을 남긴 채 끝났으면 좋았을 것을, 아빠의 개입으로 상황은 되돌릴 수 없게 커져 버렸다. 아빠가 나를 좋아하지 않는 것도 알지만 아빠는 "언니에게 버릇없이 대든다"며 무조건 나를 떠밀고 때리고, 심지어 "교육을 제대로 못 시켜서 그렇다"며 엄마에게 폭력을 휘둘렀다. 아빠의 폭력성을 알지만 다 큰 자식들 앞에서 죽이겠다고 폭력을 휘두르는 것도 모자라 상습적으로 엄마를 구타하는 것에 질려서 외갓집에 이 사실을 알리고 내가 집을 나와 버린 것이다.

외삼촌과 외할머니를 붙들고 얼마나 울었던지. "나한테 아빠는 없어, 다시는 아빠라 부르지 않을 거야!"라며 어린아이처럼 울고 또 울었다. 나보다 아홉 살이 많던 외삼촌은 집으로 쫓아 올라가겠다고 난리고 할머니는 말리고. 전화로 전후사정 얘기를 듣고 "다시 한 번 그런 일이 생기면 엄마를 당장 언양으로 데려오겠다"는 것으로 상황은 정리됐다.

## 롯데제과 입사

외갓집에서 새로 시작된 생활은 낯설지도 않고 나이 어린 조카들과 더불어 평범하고 평탄하기만 했다. 몇 개월을 아르바이트도 하고 놀기도 하다가 그해 12월 양산에 있는 롯데제과에 입사를 했다. 입사동기가 6~7명가량 되었던 것으로 기억하는데 그 중 두 명이 나와 동갑이었고, 나머지는 취업 나온 고등학생들이었다. 또래 여자아이들은 금방 친해지기 마련이라 만난 지 얼마 되지 않아 우리는 조잘조잘거리며 공장 안을 돌아다녔다. 처음으로 들어간 공장, 거기다 3교대였다. '어떻게든 되겠지'가 안 됐다. 일주일은 새벽에 출근했다가 다시 다음 한 주는 야간에 출근했다가 또 그다음 주는 오후에 출근하는데, 적응이 안 되어 회사에서 일하거나 잠을 자는 것 외에 아무것도 하지 못했다.

한 달이 지나 근무지 배치를 하면서 나는 현장 사무실로 배치가 됐다. 내 전임자가 갑자기 회사를 그만두어 빈자리가 생겼는데 외삼촌이 나를 추천해서 가게 된 것이다. 같이 입사한 동기들의 부러움과 시샘을 받으며 내 두번째 직장생활은 시작되었다.

당시 외갓집은 롯데 쪽 사람들이 많았다. 사돈에 팔촌까지는 아니더라도 막내외삼촌이 롯데제과에 있고, 큰외삼촌은 롯데상사에 다녔으며, 이모도 결혼하기 전까지 롯데제과에 있었고, 언니는 롯데캐논에 입사를 했다. 이 모든 게 엄마의 6촌 오빠 되시는 분이 롯데제과 사장이어서 가능했던 것이었다. 한마디로 모두가 '낙하산'이었던 것이다. 어쨌든 들어간 거 할 일은 해야지 그런데 무엇을 어떻게 해야 할지 알 수 없었다. 인수인계를 해줄 사람이 없으니……. 할 수 없이 계장님이 직접 처음부터 일을 가르치게 되었고 나는 온종일 꼼짝없이 잡혀 머릿속에 들어오지도 않는 숫자놀이를 해야 했다.

　그래도 같은 사무실에 있는 분들이 좋은 분들이라 내 뾰족한 성격이 드러나지 않게 생활할 수 있었다. 그러다 인사이동으로 과장님과 계장님이 다른 과로 가시고 다른 분들이 오셨는데, 역시 그리 오래가지 못하고 사단이 나고 말았다. 인사이동 시기 현장에 새로운 설비가 들어오고 있었고, 하절기는 비수기라 라인이 돌아가지 않아 현장에 있는 언니들은 모두 아이스크림이나 비스킷 쪽으로 지원을 나가고 없었다. 그러다 테스트를 하고 나면 몇 명은 남아 포장을 벗겨 파과 처리하는 일을 하였다. 현장이 돌아가지 않으면 나도 일이 많지 않아 언니들과 같이 파과 처리하는 것을 같이 하곤 했다. 그렇게 정신없이 수다 떨며 놀다가 사무실에서 나를 찾는 방송을 하면 부랴부랴 사무실로 가기도 하고, 대부분은 정신을 빼놓고 수다를 떨다가 방송도 못 들어 나를 찾으러 온 기사님이나 계장님께 잡혀가곤 했다.

　그런데 그전에 계시던 분들은 내가 해야 할 일을 해놓으면 현장에 가서 일을 도와주고 같이 수다를 떨어도 괜찮았는데, 새로 온 과장은 사사건건 시비를 걸고 현장과 사무실을 갈라놓지 못해 안달난 사람처럼 이상하게 굴었다. 그러다 끝내는 "그렇게 현장이 좋으면 가라"고 했다. 나는 "못 갈 것 없고 그리고 현장에서 일하는 거 무시하면 안 된다"고 하자 "너는 네 에미 애비에게도 그렇게 하냐?"며 막말을 했다. 나는 잘못한 것에 대해 지적하는 것은 참을 수 있었지만 부모님까지 들먹이는 것에는 도저히 참을 수가 없었다. 사무실을 몽땅 뒤집어 놓고 도저히 화가 풀리지 않아 외삼촌에게 전화해서 한바탕 퍼붓고, 노조사무실에 가서 위원장 아저씨에게 또 한바탕 퍼부으며 난리를 쳤다. 노조사무실은 심심할 때 놀러 가면 아저씨가 맛있는 홍차를 타주셔서 자주 놀러 가곤 했었다. 당시 나는 노조가 무엇인지도 몰랐으니까.

그러곤 탈의실에 가서 옷을 갈아입고 퇴근해서 집으로 와 버렸다. 회사에서는 난리가 나고 기사아저씨가 전화하셔서 "그래도 과장님인데 그러면 되겠냐? 오늘은 근태처리를 해놓을 테니 내일은 출근을 꼭 하라"고 하셨다. 마음 같아서는 회사고 뭐고 다 그만두고 싶었지만 외삼촌 얼굴도 있고 해서 할 수 없이 출근을 했다. 하지만 아직도 화가 풀리지 않은 나와 과장은 서로 무시하며 싸늘한 냉기만 풍기고 있었다. "공식적으로 사과하지 않으면 그냥 넘어가지 않겠어요" 하자, "니 마음대로 해보라"며 배짱을 튕기는 과장 때문에 나는 더 화가 났고 홧김에 공장장실까지 갔다. 결국 온 공장에 소문이 다 퍼지고 과장은 공식적으로 사과를 하였다. 하지만 찝찝함은 남았고 그런 과장과 한 사무실에서 일하는 게 너무 끔찍했던 나는 현장으로 내려가기로 마음먹고 후임자를 구해 줄 것을 요청했다.

그렇게 나는 결국 우여곡절 끝에 현장으로 내려왔고, 몸은 힘들지만 마음은 편하게 회사를 다닐 수 있었다. 현장으로 내려온 지 얼마 되지 않아 나는 마지막 공정에 새로 들어온 포장 장비의 담당자가 되었다. 내가 책임지는 장비가 생긴 거였다. 신입사원과 다를 바 없는 내게는 정말 행운이었다. 장비를 설비하는 분에게 일을 배우는데 하루하루가 너무 즐거웠다. 그러다 그곳에서 한사람을 만나게 되었다.

### 스물두 살의 이른 결혼과 시집살이

큰 키에 항상 검은 모자와 검은 옷을 입고 말이 없던 그 사람은 자동화기계를 설비하는 회사 직원이었다. 그 사람과 같은 회사에서 온 아저씨들과는 현장으로 내려오기 전부터 친했지만 항상 말없이 고개를 숙이고 있는 그 사람과는 친분이 없었다. 그러다 같이 일하는 언니들과 저녁을 먹기로 약속을 해서 나갔는데 그 자리에 아저씨들도 같이 있었다. 어차피 아는 분들이니 아무 생각없이 저녁도 먹고 술도 마시고 놀았다. 나중에 들으니 그 사람과 내가 동갑이었고 그래서 소개해 주기 위해 자리를 만들었던 것이라고 했다. "언니들과 얘기하고 일하는 모습이 항상 밝고 웃는 얼굴이라 좋았다"고 하던 그 사람은 항상 외로워 보였다. 1997년 12월, 그렇게 그 사람과 만나게 되었다. 그때는 나와 그 사람의 인연이 그토록 힘들고 모질게 이어질 거라고는 상상조차 하지 못했다.

현장에서 일하기는 하지만 마감 때면 사무실에 올라가 일을 도와줘야 했는데 장비를 맡고 나서는 현장 일에만 집중했다. 일이 끝나면 친구 커플과 그 사람과 같이 영화도 보고 주말엔 놀이동산도 갔다. 외갓집 식구들이 있지만 가족과 떨어져 지내는 외로움이 어떤지 알고 있는 나는, 타지에 가족도 없이 혼자 있는 그 사람이 참 많이 외로워 보였고, 늘 어딘가 어두워 보여 마음이 쓰였다.

어른들이 항상 "여자는 자기를 좋아해 주는 사람과 결혼해야 행복하다"고 했다. 지금은 그 말이 새빨간 거짓말이다 못해 사기라는 것을 알게 됐지만, 그때는 그 말로 자기합리화를 하며 3개월의 짧은 연애 끝에 그 사람과 결혼을 결심하였다. 늘 내 편이 없다는 소외감이 내게 그런 결심을 하게 했는지도 모르겠다. 집안의 반대는 당연했다. 스물두 살밖에 안 된 내가 듣도 보도 못한 '시커먼 놈'을 데려와 결혼하겠다고 하니 부모님들은 기가 찼을 것이다. "좀더 지켜보자"는 등 "어떤 집안에서 나고 자랐는지 알아봐야 한다"는 등 별별 얘기가 다 나왔다. 하지만 나는 "내가 잘난 거나 내세울 게 하나 없고, 우리 집안은 뭐가 그리 잘나서 알아보냐"며 "필요 없다"고 했다. 그때는 그게 얼마나 큰 파국을 몰고 올지 상상도 못했다.

1998년 5월, "언니가 아직 결혼을 하지 않았고 집안의 첫 혼사를 둘째부터 할 수 없다. 언니가 결혼한 후 결혼식을 하라"는 집안의 반대는 대충 마무리지어지고 그 사람과 신혼살림을 시작했다. 양산의 작은 마을에서 전셋집으로 시작한 신혼살림은 말 그대로 소꿉장난이었다. 스물두 살 동갑내기의 불장난 같은 결혼생활은 내가 임신으로 회사를 그만두는 3개월로 끝나 버렸다. 함께 살기 시작하면서 그 사람은 다니던 직장을 그만두고 내가 있는 양산으로 내려왔고, 계속 직장을 구하지 못했는데 내가 임신으로 회사를 그만두자 급하게 일을 시작하였다. 그후로 내게 '아가야', '우리 강아지' 하며 나를 예뻐하시던 시어머니의 태도가 갑자기 바뀌었다. 하루에 수십 번 전화를 걸어 내가 무엇을 하는지 일일이 감시하고, 한 번이라도 내가 전화를 못 받으면 "어딜 쏘다니느냐, 내 아들이 힘들게 벌어다 준 돈으로 무슨 짓을 하고 다니냐"며 감시 아닌 감시를 했다. 임신으로 예민해져 있던 나는 이런 말을 해야 할지 말아야 할지 망설이다가 이러다 말겠지 하며 바보처럼 당하고만 있었다. 그래도 내 남편의 어머니시니까……. 

하지만 날이 갈수록 심해지는 시어머니의 전화와 폭언에 나는 점점 지쳐 갔고 그 사람은 회사일로 출장이 잦아졌다며 2, 3일에 한 번씩 집에 들어오기 시작했다. 그러던 어느 날 출장 간다며 나갔던 사람이 취소됐다면서 집으로 돌아왔다. 그날도 어김없이 시어머니의 전화 스토킹은 이어졌다. 시도 때도 없이 걸려오는 전화에 그 사람이 결국 전화를 받았고 나는 그때서야 지금까지의 얘기를 할 수 있었다. 하지만 시어머니의 태도는 변하지 않았고, 아니 더 심해졌고, 나는 그 사람에게 헤어질 것을 요구하였다. 내가 살아야겠기에.

더 이상 그 사람을 믿으며 살 수가 없었기에 더 늦기 전에 서로의 길을 갈 것을 요구했다. 처음엔 "잘하겠다. 다시는 그런 일 없도록 하겠다"고 했지만 결국 그 사람도 자신의 어머니가 변할 분이 아니라는 것을 알기에 내 결정을 따라주었다.

그렇다고 문제가 다 해결된 것은 아니었다. 나는 임신 중이었지만 아기 아빠와 헤어지고 혼자 아기를 낳고 살 것을 결정했으니 집안은 난리가 났다. "아기를 낳는다", "안 된다"로 한참 동안을 싸워야 했다. 결국 당분간 시간을 두고 따로 사는 것으로 정리를 하였다.

출산일이 다가오자 몸이 무거워진 나는 엄마가 계신 온양으로 올라왔다. 출산일이 다가올수록 부모님은 "미혼모는 안 된다"며 "그 사람에게 다시 한 번 기회를 주자"고 했다. 결국 부모님은 그 사람을 다시 불렀고, 다시는 그런 일이 생기지 않도록 할 것을 다짐하며 혼인신고를 하였다.

### 1999년 3월 4일, 하영이의 탄생과 이혼

세상 무엇과도 바꿀 수 없는 천사가 내게 왔다. 임신 중독으로 몸은 두 배 가까이 불었고 원체 심장도 좋지 않았던 터라 개인병원에서는 수술을 할 수 없다고 해 대학병원으로 갔다. 병원에서는 "절대 자연분만을 할 수 없다"고 했지만 나는 왠지 할 수 있을 것 같았다. 첫아이는 진통을 오래 한다고 하는데, 나는 예정일이 지나도 아기가 나올 생각을 안 해 유도분만으로 촉진제를 맞고 진통을 시작한 지 5시간 만에 3.25kg의 건강하고 예쁜 사내아이를 낳았다. 죽을 듯이 아팠지만 아기를 보는 순간, 엄마 생각에 눈물이 나면서도 내가 엄마가 되었다는 행복감에 아픔도 잠시 잊을 수 있었다.

그때 아이 아빠는 고향으로 내려가 일을 하고 있었다. 그 사람은 내게 "아이 100일까지는 집에서 몸조리하고 이후에도 친정 쪽에서 살자"고 했다. 하지만 아기를 낳고 한 달이 지나자 시어머니가 "내려와 살라고 하셨다"며 데리러 왔다. 기가 막혔지만 더 이상 내 문제로 집안을 시끄럽게 하는 게 미안해 그러기로 했다. 친정엄마는 불안하셨던지 여동생한테 함께 가라고 하셨다.

나와 아기가 살게 된 집은 전라남도에 있는 독천이라는 어느 시골마을에 있었다. 낮은 천장에 안방 창문을 열면 보이는 시이모댁 방문과는 5 미터도 채 떨어지지 않을 만큼 가까운 곳에 자리한 집이었다. 여동생이 열흘을 지내다 가며 차마 발걸음이 안 떨어진다고 안타까워할 정도로 내 삶에서 가장 지옥 같았던 한 달을 그곳에서 보냈다. 아기가 울 때면 영암에 계신 시어머니에게 전화가 와서 "왜 애를 울리냐"고 하신다. 상식적으로 대중교통으로 두 시간 이상이 걸리는 곳에서 아기 울음소리를 들으셨을 리 만무하다. 아이 아빠와 다투기라도 하는 날이면 아이 아빠가 나가자마자 바로 전화가 온다. "어디서 하늘 같은 서방에게 대거리 하냐"고.

어느 날은 생고등어를 한 봉지 사오셔서 다듬으란다. 비린내를 참으며 고무장갑을 끼고 다듬고 있자 역정을 내시며 "누가 고무장갑을 끼고 하랬냐"며 고무장갑을 벗기신다. 겨우겨우 다듬어 놓으면 "깨끗한 봉지에 두 개로 나눠 담으라" 하시고 그 중 한 마리만 꺼내 놓고 이모댁에 한 봉지를 전해 주고 나머지는 가지고 가신다. 그러고 나면 나는 손에서 나는 고등어 비린내에 며칠을 구역질에 시달려야 했다. 이런 환경에서 제정신으로 산다는 게 신기할 정도였다. 그렇게 우울증이 오고 우울증이 심해져 그곳에 간 지 한 달 만에 나는 말을 잃었다. 결국 부모님이 내려오시고 나와 아기는 다시 엄마집으로 왔다.

집으로 올라온 지 몇 개월 지나지 않아 아이 아빠가 그쪽 생활을 정리하고 온양으로 왔다. 하지만 그 생활도 그리 오래 지속되지는 못했다. 남편은 어렵게 주위 분들의 소개로 회사에 취직이 되었고 친정 가까이에 있는 아파트로 이사도 했다. 아파트로 이사하기 전부터 그랬던 것 같다. 그래도 친정집에서 살 때는 조심했겠지만……. 아파트로 이사를 하고 얼마 지나지 않아 남편은 차를 샀다. 아이도 있고 회사 다니려면 차가 필요하겠다 싶어 나는 그러자 했다. 얼마 지나자 남편의 귀가시간이 늦어졌다. 또 외박이 잦아졌다. 당당해졌다. 폭력도 행사했다. 더 이상 참을 이유가 내게는 없었다. 이미 아주 오래 전에 그 사람에 대한 연민은 사라졌으니까.


## 3. '싱글맘', 공장에 들어가다

### 2002년 9월 세화산업에 입사

2002년 2월, 드디어 '싱글맘'이 되었다. 당당할 것까지는 없었지만 부끄러울 게 없었고 그러기에 숨길 것도 없었다. 한사람과 두 번의 이혼은 흔치 않은 경우겠지만. 이제 아이와 둘이서 살아야 한다. 엄마 친구의 소개로 공장에 들어갔다. 자동차 범퍼를 만드는 곳이었다. QC<sup>Quality Control = 품질관리</sup> 쪽에서 일하게 되었는데 12시간 맞교대에 식사시간을 제외하고 10시간 이상을 서서 일하는데 발바닥이 부어 서 있는 것조차 힘들었다. 직영 QC에게 일을 배우는데 출근한 지 3일 만에 너무 발이 아파 밥도 먹으러 가지 않고 현장 바닥에 주저앉아 버렸다. '참자, 참자, 조금만 참자…….' 부은 발을 주무르고 있는데 내게 일을 가르쳐 주던 QC가 오더니 힘들면 쉬면서 하라고 의자도 내주고 일도 줄여 주었다. 하지만 그곳은 다른 직장을 가기 전에 잠시 들어갔던 곳으로 얼마 지나지 않아 그만두게 되었다.

아는 사람의 소개로 현대자동차 아산공장 내에 있는 세화산업에 들어가게 되었다. 이력서를 넣고 난 며칠 후, 면접을 보러 오라고 연락이 왔다. 지인의 안내로 공장까지 가서 면접을 보고 나오는데 들어갔던 곳을 찾을 수가 없었다. 거의 완벽한 '길치'인 내가 그 공장에 들어가 사무실과 일하는 현장을 자유롭게 돌아다니고 다른 길을 찾아다닐 수 있게 된 것은 4개월이 지나서야 가능했다.

면접을 보는데 "내일부터 출근할 수 있냐"고 하기에 "다음주부터 하겠다"고 하자 면접을 보던 소장이 황당하다는 듯 쳐다보더니 "그럼 야간인데 괜찮겠냐"고 했다. 내가 "괜찮다"고 하자 그럼 그렇게 하라면서 면접은 끝났다. 합격한 것이다.

현대자동차 아산공장은 정규직과 사내하청업체 약 11개로 이루어져 있었다. 사내하청이란 공장 안에 하청업체를 두는 것을 말한다. 공장은 프레스, 차체, 도장공장, 의장공장(조립), 엔진공장이 있는데, 나는 의장공장에서 마지막 공정으로 완성차의 전장검사실내 전등검사와 외관 전등검사를 하는 공정을 맡게 되었다.

첫 출근일. 옷을 갈아입고 일하는 곳으로 가는데 왜 그리 멀던지······. 아무도 없던 통로를 걷는데 갑자기 불이 확 켜지더니 작업준비를 알리는 소리가 들렸다. 나는 분명히 30분 전에 들어왔는데. 이후에 알고 보니 내가 갔던 길이 공장을 빙 돌아가는 길이었던 것이다. 겨우겨우 찾아간 현장. 그곳에서 새로운, 아니 제2의 인생이 시작될 것이라고 그때는 상상조차 하지 못했다. 그때는 그냥 '길치'에 '방향치'에 네 살 난 아들을 양육해야 하는 철없는 스물여섯 살의 싱글맘일 뿐이었다.

출근 첫날, 긴장도 되고 정신없이 돌아가는 컨베이어 벨트와 그 위로 쉴 틈 없이 쏟아져 나오는 차들, 그리고 정신을 차릴 수 없을 만큼 빠르게 쌩쌩 오가는 차들과 소음으로 정신줄을 반쯤 놓고 있었다. 언니들이 종이 한 장을 주며 외우라고 했다. 자동차를 검사하는 데 필요한 용어들이 적혀 있는 사양지였다. 그런데 아무리 주위를 둘러봐도 의자가 보이지 않았다. 그냥 멀뚱멀뚱 서서 보고 있기가 힘들어 얘기를 하자, "그냥 눈치껏 앉으면 된다"며 한쪽으로 치워져 있던 파란 뚜껑이 덮인 큰 플라스틱 통을 가리키며 그 위에 걸터앉으라고 했다.

현대자동차같이 큰 회사에서 직원들 의자도 안 주나? 할 수 없이 그 위에 걸터앉아 있다가 그냥 가만히 앉아 있는 게 불편해 언니들에게 "내가 할 수 있는 일은 없냐"고 물었다. 언니들은 "여긴 검사공정이라 웬만큼 기초적인 것들을 알아야 일을 시작할 수 있다. 일주일 정도는 작업을 하지 않아도 된다"고 했다. 이게 웬일~. 하지만 그 일주일이 거의 고문수준이 될 줄이야. 시간이 지날수록 한 사람 두 사람 지나다니며 나를 보고 손가락으로 가리키며 쑥덕쑥덕거리는데 미칠 것 같았다. 그런 상태가 2~3일 지나자 도저히 견디기 힘들어 언니들에게 물어봤더니 내 참 세상에 '구경 온 거'란다. 현대자동차 아산공장에 여자들이 일하는 공정이 얼마 없다 보니 여성이 새로 들어오면 개떼처럼 몰려다니며 구경을 한다는 것이다.

내가 동물원의 원숭이도 아니고 구경을 하다니……. 그후에 주변에서 같이 일하는 정규직 아저씨들과 친해지고 그때 얘기를 하니 더 가관이었다. 내가 입사하고 며칠 만에 업체 사무실에 가서 내 호구조사며 연락처까지 알아낸 사람들이 허다하다는 것이었다. 나뿐 아니라 대부분의 여성노동자들이 입사와 함께 그렇게 희롱의 대상이 되었던 것이다.

일을 시작한 지 한 달이 좀더 지났다. 어느 날 같이 일하던 언니가 불량을 놓쳤는지 정규직 조장이 "불량차가 나왔다"며 일하는데 쫓아와 고래고래 소리치며 난리를 쳤다. 그러면서 내 귀에 꽂힌 말이 있었는데, "그 따위로 일할 거면 집에 가서 '솥뚜껑 운전'이나 해! 여자가 말이야. 일을 시켜줬으면 감사하게 생각하고 잘 해야지!" 이따위 막말들이었다. 순간 욱하는 성질이 발동해 대뜸 대들어 버렸다. "아저씨가 뭔데 여기 와서 그래요! 아저씨가 우리 회사 관리자도 아닌데 왜 우리한테 그러는데요!" 그런데 언니들에게 가로막혔다. 분이 안 풀려 씩씩대는 나에게 언니들은 "그러다 한방에 잘린다. 절대 그러면 안 된다"고 했다. 나는 도저히 이해할 수가 없었고 용납도 되지 않았다. 같이 일하는 한 언니가 나에게 "딱 3개월만 참으면 다 얘기해 줄 테니 수습기간 3개월만 넘겨라"고 했다. 수습기간 3개월간 나는 계속해서 동물원 원숭이가 되었고 그 이후에도 정규직 조장과 관리자들의 폭언은 계속되었다.

## '불만 있는 사람들의 모임'과 2003년 테러사건

수습기간이 지나고 연말이 다가올 무렵 언니들이나 아저씨들과도 많이 친해져 있었다. 간혹 친목모임 비슷하게 친한 사람들끼리의 모임이 생겼는데, 그 모임을 '불사모'라고 했다. '불만 있는 사람들의 모임'의 약자인데, 그때는 그냥 열악한 현장에 대해 얘기도 하고 같이 밥도 먹고 술도 마시고 하는 작은 친목모임 같은 거였다. 그 모임에는 나와 같은 공정에서 일하는 언니가 두 명 있었는데, 그 중 한 언니 덕분에 내 정체성을 깨닫게 되고 그로 인해 제2의 인생을 살게 되었다. 그 언니는 사내하청지회 초대부지회장이자 이후 내가 노동운동을 하면서 힘들거나 흔들릴 때마다 스스로 판단할 수 있게 늘 든든한 지원자가 되어 준 권수정 동지다. 언니는 내게 입사 초기 "수습기간만 끝나면 모든 것을 알려주겠다"고 했었다. 그리고 그 약속을 지켰다.

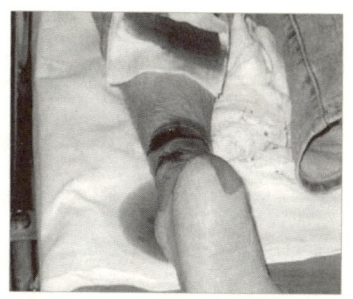
폭행당한 비정규직 노동자의 잘린 발목

2003년 초 내가 받은 첫 교육은 '노동자란 무엇인가!'였다. 이 교육을 통해 나는 현장의 문제점과 앞으로 우리가 무엇을 어떻게 바꿔 나가야 하는지 알 수 있었다. 더욱이 내가 '노동자'라는 것을 자각하게 되면서 온몸에 전기가 통하는 듯한 느낌을 받았다. 그동안 공장에서 일하는 것에 대해 부끄러워하던 내 자신의 무지가 더 부끄러웠다. 그리고 나는 다짐했다. 내 아이에게 부끄럽지 않은 노동자가 되겠다고……. 혼자였다면 시작하기조차 어려웠을 교육은 그 자리를 마련해 준 수정 언니의 지지와 함께 교육받던 회사 동생이 있어 힘들지 않게 시작할 수 있었다.

2월에는 노동운동과 노동조합에 대해 공부하며 앞으로 우리가 어떻게 무엇을 할 수 있을지 토론하고 교육받는 데 푹 빠져 있었다. 그러던 3월 19일 여느 때처럼 퇴근해 집에서 가족들과 저녁을 먹고 쉬고 있는데 연락이 왔다. "업체 과장이 예약 월차를 쓰겠다는 직원을 폭행했어. 그것도 모자라 병원에 입원한 그 직원을 찾아가 발목을 칼로 찔렀어!"

이 어마어마하고 엄청난 사건 앞에서 난 정신을 차릴 수가 없었다. 매일 보던 얼굴들이 흉측하게 일그러진 형태로 눈앞에서 아른거렸다.

다음날 출근을 하는데 온몸이 경직된 듯 움직임이 둔해졌다. 현장에서 일하는데 손이 떨려 장비를 잡는 손에 힘이 들어가지 않았다. '흔들리지 말자. 긴장하지 말자' 마음속으로 이 말만 되뇌며 점심시간이 되기를 기다렸다. 중식시간 세화산업 서클룸으로 갔다. 처음에는 망설이며 주저하던 아주머니, 아저씨들이 하나둘 모이더니 마침내 모든 노동자가 모였다. 정말 처음으로 모두가 한자리에 모였던 것 같다. 긴장한 사람들은 서로를 바라보며 어찌해야 할지 쉽사리 움직이지 못했다. 그때 현대자동차노조 아산지부의 정규직 의장부 대의원대표였던 동지가 들어왔고, 우리가 알고 있던 사실을 다시 확인하고 앞으로 우리가 어떻게 해야 하는지를 얘기했다. 나는 마음의 준비는 하고 있었지만 너무 갑작스럽게 터진 큰 사건 앞에서 머릿속이 하얗게 변해 버렸다.

우선 비상대책위원회[이하 비대위]를 구성해야 했다. 각 라인 대표를 구성하는데 전날 사건이 터지고 점심시간에 모이기 전까지 여러 사람과 미리 얘기했던 터라 크게 문제는 없었다. 다만 로드장<sub>완성차를 주행 테스트장에 이송하는 곳</sub>에서 일하시는 아주머니들 대표를 미리 얘기하지 못했는데, 다행히 크게 문제가 되더라도 하겠다고 나선 아주머니를 비대위에 포함시키는 것으로 비대위가 만들어졌다. 비대위 대표는 당시 '불사모'에 있던 아저씨가 하셨는데 정말 고생을 많이 하셨다. 정규직 노조와 함께 대책회의를 하는데 그 시간이 새벽까지 이어지면서 며칠간 계속되었다.

업체 서클룸에 모여 있던 우리들은 점심시간이 다 지나가도록 현장으로 돌아갈 수가 없었다. 누가 막아서가 아니라 지금 나와 같이 일하던 동료가 월차를, 그것도 '다음주에 집안 행사가 있어 예약 월차를 쓰겠다'고 했다고 관리자에게 폭행을 당하고 발목을 난자당했는데 지금 우리가 현장에 들어가 일을 한다면 그 칼끝이 우리의 심장을 겨냥하지 않겠느냐는 생각에 어느 누구도 쉽사리 "현장으로 복귀하자"는 말을 꺼내지 못했다. 하지만 시간은 점점 흘러 작업시간이 다가왔고 망설이고 흔들리는 사람들이 나오기 시작했다. 한쪽에선 우리가 직접 선출한 비대위원들이 논의를 하고 있었고 서클룸 밖에는 정규직 소위원들이 우리를 보호하기 위해 업체 사무실 앞을 에워싸고 있었다. 그 뒤로 회사 관리자들이 서성이는 모습들이 보였다.

함께 서클룸에 있던 대의원대표가 모여 있는 사람들에게 물었다. "어떻게 하겠습니까? 이대로 들어가서 일할 수 있겠습니까?" 하고. 아무도 선뜻 대답하지 못했고 일부는 고개를 숙인 채 침묵했다. 가장 걱정했던 로드장 아주머니가 "그래도 가서 일해야 하는 게 아니냐"고 했지만 어느 누구도 그 말에 동조하지 않았다. 그때 작업 준비종이 울리기 시작했고, 대의원대표는 "여러분이 이 자리를 지키고 끝까지 싸운다면 제가 책임지고 가겠습니다. 함께 하시겠습니까?"라고 말했다. 그 말을 기다렸다는 듯 모두가 박수를 치며 "함께 가겠다"고 외쳤다. 가슴이 벅차올랐다.

단 한 사람도 열외 없이 자리를 지켰고 그와 상관없다는 듯 라인이 돌아가기 시작했다. 하지만 얼마 지나지 않아 컨베이어 벨트는 멈췄다. 노동자가 없는 현장은 돌아가지 않았다. 우리가 현장에 복귀하지 않는 한 컨베이어는 움직이지 못하는 것이다. 여기에는 정규직 활동가들의 결의와 희생도 뒤따랐다. 세화산업이 투입되어 있는 공정이 비어 있는 상태에서 라인을 가동할 수 없다고 정규직 활동가들이 라인을 세운 것이다. 그동안 서로 다르다고 생각했던 정규직과 비정규직이 함께 이룬 소중한 성과였다. 그날 오후부터 라인은 가동되지 않았고 우리는 이 사건이 해결될 때까지 작업장으로 돌아가지 않을 것을 서로서로 약속했다. 하지만 밖에 대기하는 관리자들이 그냥 손 놓고 있지는 않았다. 핸드폰으로 문자를 보내고 전화를 해서 협박과 회유를 했다. 시달리다 끝내 핸드폰을 꺼 놓는 분들도 생겼고, 흔들리는 사람들이 나오기 시작했다. 더 큰 문제는 화장실이었다. 화장실이 공장 중간에 있는지라 혼자서 가려 하면 관리자들이 따라붙을 게 뻔하기 때문에 삼삼오오 모여서 화장실을 가야 했다. 그동안 어떤 설움에도 침묵했던 사내하청 노동자들의 분노가 터져 나오기 시작했다.

나는 잠시 고민에 빠졌다. 이러다가 그냥 묻혀 버리는 것은 아닐까? 이것을 어떻게 외부로 알릴 수 있을까? 길게 고민할 여유가 없었다. 컴퓨터를 마음대로 사용할 수가 없어 동생에게 전화를 했다. 상황을 설명하고 이 사실을 언론에 제보해 줄 것을 부탁했다. 놀란 여동생은 내 이름으로 언론사에 제보를 했고 연락이 왔다. 막상 연락이 오니 불안해졌다. 어떻게 해야 할지 판단이 서지 않아 함께 학습하던 언니에게 얘기를 했다. 길게 설명할 수가 없어 언론사에서 취재를 오겠다고 하는데 어떻게 하면 좋을지 물어보았다. 답은 간단했다. "하면 되지" 그 말에 용기를 내어 취재에 응하기로 했다. 처음의 불안함이 사라질 무렵 또다시 스멀스멀 몰려오는 두려움……. '내일은 어떻게 하지?' 어차피 몇몇 사람들은 이번 기회에 노조까지 띄우자고 얘기했지만 섣부르게 결정할 수 있는 일이 아니었다. 오늘밤 어떤 일이 벌어질지 모른다는 막연한 두려움에 퇴근하는 것이 망설여졌다. 그렇다고 이렇게 밤을 새울 수는 없어 우선 퇴근을 하고 "절대 회사관리자들을 개인적으로 만나지 말 것과 개인적 연락을 받지 말고 내일 아침 출근시간에 맞춰 다시 서클룸에 모일 것"을 약속하고 회사를 나왔다.

퇴근길, 같이 일하던 언니와 함께 집으로 와 간단하게 옷 몇 가지를 챙겨 같이 학습하던 언니집으로 갔다. 긴밀하게 논의하고 움직여야 했기에 우선 언니와 함께 생활하며 이 사건을 현장에서 대응하기로 했다. 그렇게 길고도 짧은 하루가 지나가고 있었다.

다음날 아침, 우리는 다시 서클룸에 모였다. 다행히 다들 현장으로 가지 않고 약속을 지켰다. 이제 이 사건에 대한 우리의 요구를 만들어야 했다. 중간 중간 '작업에 복귀하자'는 말이 나오기는 했지만 90% 이상이 그 말을 괘념치 않았다. "내 동료가 테러를 당했는데 어떻게 아무 일 없었다는 듯 일할 수 있겠냐"며 모두가 자리를 지켰다. 다행히 우리의 소식은 여기저기 전해졌고 반가운 손님이 오게 되었다. 우리 얘기를 듣고 서울에서 최도은 동지가 온다고 한 것이다. 우리에게 힘이 되어 주기 위해 내려온다는 소식에 너무 반가웠는데 아무리 기다려도 오지를 않았다. 알고 보니 아산지부에서 인솔을 해주지 않아 들어오지 못했다고 했다. 화가 났지만 고마운 최도은 동지를 빨리 세화산업 서클룸으로 데려가야 했기 때문에 아산지부에 여러 차례 얘기를 한 끝에 겨우 같이 갈 수 있었다. 최도은 동지는 목소리가 정말 힘찼다. 불안에 떨던 사람들도 그 목소리에 불안이 싹 달아날 정도로 힘차고 당당했다. 동지는 여러 얘기들을 들려 주고, 노래도 가르쳐 주었는데 '임을 위한 행진곡'과 '파업가'였다. 가사가 어찌나 마음에 와 닿던지…… 한동안 입에 달고 살았던 기억이 난다.

"흩어지면 죽는다~ 흔들려도 우린 죽는다! 하나 되어 우리 나선다. 승리의 그날까지. 지키련다. 동지의 약속, 해골이 두 쪽 나도 지킨다……"

결국 현대자동차 아산지부 지부장이 업체 사무실로 왔다. 최대한 노력해 요구를 수용하도록 하겠으니 작업에 복귀하자는 말이었다. 정말 실망스러웠다. 마치 책을 읽듯 또박또박 이어 가는 말들이 더 이상 들을 얘기는 없으니 내 말만 들으라는 듯 눈도 마주치지 않았다. 여기저기서 질문들과 함께 한숨들이 쏟아져 나왔다. "그럴 줄 알았다"는 듯 원망 섞인 눈초리들이 넘쳐났다. 여기서 꺾일 수는 없었다. 어떻게 여기까지 왔는데…….
비대위 대표를 맡고 밤잠 설쳐 가며 저들에게 이런 말들을 들으며 고생했을 아저씨를 생각하면 더더욱 여기서 접을 수 없었다. 장시간 논의가 이어졌다. 결국 비대위원들이 따로 회의를 했다. 여전히 작업 복귀는 아니었다.

매서운 바람이 부는 2월 민주광장에서 출근투쟁을 했다. 정규직과 함께 했는데 아직도 그때를 생각하면 얼굴이 화끈거린다. 처음 해보는 출근투쟁에 모두가 어리둥절했고 어찌해야 할지 몰라 한쪽에 주~욱 늘어서 있는데 정규직 노동자들은 횡과 열을 맞춰 서는 것이었다. 어찌어찌 따라 하기는 했지만 혼자서 멀뚱하게 서 있으려니 더 어색하고 민망스러웠다. 다행히도 최도은 동지에게 배운 '파업가'가 나왔고 떨리는 마음으로 함께 불렀다. 그렇게 처음으로 현대자동차 아산공장에서 원·하청 노동자가 함께 투쟁을 시작했다.

이틀간의 밀고 당기는 신경전 끝에 합의가 이루어졌다. "책임자 처벌과 함께 피해자에게 산업재해에 준하는 대우를 하겠다"는 현대자동차와 노조, 세화산업 비대위대표의 합의문이 나왔다. 우리가 원했던 수준은 아니지만 작은 승리에 우리는 조금 더 큰 희망을 볼 수 있었다.

그 사건 이후 나는 집에서 쫓겨나고 말았다. 당시 인터뷰했던 게 모자이크 처리 없이 실명 그대로 방송이 되면서 집안이 발칵 뒤집혔다. 사돈의 팔촌까지 집으로 전화가 오고 동생 친구들은 동생에게 전화해 나에 대해 물었다. 결국 아버지는 "우리 집안에 빨갱이는 없다"며 나를 내치셨다. 잠시 고민을 했다. 정말 잠시. '나중에 아이에게 어떻게 설명할 수 있을까? 여기서 그만둬야 할까? 그렇게 부끄러운 엄마로 살아야 할까? 이대로 언니 집으로 가면 아이가 커서 나를 이해해 줄까? 지금 엄마의 보살핌이 필요한 나이인데', 머릿속이 얽힌 실타래처럼 복잡해졌다. 하지만 어느새 내 발걸음은 집을 떠나고 있었다.

## 4. '금속노조 충남지부 현대자동차 아산공장 사내하청지회'를 건설하다

### 사내하청에 노조를 결성하다

그 사건 이후 현장은 술렁이기 시작했다. 회사는 시한폭탄을 안고 있는 듯 불안해했고 관리자들 또한 동요했다. 그러는 사이 조금씩 노동조합을 준비하는 움직임이 커져 갔다.

2003년 3월 28일 밤 9시경, 서둘러 택시를 타고 현장으로 들어갔다. 사내하청지회가 출범한 것이다. 애초 이날은 민주노총 충남본부에서 초동주체들이 모임을 갖기로 했던 날이었는데, 우리의 움직임을 눈치 챈 회사에서 유령노조를 만들려고 한다는 제보를 받고 급하게 노조를 띄우게 된 것이다. 나는 초동모임에 가기 위해 집안에 일이 있다고 월차를 냈었는데, 다시 회사에 전화해 출근할 수 있게 됐다고 말하고 회사로 들어간 것이다. 내가 현장에 막 들어설 때 저 멀리서 한 무리의 사람들이 내가 일하는 쪽으로 몰려왔다. 지회 임원들로 선임된 사람들과 엔진 쪽 초동주체들이 정규직 활동가들의 비호 아래 현장을 돌며 가입신청서를 받았다. 드디어 사내하청에도 노조가 생겼다.

'전국금속노동조합 충남지부 현대자동차 아산공장 사내하청지회', 그토록 조심스럽게, 하지만 당차게 준비한 우리 노조의 정식명칭이다. 아마 당시 금속노조에 속해 있던 지회 중에서 지회 이름이 가장 길었을 것이다. 사내하청지회가 생기고 거의 매일 아침 출근투쟁과 선전물 배포가 이어졌다. 3월 말, 4월 초라고는 하지만 새벽바람은 한겨울처럼 매서웠다. 언 손을 비벼 가며 밤새 복사한 선전물을 나눠 주고 현장으로 들어가서 일을 하다 회의에 가기 위해 조퇴를 하고 나가거나, 야간 일을 마치고 선전물을 배포하고 잠도 못 자고 회의를 하기를 반복했다. 벚꽃이 활짝 피었다 지는 것을 보며 '이제 봄도 끝물인가? 근데 왜 이리 춥지? 우리들에게는 언제쯤 봄이 올까?' 이런저런 상념에 빠졌다가 주위를 둘러보면 시린 손을 비비며 한 사람에게라도 더 선전물을 나눠 주기 위해 발을 동동 구르는 우리 동지들이 보였다. 그래 우리 동지들이 희망이고 우리 싸움이 끝나는 그날이 봄날이지…….

### 여성은 남성사업장에서 조직부장하면 안 되나?

사내하청지회가 생기고 지회임원들이 선임되었지만 상집간부들은 아직 선임되지 않은 상태였다. 지회장이 내게 문화부장을 제의했다. 순간 망설여졌다. 지회가 생기기 전에 학습을 받으며 나는 노동조합을 만들면 조직부장을 해서 현장을 조직하고 조합원들과 가장 가까운 곳에서 함께 소통하며 모든 투쟁에 앞장설 것을 결의했는데, 갑자기 문화부장이라니…….
하지만 아직 낯설기만 했던 지회장이 그리 말하니 "생각해 보겠다"고 답하고 혼자 고민에 빠졌다. 겨우 용기를 내서 부지회장에게 고민을 털어놨다. 부지회장은 바로 내게 수습기간만 넘기면 모든 것을 얘기해 주겠다고 말했던 사람이자, 노동자라는 나의 정체성을 깨달을 수 있도록 학습을 받게 해주고 '식칼테러' 사건 이후 함께 살게 된 언니다. 부지회장의 답은 간단했다. "지회장에게 나는 문화부장이 아니라 조직을 하고 싶다고 당당하

2003년 4월 16일, 지회설립 보고대회

게 말하면 되는 거야."

혼자 끙끙대고 고민했던 게 부끄럽게 그리 말하니 지회장 또한 "그렇다면 그렇게 하라"고 했다. 날로 조합원은 늘어났고 이대로라면 얼마 안가 아산공장에 있는 모두가 우리 조합원이 될 것만 같았다. 하지만 항상 좋은 것만은 아니었다. 간혹 현장에서 조합원들과 얘기도 하고 인사하며 돌아다니다 보면 뒤에서 수근거리는 소리에 뒷목이 뻣뻣하게 서곤 했다.

"나이도 어린 기집애가 무슨 노조를 한다고 설치고 저런데~."

순식간에 다리에 힘이 풀리려는 것을 입술을 깨물며 참고 참아 더 당당하게 걸어갔다. 눈물이 쏟아지려는 것을 눈이 빠지도록 앞을 노려보며 걸었다. 화장실에 들어가 문을 잠그고 서러운 눈물을 쏟아내곤 했다. '기죽지 말자. 그래 내가 더 열심히 하면 되는 거야. 오늘 딱 한 번만 봐준다' 이렇게 내 스스로에게 힘을 주곤 했다.

하지만 그보다 더 힘들었던 것은 4월 16일 지회보고대회를 앞두고 지

2003년 4월 16일, 지회설립 보고대회에서 경과보고하는 필자

회장의 집에서 회의를 할 때의 일이었다. 지회장이 내게 잠깐 얘기를 하자며 "아무래도 남성사업장이고 하니 조직부장은 남성이 하는 게 좋겠다. 너와 같은 업체 소속 남성동지가 조직부장을 결의했으니 너는 총무부장을 하는 게 어떠냐"는 것이었다. 지회장은 조심스럽게 물었지만 나는 너무 큰 충격에 답을 미룰 수밖에 없었다. 차라리 이유가 다른 것이었다면……. 내가 조직부장으로 맞지 않으니 총무부장을 하라든가, 차라리 내가 잘못한 것이 있다든가 했다면 그렇게 상처받지는 않았을 것이다. 현장에서 내 뒤통수에 대고 떠들던 그 소리와 지회장의 얘기가 내 귓가를 때리듯 울리며 맴돌았다. 이미 모두가 내가 총무를 맡는 게 당연하다는 듯한 태도에 마음이 더 아팠지만 중요한 시기에 분란을 만드는 것 같아 그 제의를 받아들이기로 했다. 이 일은 아주 오랜 시간 내 마음에 깊은 상처로 남아 곪고 또 곪아 갔다.

## 동서다이너스티 농성투쟁

사람들이 모여 있는 곳에서만 투쟁이 만들어지는 것은 아니었다. 가장 낮은 곳, 모두가 꺼리는 곳에서 묵묵히 노동하시던 우리의 어머니, 아버지 같은 분들이 "최소한 인간대접은 해 달라"며 당당히 일어선 투쟁에 자본은 잔인하리만치 철저하게 그분들을 짓밟았다. 회사 측은 "대화 좀 하자"고 찾아간 아주머니와 사내하청지회 간부를 무시하고 나가더니, 다시 "회사를 점거했다. 퇴거하지 않으면 고소고발하겠다"고 협박을 했다. 이것은 시작일 뿐이었다. 회사는 이미 업체사무실로 사용하던 장소를 폐기물처리장으로 전환하기로 결정한 후 이전을 준비하면서, 대화에는 응하지 않고 우리가 사무실을 점거했다며 각 업체로 공문을 보냈다. 더욱이 동서다이너스티 아주머니들과 아저씨들에게는 징계통보를 했다.

그동안 취업규칙이란 것을 본 적도 없던 아주머니와 아저씨들은 '직권해직'이란 징계통보를 받고는 "이게 뭐냐?"고 물으셨다. 이 착한 분들이 무슨 엄청난 짓을 저질렀다고 직권해직을 시킨단 말인가? 우리는 분노했고 물러설 수 없었다. 당시 가장 조직이 많이 되어 있던 의장공장 조합원들이 먼저 움직이기 시작했다. 시간이 날 때마다 농성장이 되어 버린 동서다이너스티 사무실로 찾아가 힘내시라고 약식 선전전을 진행하고 간부들은 월차에 조퇴, 결근까지 감행하며 아주머니들과 함께 그곳을 지켰다. 파업지침이 내려오면 조합원들은 동서다이너스티 앞에 모여 집회를 하고 의장공장으로 들어가 현장순회를 했다. 한번은 의장공장으로 들어가려는 우리를 원청 관리자들이 막아섰다. 조직차장이 원청 관리자와 실랑이가 있었는데 용감한 원청 관리자가 아주 '리얼한 리액션'을 보이며 넘어지더니 "허리를 다쳤다"며 누워 버렸다. 그러곤 산재를 신청했고 산재공단에서는 조직차장에게 구상권을 청구했다. 훗날 소송에서 조직차장이 이기기는 했지만, 이런 현대자동차 자본의 비열한 노조 탄압은 계속됐다.

그러던 어느 날 농성장이 침탈되었다. 주말을 틈타 지회간부만 홀로 남아 있던 시간을 노려 경비들이 교육선전부장을 들어내고 중장비를 동원해 그대로 건물들을 철거해 버린 것이다. 그 자리에 검정색 봉지에 대충 쓸어 담은 우리 물품들이 어지럽게 뒤섞여 남아 있을 뿐이었다.

사내하청지회가 보고대회도 하고, 매일매일 조합원도 늘어갔지만 회사는 교섭에도 나오지 않고 탄압의 수위는 상상을 초월할 정도로 높아져 갔다. 6월까지 해고자가 세 명이나 되었다. 나는 정직 2주의 징계를 받았다. 5월에 동서다이너스티 청소아주머니들의 투쟁과정에서 생긴 일이다.

## 6월 23일 비정규직투쟁 선포식

그렇다고 기죽고 흔들릴 우리들이 아니다. 전국에 비정규직철폐운동이 벌어지고 있었고 우리는 그 투쟁의 중심에 있었다. 현대자동차 울산공장 비정규직 단위에서도 준비를 하고 있었고 전주공장에서도 움직임을 보이고 있었다.

그 기세를 몰아 6월 23일 투쟁선포식을 현대자동차 아산공장 정문에서 전국의 동지들과 함께 하기로 한 것이다. 또한 그 동지들과 함께 공장으로 들어가 민주광장에서 천막농성을 시작하기로 했다. 6월 23일 아침, 부지회장의 징계위원회 재심이 있던 날이었다. 하지만 정문에서 선전전을 하고 공장으로 들어가려던 우리를 경비들이 막아섰다. "출입할 수 없다"는 것이었다. 밀고 당기고를 하는 동안 징계위 시간은 다가왔고 "서면 제출이라도 하겠다"고 했지만 그들은 마치 아무것도 들리지도 보이지도 않는 듯 정문을 막아섰다. 급하게 정규직 대의원들에게 연락을 취했지만 마침 그날이 현대자동차 아산지부 임시대의원대회가 있는 날이라 대의원들이 바로 나올 수가 없었다. 아산지부에도 연락했지만 상황은 마찬가지였다. 밀고 당기기를 반복하다 보니 정규직 대의원들과 우리 지회 조합원들이 나오기 시작했다. 언제부터 내리기 시작했는지 모를 비로 온몸은 젖어 있었지만 우리 동지들을 보니 힘이 났다. 겨우 정문에 들어선 우리는 본관으로 몰려갔다. 처음 가본 본관은 내게 복잡하기만 했다. 갑자기 몰려들어간 우리 때문에 본관은 비상이 걸렸고 여기저기서 셔터가 내려지기 시작했다. 그러다 우리는 한곳에 갇히게 되었는데 아마도 그곳이 전시장이었던 것 같다. 자동차를 전시하는 둥근 전시대 같은 것이 있었으니까.

그곳에서 공장장 면담과 사과를 요구하며 연좌를 하는데 갑자기 경비들이 몰려들더니 우리를 끌어내기 시작했다. 그들은 미리 해고자들을 찍어 놓고 해고자 중심으로 사지를 들어 밖으로 들어냈다. 비에 젖은 옷은 말려 올라갔고 속살이 다 드러나도 아랑곳없이 끌고 나갔다. 장정 4~5명이서 한 사람씩 들고 나가는데 아무리 옆에서 매달리고 잡아도 나까지 달려갈 정도로 무자비하게 끌어냈다. 그 과정에서 여러 동지들이 부상을 입었고 당시 해고자 중에 유일한 여성이었던 부지회장은 바지가 찢어지고 살갗이 아스팔트에 쓸려 여기저기 피를 흘리고 있었다.

경비들과 원청 관리자들의 만행은 여기서 끝나지 않았다. 아산지부 임원과 상집간부들이 나와 "단협에 따라 인솔하겠다"고 했는데도 정문을 막아섰고, 끝내는 아산지부 간부들까지 정문에서 우리 지회와 함께 경비들에 맞서 싸웠다. 오전부터 한바탕 난리를 치르고 나니 오한이 왔다. 몇 시간씩 찬비를 맞으면서 싸움과 소강상태를 반복하다 보니 감기 기운이

도는 듯 몸이 떨리고 열이 나는 듯했다. 하지만 더 큰일은 비가 와서 퇴근 시간에 하기로 했던 투쟁선포식을 할 수 있을지가 문제였다. 우리는 당연히 진행하지만, 정규직 노조에서는 비가 조금이라도 내리면 모든 집회를 취소해서 걱정이 되었다.

다행히 집회는 예정대로 진행이 되었다. 비가 오다 말다를 반복하긴 했지만 전국에서 한걸음에 달려와 준 동지들이 아산공장 정문을 가득 메웠다. 당시 나는 선봉대로 나서서 혹시 모를 침탈과 공장진입을 준비하고 있었다. 길지 않은 투쟁선포식이 끝나고 대오는 공장으로 향했다. 소방차와 버스, 승합차들로 겹겹이 바리케이드를 쳐 놓았지만 우리 동지들은 뒤로 물러서지도 돌아가지도 않고 당당하게 앞으로, 앞으로 전진해서 공장으로 들어섰다. 그 과정에서 부상자가 속출했는데, 나 또한 차에 부딪히며 쓰러져 정신을 잃고 병원으로 옮겨졌다. 우리 동지들은 공장으로 들어가 당당하게 천막을 설치하였고, 막걸리 잔을 기울였다고 한다. 그 자리에 함께하지 못해 못내 아쉬웠다.

병원에 입원해 있는 내게 반장이 전화를 하더니 "징계위에 출석하라"고 했다. 나는 "징계로 정직 중인 데다 병원에 입원 중이라 갈 수가 없다"고 하자 "그럼 퇴원하면 바로 회사로 나오라"고 했다. 정말 비인간적인 것들……. 일주일 정도 입원해 있다가 퇴원해서 바로 천막농성장으로 갔다. 그곳이 내가 있어야 할 곳이기 때문에.

정직기간이 끝나고 출근을 하자마자 또 징계위에 회부된 나는 해고가 되었다. 2003년 7월, 첫번째 해고였다. 해고가 되고 나서 내 주거지는 천막과 정규직 노조사무실이었다. 정규직 활동가들도 6월 투쟁으로 해고자와 징계자가 많이 발생해 우리의 천막 주위는 말 그대로 '천막촌'이 되었다. 그전에도 그후로도 민주광장에 그처럼 많은 천막이 쳐진 적은 아직 없다. 나는 정규직 노조의 문화패 중 '몸짓패'에 들어가 그들과 함께 연습을 하기 시작했다. 처음에는 주저하고 시간을 끌었지만 끈질기게 매달리다시피 하자 끝내 허락한 것이다. 처음에는 자존심이 상하기도 했지만 지회에서도 두 명이 같이 하겠다고 해서 정말 즐겁게 연습했다. 천막을 치고 얼마 지나지 않아 천막을 침탈당했다. 천막에는 사람이 거의 없었다. 천안 중부도시가스 연대투쟁으로 대부분의 간부들이 그쪽으로 움직였고 나는 몸짓패 연습을 하러 해방터로 가던 중이었다. 갑자기 본관에서 200여 명의 관리자들이 몰려 내려와 천막을 순식간에 부숴 버렸다. 정말 말 그대로 부수었다. 그 안에 있던 물품들 또한 모두 도난당했다. 총무부장이던 나는 가방을 그곳에 있던 동지에게 맡겨 놓고 갔는데 그 가방 또한 분실되면서 가지고 있던 투쟁기금과 조합비를 털려 버렸다. 황망함보다 분노가 더 컸다. 찾고 못 찾고의 문제가 아니었다. 이토록 비열하고 치졸한 게 현대자본이라니. '그래 끝까지 가보자.'

이 사건 이후 나는 이 일을 절대 그만두지 않을 것을 맹세했다. 아무리 거대한 현대자동차 자본이라도, 비록 나 하나의 힘은 약하지만 나뿐 아니라 우리 모두가 함께 싸워 겉만 번듯하게 포장된 저 더럽고, 비열하고, 치졸한 현대자동차 자본의 치부를 세상에 낱낱이 공개하고 우리가 정당했음을 모두가 인정할 때까지 이 투쟁을 멈추지 않을 것이다.

7월부터 구속자가 생기기 시작했다. 6·23투쟁이 끝나고 해고자는 28명에 달했고, 7월 3일 지회장과 조직차장이 경찰조사 중에 구속됐다. 그리고 부지회장과 사무장, 회계감사에게는 수배가 떨어졌다. 누가 경찰을 민중의 지팡이라 했나? 그건 완전히 사기다. 경찰과 경비의 합동작전으로 9

월 6일, 또다시 천막이 침탈되며 농성장을 지키던 사무장과 회계감사가 연행되어 구속되었고, 10월 22일, 부지회장이 노동조합 사무실이 있는 건물에서 한밤중에 경비에게 끌려 나가 구속되었다. 부지회장이 연행되던 날이 내 스물일곱번째 생일이었다.

## 내 꿈속에 이해남 열사는 살아 있다

분한 마음에 잠을 설치다가 겨우 잠이 들었는데 새벽녘에 한 통의 전화가 걸려왔다. "세원테크지회 이해남 지회장이 대구 세원정공에서 분신을 했다"는 비보였다. 정신이 없었다. 며칠째 잠을 못 잔 데다 요즘 세원테크지회 상황에 대한 좋지 않은 소문들이 돌아 내가 악몽을 꾼 게 아닐까 하면서도 겁이 나 핸드폰을 열어 확인할 수가 없었다. 만약 사실이라면……. 아침이 되고 다른 동지들에게 그 소식을 들으면서도 머릿속에선 '아니야! 이건 꿈이야. 이건 악몽이야'라며 현실로 받아들이지 못했다.

이해남 열사는 우리 지역의 세원테크지회장으로, 사내하청지회가 설립될 때부터 늘 우리의 투쟁에 함께했고, 지역에서도 투쟁 사업에 항상 모범적으로 함께하던 동지다. 오랜 시간 자본의 탄압에 맞서 선봉에서 투쟁하면서도 늘 수줍은 미소를 머금고 있었으며, 우리가 천막농성을 할 때도 지회 간부들과 함께 참여해 우리의 손을 맞잡아 주던 고마운 동지였다.

구속된 부지회장은 23일 아산지부와 지회에 "열사의 한을 풀자. 비정규직 차별철폐. 해고자 원직복직. 동서다이너스티 계약해지(에이블 주식회사 또한 인정할 수 없다)"와 회사 측에 "해고자 원직복직, 책임자 처벌(김훈태, 양동걸), 공장장 사과"를 요구하며 경찰서 유치장에서 단식투쟁에 들어갔다. 폐쇄적인 공간에서의 단식투쟁이 걱정되어 만류했지만 끝내 고집

세원테크 지원 연대투쟁을 하는 조합원들

을 꺾지 않고 구치소로 이감되어서까지 단식투쟁을 이어 갔다.

10월 26일, 전국비정규직노동자대회가 서울에서 열렸다. 많은 조합원이 함께 상경투쟁을 했는데 그날 또다시 한 동지가 집회 도중 분신을 했다. 아직 몸에 화염의 기운이 남아 있던 그 동지는 가는 숨을 이어 가면서도 무언가 아직 못다 한 말이 남은 듯, 입을 달싹거렸고 주변은 통곡과 절규로 아수라장이 되었다. 앰뷸런스에 실려 나가는 그 동지의 모습을 보며 발걸음을 돌릴 수가 없었다. 그는 바로 이용석 열사였다. 대오는 거리로 쏟아져 나갔다. 대로를 점거하고 전경과 대치하며 밤늦도록 싸웠다. "내 동지를 살려내라!" 눈앞에 이해남 동지가 겹쳐 보였다. 모두들 내게 위험하니 뒤로 빠지라고 했지만 갈 수 없었다. 그리고 순식간에 경찰의 폭력적 해산작전이 벌어지고, 나는 경찰에게 끌려 들어가 방패로 머리를 찍히고 곤봉과 군홧발에 짓밟히고 말았다. 여기저기서 잔인한 경찰들의 진압이 이어졌고 정신을 잃고 쓰러진 여성을 무자비하게 짓밟는 경찰을 보고 나는 정신없이 그쪽으로 뛰어가 쓰러진 여성의 머리를 끌어안았다. 마치 마약을 한 듯 눈이 풀린 경찰들은 마구잡이로 폭력을 휘둘렀고 이미 그 여성의 얼굴은 이리저리 차여 멍이 들어 있었다. 정신없이 맞고 있는데 갑자기 폭행이 멈췄고 누군가가 내게 손수건을 내밀며 "우선 지혈을 하라"고 했다. 무슨 뜻인지 몰라 멀뚱히 앉아 있자 내 머리에 손수건을 올려놓더니 "꼭 누르고 있으라"는 것이다. 처음에 방패로 찍혔을 때 머리가 찢어졌는데 너무 정신이 없어 내가 다친 사실을 알지 못했던 것이다. 나중에 병원에 가면서 유리에 비친 얼굴을 보니 납량특집극에 나가도 손색이 없을 만큼 피로 얼룩진 얼굴이 정말이지 가관이었다.

병원으로 옮겨지는 것 또한 쉬운 일은 아니었다. 경찰들이 골목골목을 막고 앰뷸런스를 들여보내 주지 않아 부상자들끼리 서로 의지하며 골목을 돌고 돌아가야 했다. 병원에 가서 치료를 받는데 정수리 부위가 3cm가량 찢어졌다며 흉이 남지 않게 하기 위해 스테이플러 같은 것으로 9번을 찝었다. "철컥철컥"거리는 소리 때문에 머리를 방패에 찍혔을 때보다 더 아픈 것 같았다. 치료를 받고 응급실을 나오자 지회장과 함께 조합원들과 간부들이 밖에서 기다리고 있었다. 내가 '씩~' 웃자 우리 동지들도 같이 웃었다. 그래 지금처럼 힘들 때도 아플 때도 함께하자는 약속처럼…….

다음날부터 나는 모자를 쓰고 다녔다. 병원에서는 쓰지 말라고 했지만 부지회장 면회를 가는데 내 꼴을 보일 수가 없었다. 결국 얼마 지나지 않아 눈치 없는 조합원 한 명이 얘기해 버려 그 비밀은 오래가지 못했다.

11월 17일, 힘겨운 투병을 하던 이해남 지회장이 끝내 세상과의 끈을 놓았다. 바로 전날까지 호전되어 다른 동지들이 면회하는 것을 보고 올라왔는데……. 나는 부지회장 면회를 하기 위해 천안구치소에 갔다가 이해

2003년 10월, 이해남·이헌중 분신 항의투쟁

남 동지의 부고를 듣고 망연자실 주저앉고 말았다. 이해남 지회장이 사망한 다음날 부지회장이 석방되었다. 내가 노동조합 활동을 하며 가장 의지했던 두 사람 중 한 사람이 떠나자 한 사람이 돌아왔다.

　이해남 동지를 그렇게 허무하게 보내고 나는 또다시 잠을 자지 못하게 됐다. 눈을 감으면 이해남 동지를 보내던 날이 반복해서 나타나는데, 갑자기 관이 열리자 이해남 지회장이 온몸에 붕대를 감은 상태로 관에서 일어나 내 이름을 불렀다. 이해남 지회장이 다시 살아났다고 기뻐하며 다가가면 얼굴 부분의 붕대가 풀리며 다른 사람의 얼굴로 바뀌고, 나는 비명을 지르며 잠에서 깨어났다. 그 꿈은 오랫동안 나를 힘들게 했다.

### 해고자 복직투쟁

악몽 같던 2003년이지만 해고되어 농성하는 동안에 우리는 결코 게으름을 피우거나 나태해지지 않으려 노력했다. 매주 2회 이상 자체적으로 교육도 하고 내부규율을 정해 해고자들의 생활과 활동을 관리하기도 했다. 그런 2003년에 집에는 겹경사가 있었다. 여동생이 10월에 첫아이를 출산하고, 언니도 11월에 첫아이를 출산한 것이다. 여동생이 출산했을 때는 가까이 있어 가볼 수 있었는데 언니는 서울에 있어 가보지 못해 많이 미안했다. 가끔 집에 가긴 했지만 개인생활은 거의 없이 지회에만 매달려 있었다.

해가 바뀌어 2004년에 들어서도 나는 공장에서 생활하고 있었다. 지회에서는 2004년 투쟁을 준비하고 무너진 조직력을 복원하는 것과 해고자복직문제 해결을 위한 투쟁을 준비해야 했다. 2004년 초 현장은 바닥을 치고 있었다. 조합원이 몇 명인지 정확한 통계를 낼 수 없을 만큼 가입된 조합원 수와 조합비를 내는 조합원 수가 달랐다. 거기에다 현대자동차 노조의 직가입 규약 변경이 표면적으로 2월에 잡혀 있는 상황에서 조합원들은 좀처럼 나서려 하지 않았다. 지회에서는 이런 상황을 극복해야 했고 그 과정으로 대의원선거를 준비하였다.

한편에서 매일 아침 출근투쟁과 1인시위를 진행했지만 회사는 꿈쩍도 하지 않았다. 그래서 우리는 결국 장시간 토론 끝에 7월 14일, 해고자복직을 위한 단식농성을 시작했다. 단식농성에 들어가기 일주일 전 갑자기 하혈을 시작한 나는 병원에 갔지만 아무 이상 없다며 약만 처방받아 3일 정도 약을 먹다가 단식농성에 들어가며 약을 끊었다. 그러자 3일 만에 다시 하혈을 하기 시작하는데 그 양이 너무 많아 중식선전전을 진행하는 것조차 힘들어지더니 단식 일주일이 넘어서자 시력이 떨어지기 시작했다. 결국은 단식 10일차인 금요일 중식선전전 때 갑자기 앞이 캄캄해지며 보이지 않았다. 순간 두려움에 주저앉아 버렸고 놀란 동지들이 몰려와서 노조사무실로 옮겼다. 잠시 누워 안정을 취하자 다시 시력은 돌아왔지만 그

2004년 복직을 위한 출근투쟁

순간의 암흑이 뇌리에 박혀 한동안 일어설 수가 없었다. 함께 단식을 하던 여성이 나와 부지회장뿐이라 남성 동지들은 내가 어디가 안 좋은지 알지 못했고 나 또한 쉽사리 말할 수가 없었다. 그래서 힘없이 누워 있는 나를 두고 "내보내야 하는 거 아니냐? 어떻게 해야 하냐"며 얘기들이 이어졌다. 나는 "더 버틸 수 있다. 나가지 않겠다"고 했다. 그렇게 나갈 수는 없었다. 동지들은 내 결정을 존중해 주었고 주말이 되었다. 점점 심해지는 하혈로 움직이는 것조차 힘겨웠던 나는 결국 단식 11일 만에 병원으로 옮겨지고 말았다. 병원에서는 "난소에 혹이 생겨 하혈이 심했을 텐데 이 상태까지 방치하다니 이해가 안 간다"고 했다. 결국 단식을 접고 주사와 함께 약물치료를 병행하며 지켜보기로 했다. 그리고 일주일 후 수술을 받았다.

힘들게 단식을 이어 가는 남은 동지들에게 너무 미안했다. 회사는 결국 정규직 노조를 통해 '선별적으로 네 명을 복직시키기'로 합의했고 단식 농성은 보름을 넘기지 않고 끝났다.

10월 들어 나는 복직대상자 네 명 중 한 명으로 현장으로 복직을 했다. 그래, 복직이었다. 다른 동지들은 작업공정이 바뀌었지만 내 공정은 그대로였고 조만 바뀌어서 들어갔다. 힘들게 단식을 끝까지 했던 동지들이 아니고 내가 복직된 것이 마음을 무겁게 했지만, '현장에서 더 열심히 하자'고 스스로 결의했다. 해고되고 1년 반이 넘는 동안 현장은 온갖 부당노동행위가 판을 치고 있었다. 결국 복직한 지 얼마 지나지 않아 정규직 노동조합과 사내하청지회가 공동집회를 진행하는데, 조합원의 집회참석을 막기 위해 업체에서 퇴근차를 따로 배치하는 부당노동행위가 벌어졌다. 이에 대응하는 투쟁을 조직하고 작지만 소중한 승리의 성과를 올렸다. 그러자 진성기업에서도 여유인원을 사전협의 없이 줄이는 현안문제가 발생하고 이에 대한 지회 차원의 투쟁이 시작되어 전 조합원이 그 투쟁에 함께했다. 하지만 갈수록 투쟁이 힘들어지고 끝내 2005년 2월 진성기업의 여유인원 투쟁으로 나를 포함한 네 명의 동지들이 다시 해고되었다. 복직한 지 만 4개월 만인 2005년 2월 15일, 나는 다시 해고가 된 것이다.

내가 또다시 해고가 되자 엄마는 일을 시작하셨다. 엄마는 얼마 전부터 몸이 좋지 않아 쉬고 있었는데 내가 해고되어 더 이상 생활비를 벌 수 없자 다시 일을 시작하려는데 나이 때문에 직장을 구하는 게 어렵기도 하고, 내가 지회 일로 집을 비우는 시간이 많다 보니 하영이를 돌보는 것도 엄마의 몫이 되어 보험설계사 일을 하였다. 죄책감과 고마움이 교차하고 마음이 너무 아팠다. 하지만, 그렇다고 이제 와서 멈출 수는 없으니까……. 해고통보를 받은 다음날부터 신흥기업 서클룸에서 거점농성을 시작했는데 업체 관리자들이 자꾸 시비를 거니까 조합원들이 2시간씩 교대로 외출계를 제출하고 같이 있어 주었다. 지회에서는 조직을 재정비하기 위해

대의원선거를 진행했고 나는 해고자 신분으로 대의원이 되었다. 당시 불법파견 저지투쟁으로 현장의 분위기는 들썩이고 있었지만, 조직의 내실을 채우는 것이 중요하다고 판단하였다. 그래서 내 선거구에서 노조에 가입하겠다는 사람들은 적어도 2회 이상, 많게는 5회까지 만나 면담을 하고 결의를 받은 후 노조가입을 받았다. 그 결과 모든 투쟁에서 우리 선거구가 가장 많은 조합원이 참석을 했고 활동을 했다.

**요양과 복귀, 이제는 하영이도 잘 챙겨야지**

9월 대의원 임기가 끝나고 얼마 지나지 않아 나는 심각한 우울증으로 현장을 나와야 했다. 그동안 정신없이 앞만 보고 달려온 2년 반의 시간이 순식간에 사라진 듯 모든 것이 허무하기만 했다. 불면증과 함께 찾아온 우울증은 순간순간 자살충동까지 불러왔고 할 수 없이 요양을 선택할 수밖에 없었다. 요양 후 집으로 돌아온 나는 그동안 소홀했던 아이와 시간을 함께 보내려고 노력했다. 지회 일정과 겹치면 늘 포기하였던 어린이집 행사에도 참석하고 그렇게 조금씩 몸과 마음을 추스르며 지회활동을 조금씩 시작했다. 그러나 하영이에게 가야 할 일정이 있으면 예전처럼 포기하지 않고 참가했다. 졸업발표회에는 꽃다발을 사서 일찌감치 발표회장에 가 연습하는 것부터 지켜보며 아이와 함께 어린이집의 마지막 행사를 즐겁게 마무리하기도 했다.

2006년, 하영이가 초등학교를 간다. 나는 학부모가 되는 것이다. 3월 4일 하영이의 여덟번째 생일이자 초등학교 입학식. 우리 하영이는 나의 초등학교 후배가 되었다. 초등학생을 둔 학부모가 해야 할 일은 참 많았다. 가르쳐야 할 것도 많고 함께해야 할 것도 많았다. 하지만 해고된 지 1년이 넘은 나로서는 모든 것이 부담스럽기만 했다. 집이 시골이라 아이 혼자 걸어서 통학하기엔 멀고 위험했다. 학원을 보내면 학원차로 통학을 할 수 있어 학원을 보내야 했는데 학원비 내는 것조차 버거웠던 나는 하루하루가 힘들었다. 하지만 그보다 더 힘들었던 것은 지난 3년간 그리고 힘든 시간을 보내는 지금도 "아이들은 놔두면 알아서 크는 거야"라는 말이었다. 다른 사람들도 아닌 같이 투쟁하고 가족보다 더 많은 시간을 함께 보내던 동지들이 내게, 그리고 하영이를 두고 그렇게 인식하고 말하는 것이 큰 실망으로 남았다.

3월 28일 지역집회를 시작으로 매일 아침 정문 앞 출근선전전과 피켓팅, 정문진입투쟁 등 다양한 복직투쟁을 진행했다. 하지만 대답 없는 메아리처럼 투쟁의 성과는 나오지 않았고 지회의 조직력은 점점 바닥을 쳤다. 게다가 아산본부 집행부는 지회가 설립되기 전부터 지회설립을 지지해주고 모임장소까지도 제공해 주던 민투위'현대자동차 민주노동자투쟁위원회'의 약칭; 현장활동가 모임 쪽이었는데, 집행부에 당선되기 전과 달리 전 집행부와 다를 바 없는 모습에 실망하기 시작했다. 결국 출근시간 선전물을 배포하던 과정에서 아산본부 상집간부와 다툼이 있었는데, 그는 "우리가 비정규직 눈치를 왜 봐야 하는데"라는 말을 던졌고, 그 한마디에 그동안 쌓았던 신뢰가 무너지면서 나는 아산본부를 그해가 지나가도록 들어가지 않았다.

2006년은 초반부터 비정규직투쟁이 멈추지 않았다. 현대차 사내하청 아산, 울산, 전주를 비롯해 GM대우 창원공장, 청주의 하이닉스매그너칩 등 비정규직투쟁은 계속되었다. 그러다 2006년 7월 13일, 출입금지 가처분위반으로 재판을 받던 중 지회 초대집행부의 권수정 부지회장, 오지환 사무장, 김준규 회계감사가 법정구속이 되어 각각 8개월, 6개월, 6개월의

2006년 복직투쟁 중 몸싸움

실형을 선고받고 대전교도소로 이감되었다. 지회활동의 중심이 되었던 세 명의 동지가 한꺼번에 구속되자 지회사업이 많이 힘들어졌다. 하지만 면회로 소통하면서도 워낙 팀웍이 좋은 집행부라 내가 개입할 여지는 없었고, 7월 21일부터 울산공장에서 3주체 공동요구를 걸고 시작한 천막농성장에 나는 결합하였다. 2006년 초부터 운영하던 소모임은 권수정 부지회장의 구속과 함께 내가 울산 농성장으로 내려감으로 일시 중단하였다.

함께 논의하고 고민하던 수정 언니가 구속되면서 나는 함께 지회사업을 고민할 사람이 없어 많이 힘들었다. 다행히 전해부터 지회활동을 적극적으로 시작한 또 한 명의 여성조합원이 있었고, 그 언니의 도움으로 면회도 다니고 가끔 짬을 내 여행도 다니면서 더 힘들지 않게 더 아프지 않게 노력하는 시간을 보냈다.

구속되었던 동지들이 2007년 1월에는 오지환·김준규 동지가, 2월에는 권수정 동지가 한 달 차이를 두고 출감했다. 이어 지회는 '1사 1조직' 문제에 총력을 기울였다. 당시 나는 지회에서 상근을 하고 있었다. 지회장과 사무장의 권유로 상근을 하며 상근비는 지회장의 전임비 중 일부와 간부들의 결의금으로 최소한의 활동비를 지급하기로 했다. 상근비보다 안정적으로 지회활동을 할 수 있는 것이 내겐 더 우선이었기 때문에 이 제안을 받아들여 상근을 하기 시작했다. 하지만 3개월이 지나도록 상근비를 받지 못한 상태에서 다른 노동조합에서 상근활동가로 오라는 제안을 받았다. 처음에는 흔들렸다. 그곳에 가면 하영이를 학원도 보낼 수 있고 해 달라는 것도 넉넉하지는 않겠지만 지금보다는 더 많은 것을 해줄 수 있을 텐데…… 두번째 받는 제안이라 더 고민이 되었다. 고민 끝에 결국 지회장에게 얘기했다. 하지만 돌아온 것은 "간다면 말릴 수 없다. 다만 그곳은 금속노조가 아니기 때문에 지회를 탈퇴하고 가야 한다"는 것이었다. 정말 충격이었다. 내가 그 사업장으로 들어가는 것도 아니고 상근활동가로 가는데 이중 멤버쉽이 되니 지회를 탈퇴하라니. 지회장뿐만 아니라 임원과 상집들 그리고 확대간부까지 이 일로 관계가 틀어졌다. 상근 권유도 집행부에서 먼저 한 것이었고 내 상황을 어느 정도 아는 집행부에게 들은 얘기라 나는 다시 혼란에 빠졌다. 당시 지회장도 전임비를 못 받는 상태라서 전임비를 받을 때까지 기다리고 기다리며 힘든 내색을 하면 미안함만 더해질 것 같아 표현하지 않았던 것인데…….

이런 일련의 사건들이 벌어지는 가운데 지회에서 그토록 준비하고 노력했던 '1사 1조직'이 6월 21일 현대자동차 지부의 임시대의원대회에서 찬성 3분의 2를 얻지 못해 부결되었다. 정규직 노조가 비정규직을 조합원으로 받아들인다는 '1사 1조직'은 정규직·비정규직 노동자가 그동안 분리된 상황을 뛰어넘을 수 있는 중요한 계기였다. 그러나 이것이 부결되자 그 책임을 지고 지회는 집행부 총사퇴를 결정했다. 당시 지회는 광진기업(도장부 업체) 투쟁 합의와 관련한 문제로 혼란스러운 상태였다. 광진기업의 대의원에 대한 징계문제로 촉발되었던 투쟁을 위해 지회 쟁대위가 구성되었다. 그러나 투쟁 돌입 시기가 여러 차례 늦춰지다가 돌연 도장부 대의원들과 집행부만 교섭에 들어가 조인식을 하고 나오면서, 조합원들의 문제제기가 많았다. 이 합의에 문제제기를 하는 과정과 상근문제의 마찰로 지회 회의 참석까지 거부되자 결국 나는 상근활동가로 가는 것을 포기하고 지회에 출근하는 것도 하지 않기로 했다. 더 이상 동지들에게 상처받는 것을 견딜 자신이 없었다. 비겁하게도 나는 피하는 것을 선택하였다. 하지만 그렇게 주저앉아 있기에는 지회의 상태가 엄혹했다. 비대위의 혼선으로 나는 지회 비대위에서 초반에 실무자로 비대위원장과 울산으로 교섭을 함께 다니며 지회사업을 진행해야 했다. 다행히 한 동지가 비대위 실무로 결합하면서 나는 다른 활동으로 조금씩 옮길 수 있었다.

2008년 1월 3일 도장부 광진기업이 폐업을 하였다. 2007년 6월 그토록 나를 안타깝게 했던 광진기업 동지들이 업체폐업에 맞서 현대자본과 정면승부를 시작하였다. 그동안 관례라면 업체폐업 시 고용보장과 근속승계는 당연한 것이었는데 불법파견 문제가 가시화되자 회사는 이에 빌미가 될 만한 모든 것을 차단하기 위해 근속승계를 거부한 것이다. 시작부터 현대자동차 자본은 폭력적 침탈과 탄압으로 일관했으며 도장공장을 완전봉쇄하고 우리 동지들의 현장출입을 막았다. 다행히 동지들의 힘 있는 투쟁으로 현장진입은 성공하였지만 현장 안의 상황은 실로 열악했다. 해고자인 나는 공장출입 자체가 어려운 상태에서 겨우겨우 상집간부를 설득해 도장공장에 들어간 동지들에게 깔판이라도 건네주려 들어갔다.

눈물이 났다. 내 형제자매 같은 동지들의 얼굴에 서린 긴장감과 열정에 내가 걱정하고 있는 것이 부끄러워졌다. 나는 무엇을 걱정했단 말인가. 여기에 같이 있으면 되는 것을……

하지만 도장부 동지들의 정당한 투쟁을 또다시 흑색루머로 더럽힐 수 있다는 판단에 나는 무거운 발걸음을 돌려 나와야 했다. 오후 3시 30분경 또 회사의 침탈소식이 들려왔다. 도장부 동지들은 그후로 한 치의 흔들림 없이 투쟁을 이어 갔다. 아산위원회에서 배려해 준 대회의실에서 숙식을 하며 이후 투쟁의지를 다졌다. 그러나 다섯 명의 동지를 보내며 투쟁은 마무리 되었다. 이 투쟁도 언젠가는 사내하청 지회에서 냉정히 평가를 해야 할 필요가 있다. 하지만 사내하청 지회는 벌였던 사업이나 투쟁에 대해 냉정한 반성적 평가가 이루어지지 못하고 있어서 안타깝다.


## 5. 노동조합운동에서 노동운동으로 발을 넓히다

### 충남 노동전선과 지역활동

막상 지회에 남기로 결정을 하고 나니 마음이 훨씬 가볍고 편해졌다. 하지만 지난 과정에서 받은 상처와 함께 해고기간이 길어지고 현장과의 괴리감이 느껴지면서 활동에 대한 고민이 들기 시작했다. 지회에서 4년을 있으면서 나는 항상 받기만 했는데, 무엇을 해야 할까? 어떻게? 라는 고민이 처음에는 가끔 들었지만 시간이 흐를수록 더 심각해져 갔다.

지역활동을 결심하기 전에 오랫동안 지회에서 함께 활동했던 언니를 통해 '노동전선'에 가입을 했다. 그때 나는 활동가조직과 정치조직이 다르다는 것을 알지 못할 만큼 의식수준이 낮고 얄팍했다. 이런 의식수준으로

전국활동가 조직 '노동전선' 창립대회

사내하청지회에서 자본과 싸우는 데 어려움이 많았던지라 좀더 넓게 사람들을 만나고 배우고 싶었는데 좋은 기회인 듯해서 오래 망설이지 않고 가입을 했다.

지역에는 아는 동지들이 꽤 많이 있었다. 지회가 연대투쟁을 하러 가서 알게 된 동지들도 있었지만 대부분 지회투쟁에 연대해 왔던 동지들과 지역집회에서 만났던 동지들이 더 많았다. 또한 충남노동전선[이하 충남전선]에서 만난 동지들도 많았는데 지역과 사업장을 넘어 끈끈한 동지애로 서로 지지해 주고 신뢰하는 모습을 보며 지역활동을 결심하였다. 지역활동을 시작하기로 결심한 나에게 주변의 모든 동지들은 선배였고, 내가 앞으로 나아갈 길의 길잡이였다.

하지만 지역으로 나온 내가 충남전선활동과 지회활동을 동시에 한다는 것은 생각보다 힘들었다. 충남전선 모임에서의 일정이 잡혀 있다가도 지회에 일정이 생기면 지역 일정을 포기해야 했고, 그렇게 얼마간 시간이 지나자 지금 내가 활동하는 것이 올바른 것일까? 하는 고민에 빠지기도 했다. 그러나 함께 활동하는 동지들은 내게 무엇을 하라고 요구하지 않았다. 함께 나누며 같이 하는 것을 가르쳐 준 것이다. 잠시의 흔들림이 지나가고 나는 여전히 사내하청지회 조합원으로 있으며 지회와 지역, 충남전선에서 조금씩 활동의 폭을 넓히고 그 깊이를 더하는 활동을 배우고 있다. 그렇게 지역활동에서 내 존재감을 조금씩 찾아가면서 안정감을 가졌다.

　　그해 임단협 투쟁에서 정규직 노조의 중재로 내가 복직대상자로 선정이 되었다. 하지만 지회에서는, "회사가 지명한 사람을 그대로 받을 수는 없다"며 원·하청이 함께하는 출근투쟁에서 지회장이 발언을 하였다. 웬만한 조합원들과 활동가들은 이미 그게 나라는 것을 알고 있는 상황인데, 공개적인 자리에서 지회장이 한 발언에 나는 심한 모욕감을 느꼈다. 지회 사업과 지난 선거과정에서 서로 다른 입장을 갖고 있긴 했지만 이건 정말 아니었다. 나는 원·하청 연대회의 수련회에 참석해 해고자 복직대상자 선정에 대해서 공식적으로 질문을 하고 답변을 요구했다. "현차 지부에서 제시한 것인지, 사측이 제시한 것인지 확실한 답을 공식적으로 해달라"고 요구했고 "지부에서 제시한 것"이라는 답을 들었다. 지회에서는 그보다 "2008년 초, 도장공장 광진기업투쟁으로 해고되어 지금 지회 상집간부를 하는 동지들의 복직"을 계속해서 요구했다. 원·하청 연대회의에서는 "광진투쟁으로 해고된 동지들에 대해서는 노력해 보겠다"는 답과 함께 현대차 아산공장 사내하청 지회에 08년 복직대상자로는 나를 결정하였다.

　　하지만 협의과정이 투명하지 않은 데다 당시 현차 지부가 주간 연속 2교대 관련된 안을 충실히 다루지 못함으로 어수선해지자, 아산공장에서는 "올해 안에 하면 된다"며 시간 끌기를 시작했다. 거기다 아산위원회까지 실무협의회 담당자인 법규부장이 "회사에서 의장공장에 자리를 만드느라 시간이 걸리는 거니 의장공장으로 들어가게 될 거니까 기다려 달라"고 요청하며 최소한의 행동조차 가로막혀 버렸다. 지회가 07년 복직대상자인 김준규 동지도 아직 복직이 되지 않은 상태에서 나의 복직만을 요구하지는 않을 거라 예상은 했지만, 그 대응수준은 너무 미약했다. 나도 강하게 요구하지 못하였고 나의 실천계획을 제시하지 못했기 때문에 지회만 원망할 수도 없었다. 그때 나는 부당해고 구제신청으로 대법원까지 올라가 있는 상태였다. 그런데 지회와 위원회에서 "복직을 하려면 소송을 취하해야 한다"고 했다. "복직이 될지 안 될지도 모르는데 소송을 어떻게 취하하냐"고 하자 지회와 아산위원회에서는 "회사에서 의장부에 자리를 마련하고 있다. 복직해야 하는 거 아니냐"고 했다. 할 수 없이 소송을 취하하고 기다렸다. 바보같이.

하지만 결과는 의장공장이 아니라 생전 듣도 보도 못한 "환경동에 있는 분재하우스로 재취업을 하라"는 것이다. 이건 정말 말이 되지 않았다. 현차 지부와 아산위원회 그리고 지회에 강력하게 항의했다. "도저히 받을 수 없다. 어떻게 이럴 수 있냐? 이에 대한 지회의 입장은 뭐냐?"고 했다. 지회에서도 "당연히 받을 수 없다. 복직이 늦어져도 괜찮겠냐"고 했다. 아무리 늦어진다 해도 의장공장이 아니면 나는 갈 수 없고, 이미 올해 안에 자리를 마련하는 것으로 합의되어 있기 때문에 지회가 더 강하게 요구하고 같이 투쟁해 줄 것이라 생각했다.

당시 지역은 구조조정 문제로 어수선했다. 충남노동전선에서는 구조조정대응팀을 조직해서 활동을 하고 있었다. 지역은 그야말로 전쟁터였다. 서산에서는 동희오토 사내하청지회 동지들이 투쟁하고 있었고, 위니

아만도지회도 구조조정으로 투쟁을 준비하고 있었다. 그렇게 2008년은 빠르게 지나갔다.

지회에서 문제가 해결되지 않았던 이유 중 하나는 어쩌면 나의 활동이 지역에 너무 편중되어 있던 것 때문일 수도 있다. 거기에 2009년 1월, 하영이가 걸음을 걷기 힘들 만큼 성장통이 심해 병원에 입원하고 말았다. 엄마 또한 허리와 고관절 통증으로 입원을 해서 나는 병원에 다니랴, 집에 계신 아빠 수발들랴, 구조조정대응 기획팀 회의하랴 정신이 없었다. 거기다 충청지역에 생긴 인터넷언론인『미디어충청』에 '비정규직 노동자의 하루'라는 원고까지 쓰려니 정말이지『서유기』에 나오는 손오공에게 분신술이라도 배우고 싶었다.

그렇게 정신없이 1월을 보내면서도 현장에서 빨리 무엇인가를 해야 한다는 생각에 잠도 자지 못할 만큼 스트레스에 시달렸다. 엄마와 하영이가 퇴원을 하고 난 후, 나는 현장에서의 복직투쟁을 결심하고 2009년 2월, 간단히 짐을 싸서 아산공장위원회 사무실로 들어가 복직투쟁을 위한 농성을 시작했다.

하지만 아산위원회 사무실에 들어간 지 일주일 만에 그곳을 나오고 말았다. "너가 있는 것이 불편하니 나가 달라"는 요청이 있었다. 이래저래 상처받은 나는 갑자기 몸이 경직되고 굳더니 심한 허리통증으로 병원에 입원을 하게 되었다. 2주일간 입원해 있는 동안 참 많은 생각을 하게 되었다. '이번엔 복직이 어렵겠구나. 그렇다고 타협할 수는 없다. 그래 누가 이기나 끝까지 가보자.'

퇴원을 하고 복직에 너무 큰 기대를 하지 않기로 마음먹었다. 지회에서 활동하고 지역에서 활동하면서 현장조직력을 키워 내면 우리 힘으로,

더 이상 정규직 노동조합 눈치 안 보고 현장으로 당당하게 복직할 수 있을 거라는 희망을 가졌다. 하지만 그때 심리상태로는 현장에 들어가는 것이 너무 힘들어 잠시 여유를 갖기 위해 학원에 등록하였다. 모자가정 지원정책으로 3월 말부터 피부관리학원에 다니기 시작했다. 오전에는 학원에 가고, 오후에는 충남본부 사무실에 나갔다. 학원에 등록한 첫날 지회장에게 연락이 왔다. "복직 관련해서 얘기를 하자"고 했다. 아산위원회와 얘기하기 위해 나의 요구조건을 정확히 하자는 거였다. 나는 비굴하게 굽히고 들어가고 싶지 않았기 때문에 최대한의 요구를 했다. 이후 지회의 집행부 임기가 끝날 무렵 집행부에서는 내가 요구한 안으로는 복직합의가 안 된다며 수정할 의사가 있는지를 물었고, 나는 의장부로 복직된다면 다른 건 다 포기할 수 있다고 했다. 그렇지 않다면 그럴 생각이 없다고 했다.

마음이 많이 안 좋았다. 하지만 다행히 힘들 땐 위로가 되어 주고 좋을 땐 함께 좋아해 주는 동지들이 내 주위에 있었다. 여러 가지로 복잡했던 시기 '사회주의노동자정당건설 준비모임'에서 가입 제안을 받았다. 오래전에 잠시 얘기는 했었는데 병원에 입원하고 이래저래 바쁘게 지내다 보니 답을 못하고 있었다. 그때 나는 민주노동당에 가입되어 있었다. 민주노동당은 2003년 이해남 동지 열사 투쟁 때 천안역 천막농성장에서 철도 조합원에게 가입권유를 받았다. 나는 지회활동을 하는 데 지역연대의 필요성이 절실했던 터라 사실 정치의식이 낮은 상태에서 민노당에 가입하였다. 하지만 시간이 흐를수록 민노당이 노동운동과 거리가 멀고 점점 혼탁한 정치판과 다르지 않다는 것을 느끼면서 탈당을 하려고 했는데 "탈당계를 써서 팩스로 보내거나 당 사무실에 나와서 쓰라"고 하니 귀찮아서 그냥 내버려 두고 있었다. 그 정도로 '정치조직'은 내 삶에 가까이 있지 않은 거라 생각했다. 하지만 내게 준비모임에 들어올 것을 제안한 지역 동지는 내 삶에 이미 사회주의가 있다고 했다. 신선한 충격이었다. 내 삶에 사회주의가? 더 이상 고민하지 않았다. 아니 더 이상 고민할 것이 없었다. 내가 중심이 아닌 '우리'가 만드는 사회를 건설하는 사회주의자가 되었다.

그렇게 지역활동과 학원생활, 지회활동을 하며 나를 알아 갈 무렵 아산위원회 임원이 도박사건에 연루되어 자진사퇴하는 상황이 되자, 복직 문제는 더 갈 길이 멀어졌다. 현대자동차 지부에서는 임기 안에 어떻게든 마무리 지으려 내게 "우선 회사에서 말한 곳에 가서 일하고 있으면 의장부에 자리가 생기는 데로 전환배치를 시켜 주겠다"고 했다. 하지만 그 말을 어떻게 믿을 수 있단 말인가? "현차 지부의 확약서를 달라"고 요구하자 "그건 할 수 없다"고 했다. "회사에서 그렇게 하겠다고 했으니 믿어 보라"기에 "그럼 회사와의 합의서를 받아 달라"고 했다. 하지만 그것도 안 된단다. 그럼 "녹취라도 해 달라"고 하자, "그냥 믿으면 안 되냐"고 한다. 현차 지부도 아산위원회도 그리고 지회도 당시 나에게는 회사와 다를 바가 없었다. 그렇게 지회활동도 조금씩 줄어들어 갔다.

학원을 다니며 다른 계층의 사람들을 만나다 보니 재미있기도 했지만 어느 땐 기가 막혀 욱하는 성질이 나오기도 했다. 그 중 가장 기가 막혔던 것은 한 탈북여성의 경우였다. 작은 체구에 아이엄마라고 보이지 않을 만큼 어려 보이고 예쁜 여성이었다. 오랜 시간 같은 공간에서 있다 보니 이런저런 얘기들을 하는데 "시댁에서 자꾸 아이를 낳으라고 한다. 나는 더 이상 아이 낳을 생각도 없고 기술을 배우고 자립할 수 있는 기반이 생기면 이혼하고 싶다"는 것이었다. 세상에. 신랑이 자기 어머니를 데려오려고 결혼 전부터 수천만 원을 주고 해 달라는 것은 아낌없이 다 해준다며 성형을 어디를 했고, 이번엔 눈을 했고, 며칠 지나 보톡스를 맞았다고 하지를 않나, 얼마 있다가 가슴성형을 할 거라고 하지를 않나, 듣다듣다 "도대체 신랑이 뭐하는 사람이길래 그리 돈이 많아 다 해주냐"고 하자 "현대자동차에 다닌다"는 거였다. 들어 보니 그 여성은 현대자동차 사내하청에서 일하다 신랑을 만난 거라고 했다. 짜증이 확 났다. 정말 앞에다 대놓고 "니 신랑이 그 돈 벌려고 야간노동에 야간특근을 얼마나 하고 있는 줄 아냐, 너는 지금 니 신랑이 수명과 바꾼 일한 대가를 그따위로 허비하고 있냐"는 말이 목구멍까지 올라오는 걸 삼키고 꾹꾹 화를 누르며 한마디 해줬다. "내가 그 회사에 있다." 더 있으면 폭발할 것 같아 학원을 나와 버렸다.

학원을 다니며 지역활동을 하는 것이 초반에는 그래도 즐겁고 할 만했는데 갈수록 힘들어지기 시작했다. 더군다나 사내하청업체에서 구조조정의 일환으로 희망퇴직을 강요받은 여성이 "조합원이 아니라 도움을 요청할 곳이 없다"며 연락해 와 상담을 하고 앞으로 어찌해야 할지를 같이 얘기하기로 했다. 그 뒤 지역투쟁 사업장에 갔다가도 수시로 통화를 하고 용기를 주어야 했다. 다행히 당찬 아가씨여서 나의 기대대로 회사와 싸웠고 결혼을 앞두고 있던 터라 고용유지보다는 부당한 인사조치에 대한 항의와 지금까지 몰라서 받지 못했던 여러 수당들과 퇴직금 및 위로금 상당액을 받고 퇴직하는 것으로 마무리를 했다. 한 달 정도 가슴 졸이며 살았을 그 여성을 생각하면 차라리 지회로 가입시켜 함께하자고 할 걸 잘못한 건 아닐까? 하는 생각도 들었다. 그러나 "처음에 지회에 얘기했고 여기저기 해봤지만 조합원이 아니라 못한다고만 한다. 그래도 비정규직 권리를 위해 일한다는 데서 그러면 안 되는 거 아니냐"는 말을 이미 들은 터라, 앞으로 하고 싶은 일 하면서 행복하라고 인사를 했다. 그런데 얼마 전 핸드폰으로 영상문자가 왔다. 결혼을 한다며 영상으로 청첩장을 보낸 것이다. 오랜만에 흐뭇하게 웃을 수 있었다. 그래도 잊지 않고 기억해 주는구나.

## 2009년, 한국은 전쟁터

2009년 상반기는 말 그대로 전쟁터였다. 용산철거민 학살, 위니아만도 구조조정, 쌍용자동차 구조조정까지 그야말로 큰 투쟁들이 한꺼번에 터졌다. 여기저기 집회며 사수투쟁에 촛불집회, 야간 문화제, 각종 선전전에 회의로 눈코 뜰 사이 없이 바빴다. 그러다 보니 학원은 거의 나가지 못했다. 나만을 위한 시간을 가져 보려던 것은 그렇게 뒤로 밀려 버렸다.

지역에서는 구조조정 투쟁과 생존권 투쟁이 진행되었고, 지회에서도 복직투쟁이 여전히 진행되고 있었다. 미우나 고우나 같이 가야 할 우리 동지이기에 아침 출근투쟁에 가능한 결합하려 노력했다. 아침 일찍 회사에 가기도 하고, 야간조에 들어가기도 했다. 지회사무실 열쇠가 없어서 야간조에 들어갈 때는 아산위원회 사무실에 있거나 현장을 돌아다니곤 했다. 여전히 현장은 내게 그리운 곳이었다. 며칠씩 잠을 못 자도 현장에만 있으면 힘이 났다. 그래도 좋은 건 좋은 거고 미운 건 미운 거다. 조합원은 너무 좋고 보고 싶고 같이 얘기하면 힘이 나는데, 싫은 건 정말 싫었다.

봄을 지나 여름의 한복판에 나는 거의 매일 평택에 가 있었다. 쌍용자동차 동지들이 옥쇄파업에 들어가고 사측과 공권력에 의해 고립되어 목숨을 건 투쟁을 하고 있었기 때문이다. 쌍용자동차 동지들의 투쟁은 우리의 투쟁이었고 곧 나의 투쟁이었다. 살이 녹아내리는 최루액을 사정없이 쏟아붓는 헬리콥터와 세상을 열기로 태워 버릴 듯 쏟아져 내리는 태양에 분노가 일었다. 평택시 칠괴동……. 다른 지역엔 연일 내리는 비로 수해를

2009년 7월 22일, 쌍용자동차 투쟁지원 금속노동자결의대회

입는다는데 평택시 칠괴동에는 그토록 비가 내리기를 원하고 또 원했건만, 옥쇄투쟁 77일 동안 비는 오지 않았다. 한여름 휴가기간을 쌍용차 앞에서 함께 투쟁하며 그토록 비가 오기를 바랐지만 빌어먹을 비는 공권력에 의해 야만적이고 살인적으로 진압되던 날 저녁에야 내렸다.

쌍용차투쟁이 처참하게 진압되고 그 투쟁을 같이 했던 대부분의 동지들이 그러했듯 나 또한 한동안 공황상태에 빠졌다. 기분은 끝도 없이 바닥으로 내려앉았고 물먹은 스펀지처럼 몸은 움직일 수 없을 정도로 무겁고 아팠다. 나를 그토록 나락으로 떨어트리는 이유는 쌍용차투쟁이 패배해서가 아니다. 나는 쌍용차투쟁을 패배한 투쟁이라고 지금도 생각하지 않는다. 쌍용차투쟁은 아직도 진행 중이기 때문이다. 오히려 투쟁 중 금속노조와 민주노총이 보인 태도에 나는 분노했다. 그들은 쌍용차 동지들의 투쟁을 우리의 투쟁, 노동자계급의 투쟁으로 받아들이지 않았다. 그저 사회적 이슈로 이용했을 뿐. 나는 그렇게 생각한다.

　몸은 힘들고 마음은 아팠지만 지역에 투쟁이 계속되고 있었기에 그저 주저앉아 있을 수만은 없었다. 태안에 관광피해조사관지회 투쟁에 결합하고, 용산철거민학살 투쟁에도 나의 작은 힘 하나라도 더 보태야 했고, 위니아만도지회 정원투<sub>정리해고자 원직복직투쟁위원회</sub> 투쟁에도 함께하는 게 내가 가야 할 길이었다. 그렇게 투쟁사업장에 결합하며 나는 더욱더 금속노조와 민주노총에 실망했고 작은 희망조차 갖지 못할 만큼 신뢰를 잃어 갔다. 노동운동에 구심점을 잃어 가는 듯 참담했다. 어쩌다 조직이 이 정도로까지 썩어 가는지. 대표자는 권력에 연연해 말고 자신을 가장 낮추고 낮은 시선으로 힘들게 투쟁하는 동지들의 고통과 아픔을 나누며 힘이 되어 주어야 하는 것이 아닐까? 내 욕심일까? 그렇다면 그렇게 활동하는 내 주위의 동지들은 어리석은 것일까?

　자신을 자학하며 힘든 시간 속을 헤맨 끔찍하던 9월 쌍용차투쟁에 함께했던 동지들과 여수 향일함으로 여행을 갔다. 에메랄드빛과 코발트빛 바다가 눈을 정화해 주고, 시원하게 부딪치며 부서지는 파도소리가 귀를 정화해 주고, 소금기를 머금고 산나무의 향을 실은 바람이 폐를 정화해 주는 듯 했다. 모든 것이 좋았지만 그보다 더 좋았던 것은 함께 있는 동지들이 나의 지치고 피폐해진 마음을 정화시켜 주는 것이었다. 매섭고 날카롭지만 미움 없는 마음으로 안아 주는 영수 선배님, 늘 사람 좋은 듯 웃지만 깊은 고뇌를 가지고 있는 복균이 형, 항상 옆에서 힘이 되어 주는 경희 언니, 우리 모두의 건강지킴이 이자 우리의 앤돌핀 진쌤, 나이는 어리지만 뚜렷한 자기 주장과 판단력이 뛰어난 재은이. 여수 돌산 향일암에서의 1박 2일은 내게 가장 아름답고 행복했던 여행으로 가슴에 남아 있다. 얼마 전

꿈에서까지 다시 갈 정도로…….

　여행을 다녀오고 마음의 안정을 찾을 무렵, 또다시 집에 일이 생겼다. 나는 할 수 없이 활동을 잠시 중단하고 아르바이트를 하기로 했다. 10월 14일부터 마트에 있는 제과점에서 빵 파는 일을 시작했다. 나는 평소에도 빵을 좋아하지 않았는데 하루 종일 빵 냄새를 맡다 보니 머리가 어지럽고 속이 울렁거려 처음에는 밥을 먹을 수도 없을 만큼 힘들었다. 며칠 일을 배우느라 일찍 나갔지만 내가 일하는 시간은 오후 4시부터 밤 10시까지, 하루 6시간이다. 다행히 빵은 대부분 오전에 나오기 때문에 내가 갓 구운 빵 냄새와 싸워야 하는 일은 일주일에 한 번, 나와 교대하는 언니가 쉬는 날로 아침부터 저녁까지 13시간을 일해야 하는 날이다. 한 달 남짓 일하는 동안 다른 일은 거의 아무것도 하지 못했다.

**소중한 사람, 김동암 동지를 보내며……**

빵집에서 아르바이트를 하던 중 너무도 소중한 한사람을 떠나보내야 했다. 노동조합운동에서 지역동지로 만났지만 그 정신과 마음이 너무도 깊어 존경하게 되었고, 함께 활동하던 언니의 옆 지기이기에 내게 형부가 되었던 가족인 김동암 동지가 11월 7일, 갑작스레 세상을 등지고 말았다. 형부가 돌아가시기 전날 나는 휴무여서 같이 활동하는 동지들과 같이 밤늦게까지 술을 마시며 놀았다. 그런데 그 시간 형부는 삶과 죽음의 경계에서 외롭게 싸우고 계셨던 것이다. 돌아가시던 날 아침에야 형부가 위독하다는 소식을 듣고 급하게 병원으로 갔다. 나는 4시까지 출근을 해야 했지만 내게 그런 건 중요하지 않았다. 형부의 안위가 우선이었던 나는 진쌤과 함께 천안 순천향대학병원으로 갔다. 중환자실로 올라가는 엘리베이터를 타는데 심장이 터져 나갈 것 같았다. 이미 중환자실 앞에는 많은 동지들이 와 있었다. 그리고 언니는 하염없이 울고만 있었다. 눈물을 보일 수가 없었다. 거기서 울면 정말 형부가 영영 돌아오지 않을 것만 같았다. 앉지도 서지도 못한 채 서성이는데 가족 면회가 허락되었다. 면회시간이 아닌데 면회라니, 불안했다. 잠시 후 언니가 나왔고 형부가 아직은 의식이 있다고 했다. 하지만 복수가 너무 많이 찼다며 다시 울며 말을 잇지 못했다. 어찌할 바를 모르고 있자 언니들이 내게 우선 출근을 하라고 했다. 가고 싶지 않았지만 출근도 하나의 약속이기에 힘들게 발걸음을 돌리며 "혹시라도 형부 상태가 안 좋아지면 꼭 연락 달라"고 당부했다.

출근을 해서도 일이 손에 잡히지 않았다. 주변에 일하던 언니들이 "무슨 일이 있냐? 안색이 너무 안 좋다"며 걱정 어린 말들을 해주었지만 내게는 그런 말조차 힘이 되지 못했다. 핸드폰을 손에 쥐고 일도 못하고 그냥 자리만 지키고 있었다. 그리고 저녁 8시경 전화가 왔다. 내가 나올 때는 분명히 의식이 있고 괜찮을 거라고 했는데…… 형부가 돌아가셨다. 그냥 주저앉아 울었다. 사람들이 놀라서 쫓아오고 나를 주방으로 데려가 무슨 일인지 물어봤지만 눈물에 목이 메어 말을 할 수가 없었다. 겨우겨우 공장장(제빵사를 공장장이라고 불렀는데 사장 대신 공장장이 제과점의 전반적인 운영을 했다)에게 전화를 했다. "형부가 돌아가셨다. 가야겠다", 다른 말은 하지 못했다. 공장장은 "알았으니 울지 말고 불만 끄고 가라"고 했다. 나는 마감을 했는지 불은 껐는지 정신없이 마트를 나가 병원으로 갔다. 같이 있던 언니들은 얼마나 울었는지 빨갛게 충혈된 눈으로 빈소를 지키고 있었다. 2박 3일 빈소를 지키는 동안에도 형부가 떠났다는 것이 믿어지지 않아 울고 또 울었다. 화장을 하고 납골당에 모셨다. 가슴 아프게, 아주 작은 항아리에 담겨 좁은 곳에 있는 형부를 보니 또다시 눈물이 났다. 아직도 형부를 생각하면 가슴이 아파온다. 그리고 내 졸렬한 글로 형부에 대해 표현하는 것이 죄송스럽다.

형부를 보내고 다시 출근은 했지만 일이 잘 되지 않았다. 출근이 문제가 아니라 아무것도 손에 잡히지 않았고 정신이 딴 데 가 있으니 계산은 자꾸 틀리고 '정신을 차리자' 아무리 노력을 해도 마음대로 되지 않았다. 그러다 금속노조 충남지부 선거에 충남진신에서 후보를 냈다. 나는 선대본선거대책본부에서 조직을 담당하였고, 급박하게 선거준비가 진행되며 아르바이트를 그만두었다. 충남지역에서는 처음 있는 경선으로, 지부장 후보 윤영호 동지, 수석 부지부장 후보 김태석 동지, 사무국장 후보에 권수정 동지 모두 최선을 다해 선거운동을 했다. 정말이지 짧은 선거기간 동안 너무도 많은 동지들이 힘을 보태 주었다. 인적·물적 지원을 아끼지 않은 유성지회와 세정지회 동지들, 그리고 위니아만도지회 정원투 동지들이 너무 고마웠다. 그 동지들이 아니었다면 그만큼의 성과를 낼 수 있었을까? 아마 절대 불가능했을 것이다. 또한 현대자동차 아산공장위원회 민투위 동지들도 충남지부 소속이 아님에도 충남전선회원이라는 이유로 선거유세 기간에 계속 함께해 주었다. 하지만 아쉽게도 우리 지회에서는 조합원이 사무국장으로 출마를 했음에도 비대위 체계라는 이유로 개입하지 않으려 했고, 다만 우리 지회의 카리스마 '짱'인 현숙 언니가 개인시간을 내서 유세기간에 합류해 주었다. 선거 결과는 예상했던 바대로 졌다. 하지만 예상했던 것보다 훨씬 많은 득표를 했고 이번 선거로 충남전선이 건강한 활동가 조직으로 지역에 자리매김하게 되었다. 선거결과에 깔끔하게 승복하고 선대본 해단식까지 나름 거창하게(?) 마무리하며 한해를 마감했다.

## 성폭언 사건

2010년 1월 15일, 지역의 비정규투쟁사업장인 동희오토 사내하청지회에서 주점을 했다. 투쟁기금과 벌금 등을 마련하기 위한 것이었는데, 충남지역을 넘어 전국에서 활동하는 많은 동지들이 찾아왔다. 그런데 충남지부선거 때 상대편 수석 부지부장 후보, 지금은 수석 부지부장이 우리 지회조합원에게 성폭력을 가한 것이다. 투쟁하는 동지들이 힘내라고 모인 자리에서 수석 부지부장이 술에 취해 욕을 하며 성폭력을 행했으니 난리가났다. 피해자는 그 사단이 나기 전에 수석 부지부장에게 "자리를 떠나 달라"고 여러 번 요청했지만 막무가내로 있다가 끝내는 성폭력과 함께 욕까지 한 것이다. 계속 참는 것도 무리였다. 피해자는 술잔의 술을 뿌리며 가라고 했다. 그러자 수석 부지부장은 똑같이 술을 뿌리며 욕을 했다. 결국지역의 동지들이 말리며 수석 부지부장을 끌고 나가는 것으로 그 자리가마무리되었다. 그렇다고 그렇게 끝날 문제는 아니었다.

　　동희오토 사내하청지회 연대주점에서 충남지부 수석 부지부장이 소속 여조합원에게 성폭언을 저지른 것이다. 하지만 피해 당사자는 처음부터 이를 성폭력으로 제소하지 않았다. 최소한 지역동지에 대한 예우를 지키기 위해 '폭언 및 사내하청지회 비하 발언'에 대한 사과와 당사자의 징계를 요구했다. 그런데 충남지부 운영위에서 이 문제가 비하되고 왜곡되어 또다시 피해당사자는 상처를 입었다. 결국 피해당사자는 1월 25일 금속노조에 성폭력사건으로 제소를 했다. 지회에서는 여전히 지회소속 조합원임에도 적극적으로 개입하지 못했다. 그때까지도 지회는 집행부를구성하지 못하고 있는 상태가 지속되고 있었다. 할 수 없이 피해자는 혼자그 고통을 감내해야 했다.

2월 4일 하영이가 새벽부터 갑자기 토하고 설사를 하며 아프기 시작했다. 따듯한 보리차를 먹이며 진정시키다 응급실로 갔다. 급성위경련과 장염으로 병원에 입원해야 했다. 피해자 대리인 제안을 받았는데 선뜻 하겠다는 대답을 못하고 있었다. 그러던 중 하영이가 병원에 입원했고 나는 병원에서 꼼짝하지 못하였다. 그럼에도 다시 전화가 왔다. 할 수 없이 하겠다고 했다. 내가 못하겠다고 했던 또 다른 이유는 4년 전에도 피해자 대리인을 했는데 정말이지 피해자 혼자 싸운 것과 다를 바 없이 내가 한 것은 아무것도 없었기 때문이다. 이미 성폭력사건이 발생한 지 3주가 지나고 있었다. 약 한 달가량을 피해자 대리인을 하다가 민주노총 충남본부 여성위원회에 요청해서 피해자 대리인을 여성위에서 해줄 것을 요청했다. 그리고 충남본부 서부지역지부 교선부장 동지가 피해자 대리인이 되었다. 진상조사위원회 첫회의를 기점으로 꼭 한 달 만이었다. 그때까지 진상조사위원회에서는 성폭력임은 인정하나 사건 명칭에 가해자의 실명을 공개해 달라는 피해자의 요구를 받아들이지 못하고 있었다. 그렇게 힘든 시간, 지역에서는 피해자 지지모임이 만들어졌다. 3월 9일 피해자 대리인이 바뀌고 그날 사내하청지회는 드디어 집행부선거를 했다. 반년 가까이 비대위로 거의 모든 지역사업을 못하다가 드디어 집행부가 선출된 것이다.

2009년 금속대의원 선거에 출마해 당선되어 지부/지회 겸직 대의원이었던 나는 지회가 정상화되어 사업을 진행하면서 지역의 활동을 줄여야 했다. 하지만 3월 13일 충남노동전선 총회에서 집행위원장을 맡았다. 전부터 얘기는 되고 있었지만 지회사업을 이어서 해줄 언니가 성폭력사건으로 활동을 하지 못하는 상태에서 집행위원장을 해야 한다는 게 내게는 큰 부담이었다. 아니나 다를까 회의가 훨씬 많이 늘어났다. 전선 집행위, 전선 운영위, 각종대책위에 지회 회의까지. 더군다나 충남전선 회원모임과 운영위는 자료까지 만들어야 하는데 내가 미련한 건지 암튼 일정을 잔인하게 많이 잡기도 했다.


## 6. 다시 살아나는 투쟁전선

걱정하던 일이 드디어 시작됐다. 지회에서 2010년 임단협 투쟁을 준비하기 시작했는데 우리 지회는 2009년 단협을 체결하지 않고 단협이 종료되어 지회장이 전임을 받지 못하고 있는 상태였다. 회사에서는 일방적으로 휴직계조차 받지 않고 비열한 방식으로 지회를 압박하고 탄압하였다. 지회에서는 확대간부회의를 통해 요구안을 검토하고 5월 21일, 지회수련회를 거쳐 요구안을 확정했다. 그리고 현대자동차 아산, 울산, 전주 사내하청 지회가 "올해만큼은 꼭 공동투쟁을 하자"고 결의하며 5월 29일 경남 산청 지리산 자락에서 3주체 수련회를 진행했다. 수련회에서 교섭단을 확정하고 6월 3일, 교섭요청 공문을 발송하였다.

현대자동차 원청을 상대로 한 단협과 사내하청업체에 집단교섭 요청을 했지만 회사는 역시나 단 한 번도 교섭에 나오지 않았다. 각 지회에서는 매주 수요일 중식시간에 교섭촉구 결의대회를 하고 공동 선전물을 발행하였다. 또한 금속노조에서는 미비실과 선전실에서 주 1회 1인시위를 진행하였는데, 회사는 교섭에 나오지 않지만 그래도 뭔가를 하는 것처럼 느껴지기 시작했다. 예상했던 대로 나는 일에 과부화가 걸리기 시작했다. 그냥 털썩 주저앉고 싶어질 만큼.

7월부터는 조정신청에 들어갔다. 어차피 회사는 교섭에 나오지 않을

것이다. 지노위와 중노위에 조정중지를 요청했지만 지노위에서는 행정지
도가 나왔다. 7월 10일, 아산, 울산, 전주 사내하청지회 공동 대의원대회를
열었고 체계를 쟁대위로 전환했다. 지노위 2차 또한 행정지도가 나오고
중노위에서는 각하결정이 나왔다. 분노한 쟁대위원들과 부위원장은 강하
게 항의했지만 결과는 달라지지 않았다.

그리고 7월 22일. 5년 만에 나온 대법판결. "현대차 사내하청은 불법
파견이다!!!"

이 말은 곧 정규직이다. 가뭄에 단비? 이 표현이 맞을까? 현대자동차
임투가 마무리되는 시점에 3주체 투쟁을 어떻게 할 것인지 의견이 갈려
힘든 시기에 우리의 투쟁을 하나로 묶어 주는 판결이었다. 두 달간 울산으
로, 전주로, 대전으로 회의하러 돌아다니고 교섭하러 돌아다니고 그러면
서 지역활동 하느라 집에는 늘 한밤중에나 들어가고 주말마다 토론회에
수련회, 회의로 집에 못 가기 일쑤다 보니 정말 삶이 피폐해진다는 것이
무엇인지 알 것 같았다. 이런 상황에 이 판결은 그간의 피로를 시원하게
날려 주었다. 적어도 이틀은.

7월 24일, 전주공장에서 열린 1차 쟁대위 회의를 하는데 정말 우리가
같이 할 수 있을까? 하는 의문이 들 만큼 화가 났다. 이 상황에 현대자동차
지부에서 임금안이 나오면 임투부터 마무리하자니. 불법파견 판결로 회
의가 짧고 명쾌하게 끝날 것이라 생각했던 것과 달리 회의다운 회의는 하
지도 못하고 9시가 넘어서야 겨우 수습하는 수준으로 끝났다. 뒷풀이고
뭐고 집으로 올라와 버렸다.

우리가 이렇게 탁상머리에 앉아서 말도 안 되는 소리를 하며 서로 책
임을 회피하고 있을 때, 서울 양재동 현대기아차 본사 앞 노상에서는 7월

사내파견업체 폐쇄 기자회견(2010년 8월 11일)

12일부터 동희오토 사내하청지회 동지들이 노숙농성을 하고 있었다. 과
연 회의한다며 모여 있는 이들 머릿속이나 가슴속에 우리와 같은 비정규
직이지만 소외되고 있는 동지들의 투쟁이 있기는 한 걸까? 현대차 지부
임투는 돈 잔치로 끝났고 비정규직은 빈손으로 여름휴가에 들어갔다.

충남전선에서는 여름휴가 동안에 동희오토 사내하청지회 노숙농성
에 하루씩 두 번 일정을 잡아 결합하기로 했다. 휴가기간 농성, 1년 전 쌍차
투쟁이 떠올랐다. 다만 다른 점은 "제발 비 좀 안 왔으면⋯⋯" 하는 거다.
비를 몰고 다니는 동희오토 사내하청지회는 서산에서도 그러더니 양재동
에 와서도 뭐를 하기만 하면 비가 온다.

여름휴가가 끝나고 현장은 다시 한 번 들썩였다. "와~ 우리 정규직이
다~." 하지만 세상에 공짜는 없다. 지회에서 정말이지 처음으로 발 빠르게
뭔가를 하려고 한다. 확대간부회의에서 의견도 많이 나오고 투쟁계획서
도 제출되었다. 조합원 수가 점점 늘어나고 집행부에서는 선전물을 마구

마구 내놓는다. 조합원들은 서서히 몸 벽보도 하고 회의에도 나오고 신입 조합원 교육에도 나온다. '아! 이제야 움직임이 보인다. 비정규직 단위에서는 움직임이 보인다. 앞으로 앞으로 나아가려는 움직임. 작지만 소중한 한걸음 한걸음이 보인다!'

또 다른 모습도 보인다. 8월 19일, 현차 지부와 3지회 지회장 간담회에서 현차 지부가 돌아가려는 모습이 보인다. 앞에 길을 두고도 저 멀리 돌아가는 길이 있다며 지금까지 서러움받고 핍박받다가 조금씩 살아나는 사내하청지회 동지들에게, 조금 더 비정규직이라는 구렁텅이에 남아있으라며 밀어 넣는 모습이 보인다.

우리에게, 내게, 남은 건 질긴 투쟁뿐이다. 질긴 자가 이기니까.


어느새 열두 살이 되어 나보다 키도 훌쩍 커 버린 하영이는 아직도 아기처럼 안아 주고 머리 쓰다듬어 주는 것을 좋아한다. 엄마가 하는 일은 중요하고 힘든 일이라서 혹시라도 내가 자고 있으면 지금도 조용조용 주변을 정리해 주는, 엄마가 세상누구보다 훌륭하고 멋진 사람이고 믿는 조금은 바보스러운 아이다. 학교에서 선생님이 부모님 직업을 물어보아도 당당하게 "우리 엄마는 훌륭한 일을 하십니다. 힘들고 어려운 사람들을 위해 노동조합에서 일하고 계십니다. 하지만 돈은 못 벌어 옵니다. ㅎㅎㅎ"라며 멋쩍게 웃곤 하는 순진하면서도 당찬 아이다. 경제적 부족함을 부끄럽지 않게 받아들일 만큼 성숙한 아이…….

내 아이에게 부끄럽지 않게, 우리 다음 세대에게 비정규직 일자리를 대물림하지 않기 위해, 아니 즐겁게 노동을 할 수 있는 세상을 위해, 여전히 비틀거리지만 한 발 한 발 그렇게 나갈 뿐이다.

비정규직 문제가 이렇게 심각한 줄 몰랐는데 우리가 당해서 알고 나니까 비정규직 인생이
어떻다는 것도 다시 생각하고, 지금 우리 아이들, 다음 세대는 도대체 어떻게 되겠나 싶은 게.
세상이 너무 하고, 가끔 '대학생들이 자살했다' 어떻다 얘기 들을 적에 너무 마음이 아프고……

# 노동자의 자존심으로, 다단계 하청구조에 대항하다

### 이화자
공공노조 의료연대 대구지역지부 동산병원영양실분회 분회장

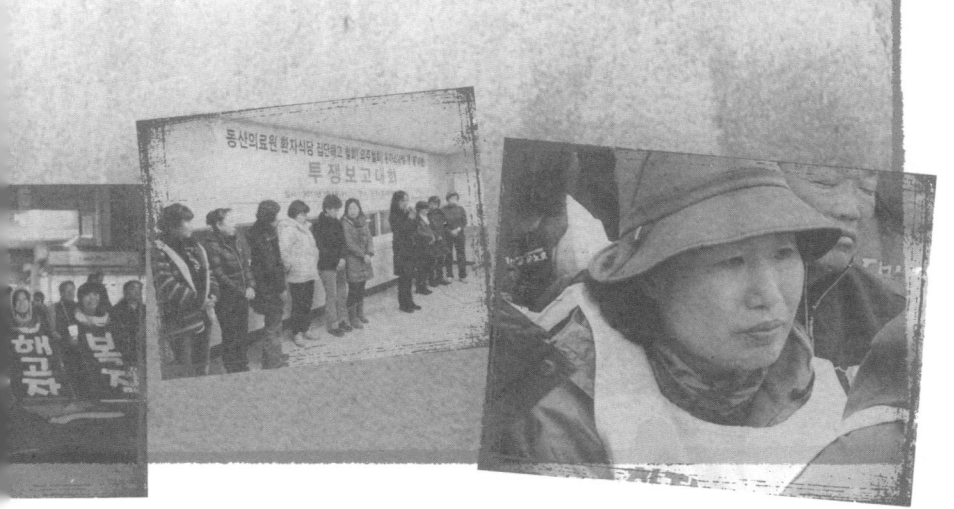

# 노동자의 자존심으로, 다단계 하청구조에 대항하다

## 1. 눈에 별로 안 띄게 자랐지예

●●● 1963년에 태어나셨다고 써 있는데, 어디서 태어나셨어요?

63년에 달성군 옥포면 교항동 1251번지, 거기서 태어났구예. 위에 맏이가 오빠고 그 다음에 언니 있고, 나, 내 동생, 요래 네 명이에요. 나이 차이는 좀 나고요.

●●● 아버님은 무슨 일을 하셨어요?

아버지는 시골에서 농사짓고, 내가 기억하기로는 어렸을 적에는 잘 모르 겠지만, 그때 6·25사변 터지고 나서 아버지가 일본 있다가 들어왔대요. 그 당시에 진짜 많이 힘들었겠죠. 언니하고 오빠하고 자랄 때까지는 조금 힘

이화자 씨의 1차 생애구술작업은 면담자 유경순(본문에서는 ●●●로 표시)이 2010년 8월 5일 경북 대병원 노조사무실에서 투쟁 진행 중에 진행했다. 그후 동산의료원 투쟁이 2010년 12월 30일 타 결되어서 2011년 1월 21일에 같은 장소에서 2차 구술작업을 했다.

2010년 7월 21일 집회에서 발언하는 이화자 분회장

들게 살다가, 촌에서 농사짓고, 처음에는 남의 농사, 논 얻어 가지고 하는 거지. 그러다가 엄마 아버지가 열심히 살아서 토지도 좀 장만하고.

●●● 자라실 때는 크게 어렵고 이러지는 않았나 보죠?

그런 거는 별로 모르고 자랐어요. 없어 갖고 굶고 이러지는 않았는데, 어렸을 적에 제일 기억나는 게, 왜 그때는 군것질 같은 걸 마음대로 못하잖아예? 굳이 해봐야 그때는 비오는 날 되면 밀 삶아 가지고 사카리 넣어 갖고, 먹어 본 적 있어요? (아니요.) 안 먹어 봤어요? 하하.

●●● 제가 1년 먼저 태어났지만 안 먹어 봤어요. 하하.

아니 촌에서 밀을 삶아 가지고 단 거를, 요새는 설탕이지만 옛날엔 사카린 넣어 갖고 그걸 간식으로 먹어예. 그냥 밀을 삶아가 먹으면 맛이 없으니까.

●●● 어떻게 자랐어요?

어렸을 적에는 딴 데 놀데가 없잖아요? 여름 되면 산에 가서 놀고 겨울 되면 또 미나리 깡[밭]에 얼음 얼어 놓은 데 거기 가 가지고, (미나리 깡?) 깡. 완전히 서울 토백이입니까? (하하, 예, 서울에서 났어요.) 에, 그럼 완전 서울 토백이라. 이래 경상도 사투리 같은 거 쓰고 이카면 잘 모르겠네예?

●●● 그렇죠. 그래도 또렷하게 말해 주면 돼요. 그래서 미나리 밭 가서 놀고?

거기는 항상 얼음이 있으니까 겨울에는 스케이트 타기 좋잖아예? 스케이트 타고 놀고.

●●● 그때 스케이트 갖고 있었어요?

요새 테레비에 나오는 그런 스케이트가 아니고, 네모반듯하게 해 가지고 나무판 요렇게 (네모 모양?) 반듯하게 해 가지고 밑에 철사날 달아 가지고.

●●● 아, 그건 나도 서울에서 탔죠. 썰매?

예, 썰매. 하하. (하하.) 주로 뭐 여름에는 산에 가서 놀고 겨울에는 미나리 밭에서 썰매 타고 놀고.

●●● 형제 중에 가운데 껴서 좀 치이지 않았어요?

예, 좀 그랬지예. 근데 언니하고 내하고 다섯 살이나 차이 나고, 내하고 내 여동생하고 일곱 살 차이 나고. 그래 옛날에 만약에 거꾸로 딸 서이[셋] 낳고 밑에 아들 하나 낳았으면 엄마가 얼마나 구박 많이 받았겠어예? 내가 지금 그런 얘기하는데 "엄마는 그나마 천만다행으로, 우에[위로] 아들 하나 딱 낳아 놓고 딸을 낳았으니께 괜찮지. 만약에 거꾸로 돼 갖고 계속 딸만 낳았어 봐라. 할매가 얼매나 구박했을까" 하고. 하하.

고등학교 때 모습

●●● 근데 형제간에 나이 차이가 왜 이렇게 많이 났어요?

옛날에는 의술이 없었잖아요? 좀 크다가도 아프면 죽기도 하고, 그런 게 있었잖아요. 지금 내 얼굴에 곰보자국 있잖아요? 이게 그 당시에는 천연두가 하도 심해 가지고 포기를 했대요. 아마 살라 카는 운명인가, 포기하고 있었는데 보니께 찌미찌미[조금씩] 살아나드라 그래예, 하하.

●●● 학교 다니면서는 어땠어요?

학교 다니면서도 뭐 성적은 중간층이고, 성격도 보면 뭐 그렇게 드러나지는 않았어요. 진짜로 학교 댕길[다닐] 적에는 그지예, 그냥 보통 중간층에서, 말 그대로 눈에 별로 안 띄게 자랐지예. 앞장서서 하는 것도 진짜 없었고 그랬는데 어쩌다 보니 내가 이렇게 노동조합 활동을 할 거라곤 진짜 생각도 못했지예. 하하.

●●● 자랄 때 되고 싶은 꿈 같은 건 없었어요?

그때는 꿈도 많았지예. 학교 선생님도 되고 싶고. 또 왜 우리 중학교 때는 젊은 총각 선생들, 더군다나 촌이다 보니까 시내에서 오고 이카면, '나도 나중에 크면 학교 선생 돼 갖고' 하면서, 하하. 그런 건 어렸을 때 있었지예.

●●● 학교는 어디까지 다니셨어요?

인문계 고등학교 나왔는데, 공부하다 보니까 취미가 없어 가지고, 내가 군이 공부할라고 마음먹었으면 했겠지. 근데 내가 대학교 가고 싶다는 생각도 크게 없고, 어떻게 하다 보니 '일찌감치 직장생활 해가 돈 버는 게 안 낫겠나' 이런 생각을 했고. 그래 내가 학교 졸업하고 나와 가지고 직장생활 좀 했어요.

## 2. 저, 깡다구 있어요

●●● 그럼 처음엔 직장을 어떻게, 어디로 가셨어요?

처음에는 아버지가 소개해 가지고 쪼매난 사무실 같은 데 경리로 1년 정도 다녔어요. 전화 받고 뭐 간단하게 장부 정리 같은 거 하고, 할 수 있는 거였으니까.

●●● 직장은 집에서 다니신 거죠?

네, 집에서 다녔어요. 처음 생각에는 '직장생활 하면서 돈 좀 벌어야 되겠다' 이래 됐는데 뭐 어떻게 하다 제가 결혼을 좀 일찍 했습니다. 하하. 그러니까 직장생활 1년 하고 뭐 어쩌다 보니까 우리 신랑하고 우연히 알게 돼 가지고, 하하.

아이와 함께

1991년 신혼여행

●●● 남편 분은 어떻게 만났어요? 중요한 대목마다 말을 흐리는 거 같아요. 하하.

흐리는 게 아니고, 83년쯤 어데 놀러 갔었나? 우연찮게 만났는데 인연이 될라 하니까 그렇더라고예. 그때 내가 스물한 살이었고 우리 신랑이 스물 다섯 살이었으니까, 나는 그때는 결혼이란 걸 생각지도 않았잖아요? 학교 졸업해 갖고 금방 직장생활 하고 있으니까. 근데 그게 인연이 될라 하니까 배우자를 만나 갖고, 그래가 같이 살다가 애를 85년도에 낳은 거라예. 우리 애가 일곱 살 때 학교 들어가고 나서 91년도에 결혼했어요. 하하.

●●● 왜 결혼을 먼저 안 했어요?

우리집에서 조금 반대하는 거도 있었고, 사실 시숙이 그때 결혼을 안 했어요. 그래 동생 먼저 할 수 없잖아요? 신랑하고 시숙하고 형제 둘뿐이고 그러니께네 "일부터 저지르고 보자. 뭐 애 낳고 사는데 어쩔낀데" 그래 갖고 살았는데. 살다 보면, 아휴, 막 헤어지고 싶은 때가 수십 번도 더 되잖아요.

••• 그 당시에 남편 분은 무슨 일 하셨어요?

나는 직장 그만두고 애를 키우고, 남편은 도배, 인테리어 하고. 수입이 괜찮았다가 IMF 오고 나서는 빚 좀 지고, 또 일도 저지르고. 그때는 애가 고등학교 댕길 적이라 내가 '돈을 벌어야 되겠다' 카니까 사실 뭐 어데 내가 이때까지 한 것도 없지 경험도 없고, 그래 제일 가기 쉬운 데가 식당이더라고요. 그래가 식당 가서 일을 좀 했어요. 하루 일당이 3만 원이었는데 '아, 이걸 벌어 갖고는 내가 애 대학교까지 시키기에는 힘들다' 싶어 갖고 돈이 좀 되는 걸 해야 되겠더라구예.

••• 식당일 하실 때 몇 시간 일하나요?

주로 식당은 있잖아예, 10시 출근 같으면 저녁 10시 퇴근이고, 9시 출근 같으면 저녁 9시 퇴근이고, 이래 12시간 근무라예. 12시간 일하고 일당 3만 원, 그때는 거의 그렇게 줬어요. 근데 내가 최저임금 이거 알았는 것도 동산병원 들어오고 이래 노동조합 활동하면서 '아, 최저임금이 이렇게 정해져 있는가 보다' 하는 걸 알았지, 그 전에는 전혀 몰랐지예.

••• 하루 12시간 일하면 정말 힘들었겠네요. 그런데 도배는 어디서 배우셨어요?

신랑이 도배를 오래한 도배 기술자잖아예. 노가다 말로 '오야지'라 카지예. 오야지라 카먼 자기가 일을 띠가[하청받아] 일하는 사람들도 자기가 불러 갖고 데리고 가, 주인한테 돈 받아 갖고 그 사람들한테 하루 일당을 나눠 주는 거잖아예. 그럼 여자들도 데리고 다니거든예. 그때 내가 한 말은 "다른 사람들보다는 못하겠지만 그래도 일단 내가 딴 데 가서 배우는 것보다 배울 때까지만 좀 데리고 댕기고 가르쳐 주고 그러면 안 되나? 다른 사람 인건비 어차피 주는 거 내를 주면 안 되겠나?" 이래서 얼마 동안 같이 일하면서 거기서 디모도를 했지예. (디모도요?) 예. 디모도라는 게 쉽게 말하면 시다, 뒷일 해주는 건데 어느 현장이든지 가면 있어예.

●●● IMF 때 남편 분은 거의 일을 못하시고 수입이 없으셨던 거예요?

수입이 없고 일을 좀 저지르고. 그러다 보니 자포자기 상태로 되어 갖고 일이 있어도 뭐 안 한다고 그러더라고예. (티격이 심했있나 보네요?) 네. 또 왜 남자들이 일확천금을 노리는 성격을 조금 가지고 있으니까. 거기에 카드 치는 걸 손 좀 대고. 그 당시에는 내가 신랑 보고 "아직까지 안 늦다. 지금이라도 정신차려 갖고 같이 해보자"고 달랬어예. 충분히 일어설 수 있거든요? 그래 처음에는 식당 나와 갖고 신랑이랑 도배를 같이 하러 댕겼었거든요. 나도 도배 배워 가지고 같이 하면 되겠다 싶어서. 부부간에 그래 같이 댕기면서 하는 거 괜찮거든요? 괜찮은데, 같이 댕기면 아무래도 왜 나도 신랑이 일하는 거 보면 마음이 아프고, 자기도 내 힘들게 일하는 거 보면 마음이 아프고. 서로 그런 게 있잖아요? 그러니 신랑이 안 데리고 댕길라 하더라고.

그래 내가 뭐를 했나 카면 목욕탕에서 일을 했어요. 목욕탕 때밀이죠. 저 깡다구가 있어요. 한 2년 정도 했어요. 힘은 들어도 돈은 좀 돼요. 근데 내가 목욕탕에서 돈 벌어먹을라면 주인한테 보증금을 내야 해요. 돈 맡겨 놨다가 나올 적에 찾아가 나오는 거지. 목욕탕 주인들도 예를 들어서 때밀이들한테나 또 그 매점 있잖아요? 거기에도 보증금 받아서 건물 원주인한테 임대료로 들어가는 거죠. 그게 있어요.

●●● 때 미는 것도 따로 배우나요?

목욕탕 들어갈 적에는, 때 미는 기술을 배워야 되니까, 그것도 60만 원 주고 한 달 학원 댕겼어요. 마사지 하는 것도 배우고 안마도 배우고.

●●● 음, 그렇구나. 이 일은 수입이 어땠어요?

손님 많은 데는 물론 많겠지만 내가 했던 곳은 손님이 그렇게 많지 않아도 한 달에 한 200만 원 정도 되니까, 힘이 들어도 '일단 내가 돈을 벌어야 되겠다' 카는 생각으로 배웠어요. 그 일을 하게 된 동기는, 상황이 안 좋으니까 내가 친구들한테 "지금 돈을 벌어야 될 상황인데, 뭐를 했으면 좋겠노?" 카면서 이야기하니까, 우리 친구가 미용실을 하는데 미용실에 목욕탕이 붙어 있대예. 근데 거기서 일하는 사람들을 보니 수입이 좀 되더라는 거라예. 그래 친구가 "힘은 들어도 때밀이를 하면 돈은 좀 벌더라" 하길래, 사실 저는 지금까지도 뭔 일이든지 남 부끄럽게 생각하고 그런 거 전혀 없었거든예. 그래 할 수 있는 일 같으면 할라고 마음먹고 했죠, 뭐.

●●● 대단하시다. 보통 가정살림하다 그렇게 억척같이 일 찾아서 하기 힘든 거 같던데요?

근데 저는 있잖아요, 이때껏 일을 하면서도 즐겁게 했어요. 지금도 이 동산병원 와 갖고도 참 즐겁게 일을 했어요. 환자들에게 식사를 갖다 주면서 저 나름대로 자부심을 느꼈어요. 물론 내가 돈을 벌라꼬 와서 일하지만 환자들에게 이래 밥을 갖다 주면, 나는 그 사람들이 너무 안타깝고 안쓰럽고. 그리고 '아유, 내가 참 건강해가 이렇게 일하는 것만 해도 내는 엄마 아부지한테 참 감사하게 생각해야 되겠다' 그렇게 생각했어요. 그리고 식당에서 일할 적에도, 물론 가족들끼리 와 갖고 외식하고 그거 보면 물론 부럽고 막 우리 아들 생각하면 마음이 짠해도, 그래도 즐겁게 일했어요.

••• 목욕탕에서 2년 일하셨으면, 2000년도에 병원 오시기 전까지 거기 계셨나보죠?

예. 병원 오기 전까지. 근데 여기 동산병원엔 진짜 우연찮게, 우리 친구한테서 "주 5일 근무제로 일하는 자리가 있다" 하는 이야기를 들었는데, 그때는 목욕탕 일 그만두고 있을 때라 '어차피 돈은 벌어야 되겠고 집에서 노는 것보다 들어가 일을 하자' 이래 갖고 동산병원에 들어오게 됐어요.

## 3. 동산의료원의 비정규직 조리원으로 취업하다

••• 동산의료원에 처음에 와서 조리원 뽑는데 면접이나 이런 게 있어요?

그런 거는 없었고 그 당시에는 소개로 들어왔어요. 월급 84만 원 이럴 때인데, 2교대니까 6시 출근하면 2시 퇴근이고, 그리고 12시 출근하면 저녁 8시 돼가 퇴근하고. 그러니까 시간이 괜찮더라고요.

••• 병원에서 직접 고용한 건가요?

2002년 11월에 처음 왔을 때 비정규직이지만 병원에서 직고용한 거예요. 그때는 정규직하고 비정규직하고 같이 일을 했어요. 전체 인원이 50명 정도인데, 한 20명은 정규직, 비정규직이 한 30명 정도 돼서 거의 비슷했을 거예요. 정규직이 하는 일하고 비정규직이 하는 일 똑같은데, 그게 동산병원에서 어떻게 그래 됐나 이야기를 쭉 들어 보니까, 옛날에는 비정규직으로 있다가도 어느 정도 시간이 되면, 그러니까 정규직이 정년퇴직을 해서 나가 그 자리가 비면 정규직으로 올려주었대요. 그런데 1990년대부터 이걸 외주화 하려고 비정규직을 정규직으로 안 올려줬대요. 지금 여기에 비정규직으로 20년 넘게 일한 사람이 있어요. 이 사람이 비정규직인데 정규직 올라갈 케이스였는데 불행하게도, 마, 여기 병원에서 그때부터 외주를 줄라꼬 하면서 정규직 전환을 안 시킨 거 같애요. 그때부턴 아예 정규직을 안 시켜 줬고, 있는 정규직이 정년퇴직 돼서 나가면, 그냥 나가고 없는 인원수만큼 비정규직으로 자꾸 채우고. 비정규직들은 1년 단위로 계약서를 다시 쓰고 일하는 거예요.

••• 그러면 비정규직과 정규직은 임금 차이가 얼마나 되죠?
우리가 3분의 1정도밖에 안 돼요. 비정규직이 84만 원이면 정규직은 200만 원이 넘죠. 그러니까 참~, 그렇더라고요 정규직하고 비정규직이라는 게 일은 똑같지만, 원래 그렇잖아요? 정규직이라 카는 거는 주인 행세 할라 카고 우리는 비정규직이니까 그냥 입 닫고. 우리는 잘릴까 봐 더 열심히 일해야 되는 것도 있어요. 그래도 그 당시에는 병원에서 직고용을 해서 일하니까, 억울한 건 있어도 '아이고 저 사람들은 일찍 들어와 정규직 된 상태이고, 뭐 우리는 늦게 해가 이래 됐으니 운명이려니' 생각을 하고 그냥 있었어요. 그런데 2007년에 외주로 해서 이렇게까지 될 거라고 정말로 생각지도 못했죠.

••• 그러면 보너스나 명절 때는 어떻게 해요?
정규직은 보너스 받으니까 연봉으로 따지면 3,000만 원 안 넘겠습니까?

잘은 모르지만. 우리는 정말 아무것도 없어요. 월급 외에는, 1년 단위로 다시 계약하게 하고. 정말로 있잖아요? 같이 일을 하면서 정규직들은 보너스 나오고 명절 선물 같은 거 받고 막 이렇게 하잖아요. 근데 참, 사람 기분이 그렇잖아요? 그래도 명절이라고 하다 못해 선물이라도 한 개 주면 괜찮은데, 꼭 그거를 받고 싶어서 그러는 게 아니고, 그게 마음인데. 흔한 양말 한짝도 없어요.

●●● 병원의 환자들이 평균 몇 명 정도 돼요? 밥을 몇 명분을 하나요?
지금 상황으로 한 700상 정도. 700명 정도 밥을 해요. 그날 쉬는 사람들도 있고 그러니까 하루 근무자는 한 40명 정도가 오전 오후 교대로 일을 하는 편이죠.

●●● 일하는 조건 중에서 제일 힘든 건 뭐죠?
어느 현장이나 가릴 거 없이 힘들죠. 그런데 제일 힘든 게, 여름에 진짜 조리실 안을 보면 아주 큰 솥[찜통] 몇 개씩 있잖아요? 나물 삶고 할라 카면. 나는 병원에 들어가서 그렇게 큰 솥은 처음 봤거든에. 맨날 집에서 쪼만한 거만 보다가, 촌에서 가마솥은 보았지만. 엄청 큰 솥으로 나물 삶아야 되지, 뭐 음식 볶고 할라 카면, 겨울에는 사실 좀 괜찮은데, 지금 같은 여름 날씨에 들어가 일을 하면, 고무장갑 끼어야 되지예, 또 장화도 신어야 되잖아요? 머리에 스카프 써야 하고. 또 기름기 있는 음식 씻어야 하니까 설거지할 때는 뜨신 물 틀어 놓고 하면, 뜨신 열기 막 올라오지예. 처음에 설거지 딱 마치고 나니까 장화에 물이 흥건하더라고. 그래서 나는 장화가 새는가 싶어 갖고 사무실에 가 "새 장화 달라" 해서 새 걸 받아가고 신었는데 또 그런 거예요. 알고 보니까 땀이 줄줄 흘러 내려 장화에 들어가 흥건한 거라. 뭐 대책이라야 환풍기 돌리고, 선풍기 돌리고, 근데 대책이 안 돼요. 바로 옆에 에어컨 막 빵빵하게 틀어 놓아도 뜨신 물 틀어 놔놓고 설거지하고 또 펄펄 끓는 물에 나물 삶으면 어쩔 수 없지. 그러려니 하고 하는 거죠.

●●● 그런 조건에서 일하면, 몸은 괜찮으세요?

여름에는 목에 열이 자꾸 올라가서 땀띠가 다 나죠. 뭐 뜨신[따뜻한] 물 만지고 하다 보니까 디는[화상입는] 경우도 많고. 얼마 전에 우리가 조리실 앞에서 농성하고 있을 때, 비정규직 한 사람이 그만두고 나갔어요. 그 계기가 화상을 당한 거예요. 조리실서 숟가락을 삶거든요? 삶으면서 물을 부어 갖고 썼고 또 하고. 그래 뜨신 물을 붓는다고 부었는데 그게 장화 속으로 들어간 거예요. 그래 갖고 치료를 했는데도 장화 속에 들어간 뜨거운 물 때문에 화상을 입은 발목 있는 데가 쭈글쭈글 하니 막 이상하게 돼 있는 거야. 아휴 정말 못 보겠더라구요. 그거 보는 본인은 얼마나 마음 아프겠어예.

●●● 음, 병원 측에서 정규직 분들하고 비정규직 분들 대하는 데 차이가 있나요?

당연히 있죠. 병원 측은 뭐 표시 안 나게 하는 거 같아도 어떤 게 있냐면, 예를 들어 12병동, 21병동, 31병동 이런 병실을 담당하는 사람이 다 있거든요? 근데 한군데 병실만 계속 가면 아무래도 그 병실 환자들도 잘 알고 하니까 일하기가 수월하잖아예? 그런데 정규직한테는 항상 같은 병실을 고정으로 담당하게 주고, 우리 비정규직한테는 이 정규직 노는 날 대리로 들어가게 하고, 또 다른 사람 노는 날 가고 이런 게 힘들었지예. 또 다른 예를 들면 우리가 뭘 잘못하고 정규직도 똑같은 실수를 하면, 정규직은 같은 직원들끼리니까 이래 감싸주는 게 있는데, 비정규직은 안 그래요.

## 4. 2007년, 식당을 동산의료원에서 한화로 외주 주다

### 노동조합 참여와 외주화 저지 활동

●●● 그런데 2007년도에 식당을 외주화하면서 상황이 어떻게 되나요?

그전까지 저는 보통 가정주부라, 사실 정부 정책이 어쩌고 그런 거에 대해서 진짜 관심 없잖아요. 비정규직법이 뭐고 어쩌고 해도 우리는 몰랐잖아요? 근데 2007년에 누가 이카더라고, "비정규직법이 정해지면 2년 일한 사람은 어느 업종이든 정규직 된다" 뭐 어쩌고 하는데, 우리 생각에는 "아, 그렇나? 그러면 우리는 전부 다 2년 넘고 하면 정규직 되겠네" 그카니까, 또 거기서 누가 한다는 말이 "근데 정규직 안 되더라도 같은 현장에서 똑같이 일을 하면 임금 차이를 줄여야 하기 때문에 우리 임금도 올라가게된다" 막 이러더라고예. 그래 "아, 그렇나? 그럼 우리도 2년만 여기서 일하면 뭐 월급도 오르겠네" 뭐 이런 얘기를 했어예. 그래서 우리는 사실 그렇게 되는 줄 알았어요. 그러니까 2년 있다가 정규직이 되든지 아니면 정규직하고 임금격차가 줄어드는 줄 알았어요. 그래 사람들이 하는 말이 "일을 하더라도 아마도 7월 이후 되면 우리 월급이 최소한 120만으로 올라간다" 하더라고. 그래 희망을 가졌어요.

그런데 언제 한번 보니께네 "외주로 준다" 카는 거라. 외주로 줘도 나는 이렇게 심각한 일이 벌어진다는 걸 생각을 못했거든예? 그래 '외주로 가나 보다'고만 생각했어요. 나는 그냥 환경에 적응해 사는 스타일이라 알아본다는 생각도 안 했고요. 그런데 "야, 외주로 가면 영 환경도 나빠지고, 파이란다[나쁘단다]" 이래서 "어, 그럼 우리가 어떻게 해야 되는데?" 하니까 "노동조합에 가 한번 물어봐야 된다" 카더라고. 그 당시에 동산병원에 정규직 노동조합이 있었지만 우리는 그전부터 노조 가서 뭐 물어본다 하는 거는 모르고 있었거든요? 근데 "노동조합에 가가 물어보자" 하기에 "알았다. 가서 물어보자" 그래가 우연찮게 노동조합에 가 물으니까, 노동조합에서는 "외주로 가면 일하는 것도 나빠지고 환자 식사도 나빠지고 이걸 막아야 된다" 하더라고요. "그럼 어떻게 해가 막아야 되는데요?" 이래 물으니 노조에서 "전부 단합해 가지고 노동조합에 가입을 해서 이리이리 해야 된다" 하더라고. 그래 갖고 얼떨결에 39명이, 정말로 몽땅~ 노동조합에 가입을 했어요. 그래가 뭐 저녁마다 모여 가지고 "어떻게 해야 된다" 막 얘기하고 했는데, 우리가 못 막아 내고 어쩔 수 없이 외주로 넘어갔죠.

●●● 외주로 넘어가기 직전까진 병원 노동조합이 도움을 주었어요? 이때 내걸었던 거는 뭐죠?

우리가 노동조합 가입했을 적에 전혀 모르는 상태였으니까 노조가 도와줬죠. 우리는 일단 외주화를 막으려고 했었는데, 그때 우리가 리본 같은 거 달고, 유인물 돌리고, 노동조합 사무실에서 시키는 대로 하면서, 그때부터 '아, 진짜 노동조합 활동을 해야 되겠다'는 걸 조금 아는 사람들도 있었고. 또 사무실[병원] 쪽에서 협박을 해 가지고 탈퇴를 시킬라고 할 꺼 아닙니까? 그래 갖고 탈퇴도 많이 하고, 남아 있는 사람은 열 명 정도였어요.

●●● 병원에서 노조 탈퇴하라고 뭐라 협박하고 회유했어요?

동산병원에서 외주로 넘어가기 직전에는 그렇게 많이 탈퇴 안 했고, 한 절반 정도 탈퇴를 했을 거예요. 그게 병원 측에서 잘 꼬셔 가지고 "지금 조합원들 아무리 저렇게 해봐야 안 된다. 어차피 외주 넘어가고 다 될 긴데 뭐 이런 식으로 하냐" 하고. 왜냐면 일단 한화가 들어올라 하면 거기 일하는 사람들이 병원 측하고 합의를 했다 하는 게 있어야 되는 모양이에요. 그래 같이 일하는 사람 중에 배신자가 생겼죠. 노조 탈퇴를 해서 병원 측에 붙어 갖고 하는 게 낫겠다 싶었겠지, 뭐. 그니까 사무실에서 꼬시니까 알아서 탈퇴를 하게 해요. 또 갈등을 하고 있는 조합원의 경우에는 "야, 탈퇴하는 게 나아", 뭐 이런 식으로 탈퇴한 애가 꼬셔 가지고 탈퇴를 했죠. 진짜 배신자예요.

그래가 한화에 넘어가기 직전에도 우리는 조합활동을 했기 때문에 "좋다. 그래 외주를 갈 때 가더라도, 응! 우리가 이때까지 동산을 위해서 이만큼 일을 해가 왔는데, 억울하잖냐? 그러면 위로금을 달라" 이래 가지고 사실은 노동조합이 있기 때문에 우리가 막 밀고 땡기고 싸웠기 때문에 위로금을 조금 받아냈거든요. 처음에는 3개월치 월급 정도를 달라 했는데, 서로 밀고 땡기다가 결국 한 달 반치. 사실 노동조합이 있기 때문에 임금도 병원 측에서 내세우는 것보다도 우리가 조금 더 올려 받았거든요. 그니까 2003년 처음에 들어갈 때는 84만 원 받았어도 1년마다 1만 원씩, 2만 원씩 올라가고 그때는 97만 원 받았을 때라, 그니까 한화로 넘어갈 때는 임금 5만 원 더 올려 가지고 102만 원 받았어요.

우리는 싸웠기 때문에 임금도 쬐매 더 받았다는 것도 알고, 위로금도 우리가 싸웠기 때문에 받았다는 걸 알고 있는데, 나중에 한화에 넘어가서 이제 노조를 탄압할 거 아닙니까? 한화 회사 측에서 우리를 불러다 놓고는 비조합원 듣는 데서 "함 봐라. 원래 이렇게 다 해줄라꼬 했는데 자꾸 쓸데없는 짓 했다. 저그가[노동조합에서] 한 게 뭐 있노?" 이런 식으로 말하는데, 그래도 우리 조합원들은 싸워서 그리 된 걸 알잖아요.

## 노동조합과 고용안정을 인정받자

●●● 웃기는 사람들이여. 하하. 숨 들이쉬세요. 흥분했어, 지금.

아니, 진짜 그놈 말 나오면 어째 흥분 안 하겠어요? 참내. 우리는 아무것도 모르니까 갔는데, 나도 참 어리숙하지 그런 자리는 안 가야 된다 하대? 갈필요없다 하대요. 그러니까 비조합원들은 그 말이 완전히 답이 돼 버렸잖아예. '아 그렇구나' 하고. (그럼 그 자리에서 조합원들이 반대 발언하면 되잖아요?) 글쎄 말이야, 그 당시에는 내가 그럴 줄도 몰랐어예.

거기다 처음에는 동산하고 우리가 힘들게 싸워 갖고 계약서를 썼는데, 한 달 딱 있다가 한화에서 다시 계약서를 가져와서 "뭐 거기나 거기나 똑같다고 별 거 아이다" 허면서 "뭐가 쪼매 달라졌는데 사인만 하라" 이카더라고요. 그래 우리는 사인하고 나서 나중에 노동조합 사무실에 가 갖고 "그런 게 있어가 우리 사인했다" 했더니. 막 우리보고 뭐라 하는 기라. "이때꿈 싸워 갖고 이만큼 했었는데, 사인 하나로 이게 물거품처럼 사라졌다. 처음 계약하고 이 계약하고 엄청난 차이다" 하면서 막 우리보고 뭐라 하는 기라. 그때서야 우리가 "어매, 그렇구나. 그러면 앞으로 뭐 할 거 있어도 노동조합에 물어보고 하자" 이랬어요.

●●● 그래서 한화로 넘어간 뒤에도 노조 탄압을 계속해요?

2007년 6월 1일 날부터 우리가 한화 소속이 돼 갖고 일을 했잖아예. 그때도 우리 조합원들이 많이 있었거든요. 물론 동산하고 한화하고 뭐 '노동조합을 없애야 되겠지' 이런 생각을 했을 거예요. 그러니까 그 당시에 조합원하고 비조합원하고 똑같이 잘못을 해도 조합원한테 너무 심하게 카는 기라. 한화에서도 조합원은 탄압을 해 내보내든지 하고. 또 그때 임금이 어떻게 됐냐면 동산에서 넘어 온 사람들은 그나마 102만 원을 주는데, 한화에서 신규로 채용하는 사람은 최저임금으로 채용하니까 임금 차이가 한 20만 원 정도 나잖아예. 동산의료원에 한화가 단가를 낮춰 들어왔으니까 기존의 고용승계 된 사람들은 될 수 있으면 내보내고 신규를 들여야 인건비가 많이 절감이 될 거 아닙니꺼?

맨 처음에 한화가 들어올 때 어떤 식으로 분류가 됐냐면, 고용승계 돼가 넘어 온 사람들 중에서도 조합원과 비조합원으로 나뉘어 있제. 또 한화에서 신규로 온 사람들은 신규들끼리 있제. 그래 세 그룹으로 나눠 있었는데, 제일 힘든 건 조합원이에요. 그나마 고용승계 됐다고 해도 비조합원들은 조금 싸고도는 게 있는데, 조합원들은 어쨌거나 힘들게 해 갖고 내보내려고 탄압을 해요. 그래 갖고 나간 사람이 정말로 많아요. 최종으로 열 명밖에 안 남았고, 나머지 다 탈퇴하고.

그러고 어디든지 직장에는 규율이 있잖아요? 내가 뭐 신규를 만만하게 봐서 그러는 게 아니고, 체계에 맞게 일을 돌아가게 할라 카면 어느 정도 일하던 사람이 이래 가르치면 시키는 대로 해야 되잖아예? 그런데 이때는 우리가 뭐를 시킨다든지 하면 사무실 측에서는 신규를 감싸고돌라 하고. 우리가 뭔가를 가르쳐 주려 말을 하면 이 사람들은 기분 나쁘게 듣고 사무실에 가서 한마디 하고 그러면 우리만 나쁜 사람으로 돼버리니까. 그러니 어떻게 할 수가 없었어요. 그때 그랬었어요.

●●● 그때는 노조가 한화 측하고 교섭이 안 된 거군요?

네, 당시에는 아직 한화하고 노동조합하고 교섭이 안 된 상태죠. 조합원들은 노동조합이 있어야 된다 카는 걸 알고 "교섭을 하자"니까 안 나오더라고. 그러니까 우리는 밖에서 집회 같은 것도 하고 서울에 올라가서 한화본사 앞에 1인시위도 하러 가고. 그렇게 시간이 좀 오래 걸렸어요.

한화가 2008년 4월 되니까 소문을 어떻게 내는가 하면 "조합원들 때문에 시끄러워 한화가 더 이상 못 하고 그만두고 나간다"고 해요. 그러니까 2007년 6월부터 일해서 1년을 해야 퇴직금을 받는데 4월, 5월 정도에 그만두고 나가 버리면 퇴직금을 못 받잖아요? 그러니까 비조합원들이 저를 보고 한다는 말이 "가시나, 니가 뭐 안다꼬 분회장이라꼬, 뭐 지랄하고 저카노? 조합원들 때문에 한화가 더 이상 못하고 나간단다. 1년도 안 되면 퇴직금도 못 받는데이" 카면서 우리를 곤란하게 이런 소문을 일부러 내는 거 같았어요. 그래 내가 딱 뭐라 했지. "야, 여기는 구멍가게도 아니고 그래도 명색이 병원인데, 그리고 한화가 들어와 가지고 서로 계약한 것도 있는데 나간다고 해 갖고 금방 해결되나? 또 다른 업체가 들어오든지 뭐 인수인계하는 기간도 있고 아무리 다르다 해도 입찰공고도 내고 하려면 몇 달이 걸려야 되는데 퇴직금 못 받을까 봐 그 걱정하나? 그런 걱정하지 마라." 이러니 내보고 비조합원들이 "니 똑똑하네? 응? 그럼 니 똑똑하게. 니 그래 분회장 하는가 보다" 하는 거예요. 정말로, 같이 일을 하면서 비조합원들이 우리를 갈구는 거가 너무너무 힘들었어요. 거기에 사무실 측에서도 개들은 무조건 감싸고돌고, 우릴 쫓아내려 하고, 그리고 또 뭐라 하느냐면 "만약에 하다가 한화 그만두고 나간다면 니가 책임질 거냐?" 그래서 제가 그랬어요. "한화 그만두고 나가더라도 동산이 하든지 다른 업체가 들어오든지 하겠지, 동산병원 환자 밥 굶기겠나? 이 식당이 없었지나? 어!", 그러면 "아, 니 똑똑하네" 하고 비아냥거려요. 그때부터는 어차피 이래된 거지들한테 내가 지면은 안 되겠다 싶은 게 싸워야 될 거 아닙니까? "그래, 내 똑똑하다. 똑똑하니까 내가 분회장 자리도 맡아가 하지, 안 똑똑하면 하겠나. 퇴직금 걱정하지 마라. 퇴직금 못 받으면 소송 걸어라" 했죠. 그랬더니 아, 참, 즈그들이 내보고 퇴직금 못 받으면 노동조합 때문에 못 받으니까 소송 건다고 합디다, 그래서 소송하라 했어요. "그래 소송해라" 하니 "니 돈 많이 벌어났네?" 하면서 비아냥거렸어요. 이렇게 "그래 소송해라. 소송해 갖고 퇴직금 못 받으면 우리 전체 퇴직금 내가 책임지고 퇴직금 받아 줄게" 하면서 당당하게 싸웠어요.

그 당시 한화 본사 앞에 1인시위 하러 갔는데, 그때 거기에 한화 지사장이 온 거라. 너무 화가 나서 지사장보고 "한화에서 우리 조합원들 때문에 여기 그만두고 나간다 했어요? 그런 말 했습니까?" 하고 따졌어요. 그 당시에는 내가 노동조합을 조금은 알았기 때문에, 그리고 노동조합에서 이렇게 하라고 하데요. 우리는 당연한 노동조합 활동을 한 건데, 이것 때문에 뭐 어쩌고 저쩌고 하면 그걸 '부당노동행위'라고 분명하게 말하라고 하더군요. 그래서 당당하게 얘기를 할 수 있었어요. "당신 부당노동행위다" 이러면 저쪽에서 '아, 이 사람도 영 모르는 게 아닌갑다', 이렇게 생각할 거라고 무조건 부당노동행위라고 하라 카더라고. 하하. 그때 박배일 본부장님이 우리가 아무것도 모를 때, 막 뭐라뭐라 하면 참다 안 되겠거든 무조건 "부당노동행위"라고 하라고 그랬어요.

그때 한화 지사장이 그거에 대해서는 확실한 대답을 안 하더라고. 자기도 이 부분에 대해서는 우리 노동조합 때문이라고 하지 않고 그냥 "적자가 심해서 그만둔다", 이렇게 얘기를 했어요. 그때 이정현 지부장님하고 같이 있었는데 "자꾸 적자를 보고 하니까 그래서 나간다"고. 그래 가지고서 내가 "분명히 적자 봐서 그만둔다고 했지요?" 이카니 "그렇다" 이러는 기라. 그런데 비조합원들이 자꾸 우리 조합원들보고 헛소리를 하니 우리로서는 속상하죠. 그래서 비조합원들보고 앞으로 다시는 그런 소리를 못하게 만들어야 되겠다 싶어 큰소리 쳤죠. "내 서울 갔을 적에 적자 봐 갖고 나간다 하던데, 왜 노동조합 때문에 나간다 하는데요. 이런 말 함부로 하다가는 당신 부당노동행위로 들어간다. 당신 부당노동행위가 뭔지 알긴 하나?" 이러니까 자기도 뭘 확실히 몰랐던 상황이라 조금 당황하면서 한다는 말이 "그럼 알았다. 니 그렇게 똑똑한 거 같으면 점장 나오면 물어보자" 이러더라고. "그래 점장 나오면 물어봐라." 사실 그때 나도 속으로는 좀 긴장을 하면서도 겉으로는 당당하다는 걸 보여 줘야 되니까. 그래 잠시 후에 점장이 딱 나와서 하는 말이 "내로서는 노동조합 때문에 그만둔다" 이러는 거라. 그래서 내가 분명히 얘기를 했지 "내가 서울 갔을 적에는 지사장님이 내한테 분명히 적자가 심해서 그만둔다고 얘기를 했다. 그런데 우리 노동조합 때문에 못해 갖고 나간다 카는 그런 말은 엉? 그 부당노동행위로 걸린다 카는 걸 모르나?" 했지. 그래도 비조합원하고 점장하고 나를 막 쏘아붙이는 기라.

그러니까 나도 사실 내가 감당이 안 되더라고요. 나도 얼떨결에 전화기 딱 꺼내 가지고 우리하고 같이 활동하는 지역조직부장 김상목 씨라고, 그 사람한테 전화를 해 가지고 "나는 조직부장님이 시키는 대로 조합활동했는 거밖에 없는데, 내[노조] 때문에 한화가 물러난다 하는데 그럼 김상목 씨 책임져라". 내가 괜히 그 사람한테 "책임져라!" 하면서 막 뭐라 그러고 전화를 딱 끊었어. 그랬더니 김상목 씨가 점장한테 전화를 했겠지. "이 거는 당연히 부당노동행위가 아니냐? 왜 조합원한테 그렇게 힘들게 하냐" 면서 뭐라 했겠지. 그리고 조금 있으니까 점장이 꼬리를 싹 내리더라고.

그 뒤로도 우리가 노동조합을 인정받으려고 8개월 동안 싸웠어요. 일 하면서 시간되는 대로 밖에 나가서 집회하고, 조합원들 돌아가면서 서울 올라가 1인시위 하고, 마지막 남은 열 명. 정말로 우리 조합원 열 명은 "우리는 여기서 끝까지 살아남아야 되니께 절대 실수하면 안 된다"고, 실 수하면 꼬투리 잡고 "경위서 써라" 이런 식으로 하니까 진짜 힘들었어요.

••• 그런데 교섭하려고 했던 거는 노동조합을 인정받으려는 거였나요?
교섭하려는 건 "노동조합 인정하고 한화가 있을 동안에 우리 조합원들의 고용을 보장"하는 거였죠. 그때 처음에는 고것만 인정받으려 했는데, 싸 우는 기간 동안 우리가 비조합원들한테 너무 많이 당했잖아요? 회사 측에 도 당하고. 이러다 보니까 자존심 상하잖아. 여기서 이만큼 싸워 가지고 비 조합원들이나 남의 눈에 띄게 뭐가 성과가 있어야 우리가 큰소리 칠 수 있 겠다 싶어가, 처음에는 임금을 쪼매 더 받는다든지 이런 게 있어야 되잖아 요? 그래 "임금을 더 올려 달라" 하니까 한화가 다른 업체에도 들어가 있 으니까 "여기 이 업장에만 못 올려준다" 이러더라고. 그래가 교섭이라 하 는 게 참 그렇더라고예. 밀고 당기고, 밀고 당기고, 이카다 보니까 사실 우 리가 원래는 출근시간이 6시부터 2시까지였는데, 오전 6시에 출근하면 7 시 15분에 아침 배식을 나가야 되는데 그게 제 시간에 안 되거든요. 그러 니까 우리 스스로 5시 15분이나 20분 돼 갖고 출근을 했다니까. 그러니까 교섭을 하다가 서로 머리를 맞대 갖고 무슨 명목이 있어야 저쪽에서도 돈을 좀 올려주니까, "시간을 조정하자" 했어요. 그래가 출근시간을 5시 반으로 하고 퇴근을 1시 반으로 해서 8시간 근무를 하는데 2시에 끝나면 30분은 더 일하는 거니까 잔업수당으로 들어가야 되잖아요? 그래서 "30분에 대한 조출수당 출근시간보다 일찍 나온 시간을 수당으로 계산하는 것을 주자" 이렇게 된 거라. 아침반 30분 일찍 하는 거를 계산하니 하루에 1,600원 정도 되니까 뭐 한 달에 한 3만 원 정도 받잖아요? 그러면서 또 우리 욕심에 2008년 4월 달에 교섭이 됐으니까 우리 지부장님이 "어차피 그거 했는 거 1월 달부터 못 받은 거 소급해 달라고 하자"고. 하하. (하하.)

참 교섭이라 카는 게 그렇더라고. 우리는 생각지도 못했는데 "소급해 가 줘라" 하니까, 처음에는 저기서도 안 준다 하더라고. "그렇게 해봐야 돈 얼마 안 되는데, 어? 그거 못 준단 말이가? 그걸로 그러면 이때끔 쌓아 왔던 거, 판 깨잔 말이가?" 이런 식으로 나가니까 거기서 "그럼 알았다. 소급해 준다" 그래요. 아침반 일한 숫자만큼 하면 두 달치 정도밖에 안 되지만 일단 우리는 따냈다[이겼다] 하는 거에 기분이 좋잖아예. 그래 가지고 요거 딱 받아 갖고 우리가 비조합원들한테 "우린 이때끔 일하고 이거 못 받았잖아? 지금부터 준다 했다. 가만히 있었으면 주겠나?" 이러니 그때부터 비조합원들도 꼬리를 내리면서 우리보고 "수고했다" 했었는데. 그 와중에서 뭐가 있었냐면 8개월 동안 싸우면서 취업규칙에서 우리가 하계휴가 4일 있는 걸 언뜻 봤는데, 교섭 끝나서 "정식으로 취업규칙을 달라" 해서 딱 보니께 하계휴가는 적어 놓고 밑에 흰 걸로 딱 칠해 놓고, 그걸 다시 프린트를 해서 그 글자가 안 나오잖아요? 그렇게 해가 딱 나왔더라고 "어? 우리가 봤을 때는 분명히 4일 있는 걸 봤는데, 왜 여기는 없노?" 하니까, 교섭하는 사람들이 얼굴이 긴장이 되더라고예. 노동청에 낸 거는 정식적으로 다 된 기잖아예? 그거 보니께 4일이 있었거든. 우리한테 딱 걸렸잖아, 또 4일 휴가 완전히 줘야 했어요. 50명이 4일씩 휴가하려면 그거 커요. 그래가 비조합원들한테 "함 봐라. 4일 휴가 못 받아먹을 낀데 우리가 이래했기 때문에 준다" 그러면서 우리 조합원들이 그때부터 조금 기가 살았어예, 하하. (하하.)

## 2008년 임금인상 시기: 신규 조리원의 조합가입

●●● 그 뒤에 노조활동은 좀 활성화되나요?

그렇게 1년 지나서 임금교섭을 해야 하는데, 계약만기일이 6월 1일이니까 그때가 되기 전에 미리 임금교섭 준비를 해야 되잖아요? 그 당시 신규로 들어온 사람들은 우리가 노동조합 활동을 하기 때문에 힘들게 팔세를 받는다는 거를 알고 아예 가입할 생각을 안 했거든예. 우리도 굳이 노조하라 소리도 못하잖아예? 힘드니까. 그런데 임금교섭 시작해서 매일 교섭 갈 적에는 기존에 있던 사람만 교섭을 가요. 교섭할 적에 "임금을 올려 달라" 하니까 교섭장소에서 어떤 일이 벌어졌냐면 "기존에 있던 사람만 임금 몇 만 원 올려주고, 신규사람은 안 올려준다" 하는 기라. 우리가 원했던 거는 신규 – 정규직 – 비정규직 있으면서, 똑같은 일을 하면서 돈 적게 받은 그 심정을 우리는 겪어서 아는데, 돈 차이는 많이 안 나도 사람이 조금 덜 받고 그거 기분 나쁘잖아요? 그래서 내가 교섭 들어가기 전에도 그랬어요. "될 수 있으면 신규사람들 걸 좀 끌어올려 보고, 그게 안 되면 우리는 그냥 올리지 않더라도 신규를 좀 많이 올리자." 그래서 차이 나는 폭을 좀 줄이도록 하는 방향으로 교섭을 들어가려고 했거든요. 우리가 요구한 거는 "고용승계자는 5%, 신규는 20%" 하니까 저쪽에서는 택도 없지. 밀고 당기고 해가가 저쪽에서는 딱 하는 말이 "신규는 별로 안 해주고 고용승계자만 2% 해준다" 하는 기라. 내가 거기서 열 받아 가지고 "안 된다. 지금 우리가 요구안을 냈듯이 신규하고 폭을 줄여야 되지, 이렇게 되면 신규하고 우리하고 임금 차이가 더 벌어지는 거 아니냐?" 그러니까 한화 측에서는 "그런 거 같으면 2% 반납할래요?" 그래요. 그래 내가 "그럼 좋아요. 우리가 2% 반납할 테니까 신규 20% 올려줄랍니까? 그러면 2% 반납합니데이" 그러고 대화가 안 됐어예.

교섭 끝나고 나와 신규사람들한테 "함 봐라. 노동조합에서 지금 임금 교섭하고 있는데 맨날 우리만 교섭 들어가니까 우리만 월급 올려주면 조용하겠다 싶으니께 우리만 2% 올려주고 신규는 안 올려준다 카더라. 신규 어떡할래?" 이러니까, 신규들이 자기 스스로 해야 된다 카는 걸 알잖아예? 그래 기회도 좋았지. 신규가 몽땅 노조가입을 했어요. 그 다음 교섭 딱 들어갈 적에 신규사람 데리고 들어가서 "지금 신규들 열 받아 갖고 전부 다 조합가입 했다. 조합원 수가 늘었다"고 하고, 교섭 들어온 신규사람이 막 열변을 토하고. 결국 그때부터 노동조합 세력이 커진 거죠. 그래 임금인상은 우리는 2%, 신규는 3%로 올렸다니깐요.


●●● 그래도 정말, 잘하셨네요. 같은 비정규직이라도 다른 사람 처지 생각하기 어려운데…….

네. "가만 있으면 그래 올려주겠나? 이래 했으니께네 올려줬지" 하니까, 그 뒤로부터 신규사람들이 계속 노조에 들어와요. 우리가 가입하라 하는 것보다도 신규 자기들끼리 "진짜 필요하더라. 가입하자" 이래 돼 갖고 열명 들어와서, 풀무원 넘어가기 직전에 조합원이 스물아홉 명까지 돼요. 참,

사람이 이렇더라고. 처음에 열 명 하다가 한 명 가입하지요, 그러면 그 사람이 너무너무 이쁜 거야. 하하. (하하.) 평소에는 일을 하다 보면 왜 눈에 벗어나는 것도 있고, 내 마음 같지가 않잖아요? 나도 힘든데 저렇게 미운 짓 하고 그러면 막 미운데, 그런데 그 사람이 우리 조합원이면 미운 것도 조금 이쁘게 보여. 하하. (하하.) 진짜 그랬어요.

●●● 그럼 새로 조합원 가입하면 교육은 어떻게 했어요?

교육 같은 걸 별로 못했어요. 일하는 시간이 우리는 오전반, 오후반 이렇다 보니까. 맞추려면 오전반이 2시 돼가 퇴근해 가지고, 어차피 오후반 마칠 때야 다 모이는데 오전반이 집에 갔다 오려면 사실 힘들지. 또 저녁에 8시에는 마친다고 해도 씻고 나가면 8시 반인데, 주부들은 진짜 집에 일찍 가서 또 자기네 집안 일도 해야 되니까. 그래서 모여 갖고 교육하고 이런 게 어려워요.

●●● 분회장 일은 언제 맡으신 거예요?

내가 분회장을 하고 싶어서 했던 건 아니고, 맨 처음에는 다른 사람이 했었는데, 한두 달 정도 했었나? 그 사람이 일 하다가 발목을 삐어 아파 가지고 나가는 바람에, 그래도 그때 우리들 생각에는 '일단 노동조합은 있어야 되겠다'는 생각을 했기 때문에 누가 맡아야 되잖아요? 나는 정말로 안 하려고 했거든예? "난 못한다. 어디 가 가지고 말하는 것도 내 할 줄 모르고." 그러니까 "말 안 해도 되고 그냥 자리만 지키고, 어디 오라고 하면 가고, 시키는 대로 하면 된다" 이러더라고. 참 순진하지! 아, 원래 내가 시키는 대로 하는 건 잘한다 싶어 가지고, 그리고 노조 해체시킬 수는 없잖아예. 그러면 누군가 한 사람 대표라고 있어야 되니까, 뭐 그 자리만 지켜주면 된다고 하니 "그럼 알았다" 하면서 했죠. 하하. (하하.)

## 5. 다단계 하청구조에 맞선 '외주철회' 투쟁

### 한화에서 풀무원으로, 다시 유니토스로

●●● 2010년도 이번 싸움은 어떻게 된 거예요?

또 2010년 5월 말까지 하면 1년 계약이니 우리 일이 끝나잖아예? 3월경부터 시작해 가지고 한화가 어떻게 될지도 모르고. 그러니까 입찰설명회를 4월 돼 갖고 했는가 보다, 4월 달쯤 되니까 "한화가 그만두고 나간다" 하는데, 우리는 노동조합 활동을 계속하고 있었으니까 한화가 하든지 뭐 다른 업체가 들어오든지, 여하튼 다시 우리가 긴장해서 노동조합에 모여 가지고 자주 의논을 했어요. "그러면 이제 어떻게 해야 되노?" 하면서. 일단 2차 공고가 뜨면 언제 입찰설명회가 있다든지 이래 하잖아요? 그러면 고 날짜에 맞춰서 어느 업체가 들어오든 간에 "노동조합을 인정해 주고 고용승계 인정을 해 달라" 이래 갖고 진짜 피켓팅밖에 안 했어요. 우리 입장 설명하는 유인물 적어 가지고 입찰설명회 들어오는 사람한테 주었거든요.

　근데 나는 참 노동조합 있는 거하고 없는 거하고 이렇게 차이 나는지 몰랐거든예. 노동조합 있는 업장에는 업주들이 그렇게 힘들어한다고 하대요, 안 들어올라고. 그러고 맨 처음에 입찰은 다른 데가 유찰되니까, 그때 장례식당하고 직원식당을 운영하는 풀무원하고 수기계약을 했는 모양이대요. 그래가 병원 측에서 나와 갖고 한다는 말이 "딴 데 들어올 업체도 있었는데 노동조합이 훼방을 나가지고 못 들어왔다" 뭐 이런 식으로. 그래

직접고용을 주장하는 노동자들

몸싸움도 벌어지고. 뭐 우리가 원장실에 찾아가서 말했죠. "우리가 들어오지 마라 했나? 어느 업체가 들어오더라도 우리가 이렇게 있으니까 알고 들어오라고 우리 입장을 밝힌 것뿐인데 노동조합 때문에 못 들어왔다는 그런 소리 하지 마라." 그러니까 4월 달엔 별로 싸우는 게 없었고 5월 달 돼 갖고 우리가 원장실에 가서 싸우고 했죠.

●●● 그러다가 풀무원으로 넘어가면서 상황은 어땠어요?

그런데 풀무원으로 한 4월 중순 즈음 넘어갔는데, 나는 그날 출근을 안 하고 그 이튿날 출근을 하니까, 그 당시 우리가 이 내용을 확실히 몰랐어요. 유니토스라는 인력업체에서 와 가지고 우리보고 "최저임금으로 일할 마음이 있는 사람들은 입사지원서를 써 내라" 이카고. 그러니까 비조합원들은 뭐 가만있었겠지만, 조합원들은 예를 들어서 취업규칙이 어떻다든지 근로조건이 어떻다든지 이런 거를 알려고 하지 않습니꺼? (그렇죠.) 그리고 그때는 "우리가 하더라도 몽땅 같이 해야 되고, 지원서를 써도 같이 해

노동자의 자존심으로, 다단계 하청구조에 대항하다 – 이화자 435

야 된다. 개별로는 절대 행동하지 말자"는 게 있었거든요. 그래서 "근로조건이 어떻노?" 물으니까 "그런 거는 알 필요 없고 최저임금으로 일할 사람만 지원서를 적어 내라" 이런 식이라. 저 사람들 말이 그렇습디다. 양복도 안 입고, 뭐 티쪼가리 차림에 어디 노가다 하다 왔는 것처럼 해서 와 가지고, 입사지원서 틱 던져 놓고 가면서. 그래 우리 생각에는 유니토스가 인력업체인데, 인력업체 같으면 인간시장 아닙니까? (그렇죠) 우리가, 참, 팔려가는 그런 느낌이 드는 게, 정말 이건 아니다 싶더라고예.

●●● 허참, 풀무원은 계약해서 돈 받아 관리만 하고, 유니토스에게 인력운영 맡기고요?
그렇죠. 유니토스에서는 최저임금으로 할 수밖에 없다는 거죠. 유니토스가 일방적으로 나온 게, 예를 들어 우리가 입사지원서를 다 써 내면, 누가 조합원이고 누가 비조합원이고 알 꺼 아닙니까? 그럼 조합원에 대해선 아예 자기들이 안 받을 수도 있지예. 동산에서도 그렇고 풀무원에서도 노동조합 인정하지 않으려는 게 제일 큰 문제였기 때문에, 유니토스도 그렇게 한 거 같애요.

●●● 제가 자료 찾아보니까 '해고를 시켰다'는 게 나오는데, 그건 뭐죠? 5월 31일날 계약 만료가 되면서 유니토스에 전체 지원서를 제출하지 않은 건가요?
전부 다 제출을 안 했어요. 비조합원들도 그때는 안 했어. 근데 비조합원들도 조금 아는 사람들은 최저임금을 하면 돈이 적어지고, 거기에 만약에 우리가 쑥 빠져나가면 그만큼 다른 사람을 투입을 시켜서 새로 들어온 사람들과 일을 하려면 정말로 힘들다 카는 거 알거든예. 전부 다 손발 맞춰 갖고 일한다 캐도 진짜로 옷이 푹 젖을 정도로 일을 해야 되는데, 힘들죠. 그러니까 비조합원들도 최저임금 받을 바에는 딴 데 가가 일하는 게 낫고, 어차피 우리가 고용보험 받으니까 굳이 그거 할 필요 없는 거고. 거기에 우리 조합원들은 또 싸운다고 지금 분위기가 올라갔고.

근데 그 중에서도 정말로 머리에 들은 게 없는 사람이 있어요. 어휴, 병원 측이 우리 명단이 있으니까 전화를 해 가지고 "임금을 쫴매 더 줄게 일을 해라"면서 살살 꼬시면 넘어가는 사람이 다섯 명이 있어요. 그래 우리는 5월 31일 저녁에 조리실 안에 있었잖아요? "어차피 우리가 거기서 계속 일을 해왔으니까, 내일 아침 환자들 밥을 우리가 해야 된다"고 생각한 거죠. 오늘 우리는 끝났고 내일 아침부터는 풀무원이 하는데, 내일 아침 반찬이라든지 뭐 이런 거가 미리 준비가 안 되니까. 원래 내일 반찬 같은 걸 오늘 저녁에 미리 준비를 다 해놔야 하거든요.

그런데 한 11시쯤 되니까 풀무원 직원들이 풀무원 옷 입고 물건 들여와요. 그때부터 싸움이 벌어졌지, 투쟁이 시작됐어요. 우리 조합원들은 식당 안 휴게실에서 농성하고 밖에서는 민주노총에서 투쟁지원해 주는 사람들이 와 가지고 대기하고. 혹시라도 안에서 무슨 일 있을까 봐. 그러다 풀무원에서 온 사람들이 가운 입고 모자 쓰고 음식준비를 막 하니까 우리가 휴게실에 있다가 조리실로 나왔어요.

그런데 병원 측에서는 우리를 해고시키려고 마음을 먹었으니까 배신자 다섯 명한테 전화를 해 가지고 "내일 아침에 오라" 하고, 또 병원 정규직 직원 세 명 있으니까. 거기에 정년퇴직 해가 나간 사람도 있어요. 답답하니까 그 사람이라도 불러들인 기라. 그러니 총 아홉 명이죠. 동산병원 일 돌아가는 거에 대해서 아는 사람이 이 아홉 명이 있잖아요? 나머지는 풀무원에서 막 인력을 억수로 많이 데리고 와요. 서투니까, 자기들이 나름대로 머리를 쓴 거지.

풀무원 사람들 오락가락 하는데 그 배신자들을 조합원들이 본 거예요. 그래 "어! 저게, 다섯 명 배신자 누구다!" 이러더라고. 사람들이 완전히 돌아뿌잖아예. 그러는 순간에 정규직 세 명은 병원에서 시키는 대로 와갖고 해야 되지만, 비정규직은 그게 아니잖아예? 그런데 마스크 쓰고 모자 쓰고 와서 하더라고. 우리가 가서 마스크 확~ 떼 갖고 "마스크는 뭐 할라고 하노? 일하러 왔으면 당당히 하지. 응? 뭐가 무서워 마스크까지 끼고 하노? 뭐할라꼬 왔노?" 그러니까 일을 못하고 있다가 사무실에 가서 한참 앉아 울고 있다가 집으로 돌아갔어요.

우린 밤새도록 거기서 풀무원 직원들 반찬 하고 있는데 방해는 직접 못 하더라도 말로는 막 할 수가 있잖아요? 젊은 머스마들이 파견돼 갖고 와서 일을 하고 있으니까, "저 뒤에 계신 어머니들한테 일자리를 돌려주라" 하면서 밖에서는 막 뭐라 하고. 우리는 안에서도 "우리 일자리다" 막 하고. 그런데 한 4시 반쯤 되니까 또 다섯 명 배신자들이 한 명씩, 한 명씩 다시 오는 거야. 그 사람들이 사무실하고 통화를 하더니 온 기라. 그때 우리가 휴게실에서 몰래 전화를 엿들은 거지. 내용을 들어보니까 그 배신자가 "내일 일하러 갈 사람인데요. 어떻게 해야 되요?" 하니까 사무실에서는 "와서 일하라" 어쩌고 하면서 통화를 하더래요. 그니까 우리는 열 받잖아요? 출입문에 들어서는 순간 막 욕을 했지. 욕을 하니께 또 사무실 쫓아가더라고. 지도 놀랬지 우리가 밤새도록 거기 있다는 걸 생각지도 못했지. 사무실에서는 뭐 달래든지 했겠죠. 그러더니 옛날에 정년퇴직했던 사람까지 해 갖고 배신자들이랑 여섯 명이 몽땅 옷을 갈아입고 들어오는 거예요.

기차놀이하는 것도 아니고 한 명이 앞에 딱 들어오니께, 겁나니 뒤에 숨어 갖고 들어오더라고. 우리는 가서 "배신자!"라고 막 욕을 하고 "우리가 지금 이러고 있는데 당신들은 그렇게까지 해가 돈을 벌어야 되겠나?", 또 정년퇴직 해가 나간 사람한테 "당신은 그렇게 돈 벌 데가 없더나?" 하고. 그 사람이 진짜 잘살아요. 못 사는 사람 같으면 그래도 동정이라도 하지만. 그러니까 사무실 직원들하고 풀무원 직원들이 막 두 팔을 벌려서 이래 감싸 주고 그랬어요. 그러면 그 사람들 뒤에 숨어가 있더라고.

그런데 우리가 사람 치면 안 된다는 건 알잖아요? 그래가 항상 싸울 적에는 손을 전부 다 뒤로 해서 하고, 하하. 만약에 욱하는 성격에 손대면 절대 안 되니까. 그래서 "야, 우리 아무리 성나도 손 뒷짐 딱 지고 이렇게 해야지 때리면 안 된데이" 이래 될 수 있으면 손 뒤로 딱 해 가지고 말로 막 하고. 아휴, 그렇게 싸웠어요.


●●● 그래서 그날부터 그 사람들은 와서 일을 하는 거예요?
예. 우리는 그 안에 점령하고 있다가 배식 나갈 적에 막으려 했는데, 그것도 완전히 탁 막아서 만약에 배식이 늦어지면 그게 우리한테 피해보상이라든지 이런 게 있는 모양이더라고요. 그래 막는 척하면서도 배식은 문제없이 내보내 줘야 되는 게 있는 모양이제? 그래 갖고 우리가 막았는데도 문이 한 개 더 있으니까 나가기가 힘든데도 어쩔 수 없이 나가야 되니까 힘들어도 빙 둘러 갖고 배식하고. 그 안에 처음에 우리가 20명 정도 있었나? 먹고 자고 6박 7일을 있었으니까. 일하러 온 사람들 보고도 "지금이라도 안 늦으니까 제발 일하러 나오지만 말아다오. 나오더라도 좀더 있다 나오면 안 되겠나?" 얘기하고.

••• 문제를 해결해서 같이 일하러 나오면 되잖아요. 으휴.

네. 근데 병원 측에서 "기존 월급 맞춰줄게" 이렇게 했겠지만, 지금 안 오면 그나마 자기들 생각에는 일자리 잃어버리겠다 싶어 왔겠죠. 병원이 우리가 투쟁하고 있는 중에도 활동 안 하고 있는 사람들한테 개인적으로 전화해 "일하러 온나", 뭐 "돈 쪼매 더 줄게. 온나" 이런 소리를 했으니까. 근데 그것도 한 명은 일하러 들어갔고, 또 한 명은 우리가 밖에서 싸우고 있으니까 일할 마음은 있어도 못 가고, "내한테도 그런 전화 왔더라" 얘기해 주는 사람도 있고, 병원의 목적은 진짜로 노동조합을 탄압하려는 거예요. 근데 우리는 노동조합 없는 업장에서 일하러 가려고 마음먹으면, 지금 이렇게 투쟁까지 할 필요 없었어요. 머리 숙이고 들어가 우리 노동조합 전부 다 탈퇴하고 일한다고 들어가서 일하면 되지 뭐. 그런데 한화하고 있으면서 노동조합이 있어야 된다는 걸 알기 때문에, 지금 싸우는 조합원들은 그나마 우리 권리를 조금이라도 지키자는 거예요.


••• 6박7일 동안 조리실-휴게실에서 어떻게 지냈어요?

그 안에서 자고, 먹는 거는 밖에서 들여보내 주고, 김밥이라든지 이런 거. 우리가 식당 안에 배식-카 나가는 쪽에 자리를 펴고 앉아 있었으니까, 그래도 배식-카가 다른 문으로 계속 나갔지만. 거기에 경비들이 경비를 서면서 화장실 가는 것만 가도록 하고 우리를 못 나가도록 해서 일단 나갔다 하면 안에 못 들어오니까. 근데 안에 있는 사람들도 그렇잖아요? 머릿수가 많으면 서로 의지해 갖고 있을 수 있는데, 처음에는 여러 명이 있으니 괜찮은데 하룻밤 자고 나면 한 사람, 또 하룻밤 자고 나면 한 사람 없어지니까, 저쪽에서도 자꾸 머릿수를 줄이려는데 한 사람씩 줄수록 기분 좋을 거 아닙니까. 그래 마지막에는 안에 있는 것도 너무너무 힘들고, 병원 측엔 우리가 강한 척 해보였지만, 속으로 우린 죽겠는 기라예. 너무 힘들었어요.

안에서 세 명 지키고 있제, 밖에 여섯 명 지키고 있지, 이러니까 "우리가 너무 힘들어 죽겠다" 카는 이런 말이 새나가면 안 되니까 "아휴 정말로 미치겠다. 우리가 나갈 수 있는 방법 연구 좀 하자" 하다가도, 차라리 이 사람들이 우리를 확~ 안에서 빼내 버리면 "안 돼요, 안 돼요" 하면서 나갈 수 있는데, 하하. (하하.) 그것도 안 하지 미치겠는 기라, 이거는. 그래 갖고 우리가 "안 되겠다. 이제 로비로 가자" 하면서, 경비 들으라고 큰소리를 치면, 야들은 우리가 병원 로비 가는 거는 또 억수로 긴장을 하잖아예, "아, 로비 가지 말고 제발 여기 있으라"고 말렸어요. 그래도 거기서 농성하다가 우리끼리 진짜 할 이야기가 있으면 "기도합시다!" 하면서 서로 손을 다 모아서 둥그렇게 모여가, 우리끼리 속닥속닥하고. 경비하는 사람들도 우리 마음을 이해를 하는데, 어쩔 수 없이 위에서 시키니까 우리를 감시해야 되고. 그래도 하루이틀 자고 보니까 걔들도 저그들이 해줄 수 있는 한도에서는 다 해주려고 배려를 해줘요. 우리도 그거 아니까 경비한테 크게 무리 안 가게 하려고. 걔들 보면 우리 자식들 보는 느낌이 들고, 걔들도 비정규직 아닙니껴? 너무 마음 아팠어예.

그리고 얼마 전에는 불로막걸리 파업한다 카는 데 갔었는데 거기는 연간매출액이 250억이 된답니다. 거기서 인건비가 20억밖에 안 된다 카잖아요? 근데 인건비 조금 올려 달라고 하니 회사는 "인건비를 올려주면 야들이 질 나빠진다" 했다는데, 그게 말이 됩니까? 그리고 거기서 10년 동안 일한 사람 월급이 140, 150만 원 정도 되고 30년 일했단 사람이 170, 180만 원 된다 하는 거예요. 30년이면 완전히 자기 청춘을 거기 다 바쳤는

거 아닙니까? 나는 그 소리 듣고 열 받았어요. 근데 거기서도 70명 중에 20
명이 거 들어가 일을 하니까, 나머지는 파업을 하고 이카니께네, 그러면서
"안에서 일하고 있는 사람들 나와 갖고 같이 하자. 지금은 당신네들이 달
콤한 말에 속아 가지고 그렇게 하고 있는데 시간이 지나 봐라" 카면서 막
이런 얘기를 할 적에, 진짜 그걸 안 당해 본 사람은 모르잖아요. 그지예?

••• 그렇죠. 힘을 합쳐 싸워도 힘든데, 그것도 회사가 분리시키는 거지만.
안 그래도 우리도 투쟁하면서 우리 조합원들끼리 앉아가 "우리도 있잖아
만약에 노동조합을 몰랐더라면 진짜 쟈들하고 똑같이 최저임금에 일을
할 거고." 아니 지금 배신자들 보고 내가 "느그들 전부 다 지금 몸값 우리
가 올려준 거 아이가[아니냐]?", "우리가 만약에 이렇게 안 떠들면 느그 그
임금 못 받는다. 느그 몸값 우리보고 올려준 기다. 똑바로 알아라" 하면서
"그리고 그 몸값 그거 계속 갈 거 같으냐? 우리가 힘들게 지금 이만큼까지
해 갖고 느그 몸값 그리 올려놨으면 바보같이 쪼매 있다 짤리고 그카지 말
고" 그랬죠. 우리는 그걸 알잖아예? 노동조합이 없으면 쟈들 임금 쪼매 더
주고 있다가, 신규 계속 들어오잖아요. 신규는 최저임금 주잖아예. 잘 돌아
가고 어느 정도 되면 뭐할라고 그래 돈 더 주고 일 시켜예, 그게 눈앞에 훤
하게 보이는데 쟈들은 끝까지 간다고 생각하니까 있겠지만. 그래 내가 "너
그 제발 잘해 갖고 짤리지 말고 있으라" 하면서.

••• 그럼 로비에서 계속 싸우는 거예요?
노동조합 사무실에 "우리 어떡할까요?" 물어보다가 같이 회의를 해야 하
는데, 병원 안에서는 할 수 없고 그러니 이정현 지부장님이 "노동조합 사

무실에 와 갖고 일단 회의를 하자" 하더라고. 그러고 지부장님이 밖에 경호하는 애들보고 "지금 사무실에 전부 회의 좀 하게 보내라. 여기서 너무 시끄럽고 그래 회의 좀 하러 간다" 하면서 "일단 같이 가자" 이러더라고. 그래 사무실 가서 "이렇게 하다가는 전부 다 못하겠다"하면서 "이제 접자" 하기도 하고. 그때 노동조합도 이렇게까지 할 줄 몰랐잖아예. 그때 마음이 어떠냐면 "우리가 여기서 돈 많이 받은 것도 아니고 100만 원 쪼매 더 받았는데, 어차피 최저임금 인생인데 딴 데가 일해도 되고, 군이 이래 더럽구레 싸우고 하지 말자" 하는 것도 있었고. 또 노조에서는 "그래도 이만큼 했는데 또 싸워야 된다"는 거고. 힘들고 하니까 사실 진짜로 죽고 싶더라고. 군이 내가 여기서 몇 100만 원씩 받고 일했던 자리 같으면 아까워서라도 싸워 갖고 들어가야 하는 게 있지만.

그러면서 또 혼자 가만히 생각하면 '그래 맞어' 그래예. 동산병원의 이 문제만 보더라도 처음에는 해고되는 우리 아줌마들 몇 사람 때문에 사실 이렇게 되는 기잖아예. 우리도 그냥 일하러 들어갈 목적으로 했는데, 하다 보니까 '아, 참 비정규직 문제도 좀 심각하다'는 걸 알게 된 거예요.

여하튼 그래가 다시 추스르고 계속 싸우기로 하고 우리 스스로 안 들어갔지. 하루 안 들어가고 이틀 안 들어가고 하니까 식당은 자기들이 딱딱 우리들 짐정리를 해 가지고 고대로 해놨고, 우리는 하루에 한 번 짐 가지러 가서 한 개씩만 가져오고, 다시 한 번 가서 한 개 가져오고. 일단 식당에 못 들어오게 하니까, 그래서 우리가 "짐 가지러 가야 된다" 이런 핑계를 대고 또 한 번씩 해코지를 해, 미우니까 욕도 한마디씩 해야 되겠고. 못 들어가게 하면 "내 물건이 얼마나 소중한 건데 못 가져가게 하냐"고 병원 직원들한테 막 해대고 싸우고, 내가 생각해도 내가 어째 그 사람들한테 손가락

질을 하면서 그런 말을 했는지, 하하. (하하. 잘하셨어요) 옛날 같으면 감히 그 사람들 제대로 쳐다보지도 못해요. 지나가면서 인사 정도 하고. 그런데 막 눈 치켜들고 위로 쳐다보고, 쳐다보면 무서울 거 없잖아요? "그래 당신 네들 보기에는 이게 우습게 보이나? 내한테는 이거 너무나 소중하고 귀한 기다" 하면서. 내가 생각해도 내가 어떻게 이렇게 할 수 있는지.

## 외주로 넘어가면 빈약해지는 환자식사

●●● 그런데 외주로 넘어가면 환자들에게도 영향이 있나요?

엄청 문제예요. 환자식을 외주에, 또 그 하청을 줘 가지고 인력 관리하는 이거는 돈 벌 욕심으로 환자 밥값 5,060원짜리를 갖다가, 지금 풀무원한 테 주는 거는 3,500원이잖아요? 그러면 손도 안 대고 한 사람당 한 끼에 1,560원을 병원이 그냥 받아 넣어요, 한 달에 거의 1억을 그냥 챙겨 가는 거예요.

그러고 풀무원에 3,500원으로 받아 가면 또 유니토스에 얼마 주는지 우리는 모르니까 3,500원보다는 당연히 적을 거 아니에요? 내가 여기에 서 느끼는 게 환자들이 5,000원짜리 밥을 먹어야 되는데, 3,500원에 넘어 가면 여기에서 또 인건비 제하고 또 뭐 제하고 하면, 얼마짜리 밥을 먹겠 어요? 이게 병원이라 카면 내가 거기 누워 있을 수도 있고, 또 우리 가족 중 에 누가 입원해 있을 수도 있는데, 응? 치료식을 갖다가 돈벌이에 급급해 가지고 이렇게 한다 카는 게, 이게 할 짓이에요?

●●● 그렇죠. 그래서 노조 주장 중에 '환자식사 질 문제'가 있구나. 식사질이 떨어 지는 거, 구체적인 예를 들면 어떤가요?

환자식사의 질 개선도 중요한 문제다

내가 동산에서 직접 운영할 때도, 한화에서 3년 동안 운영할 때도 일을 했
었잖아요? 근데 동산에서 직접 할 적에는 "외주 주면 식사 질이 떨어진다"
는 말은 우리가 노동조합에서 들은 얘기잖아요. 그때 동산병원 관계자들
이 우리보고, "왜 외주를 주는 거 싫어하느냐?", 우리가 "외주로 주면 아무

래도 환자들이 식사 질이 떨어지잖냐"고, 들은 말을 진짜처럼 애길 하니까 "그건 앞으로 닥치지도 않은 말을 왜 그렇게 될 거라는 상상만으로 그렇게 말하느냐" 하니까 그때는 뭣도 모르니 또 가만히 있었지. "그거는 병원 측에서는 보장을 한다" 하기에.

그런데 정말로 한화에 딱 넘어가고 나니까 달라져요. 예를 들면, 동산이 직접 할 적에는 소갈비찜이라든지 이런 게 수입이든 아니든 어쨌건 간에 양이 푸짐했거든요. 환자들 줄 거 양껏 담아도 남는 게 있어 갖고 우리 아줌마들 사오십 명이 충분히 먹을 게 있었거든요. 그리고 먹을 게 남으면 전부 다 버렸어요. 처음에는 우리들이 집에만 있다가 병원에 가 일을 하니까 음식 버리는 게 적응이 안 되더라고요. 너무 아깝잖아예? 근데 병원 측에서는 일단 한 끼 하고 남는 걸 다음에 사용할 수가 없으니까, 혹시라도 사용하다 문제가 생기면 안 되니까 다 버리잖아예. 근데 한화로 딱 넘어가고 나니까 처음에는 비슷하게 하다가 점점 양도 넉넉하지도 않고, 질 좋은 고기 갈비라든지 이런 건 안 써요. 대신 돼지갈비 같은 걸 좀 쓰고.

그렇고 국 같은 것도 동산에서 직접 할 때는 뭐 갈비탕이라든지 꽃게탕이라든지 이런 것도 했었는데, 삼계탕 같은 것도 하면 닭 쬐매난 거에 밥도 넣고 뭐 인삼하고 대추하고 넣고 해주는 거예요. 근데 한화 때는 처음에는 쪼금 신경 쓰다가 어느 정도 시기가 지나고 나니 갈비탕 이런 거 없어요. 삼계탕이라는 거는 아예 없고 닭죽으로 변했고. 진짜 그렇더라니까. 잡곡밥에도 전에는 콩도 들어가고 이랬거든요. 근데 맨 처음에는 콩 쬐매 있었고 나중엔 아예 잡곡밥 하면 콩은 없고 그냥 까만 쌀하고 보리쌀하고 조금 섞어 흉내만 내고. 반찬은 질을 떠나서 반찬 가지수 4개, 국, 뭐 밥-죽 이래 가지고 식판에 겨우겨우 맞춰 내는 거예요.

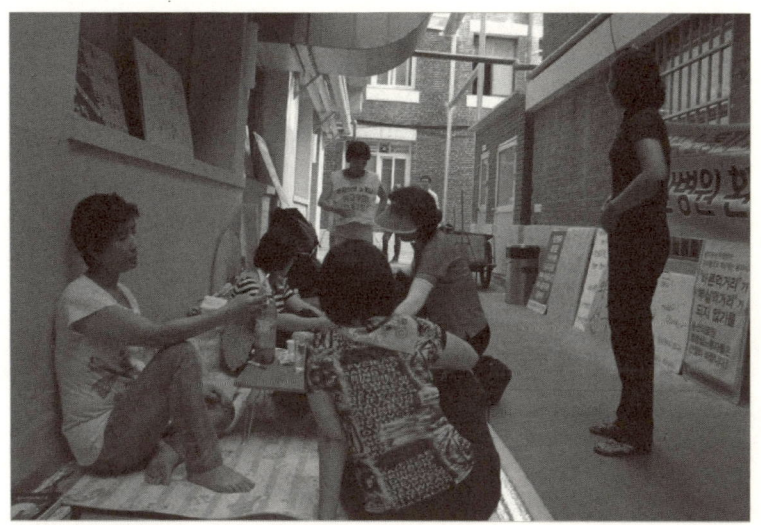
병원 앞 농성투쟁(오른쪽에 서 있는 이가 이화자)

## 출근투쟁과 병원 앞 농성투쟁

●●● 그럼 병원에서 나와서 계속 출근투쟁을 하나요?

예. 출근 식으로 투쟁해요. 6월 1일부터 식당 안에 일주일 있다가 나와 갖고, 6월 7일부터 식당 앞에 그냥 땅바닥에 은박지 자리만 펴놓고, 야외 돗자리 같은 거 깔아 놓고 농성했어요.

●●● 그럼 매일의 싸움 방식은 어떻게 되요?

시간 되는 사람들이 농성장 지키고 있고. 저녁 6시 되면 매일 촛불집회 하는데, 사람들이 많을 때도 있고 없을 때도 있고. 그래도 여기에서 싸운다 하는 거 알고 있으니까, 어떨 적에는 일부러 와주는 사람들도 있고 그래요. 우리 분회 싸움에 상급단체인 공공노조가 지원해 주고 있고, 계속 싸움 방향을 같이 논의하고. 그 다음에 지역 차원에서는 대구본부가 있고 시민대

1,000인 릴레이 선포 기자회견

책위가 오고. 또 이 분들이 1,000인 릴레이 1인시위를 병원 입구에서 진행 해요. 릴레이는 저희를 지지하는 분들이 하는 거고. 또 한 번씩 서울 풀무 원 본사로 가서 "우리를 직고용 해라" 하면서 한바탕 하고 오고.

●●● 누구를 대상으로 싸우는 거죠?

처음부터 유니토스는 상대 안 했고. (그렇지. 도장을 안 찍었으니까.) 풀무원 이 직고용하든지 안 되면 동산이 직고용하라는 건데, 풀무원은 방침이 "전 국 400여 개 업장에 그렇게 돼 갖고 바꿀 수 없다" 하니까 "그런 것도 바꿀 수 없냐? 없으면 느그 나가라. 환자식을 이런 식으로 해서 줘가 되나?" 지 금 내가 직접 눈으로 보고 느끼는 거는 있지만, 근거로 남는 게 없잖아, 그 지요? 그거를 그렇다고 한화한테 "그동안 있었던 물건 들어왔는 거 그 자 료를 보여 달라" 하면 보여 주지도 않을 기고. 근데 그렇게 안 해도 상식적으로 "5,060원짜리가 외주에 넘어가면 3,500원짜리 밥상으로 변한다" 이 것만 알더라도 판단할 수 있잖아요.

●●● 그렇게 싸우는 거에 대해 환자나 환자 가족들의 반응은 어땠어요?

우리가 정확하게 내용 써서 유인물 돌려서 그걸 제대로 아는 환자들 중에는 1,000인 릴레이 하고 있으면 "고생한다. 정말로 이거는 싸워가 이겨야 된다" 하면서 음료수도 사주고 지지해 주는 사람이 많아예. 거꾸로 "아무 것도 모르고 괜히 시끄럽게 한다" 뭐, "시끄럽게 하고 이렇게 해 갖고 되나? 해결할라꼬 하면 좀 똑바로 하지" 인제 모르는 사람들은 그렇게 욕하는 사람들도 있고. 정확하게 아는 사람들은 "정말로 이거 병원, 나쁜 놈의 새끼네" 그래요.

●●● 병원 측의 반응은 어때요?

처음에는 안쪽에 농성장을 해놨는데 거기는 놔두고, 1,000인 릴레이는 병원 외래 입구에서 하니 저그 눈에 거슬리잖아요? 첫날 할 적에는 기자회견도 하고 우리들이 식구가 많으니까 병원 입구를 점거해서 밤 샜는데, 이틀날 아침에 몇 사람 없을 적에 병원 측에서, 막 남자 육칠십 명 정도 와 갖고 뭐 들어내고 하는데 뭐 들리나, 그 남자들이 병원에서 부리는 '구사대'라 카데예. 그런데 그 땅은 병원 땅이 아니거든예. 어쨌든 거기서 하고 있으니까 저그들은 눈에 억수로 거슬리죠, 뭐.

●●● 동산에 병원노조가 있다고 말씀하셨죠? 정규직 노조가. 민주노총 소속이 아닌가요?

회사가 동원한 직원들의 반대시위

민주노총 소속인데 동산병원 노동조합이 약해서, 그렇다 카대요. 처음에 우리가 싸우니까 오히려 사측에서 노동조합을 앞세워 가지고 어떻게 하냐면, "너희는 3년 동안 한화에 소속이 되어 있었으니까 동산 식구가 아니다"라고, 이렇게 말을 해요. "왜 한화 사람들이 동산병원에 와 가지고 이래 난리고? 한화에 가서 캐라" 이카고. 그럼 우리는 "물론 한화에서 월급을 받고 3년 동안 일을 했지만, 그러면 동산병원 환자들 밥을 해줬지 우리가 딴 데 밥을 해줬나?" 했죠. 그때까지만 해도 우리가 한화에 넘어갈 적에는 한 식구라고 캤던 사람이 지금 와 갖고는, 한화에 3년 동안 일했다고 하면서 자기 식구 아니라고. 그래 동산병원 노조를 앞세워 갖고, 하기사 그 사람들도 자기가 안 잘리려면, 거기에 관리자들이 그렇게 시키면 본의 아니게 우리가 집회하면 저그도 우르르 나와 갖고 노조가 마이크 들고 우리가 말하는 거 말도 안 된다는 식으로 읽기도 하고, 병원에서 뭐 적어 줬겠지예. 그리고 노조만 불러내는 게 아니라 저그 직원들, 관리자들도 불러내

2007년 6월 20일 동산병원 비정규직 분회 창립총회

가지고 또 우리 욕하고. 그때까지만 해도 우리는 노조사무실에서 모여 의
논도 했었거든요? 근데 "동산 직원도 아니면서 왜 동산병원 노조사무실을
사용하느냐? 비켜 달라" 이래 돼 갖고, 참내, 회의를 농성장에 나와 가지고
하게 됐죠.

●●● 2007년 노동조합 가입은 어디로 한 거예요?
그러니까 지금 우리가 영양실 분회로 되어 있잖아요? 그게 맨 처음에 동
산에서 한화로 넘어가기 전에는 그냥 '동산병원 비정규직' 이래 갖고 있었
는데, 한화로 딱 넘어 가니까 우리는 몰랐는데, 우리보고 '영양실 분회'라
하면서 따로 해야 된다 이카더라고예. '공공노조 보건의료연대 소속 대구
지역 영양실 분회'라고 해서, 공공의료연대에는 우리 동산병원 영양실 분
회하고, 경북대병원의 간병인분회하고 경상병원 해서 하여튼 다섯 개 비
정규직 노조가 돼 가 있대요.

●●● 집에서는 어떤 반응이에요?

남편 분들이 이해를 못 하잖아예? 더군다나 이렇게 하면 저녁에 늦게 들어갈 때도 있고, 그래서 우리들끼리 웃으면서 한다는 말이 "마, 집 나온나? 집 나오면 여기 농성장에서 먹고 자고 하면 된다" 하하. 뭐 그카니까 힘들지. 어떤 사람의 남편은 "니가 지금 쓸데없는 짓 한다" 해쌌고 뭐 놀러 가는 줄로 알기도 하고 또 다른 조합원들 같은 경우에는 남편이 "다 때려 부순다" 하면서 술 한잔 먹고 찾아오는 경우도 있고, 나가지 말라고 말리는 것도 있고. 애들은 있고 집에 일도 그만큼 부지런히 해야 되지요. 우리 아들 같은 경우에는 그래도 직장을 다니니까, "엄마가 지금 이래 하는 거에 대해서 니 어떻게 생각하는데?" 하니 지도 조합비를 사오만 원 정도 낸대요. "그럼 니 조합활동도 안 하는데 그렇게 내냐?" 하니 일단 들어가면 조합비를 다 그렇게 내는 모양이대요. 그러면서 "엄마가 그렇게 하다가 힘들고 그럴까 걱정이지, 그렇게 하는 거 이해한다" 하면서 이해해 주니까 고마워요. 그래서 내가 "그래도 니는 정규직으로 들어가 다행이지만, 대학생들이 학교 졸업해 가지고 취직 못해 갖고 막 이러는 게 엄마가 더 마음 아프다" 말하기도 하고.


●●● 처음 이렇게 길게 싸우시는 건데, 중간 중간 마음이 안 흔들리셨어요?

와예, 8월 즈음에는 두 달 넘게 싸워도 뭐가 안 보이니까 '아휴 포기해 버리면 좋겠다카이' 이런 마음은 들잖아예? 집에 가면 '아휴, 내가 내일부터는 포기해 버리고 가지마 뿌까?' 이러면서도, 그래도 우리가 요구해서 전국에서 사실 동산의료원 문제를 심각하게 알고 있는 건 맞잖아예. 이럴 적에 아무것도 아닌 것 같지만 우리가 이 투쟁에서 이겨 놓으면, 그래도 다

7월 14일 총력집중집회 중 분회원들(밑의 사진에서 가운데 마이크 잡고 있는 이가 이화자 분회장)

른 데서 지금 외주로 줄라 하는 거 한 번쯤은 다시 생각해 보겠지. 우리 인생에서 어쩌면 노조활동으로 이 투쟁이 이기면 뭔가 한 개 남겨 놓을 수도 있는 거고, 하하. 그런 거 머릿속에는 있단 말이에요. 있는데, 아휴, 또 농성장 가면 '이기겠나? 이기겠나?' 싶죠. 게다 너무 덥잖아예, 선풍기가 한 대인데 코드를 꽂으려니 전기는 병원 걸 써야겠는데, 경호하는 애들이 "있잖아요, 관리자들 가고 나면 저녁에 선풍기 켜세요" 하면서 못 켜게 하지요. 분명히 이거는 해야 되는 싸움은 맞는데, 힘들고 당장 이길 거 같은 확실한 뭐가 안 보이니, 마음이 하루에도 열 천 번도 더 변하지예. 하하. (하하.)

●●● 싸움을 포기하는 조합원도 생기고 식당은 운영되는데, 그런 상황 볼 때는 어땠어요?
사람이 이렇더라고예. 조합원들이 같이 있으면 뭔가 될 거 같은데, 그 사람이 나서지는 않아도 왜 그냥 같이 앉아 있기만 해도 될 거 같은데, 어떨 적에는 한 명 안 오고, 또 한 명 안 오고, 물론 안 오다가도 오는 사람들도 있고 막 이러는데, 또 병원 측에서는 지금 "너그들 해봐야 뭐 얼마 하다가 말겠지" 이런 식으로 우리를 테스트 한다는 생각이 들 적엔, 우리가 도대체 이걸 이겨낼 수 있겠나? 그러고 또 시간이 지나면 지날수록 풀무원 식당 내부에는 왜 자꾸 손발이 맞아 들어갈 거 아닙니까? (그렇죠. 서로 일에 익숙해지겠죠.) 익숙해지고 하면 만약에 식당 내부에 다 안정이 되고 하면, 밖에서 암만 떠들고 뭐 한다고 해봐야 병원 측에서는 답답할 거 있겠나? 물론 언론은 떠들고 뭐 한다고 해도 뭐 내부에 별문제 없으면 이게 과연 병원 측에 먹혀 들어가겠나? 그런 생각이 들죠.

　그래도 조합원들끼리 모여 갖고 "아, 이거는 우리가 진짜로 해야 된다"고 할 때 힘이 나요. 그리고 '자존심'도 중요했죠. 사실 우리가 병원 밖에 농성장에 있으면 배신자들이 옷 갈아입고 지나가잖아예? 옷 입고 들어가고 출퇴근하고 이카는 거 보면 "어휴, 저것들을", 그 사람 입장에서 '어이구, 너그들 해봐야 뭐 얼마 더 하겠노, 물러나겠지' 요런 생각할 긴데 저

경호를 받으며 일하러 들어가는 배신자(?)들

것들을 보면서 "우리는 안에 일하러 들어가면 저것들 갈구어야 된다." 이런 자존심 때문에 버텼던 거지, 뭐.

●●● 그 전엔 자존심 팔고서 시키는 대로 했잖아요? 자존심을 지키는 것도 중요한 거죠.

아! 맞네예. 그때 우리가 밖에서 한 말이 있잖아요. "우리 조금 있다가 일하러 들어간데이. 일하러 들어가면 함 보재이!" 걔들 듣는데 고런 말까지 해놨는데. 만약에 그냥 싸움을 정리해 버리면 다들 "하이고, 저거들 그럴 줄 알았다" 이런 소리 들으면 우리는 자존심 상해서 못 살지예. 그러니 우리는 싸우는 수밖에 없었어요.

●●● 거기 일하시는 분들은 생계를 책임져야 되기 때문에 돈 버는 일을 하시는 건가요?

대체적으로 다 같이 맞벌이 해야 살 수가 있잖아예. 그래 전부 다 벌어야 될 입장이지, 혼자 책임을 지고 있는 사람들도 있고, 또 신랑이 번다고 해도 넉넉하게 생활이 안 되니까 벌어야 되고요.

●●● 평균 근속년수가 어떻게 되요?

지금 우리 노동조합활동하는 사람들은 일한 지 7, 8년 정도 됐죠, 10년 되는 사람들도 있고요. 그라고 또 뭐 한화 넘어가고 들어온 사람들은 한 2~3년 돼요.

●●● 정상적으로 일을 했을 때 하루 일과는 어때요?

주부들이 하루가 뭐 딴 거 있습니까. 아침에 일어나서 오후반 출근할 경우에는 한 11시 반쯤 되면 나와 갖고 12시까지 출근을 해서 뭐 식당서 일하고 저녁 8시 돼 가 마치고 집에 가면 한 9시 되면 또 저녁 해먹고 자고. 다른 뭘 할 게 없고. 또 아침반 할 때는 새벽에 4시 반 돼 가 일어나 가지고 5시 10, 20분까지 출근해 가 오후 2시 되면 퇴근하잖아요? 2시에 퇴근해도 주부들이 뭐 딴 일 특별히 하는 게 있습니까? 집에 가 갖고 살림하고, 또 밤에 일찍 자야 되고. 다람쥐 쳇바퀴 도는 형태지예.

●●● 노동조합 몰랐으면 괜찮았을까요?

그런 생각도 가끔 한 번씩 했어요. 아, 차라리 몰랐으면 아무것도 모르고 그냥 시키면 시키는 대로 "예" 카고 살았을 터인데. 그런데 노조 알고 싸우면서 내가 몰랐던 사실 많이 알게 됐잖아예. 최저임금도 알고 내 권리도 알고. 내가 이 활동 하면서 느낀 게, 옛날에는 촌에서 "빚 내 갖고 대학

연대에 나선 동산의료원 분회원들과 이화자 분회장

교 공부시키고 대학교 졸업하면, 밥도 주고 엄마·아빠 보험시킨다"는 그
런 말이 있는데, 지금은 등록금도 못 내 갖고 학자금 대출내 가지고 이렇
게 하다 보니 그것도 못 갚고 사회에 나오기도 전에 빚쟁이가 되고, 신용
불량자가 되고 이러다 보면 그 사람 인생이 또 비정규직으로 들어가야 되
고. 비정규직으로 들어가면 언제 그걸 다 갚노? 참 이런 현실이 답답해요.
내가 동산에 그래 있을 적에는 물론 정규직하고 비정규직하고 임금 차이
가 그렇게 났어도, 뭐 그러려니 '내가 부족해 비정규직을 했으니까 당연하
다'고 생각을 했었는데, 지금은 '참 비정규직 인생이 이렇구나!' 하면서, 진
짜 유니토스 와 가지고 "최저임금으로 일하려면 하고 말려면 말아라" 이
런 식으로 하니까, 인력시장에 내가 팔려 가는 그런 느낌이 들었거든요.
  그리고 내가 투쟁을 하다 보니까, 다른 데서도 이래 와 갖고 막 지지를

해준다 하니까, 고맙잖아요? 고마우니까 나도 딴 데 지지해 준다 하면서 그런 작업장에 가잖아요? 가서 얘기를 들으면 어떻게 보면 이 사회가 너무하다 싶어요. 또 내가 전에는 뭐 최저임금이 뭔지 몰랐지예. 그냥 3만 원 줄 적에 뭐 '현 시점이 이러니까 당연히 내 임금 이렇게 밖에 안 돼지. 그러는가 보다' 그렇게 생각을 했는데, 얼마 전에 "최저임금 10원 올려준다" 이럴 적에 이거는 너무하다 싶은 게, 아휴 열 받지예.

## 6. 7개월 만에 승리한 외주철회투쟁

### 성서 계명대 노숙투쟁

●●● 그렇게 싸우면서 교섭은 어떻게 진행되었어요?

교섭이라고 8월에 몇 번 오고 갔는데예. 동산병원에서 온 사람들하고 한화에서 채용한 사람하고 임금이 20만 원이 차이가 나서, 우리는 "임금을 동일하게 달라" 이걸로 투쟁을 한 건데, 안으로 나온 게 그걸 10만 원만 올려준다는 거예요. 그래 10만 원 올려줘도 우리하고 10만 원 차이 나잖아예? 우리가 투쟁했는 이유가 월급 올리는 게 목적이 아니고 같은 현장에서 똑같은 일하면 같은 임금 달라는 건데……. 그리고 투쟁한 사람들은 다 들어가는[복직] 얘기가 나왔었는데, 그것도 확실한 말은 없었고. 그래서 우리 조합원들이 그 안을 받을 수 없었던 거죠.

●●● 8월에 교섭 결렬되고 싸움방식은 어떻게 되는 거죠?

한창 더운 여름인데 서울에 올라가 풀무원 본사 앞에서 투쟁도 하고, 또 대구서는 마트 매장에서 풀무원 물건 파는 거 불매운동도 했는데……. 그

대구 홈플러스 앞, 풀무원 불매운동

러다가 '이리 투쟁하는 게 크게 압력을 주는 게 아닌가 싶다' 해서 그때부터는 병원을 상대로 집중투쟁을 하기로 해요. 병원 로비에 들어가려고 했는데 실패하고. 그때 병원 뒤 농성장은 우리 조합원이 지키고 있었잖아요? (예.) 병원 앞 천막은 시민 대책위에서 돌아가며 '1,000인 릴레이' 하면서 지켜 주고. 그래 양쪽에서 하고 있는데 출입금지 가처분이 떨어져서 우리가 병원에 못 들어가니까 그때부터는 두 개 농성장을 지킬 수가 없잖아예? '하나를 접고 하나만 지키자' 해서 병원 앞 천막 쪽에는 출입금지 가처분 안 받은 사람들을 위주로 저녁마다 6시에 촛불집회 하고. 출입금지 가처분 받은 우리는 병원 50m 안에는 못 들어가니까, 멀리에서도 우리가 싸우고 있다는 걸 병원 측에 보여 주기 위해서, 병원 앞에 대각선으로 난 큰 사거리에서 막~ 피켓 들고 막~ 구호 외쳐예. 그런데 참, 병원도 그냥 무관심하면 우리가 아무 재미가 없을 긴데, 병원 옥상에서 그 사람들이 우리를 감시하고 있는 거지, 그카니 우리는 더 신나가지고예, 하하. (하하.)

●●● 동산투쟁 속보 보니까 탄압도 심하게 하던데, 어땠어요?

사람들 시켜 가 천막 부수고 그럼 우리는 다시 설치하고 그 사람들은 또 부수고 그래서 몸싸움도 일어나고 엄청 심하게 방해했어요. 부수러 나온 사람들도 사실 우리 심정을 알지예. 마음은 우리 편이지만 일단 회사 측에 고용돼 월급 받아먹고 있으니까 나선 건데, 그래도 회사 측에는 자기들이 우리를 탄압하는 걸 보여 줘야 되니까 계속 천막 걷어요.

●●● 천막은 지켰는데, 계명대 노숙투쟁은 왜 돌입한 거죠?

병원에서 계속하지만, 아무래도 병원에 압박을 더 넣기 위해서 "성서 계명대 본관에 들어가자" 이래요. 이 동산의료원이 계명대학교 거잖아요? (예.) 그러니께네 총장한테 "총장이 나서서 이 사태를 해결해라!" 이러면서 계명대 본관에 들어가요. 한참 더울 적에는 바람도 안 통하는 병원 뒤에서 농성했는데, 이 계명대에는 또 찬바람이 불기 시작하는 10월 25일부터 가요. 계명대 본관 입구는 바닥이 전부 다 대리석을 쫙~ 깔아 놓고 이래 놨잖아예. 여름에 거 가 있었으면 진짜~ 시원하고 좋았을 낀데, 하하. (하하.) 11월 되니 너무너무 춥고 천막 설치도 할 수 없어서 완전히 대리석 바닥에 습기만 안 올라오게 자리만 깔고, 밤에는 침낭에서 자면서 24시간을 보내요. 그때는 우리가 "여기서 진짜 끝장투쟁을 하자!" 이런 결단으로 "24시간 하자" 했는데, 사실 24시간 한다 카면 우리 주부들은 참 힘들잖아예? (예.) "투쟁하는 것 때문에 밖에 나가 노숙하면서 잠잔다" 이러면 어느 집에서 이걸 가만히 놔두겠어요? 마, 진짜로 가정파탄나지예.

●●● 분회장님은 집에서 괜찮았어요?

계명대 본관 앞 농성장 모습

안 괜찮지예. 내가 우리 애한테는 "엄마는 진짜 너무 당당하다. 지금은 어차피 이만큼 이래 벌여놨으니 마무리해야 되니까 앞으로 해결되기 전에는 집에 못 들어오지 싶다" 하고 "니는 네가 좀 알아서 해라" 이래 해놓고, 신랑한텐 아예 말도 안 하고 뭐 말해도 아예 안 통하니까…… 처음에는 그래 하다가 시간이 길어지면 아무래도 우리가 좀 힘드니까 날을 정해 놓고 해야 되겠다 싶어 갖고, "매일 다 같이 잘 수 없으니까 당번을 정해 갖고 돌아가면서 자자. 그래 집에도 한 번씩 왔다 갔다 하고." 거서 잘 땐 씻지도 못하고 화장실에 가 양치만 살살~ 하고. 진짜, 말 그대로 노숙투쟁이지예. 그래 저 언니도 처음에는 거기 와 자야 될 꺼 아닙니까. [옆에서 재정사업을 준비하는 조합원을 가리키며] 저 언니가 이미라 언니인데 집에서 나가자는 건 아저씨가 정말로 용납을 안 하거든요.

총력집중집회에서의 모습

●●● 그동안 그래 본 적이 없으신가 보죠?

예. 용납이 안 되니까 보따리를 싸서 나온 기라. (가출한 거예요?) 예. 언니가 그렇지 않아도 집에서 투쟁도 이해 못해 주니께 조그만 건수 있으면 보따리 싸 갖고 나올려 했는데, 마침 아침에 나오는데 아저씨가 안 좋은 소리 하면서 "나가라" 하더래요. 전에 같으면 나가라고 암만 떠밀어도 못 나올긴데, 그때는 '아, 잘 됐다' 싶어 가지고, 하하. (하하.) 나와서 농성장에 있었던 거예요. 한 며칠 농성장에 있으면서도 우리는 언니가 집 나온 거를 몰랐거든예. (아, 말씀을 안 하신 거예요?) 예. 집 나왔단 말도 안 하고 그냥 계명대에서 잘 때는 같이 자고, 한 번씩 돌아가면서 집을 갈 때 우리는 미라 언니도 집에 가는 줄 알았는데……. [눈물을 흘린다.] 우리한테 말은 못 하고 혼자 찜질방에 가서 잤데예. 갈 데가 없고 또 집에 들어가면 못 나올 거 같으니까. 그 뒤로 이 언니가 '이 투쟁을 반드시 승리로 끝내고 당당하게 집에 들어가야 되겠다' 카는 결심을 했데요.

●●● 예, 그런데 계명대에서 단식도 하셨더라고요?

거기서 해결이 되리라고 생각했는데, "해결해라"라고 총장의 비서실장이 병원 측에 압박을 넣고 해결할 기미가 보이는 것 같은데 안 풀리데예. 그래 우리가 "진짜로 완전히 끝장투쟁을 하자!" 이래 가지고 노숙하면서 단식에 들어간 거죠. 단식은 우리 지부장님하고 조합원 두 사람하고 세 사람

이 했고, 나머지는 단식을 안 하지만 거기에서는 못 먹으니까 교내식당 같
은 데 가서 먹었어요.

●●● 단식농성한 두 분은 자발적으로 하겠다고 그런 거였어요?

그때 참, 미안한 게 재정사업으로 일일호프 끝내고 나서 나는 혼자 그만둔
다고 마음을 먹었거든요. 그래 집회도 잘 나가지도 않고, 그래도 분회장카
는 그것 때문에 모임 있으면 나가야 되잖이예? 나가 애기를 하는데 누 명
이 단식 들어간다면서 나보고도 "같이 하자" 그카는데, 나는 도저히 자신
도 없고 그만두려고 마음을 먹었기 때문에 선뜻 대답이 안 나오는 기라예.
내가 동참을 해야 되는데, 사실 참, 부끄러운 게 동참하겠다는 말은 안 나
왔어요. 거기에 사무장은 몸이 약하기 때문에 단식은 못하고 철야농성 들
어간다고 집에 반찬 준비 다 해놓고 옷 챙겨서 가방 메고 비 오는 날 우산
쓰고 쓸쓸하게 집 나오는 뒷모습 찍은 동영상이 있는데, 그런 모습 보는데
눈물이 나오고……. 내가 접으려 혼자 마음을 먹었다 캐도 안 되겠더라고
예. 그래 갖고 다시 싸움을 했어예.

　　지금도 고마운 게 우리 조합원들이 다 힘들고 그랬지만 포기 안 하고
해준 게, 또 사무장도 계속 싸운다고 하고 정말 열심히 했는데, 그리 했기
때문에 나도 억지로 밀려 가지고 한 거죠, 하하. (하하.)

●●● 학교 앞에서 농성하는 걸 보는 학생들 반응은 어땠어요?

본관 앞에 출입문 닫아 놓고 있으니까 관심 없는 학생들은 그 문으로 못
들어가니까 빙~ 둘러 다니고, 좀 관심 있는 학생들은 우리 인터뷰도 해가
고. 그 학생들이 동산병원 천막농성 할 때도 와서 인터뷰하고 사진 찍어서

계명대 본관앞 집회

동영상을 쪼맨하게 만들기도 했어요. 우리는 인터뷰할 적에 계명대 학생이니까 혹시 학교에서 무슨 불이익이라도 당하면 어떡하나 걱정돼 물었더니 그 학생이 "저는 전혀 그런 거 없다"면서 오히려 자기가 이런 인터뷰한 걸로 우리가 더 피해를 보지 않겠나 걱정하데예. 참, 고맙지요. 그런데 학교 측에서 학생들을 동원해서 우리를 쫓아내려는 것도 있었어요. (구체적으로 어떻게 했어요?) 운동부 학생인가 우리가 집회하면 그 학생들이 와서, 예를 들어 자기들이 듣기에 조금 귀에 거슬리고 하면, 폭력은 아니지만 언성 높이면서 "왜 학교에 와 갖고 그카느냐? 동산병원에 가서 해결을 하지 여기 와 그카냐?"고 하면서. 참, 우리들보고. (자기들 어머니 나이인데.) 그러니까, 우리가 안 그래도 "우리 지금 단지 직장만의 문제가 아니고, 학생들도 학교에서 졸업하고 나와서 정말로 취직 못해 갖고 비정규직으로 살아야 하는 게 현실이다" 막 이렇게 얘기를 하니까, 즈그들은 "그거는 관여

할 바가 아니다" 그러면서 한 학생이 한다는 말이 "우리 엄마는 저런 일 안 해서 다행이다" 이래예, 하하. 저그들 보기에는 우리들이 참 형편없는 아줌마들로 보였겠지예.

●●● 이때 노숙농성은 몇 명이 하셨어요?

그 전까지는 열다섯 명이었다가 자꾸자꾸 떨어지고 노숙투쟁 때는 열 명이었는데, 우리 스스로 '정말 이거는 우리 자존심이고 이겨서 들이가야 되겠다' 이런 결의가 있었기 때문에 한 거죠. 그 전까지만 해도 서로 흔들리고 그러면 옆에서 "그래도 끝까지 해보자" 서로 "힘내라" 하면서 버틴 건데, 단식투쟁 들어가면서 각오를 다시 한 거죠.

그때가 10월 넘어 11월이라 저녁 되면 진짜 추웠거든요. 천막도 없이 침낭 덮고 이불 덮고 거기에 또 비닐 덮어 쓰고 옷은 있는 대로 다 껴입고 잤어요. 자면서 정말로 동지애를 느끼는 게 서로 위해 주고, 그때 진짜로 그런 걸 느꼈어요. 우리가 일부로 어디 여행가서 그렇게 하려고 해도 진짜 할 수 없는 일이거든요. 집에도 안 들어가고 그렇게 비닐 덮고 누워서 밤하늘 별들을 쳐다보면서, 울기도 많이 울었고……. 그래도 사람들이 좋게 생각하려 했어요. 예를 들면 "안 좋은 계기로 해 갖고 우리가 투쟁을 하지만 우리는 이거 힘들다 이렇게 생각하지 말고 아름다운 추억으로 남기자" 하면서 마음을 그렇게 먹으니까 편하더라고. 그러면서 수다 떨어예, "언제 우리가 이렇게 좋은 대리석 바닥에 누워 가지고 별을 보면서 감상을 하겠나" 하면서. 계명대 캠퍼스는 가을이 되면 단풍이 아름답거든예? 그거를 보면서 저녁 먹고 나면 잔디밭을 댕기면서 운동도 하고, 학교 뒤에 산도 있으니 거 구경도 하고. 하하. 그래도 거서는 진짜 투쟁을 즐겁게 했어요.

투쟁 중 즐거운 한때(오른쪽)

한번은 저녁에 비가 오는데 학교건물은 천장이 높으니까 비바람 들이쳐서 우리가 구석에서 자다가 중간으로 침낭을 옮겨 놓고 누웠어요. 비는 추적추적 오니 마음도 안 좋고 눈물은 나는데, 한 동지가 "남들은 뜨끈뜨끈한 돌침대에서 자는데 우리는 이 대리석 바닥 위에서 이게 뭐고?" 이러니까 다른 동지가 한다는 말이 "우리도 이거 진짜 돌침대다. 불이 들어오고 안 들어오고의 차이지 돌침대다", 하하. (하하) 대리석이 좋기는 좋은가 봐요, 거기에서 자고 나니까 몸은 개운하다고들 합디다, 하하. (하하.)

●●● 단식하신 분들은 어떠셨어요?

한 동지는 그날이 큰아들 군입대 하는 날이라 데려다 주고 와서 바로 단식 들어갔어요. 그런데 그 동지가 초등학생 아이가 또 있거든예, 초등학생이니까 엄마 손이 얼마나 필요하겠어예. 자기가 집에서 나오면서 용돈을 한꺼번에 다 주면 애가 다 써 버리니까 보물찾기 하듯이 여기저기 숨겨놔 놓고 매일 전화통화를 해서 "어디에 있다. 찾아 쓰거라" 그러는데 정말로 울었어요, 그때는……. [눈물을 흘린다.] 그런 걸 보면서 우리가 "여기서 정말로 이겨 갖고 집에 들어가야 되겠다"고. 단식을 하는 그 동지가 초등학생 아들과 통화를 할 적에 지 가슴속으로 얼마나 울었겠어예. 우리는 얘기만

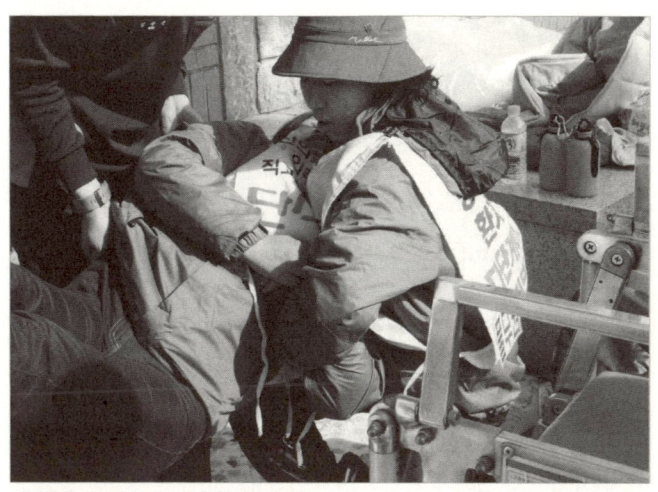
단식투쟁 중 실려 가는 조합원(단식 9일째)

들어도 막 눈물이 나는데……. 그렇게 단식을 하다가 그 동지는 9일 만에
쓰러져서 119에 실려 갔고 또 한 명은 10일 만에 실려 가고. 그러다 그 때
계명대 설립자인 총장의 백부가 사망해서 학교에서 장례를 치러야 된다
네예. 그래 우리보고 "자리를 좀 피해 달라. 곧 해결할 거다" 하길래 "이 자
리를 피해 주면 우리가 갈 데가 없지 않느냐" 따지니까 "병원 출입금지 가
처분을 거론 안 하겠다" 하데예. 그리고 "아무리 투쟁이라도 사람이 상을
당했는데 우리가 자리 좀 비켜 주는 거가 예의 아니겠나" 싶어서 11월 15
일에 학교에서 나와 병원 앞으로 온 거죠.

### 교섭결렬과 동산병원 앞 집중투쟁

●●● 그래서 다시 교섭이 진행됐어요?

그 시점에 병원에서 말이 나왔어요. 교섭 가안이 나와서 해결이 될 것처럼,
투쟁하는 열 명 받아주고, 병원식당 들어가서 일하는 건 차차 들어가더라

도 임금도 뭐 어떻게 한다는 거였는데, 사실 우리가 돈 문제 갖고 크게 옥신각신 할 게 아니잖아예? 그래서 그 안을 받아들이려는데, 그 이튿날 엎어 버린 게, "간부 두 사람은 못 받아준다"는 기라예. (누구 누구죠?) 사무장하고 분회장하고. "간부 두 명은 일을 이렇게까지 만든 책임을 져라"는데, 이건 있을 수 없는 일이잖아예? 병원은 명분을 세우려는 긴데, 우리는 두 사람 문제만이 아니니까. "이건 진짜 받아줄 수 없다"고 타협을 안 했어요.

●●● 아휴, "그러면 우리도 책임질 테니까 니네도 책임져라. 원장하고 부원장하고 같이 잘라라." 그럼 지네가 할 말이 뭐가 있어요?

하이고, 고걸 모르고, 하하. (하하.) 그때 이래 인터뷰를 했으면 됐을 건데, 하하. 그때부터는 사람이 완전히 악에 받치잖아예. (그렇죠.) "더 이상 이거는 용서할 수 없다", "우리 끝까지 싸운다. 한 동지라도 놔두고는 못 들어간다" 결정하고. 병원 앞에서 다시 집회할 적에 강력하게 "우리는 반드시 열 명 들어가야 된다!"고 마이크 잡고 소리쳤어예.

●●● 병원으로 와서는 텐트농성은 하지 않으셨어요?

원래 1,000인 릴레이 단식하는 분들 텐트가 하나 있고, 텐트를 한 개 더 설치하려니까 병원 앞에 노점상 하시는 분이 "텐트 한 개 치고 있는 것만 해도 장사를 많이 방해해서 피해 본다. 한 개 더 치면 더 피해 많이 본다" 하니께, 사실 병원 측에서 그리 말하면 우리가 무시하겠는데 노점하는 사람이 그러니까 피해 줘 가면서까지 우리가 두 개는 할 수 없더라고. 그래 있던 텐트를 조금 더 크게 해서 거기서 우리 조합원들이 돌아가면서 농성하고 집회하고 계속 했어예.

촛불문화제에서

●●● 투쟁일지 보니까 농성장 앞에서 연대집회도 많지만, 비정규직집회도 참여
하고 여러 집회를 참여했던데, 제일 기억나는 집회는 뭔가요?

제일 기억나는 거는 성당동 새마을금고에서 여성 일곱 명이 있는데, 세 명
은 해고됐고 나머지 네 명이 같이 참여해 일곱 명이 투쟁하고 있어요. 노
조활동 때문에 그 전에 한 번 투쟁해서 이겼는데, 그 중 세 명을 이번에 해
고를 시켰어요. 한 사람은 애 낳으러 갔는데 해고장을 보낸 거 있죠? (아,
끔찍하네.) 이런 투쟁 안 했으면 나는 정말 못 느낄 건데, 요새 여성들이 일
하는 현장에서 자꾸 그런 걸 볼 때마다 나는 울분이 터지는 게, 애를 낳으
면 축하를 해줘야 되는데, 축하메시지를 보내줘야 되는데, 출산휴가 하면
다른 사람으로 대체하니까 임금이 더 많이 나가는 거 때문에 해고장을 보
냈고, 그리고 생리휴가도 당연히 해야 되는데 그것도 못 쓰게 압력 넣고.
또 "애 낳는 것도 날짜 조절 잘 해서 휴가 맞춰 낳지, 요새 그것도 조절 못
하나" 뭐 이런 식으로 얘기를 한다 합디다. 그러면서 저출산이라고 정부

에서는 장려금 준다고 난리치고 직장에서는 저 모양이고. 실제로 여성들은 근무조건은 더 나빠지고 있더라고요. (연대투쟁 다니면서 여성들의 현실을 많이 보시는 거군요?) 예. 너무 마음이 아프고, 성당동은 법원판결까지 나와 "복직시켜라" 하는데, 회사는 노동조합을 인정 안 해주니까, 계속 투쟁하고 있거든요. 거기는 수요일마다 큰 싸움 하는 데, 우리가 연대하러 가시 집중집회를 하고 있어예.

또 하나는 경북대병원에 무슨 일이 있었냐면 지금 칠곡에 병원을 하나 더 세워 개원을 하면서 병원일을 외주 많이 줬어예. 식당도 외주를 줬는데 '어차피 외주 줬는데 외주철회를 과연 할 수 있겠나?' 하고 막으려는 생각을 안 했대요. 그런데 우리가 이렇게 싸우는 걸 보고, 노조 지부장님이 조합원들 교육을 시키면서 우리 영상물도 보여 주고 하면서 "외주에 넘어가면 이렇게 된다. 당장 내 개인의 문제가 아니라고 방관하면 안 되고 하나하나 외주를 주다 보면 이거는 내 자신들도 그렇게 될 수도 있다. 그러니까 외주를 막아내자"고. 그때부터 우리 힘이 경북대병원에 영향을 줬어요. 그 병원식당은 "3년 외주로 계약을 했으니까 지금은 어떻게 할 수가 없는데, 3년 후에는 외주철회하겠다"는 걸 따냈어요. (싸워서요?) 예예. 거기는 경북대 노조에서 총파업까지 했잖아예. 거기에 경북대병원도 동산병원이 심하게 싸우는 걸 알았으니까. 거기 "외주철회 따냈다"는 소리 들을 적에 진짜로 '아, 우리가 참 아무것도 아닌 우스운 아줌마라고 생각했는데, 그래도 이런 힘이 있었구나' 하는 생각에 너무 뿌듯했어요.

그래 승리하고 경북대 동지들이 전부 다 동산병원까지 걸어서 오는데, 그 사람들 물결이 쫙~, 보라색 옷을 입은 그 많은 사람들이 동산병원 앞에 꽉 차버렸거든예. 와서 경북대 분회장이 마이크 잡고 "3년 후에 외주

의료연대 집회

철회 따냈다" 하면서 진짜 울었거든예…….그래 우리 조합원들이 전부 그
러더라고예. "다른 사람들이 이래 해내서 그게 내 일처럼 기쁘다 하는 거
를 처음 알았다"고. 그전에 그 분회장이 우리 병원까지 와서 발언할 적에
동산병원 측에서 한 번씩 "느그나 가 잘해라. 왜 여기 와 떠드노? 가서 잘
해라" 이런 소리를 했었거든요. 얼마나 그 소리가 마음에 걸려 있었으면,
그날 와서 마이크 들고 막 하데예, "그래, 우리 외주철회 따냈다. 정말로 이
말만큼은 동산병원에 와서 한번 당당하게 외쳐 보고 싶었다"면서. 그러고
그 분회장이 우리 조합원들 눈을 똑바로 못 쳐다보겠더랍니다. 눈물이 나
가지고. 외주철회라는 건 전혀 생각 안 했었는데 우리가 이렇게 하는 거
보고 철회싸움하려고 마음먹어서 따내고 나니까 우리한테 미안한 마음도
들고 우리가 좀 안됐다는 마음도 들고. 우리는 그 분회장이 막 마이크 들
고 말할 적에 "아, 진짜로 내 일이 아닌데도 너무나 기분 좋다" 하는 거 그
때 처음 투쟁을 하면서 알았어요. 식당에서 일할 적에는 정말 말 그대로

외주철외 집중집회 중 가두시위

한쪽 구석에서 아무도 인정해 주는 것 없이, 솔직히 말하면 그렇잖아예? 병원이란 거가 의사나 간호사나 뭐 이런 사람들은 인정해 줘도 뭐 식당에서 밥하는 아줌마들, 청소하는 아줌마들을 진짜 사람같이 취급 안 했어요. (그쵸.) 우리도 의사들에 비하면 차이가 있었잖아요? 그런데 이 투쟁을 하면서 우리도 진짜로 전보다 더 당당해졌고, 진짜로 안 보이는 곳에서 이렇게 일을 하지만 환자들에 대한 애정도 투쟁을 하고 나서 더 느꼈죠.

●●● 최종 합의내용은 뭐죠?

12월 31일 합의한 내용이 "동일한 일을 하는 것에 한해 계속 고용보장을 해주겠다" 이거고, "임금은 108만 원, 동일임금으로 하고 열 명을 고용하되 다섯 명은 지금 들어가고 세 명은 3개월 후에, 나머지 두 명은 6개월 후에", 하하. (한꺼번에 들어가는 걸 악착같이 막으려는 거군요.) 그런 거죠. 또 간부 두 명을 못 들어가게 해서 저그 명분을 세우려는 것도 있는 거 같애예.

••• 환자식사 질 문제는 어떻게 됐나요? 그것도 투쟁요구 내용에 있었잖아요?

예, 그것도 "병원의 [정규직]노동조합이랑 얘기해서 환자식사 질 개선을 하도록 노력하겠다"는 걸로. 그리고 "2014년에 동산병원이 성서로 이전할 적에 식당 외주철회를 위해 노력하겠다." (이제는 들어가서 열심히 활동을 해야 되겠네요.) 예, 그러니까 우리가 들어가 힘을 합쳐서 잘 해야지예. 근데 우리가 만족을 못 하는 게 동산병원 측에서는 즈그 명분 때문에 이렇게 합의했다는 걸 안 드러내려고 은근슬쩍 풀무원에 넘기는 것처럼 하고, 그날 합의할 때도 우리 조합원들 다 와 갖고 지부장님하고 교섭하면서 대화를 주고받는 식으로 해서 우리가 녹음을 했거든요. 합의안을 작성한 게 아니고. 여튼 우리는 열 명인데 "밖에서 이러지 말고 들어가서 싸우자. 계속 싸운다 생각하고 들어가서 신규사람들 가입시켜 가지고 우리가 힘을 모아 싸우는 게 안 낫겠나?" 이래 "합의를 하자" 한 거라예.


••• 7개월이나 투쟁했는데, 지역에서 연대는 주로 어떤 분들이 해주셨어요?

의료연대 지부하고 또 민주노총 지역본부가 공동투쟁본부 맨들어서 우리 조합원들이랑 같이 해서 싸우는 방법 정하는 회의 하고. 그리고 지역에 공공 노조, 뭐 의료연대, 민주노총, 뭐 시민단체, 교수들, 학생들, 정치인 저기 민중 뭐뭐, 하튼 많이 와서 연대해 줬는데, 나는 아직까지도 그 단체들이 복잡해요. 하하. (하하.)


## 7개월 투쟁으로 '당당해진' 여성노동자들

••• 조합원들이 투쟁 끝나고 그 과정에 대한 평가는 어때요?

참, 아줌마로서 아무것도 모르고 그냥 그래 살다가 좋은 경험도 많이 했고,

촛불집회에 참여해 준 지역 동지들

조합원들이 대체적으로 "싸울 때는 힘들었지만 그래도 보람을 많이 느낀다"고 하기도 하고, "우리가 돈 주고 어디 가서 배울 수 없는 그런 산 교육을 했다" 하고, 전부 좋게 생각해요. 무엇보다 우리 조합원들은 좀 당당해졌다고. "당당하게 할 수 있다"는 자신감이 생긴 게 가장 좋고, 세상을 좀더 알게 되고 세상을 보는 눈이 많이 넓어졌다고들 해요.

●●● 공투본이나 연대단위에 대한 평가는 어땠어요?
그걸 우리가 평가한다는 거는 사실 부담스러워요. 우리가 아무것도 몰랐잖아요? (그쵸.) 어떻게 하는 게 우리한테 잘해주는지 그런 것도 모르고 "한 번 싸우면 어떻겠노?" 이러면 우리는 모르니까 뭐 따라가는 식이었으니까. 그런데 지역에서 정말 감동받을 정도로 너무 많이 연대를 해줬어요. 참, 고마운 게 우리만 있었으면 이 투쟁 벌써 포기했지요. 우리가 대단한 사람도 아닌데 그 많은 사람들이 매일 6시 돼 가 촛불집회 할 적에는 추운

데 같이 해줬거든요. 생전에 얼굴도 모르는 사람들이 와가 자기 일처럼 해주고, 성서 계명대에서 그 추운 데서 같이 잠을 자 주고 이러니까 우리가 고맙고 '포기할 수 없다'는 마음이 더 들었고……. 그런 걸 보면서 '아, 연대의 힘이 크구나' 카는 걸 느꼈고. 우리가 깔끔하게 끝은 안 났지만 지금도 우리가 열심히 연대할라 카는 이유가 그냥 가서 몸만이라도 있어 주는 것만 해도 많은 힘이 되더라고예. 우리가 그걸 느꼈기 때문에. 그래가 우리 조합원들한테도 하는 얘기가 "우리가 많은 힘을 받았으니까 우리도 할 수 있는 한 많이 연대해 주자"고. 그래 지금 연대 댕기고 있지예.

●●● 투쟁하면서 분회장님도 많이 힘드셨는데, 타결하니 그 투쟁이 어떻게 느껴지세요?

예, 힘은 들었어도 때로는 보람도 느꼈어예. 특히 경북대 같은 경우에는 참 많은 보람을 느꼈고. 끝나고 나서도 나는 우리 투쟁이 그렇게 대단하다는 걸, 사실 못 느꼈거든요. '식당이 뭐 대단한 일자리도 아닌데, 이걸 갖다가 대단하다고 하느냐' 이렇게 생각했는데, 막상 끝나고 나서 평가 같은 거 하고, 지역에서도 "정말로 잘했다" 하고, "말 그대로 힘없는 아줌마들이 비정규직이 이렇게 싸워 가지고, 더군다나 20년 전부터 노조탄압에 완전 악질인 동산병원에게 대승리했다" 이래요. 사실 우리는 못 느꼈지만 "대승리다"고 그카니까 뿌듯하더라고예.

●●● 다들 잘 싸우신 거죠. 사업장마다 비정규직들이 싸움으로 일자리를 지켜내면, 비정규직 법안을 무력화시키는 거일 수도 있잖아요.

안 그래도 동산병원에서 시작한 게, 지금 딴 데에서도 '다단계 외주' 주는

2011년 1월 5일 투쟁승리 보고대회(마이크 잡고 이야기하는 이가 이화자 분회장)

식으로 확산되고 있데요. 일단 내 일자리를 내가 지켜 낸 것도 중요하고, 전에는 '까짓 거 뭐 여기 아니면 일할 데 없나?' 막 이런 마음먹다가 막상 투쟁해서 이기고 나니까 더 당당해지고 또 먼저 들어간 사람들은 처음에는 좀 어색하더니만 들어가 갖고 거기에 우리가 투쟁할 적에 새로 들어온 사람들이 우리 투쟁하는 과정을 본 거잖아요? (그쵸) 그런 사람들이 전에는 우리를 "참, 못됐다"고 안 좋은 쪽으로 생각하고 있었대요. 그런데 막상 들어간 사람들 겪어 보니까 "마음도 따뜻하고 좋은 사람들이다"는 얘기를 한다 그래예.

●●● 싸우고 나니까 분회장님은 어떤 변화가 있었나요?

저도 그래요. 텔레비에 경제, 정치, 사회 이래 무슨 뉴스 나오면, 왜 주부들이 진짜 관심 없었잖아요. 누가 나와 갖고 정치 뭐 카면 '아이고, 대통령 그 놈이 되나 저놈이 되나 똑같지' 그렇게 생각을 하고, 뭐 사람들이 이명박 이 욕을 하고 해도 그렇게 심각하게 나쁜 줄 몰랐고 또 4대강 사업 저카면 서 캐도 나랑 뭔 상관이여, 난 진짜 그랬어요. 전혀 몰랐는데 이렇게 투쟁 하다 보니까 다른 데 투쟁하는 사람들 상황도 보고 얘기를 듣고…… 사회 에 관심도 생기고 '배워야 보인다'는 게 맞아요. 그리고 비정규직 문제가 이렇게 심각한 줄 몰랐는데 우리가 당해서 알고 나니까 비정규직 인생이 어떻다는 것도 다시 생각하고, 지금 우리 아이들, 다음 세대는 도대체 어떻 게 되겠나 싶은 게, 세상이 너무 하고 가끔 '대학생들이 자살했다' 어떻다 얘기 들을 적에 너무 마음이 아프고……. 그리고 이제는 좀 "자신감이 생 겼다" 할까, 어디를 가더라도, "뭐 까짓 거 내가 꿀릴 거 뭐 있노?" 이러면 서 당당하다고나 할까.

●●● 앞으로 노동조합운동을 계속하시겠죠?
이제, 뭐 해야 안 되겠습니까, 하하. (하하.) 지금 들어간 사람들은 자리 잡 아야 하고, 못 들어 간 우리도 들어가면 2014년에 외주철회 해야지예. 우 리가 싸울 수 있었던 게 더 이상 잃을 게 없기 때문인데. 서울에 집회를 가 니까 어떤 분이 마이크 들고 "제일 무서운 사람이 가진 거 없고 잃을 것도 없는 사람들이다" 하데예. 그래 우리가 병원하고 싸울 적에도 '우린 잃을 거 없다. 너그 쪽팔리지 우리는 너무나 당연할 일이다' 그런 마음이 있었 기 때문에 싸울 수 있었고. 또 싸울 때 도움 받은 거만큼 다른 힘든 현장에 연대도 하면서 배우고 힘을 키워야지예.

내가 발 담은 이곳이 단순한 노동조합이 아니라는 느낌이 왔고 약간 흥분되기도 했다.
단지 내가 일하는 환경을 나의 이익을 위해서 바꾸려는 것이 아니라
'보육운동'이라는 맥락 속에서 '보육노동자운동'을 생각하게 된 것이다.
노동조합에서 흘러나오는 애기들을 귀담아 들으면서, 내가 보육하는 행위는 '돌봄노동'에
속하는 것이며, 그것의 가치는 매우 높다는 것을 인정받고 확인하게 된 최초의 경험이었다.

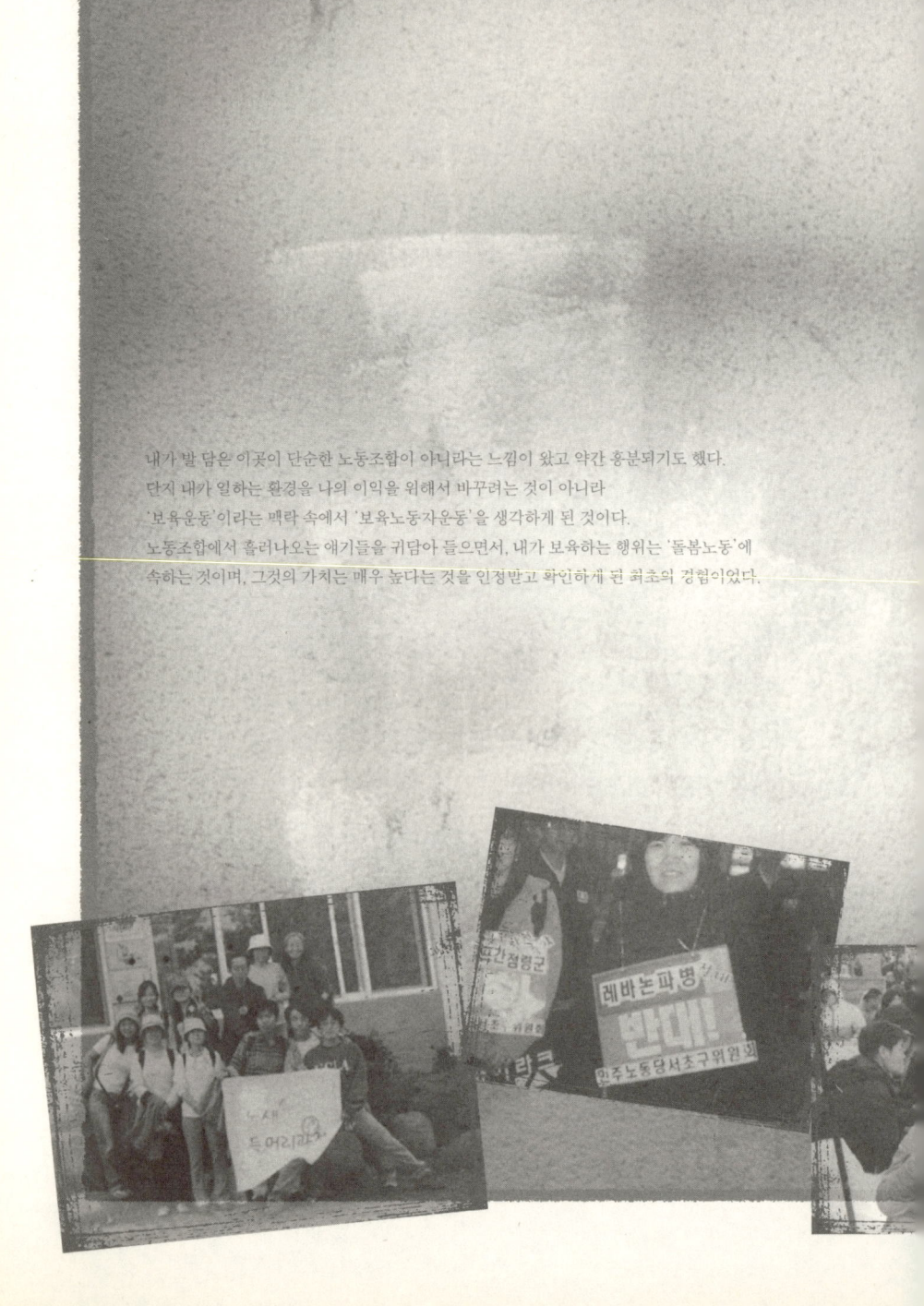

# 돌봄노동으로
# 다른 세계를 꿈꾸다

## 심선혜
### 공공노조 보육소분과장

# 돌봄노동으로 다른 세계를 꿈꾸다

## 1. 만들어진 시간

### 아들이 아닌 것이 내 잘못이야?

1977년 가을, 파주의 작은 포도나무 집에서 매우 순한 여자아이가 태어났다. 아들인 줄 알았는데 딸이라서 많이들 아쉬워했지만 순해서 있는 둥 없는 둥, 크게 신경 쓰지 않아도 늘 같은 자리에 앉아 있으니 그 모습이 신통하기도 하고, 귀엽기도 해서 미움은 안 받고 자랐던 것 같다.

우리 부모님은 여러 가지 일을 하셨는데, 내가 어렸을 적에 엄마는 부식가게를 하고, 아빠는 미군부대 경비였다고 한다. 그래서 미군부대에 버려진 초콜릿을 매번 몰래 가져와 이불장에 숨겨 놓았다가 자식들에게 나눠 주기도 하셨단다. 이후 아빠는 아이스크림 배달도 하시고, 용달차에 돼지를 싣고 교미시키러 다니는 일도 하셨다. 나에게 가장 기억에 남는 때는 돼지교미를 시키러 다녔던 때다. 나는 아빠를 무척 좋아해서 아빠를 따라 돼지교미 하는 곳에 자주 다녔다. 사실 아빠를 좋아해서가 먼저인지 집에 있기 싫어서가 먼저인지는 모르겠다. 어쨌든 집에 있으면 맨날 "청소하라"는 잔소리를 듣는 거 말고는 딱히 할 일도 없었고, 아빠를 따라나서면 아빠도 좋아하는 것 같았다. 비록 '돼지 차'지만 아빠 옆에 타는 순간 그 당시 또래들은 쉽게 경험해 볼 수 없는 '환상의 드라이브'를 즐길 수 있었

여성노동자 글쓰기모임에서 필자

다. 논과 언덕과 들판을 가로질러 달리는 순간 차의 창문을 열면 내 얼굴에 와닿는 고운 바람과 고운 빛, 마치 들장미소녀 캔디가 된 듯한 느낌을 더 멋있게 표현할 수 없어 매우 안타깝다. 하지만 돼지교미를 하는 장소에 도착하면 바로 현실이다. 아빠가 차에서 내려 일하시는 동안 나는 차 안에서 기다리고 있어야 했는데, 그때 동네아이들이 지나가다가 돼지 차를 보면 몰려들어 돼지를 놀린다. 그러면 난 아이들에게 들켜서 나까지 놀림받을까 봐 의자 아래 숨어 있다가 아빠가 일이 끝나면 '짜잔~' 하고 나왔다. 기다리고 있었던 순간은 늘 땀이 났던 것 같다. 그래도 그 순간만 참으면 집으로 돌아오는 길에 아빠가 하드를 사주셨는데, 언니랑 동생이 없을 때 혼자만 먹는 하드 맛은 정말 끝내주는 것이었다. 난 이 시간이 정말 행복했었고, 지금 생각해도 행복하다!

아빠와의 이런 관계 때문인지 초등학교에 가서도 학교에서 무슨 사건이 터지면 아빠에게 SOS를 요청했다. 초등학교 때 나는 남자아이들과 많이 싸웠던 기억이 있는데 특히, 4학년 때 가장 많이 싸우고 욕도 시작하였다. 어떤 정의감에 휩싸여 있었는지 남자아이들이 여자아이들을 괴롭

히면 눕혀 놓고 주먹다짐하다가 옷도 찢기고 교실의 컵을 깬 적도 많다.

한번은 싸우다가 교실에 있는 선생님 책상의 통유리를 깨는 바람에 새로 유리를 맞춰야 했는데, 엄마한테 말하면 맞기부터 할까 봐 가겟방에서 동네아저씨들과 고스톱을 치시는 아빠를 몰래 불러내 상황을 얘기하자 아빠가 일을 해결해 준 적도 있었다.

엄마는 정말 '고상하고 소녀 같은' 분이셨는데, 왜 나는 죽도록 맞은 기억이 많은지 참 알 수 없다. 어쨌든 나의 정의감은 엄마에게 큰 영향을 받은 것 같다. 엄마는 늘 신문을 읽으셨고, 사회 부조리에 대해서 많은 이야기를 해주셨다. 또 "약한 사람들을 도우며 살아야 한다"는 얘기를 하시면, 성당에 열심히 다니던 나는 주님의 가르침과 같이 가슴속 깊이 새겼던 것 같다. 하지만 지금에 와서 웃음이 나오는 것은 그 신문이 바로 『조선일보』였기 때문이다. 당시 반공영화 '공산당이 싫어요'에 감동하고, 평화의 댐 성금 모으기에도 열과 성을 다했던 걸 보면 나는 분명 길들여진 정의로운(?) 아이였던 것 같다. 1학년 때부터 온종일 산과 들을 뛰어다니며 '삐라' 줍기에 매진했던 것도 이런 이유가 좀 있었다. 길을 다닐 때는 전봇대에 붙은 '간첩신고' 종이만 눈에 보였던 적도 있었다. 생각해 보면, 경기 북부지역에 살던 우리에게는 '북한'에 대한 공포가 더욱 컸을 것 같다. 어떤 친구가 "선혜야, 이거 진짜 비밀인데, 우리 옆집에 간첩 아저씨 산다! 근데 나랑도 놀아 주고 되게 착해"라고 말했을 때 나는 혼란스러웠다. 하지만 나는 그 간첩이 착하다는 것에 안심을 하며, 어느새 잊어버린 것 같다.

암튼 이 시기의 나는 개구리를 잡아 폭죽에 묶어 같이 터트리기도 하고, 수업시간에 남자아이들과 수없이 많은 '도전장'을 주고받으면서 힘자랑을 꽤 많이 했다. 그래서인지 가끔 집에서도 내 힘을 과시하고 싶었던 것 같다. 언니와 남동생은 부모님이 집에 안 계시는 날이면 나에게 뜬금없이 욕 세례를 받기도 하고, 남동생은 괜히 이리저리 끌려다니면서 '꼬붕' 역할을 해야 했다. 하지만 이런 나도 무서워했던 것은 밤에 심부름을 다니는 것이었다. 우리 동네 외곽에는 미군부대가 있었고 그래서 미군들을 상대로 한 윤락가와 클럽이 번창해 있었다. 한번은 심부름을 가다가 갑자기 골목에서 흑인 세 명이 튀어나와 소리를 지르며 놀라게 하는 바람에 비명을 지르며 울면서 집에 돌아온 적이 있었다. 또 미군들이 가끔씩 술에 취해 지나가는 차를 세워 행패를 부리는 바람에 우리는 늘 저녁을 무서워했다. 하지만 다른 한편으로는 미군들 덕분에 군용 잼이나 켄터키후라이드 치킨과 카프리썬의 맛을 일찍이 알았고 '샤랍, 셔터마우스, 갓뎀, 뻑큐, 썬업비치'라는 미국 욕도 이때부터 배워 신나게 써먹었다.

　이렇게 거침없이 하고 싶은 것을 했으면서도 나는 무언가 늘 불만족스럽고 억울하고 섭섭했던지 밤마다 울지 않고 잠든 적이 없었다. 가족 중에 누가 조금만 내 뜻을 몰라주면 서러워 울고, 저녁기도를 하다가도 엄마, 아빠와 언니, 동생을 미워했던 마음을 고백하며 울었다. 아마 주변 사람들로부터 귀에 딱지가 붙도록 들었던 "선혜가 아들이었으면 좋았을 텐데"라는 말 때문이었던 것 같기도 하다. 아니면 이해와 설득 없이 요구받았던 "언니가 먼저야", "동생이니깐 좀 봐줘"라는 말들 때문에 생긴 스트레스가 그 원인이라는 생각도 든다. 어쨌든 열네 살 전까지는 매일 밤 울면서 잠들었던 기억이 생생하다.


### 정육점집 둘째 딸, 여자종합고등학교에 가다

중학생이 되었을 때, 우리집은 동네에서 처음으로 가장 높은 4층 건물을 짓고 살게 되었다. 아빠의 과욕 탓이었는데 빚 갚느라 고생하는 부모님을 보면서도 덕분에 부잣집 딸 같은 인상을 인생에서 짧게나마 느끼며 살았던 것 같다. 늘 "아빠 어렸을 적에 정육점집 아들이 그렇게 부러웠다"고 하셨던 아빠는 결국 정육점을 하기로 하셨다. 아빠는 소원 성취하셔서 행복했을지는 몰라도, 나는 '정육점집 딸'이라고 불릴 일이 걱정스러워 반대를 했다. 내 기억으로 엄마도 "고기 다루는 일은 못하겠다"라시며 반대가 심하셨는데, 그럼에도 우리는 정육점을 15년 동안이나 하였다. 일단 정육점을 하게 되자 전에는 버섯이 고기인 줄 알았던 우리 세 남매가 정말 '늘~, 맘껏~, 언제든~' 고기를 먹을 수 있어 조금 행복한 시기를 맞았던 것 같다. 부모님이 외출하시면 언니가 고기를 팔고 언니가 없으면 내가 팔아야 하는 상황이 짜증나는 때도 있었지만 그 정도는 참을 수 있었다. 엄마는 우리가 고기를 팔아야 하는 상황을 늘 미안해했기 때문에 고기를 팔지 못하겠다고 거부해 본 적은 없었던 것 같다.

엄마는 서울사람이었는데, 우리가 교육에 좋지 않은 동네에서 자라는 것을 염두에 두었던 건지 꾸준히 독서와 팝송, 클래식으로 우리의 정서에 영양분을 제공해 주셨다. 엄마는 동네아주머니들과 달리 웃을 때 늘 입을 가리고 웃고, 글쓰기도 좋아하고 시적으로 표현하는 것도 좋아하셨다. 친척들이나 동네 분들은 '소녀' 같다는 얘기를 자주 했고, 그런 평가를 엄마도 싫어하지 않았던 것 같다. 우리 남매는 가끔 엄마가 '오버'를 하며 연극과 오페라를 하듯 책을 읽고, 노래를 부르는 모습도 종종 봤다. 일을 할 때도 늘 팝송을 흥얼거렸던 엄마가 웃기기도 하면서 훌륭하다는 생각도 했다. 덕분에 우리 남매는 돈을 많이 벌면서 살아야겠다는 생각보다는 인생을 즐기며 살아야 한다는 것에 더 동의하며 자라게 된 것 같다.

그런 효과였는지 모르겠지만, 무엇이든 잘하는 언니는 우리가 다니던 초등학교에서 최초의 여학생 회장이 되었고, 중학교에 가서도 유명세를 이어 나갔다. 그 영광과 영향 아래 나와 내 남동생은 크게 빛나지는 않아도 중학생 때까지는 어느 정도 자랑스러운 시간을 보냈다. 하지만 그런 언니의 유명세가 내게는 대학에 가고 싶은 꿈을 매우 쉽게 접도록 하는 암묵적 압력이 되기도 했다. 나는 내 의지와 상관없이 우리집 형편에 세 남매 모두 대학을 갈 수는 없다고 생각하게 되었고, 기회는 단연 언니와 남동생에게 주어져야 한다고 생각하도록 자라 왔다. 나는 더 망설일 것도 없이 실업계 고등학교 중에 어떤 쪽으로 진학할 것인지를 고민하는 방향으로 내 행동을 옮겼다. 스스로 그렇게 결정한 나에게 엄마와 아빠가 고마워할 것이라고 생각했다.

　　당시 내 친구들은 선생님들로부터 인문계를 가지 않으면 무조건 남녀공학인 공업고등학교로 진학할 것을 요구받았다. 공고에서 학생 유치를 위해 중학교 교사들에게 인센티브에 대한 유혹과 함께 내린 지침이었다. 그 사실을 알면서도 "일찌감치 기술을 배워서 공장에 가면, 집안에 많은 도움이 될 것이다"고 말하는 담임들에게 내 친구들은 쉽게 설득당할 수밖에 없었다. 그때나 지금이나 자녀의 진학에 관심을 가질 수 없는 부모들을 대신한 교사들이 인문계를 갈 수 없는 중3 학생들에게 너무 가혹한 진학상담을 한다고 생각한다. 하지만 나는 싫다고 했다. 당시 공고에는 깡패들도 많고, 아차 하면 소위 '노는 애'가 될 수 있다는 불안감이 있었기 때문이다. 여자종합고등학교의 정보처리과에 진학하겠다는 나에게 담임이 공고 진학을 강요하지 않았던 것은 우리집 분위기를 잘 아는 배려에서였던 것 같다. 우리 부모님은 우리 동네에서 자녀교육에 관심이 많은 사람들로 유명했기 때문이다. 물론 무리를 해서라도 자식들을 모두 대학에 보내는 차원은 아니지만, 주어진 조건 안에서 자녀교육에 최선을 다하셨다는 것은 우리 가족을 아는 모든 이들이 인정하는 바다.

고등학교에 가니 나와 같은 처지의 친구들이 모두 모여 있었다. 둘째이거나 아래에 남동생이 하나 있거나, 중학교 내신은 좋은데 가정 형편상 인문계는 가지 못한 친구들. 그런 사실이 우리를 가끔 울리기도 했고 더욱 씩씩하게 만들기도 했다. 우리는 같은 실업계인 상업과 친구들보다는 인문계 친구들과 비교되길 바랐고 그래서 더 열정적이었다. 때문에 우리는 졸업 때까지 정말 좋은 성적을 유지하게 되었다. 하지만 고3이 되면서 취업을 해야 할 시기가 오자 분위기는 조금씩 바뀌었다. 자격과 성적은 그다지 좋지 않아도 외모가 좋은 친구들이 일찍 취업을 하여 학교를 떠나는 상황이 되자, 친구들은 외모 가꾸기에 더 집중했고, 그것이 굳이 성적을 더 올리지 않아도 괜찮은 곳에 취업하는 조건이 될 수 있다는 현실을 인식하게 했던 것이다. 나는 그리 외모가 뛰어난 편에 속하는 학생이 아니었기 때문에 끝까지 내신을 좋게 유지해야 했다. 어쨌든 졸업을 하던 날, 우리는 모두 취업이 되었고 시골의 가난한 여학생들이 후회없이 즐겼던 고등학교 생활은 그렇게 끝이 났다. 그리고 우리는 사회로 나아가 대기업의 비서나 사무보조원이나 경리로 다시 태어나야 했다.

## 2. 타인의 고통에 민감해지다

### '나도 저 문에 들어가고 싶다'

나는 사촌언니가 일하고 있던 세브란스병원에서 "여러 부서에서 사무보조원을 채용한다"는 정보를 받았다. 처음으로 도깨비 신부화장을 하고 문산발 신촌행[경의선] 기차를 타고 면접을 보러 갔다. 면접 후 사촌언니가 아는 인사과 직원에게 "잘 봐 달라"고 인사할 때, 화장한 얼굴로 10만 원 정도 들어 있는 봉투를 건네주고 돌아오는 길에 기차역 화장실에서 거울을 보고 내 신세가 너무 우스꽝스러워 얼마나 많은 눈물을 흘렸는지 모른다. 화장을 지우고 정신을 차리고 집으로 돌아온 뒤 "돈을 괜히 준 것 같다"며 엄마에게 괜한 투정을 부리고 한동안 우울한 시간을 보냈다. 하지만 채용이 되었다는 전화를 받고는 '그 돈' 때문인지 뭔지는 모르겠지만, 서울로 출근할 수 있게 된 사실과 그 유명한 세브란스병원에서 일할 수 있게 되었다는 사실에 뛸 듯이 기뻐했다.

그러나 내게 주어진 역할은, 일이 주어지기를 기다리거나 일을 시키기 전에 알아서 똑똑하게 처리해 놓는 것이었다. '미스 심'은 코딱지 파는 상사에게 상냥하게 커피를 대령하는 것부터 대졸 말단 직원의 은행 심부름까지 말없이 해주면 되었다. 내가 고등학교 내내 열심히 쌓은 능력은 중요하지 않았다. 지금 생각해 보면, 병원에서 일했던 이 시기는 내가 세상과 이 사회를 알아가는 데 매우 중요한 시기였다. 고졸 학력의 여자는 사회의 그 어디에 있든 누군가의 보조에서 벗어나기 쉽지 않다는 것과 그 공간에서 의견 없는 화초와 같은 역할을 담당하기 십상이라는 것을 알았다. 그래도 노동조합이 있어 직원 식당의 질이 달라지고 명절이면 몇 가지 선물을 챙겨 주는 것과 일하다가 불편한 점이 생기면 달려갈 곳이 그곳이라는 것도 알게 되었다. 당시 세브란스병원 노조는 어용지도부였음에도 말이다.

또 1996년과 97년에 연세대에서 벌어진 일련의 사건들로 인해 한총련과 학생운동의 탄압에 대해서 보았다. 출퇴근길에 최루탄가스로 눈물

흘리고 코앞에서 투석전을 목격하는 순간에도 나는 그저 기도만 하고 있었다. 그리고 이런 나날들을 흘려보내며 돈만 있으면 대학도 기부로 들어갈 수 있고, 하고 싶은 공부나 고급 취미생활도 마음껏 하고, 먹고 마시는 내용물도 달라지고, 줄지어 뭔가를 부탁하러 오는 사람에게 뻗댈 수 있는 등 무엇이든 할 수 있는 사회를 엿보았다.

나는 퇴근하면 술독에 빠지고 그 다음날 허우적대며 대충 일하다 하루를 보내기도 했고, 연세대 학생인 것처럼 도서관에 들어가 어려운 책을 꺼내어 보는 척도 해보았다. 또 직장인으로서 동호회에도 참여하는 등 할 수 있는 것들은 모두 해보았지만 늘 허전하고 내 인생이 아닌 것 같은 느낌이 들었다. 성당에서 울면서 기도도 해보고 수녀가 되면 고졸이라는 설움을 떨쳐 버릴 수 있을 것 같아 시도도 해보았지만, 알 수 없는 공허함에 무척 힘들어하는 날들을 보냈다. 그러다 대학에 가야겠다는 결정을 내렸다. 이유는 내가 가장 힘든 순간이 출근하는 시간임을 알았기 때문이다. 단순히 일이 싫어서가 아니라 같은 시간에 나와 내 또래인 누군가는 강의실로 들어가고, 나는 사무실로 들어가 아무 의미도 보람도 못 느끼며 상사들의 커피를 타야 한다는 것에 대한 분노가 쌓여 있는 것을 알았다. 그것이 누굴 향한 분노인지는 몰랐겠지만.

어쨌든 '나도 대학에 가야겠다'는 다짐으로 퇴근 후 학원에 다니기 시작했다. 이 결정에 대해 엄마는 아무 말도 하지 않았지만 아빠는 내가 돈을 벌어 언니나 동생의 학비는 물론 가족 생활비에 보탬을 주길 바랐는데 느닷없이 대학을 간다 하니 바로 반대를 했다. 하지만 나는 아빠를 설득해 나를 지원할 수 있도록 하는 데 성공했다. 내가 서울에서 학원 수업을 마치고 마지막 기차를 타면 집까지 가는 버스가 끊기는데, 아빠는 매일 밤 나를 귀가시키기 위해 기차역까지 나오는 고생을 1년 동안이나 하셨다. 내가 살면서 갚아야 할 큰 은혜이다.

## 대학 문에 들어서다

1998년 드디어 나는 대학에 입학하였다. 일반적인 입학보다 2년이 늦어진 입학이었다. 기대했던 대학생활이었는데 기대만큼 재미는 없었다. 데모를 하는 친구들은 찾아볼 수 없었고, 모두 고등학생들처럼 공부만 했다. 나는 재미를 만들어야 했다. 도서관에서 밤새며 공부도 해봤고, 과대표를 맡아 후배들에게 멋진 선배의 이미지도 만들고, 교수님들과 신생학과인 우리 과의 위상을 높이는 방안도 모색하고……. 정말 열심히 대학생활을 한 것 같다. 운이 좋았는지 경쟁률이 높은 기숙사에서 졸업 때까지 있을 수 있었다. 생활비를 예상보다 많이 줄일 수 있었기 때문에 기숙사에 있을 수 있는 성적을 유지하느라 좀 힘들기도 했다. 가톨릭 기숙사다 보니 틈만 나면 사감에게 내가 가진 가톨릭종교에 대한 헌신성을 보고하고 수녀가 되려는 꿈에 대해서도 이야기했는데, 그런 면이 점수를 얻는 데 많은 도움이 된다는 것을 알고 있었기 때문이다.

나는 아동학과 장애인 직업재활학을 전공했는데 가족학이나 심리학 그리고 특수교육학을 함께 공부할 수 있어 매우 좋았다. 내가 어렸을 때 울면서 잠들었던 이유들, 내 맘 속에 늘 자리하는 열등감, 피해의식 등에 대한 원인을 조금씩 알 수 있게 되었고, 공부를 하는 과정에서 어느 정도 이런 것들이 해소되어지는 듯했다. 나는 내가 갖지 못한 기회 때문에 손해 본 성장과정을 겪었다고 생각했고, 그것은 부모의 '의지 부족이었다'고 생각했기 때문에 늘 부모를 탓하고 있었던 것이다. 하지만 다른 형제들에

비해 적은 관심을 받았다고 느꼈던 것이 그들이 일부러 그러려고 해서 그랬던 것이 아니라는 걸 안 것이다. 우리 부모 또한 열악한 환경에서 성장해왔고, 그들이 치열하게 돈을 벌지 않으면 안 되는 세상을 살면서, 중요하지만 미처 챙기지 못하는 것들 때문에 그들 또한 가슴 아픈 시간을 보냈다는 것을 알 수 있었다.

또 차이를 인정받지 못해 차별받고 소외받는 사람들의 슬픔과 저항을 만나게 되었다. 이들은 미혼모나 장애인인데, 사회는 그들에게 많은 기회를 제공하지 않을뿐더러 갖고 있는 작은 행복마저도 빼앗아 가려 하는 악한 존재였다. 이런 것들이 우리가 살고 있는 환경과 사회구조의 문제라는 것을 알자, 부모와 남매에게 가졌던 원망도 어느 정도는 거둬들일 수 있었다. 그리고 내가 관심을 갖고 살아야 할 것이 매우 많아지고 확실해지는 시기였다. 이 사실이 중요한 이유는 내가 대학을 졸업하고 사회생활을 하면서 만나게 될 사회운동과 노동운동이 갖는 정당성에 대한 이해가 여기서 시작되었기 때문이다. '계급 없는 사회'를 만들기 위한 사람들을 만났을 때 낯설지 않았고 "각 개인의 자유로운 발전이 전체 사회의 자유로운 발전을 위한 조건이 되는 사회를 만들자"는 선전과 선동에 '확~' 끌렸던 것도 이 당시 찾지 못했던 답을 찾은 듯했기 때문이다. 무엇인가 문제는 있는 것 같은데 구체적으로 내가 무엇을 할 수 있을 것인지에 대한 답을 찾지 못하고 있었기 때문이다. 실제로 난 졸업 후 수녀가 되어 차별받는 이들의 마음을 위로하고 봉사해야겠다는 생각을 갖기도 했지만, 보육교사가 되어 저소득층 맞벌이 부모의 아이들에게 질 높은 보육을 제공하겠다는 꿈이 새로 생기기도 했다. 대학은 이렇게 나에게 이타적인 삶을 꿈꾸게 했고 나는 그 꿈에 부풀어 다시 사회로 나왔다.

## 선생님이 부르면? "네! 네! 선생님"

'어린이집 교사는 급여가 적다.' 이미 알고 있는 사실이라 수습 3개월간 50만 원만 준다고 해도 내게는 큰 문제가 안 되었다. 하지만 학교에서 배운 대로 보육을 하려는 나에게 주어진 일은 쉬는 시간 없이 무조건 빨리 움직이며 청소하고, 원감이 시키는 일을 원감 맘에 들게 마무리해 놓아야 되는 것이었다. 아이들과 친하게 지내려면 일정한 기간을 견뎌내야 하는데, 그 일정한 시간이 지나면 난 죽어 있을 것 같다는 생각에 첫 직장을 나왔다. 그 어린이집은 내가 나온 3년 뒤 "교사를 구하지 못해 폐쇄되었다"는 소문을 들었다.

새로 들어간 어린이집은 '부자동네'였고 시설이 깨끗하고 활력이 있어 보이는 곳이었다. 이 어린이집에서 나는 정말 좋은 교사가 되려는 노력으로 나를 쥐어짜듯 했다. 아이들을 향해 "선생님이 부르면?" 하고 소리 내면 메아리처럼 들려오는 소리, "네! 네! 네네네!"

아침에 만나면 서로 반가워 안고 기쁘거나 즐겁거나 슬프거나 힘들거나 아프면 늘 날 찾는 천사 같은 아이들, 이 아이들은 자신들의 엄마, 아빠가 일하는 동안 나를 믿고 이곳에 있는 것이다. 또 이 아이들의 부모들 역시 나를 믿고 아이들을 맡긴 채 일하고 있지 않는가. 아이들과 내가 같이 보내는 시간들이 처음에는 어리둥절했지만, 내가 가지고 있던 열정은 슬슬 자리를 잡아 가고 있었다.

하지만 입사하고 몇 개월 지나지 않아 선배교사들이 현 원장에 대해 누적된 불신을 터트리는 과정에서 후배교사가 희생되는 사건이 있었다. 그 과정에서 내가 원장과 재단 편에 서게 되면서 선배교사들은 모두 퇴사하게 되었다. 사건의 내용은 매번 이불장에 들어가서 장난하는 아이에게 누누이 위험하다는 것을 알렸는데도 행동에 변화가 없자, 교사가 "그래, 들어가서 있고 싶으면 그렇게 해봐" 해놓고는 원장의 심부름을 간 것이다. 심부름을 다녀오는 동안 아이가 이불장에서 잠이 들었는데, 이 일을 원장이 알면서도 자신에게 잘하는 교사의 실수였기 때문에 눈감아 주었다는 지적을 선배교사들이 했다. 선배교사들은 이 사건을 계기로 그동안 자격이 없다고 생각해 왔던 무능한 원장을 퇴출시키려 했던 것이다. 사실 원장은 선배교사들과 함께 교사생활을 했는데 교사경력도 가장 짧고 보육일지 작성도 어린 교사에게 시키는 등 '능력 없는 교사생활'을 생색내기로 몇 달 하다가 바로 재단의 줄을 타서 원장이 되어 교사들로부터 인정받지 못하고 있었다. 그런데 그 화살은 원장을 빗겨 나가 어린 교사에게 꽂혔고, 그 교사가 학부모들 앞에서 자기비판의 시간을 갖고 퇴사하는 것으로 마무리지으려 했다. 나는 이것이 어떤 이유에서든지 잘못된 것이라고 생각했다. 내가 본 선배교사들 또한 많은 실수를 하며 생활하는데 이건 말도 안 되는 끔찍한 결말이었다. 나는 그 희생당한 교사를 지켜내야 한다고 생각했는데, 나 또한 새내기 교사였기에 현명한 답을 찾기가 어려웠다. 더불어 원장 측의 무능함을 나도 알고 있었지만 그쪽을 상대하기에는 너무 힘이 없었다. 그래서 내가 봐온 선배들의 실수를 들춰냈고 그것으로 어린 교사는 살려냈지만 선배교사들을 모두 퇴사로 내모는 잘못된 상황으로 마무리되었다. 이 사건으로 상처받은 교사들과 부모들이 너무 많아 다시 이 이야기를 꺼내는 것조차 조심스럽다.

이후에 평가하건대 그때 내 판단은 새내기 교사의 열정에 따른 실수였으며 능력 없는 원장을 끌어내릴 절호의 기회를 내가 망가뜨리게 된 것이라고 본다. 어쨌든 어수선한 어린이집의 분위기를 쇄신하기 위해 나는 앞장서서 원장의 사람이 되었고, 나는 그런 것이 '꼬붕 짓'인지도 모르고 충성을 바쳐 어린이집을 바꿔 놓았다.

## 녹색·생태·반세계화·반자본주의를 만나다

이렇게 4년이 지난 어느 날 몸이 아프고 문득 삶의 여유를 갖고 싶다는 생각이 들었다. 그리고 무엇을 하는 것이 나에게 좋은 것인가를 고민하던 중에 언니가 대학 때 소개해 준 녹색연합에 관심을 갖게 되었다. 당시 홈페이지에 있던 "3%의 소금이 바다를 썩지 않게 한다"는 글귀에 꽂혀 바로 회원이 되었고 회원활동 중 '책읽기 모임'에 참여하였다. 언니는 내가 대학 다닐 때 천안 YMCA에서 어린이사업을 담당해서 일하고 있었고, 아이들에게 생태학습을 지도하는 과정에서 녹색연합을 알았다고 한다. 자신이 알게 된 좋은 것을 대학다니는 동생이 함께 관심 갖기를 원했던 언니가 그때나 지금이나 늘 고맙다. 어린이집 교사로만 살던 나는 이 어려운 책속의 말들에 쉽게 적응되지는 않았지만, 이 책들이 공통적으로 무엇을 말하려고 하는지 알 수 있을 것 같았다. 이 모임의 이름은 '생명운동 공부모임'이었는데 구성원도 매우 다양해서 공무원, 시민단체 활동가, 귀농준비자, 대학생, 일반 직장인 등이 있었는데, 모두 텃밭을 가꾸거나 삶 속에서 대안적인 생활을 실천하고 있는 분들이었다. 이 모임은 서로를 존중하고 배려하고 몸과 맘을 편안하게 하는 몸짓들이 허용되는 분위기였다. 나는 그 속에서 책을 읽는 한편 '대안 달거리대'를 만들기도 하고 기후변화와 '대안 에너지' 그리고 생명공학의 잔인성에 관해서도 알게 되었다. 비폭력과 간디를 생각하게 되었고, 채식과 명상에 대해서도 이야기했다. 또 도시의 복개천과 각 지방의 벌목현장을 다니면서 생태탐사와 실태조사를 하

녹색연합 녹색들머리과정에서(뒷줄 왼쪽에서 두번째가 필자)

녹색연합 들풀모임

고 야생화 공부를 했다. 나를 살리고 지구를 살리는 데 알고 행동해야 하는 것을 함께했다. 이들과의 만남으로 나는 살아 오면서 처음으로 '이런 것이 더불어 사는 것이고, 내가 그 동안 모르고 살았던 민주적인 것은 아닐까?'라는 생각을 하기 시작했다.

대학에 진학한 것이 내 인생의 첫번째 전환점이었다면, 환경운동을 통해 만났던 사람들, 그리고 책들은 두번째 전환점이 되었다. 『굶주리는 세계』, 『세계화와 싸우다』, 『팔레스타인』, 『타인의 고통』 같은 책들을 이때 만났다. 나와 우리를 이롭게 하는 줄만 알았던 '세계화'라는 말이 자본주의체제를 등에 업고 이 세상을 얼마나 잔인하게 더럽히고 있는지 알게 된 것이다. 나는 대학 때 잠시 느꼈다가 잊고 살았던 감성을 다시 살려 낼 수 있었다. '타인의 고통'에 대해 민감해져야 하는 필요에 대해서 동의할 수 있었다. 또 그때 친했던 학생이 '다함께'<sup>반전과 반신</sup> <sup>자유주의를 표방하는 사회운동단체</sup> 회원이었던 것도 나에게 중요한 의미를 남겼다.

이 책읽기 모임의 효과였는지 새 어린이집에 왔을 때 처음엔 '다른 곳하고는 좀 다른 세상이구나' 하고 느꼈던 감정이 어느새 '어딜 가나 다 똑같겠구나'라는 마음으로 변했던 이유와 답을 찾을 수 있었다. 나는 어린이

집에서 일하는 동안 살면서 겪을 온갖 일을 다 겪는 듯한 생활을 무려 8년이나 하였다. 여덟 번의 담임을 맡는 동안 100명이 넘는 아이들과 300명이 넘는 부모들을 만나 왔고, 50명이 넘는 교사들과 함께해 봤다. 보통 사람들은 한 직장에서 8년이면 기본이라고 할 수 있겠지만 어린이집은 좀 다르다. 노동조건이 열악하고 감정 소모도 심해서 이직률이 매우 높고, 경력이 높아질수록 건강도 나빠지고 고용에 대한 불안감도 높아지는데 거꾸로 보상도 없고 자존감은 떨어지기 쉬운 직장이기 때문이다. 사람들은 어린이집 교사의 일이 힘들다고 하면 쉽게 "그래, 애 보는 것이 쉬운 일이 아니지"라고 얘기한다. 하지만 교사들 중에 단순히 '애 보는 것'을 힘들어하는 사람은 그다지 많지 않다. 하긴 '애만 보는 것'도 쉬지 않고 8시간을 하는 것 자체가 엄청난 노동이긴 하지만, 보육교사가 그렇다고 '애만 보는 것'은 아니기 때문이다. 출근해서 퇴근하는 시간까지 청소와 수업준비와 갖가지 서류작업, 아이들 활동사진 찍기와 '애 보기'를 함께 한다. 일찍 오고 늦게 가는 아이들을 통합해서 보육하는 당직시간이라는 것도 대체로 봉사 차원에서 무급으로 하고 있다.

'애 보기'라는 것은 어떤가, 개별 영유아마다 그날 그날의 컨디션이 모두 다르다. 같은 연령이라고 해도 교사에게 요구하는 애정과 호기심에 대한 답과 배워 나가고 익혀야 하는 일상생활 습득과정이 모두 다르다. 이러한 요구와 욕구를 해결해 주는 것만으로도 교사들은 녹초가·되는데 아파도 티내지 않고 힘들어도 웃어야 능력 있는 교사가 된다. 마치 '가제트의 만능 팔'을 가진 지치지 않는 로봇마냥 매일을 산다. 그렇게 8년을 살았다. 이런 상황에서 조금이라도 실수하게 되면, 아이들이 다친다. 상황을 설명하려 하면 변명이 된다. 아이가 다친 사건이 커져 부모가 민원을 넣지 않고 원장에게 누가 되지 않게 하려고 굽신거리는 동안 내 소신은 약해진다. 내가 보육교사로 머물러야 하는 이유가 점점 사라지게 되는 것이다. 교사들이 원 운영에 궁금한 것이 많아지거나 실수가 잦거나 아파서 병원 외출을 자주 하게 되면 일단 원장의 눈 밖에 나서 괜한 지적을 많이 받는다. 그런 교사는 필사적으로 원장에게 잘 보이기 위해 교실 일보다는 원장의 일을 우선으로 하게 되는 것이 보통이고, 부당한 지적과 대우에 항의하면 계속 갈구기 때문에 더 못 버티고 현장을 떠나야 한다.

어떤 사람들은 "당신이 겪은 일을 갖고 일반화하지 마라"고도 한다. 그렇다. 그렇지 않다고 생각하는 사람이 있을 수도 있으니 단정은 하지 않겠다. 하지만 보육노동자들의 노동조건이 개선되어야 한다고 의식적으로 노동조합에서 4년간 활동하면서 수많은 연구자료를 읽고, 교사들과의 상담을 통해 현장의 목소리와 눈물을 듣고 보는 동안, 적어도 이것은 나만 겪는 문제가 아니고 보육노동자 모두의 문제임을 확신하였다.

나는 어린이집의 수업재료와 환경구성에 대한 아이디어를 찾기 위해 종종 인사동을 찾았다. 인사동은 무료로 천연염색에 대해 알려 주는 곳도 있었고, 자연친화적인 안목을 갖게 하는 물건들도 많아 유익한 곳이었다. 어린이집 일이 많아져 더 이상 녹색연합 회원활동을 하기 힘들어졌지만 대안적인 삶을 실천하고 싶었고, 그것이 내가 가르치는 아이들에게도 좋은 것이라고 생각했다. 어쨌든 인사동은 뭔가 목적을 가지고 찾기도 하는 곳이지만 일 없이 걷기만 해도 좋은 거리였다.

이 길에서 '효순이 미선이'를 애도하는 물결과 '탄핵반대' 물결을 만났다. 그때 나는 내가 인도에 서 있는 것보다는 저 대열에 함께 있어야 되는 것 아닌가 하는 생각을 했다. 이런 문제들을 친한 동료교사들과 얘기하

고자 하면 그들은 나를 귀찮아했다. 그들이 백화점 할인티켓과 명품 이야
기를 할 때 내가 관심 없는 태도를 보였던 것과 마찬가지였다. 나는 내가
느끼고 있는 문제를 함께 얘기할 사람이 필요했다. 그리고 사회는 정말 바
뀌어야 된다고 강하게 생각했다. 그래서 큰 용기를 내어 민주노동당에 가
입을 하게 되었다. 민주노동당이 소수이기는 하지만 옳은 목소리를 내고
있다고 생각했기 때문이다. 그리고 어느 날 전화가 왔다. "안녕하세요, 민
주노동당 서초구위원회예요. 모임에 한번 나오세요." 나는 덜컹 겁이 났
다. 성인이 되어 잘못된 이데올로기 속에 자라왔다는 것을 알았지만 아무
래도 나는 한때 반공소녀였다. 바쁘다는 이유로 몇 차례 거절을 했는데,
"어린이집 근처로 찾아가겠다"는 것이다. 그들이 온몸에 빨간색을 칠하
고 다니는 것도 아니었을 텐데, 나는 "이곳에는 오지 말고 근처 다른 곳에
서 만나자"고 했다. 어느 정도 긴장감을 갖고 만난 당 사람들은 너무나 평
범한 사람들이었다. 그들은 보육문제에 대해 나보다 더 관심이 많은 것 같
았고, 내가 정말 힘든 조건에서 일하고 있다는 것을 얘기하지 않아도 알고
있었다. 나는 마음의 문을 열었다.

　　나는 차차 당 사무실의 문을 두드리기 시작했고, 현실 정치에 관심을
갖기 시작했다. 조류인플루엔자의 위협에 정부가 취하는 태도와 비정규
직 문제, 성차별과 일하는 부모들의 애환을 해결하기 위한 정치적 대안을
만들어 가는 데 함께 목소리를 낼 수 있는 곳을 만난 것이다. 환경운동을
통해 저장해 두었던 앎과 감수성이 바탕이 되어 사회를 변화시키기 위해
서는 개인적 실천과제를 넘어 조직적 행동이 요구된다는 것을 쉽게 이해
할 수 있었다. 이 시기에 당원들을 통해 다시 한번 '다함께' 모임을 알게 되
었고, 사회주의에 대해 토론하게 되었다. 그리고 "다른 세계는 가능하다"

는 것에 확신을 가졌다. 나는 내가 변화하고 있는 것을 느낄 수 있었다.

또 나는 노동조합에 가입하고, 그들을 찾아갔다. 침묵하는 보육교사가 아닌 불편한 진실을 알리는 보육노동자의 길을 선택했다. 근거 없는 정의감으로 주변인들과 싸움질하던 아이가 정당한 정의감으로 모순된 세상과의 싸움을 시작하기로 마음먹은 것이다.


## 3. 걸어온 길보다 가야 할 길

### 노동조합에 참여하다

내가 노조에 가입한 때는 현재의 공공노조가 산별로 꾸려지기 전인 '전국보육노동조합' 시절이었다. 1986년 지역탁아운동으로 시작해 1995년 한국보육교사회를 운영해 오다가 2005년 "노동조합이라는 틀거리에서 보육현장을 변화시키자"라는 의지로 조합을 건설한 것이다.

지역탁아운동은 당시 '지역탁아교사연합회'가 주축이 되어 운영되었다. 기혼 취업여성의 증가로 인해 방치되는 아동의 문제가 심각함을 사회에 알리는 것으로 시작하여, 대학생들의 자원봉사활동이 단순히 봉사가 아닌 탁아문제를 사회화하는 것에 이바지할 수 있도록 하는 역할을 했다. 이들은 "왜 탁아소가 필요한가?"라는 질문을 우리 사회에 처음으로 내던지고 이후 '탁아법' 개정에서부터 그리고 '한국보육교사회'로 '영유아보육법' 제정과 개정에까지 지대한 영향을 미치며 성장해 왔다.

보육운동의 최전선에서 이 사회에 보육에 대한 관심을 불러일으켰던 선배조합원들은 기가 막힐 정도로 언변의 달인이었고, 나는 그들이 말하는 '보육'에 매료되었다. 나는 우연한 기회에 조합 규약의 전문을 보았다.

"이 땅 아동들의 인권을 지키고 여성들의 육아문제를 해결하기 위해 한결같이 활동해 온 보육운동의 전통과 역사를 자랑스럽게 이어받고 나아가 전국의 모든 보육노동자들의 단결을 통해 아동들이 평등하게 보육받을 권리와 인권보육의 실천을 위해 앞장서며, 보육노동자의 인간적인 삶의 조건을 보장함과 더불어 보육현장의 민주화 실현, 보육의 공공성 쟁취, 육아의 사회화 실현을 위해…… 노동해방과 자주와 평화, 통일 세상을 건설해 나가는 데 앞장선다."

내가 발 담은 이곳이 단순한 노동조합이 아니라는 느낌이 왔고 약간 흥분되기도 했다. 단지 내가 일하는 환경을 나의 이익을 위해서 바꾸려는 것이 아니라 '보육운동'이라는 맥락 속에서 '보육노동자운동'을 생각하게 된 것이다. 노동조합에서 흘러나오는 얘기들을 귀담아 들으면서, 내가 보육하는 행위는 '돌봄노동'에 속하는 것이며, 그것의 가치는 매우 높다는 것을 인정받고 확인하게 된 최초의 경험이었다. 사실 노조 모임에서 큰 역할을 하고 있는 이윤경 사무처장을 처음 만난 날, 나는 약간 놀랐고 반가웠다. 대학 때 리포트를 준비하면서 보았던 논문의 한 글귀에서 그 이름을 본 적이 있었던 것이 기억났기 때문이다. 정확하지는 않지만 한 논문에서 인용된 글 중에 "이윤경 사무처장은 보육을 '돌봄노동'의 영역에서……" 라고 쓰여 있었고 당시 고개가 끄덕여졌기 때문에 그렇게 잠깐 본 이름인데 기억이 났던 것이다.

그동안은 어린이집 교사로서, 내가 학교에서 배운 대로 아이들을 '가르친다'고만 생각을 했고, 일을 할 때 기술적인 부분이나 어떻게 하면 원장이나 부모들에게 조금이라도 더 인정받을 수 있을까 하는 것에 관심을 가졌었다. 하지만 '돌봄노동'이라는 것을 알게 된 이후에는 아이들을 대하는 태도 자체가 달라졌다. 이들과의 대화로 보육에 대한 철학이 생겼다고나 할까? 하루아침에 달라진 것은 아니지만 아이들을 향한 말과 행동이 조심스러워지고 부모들의 입장을 고려한 상담을 하기 위해 노력하였다. '요람에서 무덤까지'라는 말이 있듯이 요람, 곧 인생의 초기에 있는 아이들을 만나 그 아이들에게 돌봄을 제공한다는 것이 더욱 의미 있게 다가왔던 순간들이었고, 그래서 책임감은 더욱 커졌다.

일단 우리가 원하는 '변화'라는 것은 나의 노동조건, 내 컨디션이 돌봄의 질을 크게 결정짓는다는 사실을 깨닫는 것부터가 시작이라는 것을 주변 동료들과 이야기했다. 그들은 내가 이런 말을 할 때마다 "옳은 이야기 같은데 그런 것은 지식인 같은 사람이나 특별한 소수의 사람이 하면 되는 것"쯤으로 답했다. 또 "이런 주장을 하게 되면 원장에게 반대되는 입장에 서야 하고, 그것은 정책에도 반대되는 것이기 때문에 위험하거나 피곤한 상황에 처해질 수 있다"는 반응을 보였다. 어쨌든 나도 한때 노동조합이라는 것이 반정부단체인 줄 알았으니 동료들이 쉽게 내 얘기에 귀 기울일 것이라는 기대는 접어 두었다. 하지만 노동조합이 갖는 색깔 때문에 당장에 관심을 갖지는 않더라도 참을 수 없는 시기가 온다면, 언젠가는 나와 힘을 모을 때가 올 것이라고 믿었다.

어쨌든 나는 꾸준히 한 달에 한 번 노동조합 모임에 참여했다. 모임을 마치고 집에 돌아가는 길에서는 '나도 어린이집에 가서 이렇게 해봐야지' 하는 다짐도 했지만 대개는 지난 일들을 되돌아보는 시간을 주로 가졌다. 온종일 울며 소리치고 집에 가겠다고 보채는 아이에게 내가 보였던 행동들, 매일 음식물을 흘리면서 식사하는 아이를 지도했던 방식들에 인권이 있었던가 하는 생각에 눈물이 나기도 했다. 나는 나에게 누적되는 스트레스가 아이들 때문이 아닌데 아이들을 대할 때 나도 모르게 얼굴을 찌푸리게 되었던 그 많은 시간들, 그리고 나면 혼자 느꼈던 죄책감 때문에

아이들과 여름캠프를 하며(오른쪽 끝이 필자)

힘들었던 시간이 기억났다. 돌봄의 가치를 알게 된 이후에는 이것이 나 혼자의 문제이거나, 아이들에게 풀어서 해결될 문제가 아니라는 것을 되뇌어 생각했다. 아직 자신의 욕구를 스스로 해결하지 못하는 존재, 원하는 것을 구체적으로 말하기 힘든 단계에 있는 아이들이라는 것을 힘든 노동환경은 자꾸 잊게 했다. 스트레스가 적을 때는 아이들의 요구에 민감하게 반응하게 되고, 컨디션이 좋지 않은 아이들은 한 번 더 안아 준다거나 그 원인을 없애 주려고 노력한다. 그러면 아이들도 나를 신뢰하고 나에게 기쁨을 주려고 노력한다. 하지만 계속되는 야근과 원장과의 갈등 속에 있을 때는 완전 그렇지 않다는 것을 너무 자주 경험하고 있었다.

　중요한 것은 후자의 경우가 갈수록 많아진다는 것이었고 경력이 높아 가는 교사에게는 괴로운 현실이었다. 아이들은 가정에서나 어린이집에서 이미 많은 경험을 해봤기 때문에 짜증이 나 있는 성인을 어떻게 대해야 하는지 알고 있었다. 문제가 생겨도 도움을 청하지 않거나 실수한 행동에 대해 거짓말을 한다. 그저 성인의 기분에 맞추려 하는 의식적인 행동을 한다는 것이 눈에 보인다. 아이들의 이런 행동은 교사를 화나게 하고 슬프

게도 하지만 미안하게도 만들어 결국 '내가 떠나야지'라는 생각을 하게 한다. 이런 상황들이 보육교사들에게 얼마나 자주 반복되어지는지, 열악할 뿐만 아니라 얼마나 위험한 환경 속에서 일하고 있는지, 자본주의 사회는 관심이 없다. 그 신자유주의 보육정책들 때문에 상황이 더 나빠지면서, 교사들은 아이들이 아닌 그들의 부모들에게만 관심을 갖는다. 아니 돈 많은 부모들에게 그 관심은 집중된다. 물론 그들이 갖는 힘이 더 크고 무섭다는 것을 알기 때문일 것이다.

어쨌든 나는 근본적으로 바뀌어야 하는 것이 무엇인지 분명히 알아가고 있었다. 또 스트레스를 주는 원인을 찾아내는 것 이상으로 중요한 것은 스트레스를 건강하게 해소하고 다시금 신명나게 보육을 할 수 있도록 노력하는 것이라고 생각한다. 나는 이제 그것을 만들어 가고 해결하려는 노력이 바로 투쟁임을 알았다. 우리가 '돌보는' 행위를 노동으로 인정하고 그 가치에 대한 정당한 대우를 하라는 목소리를 한층 키울 수가 있었다.

마침 내가 노동조합이 우리 문제의 답이라고 느꼈던 2006년에 보육노조에서 처음으로 대정부투쟁을 준비하고 있었다. 투쟁을 결의하고 교섭위원을 승인하기 위해 전국의 조합원들이 서울에 모인 6월 24일에 나는 처음으로 지역에서 온 조합원들을 만날 수 있었다. 서로 다른 거친 사투리를 사용하며 오랜만에 만난 것을 무척이나 기뻐하는 모습을 보았다. 대개는 공동육아나 교사중심시설에서 일하는 선생님들이었는데 그 모습에 편안함을 느꼈지만 왠지 나보다 차원이 높은 보육활동을 하고 있는 교사들 같아서 약간의 이질감이 느껴지기도 했다. 당시 나는 현장에는 비밀로 하면서 노동조합에 참여하는 상황인 데 반해 그들은 같은 어린이집에서 일하는 사람들도 많았고 꾸준히 모임을 통해 서로를 알고 있었기 때문인 것

2007년 반전집회에서

도 같다. 또 내가 그동안 봐왔던 교사들과는 다른 정말 온유한 웃음들을
얼굴에 머금고 있었다. 그 편안함이 낯설어서 한편에 조용히 앉아 있었지
만 심장은 매우 크게 뛰는 것 같았다.

　이날 밤 나는 처음으로 '팔뚝질'을 배우게 되었다. 위원장이 팔을 움
직이는 의미에 대해서 알려 주었는데, 앞의 적에게 쏠 화살을 등에 멘 화
살 통에서 잡아 꺼내는 모습이라고 말했다. 그 이야기를 들으니 왠지 더욱
결의가 강해지는 듯했다. '임을 위한 행진곡'과 '비정규직철폐연대가'를
배우면서 코끝이 찡해지는 것을 느꼈다. 이날 이후 나는 집에서 민중가요
에 푹 빠져 며칠을 보내기도 했다.

　그리고 한 달 뒤 '보육공공성 확보와 보육노동자 노동기본권 쟁취를
위한 투쟁문화제'에 참여해, 보육의 요구를 가지고 처음으로 도심의 길거
리에 앉았다. 그동안 반전집회와 FTA반대집회에 참여했던 경험 때문에
어색하지는 않지만 보육현장의 변화를 위해 세상을 향해 내뱉은 첫 목

소리라서 그런지 기분이 묘하고 좋았다. 그날 처음으로 조합원들과 종로에서 술을 진탕 마셨다. 첫 술자리였는데 집에 어떻게 돌아왔는지 기억해낼 수 없어 힘들었다. 친한 사람이 없어 내가 무슨 실수를 했는지 묻지도 못하고 속앓이를 했던 추억을 지금 동지들과 이야기하면서 웃기도 한다. 나중에 알게 된 것인데 "나는 녹색연합에서 활동했다"며 그 경험을 반복해서 얘기하고 "현장에서 힘들다"고 울고불고했다고 한다. 아마 "나도 그리 모르는 사람은 아니다"라는 것을 알리고 싶었던 것이 아닐까라고 추측해 본다. 사실 나는 사람들과 빨리 친해지는 것이 장점이었는데 그동안 조합원들과 함께 있으면 무슨 말을 해야 하는지도 모르겠고 나보다 더 많이 아는 사람들 속에서 내 자신이 작아지는 느낌 때문에 소심하고 수줍은 듯 지내 왔다.

이후 나는 점점 조합원들과 어울리게 되었고 7월 31일 전 조합원 1박 2일 상경노숙투쟁에도 참여했다. 31일은 여성가족부 앞에 진을 치고 앉았다. 내게는 매우 낯선 경험이었지만 떨리지는 않았다. 지방에서 조합원들이 도착하는 모습, 연대대오들이 도착하는 모습, 그 안에 내가 아는 사람은 한 명도 없었지만 괜히 신나고 웃음이 나왔다. 그동안 내가 현장에서 느꼈던 문제점들을 발언해야 했다.

그때 나는 국공립어린이집에 다니고 있지만 휴일에 재단행사에 동원된다거나 그것을 멤버십으로 강요받는 것 때문에 동료들 모두 힘들어하고 있는 상황을 생각했다. 아이들을 보육하는 데 쏟는 에너지도 부족할 판에 위탁체에 충성해야 하는 것도 우리의 역할이었다. 또 우리 어린이집을 위탁하고 있는 위탁체는 정말 능력 없다고 생각하고 있었는데, 위탁체가 쉽게 바뀌지는 않을 것 같은 생각이 들었다. 더욱이 다른 위탁체로 변경된다면 고용도 보장되지 않을뿐더러 더 나아질 거라는 기대도 가질 수 없었다. 이런 점을 크게 느끼고 있었기 때문에 발언시간에 "국공립에 다니고 있지만 민간에 위탁되어 있는 상황이기 때문에 국공립어린이집이라고 생각할 수 없다. 위탁체의 이익과 판단과 결정으로 일하게 되는 것이 옳지 않다. 정부는 국공립시설 민간위탁제를 당장 철회하라"는 내용을 말했다. 태어나서 많은 사람 앞에서의 첫 발언이었다. 목소리가 떨렸지만 내용이 좋았고 호소력도 있었다는 평을 받았다.

이 투쟁 때 보육조합원으로는 처음 투쟁현장인 KTX를 방문했고, 지하철 선전전을 하고, 광화문 거리에서 1인시위를 하였다. 이후 여성가족부를 향한 온라인 투쟁에도 신나게 참여했다. 이런 활동들과 토론 속에서 나는 '아이들이 행복하게 자랄 권리, 우리가 행복하게 일할 권리'에 내가 가진 표를 모두 던질 수 있었다.

**노동조합은 옳지만 너무 힘들다**

노동조합 활동은 옳은 활동이지만 내게는 너무 힘든 활동이었다. 이 시기에 산별 전환 준비가 있었고 조합원 산별교육을 받으면서 노동조합조직 형태에 대한 학습이 빠르게 진행되었다. 나는 뒤처지지 않으려고 이런저런 책들과 교육 자료들을 보기도 하고 당원들과 토론도 했다. 어쨌든 이제는 노동조합이 기업별과 업종별을 넘어 지역별 산별운동으로 나아가야 할 때라는 분위기에 나도 동의하였다. 우리는 이제 전국보육노조 서울지부가 아니라 시설관리, 미화, 학교비정규직 노동자들과 함께하는 서울경인공공서비스지부약칭 '서경지부'의 보육분회로 편제되어 활동하기 시작했다. 나는 지부건설에 적극 참여했고 노동조합의 대기업지부들 그리고 상급단

공공노조 보육소분과 정책수련회에서

체라는 새로운 영역을 알아 갔다. 또 다양한 일을 하는 조합원들을 만나니 '업종을 넘어 정말 하나가 되어 가는 시발점에 내가 서 있구나' 하는 기대 감에 설레기도 했다. 동시에 산별 대의에는 동의가 되지만 이렇게 적은 보 육조합원이 지역으로 뿔뿔이 흩어져 어떤 일을 할 수 있을까 하는 생각은 여전히 남아 있었다.

    하지만 나에게는 고민하고 말고 할 여유가 없었다. 산별 전환과 동시 에 그동안 앞서 많은 일을 했던 선배들이 개인적인 사정과 지역 활동으로 함께하지 못하게 되자 갑자기 내 어깨가 무거워지는 상황이 되었다. 더군 다나 새로운 간부들이 조합활동에 적응해 가는 과정에서 조직활동이 저 조해지다 보니 탈퇴하는 조합원도 생기고 "산별 전환을 잘 못한 것 같다" 는 불만도 터져 나왔다. 현장에서는 정부의 평가인증으로 인해 교사들의 노동강도가 높아져 신음소리가 퍼져 나가는데도 우리는 그것에 대응하지 못했으며 노동조합을 찾는 사람들도 없었다. 전임활동가 없이 현장일과 함께 활동해야 했던 우리 몇몇의 일꾼들은 회의를 해도 실천을 하지 못하는 상황이 반복되다 보니 서로에게 지치는 모습을 보이기도 했다. 활동하는 사람이 많지 않은 이유로 얼떨결에 맡게 된 분회장이라는 직책 속에서 늘 해야 할 것들이 많이 보이고 바빴지만 "노조가 무엇을 하고 있는지 모르겠다"는 평이 들려왔고 나조차도 이렇게 시간을 보내는 것에 회의감이 들기 시작했다. 그냥 예전의 모습으로 돌아갈까 하는 생각도 많이 했다. 노동조합이 중요한 것은 알겠지만 당장에 많은 수가 가입할 것이라는 희망도 생기지 않고, 아니 적어도 "어떤 문제가 생기기만 하면 분출될 것이다"라는 기미도 보이지 않았다. 설사 여기서 몇 명이 더 가입한다 하더라도 이렇게 적은 수로는 할 수 있는 것이 거의 없을뿐더러 월차도 쓸 수 없는 현장에 발목이 묶여 있는 상태로는 제대로 할 수 있는 것이 없다는 판단이 앞섰다.

나는 구립어린이집에서 그나마 좋은 조건으로 안정되게 일하고 있었기 때문에 나의 에너지를 직장과 노조로 분산시키지 않고 어린이집에 충실히 쏟는다면 원장이 될 수도 있다는 생각에 잠자리를 설쳤다. 또 원장이 된다고 해도 내가 신념만 버리지 않는다면 그 위치에서 운동에 기여할 수 있는 것이 분명히 있을 거라는 생각이 계속 들었다. 하지만 위치가 사람을 만든다고 '나 또한 변하지 않으란 법이 있냐'라는 생각이 좌충우돌하는 과정에서 나는 대학원 진학을 생각하였다. 내 '스펙'을 쌓아 원장이 되기 위해서라기보다는 '조금 더 전문가적인 입장에서 보육을 이야기할 수 있도록 노력해야겠다'는 생각 때문이었다. 이렇게 나는 교사, 학생, 노조간부라는 세 가지 역할을 해야 했고 자신을 더욱 혹사시키게 되었다.

대학원은 야간에 수강할 수 있는 교육대학원이었고 전공을 살려 유아교육학을 선택하였다. 진학하게 되자 주변의 반응은 다양했다. 직장 상사와 동료들은 축하해 주었지만 내가 직장일에 소홀해질 것이 뻔해지자 어이없어했고, 함께 활동하는 사람들은 "바쁘고 힘들어서 괜찮겠냐"고 했다. 부모님과는 많은 이야기를 나누지 못했지만 내가 받은 느낌은 황당해하셨던 것 같다. 그리 기대하지 않았던 둘째딸이 가족 중에 가장 높은 학력을 갖게 되나 하고 말이다. 그래도 이 모든 반응들의 기본바닥에는 놀라움이 공통적으로 있었다. "언제 공부를 했고 학비는 어떻게 할 것이냐"는 질문들이 함께 있었다. 나는 이들에게 '사람'이 가진 가능성에 미리 한계를 두지는 말아야 한다는 것을 보여 주고 싶었다. 그래서 더 즐겁고 열심히 학문탐구에 매진하였다. 하지만 어쩔 수 없는 현실이 있었다. 나는 직장을 던져 버릴 수 없었고, 노조에서도 발을 뺄 수 없었다. 그리고 그 비싼 등록금도 흔들리는 마음을 더욱 거세게 하는 데 한몫을 했다. 1학기 수료 후 여러 가지 사정으로 휴학으로 쓸 수 있는 1년 반을 모두 날리고 다시 2학기를 도전했는데, 수업 때마다 생기는 마찰로 대학원 생활을 더 유지할 필요를 느끼지 못해 접기로 결심하였다.

  1학기 과정에서는 발달학을 다시 수학하고 보육정책을 연구하면서 자료를 찾고 새롭게 발견하는 것들에 대한 재미를 느꼈는데, 문제는 2학기 때였다. 한 가지 연구주제를 선정해서 졸업논문의 기초 작업을 하는 과정이었는데 이때 지도강사가 나의 연구목적에 계속 흠집을 내는 것이었다. 내 연구주제는 당연히 '보육교사의 노동조건 개선'에 관한 것이었다. 때문에 현행의 문제점을 신랄하게 비판하고 노동자 관점에서의 대안을 제시하는 방향으로 흐르고 있는데 지도할 때마다 "너무 세다", "너무 앞서 간다"라는 지적만 반복되었다. 결국 그 강사와 졸업논문을 쓰고 있는 선배들에게서 "이 논문으로는 졸업 때 어떤 교수에게도 지도받지 못할 거야" 하는 말을 듣고 대학원 생활을 접은 것이다.

결정에 아쉬움은 있어도 후회는 없었다. 아쉬움이라는 것은 '뭐, 돈이 좀 넉넉했으면 그냥 다닐 수도 있었겠지'라는 생각이 드는 정도라고나 할까? 젊은 시절 맛볼 수 있는 것

2009년 비정규직 노동자대회에서 서경분회 분회장과 함께(왼쪽이 필자)

은 망설임 없이 도전해 보는 것이 좋다고 생각해 왔고 '아니다' 싶을 때 접는 것도 내게 그리 어려운 일은 아니었기 때문이다.

2년간 서경지부라는 틀 속에서 보육분회를 움직여 왔던 팀은 미조직 조직화에 대한 과제가 급선무임을 느끼고 있었다. "조합원 가입도 저조하고 정체된 분회활동의 돌파구를 어떻게든 찾아야 된다"는 것이었다. 그래서 의료연대와 같이 거점지역을 만들어 조직하는 것을 2009년 전술로 삼았다. 또 '체불임금 집단소송단'을 조직해서 조합원 가입으로까지 이어 보자라는 야심찬 계획을 만들었지만 그리 기대는 하지 않았다. 보육교사들에게 일어나는 체불임금이라는 것이 퇴직금, 당직수당, 시간외수당, 휴일근무수당 등인데 어린이집을 떠날 생각을 않고서는 가능한 일이 아니기 때문이다. 설사 모든 걸 떼어먹히고 어린이집을 떠난다고 해도 이 직업을 계속하려는 한 다니던 기관에 누를 범하는(?) 일은 없어야 하기 때문이다. 그게 이 바닥에서는 '예의'인 것이다.

그렇다고 노조에서 그냥 손을 놓고 상담전화가 오기만을 기다릴 수는 없으니 여기저기 온라인 홍보를 하고 보육교사들이 받는 보수교육이 있으면 선전전을 하러 나갔다. 교육장 앞에서의 선전전은 늘 두 가지 반응이다. 문전박대와 조용히 하고 가라는 것. 하지만 교사들은 늘 환영하며 진지한 관심을 보였고 우리에게 중요한 것은 바로 그것이었기 때문에 주말 오전 선전전을 사수할 수밖에 없었다.

또 중요한 활동 중 하나는 기존 조합원에게 꾸준한 관심을 갖고 그들을 운동에 참여시키는 것이다. 정말 꽁꽁 숨어 나오지 않는 교사들에게 상냥한 목소리로 정기적으로 연락해서 근황을 묻고 모임에 한번 나와 달라고 얘기하는 것은 매우 큰 인내심을 요구하는 작업이었다. 하지만 우리 보육교사들의 특기가 무엇인가! 아파도 웃으며 이야기할 수 있는 특기는 어디서나 유용하다.

이런 노력으로 단절되었던 기존 조합원들과의 연락이 다시 이어지고 얼마 지나지 않아 조합원 중 한 명이 해고 위기에 처했다는 소식을 접하였다. 분명 부당해고인데 처음에는 본인이 그냥 받아들이겠다고 해서 안타까웠지만 끝까지 설득하는 노력을 멈추지 않았다. 마침내 이대로는 억울해서 못 나겠다는 그 조합원의 전화를 받고 우리는 바로 해고에 맞선 행동을 조직하기 시작했다. 이것이 바로 '솔바람어린이집 투쟁'의 시작이었다.

## 솔바람어린이집 투쟁

솔바람어린이집은 다섯 명의 교사에게 갑자기 해고통보를 했다. 이유는 "너무 호봉이 높아서"와 "선생님은 우리랑 잘 맞지 않는 것 같다"는 것이었다. 이것은 어린이집에 만연된 해고풍토이기 때문에 많은 교사들이 수

공공노조 서경지부 솔바람집 탄압규탄대회에서의 필자

긍하고 아무말 없이 현장을 떠나는 경우가 많다. 하지만 해고명단에 있던 그 조합원의 강단진 의지와 이번이 기회라고 마음먹은 조직이 함께 빛을 내면서 해고철회를 얻어냈다. 그 다음으로 함께 해고통보를 받았다가 다른 곳으로 이직한 교사들을 모아 체불임금소송을 진행했다. 이 과정에서 두 명의 교사가 뜻을 함께하게 되었고, 이 교사들과 몇몇의 학부모들이 원장과 재단의 비리를 찾아내는 쾌거를 맛보았다. 구청감사로도 찾아내지 못한 구립어린이집 1억 6천만 원의 비리사건은 뉴스거리로 안방에 등장하기도 했다. 하지만 이 비리를 밝혀낸 자들에 대한 공격이 시작되었다. 원이 소란스러운 틈을 타 구청직원이 임시책임자가 되어 담당하면서 원장편에 있던 교사와 함께 어린이집을 정상화시키겠다고 움직인 것이다. 노조 측은 이에 반발했고 정상화 과정에 조합원 교사와 비리추적에 함께했던 부모들이 참여하는 운영위원회를 가동할 것을 요구했지만, 이미 저들은 자신들에게 호의적인 부모들을 조직하여 "노조하는 교사들 때문에 원이 시끄러워서 아이들을 맡기기 불안하다"는 분위기를 만들기 시작했다. 또 그들은 새로운 원장과 함께 노조에 가입된 교사들의 몇 가지 실수를 부풀려 도덕적으로 매우 치명적인 흠이 있는 것마냥 거짓선전에 목소리를 높였고 거센 인신공격을 주저하지 않았다. 그 결과 교사들은 심리적으로 위축되었다.

당시 싸움이 길어지면서 감정소모가 생각보다 커지는 바람에 우리와 함께했던 부모들은 지쳐가고 있었다. 하지만 교사들은 소수였지만 체불소송이 승소 판결을 받자 다시 힘을 얻었다. 더욱이 교사들은 비리고발 후 안정된 고용을 유지하고 어린이집의 질 개선을 요구하기 위한 단체협약을 진행하고 있던 터라 부당한 현실을 바꿔 나가는 경험을 하고 있어 쉽게 지치지 않았다. 힘들지만 조금만 더 싸우면 이길 것이라는 희망을 가지고 있었는데 단협 도중 원장이 위탁을 포기하고 사퇴를 해버렸다. 이것을 계기로 반대편 부모들의 원성은 더욱 높아갔다. 이런 분위기를 틈타 구청에서는 '위탁시 고용승계 의무사항'을 수정해 재위탁 공고를 냈고 이번엔 정말 노조를 그냥 두지 않겠다는 다짐을 한 새로운 위탁체가 등장하였다. 조합원 교사들은 "옳은 것을 하는데 왜 이렇게 힘든가" 하며 회의감에 빠지고 분열이 생기기 시작했다. 우리의 분열은 그들에게 기회였고 조합원 교사 두 명과 비조합원 신입교사 한 명이 형식상 면접이라는 과정 이후 해고 통보를 받았다. 지금까지 현장에 돌아가기 위한 복직투쟁을 하고 있고 살아남은 한 명의 조합원은 노조를 탈퇴했다.

이런 일련의 과정은 내 가슴속 깊이 박혀 한동안 나를 너무 힘들게 했다. 내가 속한 어린이집 투쟁은 아니었지만 이들과 함께하는 동안 내가 다른 어린이집 교사라고 생각해 본 적이 단 한순간도 없었기 때문이다. 나는 직장은 서초구, 투쟁현장은 강북구, 집은 관악구였다. 퇴근 후 달려가고 택시를 타고 돌아오고, 온갖 눈치를 받으며 조퇴를 해서 단협에 참여하고 솔바람어린이집 교사들과 머리를 맞대었던 시간에 나는 그들이 느끼고 있는 것들을 최대한 함께 느끼려고 했다. 어떻게든 싸움을 이겨야 한다는 강박이 생겼고 이 투쟁에 관여하는 사이 내 직장에서 나는 오히려 외톨이가 되어 가고 있다는 것을 느낄 수 있었다.

나 또한 내 일만으로도 하루를 보내면 온몸에 진이 쭉 빠지는데 저녁이 되면 노조일을 시작해야 하니 새로운 기운을 억지로라도 만들어 내야 했다. 함께 일하는 교사들과 퇴근 후에 함께 어울리는 시간이 줄어들면서 점점 관계가 소원해지는 것도 이겨 내야 하는 감정이었다. 노조활동이 늘어남에 따라 그 과정에서 만나는 사람들과의 술자리도 잦아졌지만 무엇보다도 현실과 이상 사이의 괴리 속에서 치고받는 감정의 충돌 때문에 술이 더 늘었다. 현장에 밀어닥치는 엉뚱한 보육정책들 때문에 '교사로서 이렇게 살아야 하나' 하는 심각한 고민에 빠졌다. 나는 내가 동료들에게 꾸준히 변화를 요구하는 것이 우리 자신과 아이들에게 좋은 것이라고 얘기했지만, 몇 년째 반응이 오지 않고 나만 '특이한 사람', '잘난 사람'으로 취급되는 느낌만 받았다. '아무리 밖에서 세상을 향해 소리치면 뭐해? 안에서 일하는 사람들은 이렇게 요지부동인 것을……' 하는 생각이 들면서 한숨만 나왔다.

때마침 원장은 원장들끼리 노무사를 고용해 악질적인 취업규칙을 만들어내서 교사들에게 강제 동의를 요구하고 있었다. 심지어 "CCTV를 달겠다"는 얘기까지 하고 있어 현장 상황은 최악이 되어 갔다. 취업규칙에는

"8시간 노동에 당연히 있어야 할 휴게시간 1시간을 점심시간으로 하라" 는 항목이 있었다. 노동강도가 가장 높은 점심시간이 휴게시간이라니! 교사생활을 해봤다는 인간들이 모여서 만든 취업규칙이 이런 꼴이었다.

또 교사들의 동의도 구하지 않고 CCTV를 각 교실에 달아 24시간 가동하면서 교사들의 일거수일투족을 감시하고 지적하는 만행을 저지르기 시작했다. 교사들의 불만이 하늘을 찔렀고 나는 이 기회에 교사들의 힘이 모일 수 있겠다는 기대도 했다. 원장은 이런 분위기를 잠재우기 위해 나에게 계속 상담을 시도했고 "선생님만 가만히 있으면 다른 선생님들은 모두 내 얘기를 따를 거야"라는 압력을 계속 넣었다. 하지만 나는 원장에게서 들은 이야기를 모두 교사들에게 털어놓으면서 우리가 그동안 어린이집을 뒤엎어 버리고 싶을 때 농담으로 말했던 "침 한번 뱉는 거야!라는 행동을 할 때가 된 것 같다"는 이야기를 했다. 그러나 교사들은 지금 자신들이 처한 상황[결혼, 신혼, 출산 등] 때문에 뒷말만 하고 행동하기를 원하지 않았다. 이해가 되지 않았다.

나는 CCTV를 뗄 것을 단호히 주장했기 때문에 원장은 보육실 안에서 내가 취하는 나의 행동을 지적하는 실수를 범하지 않았다. 대신 다른 교사들에게 심각한 스트레스를 주었는데 아무도 원장에게 문제를 제기하지 않았다. 오히려 이 문제로 원장에게 굽히지 않고 저항하고 있는 나에게 "선생님이 좀 적당히 했으면 좋겠다"는 이야기가 들려왔다. 더 이상 내가 이곳에 있을 이유가 있겠는가라는 생각이 들었고, 퇴사를 결정하였다. 교사들은 내가 자꾸 원장과 마찰을 만들어 원장이 그 스트레스를 교사들에게 풀어 버리기 때문에 그랬던 것 같다. 퇴사를 결정하는 것이 내게 그렇게 쉬운 일은 아니었다. 돈과 일에 대한 애정, 재취업이 가능하지 않을 것이라는 문제도 있었지만 가장 큰 것은 자존심을 더 이상 굽힐 수 없다는 것이었다. 보육에 대한 철학이 전혀 없는 원장이 그가 가진 주변권력으로 구립어린이집이라는 한 사회의 공공재를 지저분하게 망쳐 놓는 그 과정을 그냥 두고 떠나야 하는 것이 마치 그에게 지는 것 같은 생각에

2010년 3·8 여성대회 사전 돌봄노동자대회에서 발언하는 필자

밤잠을 잘 수 없었다. 하지만 더 견디기 힘든 것은 그런 사람이 내가 교실에서 보육하는 장면을 가십거리 삼아 보고 있을 거라는 상상이 계속되는 것이었다. 어쨌든 나는 교사들이 나를 믿지 못했을 수도 있고 또는 여러 이유로 나와 함께 힘을 모아 보려 하지 않았던 그들의 마음을 이해한다고 생각했지만, 사실은 여전히, 그리고 앞으로도 이해하기 쉽지 않을 것 같다. 그들이 그동안 접해 왔던 우리 사회에 기록된 투쟁의 역사가 "싸워 봤자 싸우는 사람만 손해"라는 인식을 갖게 했던 것인지, "여자들끼리 있는 곳은 원래 다 그래"라는 말들이 뼛속까지 새겨져 있어서 그런지, 왜 그렇게 부당한 조건들에 대해서 침묵하고 타협하는지를 맑스가 살아와서 이야기해 줘도 이해되지 못할 것 같다. 어쩌면 내 마음도 이런 말도 안 되는 통설에 동의하고 있는 것은 아닌가 스스로 물어보기도 한다.

　우리는 존중받지 못하고 보호받지 못하는 위험한 환경 속에서 보육을 하고 있다. 구조의 문제임이 확실하다는 것을 점점 더 구체적인 경험으로 확인해 가고 있다. 체제의 문제, 바꿀 수 있는 건 일하는 주체인 우리들

이라는데 분노한 우리들의 힘을 모으는 것이 너무 힘들다. 시기상조인가? 가끔 조합원들과 활동평가를 하다 보면 "아직 보육교사들이 노동자성을 받아들이고 자신의 문제를 해결하기 위해 뛰쳐 나올 수 있는 시기가 아닌 것 같다"는 평가를 하기도 했다. 그러니 일단 이렇게 힘들게 분회를 끌고 가야 하는 것인지에 대한 판단을 내려야 할 때라고 말한다. '맞는 말'이라고 고개를 끄덕이다가도 '동의할 수 없다'고 고개가 저어지는 것이 반복되면서 활동에 대한 다양한 생각이 나열된다. 굳이 내가 앞서지 않아도 기회는 올 것 같기도 하다는 생각이 든다. 내가 없었을 때도 세상이 굴러온 것처럼 말이다. 그러나 나에게는 이제 어떻게 살 것인가에 대한 물음이 다시 남고, 그 물음에 대한 명료한 답은 아직 없다.

그래서 일단 어느 노래의 가사처럼 '삐걱대는 세상 작은 나사'처럼 살려 하고 이 결정에 후회는 없을 것이라고 본다. 거침없이 지랄해 대는 저들의 발목을 잡는, 저항하는 자들의 손무덤에 내 손을 함께 올려놓고, 니들 멋대로 살 수 있는 세상은 아니라는 것을 알게 할 것이다.

2010년을 맞으면서, 나는 어린이집을 퇴사하여 노동조합 활동에 더 충실해질 수 있는 조건이 되었다. 물론 활동할 수 있는 조건이 좋아졌다고 활동이 쉬워진 것은 아니다. 내게 지금 활동은 매우 어렵고 그 내용이나 성과도 전혀 충분하지 못하다. 하지만 어린이집 일에 절어 있을 때보다는 힘이 난다. 현장을 떠나온 것이 현장에 힘들게 남아 있는 동지들에게 미안할 때도 있는데, 그런 마음이 들면 주어진 기회 속에서 더 열정적으로 발언하고 더 열심히 할 일을 찾는다.

2010년 5월 3일, 우리는 '서울형 어린이집' IPTV 관련 기자회견을 했다. 교사뿐 아니라 영유아의 인권도 문제가 되는 심각한 사안인데, 아무도

'무상의료 무상교육'을 주장하며 공공노조 노동자들과 같이(둘째줄 오른쪽에서 세번째가 필자)

문제를 제기하지 않고 순응하고 적응해 가는 현실 때문에 미칠 듯 답답했었다. "IPTV를 운영하면 어린이집을 떠나겠다"는 교사들이 생기고, 노동조합에 "어떻게 해요?"라는 한숨 섞인 전화도 걸려왔다. CCTV 때문에 현장을 떠나온 나다. 내가 앞장서서 제동을 걸지 않으면 안 되는 것이었기 때문에 진보단체들과 함께 대책회의를 진행했다. 이날 기자회견 후 태어나서 처음 국가인권위원회에 찾아가서 '어린이집 IPTV 인권침해 진정서'를 제출했다. 가해자란에 '서울시장'의 이름을 쓰는 순간 짜릿했다. 이 싸움은 이제 시작이고 앞으로 어떻게 진행되고 어떤 결과를 가져올지 예측하기 매우 힘들지만, 잘 싸워서 보육노동자를 무시하며 보육을 말하는 저들에게 엿 한번 꼭 먹였으면 좋겠다는 생각을 했다. 늘 처음인 것이 많은 나를 성장시킬 의미 있는 투쟁이 될 것임이 분명하다.

**"동물원의 동물이 된 것 같아요.", "10년차 교사입니다. 이제 떠나야 할 때인가 봅니다!"**

오세훈 서울시장의 가장 큰 업적 중 하나라는 '서울형 어린이집'에 CCTV가 설치되더니 IPTV로 생중계되는 어이없는 일이 벌어졌다. 그동안 보육교사로서 많은 어려움을 소리 없이 감내해 온 우리에게 정말 견디기 힘든 시기가 온 것이다. 지난 2009년 3월부터 서울시는 민간보육시설의 질을 국공립수준으로 향상시켜 공보육의 기반을 강화하겠다고 했다. 하지만 이 때문에 보육교사들이 감수해야 하는 고통이 매우 크다. 보육의 질이 향상되고 있는지 24시간 감시하겠다는 서울시의 잔인한 음모로 현장의 교사들은 숨쉬기조차 힘든 상황에 처했고 아이들은 감시와 통제가 내면화되는 현실에서 자라게 됐다. 노동조합과 진보단체들은 5월 3일 '막무가내 어린이집 IPTV 설치사업 인권맹 서울시를 규탄하는' 기자회견을 열고 국가인권위원회에 '어린이집 IPTV 인권침해 관련 진정서'를 접수했다. 어린이집에는 다양한 가정환경과 다양한 욕구를 가진 영유아들이 있다. IPTV설치는 어린이집에 노출돼서는 안 되는 것이 있음을 전혀 이해하지 못하는 서울시의 무모한 사업이다. 지극히 단편적인 면을 보고 불특정 다수가 갖는 편견으로 인해 상처받고, 소외되고, 낙오할 우리의 아이들과 부모들과 교사들을 상상해 보자. 우린 과연 무얼 위해 감시장치를 사용하게 되었나. 지금 당장 CCTV를 떼고 "관심"을 달아야 한다. 우리는 CCTV와 IPTV보다 더 좋은 대안이 충분히 많다는 것을 계속 알려 나가고 그것을 쟁취할 때까지 싸움을 멈추지 않을 것이다. _ 2010년 5월 8일 『레프트21』 기고문


### "다른 세계가 가능하다"

어쨌든 난 "다른 세계가 가능하다"는 것을 여전히 믿는다. 하지만 그것을 실천해 나가는 데 엄청난 행동이 요구되고 적잖은 고통이 수반된다는 것을 보고 느낄 때마다 무엇을 위해 '다른 세계를 꿈꾸는가'라는 질문을 하지 않을 수 없다. '행복한 삶'을 위해? 그러면 그 과정도 행복해야 되지 않

는가라는 의문이 늘 나의 발목을 잡았다. 나는 내게 맞지 않는 커다란 옷을 뒤집어쓰고 있다는 생각을 했다. 아니 지금도 종종 그런 생각이 들 때가 있다. 너무 큰 옷을 입고 있어서 옷을 입고 무엇을 하기보다는 그 옷조차 흘러내리고 밟히고 무거워서 시야를 가리고 나를 답답하게 만들고 있는 것 같아 그냥 벗어 버리고 싶을 때가 너무 많다. 그 옷에 맞게 당장 나를 키울 수 없다는 사실에 그 옷을 입었을 때와 다르게 기회만 되면 더 훌훌 벗어 버리고 싶을 때가 종종 있다. 그럼에도 나는 알고 있는 것이 있다. 내가 입은 옷의 어디가 크고 어디를 재단하면 될 것 같은지, 함께 하는 사람들에게 물어보면 된다는 것을. 그들에게 묻고 듣고 하면서, 나 또한 그들이 입고 있는 옷의 매무새를 봐주면서 함께 어울려 가다 보면 그리 힘들 것도 없다는 것을 안다.

나는 지금 배워 가는 중에 있다. 엄청난 혼란과 갈등 속에서 한발 앞섬과 한발 물러섬을 반복하면서 다짐하고 또 다짐하며 내가 가는 길을 매번 확인한다. 그리고 내가 절망 속에서 이 길을 걷는지 희망 속에서 걷고 있는지를 내 자신에게 묻는 것을 멈추지 말아야 할 것이다.

글을 쓰는 동안 새벽이 되었다. 난 새벽에 느꼈던 감정들이 꽤 많다. 고등학교를 졸업한 이후 파주에서 서울까지 아침 당직을 하기 위해 새벽 첫차를 타고 출근하면서 새벽에만 느낄 수 있는 공기들이 있다는 것을 알았다. 그 바람들이 나를 그냥 스치며 지나가지는 않았던 것이다. 때로는 눈물을 닦아 갔고 때로는 웃음을 남겨 주면서 일희일비할 것 없다는 위로와 주의를 주었다. 어둠 속에서 탄생하는 새벽은 노동하고 행동하는 사람들에게 늘 그만큼의 깨달음을 주는 것 같다. 그래, 멈추는 것에서 절망이 보이고 움직이는 것에서 희망이 보인다!

사실상 교육운동의 경험이 부족한 나는 진보교육 운동 차원의 연대투쟁을 통해 신자유주의를
등에 업고 나타나는 폐해를 목격하면서 새롭게 배울 수 있었다. 지금의 공교육 현장은
자본과 권력에 순응하는 노동자를 끊임없이 확대 재생산하는 공간이다. 그만큼 학교는
자본주의 체제를 공고히 하는 매우 핵심적인 전선으로, 자본과 정권은 이에 대한 주도권을
뺏기지 않으려고 한다. 교육현장은 시대를 거슬러 가고 있다.

# 노동해방 세상과
# 여성해방을 꿈꾸며

최보희

공공노조 서울경기분회 분회장

# 노동해방 세상과 여성해방을 꿈꾸며

## 1. 기지개

지금도 아련히 떠오르는 기억. 뽀얗게 피어오르는 새벽공기를 가르며 짙은 회색 길을 사촌오빠와 친오빠 뒤를 울면서 열심히 쫓아가는 여자아이의 모습이다. 아마도 동네 교회에서 어떤 행사가 있었던 것 같은데, 오빠는 다섯 살 어린 내가 꽤나 거추장스러웠나 보다.

부모님은 충청도 산골짝의 결혼생활을 청산하고 대전으로 삶의 터전을 이전하셨고 그곳에서 1962년 나를 낳으셨다. 오빠와 다섯 살 터울이니 터울 없이 다산했던 옛날로 치면 정말 오랜만에 본 두번째 아이였을 것이다. 빛바랜 나의 백일사진 속에는 다섯 살짜리 오빠가 동그란 큰 눈에 자그맣고 인형같이 앙증맞은 여자아이를 입을 벌린 채 힘겹게 손으로 받치고 있는 모습이 보인다. 가난했던 시절에 동생이 생긴다는 것은 자신의 밥그릇을 나눠 줘야 한다는 의미이기도 하고, 부모님 역시 더욱 열심히 일해야 한다는 책임감과 부담감을 느끼셨을 것 같다. 대전에서는 세 살 적까지 살아서인지 생각나는 건 한 가지도 없다. 그러나 부모님 말씀에 따르면 어릴 적에도 엄청 활발한 성격이었고, 밖에서 누군가에게 해코지라도 당하고 울면 귀청이 떨어질 정도로 풍부한 음량을 가졌다고 한다.

여성노동자 글모임에서 필자

그 뒤 부모님은 서울로 올라오셔서, 영등포 당산동에 자리를 잡은 이모 바로 옆집 문간방에서 셋방살이부터 시작하셨다. 여러 세대가 세들어 살던 집이었는데, 나는 밤늦게 술이 거나하게 취해 들어오시는 아저씨께 잠긴 대문을 따 드린 보상으로 동전을 받았던 기억이 있다. 그 돈으로 눈깔사탕(사탕 값이 5원이었던 것 같다)을 사먹기도 했고 장판 밑에 돈을 꼬불쳐 놓기도 했는데 그 돈을 잊고 있다가 이사할 때 장판에서 발견하고는 마냥 즐거워하기도 했다. 파편적인 기억 속에는 동네 어른들에 둘러싸여 한명숙의 '노란 셔츠 입은 사나이'를 부르며 칭찬받았던 모습이 있는데, 적어도 당시의 나는 수줍고 조신한 아이는 아니었던 것 같다.

1960년대 후반 내가 살던 동네가 아주 못 살지는 않아서, 우리집이 있던 골목에는 부유했던 집들도 꽤 있었던 것 같다. 그들의 집에는 TV와 자가용, 목욕탕이 있었으며, 방도 보통 3개씩이나 됐고, 일하는 사람도 있었다. 그 동네에서도 가장 잘살던 친구와 자주 놀았는데, 따뜻한 햇볕에 둘이

백일 때 찍은 가족사진

쪼그려 앉아 치약을 맛있게 짜 먹기도 했다.

이 친구와 노는 것 이외의 주된 나의 놀이터는 동네 주변에 있는 공작창工作廠; 철도청에 딸려 청도 용품의 제작과 수리 등을 맡아보는 기관이었다. 오빠는 또래들과 동네 찻길 건너에 있는 여의도 들판을 돌아다녔다. 나는 어렸기 때문에 한 번도 따라가 본 적이 없었지만, 그때 여의도에는 논이 있어서 오빠는 간장병 하나 가득

메뚜기를 잡아 오곤 했고 엄마는 그 메뚜기를 프라이펜에 볶아 주셨다. 정말이지 잘 볶아진 메뚜기의 고소한 그 맛을 다시 맛보지는 못할 것이다. 사교육이 전무했던 시절이었기에 초등학교 들어가기 이전의 내 또래 아이들은 동네 주변을 많이 떠돌아 다니면서 놀았다. 그때는 요즘처럼 놀이터가 따로 없었기에 주변 공작창에 정차돼 있는 기차 주변을 주로 헤매고 다녔다. 그곳에는 사람 발길이 잦지 않아서 여러가지 풀들이 많았고 나는 그중에서 가장 눈에 띄는 보랏빛 달개비를 열심히 땄다. 그 풀들을 벽돌을 빻아 고춧가루를 만들어 김치를 담그는 소꿉장난을 하기도 했는데 아마도 요즘 아이들도 하는 부부놀이였던 것 같다.

영등포 당산동 시절은 4~6살 무렵이었고 우리 가족은 문간방에서 방 두 칸의 집으로 조금씩 주거 공간을 넓히면서 이사를 했는데, 그때 아버

지가 어떤 직업을 가지셨는지는 기억나지 않는다. 어찌 됐든 방 두 칸짜리 집에서 네 살 아래 남동생이 태어난다. 어느 날 나는 새벽에 심상치 않은 분위기를 느꼈는지 잠이 깨서 눈을 비비고 있는데 오빠가 "엄마가 애기 낳았다"라고 귓속말을 해주었고 윗방 문을 열어 보니 정말 아주 작은 아이가 엄마 옆에 누워 있었다. 그렇게 우리 식구는 다섯 명이 되었다. 그리고 얼마 뒤 우리집은 이모집과 좀더 떨어진 곳에 다락방 하나가 추가된 방 두 칸짜리 집으로 다시 이사했다. 이후 일곱 살이 된 나는 전에 살던 동네에 있는 영중초등학교에 입학했다. 입학식 날, 하얀 손수건을 가슴에 단 엄청나게 많은 아이들이 운동장에 정렬해 있었다. 무엇을 했는지 기억조차 나지 않지만 무척이나 추운 날씨에 오리엔테이션이 계속되면서 콧물을 흘리는 아이들이 늘어났고, 나는 오줌을 쌌다. 입학식 이후 엄마는 더 이상 학교에 안 오셨고 나는 오줌 싼 것이 부끄러워 아무도 모르게 집에 와서 젖은 팬티를 빨았던 것 같다. 이렇게 시작된 초등학교는 한 반에 90명이 넘는 아이들이 있었고 나는 수업시간에 주로 짝꿍과 책상 밑에 앉아서 놀았다. 몇 학년 때인지 다른 반 창문에 매달려 구경을 하느라 난리가 났던 일이 기억나는데, 그 반 담임선생님이 많은 아이들의 하의를 벗겨 교단에 세우고 엉덩이를 때리고 있었던 것이다. 소문이 나면서 모두들 몰려가 구경을 했는데 그때는 학교에서의 폭력이 공공연하게 '사랑의 매'로 둔갑하곤 했던 것 같다.

이사간 집에는 방 두 칸과 다락방이 있었는데, 부모님은 다락방을 세주었다. 아버지 형제는 3남 1녀로 그 중 아버지만이 서울에 상경하셔서 자리를 잡았고, 이후 큰아버지 자녀들, 즉 사촌오빠와 언니들이 시골에서 학교를 마치면 서울로 올라와 우리집에서 더부살이를 했다. 오빠들은 공장에서 관리직으로 언니들은 '공순이'로 서울생활을 시작했다. 이렇게 우리 집은 시골에서 올라온 사촌들의 거점이었고 정류장이었다. 부모님은 조카들이 오면 방 한 칸을 내 주고 나중에 결혼시키는 일까지 담당했다. 엄마가 조카들을 수발하느라 굉장히 고단했을 것 같다.

길 건너 학교를 다니는 중에 우리 동네에 새로 학교가 세워지기 시작했다. 완공이 되자 우리 학교 반수 이상의 학생들이 한꺼번에 새 학교로 전학을 갔다. 지금도 여전하지만 서울로 인구가 집중되었고, 다들 아이를 많이 낳았기 때문에 학교 역시 계속 증축될 수밖에 없었던 것 같다. 그래서 나는 더 이상 학교를 가기 위해 길을 건너지 않아도 되었다.

이사한 지 얼마 되지 않아 우리는 또 이사를 했다. 이모집과는 멀리 떨어져서 구는 같고 동만 다른 곳이었는데, 아버지 직장하고 가까운 곳이었다. 아버지는 조선맥주에 다니시는 이모부의 소개로 조선맥주[지금의 하이트맥주] 공장의 노동자였다. 그 시기는 주위에 하루 품팔이 일자리로 생계를 꾸리는 사람이 많았는데, 아버지는 그래도 매월 급여가 보장되는 데다 가끔씩 상여금도 나오는 대공장의 안정된 일자리였다. 공장 근처의 집세는 비쌌기에 부모님은 큰 방 하나만을 세낼 수밖에 없지 않았나 싶다. 그곳에서 두번째 동생이 태어났고 우리는 여섯 식구가 되었다. 아버지는 공장을 다니면서 점점 배가 나왔다. 아무래도 맥주공장 노동자라서 잦은 음주를 한 결과인 듯하다.

아버지가 괜찮은 대공장 노동자인데도 네 명의 아이들과 먹고살기 힘들었던 엄마는 장사를 하기 시작하셨다. 처음에는 영등포역을 건너가는 육교 아래에서 호떡장사를 하다가, 이후 그 지역에서 가장 큰 영등포시장으로 장소를 옮겨 계속하셨다. 나는 엄마를 만나기도 하고 도와 드리기도 하려고 걸어서 10분 정도 거리인 영등포시장을 뻔질나게 들락거렸다. 이후 어떻게 판로를 아셨는지 호떡장사를 정리하고 공장에서 B품 스텐[스테인리스] 수저와 젓가락을 갖다가 파시더니 다시 시장 바닥 중앙에 있는 좌판을 임대해 옷장사를 시작하셨다. 그렇게 시작한 옷장사는 꽤 잘되었는지 덕분에 나는 예쁜 옷들을 많이 얻어 입었다. 그러다 시장 입구에 가건물이 지어졌고 그 안에 좌판을 지어 임대하게 되었다. 장사가 되는 편이라고 여긴 아버지는 빚을 내어 그 건물로 들어가자고 주장하셨다. 내 기억에 엄마는 반대하셨던 것 같지만, 결국은 그 전보다는 지붕이 있는 쾌적한 좌판에서 계속 옷장사를 하셨다. 그러나 장사는 예전만큼 안 됐고 빚으로 여러 가지 어려움들이 쌓여 가기 시작했다.

## 2. 성장통

결국 임대비 부담으로 엄마는 옷장사를 접었고, 아버지의 월급만으로는 여섯 식구가 살기도 빠듯하다 보니 빚을 갚기는커녕 더 늘어 가기만 했다. 그런 상황에서 나는 중학교에 진학했다. 중학교 입학식 때의 기억이 없는 걸 보면 아마도 어려운 가정형편이 나의 기억을 차단해 버린 것 같다. 이후에도 계속 되는 빚 독촉으로 대개 친척들인 채권자와 부모님 간의 고성이 오가고 나자 그나마 있던 텔레비전도 빼앗겼다. 빚 때문에 다툼이 자주 일어나 고성과 실랑이가 있을 때면, 우리 형제들은 불안에 떨면서 침울하게 구석에 쭈그리고 있었다. 2학년 때인가는 등록금을 못 내 담임선생님의 호명과 함께 아침부터 집으로 쫓겨 오기도 했다. 그런 나를 보고 내색은 안 하셨지만 엄마는 피눈물을 흘리셨을 것이다. 그때의 상황을 보면 자

중학교 소풍 때 모습(뒷줄 오른쪽에서 두번째가 필자)

식인 나보다는 부모님의 절망감
이 더 컸으리라 여겨진다.

1974년, 내가 중학교 1학년
때 육영수 여사가 8·15기념식장
에서 박정희 대통령이 피한 총탄
에 맞아 죽었다. 온 국민은 국모
가 죽었다고 슬퍼했고 나 역시도
단아하고 우아한 영부인이 죽어
서 슬펐다. 그러나 비운의 영부인
저격사건은 내 기억에서 빨리 지

워졌고 나는 학교생활에 집중했다. 빚으로 쪼들리는 집보다는 학교가 내
게 활력을 주었고 부담감이 없어서 재미있었던 것 같다. 공부를 잘하지는
못했지만 그렇게 열심히 하려고도 안 했던 것 같다. 한창 사춘기였지만 나
는 항상 재미있고 활달했으며 친절했던 것 같다. 그 덕분인지 누구한테나
인기가 좋았고, 흔하지 않았던 내 이름은 사람들이 나를 쉽게 기억하는 요
인이 되기도 했다. 특히 내가 가장 좋아했던 영어시간에 내 이름을 가장
먼저 기억하고 항상 나에게 발표를 시키신 선생님, 굉장히 추웠던 겨울방
학에 여기저기 수소문해 찾아온 우리반 범생이 친구의 구애(?)로 나는 자
신감에 차 있었다. 한편으로 도덕선생님을 너무나 짝사랑했던 추억도 있
다. 심지어 시험시간에 제일 앞줄에 있었던 나의 손을 만지작거린 도덕선
생님의 행동(그 당시에는 성추행이라고 생각하지 못했다)도 나는 그저 좋아했
었다. 지금 돌아보면 도덕선생님은 대머리였는데 왜 그렇게 좋아했는지
이해가 안 된다. 어쨌든 이때가 나에게는 가장 행복했던 학창시절이었다.

그러나 그 시절 혐오스런 기억들 또한 있다. 그때는 콩나물시루 같은 만원버스로 등교를 해야 했다. 그런데 차장이 학생들을 꾸역꾸역 집어넣은 버스에서 재수 없게 변태에게 딱 걸리면 꼼짝없이 당해야 했다. 그때는 왜 그렇게 버스에 변태들이 많았는지 모르겠다. 성추행은 버스에서만 있었던 게 아니고 학교에서도 수업시간에 공공연하게 일어났다. 한 예로 중학교 2학년 때 음악선생은 학기가 시작되면 61번을 찍어 괴롭혔다. 불행히 61번이 된 나는 이런 정보에 따라 첫번째 음악시간을 긴장하며 맞을 수밖에 없었다. 역시 난 호명되었고 불려 나갔다. 나가자마자 손을 쪼물락거리며 만져 대는 음악선생님 옆에 서서 반주에 맞춰 노래해야 했다. 그나마 첫 시간이라 그 정도로 끝났지, 이후부터는 살며시 옆에 와서 겨드랑이에 손을 끼워넣기도 했다. 그러면 나는 자기방어를 위해 팔에 있는 힘껏 힘을 주어 더 이상 손이 들어오지 못하게 하는 수밖에 없는 가련한 신세였다. 그 당시 여학교 주변에는 항상 '바바리 맨'이 상주해 있었고 거리에서도 빈번하게 일어나는 성추행들, 꼼짝 못하는 콩나물시루 같은 버스 안에서의 성추행들이 많았다.

계속되는 집안의 어려운 경제사정은 고등학교에 진학한 나의 성격도 바꿔 놓았다. 나는 이제 대다수의 아이들 속에 묻혀 지냈으며 이미 대학진학이 어렵다는 것을 알고 있었기 때문에 수업을 땡땡이치는 것과 독서로 시간을 보냈다. 그때는 어디서 구했는지 친구들과 불온서적(야한소설)을 돌려보기도 했지만 도스토옙스키가 쓴 『백치』의 주인공에게 감동하기도 했다. 책을 좋아했던 나는 주로 세계명작을 보며 서구문화에 매료되었다. 그래서 네덜란드 또래하고 펜팔을 하며 편지를 주고받기도 했고, 팝송을 즐겨 듣기도 했는데 나의 스타는 그룹 '퀸'Queen이었다. 영어시간에 외웠던

고등학교 1학년 수학여행에서 친구와 같이.
앞에 있는 이가 필자

음악들도 대개 팝송이었다. 그 때는 대중가요가 수준 낮은 문화로 치부되어 소위 공돌이, 공순이처럼 무식한 사람들이 듣는 노래라는 사회적 편견이 있었던 것 같다. 나는 문과 과목을 좋아했는데, 특히 국어, 영어, 세계사를 좋아했다. 국어는 반에서도 톱을 자주 한 반면에 수학은 가장 싫어해 점수도 바닥이었다. 고3이 되자 어차피 대학을 포기한 상태라서 취업반에 지원을 하면서 공부에 대한 압박감도 줄었으며 자유로운 친구들을 많이 만났다. 나처럼 꽤 큰 키에 예쁘장한 얼굴을 한 친구가 나에게 접근했고 그 친구와 어울리면서 미팅도 해보았다. 담임선생님이 나를 불러 걱정했다. 그 친구와 어울리지 말라고. 얼마 안 가 그 친구는 학교를 중퇴하고 결혼했다. 사실 나는 많이 놀랐다. 어떻게 그럴 수 있는지.

이때까지 나는 어떤 목표의식을 갖고 공부하겠다는 의지보다는 그럴싸한 대학의 여대생은 되고 싶었다. 예쁜 옷을 입고 두꺼운 책을 든 폼나는 '여대생' 말이다. 그러나 현실은 나에게 여대생의 꿈을 접도록 했고, 1979년 10월 늦은 가을 무렵, 한발의 총탄과 함께 박정희 대통령이 죽었다. 나는 그의 죽음을 슬퍼했다. 앞으로 벌어질 더 큰 비극적인 사건들을 예감하지 못한 채.

## 3. 사회인으로 첫 출발, 그리고 방황의 시절

박정희의 죽음으로 1979년은 저물어 갔고 전두환은 군사쿠데타로 계엄령을 선포했다. 역 근처에 배치된 시커먼 계엄군의 그림자와 무릎 꿇린 채 군홧발로 무차별 폭력을 당하는 고개 숙인 젊은 청년의 휘청거림은 아직도 공포를 주는 뚜렷한 기억 중의 하나이다. 11월쯤 나는 학교의 소개로 종각에 있는 신생백화점 판매원으로 취직을 했다. 한 달 정도의 수습기간이 지나고 1980년을 맞이했다. 그 백화점은 역사가 꽤 긴 곳으로, 가끔 백화점을 순시하는 백발의 사장은 족벌 경영과 복잡한 사생활로 직원들의 가십거리였다. 주로 학생 교복의 매출이 백화점 판매 수입에서 큰 비중을 차지했던 것 같다. 지금처럼 교복판매점이 많지 않았던 시절이라 1월이면 신학기 대비해서 교복을 사러 오는 손님이 한꺼번에 몰려왔다. 특별히 만든 돈통에 지폐가 넘치고 판매 종료 후 수많은 돈통에서 꺼낸 지폐들을 마대자루에 휴지조각마냥 우겨 넣어 사무실로 전달해야 했다. 나는 지금까지 그렇게 돈이 많이 담긴 지폐 주머니를 본 적이 없다. 요즘은 좀 다르지만 그 당시 백화점 판매원의 대다수는 20대 초반, 내 또래인 고등학교를 갓 졸업한 여성들이 많았다. 교육과 의식 수준이 비슷한 여성들로 구성되다 보니 나름대로 즐겁게 직장생활을 했다. 대개의 화제는 남자에 대한 것이었는데, 어느 날 굉장히 유쾌하고 발랄했던 백화점 동료 중 한명이 '고팅'[고고장에서 하는 미팅]할 멤버를 모으고 있었다. 구미에 당기는 건 명문대생과의 고팅이라는 것이었다. 고팅 구성원이 정해진 날, 퇴근 후 난생 처음 백화점 근처인 종로 3가에 있는 고고장으로 갔다. 어두운 사이키 조명 속에서 우리는 마땅한 짝을 찍으려고 서로를 탐색했고, 각자 대상을 결정했다. 나는 애프터 신청까지 받았다. 애프터는 미팅한 이후 약속을 받

창경원에서

는 것인데 당시 나는 대학 입학을 고민하고 있었고 그 이야기를 들은 상대가 공부를 도와주겠다(?)는 것이었다. 이후 그 남자친구를 종종 만났었지만 공부를 도와주는 사이는 되지 못했다. 그러나 그 남자친구가 며칠 데모를 하고 까칠한 콧수염으로 내 앞에 나타났을 때 설레면서 가슴 뛰었던 기억이 남아 있다.

지금도 집회 장소로 종각이 많이 선택되지만 그 당시에도 종로거리는 늘 학생들의 데모가 있었는데, 언젠가는 종각까지 도로를 점거하고 가두행진이 진행되면서 전경들과 대치하기도 했다. 종로 피맛골 뒷골목은 데모한 학생들의 도피처였고 분주하게 여기저기로 학생들이 도주하면서 부딪히기도 했다. 무엇보다도 최루탄 가스는 생활 속에서 익숙한 냄새가 되었다. 그들이 왜 데모를 하는지에 대해 직장 동료들과 이야기하지 않았지만 불평 또한 안 했던 것 같다. 그냥 일상적으로 일어나는 일들로 여겼던 것 같다. 그나마 나는 그게 뭔지는 모르지만 그들이 저항하는 충분한 이유가 있지 않을까 하는 생각은 했던 것 같다. 그러던 5월 어느 날, 종각 지하상가 분식집에서 어떤 두 남자가 하는 이야기를 듣고 충격을 받았다. 광주민중항쟁에 관한 내용이었는데, "광주 시내에 얼마나 많은 사람이 죽었는지 시체가 거리에 널려 있고 탱크가 지나갈 때마다 '펑! 펑!' 터지는 소리가 나더라"는 것이다. 나는 황당해하며 친구에게 "설마, 어떻게 그런 일이 있을 수가 있어? 그런데 저 사람들이 하는 얘기가 거짓말은 아닌 거 같아. 정말 너무 무섭다"고 했다. 거짓말 같은 내용인데 사실이라는 느낌이 들었다. 또 그해 5월인가 엄청나게 격렬한 시위가 있었는데, 전철이 잠시 중단되면서 간신히 탄 전철에 엄청 많은 사람들이 있었던 것과 전동차 안까지 진동하던 매캐한 최루탄 가스에 숨이 막힐 거 같았던 기억은 결코 잊을 수 없다. 이때만큼 최루탄 가스를 많이 마신 적이 없었던 것 같다. 하지만 이 시기의 나는 정치와 사회 문제를 인식하지 못했고 개입할 여지 또한 없었다.

그 뒤 나는 10개월 정도 성실히 일했던 직장생활을 접었다. 그 즈음 아마도 우리집 형편이 조금 나아졌던 것 같기도 하다. 그래서 다시 대학 진학의 뜻을 품고 재수를 하려고 입시학원을 알아보았다. 학원 등록을 하려면 돈이 필요하기에 부모님에게 재수하겠다고 선언했으나, 부모님은 반대하셨다. 공부하겠다는 나의 의지를 믿지 않으셨고 딸을 대학에 보낼 만큼의 경제적인 여유 또한 없었기 때문이다. 그러니 재수는 나에게는 헛된 꿈이 되고 말았다. 이후 대학 진학의 뜻을 접고 나는 몇 군데의 작은 사무실에 출근을 했다. 그 당시는 전화 받고 경리 보는 단순 경리직 일자리가 많았다. 대부분 20대 초반의 젊은 고졸 여성들이 일할 수 있는 자리였다. 그러나 나는 중년의 사장과 좁은 사무실에 같이 있는 분위기 자체가 싫었고, 결국 매번 1년 이상을 버티지 못했다. 그 무렵 대학을 다니는 친구와 어울리면서 미팅도 하고 친구가 다니는 대학 수업을 도강하기도 했다. 또 뜻이 맞는 몇몇의 친구들과 유흥과 팝음악에 빠졌고 팝의 세계를 섭렵하면서 레스토랑 DJ를 하기도 했다. 충족되지 않는 욕구에 대한 허탈감과 저항감으로 가득했던 나는 누구에게도 구속받고 싶지 않았다. 이미 나는 성실하게 직장생활을 하며 가정경제에 도움을 주는 평범하고 착한 딸이 아니었다. 대학도 직장도 아닌 중간 지점에서 나는 헛된 자신감과 욕구를 핑계삼아 방황했다. 이상과 현실의 괴리를 인정하지 않고 젊은 혈기를 소비하였다. 그러나 그런 형식과 틀에 얽매이지 않는 젊은 시절의 자유로움과 저항의 경험은 지금의 내 의식을 이루는 하나의 바탕이 되기도 했다.

## 4. 결혼생활과 경제 파탄, 그리고 의식의 전환

그동안 착하지 않은 딸 때문에 마음고생이 심했던 부모님은 아버지의 직장에서 성실한 청년을 골라 결혼을 전제로 한 만남을 주선하셨고 나 역시 부모님 의견에 따랐다. 7개월의 만남에서 성실하고 자상한 모습을 충분히 보여 준 그가 결혼상대자로 무난하고 적합한 사람이라 여겨졌고, 곧 그와 결혼했다. 남편은 나와는 정반대로 장로교 목사님의 4남 1녀 중 막내로 부모님 속 썩이지 않고 착하게 살아오다가 비교적 괜찮은 직장에 공채로 취직한, 그야말로 기특한 아들이었다. 대학도 장학금으로 다녔고 직장인이 되어 월급을 받아도 교통비를 뺀 나머지를 자기 어머니한테 그대로 바친 정말 착한 아들이었다. 하지만 대형교회 부목사였던 시아버님은 부목사의 수입으로 5남매를 키우면서 네 명을 대학까지 보냈으니 빚더미를 끌어안아야 했다. 그러다 보니 자식이 결혼하는 데 집 한 칸 제대로 얻어 주지 못하셨다. 자식들이 대학을 졸업하자마자 일찍 결혼을 하는 바람에 실제로 시댁의 살림은 점점 더 곤궁해졌다고 한다. 우리의 결혼생활도 쪽방 한 칸 간신히 얻어 주시어 시작되었던 터라, 가구를 줄여서 들어갔는데도 가구를 이고 사는 형국이었다.

남편의 적은 월급으로 생활이 힘들었는데, 두 달에 한 번 나오는 상여금 덕분에 그나마 숨통이 트였고 우리는 6개월 만에 좀더 넓은 집으로 이사할 수 있었다. 결혼한 지 1년쯤 지나 인천의 13평짜리 아파트를 샀다. 그때 첫애를 임신하고 있었는데, 만삭이 된 몸으로 이사하느라고 예정일보다 12일 앞당겨 낳았다. 그러나 내 집을 장만했다는 기쁨으로 힘든 것도 이겨냈다.

두 딸을 17개월 터울로 낳아서 키웠지만 남편은 육아든 가사든 최대한 도와주며 같이하려 했다. 남편은 가족 이외에도 항상 사람들을 대할 때 깊이 배려했는데, 그 점은 그가 지닌 소중한 덕목이었다. 힘들고 어려운 일들은 주로 자기가 하려 했고, 육아와 가정경제에 대한 나의 의견과 주장을 전적으로 따라 주었다. 지금도 마찬가지지만 그 당시 부동산 투기 붐이 있었고 나도 거기에 편승해서 아파트 분양을 받으려고 여기저기 모델하우스를 떠돌기도 했다. 착실하게 저축해서 아파트를 산다는 것은 현실적으로 불가능했고, 한편으로는 고층아파트 소유가 중산층으로 도약하기 위한 전제조건이기 때문이었다. 당첨이 안 되자 차익을 남기려는 심사에 대출을 받아 아파트를 사기도 했지만 결국 양도소득세를 내야 해서 큰 경제적 손실만 남기고 말았다. 이렇듯 투기의 유혹에 빠져들 수밖에 없었던 또 한 가지 조건이 있었다. 회사에서 조달과에 근무하고 있던 남편에게는 때가 되면 쏟아지는 선물과 티켓도 모자라 이것저것 명분을 단 봉투가 들어왔다. 나는 그 대가가 무엇인지 알고 있었지만, 양심의 가책보다는 경제적으로 풍요로운 현실에 만족하며 지극히 경제적인 동물로 살았다. 일요일마다 교회에 나가 '아파트값 많이 오르고 더 많은 봉투를 받게 해 달라'고 기도했다. 한편으로는 다른 아이들보다 내 아이가 더 우수하기를 바라는 욕심에 비싼 교육교재로 책장을 가득 채우고 독서를 강요했다. 그것을 마치 수준 높은 교육의 가치관을 가진 고상한 부모의 자세이고 의무라고 생각하면서, 누구에게나 인정받는 예의바른 아이로 보여지도록 가르쳤다.

어느 날 남편이 회사를 그만두겠다고 했다. 그야말로 해고가 아닌, 자진해서 퇴사를 하겠다는 것이었다. 속물적인 직장상사와 업무를 둘러싸고 자주 부딪치자 회의감이 생겨 더 이상은 회사를 못 다니겠다는 것이었다. 지금 생각해 보면 자본주의 사회에 길들여진 우리들 대부분이 이미 속물이었지만 정규직 취직이 어려운 시대에 자신의 소신과는 전혀 다른 상사의 명령에 순응하지 않고 퇴사한다는 것은 그래도 건전(?)했던 것 같다. 나는 남편의 성실성을 전적으로 신뢰하고 있었기에 "퇴사해서도 처자식을 먹여 살릴 자신 있으면 그만두어라"고 동의했다. 이후 남편은 아파트 담보로 자금을 마련해서 사업을 시작했으나 계획대로 잘 되지 않았다. 저당잡힌 아파트 대출금 이자가 점점 밀리기 시작하면서 경제력은 바닥이 났다. 급기야 남편은 형들의 신용을 담보 삼아 추가 빚을 내야 했다. 그러나 여전히 사업은 진척이 안 되면서 빚만 늘어 가고 있었다. 결국 집을 팔아 밀린 이자를 정리한 후 13평 재건축 예정인 30년이 넘은 아파트 전세로 이사를 했다. 그런 상황에 IMF가 터졌고 형들과의 채무관계가 얽히고 꼬이는 바람에 남들이 그렇게도 부러워했던 '형제애' 역시 깨지고 말았다. 돈은, 모태신앙으로 태어나 함께 자라오면서 키워온 형제애도, 목사님과 사모님인 시부모의 절절한 기도도, 그렇게도 소중하게 여겼던 가족주의를 단번에 해체시켰다. 돈 문제 앞에서는 더 이상의 예수님 말씀과 십자가도 없었다. 그동안 누구를 위해 몸을 낮추고 봉사하며 헌신했는지가 모두 드러났다. 물론 그들의 삶이 예수의 모습은 아니겠지만 그런 이들이 득실

대는 교회에 나는 더 이상 나갈 이유가 없었고, 아직도 또 앞으로도 갈 계획이 없다.

이제는 끈끈한 형제애를 유지하기 위해 시간을 투자할 일도 없어지고 일요일마다 교회에서 목사님 설교 말씀을 자장가 삼아 졸지 않아도 됐다. 전반적인 생활패턴이 달라진 현실 앞에서 내 시선은 밖으로 향했다. 정치, 사회, 문화적인 관심을 갖기 시작하면서 지극히 협소했던 나의 사고는 넓어지기 시작했고, 의식전환을 준비하기 시작했다. 이제는 그동안 살아왔던 일상생활 속에서의 가족관계, 인간관계를 뛰어넘고 싶었다. 이미 학습받은 대로 자본주의 사회의 논리를 좇아 경제적 동물로 살아왔지만 이제 인간답게 살고 싶었다. 앞으로 어떻게 행동하면서 인간답게 살아갈 것인지를 고민하다 보니 정말 멋진 삶의 모습이 상상되면서 흥분되었다.

어렸을 적 친척어른이 대폿집에서 박정희 독재정권 비판을 하다 바로 검은 지프차에 실려 갔다가 며칠 후 나왔다는 이야기를 들은 기억이 난다. 그 당시 뉴스 시간마다 들었던 아버지의 침 튀기는 독재정권에 대한 비판들, 우리집 근처에 있는 영등포역 주변에 시커멓게 깔려 있던 계엄군, 종각 근처 직장 주변의 매캐한 최루탄 가스와 쫓고 쫓기며 벌어지는 시위대들에 대한 이런저런 기억들이 있다. 나는 이미 군사 독재정권의 무지막지한 폭력을 목격했고 마음속으로나마 지지했던 일들이 기억난다. 그런 기억들을 떠올리면서 한 사람의 정치, 사회적 행동과 실천이 얼마나 중요한지를 깨닫기 시작했다. 진보적이라고 하는 『한겨레』신문을 정독하고 인터넷 『오마이뉴스』를 보기 시작했다. 2002년 월드컵으로 온통 나라가 축구에 미쳐 있던 시기에 일어났던 미선이·효순이의 참혹한 사건을 접하면서 무지한 대중과 이를 이용하는 정권의 야만성을 목격했다. 그때까지 대단하게 보였던 대한민국이 이제는 아직도 해방이 안 된 미국의 조그만 식민지 정도밖에 안 되는, 정말 보잘것없는 수치스러운 나라로 여겨졌다. 이 수치스러운 정권이 초강대국이고 전쟁광인 미국에 성실히 복무하기 위해 국민을 밟고 바짝 엎드린 꼴을 보이자 나는 분통이 터졌다. 그때 처음 '촛불시위'를 알았다.

이후 사회에 대한 관심과 욕구가 엄청 올라오면서 16대 대통령 선거에 관심을 집중하였다. 그 당시 나는 민주노동당의 실체를 전혀 알지도 못했고, 당시의 내 정치적 수준에서 보면 그 당의 후보인 권영길은 낯설고 엄청 낮은 지지를 받는 측은한 후보일 따름이었다. 그러나 나에게 노무현은 광주민주화운동 청문회 때 학살 주범들을 호통치던 기억으로 민주화운동의 중요한 역할을 한 사람으로 인지되어 있었다. 그래서 나는 열렬히 노무현을 지지했고 대통령으로 선택했다.

## 5. 학교비정규직 노동자로, 민주노동당 활동을 시작하다

### 학교비정규직 노동자

2003년이 되어서도 남편의 사업은 여전히 어려웠고 내가 잠깐씩 리서치 회사에서 파트타임으로 일하고 받는 돈으로 두 딸의 교육비와 생활비를 감당하기에는 턱없이 부족했다. 그러다가 아는 사람에게서 "학교에서 교무보조를 채용한다"는 정보를 듣고 이력서를 제출했다. 간단한 면접 후 365일 일용직 노동자로 고용되었다. 그 당시는 비정규직이라는 명칭이 널리 쓰이지 않던 시기였다. 학교가 제시한 근무 조건은 호봉, 수당, 복지가 아무것도 없는 일용직이었다. 고용과 급여 조건이 마음에 들지 않았다. 그러나 초등학교 다니는 딸들이 있어서 일과 가사노동을 병행해야 했던 내게 오후 4시 30분에 퇴근하는 것과 방학기간이 있는 것은 매력적이었다. 그렇게 나의 '학교생활'이 시작되었다.

교무보조 업무는 그야말로 못하는 것 없고, 안 하는 것이 없어야 하는 전천후 직종이다. 우선 교사 업무를 보조하고 교무 업무 전반을 같이 수행해야 한다. 그러면서도 교무실 환경도 관리해야 하고 전화 민원 상담부터 온갖 애경사에 필요한 답례 물품을 각 부서로 배부하는 등 학교의 모든 행사에서 없어서는 안 되는 존재들이다. 그러나 학교는 비정규직 업무에 '보조'라는 명칭을 넣어 고용과 급여 조건을 후퇴시켰다. 그 이유는 고유 업무가 없다는 이유인데, 이는 사실과 다르다. 예컨대 교사는 수업 이외의 교육 관련 업무와 행정적인 업무를 부서별로 나눈 다음 부서에 소속된 교사들이 각각 업무 담당이 되는데, 업무에 따라 또는 교사의 성향에 따라 교무보조가 전적으로 맡아서 한다. 실제 업무 담당은 교무보조이지만 서류상 담당은 정규직 교사인 것이다. 아무리 고유 업무가 있어도 이미 신분으로 정규직·비정규직을 구분해 놓았기에 정규직이 하는 업무를 해도 비정규직 '신분'은 절대 바뀌지 않는다. 몇 년 전만 해도 학교의 교무보조 직종에는 가정형편이 어려워 오전에는 교무보조(일제 시대 때부터 사환이라고 불렸는데, 이를 다시 교무보조로 부른 것은 얼마 안 된다) 일을 하다 퇴근 후 야간에 학교를 가는 청소년 여성노동자들이 대다수였고, 임금 수준 또한 아주 낮았다고 한다. 그래서인지 호칭도 "사환", "○○양!", "○○야!"라고 하든지 심지어 "야!"라고 부르기도 했단다. 호칭이 그 정도이니 나이 어린 여성노동자들의 인권침해나 부당한 대우는 일일이 열거를 안 해도 짐작이 간다. 그러다 보니 교사, 비교사인 정규직 공무원들은 그들이 나이가 어리다는 이유만으로도 함부로 대했다고 한다. 들은 이야기는 일일이 셀 수 없을 만큼 많은데, 일상적으로 개인적인 심부름(차 접대, 담배 심부름 등)도 당연한 것처럼 지시했다고 한다. 담배 심부름은 없어졌지만 차 접대는 아직도 몰상식하게 업무에 포함해서 업무분장표에 버젓이 명기가 돼 있다. 이런 일을 대개 비정규직 여성노동자들이 전담해서 하고 있었던 것이다.

이처럼 대부분의 학교는 교무보조로 야간고등학교를 다니는 어린 여성 또는 젊은 여성을 채용했는데, 우리 학교가 42세의 기혼여성인 나를 채용한 데는 이유가 있었다. 나이 어린 전임 교무보조가 당돌하고 눈치가 없기 때문이었다. 당돌함은 나이 어린 교무보조가 바른 소리를 하고 대들었다는 것이고, 눈치 없음은 일이 없을 때 전혀 눈치 보지 않고 인터넷과 메신저를 했다는 것이었다. 그러니 이번에는 나이가 있는 진중한 여성노동자를 고용해 보자는 것으로 의견이 모아졌고, 학교 역사상 처음으로 40대 기혼여성이 교무보조로 채용된 것이었다. 의욕을 갖고 열심히 몇 개월 일하다 보니 교무부장이 "눈치껏 일하고 가볍지 않아서 좋다"는 평가를 했다. 그러다 보니 나 역시 신이 났고 더욱더 열심히 일했다.

그러다 2004년, 서울시 교육청은 매우 악질적인 '학교비정규직 처우개선책'을 개선방안이라는 뻔뻔한 거짓말로 포장해서 일선 학교에 시행지침으로 내려보냈다. 직종에 따라 비상시 근무하는 노동자들을 적어도 245일, 275일만큼은 보장해 주려는 취지라지만, 실제로는 상시근무하는 노동자들까지 3~4개월 근무일수를 축소시켜 급여를 급격히 삭감시키는 결과를 낳아 처우가 악화되는 매우 악질적인 방안이었다. 교육청에서 개선책으로 바뀐 계약서를 체결하라는 지침이 떨어졌으니 우리 학교도 나에게 7월 1일자로 계약서를 갱신하기를 요구했다. 나는 "근무일수가 275

일로 줄어드는 계약서 작성에 동의할 수 없고, 계약서 내용에도 당사자가 동의하지 않으면 기존 계약을 유지할 수 있다는 조항이 있다"며 이의를 제기했다. 그러자 실장은 "지금은 정부 지침이라 학교에서도 결과 제출을 해야 하기에 올 하반기만 우선 계약을 갱신하는 것이니 걱정하지 말고 협조해 달라. 교무실에는 상시로 근무를 해야 하기 때문에 내년 3월 1일 다시 계약할 때는 상시근무로 계약이 될 것이다"며 나를 안심시켰다. 순진하게도 나는 그 말을 믿고 바뀐 계약서에 사인을 했다. 노동자와 서민을 대변하는 진보정당의 당원인 내가 노동자의식과 노동 관련 지식은 당장 자신에게 심각하게 악화된 노동조건에 대한 최소한의 방어도 못할 정도로 의식이 바닥 수준이었다. 모르면 차라리 당에 가서 상담이라도 하든지 도움을 요청해야 하는데, 당원 가입한 지 얼마 되지 않았던 상황이라 생각도 못했던 것이다. 그렇게 상황은 끝났다.

그런데 12월이 되자 행정실장이 나를 불러서 "교사들한테서 나온 이야기인데 당신이 나이가 있어서 일 시키기가 아주 부담스럽다"는 것이다. 그러면서 은근히 퇴사를 요구했다. 나는 발끈하면서 "그만둘 수 없다. 잘난 교사들이 뭐가 두려워서 교무보조를 어려워하는지 모르겠다. 좋다고 평가한 지 얼마나 된다고 정반대 평가가 나오는지 동의가 안 된다. 그럼 누가 그런 의견을 냈는지 알아보겠다. 교감과 교무부장한테 얘기하겠다"면서 실장과는 더 이상 얘기하지 않았다. 그리고 친하게 지내는 전교조 교사한테 상황을 이야기하자, 그이는 다른 교사와 상의해 보겠다고 했다. 이후 교무부장에게도 "실장이 한 얘기에 동의할 수 없으며 그만둘 생각도 없다"고 명확히 얘기했고 교무부장도 내 의사를 확인하는 정도로 이야기를 끝냈다. 그러면서 내 이야기를 공유한 몇몇의 전교조 교사들이 해고 관련 발언에 대해 교감에게 강력하게 문제를 제기했고 그 일은 없었던 일로 마무리되었다.

275일 근무로 계약하면서 급여는 많이 줄었고 여름방학 근무도 못하였다. 이후 2학기가 시작되고 출근을 다시 하면서 아무리 생각해도 억울하고 화가 났다. 그래서 이전에 도와준 전교조 교사에게 이런 과정들을 이야기하면서 "교사들이 방학에 당직을 서니까 학교가 교무보조에게 상시근무를 안 시키는 것 같다. 그건 교사에게 교무보조 업무를 전가하는 것이 아니냐"는 문제제기를 했다. 그 교사는 무슨 뜻인지 바로 이해했다. 이후 교직원 회의 때 이 교사는 "학교가 교무보조의 임금을 줄이기 위해 방학 중 근무를 시키지 않고 있다"며 문제제기를 했다. 그해 겨울방학에 교사의 당직 근무를 중단하겠다고 선언했다. 이 선언이 가능했던 것은 방학 중 당직 근무 금지조항이 이미 체결된 전교조 단체협약에 명시되어 있기 때문이었다. 그럼에도 그때까지 대다수의 교사들은 학교장의 눈치를 보느라 단체협약으로 쟁취한 근무 조건을 시행하라고 요구하지 못했던 것이다. 그러나 우리 학교는 보직교사들을 당직 근무 시키면서 교무보조 상시근무 전환불가에 대해서는 변함없는 입장을 보였다. 지금 생각해 보면 노동조합이 없는 개별 사업장에서 가장 부당하게 차별받는 한 명의 비정규직 노동자였던 나는 정규직 전교조 조합원들을 조직해서 그들의 연대로 해고를 막아 낸 것이었다. 또 다른 성과는 교장, 교감의 편의에 따라 이뤄졌던 방학 중 근무를, 안 하게 되었다는 것이다. 이런 경험을 통해 결코 정규직·비정규직 투쟁은 다를 수 없고, 우리 노동자가 모두 단결투쟁으로 나가야 한다는 것을 새삼 깨달았다.

## '노빠'에서 민주노동당 당원으로

한편 나는 좀더 진보적인 삶을 실천하기 위해 참여연대라는 시민단체 회원으로 가입했다. 그러나 가입한 지 몇 개월 뒤에 두 딸과 회원모임에 한번 참여한 것 외에는 회비를 납부하는 정도로만 자격을 유지했다. 그러던 2004년 3월, 노무현이 탄핵되었다. 중앙선거관리위원회로부터 헌정 사상 처음으로 공직선거 및 선거부정방지법 위반 판결을 받았음에도 특정정당을 위한 불법선거운동을 계속했다는 이유로 제적의원 271명 중 193명의 찬성으로 탄핵소추안이 가결된 것이었다. 나는 한나라당이라는 의회독재 세력의 쿠데타로 민주주의의 위기가 왔다고 생각했다. 이 나라가 어디로 갈지 너무도 한심하고 불안했다. 이후 시청에서 열린 탄핵반대시위에도 참여해 광화문까지 꽉 채운 사람들과 같이 한나라당에 대한 분노를 공유하면서 집회 현장의 열기에 감동했다. 노무현은 곧 대통령으로 복귀했다.

이어 17대 국회의원 선거가 있었다. 선거 유세 기간에 진행된 토론 방송을 보기 시작했다. 그런데 민주노동당을 대표해서 나온 노회찬이 한나라당과 민주당 대표들을 너무 시원하게 비판하는 모습을 보면서 민주노동당과 노회찬에 대한 관심을 갖기 시작했다. 관심을 가지고 들어 보니 당에서 제시하는 '부자에게 세금을!'(재벌의 과세), '서민에게 복지를!'(서민복지확대), 양성평등 등 서민과 노동자를 위한 정책들이었다. 기존의 정당에서는 제시한 적이 없었던 생소한 내용이었지만 듣기만 해도 속이 후련하였다. 지금 당장 실현이 될 정책은 아니지만 앞으로 반드시 실현되어야 하는 정책임이 분명해 보였다. 선거 국면에 노회찬의 "삼겹살을 태우지 않으려면 불판을 갈아야 한다"라는 비유가 대중적 히트를 치면서 노회찬 촌철살인 어록이 인터넷으로 확산되었다. 노회찬은 급속히 빠른 속도로 대중적 지지를 확보하고 있었고 나 역시 매체를 통해 보여지는 그의 달변에 '광팬'이 되었다. 그리고 그가 소속돼 있는 민주노동당에 더 많은 관심이 갔다. 지금 내가 지닌 좌파 의식의 형성에는 노회찬의 역할이 컸다. 노무현 정권에 대한 비판들이 하나씩 이해되기 시작했다. 그러면서 노무현 정권에 대한 환상이 깨졌고 노무현 역시 진보를 팔아먹는 자본가 편에 선 신자유주의 정치권력이라는 것을 깨달았다. 나는 기꺼이 민노당에 한 표를 던졌고 4월 15일 국회의원 10석을 차지하면서 국회에 입성한 민노당에 열광했고, 5월 4일 당원에 가입했다.

민노당 당원이 되면서 나의 일상은 매우 정치적이 되었다. 정치 관련 토론프로그램과 뉴스는 꼭 보았고 신문 역시 『한겨레』를 구독했다. 가족과의 대화 역시 매우 정치적이 되었다. 한번은 뉴스를 보다 "역대 대통령 중 가장 위대한 대통령으로 박정희가 1위를 차지했다"는 리서치 결과를 보고 이에 대해 남편과 이야기하다가 서로 불편했던 적이 있다. "독재자이지만 보릿고개를 넘게 해준 대통령 즉 남한을 경제적으로 성장시킨 업적(?)만큼은 인정해 줘야 한다"는 것이 남편의 논리였다. "그런 과정에서 희생자는 어쩔 수 없지 않느냐?"는 남편의 말에 나는 "경제성장은 노동자가 희생해서 만들어 놓은 것인데 그게 어떻게 박정희 업적이냐, 거기다 독재 권력을 유지하기 위해 민주화 투쟁하는 사람들을 얼마나 많이 죽였느냐, 목적을 위해 사람을 죽일 수 있다는 게 말이 되느냐?"고 열 받아 하면서 반박했다. 그랬더니 남편 역시 상대의 의견을 존중하지 않고 자기 주장만 한다면서 화를 냈다. 그래도 나는 물러서지 않고 "박정희에 대한 평가는 의견이 아니라 사실적인 평가다. 독재자 박정희에 대한 생각이 그 정도인 게 정말 실망스럽다" 하면서 계속 얘기하니까 남편은 "그만하자"면서 대화를 중단했다. 이후 남편과 정치적인 대화는 거의 하지 않게 되었다.

이후 몇 개월이 지난 2004년 10월 즈음 나는 민노당 활동을 지구당 신규당원모임에 나가는 것으로 시작했다. 동 단위 당원모임도 나갔다. 민노당은 처음의 열기와는 다르게 거의 페이퍼 당원이었고 일부 당원들만이 결합해서 몇 개의 모임이 형성되어 있었다.

2005년 1월 민노당에서 임원선거가 진행됐다. 후보 세우기도 어려운 현실에서, 그나마 당원모임에 잘 나가는 내가 대의원 후보로 선거에 나가 당선되었다. 나는 민노당 활동을 하면서 진보적인 정치의식은 넓어졌지만, 노동기본권과 생존권 쟁취를 위한 현장 활동이나 투쟁에 대해서 알지 못했다. 스스로 노동자의식을 만들 수 있는 바탕도 없고 사업장에 노동조합도 없고 정작 내가 가입한 민노당에서도 당원들에게 노동자의식으로 무장시키는 교육이나 전망에 관한 진지한 토론이 거의 없었다.

### 여성주의를 배우다

이처럼 이 시기 나는 학교에서 나름대로의 나를 지키기 위한 투쟁을 하면서 민노당 활동도 꾸준히 해나가기 위해 당원모임에도 지속적으로 참여했다. 나는 당원들과 정치적 토론을 하는 모임이 너무 즐거웠다. 집에서 딸들과도 항상 정치, 사회 문제나 여성주의에 대해서 얘기했다. 딸이 학교에 제출할 사회 숙제를 같이 하면서 열띤 토론을 할 때도 있었다. 한번은 내가 딸들에게 박정희와 한나라당 관련해서 "독재정치를 하면서 민주화운동을 한 많은 사람을 죽였고, 지금도 한나라당 정권이 박정희 정권의 행태를 이어 가고 있다"라고 했더니, 큰딸이 "내가 볼 때는 엄마가 싫어하고 반대하는 한나라당이나 박정희 이야기가 틀리지도 맞지도 않다고 본다. 그런데 엄마는 엄마의 모든 말과 입장이 정답인 것처럼 주장한다. 내가 볼 때는 서로 자기가 옳다고 주장하는 모습이 똑같다"라는 것이었다. 아마 아직 어린 딸 입장에서는 사실과 올바른 관점을 가지고 얘기하기보다는 서로 자기의 입장만 주장하는 것처럼 보였던 것 같다. 이런 딸과의 대화에서처럼 나는 관심이 정치문제에 집중되면서, 만나는 사람들과 정치에 대해 이야기하는 것을 좋아하게 되었다.

그 당시 지역의 당원모임에 참석하는 당원은 30여 명 정도였는데 그 중에는 7~8명 정도 여성당원들이 있었다. 여성당원들은 모임에 적극적으로 참석하는 편이었다. 그러면서 여성과 관련된 주제로 대화를 하게 되었고, 대화가 무르익으면서 자연스럽게 양성평등과 여성주의에 관한 책 읽기 모임을 하면서 성평등 강사 교육 등을 받기로 결의를 모았다. 우선은 양성평등과 페미니즘 관련 서적을 읽고 토론하며 자기 경험과 고백을 통해 대안들을 고민해 보았다. 또한 학습과정을 통해 그동안 빼앗겼던 여성의 권리를 쟁취해야 하며, 그러기 위해 여성주의적 문제와 관점, 대안, 실천이 필요함을 깨닫게 되었다. 학습이 진행되면서 나의 성인지적인 관점은 명확히 정립이 되었다. 그러면서 제일 먼저 실천한 것이 그동안 여성으로서 상처받았던 기억들을 회상하며 위로해 주고 치유시킨 뒤 나를 사랑하는 거였다. 그러기 위해서는 나를 주체화시키면서 자존감을 높이고 순수한 나의 의지를 존중해 주며 나의 감성과 결정을 믿어 주는 것이다. 또 다른 실천은 엄마로서 두 딸을 멋지고 주체적인 여성으로, 씩씩하게 살아가는 당당한 여성으로 키우는 것이다.

이렇게 새롭게 태어난 내가 여성주의를 제일 먼저 실천하고 실현시켜야 하는 곳은 가정이었다. 이전부터도 가부장제도에 충실하고 남편을 하늘과 같이 떠받들며 순종적인 삶을 살아오지는 않았지만, 억압받고 차별받는 여성이 남성과 평등한 삶을 살기 위해서는 가정에서부터 선언하고 바꿔 나가야 하는 투쟁을 시작해야 했다.

우선의 실천 과제는 가부장제의 산물인 가정에서의 권력과 삶의 방식을 바꿔야 한다. 그 과정에서 가족과 부딪치면서 갈등하기 시작했다. 아내와 엄마의 자격은 가정이라는 울타리에서 존재할 때 가치가 높아진다. 그러나 내가 활발한 정치활동으로 자주 집을 비우자 가족 구성원, 특히 남편이 질책하기 시작했다. 남편과의 소통은 전쟁을 방불케 한다. 남편은 좌파도, 사회주의자도 아니다. 그냥 평범한, '좋은 게 좋은' 중도(?) 성향이다. 집단에서 튀지 않으며 따지지 않고 배려하고 봉사하는 마음으로, 즉 성실하게 열심히 하면 인정받는다는 한국사회 보통의 국민들이 가지고 있는 의식을 갖고 있다. 그러니 남편에게는 관심과 사랑을 필요로 하는 중요한 시기의 두 딸을 둔 가정주부가 밤늦게 귀가하는 것이 큰 문제였다. "적당히 활동하고 적당한 시간에 귀가하라"는 것이다. 남편이라는 사람들이 하는 흔한 말들이다. 그러나 나는 "우려하는 부분에 대해서 가정주부라는 이유로 차별하는 것이고, 내 행동은 스스로 판단하고 결정하고 있으니 훈계하지 말라"고 했다. 그러면서 말다툼이 이어졌지만 남편은 길게 이야기하기 싫어했고 그러다 보니 서로 이해하지 못한 상태에서 항상 대화는 중단되었다. 그러면서도 나는 딸들에게는 항상 의식적으로 여성주의 관점을 주입시키려 노력했다. 가장 중요한 실천 요소로 일상적으로 여성주의적 언어를 쓰려고 노력했고 여성의 고귀함과 존엄성(?)을 느끼게 하려 했고 실천적 여성들의 삶에 관한 이야기도 해주었다. 앞으로 살아가는 목적과 계획도 결혼이 아닌 나를 중심으로 놓고 생각하길 원했다. "연애도 인생의 다양한 경험 중에 하나일 뿐이다"고 강조했고, "결혼은 의무가 아닌 선택 사항인 것이고 이왕이면 혼자서 멋지게 살았으면 좋겠다"는 이야기를 간간이 하기도 했다. 아직 어린 딸들은 그 어디에서도 듣지 못했던 이야기를 엄마한테 듣고 있었던 것이었다. 하지만 어린 시기이기에 다는 이해하지 못했을 것 같고, 한편으로는 아직은 논리적으로 반박을 못하니 내가 하는 대부분의 주장에 대해서 반론을 펴지 않고 수긍(?)했던 것 같다.

가정에서의 성평등 실천 노력과 민노당 양성평등 학습모임을 꾸준히 진행하면서, 드디어 지역에서의 여성주의활동을 이어 가기 위한 첫번째 지역여성위원회를 건설하였다.

2006년 1월에 접어들면서 민노당 지구당 위원장을 뽑는 선거일이 다가왔다. 어느 날 상근하는 동지들과 위원장 후보를 결의한 동지가 만나자고 해서 가보았더니 나에게 부위원장에 출마하라는 것이다. 나는 운동 경력도 없고 정치 역량도 없기에 부위원장을 한다는 것은 말도 안 된다며 완강하게 거부했다. 나에게 부위원장 출마를 요청할 만큼 지구당에서는 당직자를 결의하는 활동가가 없었다. 계속 출마하기를 거부하자 "부위원장 역할이 많지는 않을 것이며 현재 출범된 여성위원회 활동을 집중적으로 관장한다는 차원에서 하면 된다"고 강력히 요청했다. 그렇게 나는 민주노동당 영등포구위원회 부위원장 후보로 선거에 나가 당선되었다. 그 당시 나는 부위원장이 대단히 어렵고 큰 자리라고 생각했었다. 사실 직함이 생긴 이후에도 그 역할을 하기보다는 진성 당원으로 정치·사회 문제나 투쟁에 결합했고, 의회에 진입하려는 당원을 위해 적극적인 선거운동을 했을 뿐이다. 이후 여성위원회 활동은 지지부진한 상태가 되었고, 그 결과 지역과 결합하는 여성주의 활동의 동력은 떨어져 가고 있었다.

## 6. 민주노동당 탈당과 학교비정규직 활동의 시작

### 공공부문 비정규직 종합대책의 허상

2006년 다시 비정규직 문제가 공론화되면서 8월에 정부가 "공공부문 비정규직 5만 4천여 명을 정규직화" 하는 것을 골자로 한 공공부문 비정규직 종합대책을 발표할 무렵이었다. 전체 공공부문 비정규직 31만여 명 가운데 10만여 명이 학교비정규직이다. 하지만 학교비정규직을 대하는 일선 공무원과 학교 행정담당자들의 태도만 놓고 봐도 그 전망은 어두워 보였다. 10월 27일 서울시 교육청에 대한 국회 교육위원회 국정감사에서 민주노동당 최순영 의원은 정부의 비정규직 대책이 나온 뒤 열린 회의에서 공무원들이 나눈 대화의 내용을 공개했다. 이날 공개된 내용에 따르면 서울시 교육청 사무관은 비정규직 담당자가 생긴 것에 대해 노조가 환영하자 "솔직히 (양심에) 찔렸다"라는 것이었는데, 그 이유가 "정규직화 해줄 수 없기 때문"이라는 것이었다. 비정규직 노동자의 정규직 전환을 "정규직화 해준다"는 시혜적 표현으로 말한 것도 놀랍지만, 이어진 발언은 더욱 충격적이었다. "무기계약(정규직화)에 대한 정부의 기준이 ('상시적', '지속적' 이라는) 두 가지밖에 없어 황당했다"는 것과 "그런(학교비정규직은 2년 안에 계약을 해지하라) 지침을 공개적으로 내릴 수 없으니 학교에서 알아서 고려할 것"을 당부하면서 각 학교 행정실장에게 악역을 주문한 것이었다. 그런데 이 자리에 참석한 학교 행정실장들의 발언은 한술 더 뜬다. "나이가 많아서 일 시키기가 껄끄러운" 비정규직 노동자를 어떻게 하면 소송에 휘말리지 않고 일용직으로 전환하도록 할 수 있는지에 대한 질문이 나왔다는 것이다. 그러자 한쪽에서는 "해고하는 것을 두려워 말라"며 "징계위원회를 열어 해고의 근거를 만들라"고 충고했다는 것이었다.

이런 대화를 하는 학교 현장 관리자들의 비정규직 노동자에 대한 의식은 정말 저급했다. 교육청 역시 재정 확보도 안 된 상황에서 "5만 4천 명을 정규직으로 하겠다"는 정부 대책이 과연 실행 가능하겠냐는 의문을 가지고 있었다. 오히려 교육청은 비정규보호법안 통과 시 고용의 유연성을 확보하기 위해 개악된 취업규칙을 만들고 있었고, 이와 더불어 점진적으로 외주화의 토대와 근거를 만들기 위한 대책에 전념하고 있었다. 결국 비정규직법은 정규직화를 통해서 비정규직 노동자의 고용을 안정시키기 위한 것이 아닌 2년짜리 소모품으로 사용하기 위한 법이었다.

우리 학교에도 "무기계약 전환자를 선정해서 보고하라"는 공문이 내려왔고 내부적으로 선정작업이 진행되고 있을 것으로 예상됐다. 얼마 후 학교 운영위원회 개최 날짜가 공지되면서 행정실 삼석은 회의 안건자료를 교원위원에게 전달해 달라는 요청을 했다. 그 회의자료를 보니 안건으로 무기계약 전환 대상자 명단이 있었는데 나는 세외되있다. 이유는 고유업무가 없고 나이가 많다는 것이었다. 나는 바로 전교조 교사에게 "무기계약 제외 대상으로 제시된 두 가지 이유는 근거가 미약하고 인권침해 요소가 있다"며 문제제기를 했다. 그러자 그 교사는 행정실장에게 가서 "나이가 많다는 이유로 무기계약 대상에서 제외시키는 것은 근거가 없기도 하지만 나이로 개인의 권리를 침해한 것이고 당사자가 인권위에 인권침해 피해 진정서를 제출하면 큰 문제로 확대될 것이다"고 은근히 협박(?)했다. 그러자 실장은 얼마 지난 후 나를 무기계약 대상자로 올려 교육청에 보고했다. 일단은 나이 많고 깐깐한 내가 싫었고 이 기회에 함부로 부릴 수 있는 어린 여직원으로 대체할 심산이었다. 그래야 업무 지시도 수월해질 것이고 고용의 유연성도 확보될 수 있을 것이기 때문이었다. 전반적으로 학교 교장, 교감, 실장들의 의식은 비슷하지만 그 중에서도 행정실 실장은 아주 기계적이고 관료적인데 권한이 막강하여 온갖 청탁과 비리의 주범이었다. 거기에다 힘없는 여성 비정규직 노동자에게는 권위적인 업무지시, 언어폭력, 성추행 등 반여성적인 행태를 거리낌없이 휘두르고 있었다. 정년 1년을 남긴 나이 먹은 실장은 이렇게 나를 제거하려던 계획에 실패하고 말았다. 그동안 아무렇지 않게 행해졌던 비정규직과 여성노동자의 인권침해나 차별 행태에 이제서야 제동이 걸린 것이다. 이렇게 작게나마 나의 두번째 현장투쟁도 전교조 교사와의 연대로 승리했다.

## 2007년 비정규직법의 시행과 노동조합가입

2007년 3월 초 1년짜리 계약서를 다시 작성했다. 불현듯 노동조합을 생각해봤다. 딱히 학교비정규직 투쟁에 대한 어떤 정보도 없는 상태에서 인터넷 검색을 해보았다. 그런데 노조가 있는지는 모르겠으나 조악하게나마 학교비정규직대책위라는 홈페이지가 있었다. 홈페이지 활동도 활성화되어 있지 않아 내용도 매우 부실했다. 그러나 나는 일단 회원 가입을 했고 홈페이지를 뒤져 보았다. 그러나 투쟁에 관한 내용이나 정보가 너무 부실했다. 그리고 그 정도 알아 보다가 잠깐 잊고 있었는데, 6월 정기국회 때 비정규직법 관련해서 여당과 민주노동당 의원들의 몸싸움이 TV 뉴스에 자주 등장했다. 사실 계속 기사를 접하고 있었지만 구체적으로 내가 대상자가 된다는 현실감이 없었다. 이 문제에 대해 민주노동당에서 계속 주장했던 것은 "비정규직 확산을 막기 위해서는 비정규직노동자의 사용은 기간으로 제한할 것이 아니고 사용의 사유를 제한해야 사용자가 남용하지 않는다"는 것이었다. 그러나 결국 개악된 비정규직법안이 6월 30일 통과되면서 7월 1일 전면 시행된다는 뉴스를 들었다.

비정규직법을 둘러싼 논란 기간 내내 나는 불안했고, 7월 중순경 노동조합 가입서를 작성해서 담당자 메일로 보냈다. 노조 쪽에서는 아무 연락이 없었다. 학교비정규직약칭 '학비' 노조의 조합원으로 소속감조차 생기지 않았다. 그렇게 여름방학을 끝내고 8월 말 개학을 했다. 나는 다시 조합비가 나가는지 확인해 봤으나 여전히 조합비는 빠져 나가지 않았다. 학교비정규직노조는 공공운수연맹의 지부로 소속되어 있었고 학교비정규직 전담 활동가는 한 명 있었다. 나는 그 담당 활동가에게 전화를 해 가입시기를 얘기했고 조합비가 아직 한 번도 인출되지 않았으니 처리해 달라고 했다. 그러나 이후에 확인해 보았으나 여전히 조합비는 인출되지 않았다. 다시 홈페이지에 들어가서 서울지회장 전화번호를 확인해서 조합비를 인출해 줄 것을 요구했다. 이틀 뒤 "인출됐다"는 문자가 날아 왔다. 마음 한편으로 노조에 대한 실망감이 들었다. 어느 단체이든 신규 회원이 생기면 담당자가 전화해서 환영해 주고 조직에 대해 안내나 교육을 하는데 이 학비노조라는 곳은 그런 것조차 없었다.

우리 학교 과학조교한테도 지금 진행되고 있는 비정규직법에 대해 얘기하면서 노조에 가입하라고 제안했다. 몇 번을 계속적으로 얘기하니까 노조에 가입하겠다고 했다. 그래서 우리 학교에서는 두 명의 학교비정규직 조합원이 조직됐다. 나는 돌아가는 정세가 심상치 않기에 자주 홈페이지에 들어가 보았다. 9월 초가 되자 홈페이지에 "무기계약 전환자에 대한 새로운 인사관리 규정에 절대 동의해서는 안 된다"는 공지가 있었다. 새로운 인사관리 규정에는 해고를 수월하게 하기 위해 많은 독소조항을 추가했다는 것이다. 노조에서 제시한 독소조항은 "학생·학급 수 감소, 3회

불량 평가, 공무원배치, 예산감소 시 해고할 수 있다"라는 조항이다. 나는 담당자에게 전화를 해 학교와 대응할 수 있는 방법에 대해 자세히 문의했다. 우리 학교는 학교 회계직이 다섯 명 있었고 그 중에서 무기계약 전환 대상자는 네 명이었다. 두 명은 행정실에서 근무하고 나머지 둘은 교무실, 과학실에서 일하고 있었다.

드디어 교육청에서 인사관리규정(예시안) 지침이 내려왔다. 행정실에서 과학조교와 나를 오라고 했다. 나는 호출의 이유를 예상했다. 근로기준법상 취업규칙이 변경되면 해당하는 노동자의 동의를 받아야 하는 절차가 있는데 그 과정을 진행하려는 것이다. 예상했던 대로 바뀐 인사관리 규정에 대한 동의, 부동의 서명을 받으려 부른 것이었다. 그런데 대상자 중 우리 둘만 불렀고 행정실 두 명은 자기 자리에 그대로 앉아 있었다. 그래서 "왜 행정실 두 명은 회의에 참석 안 하느냐?"고 물었더니 이미 행정실 두 직원은 동의란에 서명했다고 했다. 나는 피식 웃었다. 내가 거두절미하고 "우리는 공공노조 조합원이며 독소조항이 가득한 새로운 인사관리규정에는 동의할 수 없다"고 하자 실장과 삼석은 "이건 절차일 뿐이다 실제 조항에 있는 것처럼 사람을 그렇게 쉽게 해고할 수 있는 것이 아니다"라고 하면서 아주 온정적으로 설득하려 했다. "우리의 동의를 받으려면 독소조항을 뺀 규정을 다시 제시하라. 그러면 동의하겠다"고 큰소리로 말하면서 부동의란에 서명하고 나왔다.

사실 면담 전에는 상당히 떨렸지만 막상 상황에 부딪히니까 배짱이 생기면서, 나는 학교와의 맞장 투쟁을 시작했다. 실장은 대단히 병약해 보이고 기가 약한 사람이었는데 내가 소리지르고 화내는 걸 보고 쫓아와서 오해라며 화를 풀라고 했다. 실장이 동의서를 받지 못하니, 이번에는 교장이 호출했다. 나는 "누가 자기를 쉽게 해고하는 변경된 취업규칙에 동의하 겠냐, 당신 같으면 하겠냐?"면서 "독소조항을 삭제하지 않는 한 절대 동의 하는 서명을 하지 않겠다" 했더니, 뻔뻔하게도 교장은 "너희들 좋으라고 바뀐 인사관리규정"이라는 어이없는 말로 끝까지 변명했고, 나는 더 이상 듣고 싶지 않다고 언성을 높이면서 자리를 박차고 나왔다. 교장의 심중을 정확히 파악한 나는 앞으로 확실한 태도로 나가야겠다는 생각을 했다.

## 노동조합 간부활동과 처음으로 한 1인시위

한편으로는 온라인에 2만여 명이 가입한 학교비정규직 카페가 있는데, 이 카페에서 학교의 무기계약 관련 글들이 계속 올라오는 것을 지켜보고 있 었다. 무기계약 전환을 학교에서 어떻게 대응하고 있는지가 그 내용이었 다. 나는 무기계약에는 동의하고 독소조항 가득한 새로운 취업규칙에는 동의하지 말아야 한다는 글을 계속 올렸다. 그러다가 다른 학교에서 근무 하는 사람한테 쪽지로 연락이 되면서 노조 가입의 필요성을 설명했고, 이 에 동의한 그 사람이 근무하는 학교에서 네 명이 노조에 가입하였다. 나는 온오프라인 투쟁을 계속했다. 결국 학교는 새 인사관리규정에 우리 두 사 람의 동의를 받아내지 못하고 교육청에 부동의 결과를 제출했다.

9월 말이 되자 노조로부터 "조합원 간담회가 있다"는 공지를 받았다. 나는 노조의 간부나 활동가를 탐색할 수 있는 기회라고 생각했다. 간담회 는 민주노총 본부 건물에 있는 전교조 회의실에서 진행됐다. 학교비정규 직 지회장, 간부와 학비 담당 활동가, 그리고 노조 쪽 활동가 몇 명이 참석 한 것 같았다. 실제 현장노동자는 10여 명 정도였다. 대부분 현장노동자들 의 질의응답으로 이어졌는데, 내용은 주로 새로운 인사관리 규정의 독소조항이 삭제되지 않으면 기존계약서를 유지해야 하고, "무기계약 전환 이유로 변경된 취업규칙에 서명하라고 강요하는 건 부당노동 행위이다"라는 것이 요지였다. 무기계약 전환 결과를 교육청에 제출한 우리 학교는 더 이상 무기계약 관련된 얘기를 하지 않았다.

그러나 나는 계속 공문을 확인하면서 학교의 동태를 살피고 있었다. 10월 초가 되자 노조에서 신규 조합원 교육이 있다고 연락이 왔다. 가보니 전에 카페에서 조직한 학교의 조합원 두 명과 나, 이렇게 세 명이 참석했다. 학교비정규직 간부 세 명과 교육 담당으로 공공노조 중앙 상근자가 있었다. 학교비정규직 간부 세 명 중 한 명은 그해 1차 정리해고 되고, 2차로 6월 말에 비정규직법으로 해고당한 후 학교와 혼자 투쟁 중이던 간부였다. 그녀는 해고가 최종 결정되기 이전까지 학교의 온갖 탄압으로 자살까지 기도했었지만 다행히 목숨은 건질 수 있었다고 한다. 이후에 마음을 다잡고 꿋꿋하게 투쟁 중이란다. 나는 그녀의 투쟁을 이미 보도에서 보아 알고 있었지만 실제로 대면하니 반갑기도 하지만 미안한 마음이 앞섰다. 그녀는 열심히 투쟁해 11월 11일 서울지방노동위원회에서 부당해고 판결이 나자 원직복직됐다.

이후 나는 노조간부가 되었고 회의에 참석했다. 11월 말, 핵심 간부 여섯 명은 우리의 취업규칙을 만들기 위한 단체협상을 하기로 결의했다. 우리는 서울시 교육청에 단체협상을 요구하면서 교육청 앞에서 규탄결의대회를 열었다. 그러나 교육청은 온갖 지침을 내리면서도 "고용계약은 단위학교 교장이 하기 때문에 교장이 실제 사용자라고 주장"하면서 교섭에 임하지 않았다. 그래서 6개 학교 교장을 대상으로 집단교섭을 요청했다. 그러나 학교 역시 실제 사용자라는 것을 부인하면서 번번이 교섭에 불참했

1인시위 하는 필자

다. 학교장들은 자신들이 사측의 교섭 대상자라는 인식이 없었다. 노동법에 대한 아무런 지식도 없었다. 이런 사람들이라 교섭에 나오라고 하니 어이없고 황당해했다. 교섭에 불참하면 교섭해태가 되는 것도 모르고 무조건 불참했다. 교섭을 결의한 6개 학교 간부들은 교섭이 끝나면 평가를 하고 다음 교섭을 준비했다. 계속 교섭에 응하지 않는 학교의 간부들은 학교 앞 1인시위를 하기로 결의했다.

　나는 그때까지 한 번도 1인시위를 해본 적이 없었다. 우리 학교는 조합원이 두 명이었지만 다른 한 명이 결의를 하지 못해서 나 혼자 해야 했다. 처음 1인시위를 하는 날, 출근시간 40분 전인 7시 20분에 도착해서 미리 준비해 놓은 피켓을 들고 교문으로 향했다. 떨리기도 하고 쑥스럽기도 했다. 표정 관리도 안 되고 마음도 무거웠다. 출근하면서 나의 투쟁에 호의적인 몇 명의 전교조 교사는 격려의 말을 던지며 들어갔고, 대부분의 교사들은 놀라는 표정을 애써 감추면서 눈인사만 하고 들어갔다. 1인시위 이

기자회견 이후 항의집회 중에(오른쪽 끝이 필자)

후에 교내에서 쓰는 메신저로 "함께하지 못해서 미안하지만 투쟁을 지지한다"는 격려 쪽지가 오기도 했다. 1인시위에 참여하지 못했던 조합원은 같은 부서에 있는 교사에게 "조합원인데 왜 같이 안 하냐?"는 얘기를 듣고 다음날에는 1인시위에 참여했다. 나는 1인시위를 할 수밖에 없는 이유를 작성한 선전지를 각 부서로 배포했다. 학교는 애써 반응을 보이지 않았다. 이후 학교 앞에서 점심시간을 이용해 기자회견을 하기 위해 규탄 선언문을 들고 교문 쪽에 도착하니, 이미 노조 방송차와 근처의 학교비정규직노조간부, 전교조 수석부위원장이 와 있었고, 내가 속한 민주노동당 지구당 동지들도 여러 명이 연대를 위해 와 있었다. 투쟁가를 틀기 시작하자 반응이 나왔다. 어떤 교사는 뛰쳐나와서 "수업 중인 학교 앞에서 이럴 수 있느냐?"면서 격앙된 목소리로 삿대질하면서 노조 상근자에게 항의했다. 학교에서 신고를 했는지 근처에 있는 파출소 경찰이 출동했다. 그러나 우리 주위에 차를 세우고 구경만 할 뿐이었다. 점심시간 종이 치면서 학생들이 창문으로 내려다보기도 하고 운동장에 나와 담에 매달려 보기도 했다. 생활지도부 교사들이 정문을 통제하다 보니 그 뒤쪽에서 구경을 하기도 했다. 기자회견이 끝난 후 교장실 면담이 진행됐다. 노조 중앙 간부가 "인사관리 규정의 독소조항 폐기와 처우 개선" 등을 요구하자, 교장은 "교섭도 성실히 응할 것이며 처우개선도 생각하고 있다"고 했다. 결국 2008년 1월 이 사건으로 인해 다른 곳으로 발령난 실장을 대신해서 새로 발령받아 온 실장은 교장의 위임장을 받고 교섭에 참석하기 시작했다. 보통 학교는 2월 말부터 3월 초가 비정규직 계약서가 작성되는 기간이었다. 우리 학교도 나에게 재계약할 것을 요구했으나 교섭 중이라는 이유로 거절했다. 학교에서는 더 이상 계약서 작성을 요구하지 않았다.

**딸들을 통해 본 교육현실**

어느새 고등학교 2학년이 된 작은딸은 학급회장이 됐다. 딸아이는 워낙 사람을 좋아하고 어떤 일이든 자기가 중심이 되어 이끌어가는 기질이라서 중학교 1학년 때부터 계속해서 학급회장으로 선출되었다. 한번은 학교 어머니회 대표라는 사람한테 전화가 왔다. "야간 자율학습 시간에 딴짓 하지 않고 열심히 공부하게 학부모들이 번갈아 가며 복도 당번을 서자고 했다. 회장 엄마이니 나오라"는 것이다. 나는 "학교에서 학생 지도는 교사가 하지 왜 학부모가 해야 되는지 동의할 수 없고, 사전에 전혀 논의되지 않은 사항을 요구하는 것도 불쾌하고, 학급회장 엄마이기 때문에 당번을 서야 한다는 것도 황당하다. 앞으로는 이런 전화 받지 않았으면 좋겠다"고 했더니 상대 학부모는 불쾌한 어조로 "알았다"며 전화를 끊었다. 이후 딸에게 들은 이야기지만 그 학부모는 학교에서 어지간히 치맛바람 날리는 엄마였고 상대적으로 그 딸은 매우 소극적이며 튀지 못하는 학생이었다고 한다. 그렇지 않아도 학교에서 치맛바람 날리는 학부모들의 행태를 매우 못마땅하게 생각하고 있었기 때문에 그런 전화를 받았을 때 내가 보여줄 수 있는 태도는 단호한 입장을 취하는 것이었다.

다음해에 큰딸은 과민성 대장증상을 보이며 극도의 스트레스 속에서 허우적대는 고3이 되었다. 대입이 목전에 닥쳤고 본격적으로 학교와 전공을 선택해야 하는 시점이었다. 성적은 중상위권이었고 컴퓨터 미디어 계열의 학과를 가고 싶어 했다. 서울에 있는 대학을 갈 수 있는 성적이었다. 지금도 달라지지 않았지만 대다수의 학생들이 대학을 선택하는 방식이 무조건 성적에 맞는 과가 있는 4년제 대학이다. 적성도 목적도 없다. 그저 서울이든 지방이든 4년제 대학을 가면 됐다. 그러나 딸과 나는 두 가지 조건을 충족시킬 수 있는 대학을 지원하기로 했다. 집에서 통학할 수 있는 서울 또는 경기권에 있는 대학이면서 원하는 과를 선택하자는 것이었다. 2학기에 4개 대학에 수시원서를 냈고 목표한 대로 원하는 대학에 합격했다. 이때 수시와 정시라는 두 가지 대학 지원방식이 있었다. 수시는 고등학교의 내신성적을, 정시는 수능성적을 반영해서 학생을 선발하는 것이다. 수능점수가 낮을 것으로 예상되는 학생들은 1학기부터 2학기까지 많게는 최고 10여 개 이상의 학교에 수시로 지원하게 된다. 보통 4년제 대학은 7~10만 원의 원서접수비를 받는데 이때 대학들이 엄청난 재정을 확보한다는 것이다. "수시 끝나면 대학들이 빌딩 한 채씩 짓는다"는 말이 있을 정도니 학생 상대로 원서장사를 하는 것이다. 대학이라는 데서 이익을 남기기 위한 목적으로 교육을 팔아 장사를 하는 것이었다. 어쨌든 학벌지상주의 사회에서의 좋은 학력은 자본에게 최상의 선택을 받기 위한 필수적인 조건이다. 명문대학을 보내 자식의 평생을 보장받기 위해 학부모들은 엄청난 사교육비를 지불해야 하는데, 이것이 마치 미래를 위한 투자처럼 여겨지고 있다. 그러나 양극화가 심화된 사회에서 막대한 투자에 대한 국민들의 기대는 착각일 뿐이다.

2007년 3월을 시작으로 큰딸은 새내기 대학생이 됐고, 이번에는 작은딸이 또 과민성 대장증상으로 고통받는 고3이 되었다. 교육열(?)이 대단한 대부분의 엄마들 온갖 사교육을 받으면 성적이 많이 오를 거라는 착각으로 학원에 엄청난 돈을 쏟아붓고 있었다. 나는 굳이 아이를 학원에 보내지 않았다. 그렇다고 학원을 보내지 않겠다고 하지도 않았다. 선택권을 딸들에게 주었다. 필요하다고 여기면 언제든지 보내 주겠다고 했는데, 딸아이는 잠시 학원을 다닌 적도 있지만 혼자 공부하는 게 더 좋다면서 다니지 않았다. 다른 집처럼 사교육을 번듯하게 시킬 경제적 능력도 없으니 잘된 일이기도 했다. 그래도 고3이 된 자식을 가진 부모로서 갖는 부담과 스트레스는 만만치 않았다. 그 일면에는 성적에 대한 욕심과 함께 엄청난 교육열 분위기에 뒤처지는 것 아닌가 하는 불안감이 있었던 것 같다. 그러나 기특하게도 딸들은 제도권 학교생활을 잘 버텨 내며 인정받고 있었다. 이미 제도권 학교에 어떻게 적응해야 하는지 그녀들 나름대로 깨닫고 있었고, 교육현실에 대한 문제를 직접 겪고 있었기에 우리는 편하게 소통할 수 있었다. 그러나 교육 개혁이란 거대한 산을 바라보면 답답할 뿐이었다.

## 민주노동당의 분열과 탈당

2007년 8월 말에 나는 노회찬 후보 선거본부 캠프에 결합했다. 당원들을 대상으로 하는 전화 선거운동이었는데 당원들의 반응은 예측할 수 없었다. 당원들은 9월 대선후보 경선에서 권영길을 선택했다. 권영길 후보의 세번째 출마와 정치파벌(정파)의 조직적 지원으로 당선됐다는 지적이 있었다. 권영길 후보는 당선 이후 "코리아연방공화국 건설해서 고립된 분단 국가의 상호협력적인 통일경제로 전환을 해야 한다"고 강조했다. 당 내부적으로 계속되었던 정파 갈등과 권영길 후보의 당선배경과 정파적 입장을 대변하는 권영길의 소신이 분당의 씨앗을 더욱더 키우고 있었다. 대선 후보 경선에 따른 후유증으로 중앙당과 지구당은 세 명의 후보에 대한 선호에 따라 점점 분열되는 모습이 나타났다. 12월에 선거사무소가 꾸려지면서 지구당 부위원장 중 한 명인 나 역시 선거운동에 결합해야 했다. 썩 내키지 않지만 민주노동당에 대한 애정으로 열심히 했다. 매서운 날씨에도 거리에서 율동을 했고 큰소리로 공약을 외치며 홍보물을 돌렸다. 드디어 12월 19일 투표가 시작됐고 권영길 후보는 3%라는 아주 낮은 지지율로 낙선됐다. 이런 선거 결과에 민주노동당은 거의 공황상태가 되었다. 그러면서 그간의 NL과 PD의 정파적 갈등이 물 위로 떠올랐다.

　해를 바꿔 2008년 1월 12일 심상정 의원을 위원장으로 하는 비상대책위원회(비대위)가 출범했다. 2월 3일 민주노동당 임시당대회가 개최되었다. 이날 당대회의 논의 안건은 크게 네 가지로, '제2창당을 위한 평가·혁신안 승인의 건, 18대 총선 방침과 비례대표 후보 선출 방안 승인의 건, 2007년 결산과 감사보고 승인의 건, 재정 위기 대책과 상반기 예산 승인의 건' 등이었다. 이 중 최대 쟁점은 제2창당을 위한 평가·혁신안 승인의 건이었다. 그러나 일심회 사건으로 처벌받은 최기영·이정훈 당원을 해당행위자로 지정해 출당시키자는 안건이 부결되면서 NL과 PD의 정파적 다툼은 분당으로 막을 내렸다. 일심회 사건이 국가보안법으로 처리된 것에 동의하는 당원은 없을 것이다. 그러나 당원들의 정보를 일방적으로 북한에 제공한 행위는 당원들의 인권을 침해한 것으로 이에 대한 명백한 당 차원의 평가와 징계가 있어야 했다. 그런데 NL의 입장을 가진 사람들은 "국가보안법에 희생당했다는 것을 강조하고 같은 당원이고 동지이기에 믿어 달라"고만 했다. 북한에 대한 입장과 다른 당원들에 대한 해명이 없었다. 그리고 당대회에서 쪽수로 논란을 잠재워 버렸다. 서민과 노동자를 대변하겠다는 민주노동당은 정파 싸움에서 단일 정파로 정리가 됐다. 결국 4년 동안의 민주노동당은 비정규직 노동자를 중심에 둔 독자적 노동정책을 적극적으로 구사하지도 못하면서 내부에 누적된 여러 문제가 터지면서 분당을 맞았다. 민주노동당은 진보적 노동자당으로서 노동과 평등, 자주의 핵심 가치를 노동자, 국민대중과 소통하지 못하면서 민주당 같은 야당과의 차별화에 실패했다. 서민과 노동자를 대신해서 의회에 진입했던 이들이 각 정파로 분당되고 만 것이다. 나는 탈당했다. 이제는 더 이상 노동자를 대신하겠다는 정치세력을 믿지 않고 현장에서 주체적으로 노동자 권리를 쟁취해야겠다고 결심했다.

## 7. 학교비정규직 투쟁에서 노동해방 세상으로!

### 산별노조로의 전환과 연가투쟁

2008년 4월이 되자 이명박 정부가 진보단체의 반대에도 강행 중이던 한미FTA 협상으로 광우병 소고기 전면수입을 허용하는 협상 내용이 공개되면서 5월 2일 처음 미국산 수입 소 반대 촛불집회가 열렸다. 처음에는 중고생이 대부분이었지만 이후 가정주부, 노인, 어린이 할 것 없이 일반시민들로 확산되어, '6·10항쟁 21주기 100만 촛불대행진'이 진행되면서 그 참여가 절정을 이뤘고 7월까지 지속됐다. 참여 계층 또한 여중고생을 시작으로 그동안 사회운동에서 비주류였던 '여성'이 '주류'로 떠올랐다. 그 내용도 광우병 소고기 수입반대로 시작하여 차츰 교육문제, 대운하문제 등 다양한 주제가 소통하는 장으로 발전하였다.

나와 학교비정규직<sup>약칭 '학비'</sup> 노조간부들도 주말과 평일 등 일주일에 2~3일 촛불집회에 참여했다. 하루가 멀다 하고 비가 오던 7월의 장마기간에도 비옷을 입고 참여했다. 피곤으로 입술은 부르텄으나 피곤한지를 몰랐다. "미친 소 반대! 이명박 정권 타도!"를 외치며 청와대 앞을 장악했을 때, 엄청난 물대포를 맞아 가면서도 모두들 이명박을 끌어내릴 수 있다는 희망을 가졌다. 그러나 8월로 접어들어 타오르던 촛불이 서서히 꺼지면서 이명박 정권의 생명의 불씨는 살아났다. 그렇지만 우리 학비 간부들은 촛불집회에 함께하면서 정치·사회적인 토론과 학비 투쟁에 대한 전망, 계획 등 많은 이야기를 할 수 있었다.

한편 촛불집회에 참여하면서도 교섭을 진행 중이던 학비 간부들은 개별적으로 학교장을 상대로 현장투쟁을 이어 갔다. 많아야 서너 명 적게는 한 명의 간부들이 학교의 최고 권력자인 교장과 싸워야 했다. 처음에는 감히 교장한테 아무런 문제제기도 못했던 현장 간부들은 교섭투쟁을 통해 전사로 변해 가고 있었다. 그러나 사실상 단위학교 교장도 공무원인지라 산별교섭에서 합의할 수 있는 여지가 제한돼 있어 교섭의 돌파구를 만들지 못하고 있었다. 결국 학교비정규직 투쟁은 현장투쟁을 바탕으로 교육청 대상의 대(對)정부투쟁과 교섭으로 지침과 제도를 바꿔야 했다. 이를 위해서는 단위학교 투쟁에서 정부를 대상으로 한 전체 노동자 투쟁으

로 전환해야 하기에 우리의 투쟁은 어려움이 있었다. 더구나 학비 노조의
조합원들이 자신의 현장투쟁도 힘들고 자신의 이해관계를 넘어서 노동자
연대투쟁을 할 준비가 안 되어 있었다. 이미 도입된 다양한 급여체계와 직
종 분할로 현장에서는 노노갈등도 자주 나타나면서 전체 학비노동자의
문제를 자신의 문제로 받아들이기 어려운 점도 있었다. 보수적이고 서열
화된 학교라는 조직에서 소수 비정규직 노동자들은 순응해서 살아남으려
는 의식이 더욱 강하다. 그러다 보니 스스로를 비정규직이라고 인정하지
않으려고 하는 경향도 강했다.

산별노조 전환에 따라서 전국 현장의 투쟁 상황을 공유하고 소통하
는 전국대표자회의가 진행됐다. 회의에는 주로 대정부 지침과 집단교섭
에 대한 평가 및 대응에 대한 정보를 공유하면서 투쟁을 기획하였다. 연맹
소속일 때부터 학비 지부는 1년에 한 번 1박 2일 투쟁과 연가투쟁을 이어
오고 있었다. 학교 운영지원비 폐지, 개악되는 정부의 부당한 지침 철폐와
제도 개선 요구를 전국의 간부와 조합원을 조직해서 하는 방식이다. 5월
인권위원회, 교육부, 서울시교육청 앞에서의 전국 학교비정규직 노동자
들의 연가투쟁을 결정했다. 이에 따라 서울, 경기, 인천, 대전, 부산에서 현
장 간부와 조합원들이 연가 반납에 따른 연가투쟁을 진행했다.

첫번째 코스로 인권위 앞에서는 현장에서 비일비재하게 일어나는 인
권침해와 성희롱에 대한 구체적인 사례를 폭로하면서 인권위 차원의 공
식적인 입장과 가해자에 대한 징계 처리를 요구했다. 두번째는 교과부에
가서 개정된 인사관리 규정의 독소조항을 폐기할 것을 강력히 요구했다.
그러나 담당 관료들의 대답이 항상 그렇듯이 "잘못된 점은 인정하나 담
당자로서 권한의 한계가 있다"는 것을 강조하면서 형식적으로 "노력하겠

다"는 답변들뿐이었다. 세번째로 교육청 앞 집회였다. 무기계약 체결을 전제로 새로운 인사관리 규정에 따른 재계약 지침을 철회하고 단체교섭에 응할 것을 요구하며, 비정규직의 고용불안과 처우 악화 지침을 내리는 교육청을 강력히 규탄했다. 집회 이후 면담을 요구했으나 교육청은 정문마저 걸어 잠그면서 대화를 거부했다. 전국에서 유일하게 면담조차도 하지 않으려는 곳이 서울시 교육청이다. 이렇듯 서울시 교육청은 단위학교 뒤에 숨어서 비정규직의 처우 악화와 고용불안을 '모범적으로' 보여 주는 모든 행태를 일삼고 있다.

연가투쟁 이후에도 각 지역에서 집단교섭이 진행되었고 학교가 교섭에 대응하는 방식은 지역에 따라 조금씩 차이가 있었다. 부산은 교섭 대표인 교장이, 서울·경기·인천·대전은 위임장을 받은 교감, 실장, 노무사 등이 교섭에 나왔다. 교섭이 어느 정도 진척이 되면서 불성실한 교섭 태도를 보이는 학교에 대한 대응 투쟁도 지역마다 달랐다. 아무래도 지역지부의 투쟁성향에 따른 결과인 것 같다. 부산은 교섭의 마무리 단계가 되자 교장들이 "공무원 신분으로 도장을 못 찍겠다"며 교섭 결렬을 선언하는 바람에 원점으로 돌아가기도 했다. "서울에서도 단체협약이 체결되지 않았는데 지역에서 먼저 체결할 수는 없다"는 경우도 있었다. 물론 서울에서 진행되는 교섭은 전국에서 가장 지지부진하면서 파행으로 치닫고 있었다.

이런 상황에서 서울분회가 소속된 서경지부는 시설노조에서 공공노조로 전환된 소(小)산별지부로 시설, 경비, 미화, 문화·예술, 보육, 학교비정규직 등 매우 다양한 업종분회가 구성되었다. 새로 편제된 학교비정규직 업종은 소산별처럼 다양한 직종과 급여체계로 매우 복잡한 조직 형태였다. 그러다 보니 지부의 임원들은 학비 업종이 쉽게 이해되지도 않았고,

지부 간의 학비 조직화와 투쟁에 대한 소통이 어려워지면서 조직 전망을 전혀 제시하지 못하고 있었다. 학비투쟁은 정부를 대상으로 한 지침철폐와 제도개선 등 정책이 세워져야 하고 그에 따른 조직화와 투쟁이 기획되어야 가능한 것이었다. 이런 상황에서 분회의 투쟁현장 간부들은 지부가 투쟁 기획이 없다는 것에 대한 불만이 많았다. 연맹의 지부 시절에 전교조 서울지부에서 전임자가 없는 학교비정규직의 조직화를 위한 활동가 채용을 지원하기 위한 투쟁기금을 마련했고 그 기금이 계속 들어오고 있었다. 분회에서 지속적으로 제기해서 지부에서는 6월 학비 담당 상근자를 채용했다.

## 노동자 권리 확보와 노동조합활동의 장애들

학교비정규직의 특수성은 직종과 고용형태가 너무 다양하다는 데 있다. 구체적으로 행정보조, 교무보조, 사무보조, 전산보조, 과학보조, 영양사, 사서 등 통상적으로 학교 교육과 행정업무를 맡고 있다. 특히 과학실험보조, 전산보조, 교무보조, 특수보조, 유치원 보조교사는 교육보조사로 통칭되고 있다. 이외에도 조리종사원, 영양사, 청소원 등과 운동부 코치 등 총 46여 개 직종으로 각 학교에 배치되어 일하고 있다. 고용형태도 직접고용, 간접고용, 특수고용 등 그야말로 온갖 불안정 형태가 존재한다. 직종도 더욱 세분화되고 급여체계 역시 매우 다양하다 보니 서로에 대한 동질감보다는 이질감을 가지면서 개별화되고 있다. 실제로 자신이 당하는 부당한 처우나 조건들은 개인의 능력과 책임으로 순순히 받아들이는 경향 또한 확산되고 있는 실정이다. 단위학교에서도 연봉제 확산으로 상대적으로 급여가 많은 소수의 호봉제 노동자는 죄인이 되면서 왕따를 당하기도 한다. 학교는 이런 노노갈등을 부추기며 이것을 기존 호봉제 노동자의 처우나 급여조건을 하락시키는 수단으로 사용하고 있다. 이처럼 학교는 치밀한 의도로 직종을 다양화시켜서 노동자를 분할시키며, 이 때문에 나타나는 노노갈등으로 서로의 발등을 찍게 하는 계획이 성공하고 있었다.

더욱더 불안정해지는 고용상황, 보수적이고 권위적인 현장 분위기, 서열화된 학교 관리자들과의 관계 속에서 생존권과 노동권에 대해 주체적으로 발언을 하거나 행동할 수 있는 학비 노동자들의 권리는 극히 제약될 수밖에 없다. 그렇기 때문에 이들은 노동조합 가입으로 자신의 고용을 보장받지는 못할 것이라는 판단을 하고 있었다. 전국적으로 15만여 명의 학교비정규직 노동자 중에 500여 명이라는 조합원 수가 이를 말해 준다. 이런 현장의 정서상 일부 단위 학교에서 간부와 조합원들이 투쟁을 하는 것은 정말 웬만한 의지로는 하기 어렵다. 거꾸로 투쟁하고 있는 조합원들이 그만큼 강한 의지를 갖고 있다는 것이다.

내가 근무하는 학교의 행정실장은 교장의 위임장을 받고 집단교섭에 나와서는 면박을 당하고, 교내에서는 교섭불성실 태도에 대한 나의 지속적인 문제제기와 교내 투쟁으로 골치가 아팠었나 보다. 교섭에 나와야 하는 실장이 6개월마다 바뀌었고 우리 학교는 행정직 공무원들이 기피하는 학교가 됐다. 이렇게 실장들이 도망가는 것도 투쟁의 성과로 여겨진다. 매년 계약하던 계약서와 관련해서는 교섭 진행 중이라는 이유로 갱신하지 않겠다는 나의 요구를 수용했다. 근무평가 하겠다면서 자기 업무 성과서를 제출하라고 할 때도 교섭 중에 근무평가 하는 것은 부당하다고 문제 제기하자 철회하면서, 다섯 명의 회계 직원 중 나한테만 제출을 요구하지 않았다. 퇴직급여제도를 변경할 때도 내가 동의하지 않으면 다른 회계직원도 바뀐 퇴직급여제도를 시행하지 못했다.

그러나 학교 측에서도 나에게 탄압을 가했다. 특히 실장, 교감과는 언성을 높이며 자주 싸우곤 했는데, 그 중에서도 교감은 굉장히 무식하고 다혈질인 사람이라서 나뿐만 아니라 교사들과도 언쟁을 많이 했던 사람이다. 어느 날 전자문서 프로그램에 들어가려고 비밀번호를 입력해도 로그인이 되지 않았다. 이상하게 생각한 내가 교육청 전자문서 담당자에게 전화해 보니 학교 권한 부여자인 교감이 내 접근권한을 삭제했다는 것이다. 일단 교육청에 당사자 논의도 없는 일방 삭제에 대한 부분을 항의하고 답변을 요구하자, 기본적으로 비정규직에게는 권한을 부여하지 않는다는 행정지침이 있기에 교감의 그런 행태를 강제로 막을 수는 없다는 것이었다. 나는 바로 교감에게 가서 "일방적인 전자문서 접근권한 삭제는 비정규직 차별이고 노조활동에 대한 보복이다. 교감이 막대한 권한만 행사하는 자리냐"며 강력하게 항의했다. 교감의 언성보다 더 높은 언성으로 내가 말하자 교감이 순간 기가 꺾였다. 교사들이 많이 있는 교무실에서 나에게 면박을 당하는 꼴이 된 교감은 일단 권위가 떨어지는 상황이었다. 사실 그렇게 몰아붙인 이유는 교감의 무식한 행태에 화가 난 것도 있었지만 이런 기회에 교사들 앞에서 비정규직에게 면박당하는 창피함을 느끼게 하려는 의도가 있기도 했다. 이런 투쟁들이 소소한 것 같지만 권위적인 교장, 교감, 행정실장에게는 학교비정규직을 최하위직으로 여기며 지시만 하다 공개적으로 자신들의 체면과 권위가 손상되니 치명적일 수 있다.

그리고 전 교직원들에게 비정규직 차별과 노조활동을 탄압하기 위한 전자문서 접근권한 일방삭제를 규탄하는 내용의 글을 교내 메신저 게시판에 올리면서 각 부서로 선전지를 배포했다. 전교조 분회장에게도 전교조 유인물에 이 내용에 대해 지지해 줄 것을 요청했다. 그렇잖아도 교감의 일방적이고 안하무인인 태도에 불만이 많았던 교사들은 내가 교감과 싸운 것에 대해 "통쾌했다", "멋있다", "대단한 용기다"라는 반응을 보였다.

이렇게 노조활동을 한다는 이유로 부당하게 탄압하는 것을 바로 문제제기하면서 싸웠다. 노조의 교섭 참석으로 조퇴하는 것에 대해서도 학교 교섭위원이 공가를 내고 참석하는 것처럼 동일하게 공가 처리할 것을 계속해서 주장했다. 그렇게 계속적으로 나의 노조활동을 위한 조퇴나 병가 시에는 반드시 사실대로 사유를 기재했다. 이 부분에 대해서 학교에서는 더 이상 문제제기하지 않고 결재를 해주었다. 이는 사실상 학교가 나의 노조활동을 공식적으로 인정한 것으로, 끊임없이 투쟁한 성과다. 투쟁하면서 느낀 것이지만 어렵더라도 노조활동은 공식적으로 해야 하며 당당하게 인정해 줄 것을 요구하고 투쟁할 때만이 확보된다는 것이었다.

### 서경분회 분회장이 되다

10월이 되어 지부로 편제되면서 거의 노조활동을 안 하던 분회장이 간부회의 자리에 나와 공식적으로 분회장직을 사퇴하겠다고 선언했다. 이미 예상했던 것이기에 노조간부들은 사퇴를 수용하고 대신 나에게 분회장을 승계할 것을 제안했다. 그러나 나는 그 자리에서 쉽게 결의할 수가 없었다. 일시적이지만 분회장이 없이 대행체제로 가니 조직활동이 타격을 받았다. 결국 11월 들어 나는 분회장 결의를 했고 바로 보궐선거 공고를 내고 인터넷선거를 시작했다. 그러나 학비 조합원은 대다수가 페이퍼 조합원인지라 선거를 조직하는 일 또한 대단히 힘겹다. 어쨌든 과반수 이상의 조합원의 지지로 나는 분회장에 당선됐다.

2008년 12월로 집단교섭 진행 1년이 되면서 공공노조와 그동안 진행해 온 집단 교섭에 대한 평가회의가 있었다. 주된 내용은 교섭 투쟁에만 매몰되면서 대외투쟁과 대(對)교육청투쟁이 실종됐다는 것이다. 앞으로 어떤 방식으로 진행할 것인지에 대한 토론이 진행됐다. 우리 내부적으로는 처음 시도되는 산별교섭 형태인 집단교섭을 시작하면서 노조 중앙과 현장 교섭 대표와의 치밀한 투쟁 계획 논의가 안 됐고 현장간부들의 교섭 관련한 사전교육도 안 되다 보니 교섭투쟁은 서투를 수밖에 없었다. 교섭 대상 학교들도 처음에는 무조건 교섭을 해태하다 나중에는 노동법상 위법 사항을 피해 가기 위해 형식적으로 교섭에 참석해서 파행시키는 방식을 취했다. 그렇다고 흩어져 있는 6개 학교가 단일대오로 지속적인 투쟁을 만들기도 어려운 상황이어서, 독소조항 삭제와 고용안정에 대한 요구를 계속하면서 투쟁을 이어 가기로 결정했다. 그 결과 개별 학교 교섭으로 전환하고 현장투쟁 역량이 있는 간부 학교를 정하기로 하면서 내가 근무하는 학교가 대표 개별교섭 학교가 되었다.

2009년 1월, 6개월마다 실장이 바뀌는 우리 학교에 또다시 새로운 실장이 발령을 받아 왔다. 개별교섭으로 전환되면서 노조 중앙단위가 빠지고 지부의 지부장과 내가 교섭위원이 되고 학비분회 간부가 교섭에 결합하는 방식이 되었다. 1월부터 바로 학교에 교섭 요청 공문을 보냈고 개별교섭이 진행됐다. 새로 온 실장이 "교섭에는 성실히 응하겠다"는 형식적 대답과 함께 교섭을 진행됐다. 이후 네 차례 정도의 사전교섭을 진행하면서, 노조활동을 이유로 어떠한 불이익도 주지 않고 단체협약이 체결될 때까지 고용안정을 보장한다는 기본협약서에 사인했다. 다음 교섭에서 공공노조 위원장과 학교장의 직인을 찍기로 했으나 막상 약속한 교섭일에 학교장은 직인을 찍지 못하겠다고 발뺌을 했다. 서울지역에서 처음 맺은 기본협약은 위임받은 실장에게 사인을 받는 것으로 마무리짓고 본 교섭을 진행했다. 본 교섭에는 행정실장이 빠지고 교감이 들어오고, 단체협약(안)의 첫번째 조항부터 협상을 시작했다. 그러나 학교 측은 매번 협약 조항에 꼬투리를 잡으면서 합의할 수 없다는 입장을 번복했고, 다음 교섭 날짜를 정하는 식으로 마무리하곤 했다. 8월 교섭에서 학교는 교섭을 체결할 수 있는 어떠한 권한도 없고 의지도 없다는 것을 밝혔다. 결국 교섭이 중단되었다.

투쟁 평가를 할 때 항상 나오는 문제는 스스로 주체적 동력을 조직하지 못하는 것과 동시에 노조 중앙과 지부에서도 동력을 끌어내지 못하는 것이었다. 중소영세사업장인 학교비정규직의 조직화를 어떻게 할 것인지, 정말 고민스럽다.

이런 와중에 2009년 6월 15일, 2007년 11월 성신여고에 복직해서 근무하던 정수운 조합원이 세번째 해고를 당했다. 이번 해고에 대해서 학교 측은 법원 판결을 근거로 정수운이 현행법을 위반했기 때문이라고 주장했다. 실제로 그녀는 2009년 4월 7일 위법판결을 받은 적이 있다. 그러나 진실은 최소한의 생존을 지키고 싶었던 여성노동자를 어떻게든 쫓아내기 위해서 2년이 넘는 세월 동안 끊임없이 가했던 폭력이었다. 학교가 비정규직법을 이유로 해고 통보라는 살인행위를 저지르지 않았다면 벌어지지 않았을 업무상 실수가 해고의 사유였다. 학교는 그 폭력의 과정들에 대해서는 철저히 함구한 채 노조에 가입하고 투쟁하는 노동자를 해고한 것이었다. 복직한 2년여 동안 그녀는 혼자서 거대한 학교 권력의 탄압에 굴하지 않고 지난한 싸움을 했다. 정수운의 강인한 투쟁에 학교가 치밀하게 준

정수운 조합원의 복직투쟁에서(앞줄 오른쪽이 필자)

비한 탄압 방식이 해고였던 것이다.

서경지부 소속의 미화 노동자와 시설관리 노동자들은 학교 행정보조였던 정수운과 업종도 다르고 사업장도 다르지만 집회가 있을 때마다 함께 그 자리에 섰다. 또한 성신여대 학생들은 '비정규직 없는 아름다운 성신 만들기'라는 서명운동을 진행했다. 성신여대 총학생회는 학교 측에서 총학생회를 인정하지 않거나 축제에서 시설을 철거하는 등 수없는 탄압 속에서도 굴하지 않고 정수운 조합원의 투쟁을 끝까지 지지하면서 함께 했다. 나아가 성신여대 학생들의 모임인 '성신여대 학생행진'은 '성신의 비정규직 노동자들과 함께하는 서포터즈'라는 모임을 만들어 정수운 투쟁에 앞장서서 함께했다. 그녀가 반드시 이 연대에 힘입어 현장으로 돌아갈 수 있기를, 그녀가 일했던 성신여고, 성신재단이 비정규직 노동자들에게 설움과 아픔을 주지 않는 행복한 직장이 될 수 있기를, 더 나아가 학교의 수많은 노동자들이 비정규직의 설움을 겪지 않기를 바라면서 그들의 연대투쟁은 계속되었다. 그러나 계속되는 투쟁에도 성신재단은 요지부동이었고 그녀는 지쳐 갔다. 물론 노조와 연대하는 동지들도 있고 학비 분회가 투쟁에 결합하고 있지만 혼자 해고당해 싸우는 것에는 한계가 있다. 정신적인 고통과 장기투쟁으로 경제적인 생활고가 겹치면서 그녀는 병이 났다. 이제 자신의 몸도 추스르기가 힘든 상황이 되었다. 일단 투쟁을 중지하고 고향으로 요양을 갔다. 정수운 조합원의 투쟁 과정들은 학교비정규직의 조직화와 투쟁이 얼마나 어려운지를 잘 보여 준다.

## 노동자가 주인 되는 새로운 사회 건설을 꿈꾸며

2009년 결정된 서울분회 사업내용 중에 현장투쟁이 있는 전교조 서울지부와 진보적인 사회단체, 학부모 단체를 연대 단위로 꾸려 현장을 조직하자는 투쟁 계획이 있었다. 그에 따라 공공노조 중앙에 투쟁계획을 제안했고 4월에 첫 회의가 개최됐다. 간담회 형식으로 진행된 첫 회의에는 전교조 서울지부, 평등교육실현을위한학부모회가 함께했다. 우선은 학교비정규직 서울분회 상황을 공유하고 교육현장 노동자의 연대를 통해 조직화 투쟁을 벌일 것을 요청했다. 1차적으로 전교조 조합원이 소속 학교를 거점으로 학비 노동자의 실태조사를 하면서 친근감을 형성하고 그 결과를 바탕으로 조직화 계획을 세우기로 했다. 2차회의부터 회의 단위 이름을 '학교비정규직연대회의'로 정했고 연대 단위를 확대해 나가기로 했다. 이후 범국민교육연대, 진보교육연구소, 사회진보연대, 전국차별철폐연대가 회의에 결합했다. 전교조에 요청한 실태조사는 현장 조합원 조직이 안되다 보니 제대로 진행되지 않았다. 그러나 그동안 여러 차례 회의를 통해 학교에서 가장 저임금이면서 극심한 노동 강도에 시달리고, 학비 직종 중에 유일하게 동일 직종에 다수가 배치된 조리노동자를 조직하기로 결정

2009년 교원평가비판과 교육공공성강화를 위한 공개토론회에 발표자로 나선 필자(오른쪽에서 네번째)

했다. 워크숍에서 급식실 관련 자료를 모으고 토론한 결과 5월에 급식실 조리노동자 조직화의 구체적 사업계획과 실행 방안이 세워졌다. 지금은 그 계획을 실천에 옮겨 보는 중이다.

이명박 정권이 신자유주의 교육정책을 공고히 하기 위해 벌이는 다양한 노동통제와 구조조정에 대해 학교 노동자들은 하나로 모여 투쟁해야 한다. 학비분회 역시 교원평가 반대, 일제고사 폐지, 학교 선택제 반대, 무상급식, 청소년인권 등의 투쟁에 적극 결합했다. 사실상 교육운동의 경험이 부족한 나는 진보교육 운동 차원의 연대투쟁을 통해 신자유주의를 등에 업고 나타나는 폐해를 목격하면서 새롭게 배울 수 있었다. 지금의 공교육 현장은 자본과 권력에 순응하는 노동자를 끊임없이 확대 재생산하는 공간이다. 그만큼 학교는 자본주의 체제를 공고히 하는 매우 핵심적인 전선으로, 자본과 정권은 이에 대한 주도권을 뺏기지 않으려고 한다. 교육

현장은 시대를 거슬러 가고 있다. 대다수 학교구성원의 의견을 배제한 채 정부와 입장과 같이하는 교장의 재량권만 확대시키고 있다. 그러다 보니 단위학교는 교장의 독재적인 권한 행사가 남발되어 반민주적으로 운영되면서 경쟁 교육, 차별 교육으로 더욱더 위계화되고 있다. 이미 학교는 황폐화되었고 학교의 모든 구성원은 위기에 처해 있다.

그러나 우리의 저항과 투쟁 역시 멈추지 않고 있다. 나아가 "자본주의는 안 된다"는 것을 현실에서 지독하게 경험하면서 노동자가 주인되는 사회주의가 우리의 희망으로 다가오고 있다. 나는 우리가 희망하고 꿈꾸는 '노동해방된 노동자세상'을 어떤 방식으로 가져가야 할지 아직 정확히 모른다. 그러나 모든 노동자들이 투쟁 속에서 충분히 소통하여 이룬 합의로 건설되리라는 것은 믿는다. 그래서 나는 노동자가 주인되는 사회를 어떻게 꾸리고 건설해야 할지 학습하려 한다.

# 엮은이 후기 여성노동자들의 '목소리' 찾기

## 노동자들의 삶의 경험, 그들의 '목소리'를 역사에 담을 수는 없을까

2000년경 처음 논문을 썼다. 한국전쟁 이후 최초의 노동자 정치투쟁인 구로동맹파업을 소재로 정해서 관련 자료를 정리하고 당시 투쟁 주체를 찾았으나 만날 수 있는 사람은 지도부로 활동했던 두 명밖에 없었다. 그 때문에 남겨진 선전물, 재판자료, 투쟁일지 등의 자료를 가지고 글을 썼다. 그런데 역사 속에 사람들의 모습이 보이지 않으니, 글을 쓰는 내내 나는 답답했다. 그때 그 자리에 있던 이들은 모두 같은 생각과 모습이었을까, 투쟁에 참여했던 2,500여 명의 노동자들은 다 어디로 갔을까, 그 사건이 그들의 삶에 어떤 영향을 주었으며 지금은 어떤 의미로 남아 있을까, 여러 궁금증이 남았다.

그 뒤 다양한 이들의 모습을 역사에 담을 수 있는 방법은 없을까 고민하다가 전태일기념사업회에서 청계노동조합의 역사 정리를 위해 했던 '주체들의 목소리' 찾기를 위한 구술작업을 시도했다. 뒤이어 폭을 넓혀 1970년대 노동자들의 삶과 활동에 대한 구술작업을 하면서, 나는 그들이 살아온 과정과 시대상황 속의 모습에 흠뻑 빠져들어 갔다. 워낙 사람의 삶에 관심이 많았던 나에게 사람들의 살아온 이야기를 들을 수 있는 구술생애사작업은 무척 흥미로운 일이었다. 살아온 이야기를 듣다가 어떤 상황에서는 같이 울고 웃거나 또는 분노하면서, 자신에게 주어진 삶의 조건을 받아들이는 방식과 시대상황에 대응하는 방식에서 공통된 모습도 보았지만, 차이도 느끼면서 사람마다의 개성도 느낄 수 있었다.

한편에서는 구술작업을 하면서 내가 빠져들었던 구술자의 '역사의 현장'을 다른 이들에게도 전할 수는 없을까, 노동자들이 삶의 목소리를 직접 다른 이들에게 전할 방법은 없을까, 라는 고민을 하였다. 그 즈음 구술을 받기 위해 만난 한 여성노동자에게 "연구자들이 경험을 들어가면 왜 자기들 마음대로 재단해서 쓰냐"는 문제제기를 받았다. 물론 이 여성노동자의 제기가 모두 맞는 것은 아니었다. 구술작업을 하는 연구자들도 연구를 할 때 내용을 선택하고 그 내용에 대한 자신의 해석을 하기 때문이다. 그러나 한편에서 노동자들이 자신들의 경험을 '그들의 목소리로' 다른 이들과 소통하고 싶어 하는 바람이 나의 고민과 맞물렸다.

그래서 시도한 것이 구술생애사작업을 하여 주체들의 목소리만으로 글을 써보는 것이었다. 노동자들의 삶의 경험을 그대로 살리는 방식의 글작업을 몇 차례 지면에 실어 보면서 다시 문제에 부딪혔다. 구술자와 연구자의 관계나 연구자의 개입 정도에 따라 구술자의 목소리가 달라진다는 것이다. 즉 구술작업은 구술자의 목소리를 담아 내는 방식이지만 그 과정을 같이하는 연구자가 어떤 식으로든 개입하여 영향을 미친다는 것이다. 연구자의 개입을 줄이고, 주체들이 보다 자신에게 충실하면서도 자신의 목소리를 직접 담아 낼 수 있는 방식은 없을까. 이 두 문제를 고민하다가 접근한 것이 '노동자 자기역사 쓰기'였다.

## 노동자가 자기역사쓰기의 주체로 나선다면?

이런 나의 생각을 시도해 볼 기회가 찾아왔다. 2005년 구로공단에서 활동하는 노동조합과 지역의 활동가들이 중심이 되어 구로동맹파업 20주년 행사를 추진했다. 20여 년 전 노동운동의 발전에 큰 영향을 준 구로동맹파업의 주체들은 그 투쟁 이후 다양한 경로로 흩어졌다. 2005년 구로동맹파업이라는 이름아래 20년 만에 처음으로 50여 명의 주체들이 모였다. 나 역시 준비과정부터 참여하면서 행사 이후 주체들의 삶과 활동의 경험을 구술로 담을 수 있었다. 50여 명의 구술작업을 하면서 그동안 생각했던 노동자들의 '삶의 목소리' 드러내기를 시도해 보았다. 사건을 중심으로 한 집단의 역사에 주체의 목소리를 담는 방식 이외에, 내가 마주한 이들의 40~50년의 삶을 다른 이들과 직접 소통하도록 해보는 것, 즉 그들이 직접 자신의 삶을 정리해 보는 '(노동자) 자기역사쓰기'를 시도하였다. 아홉 명 중 여섯 명이 자기역사쓰기를 했는데 집단으로 할 조건이 안 되어 개인적으로 진행했다. 나는 그들을 따로따로 만나 쓰는 방식을 논의하고, 쓴 글을 읽고 같이 토론하는 길잡이 역할을 했다. 처음 시도인 만큼 힘들었지만 한 권의 책으로 묶어 내자, 주체들만이 아니라 그 시대를 경험하지 못한 이들에게 역사를 다른 결로 만날 수 있는 계기가 되었다. 그리고 노동자가 자신의 역사, 즉 경험과 삶을 직접 정리할 수 있다는 가능성도 확인하였다.

그동안 역사는 주로 문헌이나 자료를 바탕으로 쓰여졌고, 그 자료는 주로 집단의 대표나 지도자들의 것 또는 집단의 공식기록이 대부분이었다. 이런 자료에서는 집단 속의 개인이나 일반 구성원의 목소리를 찾기가 매우 어렵다. 거기에 역사 연구는 자료의 선택에서부터 연구자의 시각이 들어가고 또한 자료를 연구해서 나온 논문이나 책에는 당연히 역사가의 해석이 들어간다. 그래서 사람들은 역사는 역사가가 쓰는 것이라고 생각하기도 한다.

이와 달리 노동자 자기역사쓰기란, 자신의 시각으로 자신의 삶을 재구성하는 것이다. 그 과정에서 과거의 경험을 되새기며 그 속에 빠지기도 하고, 또 일정한 거리를 두고 돌아볼 수 있게 되기도 한다. 즉 현재의 시각으로 지나온 시간을 되새김질하면서 재구조화하고, 현재 자신의 정체성을 다시 확인하는 것이기도 하다. 자신을 돌아보는 과정은 상처나 자랑스러운 모습, 부정적이거나 긍정적인 모습 모두를 포함한 자신을 사회와 역사 속에 위치 짓는 작업이다. 그 때문에 자기역사쓰기는 자신의 경험을 통해 역사를 경험하고, 또 다른 역사를 만드는 과정이라고도 할 수 있다.

이런 노동자들의 자기역사쓰기는 실제 읽는 대상에도 영향을 미쳤다. 역사가들의 연구물인 논문은 연구자를 대상으로 쓰이기 때문에 주로 연구자들 사이에 공유되고 소통되었다면, 구로동맹파업 노동자들의 목소리가 담긴 집단역사나 자기역사쓰기는 현실의 노동자들도 읽으면서 지금의 노동현실과 자신들의 삶을 잇대어 생각할 수 있었다. 노동자들은 글쓴이의 경험과 그가 처한 시대상황을 공유할 수 있으며, 특히 타인의 삶을 통해, 시대상황과 개인의 삶에 대해, 주체들이 주어진 상황을 어떻게 수용하거나 뚫고 일어서 나가는지, 그리고 그 힘은 무엇인지를 구체적으로 이해하면서 자신의 삶을 돌아보게 하는 힘을 가지고 있기도 하다. 그 결과 노동자 자기역사쓰기는 노동자들 사이에 역사에 대한 이해를 넓히는 데도 도움이 되었다.

## 사회관계 속 여성의 위치는?

구로동맹파업 주체들과의 자기역사쓰기의 경험을 바탕으로 나는 이제 막 눈을 뜨기 시작한 여성문제, 특히 여성노동자들의 삶으로 눈을 돌렸다. 방식도 가능한 노동자들이 모여서 같이 소통하는 집단방식을 구상했다. 그 결과로 2009년 9월에 여성노동자 자기역사쓰기 모임(여자모)을 구성했는데, 그 출발부터 쉬운 일은 아니었다. 모임에 참여한 이들 중에 1인과는 이전에 구술작업을 했고, 다른 3인과는 서로 얼굴을 아는 정도였으며, 다른 이들은 이리저리 알아보면서 처음 만난 이들이 더 많았기에, 약간의 부담이 있었다. 서로 잘 알지 못하는 사람들이 만나서 자신들의 살아온 이야기를 편하게 하는 것이 가능할까 걱정이 앞서기도 했다. 그러나 모임에 참여한 이들은 활동했던 시대가 다르고 삶의 구체적 과정도 달랐지만 삶의 이야기를 편하게 풀어 나갔다. 자신의 삶의 경험을 조금씩 글로 써 와서 같이 읽고 이야기하거나 글로 담지 못한 여러 이야기를 뒤풀이 자리로 이어 나갔다. 아마 같은 '여성노동자'로서 노동운동을 했거나 하고 있다는 공통성이 있었기 때문에 가능했던 것 같다.

1년 정도의 모임과 개인적인 글쓰기, 그리고 구술작업은 나에게 또 다른 배움의 시간이었다. 여성문제에 눈을 돌리면서 약간 알고 있던, 또는 시대마다 부분적으로 알고 있던 여성노동자들의 삶이 생애주기를 통해 어떻게 사회구조 안에 위치하는지를, 즉 가족, 노동현장, 결혼 이후 새로운 가족, 노동운동 같은 삶과 활동의 중심이 되는 사회관계 안에서의 구체적인 모습을 알 수 있었다.

그녀들이 한 가족 안에서 '딸'로 태어나 성장한 과정은 마음 아픈 현실이었다. 한국전쟁 전후부터 1960년대에 성장한 여성들은 가슴에 평생 꽂혀 있는 '쓸데없는 딸'로 취급되어졌고, 아들을 낳기 위해 '씨받이'까지 들이는 사회 풍토에서 또 태어난 딸로 숨죽이며 자라야 했다. 시대가 변했다고 해도 1980~90년대 성장한 그녀들 역시 가난한 집안의 딸로서 성장하면서, 여전히 가족과 남자형제를 위해 억눌리며 자라야 했다.

집안 생계를 책임지기 위해, 남자형제의 교육비를 벌기 위해 '딸'들은 공장으로 나서야 했다. 1970년대에서 1990년대 중반까지 여성노동자들은 주로 미혼에 정규직으로 일하였으며, 1998년 경제위기 이후 기혼여성들이 생활의 문제로 다시 직장을 다니려고 해도 '그녀들'이 갈 곳은 비정규직밖에 없는 현실을 개인들의 삶을 통해서 확인할 수 있었다. 그녀들이 취업한 노동현장에서 여성노동자는 남성노동자들보다 임금과 승진에서 차별을 받기도 하고, 같은 노동자인 남성들에게 '솥뚜껑 운전'이나 하는 존재로 무시당하면서 성희롱의 대상이기도 했다.

그러나 여성노동자들은 시대가 다르고 자신이 처한 현장의 상황은 조금씩 달라도 일자리를 지키고 자신의 권리를 찾기 위해 투쟁을 해야 했고 노동조합에 참여할 수밖에 없었다. 개인마다 참여하는 계기는 시대상황의 차이를 보여 주었는데, 1970년대는 전태일 열사 분신사건의 영향으로, 배움을 위해 찾았던 소모임이나 야학을 매개로, 1980년대는 노동운동가들의 영향으로, 2000년대는 현장에서 직접 일어서거나 정치문제에 대한 관심을 매개로 노동현장의 문제를 인식하였다.

이들이 참여한 민주노조운동이나 노동운동 내부에서도 여성은 동지인 남성들과의 관계에서 대등하지 않았다. 청계노조처럼 여성사업장인데도 남성지도부 중심으로 운영되거나 여성지도부가 형성되어서도 남성간부들과 갈등을 겪기도 했으며, 한일도루코처럼 여성 노조간부를 남성 노조간부들은 무시하기도 했다. 또한 여성은 성희롱과 성폭력의 대상이 되기도 했다.

이런 과거에서 현재까지 이어진 여성노동자들의 삶의 경험을 같이 돌아보면서 또 하나의 현실을 마주했다. 노동현장에서 그녀들은 자신을 노동자로 인식하고 그 권리를 찾기 위해 노동조합운동에 참여하면서 많은 의식이 변화했다. 그러나 '여성'으로서의 자각과 여성문제에 대한 인식은 상대적으로 빈약했다. 왜 그럴까. 여성노동자들을 둘러싼 사회관계나 사회적 통념, 즉 남성중심적 시각이 노동조합운동이나 노동운동 내부에서도 강하게 자리 잡고 있기 때문인 것 같다. 남성 중심적인 가치와 관습, 감성까지도 여성들의 의식과

무의식에 영향을 주어, 여성문제를 독자적으로 고민하고 인식할 자원을 접하기 어려운 현실이었다.

결국 여성노동자들의 자기역사쓰기 작업은 자신을 둘러싼 사회관계 속에서 '노동자의 목소리' 찾기만이 아닌 '여성의 목소리' 찾기로 나아갈 길을 마주하는 과정이었다.

여성노동자들과 같이 작업하면서 글들을 모아 책으로 내는 과정은 생각보다 많은 시간과 에너지가 투여되었다. 한편에서 그 기간 동안 여성들이 처해 있던 시대상황 속에 같이 들어가 나 자신을 비춰 보거나 나 자신이 겪은 여성으로서의 경험을 직면하는 과정이기도 했다. 다른 한편에서는 17명의 삶과 활동과정에서 '여성'의 인생주기에서 나타나는 성차별의 다양한 현상들을 간접 경험하는 소중한 시간이기도 했다. 무엇이 여성으로서의 자각을 막고 있는지도 알아 가는 과정이었다. 이런 과정은 뒤늦게 여성문제에 관심을 갖기 시작하면서 제대로 고민하지 못하며 제자리를 맴돌던 나에게 여성으로서, 여성노동자 문제에 한 발 내딛기 위한 마음의 준비를 하는 과정이기도 했다.

한편 이 작업을 같이하면서 아쉽고 마음 아픈 일도 있었다. 처음부터 모임에 참여하여 열심히 자신의 삶을 정리하며 성실하게 같이 하던 이가 상처 입었던 과거의 사건을 대면하다가 힘겨워하며 글쓰기를 중단한 일이었다. 그래서 자신이 상처를 직면하며 보듬는 데 긴 시간이 필요하다는 생각으로 그 뒤 마음만 같이하였다.

자신의 삶을 시대상황 속에서 다시 마주하는 일은 누구에게나 힘든 일이다. 특히 자신의 여러 상처들을 대면하는 것은 어려운 일이다. 그 때문에 글쓴이들은 각자의 상황에서 힘겨운 시간들을 넘어 왔다. 더욱이 일상에서 글쓰기가 익숙지 않은 이들이었기에 글을 쓰면서 자신을 만나는 것은 더 힘들었다. 그럼에도 글쓴이들은 진지하게 자신을 돌아보고 보듬는 시간을 보낸 것 같다.

그래서 이 책을 읽은 이들에게도 꼭 한 번은 자기역사를 써 보기를 권하고 싶다. "역사의 주체이고 이 사회의 주인인 내가 역사쓰기의 주체로 나서 보자"고. 자기역사쓰기를 어떻게 하는가, 정해진 길은 없다. 내가 나의 삶을 돌아보면서 시대상황과 나를 대면하며 나의 시각으로 해석하며 써 나간다면, 그것이 자기역사쓰기이다.

수천 수만의 사람들이 다양한 자기역사를 써서 그것이 소통되고 공유되는 역사가 만들어진다면 어떨까. 20대, 30대, 40대…… 세대마다의 시대경험을 자신의 목소리로 소통할 수 있다면, 여성과 남성들, 정규직과 비정규직 노동자들 그리고 이주노동자들이 자신의 목소리로 삶의 경험을 소통할 수 있다면 어떨까. 그래서 다양한 역사를 통해 '같은 시대, 다른 이들의 삶의 목소리'가 씨줄과 날줄로 엮여 한데 어우러질 수 있다면, 그 역사를 바탕으로 이 사회를 어떻게 변화시켜 가야 할지 함께 배우며 새겨 갈 수 있지 않을까.